巴蜀文化通史

<small>乙酉岁叟 马识途</small>

《巴蜀文化通史》学术委员会

章玉钧　隗瀛涛　李绍明　林　向　胡昭曦　贾大泉
谭继和　万本根　陈玉屏　罗　鸣　沈伯俊　彭邦本

主　编
章玉钧　谭继和

副主编
罗　鸣　彭邦本

编辑部
主　任　侯水平　向宝云
副主任　万本根　李　庆

"十二五"国家重点图书出版规划项目
四川建设西部文化强省重点项目

章玉钧 谭继和 主编

巴蜀文化通史
教育卷

徐辉 徐仲林等 著

四川人民出版社

编者的话

巴蜀文化通史

编者的话

《巴蜀文化通史》编撰工程是中共四川省委批准、省委宣传部直接组织和领导，由四川省繁荣发展哲学社会科学协调小组立项、四川省社会科学院牵头的四川省西部文化强省建设重点支持项目，也是"十二五"国家重点图书出版物出版专项规划及国家出版基金（2016年度）资助项目。一直关心四川文化传承创新的省老领导杨超、杨析综、何郝炬、冯元蔚、廖伯康、聂荣贵、李永寿等同志率先向省委、省政府倡议启动编撰工作。在编撰研究过程中，得到了陶武先、柯尊平、王少雄、甘霖等历届省领导的大力支持和亲切指导，我们谨致衷心的敬意和感谢。

本书编撰委员会于2006年设立，编撰工作由此启动，至2020年全面完稿，历时十五年。编撰委员会名誉主任陶武先，主任王少雄、柯尊平，副主任殷建中、贾松青、侯水平、隗瀛涛、李绍明；顾问蔡美彪、李学勤、张海鹏；编委会成员有章玉钧、林向、胡昭曦、贾大泉、谭继和、万本根、陈玉屏、罗鸣、沈伯俊、彭邦本、向宝云、王素、舒大刚、邓经武、赵振铎、龙晦、龙显昭、刘平斋、吴野、钱来忠、曹顺庆、陈德述、任新建、李明泉、张忠仁、王毅、王庭科、冉光荣、杜肯堂、李学明、孙锦泉、陈廷湘、刘复生、佘正松、李健、李刚、李诚、江玉祥、江章华、蒋维明、季富政、高大伦、段志洪、侯德础、谢元鲁、甘绍成、张明富、张凤琦等。编委中，有些作为学术委员会成员，自始至终参与本书研讨和审定；有的承担了分卷的撰著；有的在本书酝酿和编撰的相关会议上提供了不少宝贵意见；有的应邀对有关书稿审阅并提出有益的建议。总而言之,编委们都为本书编撰出版做出了各自的贡献。另还专门请宗性(中国佛学院)审读了《宗教文化卷》。

编撰工作具体依托四川省社会科学院进行,院历届领导贾松青、侯水平、李后强、向宝云、高中伟等都给予大力支持、督促和帮助,多次召开院党委或院办公会议,听取编辑部汇报,决定有关事项并检查落实。编辑部成员张彦、彭东焕、印国玲在具体组织协调、制订规范规则、联系作者、学术讨论记录(含录音)、编写简报等方面做了大量工作。

《巴蜀文化通史》是集思聚智的学术成果,撰著参与者及分工情况详见于各卷后记。以下谨按卷次列出主要撰著者名单,共同见证这部著作的出版:

《通论卷》　　　　　　　谭继和著
《农业与水利文化卷》　　彭邦本编著
《工商文化卷》　　　　　张学君著
《城市文化卷》　　　　　何一民等著
《建筑文化卷》　　　　　庄裕光著
《交通文化卷》　　　　　蓝勇等著
《民族文化卷》　　　　　赵心愚、杨铭等著
《宗族与会社卷》　　　　张力著
《移民文化卷》　　　　　陈世松著
《方言卷》　　　　　　　李国太、黄尚军、袁雪梅、曾为志著
《民俗文化卷》　　　　　徐学书、喇明英、况红玲等著
《哲学思想卷》　　　　　蔡方鹿、刘俊哲、金生杨著
《史学卷》　　　　　　　粟品孝、周鼎、李晓宇著
《宗教文化卷》　　　　　李远国、向世山等著
《教育卷》　　　　　　　徐辉、徐仲林等著
《文学卷》　　　　　　　邓经武著
《艺术卷》　　　　　　　苏宁、沈博、幸晓峰著
《科技文化卷》　　　　　查有梁、王迎川、周世祥等著

《传播文化卷》　　　　　　赵志立著
《文献要览卷》　　　　　　舒大刚、李冬梅等著
《巴蜀文化大事记》　　　　张彦、陈德言、王林、彭东焕编著
《巴蜀文化研究论著索引》　李敬洵编

由于多领域的地域文化通史尚属首创，不同门类各有其文脉演变、内在逻辑与历史进程，故未对各卷涉及本领域涵盖的时间起止及个别体例做统一的要求。编著者虽务求如清人顾炎武所说"庶几采山之铜"，而力避"买旧钱""废铜以充铸"，但因见闻学识所限，书中疏漏不足之处，尚祈望读者正之。

最后要说的是，全书从编撰到出版来之不易，还得益于四川人民出版社历任社长罗韵希、解伟、黄立新，副社长骆晓平，总编辑刘周远的关心和支持。特别是谢雪编审从中协调、统筹以及众多编辑"为他人作嫁衣裳"的辛勤付出。巴蜀文化界学术界的领军人物、尊敬的马识途先生在2018年一百零四岁时为本通史题写书名。在此，我们表示深深的谢意。

章玉钧　谭继和　罗鸣　彭邦本

2021年11月

总 序

◎ 章玉钧

呈献在读者面前的这部多卷本《巴蜀文化通史》，是国家重点图书出版物出版专项规划项目、国家出版基金资助项目和四川省西部文化强省建设重点支持项目的学术成果。这个项目由中共四川省委宣传部直接组织和领导，四川省社会科学院牵头，川渝合作，组织和邀约四川省、重庆市七十多位巴蜀文化研究专家参加，得到四川省委、重庆市委和国家有关部门的重视和支持，获得国家和省文化产业经费的资助。全书二十二卷二十八册，约一千六百万字。编撰出版工作历时十五年终告完成。参加本书编修的专家学者们团结协同、切磋琢磨、集思聚智、甘苦备尝，贡献了创造性的劳动。四川人民出版社和各卷责任编辑认真敬业，严谨审慎，做出了辛勤奉献。在此，谨就编撰《巴蜀文化通史》的缘起与旨归、定位与特色、架构与方法、集成与出新，作一概括的介绍，以助读者对全书先有个总体的了解。

缘起与旨归

编修《巴蜀文化通史》之议，酝酿已久。20世纪80年代至90年代，巴蜀文化和蜀学研究在四川逐步升温，在选编出版徐中舒、蒙文通、顾颉刚、任乃强、邓少琴、冯汉骥等大师关于巴蜀文化的论著①后，陆续编写出版了《巴蜀文化图典》②《巴蜀文化研究丛书》③《巴蜀文化系列丛书》④。大家既为"地域文化热"的兴起而振奋，又在同地域文化研究先行地区的比较中，看到我们的差距，深感传承、整合和弘扬巴蜀文化，要抓牵头的东西，抓具有基础性、全局性和带动性的项目。2001年，一直关注文化的四川省老领导杨超、杨析综率先提出编撰《巴蜀文化通史》的倡议，杨超还构想系统整理自古以来的巴蜀文献，编成《巴蜀全书》。他们登高一呼，高屋建瓴，对学界有很大的启发和鼓舞。经过反复酝酿，省里八位老同志⑤于2005年10月联名致信四川省委、省政府，建议启动《巴蜀文化通史》的编撰工程。在组织四川高校和研究机构数十位专家学者进行论证，并征得重庆市有关领导和专家学者的赞同后，省委批准立项，审定了全书的框架设计。2006年7月，《巴蜀文化通史》多卷本编撰工程正式开展。

大家渴望编撰《巴蜀文化通史》并积极付诸行动，是基于这样的共识：民族文化是一个民族的根、脉、魂，是民族精神的载体，是支撑民族生存和发展的脊梁。全球文明古国各具优长，唯有中华文明几千年来一脉贯通地连续发展至今，重要原因是有由甲骨文、金文发展而来的形、音、义相结合的汉字为重要载体和文化纽带，用其写成的文史典籍代代承传，从未间断，起到全民族凝心聚力的巨大作用，激励中华民族历经磨难而不衰，直至迎来民族走向伟大复兴的盛世。巴蜀文化是多源汇成一脉、多元聚为一体的中华文

---

① 徐中舒《论巴蜀文化》、蒙文通《巴蜀古史论述》、顾颉刚《论巴蜀与中原的关系》、任乃强《四川上古史新探》、邓少琴《巴蜀史迹探索》，均由四川巴蜀史研究会编辑，由四川人民出版社于20世纪80年代出版。此后还有《冯汉骥考古学论文集》1985年由文物出版社出版，另有《缪钺全集》2004年由河北教育出版社出版。
② 该图典由川渝合作编成，刘茂才、滕久明任编委会主任，万本根、俞荣根任主编，四川人民出版社1999年出版。
③ 该丛书由杨超、杨析综任编委会主任，首批六册。李绍明《巴蜀民族史论集》、隗瀛涛《巴蜀近代史论集》、林向《巴蜀考古论集》、胡昭曦《宋代蜀学论集》、谭继和《巴蜀文化辨思集》、徐南洲《古巴蜀与〈山海经〉》，均由四川人民出版社2004年出版。
④ 该丛书由杨超、杨析综任编委会主任，谭洛非、邓星盈、万本根任主编，共十册，四川人民出版社2001年出版。
⑤ 八位老同志是杨超、杨析综、何郝炬、冯元蔚、廖伯康、聂荣贵、李永寿、章玉钧。

化中一个重要的区域文化,是博大精深的中华文明的一枝奇葩,在中华民族文化谱系中占有独特的地位。她绚丽多彩、大器包容,在与兄弟地域文化交流互益、吞吐融会中发展繁荣,形成并展示出独特的神韵和魅力,使哺育她的中华文化更添灿烂辉光。对于川渝地区各族同胞而言,巴蜀文化就是我们世代生存之根、承传之脉、发展之魂。

巴蜀大地钟灵毓秀、文脉悠长,堪称多种人类遗产荟萃的聚宝盆。巴蜀文化有许多独具的特色和亮点,足以令我们为先辈的创造感恩并自豪。茂县营盘山、成都平原从宝墩到三星堆、金沙以及长江三峡、宣汉罗家坝等处文化遗址的多次惊世发现,结合古文献资料,无可辩驳地证实了巴蜀作为长江上游的上古文明中心,丰富了中华文明的基因,显示出古蜀古巴文化永恒的魅力。周秦以来,中华思想文化素以儒学、道学为主干;佛学西来后,更以儒释道交融互补为特色。蜀地仙道发源很早,成为天师道的创教地;儒学从西汉起就在此代代传承,文翁石室、周公礼殿、孟蜀石经彪炳千秋;在佛教中国化的进程中,巴蜀出了许多大德高僧,尤其是禅学大师,成为中国禅学中心之一。作为中国重要地域学术文化的蜀学,富有哲思传统和文史之长,"易学在蜀""史学莫隆于蜀""文宗自古出巴蜀""自古诗人例到蜀"等赞语,无不彰显历代巴蜀学术文化的璀璨夺目,成就非凡。巴蜀的音乐、舞蹈、碑刻、石窟、书法、绘画、诗词歌赋、戏剧、织锦、酿酒、制茶、肴馔等享有盛誉,非物质文化遗存丰赡多彩。巴蜀悠久的农耕文化与繁盛的工商文化相得益彰,并曾在水利开发、天然气开采、钻井术、天文、数学、医药等科技领域独占鳌头,纸币"交子"首发领先全球。巴蜀是中国历史上一个典型的移民区域,又长期是汉族和许多少数民族相聚和融合的地区,开拓了对外交往的条条蜀道,形成了连通中亚、南亚的南方丝绸之路和藏羌彝民族走廊。移民文化与原生文化、汉文化与少数民族文化、本土文化与外来文化在这里交融互动,使巴蜀文化具有很强的开放性、包容性、创新性和辐射性,这些特性被学者喻为"水库效应"。巴蜀儿女自古敢为天下先,尤其是百余年来向现代化转型时期,巴蜀文化哺育和造就了众多的杰出人物和文化精英，红色文化光耀史册，三线建设举国之重，"改革之乡"①闻名遐迩。在2008年"5·12"汶川特大地震等自然灾害的救援和重建过程中，四川人民表现出的英勇、睿智、大爱、感恩，也都凝聚着巴蜀文化浴火重生的精神。

当今中国正处于世界百年未有之大变局，建设社会主义文化强国，着力提升文化软实力，关系到"两个一百年"奋斗目标和中华民族伟大复兴中国梦的实现。身为当代学人，要在马克思主义指导下，树立高度的文化自觉和自信，十分珍视本土优秀的传统文化，处理好传统文化与现代化、本土文化与外来文化的关系，立大志愿，开大视野，用大手笔来发掘和系统梳理传统文化资源，传承、整合、弘扬巴蜀文化，致力于培根铸魂、固本延脉，使我们优秀的文化基因永续传承，与当代社会相协调，让富有恒久魅力、具有当代价值的巴蜀文化在提高全民精神素质，推进文化强省强国，铸牢中华民族共同体意识和助推构建人类命运共同体的进程中发挥应有的作用。

编撰多卷本的《巴蜀文化通史》，具有深远宏大的文化价值、学术价值和应用价值。一是对巴蜀文化几千年的发展轨迹及其创造、积累的宝贵文化财富，作出系统梳理和规律性总结，可以回应巴蜀民众了解"我是谁""我从哪里来"的文化寻根需求，丰富人们的精神世界，尤其是在道德规范和价值取向上得到涵养和化育。二是可以较全面地展示巴蜀文化的神韵和亮点，系统阐扬蜀史、蜀学、蜀文、蜀艺，构筑宽阔的学术研究平台，为巴蜀人文社会科学走向繁荣，促进传统文化的创造性转化和创新性发展，发挥立其大本、凝聚人心、导向助推的作用。三是同兄弟地域文化的研究成果相互呼应、相得益彰，有助于深入了解中华文化，传承中华文脉，为我们的母亲文化增光添彩，一起来展示她的独特魅力，进而与世界多元文化中不同民族文化平等交流互鉴，为建设新时代中国特色社会主义文化，增强我国的文化竞争力和软实力添砖垒瓦。四是更进一步促进川渝文化合作，可以为繁荣、丰富当代巴蜀先进文化建设，尤其是推进文化创意产业和康乐旅游产业，发掘深层次的文化内涵，提供坚实的学术依据，从而开启思路、激发灵感，以文塑旅，以旅彰文，把潜在文化资源（包括物质文化遗产和非物质文化遗产）

---

① 邓小平1982年对家乡四川的深情赞语。

转化为现实的生产力和文化软实力。五是有助于改变四川高校和研究机构在巴蜀文化和蜀学研究上各自为政、力量分散的状况，使之汇聚并形成有较高水平的老中青结合的研究队伍。与《巴蜀文化通史》珠联璧合的《巴蜀全书》，作为四川有史以来最大规模的古籍文献整理工程，经由四川大学古籍整理研究所提出并担纲，在四川省社会科学院和兄弟高等院校协力下，2012年以来，已出版阶段性成果两百余种，就是蜀学研究正在形成合力的又一明证。

定位与特色

为了实现前述宗旨，参与编撰的同仁都力求使《巴蜀文化通史》既是文化集成，又是学术创新，努力做到观点有一定创新性，知识含量丰富，资料翔实，文笔流畅，总体上进入巴蜀文化研究的学术前沿，在科学性、系统性、创新性、前瞻性、可读性等方面力争成为当代巴蜀学人可以"预流"——预于时代学术潮流的成果，成为在巴蜀文化研究上服务于现实并可继往开来的学术著作。但我们悬鹄虽高而未必力所能逮，故难免"取法乎上，仅得乎中"之憾。

这部书的研究对象是巴蜀文化，性质是通中寓专、通专结合的文化通史，角度是把地域史学与文化学及相关学科契合起来，贯穿全书的编撰理念是"三通"，即纵通、横通与会通。这里就分别说一说本书的"文化"本位、"巴蜀"立位和"三通"定位。

（一）"文化"本位

世界上对"文化"的定义已经有好几百种。我们以唯物史观为指导，本着天人合一、以人为本的中华人文精神[①]来解读文化。"惟天地万物父母，

[①] 天人合一、以人为本，打破天道与性命的隔阂，既避免把天人合一引向神学化，也避免陷入人类中心主义，而把敬畏、顺应自然与发挥人的主体能动性相统一，蕴含天人相依相待、互动互益的张力。

惟人万物之灵。"①人作为自然演化的产儿，受惠于天地万物，在群体劳动实践中成为地球上的万物灵长，既能创制工具，又能用语言交流，进而创制文字，由此有了文化及其积累、传承，于是便创造了"人化的自然界"。同时，在法天、法地、法万物的进程中，人也改变和提升着自身。汉字的"文"，原意是文身、文饰、纹理，以文来显示，以文来变化，讲规矩、礼貌，与禽兽区别开来。这是外在的，更是内在的。文的外化于行与内化于心，开物成务与锻塑成人，乃是人类与自然进行精神与物质相互变换中联袂互动的双重效应。自然力所为乃造化，人类心力所创是文化。文化从何而来？由人化文；文化落脚何方？以文化人。荀子讲"化性起伪"，"伪"就是人为的东西。要改变自身才能更好地改变世界。文化就是这样"人化"与"化人"（或曰"人为"与"为人"、人性的外化与内化）相统一，在双向建构中螺旋式上升，推动着人居世界的演进。人，既是创造文化的能动主体，又是文化所创造的价值主体。这与古语"人文化成"②的解读可以相通，也跟西方"文化"一词兼容"耕作、栽培"（外化）和"养育、教化"（内化）的语义相衔接。《中庸》讲至诚尽性，内外交修："惟天下至诚，为能尽其性。能尽其性，则能尽人之性；能尽人之性，则能尽物之性；能尽物之性，则可以赞天地之化育；可以赞天地之化育，则可以与天地参矣。"③这段话，恰可理解作为内化与外化相统一的文化的功能。

这样的广义文化，它对外与天地万物相成相济，内结构则包含着精神文化、语文符号、规范体系（行为习俗和法律）、社会制度和社会组织、物质产品等要素。④这些文化要素，大体可划分为相互联结、相互渗透的三个层面：外层是作为基础的物态文化，即经过人的劳动形成的"人化"自然或器物层面，体现人与自然的互动关系及其物质成果；中层是语文符号、制度文化和行为习俗文化等，可称为"交往文化"，体现出人与人的互动关系即社会关系，也是精神文化的外在表现；内层则是以价值观为核心的精神文化，

---

① 《尚书·周书·泰誓上》，《十三经注疏》上册，中华书局1979年影印本，第180页。
② 《易·贲卦·彖辞》："观乎天文以察时变，观乎人文以化成天下。"
③ 《礼记·中庸》，《十三经注疏》下册，中华书局1979年影印本，第1632页。
④ 《中国大百科全书·社会学卷》，中国大百科全书出版社1991年版，第409页。

体现出人的心灵世界在真、善、美、圣（科学、道德、艺术、哲学、宗教）诸多领域与境界的创造。清代龚自珍说过："圣人之道，本天人之际，胪幽明之序，始乎饮食，中乎制作，终乎闻性与天道。"① 文化的上述三个层面，既如血脉相通，总体上联动互进，在变迁时序上又往往呈现有速有缓、或前或后的不平衡发展状态。这种总体性与异步性的统一，是在研究和描述文化史时需要仔细琢磨和体现的。

综上所述，文化是在天人相合相分、互动互益进程中人的生命存在及其取得的全部成果，或简单地说，文化就是人类独有的生存方式。人们总是生活在世代传承而又不断积累、不断丰富的文化之中。这文化如水，滋润万物；若风，吹拂人间；又好比血液，灌注循环于特定民族或地区人群的心灵深处，产生凝聚力和认同感，积淀、凝结为人们稳定的生存方式。因此，人类的文化既有共通性，又有民族性、地域性和时代性，是多元的、多样的，而不是单一的、无差别的。不同民族、不同地域、不同时代产生的文化模式，形成的文化精神各有不同。伴随着时代的风云变幻，当不同文化相遇、相会时，从价值观念、思维方式、生活样态到社会习俗，就会产生交流、交融、交锋，出现文化选择和互融，进而导致文化的转型。通观世界历史，文化转型曾有过各种不同的类式。中华文化的现代转型是守正创新，把马克思主义基本原理同中华优秀传统文化相结合的自主式；而不是聚合多种移民文化、喧宾夺主的复合式；更不是那种特定场合下原有文化解体，被另一文化取代的断崖式。

"文化"和"文明"是两个意义相近又有区别的概念。文化侧重于文的功能，文明侧重于文的成就。人猿揖别，就出现文化；到告别蒙昧、野蛮，才进入文明时代。文明是个褒义词，囊括人类创造的积极成果之总和，用以指称人类社会的进步程度和开化状态。② 当今多以文化标示民族性差异和地域性特色，而以文明标示人类的普遍行为和多元成就。文明因交流而互鉴，因互鉴而发展。在经济和科技全球化进程中，许多物态文化和一部分行为习

---

① 《五经大义终始论》，《龚自珍全集》，上海人民出版社1975年版，第41页。
② 《易·乾·文言》："见龙在田，天下文明。"《尚书·舜典》："睿哲文明。"孔疏："经天纬地曰文，照临四方曰明。"

俗文化在逐步趋于同质化，而具有不同基因的制度文化、语言文字，特别是精神文化，则终会呈现和保持多样化。这一部地域文化通史，本着文化的多元性和相通性来立论，各卷都力图写出浓郁的地域文化味，体现出"人化"与"化人"的统一。

（二）"巴蜀"立位

广袤的中华大地因地壳碰撞形成了自西向东、由高到低三个落差很大的阶梯，巴蜀处于高阶到中阶的内陆腹地，连通祖国的南北西东。巴蜀西部为青藏高原东南缘及横断山区北段，东部为群山环抱的四川盆地，总体地势西高东低，地形地貌独特丰富，集雄、奇、险、秀于一体，自然禀赋得天独厚，是万物生灵的洞天福地。巴和蜀是上古以来巴人、蜀人及其他族群先民活动的地域，二者相连乃至交错，文化复合共生，自成一个地域文化区系。在中华文明满天星斗式的起源中，这里是相对独立肇兴的长江上游文明起源中心，有巫山人、资阳人为代表的文化根系，有万年以上的文明起步，上古巴蜀地域文明形成和发展中的不少谜团还有待地下发掘来破解。三千多年前巴蜀文明就与中原文明血脉交融，与吴越、荆楚等文明紧密互动，也与南亚、中亚文明交流互鉴。公元前316年，秦并巴蜀后则更紧密全面地融入中华文明共同体，成为它重要的组成部分之一，东汉时即享有"天府之国"的美誉。巴与蜀同源同围，文化具有同质性和内聚力，而自然人文环境又同中有异，形成了刚柔相济的复合型文化共同体。蜀人慕文好乐，精敏健雄，浪漫诙谐；巴人质直尚勇，豁达豪爽，吃苦耐劳。所谓"巴出将、蜀入相"，大致道出了两者文化性格的差异。巴蜀的地域范围历代有涨有缩，行政区划迭有变迁（包括1997年以后川渝分治），而长期历史形成的巴蜀文化区虽没有截然划定的边界，却是相对稳定的整体，并未因行政区划变动而忽合忽分。巴蜀文化区的范围是涵盖今四川省和重庆市地域，兼及周边风俗略同地区的民族文化共同体。它以史源悠久、流传有绪的巴文化、蜀文化为主轴，既包括四川盆地以汉族为主体、辐射四周的文化，也包括盆地周边各以藏、彝、羌、苗和土家等世居少数民族为主体、各民族和谐共融的文化，是这一地区从古至今多民族地域文化的总汇。这部书论述的地域以今四川省和重庆市为主，对不同历史时期曾纳入巴蜀行政区划或与其文化关联密切的地域也有涉及。

巴蜀虽地处祖国内陆，不靠边、不濒海，却衔接南北，连通西东。在编撰这部书时，我们力求处理好巴蜀文化与其母文化——中华文化的关系，重视巴蜀文化与兄弟地域文化之间的交集和互动，着眼于巴蜀文化的特性、个性，寓共性于个性之中，寓统一性于多样性之中。我们也重视巴蜀文化与域外文化之间的交集和互动，注意巴蜀文化在中外文化交流中所起的作用。在巴蜀文化内部，我们力求处理好蜀文化与巴文化相互之间的关系，巴蜀汉民族文化与各世居少数民族文化的关系，尽可能都给以充分的关注，反映它们之间的共性与个性、互联与互动，力避顾此失彼，详略失当。为涵盖并展示少数民族文化多姿多彩的众多领域和方面，这部书除单独设置《民族文化卷》外，各有关专题卷都力图把相关领域的少数民族特色文化摆在重要位置进行阐述和概括。

（三）"三通"定位

"三通"是贯穿全书的重要编撰理念。史著价值在于信，通史灵气在于通。司马迁"究天人之际，通古今之变，成一家之言"①是我们心向往之、孜孜以求的目标。史学前辈范文澜等曾提出"三通"（"直通""旁通""会通"），我们根据编撰《巴蜀文化通史》的要求，把历时态的"纵通"、共时态的"横通"与跨文化、跨学科的"会通"，合在一起作一些新的阐释。世界是通的，大历史是通的，大文化是通的。文化史的发展，本来就涵盖着纵向的全过程、横向的多层面、跨文化的多领域。通向历史本真，揭示历史本体，是"三通"追求的目标。尤其是作为通中寓专、通专结合的多卷本地域文化通史，无论承担通论或专题卷的学者，都力求在"三通"上下功夫。

一曰纵通，指历时态全过程的贯通。"观水有术，必观其澜。"这部书贯穿古今，上溯于远古巴蜀先民之蒙昧初开，下迄21世纪初年川渝之文明新

---

① 《史记》卷一三〇《太史公自序》。

貌，原始察终，系统梳理这个既有内在连续性，又呈现不同时代阶段性的曲折过程中巴蜀文化层积而兴的脉络，由此分析其在各个历史时期的盛衰流变，此起彼伏的高峰低谷，展示巴蜀文化的特色和贡献，进而探究其发展的逻辑进程，尤其是传统巴蜀文化向现代化转型的路径，论证巴蜀文化的当代价值和意义，揭示巴蜀文化的发展趋势和前景，做到鉴古察今、述往知来。这是全书贯穿始终的主线。这条主线还可以从实践与认识的角度一分为二：一是巴蜀文化的实践史、发展史；二是在实践基础上对巴蜀文化的认识史、研究史。二者结合方能从实践与认识的循环往复中，深入把握"外化与内化相统一"的文化真髓。

二曰横通，指共时态全方位的互通。"事不孤起，必有其邻。"从全书立卷到各卷章节的设置，都力图以时间为经，以反映文化的不同层面及专题为纬，纵横交织，立体成像。历史运动是有结构的，它是过程与结构的统一，广义文化中各层面的共生、交叉、互动就体现着这种结构性。这部文化通史不仅要剖析巴蜀文化发展的过程，同时要展现巴蜀文化的层次与结构。本书多数专题卷，虽然在物态文化、交往文化、精神文化几个层面中各有其侧重点，但都是从有血有肉的文化肌体中抽出来的，不能孤立求索和描述。研究时不仅不能把经济基础与其上层建筑割裂开来，还要努力展示文化各层面的横通，展示各专题内部各个相关领域的横通。这样做是为了尽量体现地域文化生成的内在机理，使读者把握到神完气足、血肉丰满、生机勃勃的整个巴蜀文化。

三曰会通，着重指跨文化、跨学科的多元共融，全景式打通。《易·系辞上》说："圣人有以见天下之动，而观其会通。"①南宋郑樵《通志》特别强调"会通"。②要从天下事物阴阳变动不居的状况，观察领悟其会合变通的奥窍。人类文化从来是多元并存，在相互比较、碰撞、渗透、融合中发展的。研究地域文化，必须有开放式的大视野，具备跨文化、跨学科的眼界

---

① 李鼎祚《周易集解》注文中引用汉代干宝："观日月而要其会通，观文明而化成天下。"
② 郑樵《通志·总序》："百川异趋，必会于海，然后九州无浸淫之患。万国殊途，必通诸夏，然后八荒无壅滞之忧。会通之义，大矣哉！"又其《夹漈遗稿》卷三《上宰相书》："天下之理，不可以不会，古今之道，不可以不通，会通之义，大矣哉！"

和通识，能够在充分尊重和了解各种文化事象的前提下，不停留于对现象的描述，而要触类旁通、探赜索隐、择精合妙、汇聚通宜，真正实现圆融贯通。纵通为经，横通为纬，须擅会通，方呈现三维立体的全息图景，做到究始终、观全体、明是非得失之故。就是说，文化史研究要通过分析和综合，具备文化反思和阐释张力，会归通衢，由"方以智"进到"圆而神"，抵达藏往知来之境。

我们时时提醒自己：研究巴蜀文化不仅要钻得进去，还要跳得出来，站到更高处，具有开放的胸襟和跨文化比较的视野，把巴蜀文化放到多元一体的中华文化和全球多元文化的大背景下加以审视，察异观同，和合会通。巴蜀文化从来不是与世隔绝、孤立自足地成长起来的，而是在同周围的兄弟地域文化相互影响下发育繁衍，并在同远近的异质文化间接或直接的交流互动中汲取营养的。我们正处在不同文化交流空前深入、碰撞空前激烈的时代，为了追寻全球文化的多元和谐，助推构建人类命运共同体，一定要本着"各美其美，美人之美，美美与共，天下大同"的文化会通观，祛除近代以来因受西方强势文化轻视、压抑而形成的文化自卑和盲从心态，提高对中华文化地位、作用的认识，坚定文化自信，珍爱并拓展、弘扬本土文化的精华。要在马克思主义指导下，具备通识通才，对中外文化精神析同辨异，折冲樽俎，在会通中实现对优秀传统文化的继承和超越，对外来文化精华的吸纳和转化，促进新时代中国特色社会主义文化繁荣发展，不断开拓文化巴蜀、文化中国转型复兴之路。

架构与方法

20世纪初叶，随着新史学的兴起，文化史在历史学中的地位得到重视和加强。刘师培曾计划研究文化专门史，含十六种，以西方学术的科目，析先秦诸学学术思想之长短得失。① 胡适设想，中国文化史要包括民族史、语言文字史、经济史、政治史、国际交通史、思想学术史、宗教史、文艺史、风俗史、制度史等科目。② 梁启超专就文化史的做法讲课，认为需要对政教典章、社会生活、学术文化等方面，做分门别类的文化专史。最好是把人生的活动事项纵剖，依其性质，分类叙述。在狭义的文化专史中，他举出语言史、文字史、神话史、民俗史、宗教史、道术史（哲学史）、史学史、自然科学史、社会科学史、文学史、美术史等。③ 不过，20世纪30年代初问世的几部中国文化史（如杨东莼1931年、柳诒徵1932年、陈登原1935年），仍多系综合体裁，对各文化门类往往语焉不详。

在前辈学者探索的启发下，我们反复思量，决定突破所见的国内现有地域文化史侧重综合、纵通的体裁，而按"纵述史实，横排门类"的编撰原则，采用"通论+专题卷+大事记"这样一种体现纵通、横通、会通的创新结构，几经斟酌，全书共二十二卷，排序如下：置全书之首的《通论卷》，阐释了巴蜀文化的基本概念与学术体系，生态环境背景，巴蜀文化的研究史和认识史，由古及今的文化发展轨迹、基本性质及基本特征，在多元一体、博大精深的中华文化中的定位及其特殊贡献，薪火传承与现代化转型创新及前景趋势，力求起到提纲挈领、纲举目张的作用。其后大体按文化的不同层次，分别为巴蜀文化具有特色的领域、学科列专题卷。先是侧重物态文化并由此探及相关交往文化、精神文化层面的，有《农业与水利文化卷》《工商文化卷》《城市文化卷》《建筑文化卷》《交通文化卷》；接下来的《民族文化卷》从中华民族共同体的多民族视角强调综合性；《宗族与会社卷》《移民文化卷》《方言卷》《民俗文化卷》大体属于制度文化、语言文字、行为交往文化层面（鉴于政制、职官、法律等制度，全国大体统一，故不设专卷）。继后精神文化层面的部分，卷数较多，设有《哲学思想卷》《史学卷》《宗教文化卷》《教育卷》《文学卷》《艺术卷》《科技文化卷》《传

---

① 刘师培：《周末学术史序》，1905年作，《刘师培儒学论集》，四川大学出版社2010年版，第36～78页。
② 胡适：《〈国学季刊〉发刊宣言》，《胡适文存》二集，黄山书社1996年版。
③ 梁启超：《中国历史研究法（补编）》，《中国历史研究法》（外二种），河北教育出版社2000年版。

播文化卷》。为便于了解巴蜀历史文献,尤其是蜀学文献,特设有文献目录学专题《文献要览卷》。专题卷之后的《巴蜀文化大事记》,对先秦至当代巴蜀文化重大事件以编年方式扼要记载,便于读者对巴蜀文化全程有鸟瞰式、综合性的把握;《巴蜀文化研究论著索引》,则供研究者作为检索工具使用。以上就是全书的架构。

各专题卷均前置导言,末设结语。其篇章框架则因事制宜而有所不同。有的是以时期分章,大体按不同门类分节,在纵通中含横通(如《教育卷》);有的主要按专题并结合时序来分章节,在横通中含纵通(如《科技文化卷》);有的先理出历史线索,再突出一些重点专题,先纵后横,纵横结合(如《城市文化卷》);还有的卷内分两编,分述相关内容(如《农业与水利文化卷》)。

《巴蜀文化通史》作为多卷本的学术著作,主要供大专以上程度的读者阅读,以及文化馆、图书馆等购备。它既不是曲高和寡的"阳春白雪",也不是能够直接普惠民间的通俗普及读本。为了让巴蜀文化走进千家万户,还有待开发科普读物和图文,使之逐步大众化,在应用和传播上做创新文章。

编撰《巴蜀文化通史》,涉及学科门类甚广,涵盖时间很长,创新要求颇高,总字数超过千万。这样的文化工程,绝非率尔操觚、短促突击所能成功。近人刘承幹[①]《明史例案》提出过八条准则,就是"搜采欲博,考证欲精,职任欲分,义例欲一,秉笔欲直,持论欲平,岁月欲宽,卷帙欲简",我们在编撰过程中借作参照,同时根据在新时代撰写地域文化通史的新要求,不断从实践中探索,大体形成了以下一些做法:

(一)多学科的专家学者分工合作,协同攻关

梁启超主张,广义的文化专史,涉及面特别广,在专史中最为重要,也最为困难。这不单是史学家的责任,更是研究某种专门学问的人对于该种学问的责任,要尽量用内行的专门家去做。若能以终身力量做出一种文化专史

---

① 刘承幹(1881~1963):著名藏书家、刻书家、史学家。

来，于史学界便有不朽的价值。①本书的编撰设置了编撰委员会、学术委员会及编辑部，确定由正副主编主持编撰，编辑部依托省社科院开展编务工作。各专题卷的著者采取定向邀标办法聘请，多为对该学科领域研究有素的专门家，分别采取由个人承担，或二三人合著，或一人主撰、团队协力完成等方式进行。为保证学术质量，使全书有机统一，在实行主编负责制的同时，由资深专家组成学术委员会，全程参与从项目规划到成书的学术攻关和学术把关。

2006年以来，先后开了四次分卷著者会议，八十多次书稿审读会议。第一阶段，先由学术委员会同分卷著者反复讨论各卷著者拟出的由粗到细的提纲，并明确全书编纂理念②，统一规范体例，然后与分卷著者签订编撰合同，落实工作责任。第二阶段，学术委员会同分卷著者研讨各卷写出的一两章样稿，这是"摸着石头过河"的试错与磨合过程。有些卷的思路和写法曾有大的调整和改变。第三阶段，各卷著者潜心研究，奋力写作。初稿先后写出后，大都经过学术委员会仔细研读，写出审读意见，同著者一起讨论，从结构、体例到观点、材料都认真交换意见，对著者遇到的各种史料、概念及话语体系、文脉梳理、文化基因挖掘等问题，出点子，提思路。待著者修订后又进行讨论，有的书稿研讨了四个回合。当某一分卷初稿趋于成熟时，即请出版社责任编辑提前介入审编，参加讨论，以便撰写工作与第四阶段的编辑出版工作紧凑衔接，不出空当。因各卷皆分头撰写，结构和文字风格有所不同，对同一文化事象的见识裁断有别也在所难免。在统改书稿过程中，既充分尊重分卷著者的学术个性和创见，同时为了各卷在总体上规范统一，基本观点相互协调而不相抵牾，尊重主编的统改权，而在个案判断上各卷则有自由度。注意把握各卷边界，相互照应避让，以免大的重复，做到详略互见，各得其宜。

在这部文化通史编撰期间，本书学术委员会大多数成员在辛勤共事中度过了古稀以至耄耋之年。我至今还清楚地记得在每次研讨会、审稿会上专家

---

① 梁启超：《中国历史研究法（补编）》，《中国历史研究法》（外二种），河北教育出版社2000年版。
② 章玉钧：《关于编纂〈巴蜀文化通史〉的思考》，《中华文化论坛》2007年第4期，第5~10页。

们无私地贡献个人的真知灼见，自由发表不同见解乃至相反的主张，体现出的那种学术为公的争鸣探索精神。尤其令我们刻骨铭心的是：隗瀛涛、李绍明、贾大泉、沈伯俊、万本根、胡昭曦、林向七位先生为学术工作长期呕心沥血，先后因病辞世。对诸位先生的高见卓识、学者风范尤其是为编撰本书所做的贡献，我们将永志不忘。

（二）采取多重证据法和综合研究法，在搜集和鉴别史料上下大功夫

古人所称"文献"，原本指书面文字记载与贤人口头传闻①，徐中舒先生拓展他的老师王国维的古史二重证据法为多重证据法，注重传世文献、出土文物和现代民族学、民俗学的活态文献等结合互证，将区域文化史研究提高到崭新的学术境地。本书编撰中，继承和弘扬王、徐等前贤视野广阔的史料观，搜罗史料力求竭泽而渔，鉴别史料着意披沙拣金，通过综合比勘，相互参证，追根溯源，从而正误辨伪，务寻真史。各专题卷著者都是先汇辑基本史料并掌握学界已有研究状况，汲取前人取得的成果，才进入写作阶段。有好几卷的著者更是"读万卷书、行万里路"，带领研究生经年累月搞田野考察，获得不少真知灼见，从而在学术上有了新的拓展。

（三）坚持文化学的视角，采取多学科交叉和比较文化学的研究方法，力求写足文化味

文化既然是人的生存方式，归结为"人化"和"化人"，每卷文化史就要见物更见人，既写出"由人化文"的胜境，更揭示"以文化人"的妙谛。有关精神文化的各专题卷，既系统梳理巴蜀精神文化尤其是蜀学发展繁荣的脉络，突出展示巴风蜀韵孕育出的文宗巨子和文化精英的成就，也记载众多无名工匠、艺人等留下的民族民间文化、市井文化的瑰宝。侧重物质文化的各专题卷，不停留在物态层面的描绘，而尽力深入到制度层面、精神层面。如《农业与水利文化卷》《科技文化卷》等，对举世无双、造福人类

---

① 朱熹："文，典籍也；献，贤也。"引自《四书章句·论语集注》卷二《八佾第三》，中华书局2012年版，第63页。

二千二百七十多年的都江堰水利工程，就不仅从物质、科技、生态层面介绍其巧夺天工、可持续发展的奥秘，而且从制度文化层面总结其堰官、岁修、劳役、配水、轮灌、收费等管理制度，更深入精神文化层面阐释其"上善若水"的哲理和人文精华。

（四）掌握焦点，抓住重点，发挥特点，突破难点

饶宗颐先生在揭橥华学趋向时，曾提出"三条"："一是纵的时间方面，探讨历史上重要的突出事件，寻求它的产生、衔接的先后层次，加以疏通整理。二是横的空间方面，注意不同地区的文化单元，考察其交流、传播、互相挹注的历史事实。三是在事物的交叉错综方面，找寻出它们的条理——因果关系。"又说："我一向采用的史学方法，是重视'三点'，即掌握焦点，抓紧重点，发挥特点，尤其要特别用力于关联性一层。"[1]我们体会，"三通"的理念与上述"三条""三点"是一致的，而方法上特别重视关联性，就要纵通找焦点，横通抓重点，会通求特点。编撰中，我们注意咀嚼梁启超的卓见：文化的发展史，各个时代、各个领域是不平衡的，重要性是不一样的，要分主系、闰系和旁系。不要平讲直叙，分不出浓淡高低。须用鸟瞰的眼光，看出哪个时代最主要，发达到最高潮，便用全力赴之。[2]各书大都采用了这种大处着眼、抓住重点、突破难点、提炼观点、不平均使用力量的方法。

集成与出新

前面提到，编撰这部书时，我们力求做到既是文化集成，更是学术创新。无论文化发展、学术探索，都是慧命相续、推故致新的过程，需要不断传承积累，继往开来，久久为功。"譬如积薪，后来居上。"用冯友兰先生

---

[1] 饶宗颐：《〈华学〉发刊词》（1995年），《选堂序跋集》，中华书局2006年版。
[2] 梁启超：《中国历史研究法（补编）》，《中国历史研究法》（外二种），河北教育出版社2000年版。

的话，这是从"照着讲"到"接着讲"的进程。每门文化史的研究，都需要对已有的各种史料，广搜博采，集纳钩沉；对前贤成果循波讨源，含英咀华；只有在对文化遗产守正传承的基础上，才有可能站到前人肩膀上，回应新的时代需求，匠心独运，开拓新境；才有可能焕然出彩，奉献出在某些方面超越前贤的成果。朱熹诗云："旧学商量加邃密，新知培养转深沉。"[①]集成是出新必需的基础和前提，出新则是集成企求的目标和价值增值的成就。二者同体异面，缺一不可，是衡量学术成果质量相互关联的两个维度。

（一）从集成的维度看

首先，《巴蜀文化通史》可以说是"巴蜀文化"概念提出八十多年来首次大的学术集成。"西蜀文化"（郭沫若1934年）、"巴蜀文化"（卫聚贤1941年）提出之初，主要是就巴蜀考古文化而言，后来渐次扩大到广义的巴蜀文化，有关论著已上千册，有关文章达数万篇（《巴蜀文化研究论著索引》多有著录），形成了分别以史学文献考据、文物考古、民族民俗田野调查为主的三种研究方向，近年又发展出综合诸家的会通型研究方向。各条路径的学者在不同领域、从不同角度艰辛探索，均取得了丰硕的成果。本书各卷编修中，都努力加以搜集、消化和吸取，并以借鉴、发挥这些观念、方法为前提，力求形成对巴蜀文化研究具总汇性的成果。如《通论卷》从总体上就巴蜀文化生态背景、内涵性质、发展历程及基本规律、特征等问题，会通诸说，取精用宏，做了言之成理的统体性总述，成为具有集成性的一家之说。《民族文化卷》不仅就民族理论的疑难问题深入研究，还在搜集分析历史文献材料、文物考古材料，特别是对国家组织的多次民族调查材料下了很大功夫，从而描绘出巴蜀世居各少数民族立体生动的文化图景。

其次，古往今来的巴蜀文化长河浩荡壮丽，魅力无穷。《巴蜀文化通史》对清点总结长时段、宽领域、多层面的巴蜀文化来讲也是一次学术集成。巴蜀的历史文化名人，如大禹、李冰、落下闳、文翁、司马相如、扬

[①] 《鹅湖寺和陆子寿》，（宋）朱熹著，郭齐、尹波点校：《朱熹集》卷一，四川教育出版社1996年版，第185页。

雄、诸葛亮、陈寿、常璩、陈子昂、武则天、李白、杜甫、薛涛、苏轼、格萨尔、张栻、秦九韶、杨慎、李调元等，都在相关卷帙中重点推介，娓娓道来；巴蜀历史上突出的物质文化成就和非物质文化成就，蜀学、蜀文、蜀艺、蜀籁的精华也都提要钩玄，荟萃于此。如《文献要览卷》就搜选论列了近五百种巴蜀文化重要典籍，可一览巴蜀文献精华，为学者指点津梁。又如智慧幽默的四川方言是巴蜀历史文化凝结的珠宝，《方言卷》挖掘、串起一颗颗珍珠，并生动剖析其蕴含的丰富文化信息，令人齿颊留香。

再者，不少专题卷的著者既具文化通识，又对该学术领域长期耕耘，研究有素，此次写作起到了阶段性总结的学术集成作用。例如：《城市文化卷》著者三十多年来由跟从名师到带领团队，一直深耕于近现代中国城市与城市文化研究领域；《移民文化卷》著者是国内知名的移民文化、客家文化研究专家；《交通文化卷》著者多年致力于西南历史地理尤其是交通文化的调研；《哲学思想卷》和《史学卷》著者长期潜心研究巴蜀哲学、巴蜀史学；《建筑文化卷》著者是卓有成就的古建筑研究专家、高级建筑师。他们都在各自领域完成了多项国家课题，此次承担专题卷，更是辛勤研讨，旁搜远绍，厚积薄发，突出亮点，倾力奉献了后出转精之作。

（二）从出新的维度看

本书围绕前述长时段、宽领域、多层次的巴蜀文化来创新体例结构，成为首部纵横贯通、覆盖面广、体量超大的巴蜀文化史，在全国已出的各种区域文化通史中，当属编撰体例新、时间跨度长、内容浩繁的一部。学术体系上的集成性，本身就是从文化观念、编撰理念到架构体例的出新，在地域文化通史领域作了开创性的探索。这是其一。

本书各卷着眼于发展新时代文化，明道求真，以史经世，着力写出巴蜀文化的特色和韵味，在内容上有较多突破和出新。过去关于农业与水利、工商、交通、建筑、城市等的论著，容易停留于物态层面，罕有从文化学角度和宏观视野对其全过程深入探讨之作；这次研究标明以"农业与水利文化""工商文化""交通文化""建筑文化""城市文化"为对象，注重深入文化层面进行阐释，且着意探讨长时段历史中这些物质文化变动与制度文化、精神文化演进的关系及产生的影响，这些往往是以前研究论著较少触及的。有关巴蜀学术文化的几卷，着力显示蜀学长于思辨、多元会通、创新超迈、沟通理欲、注重事功等特色，有助于发扬当今的时代精神。有关交往文化的几卷，注重聚焦于民间大众，关注各色人等的日常生活，运用了许多文化人类学、社会学、民族学的方法，见解新颖，地域文化味很浓。这是其二。

更值得珍视的是，各卷在编撰中深汲传统的源头活水，发现其烛照现实和未来的原创亮点，尤其是优越秀冠的巴蜀文化在传承创新中焕发异彩之所在。许多卷发掘出大量翔实的资料，匠心独运，以史鉴今，提炼出有创新性的学术观点，或举出有新颖性的论据，活用巴蜀首创的学术话语，采用别出心裁的叙事方式，力争获得创新、独见、卓识的学术成果。具体的创新点如同"诗眼""文眼"分布闪烁在卷帙之中，细心披阅，当会时有"山阴道上，应接不暇"之乐，这里无法一一细析。

鉴于多卷本地域文化通史尚属初创，不同文化门类各有其学理脉络、发展轨迹和演进特色，编撰难度往往超出预期，主编和各卷著者虽迎难而上，勉力为之，但仍难免有纰漏丛脞之处。尤其是古蜀文明还有不少千古待解之谜，我们受限于已获的资料和研究水平，多只能守阙存疑。对成稿后的许多惊世发现，巴蜀文化日新月异的面貌和新的研究成果亦未能更多纳入。当把多卷本《巴蜀文化通史》奉献到读者面前时，我们既同大家分享喜悦，又有颇为忐忑的心情。这部书，以至其中每一卷，究竟应获怎样的评价，最终还要接受时间的检验。衷心期望巴蜀文化研究慧命相续，薪火相传，探索和构建起自身完整的学科体系、学术体系和话语体系。但愿此番的初创能为后续俊彦们开拓新境起到抛砖引玉的作用。

目 录

导 言 / 1

一、巴蜀教育历史悠长 / 1
二、巴蜀文化教育的经验教训 / 24

第一章 秦汉魏晋南北朝时期的巴蜀教育 / 27

第一节 秦汉时期巴蜀地区的教育 / 29
一、远古先秦时期巴蜀教育的萌生与发展 / 29
二、秦治时期巴蜀地区的教育制度 / 33
三、文翁兴学与两汉时期巴蜀地区的郡国学校 / 38
四、两汉时期巴蜀地区的私学 / 46

第二节 三国（蜀汉）两晋南北朝时期的巴蜀教育 / 57
一、蜀汉政权下的教育与诸葛亮的教育思想 / 58
二、两晋南北朝时期巴蜀教育的衰败与缓慢发展 / 65

第三节 秦汉至南北朝时期的人才选拔制度与巴蜀的学问风气 / 78
一、人才选拔制度及其对教育的影响 / 78
二、巴蜀地区的学问风气 / 90

第二章 隋唐五代时期的巴蜀教育 / 101

第一节 隋唐时期巴蜀的教育发展 / 103

一、隋唐时期巴蜀地区的官学教育 / 104

二、隋唐时期巴蜀的私学教育 / 111

三、国家科举制度的创立及其在巴蜀地区的实施 / 116

第二节　前蜀、后蜀时期的巴蜀教育 / 120

一、前蜀政权对教育的重视 / 120

二、后蜀政权振兴教育的举措 / 126

第三章　宋元时期的巴蜀教育 / 137

第一节　宋元时期巴蜀教育的发展 / 139

一、巴蜀地区的官学教育 / 140

二、私学 / 145

三、书院 / 149

第二节　宋元时期科举制度在巴蜀的实施 / 157

一、两宋时期巴蜀地区的科举状况 / 158

二、南宋时期巴蜀地区的类省试 / 160

三、元朝的民族歧视政策与巴蜀地区科举 / 163

第三节　蜀学的发展与巴蜀的教育 / 165

一、宋代蜀学的发展与教育 / 165

二、以家学为组成部分的私学的蓬勃发展 / 173

三、宋元时期巴蜀地区教育名人的活动及影响 / 180

第四章　明至清中叶时期的巴蜀教育 / 185

第一节　明清时期巴蜀教育的发展 / 189

一、官学教育 / 189

二、书院逐步官学化 / 194

三、以义学、私塾为主要形式的私学教育 / 198

第二节　明至清中叶时期科举制度在巴蜀的实施 / 202

一、明至清中叶时期巴蜀科举制度实施概况 / 202

二、成都府贡院及其考试活动 / 204

　　　　三、阆中试院考棚及其考试活动 / 205
　　　　四、巴蜀状元杨慎 / 208
　　第三节　明清时期巴蜀的少数民族教育 / 213
　　　　一、土司制度下巴蜀的民族教育 / 213
　　　　二、改土归流后巴蜀少数民族的教育 / 224

第五章　清末巴蜀新式教育的兴起 / 231

　　第一节　清末巴蜀传统教育的衰败 / 233
　　　　一、科场腐败，科举病态丛生 / 234
　　　　二、封建教育的空疏腐化 / 236
　　第二节　巴蜀各类新式教育的肇始与发端（一）/ 238
　　　　一、高等教育的兴起 / 239
　　　　二、实业教育的发轫 / 244
　　　　三、师范教育的兴起 / 248
　　　　四、留学教育的肇始 / 252
　　第三节　巴蜀各类新式教育的肇始与发端（二）/ 257
　　　　一、教会教育的发端 / 258
　　　　二、新式中等、初等教育的涌现 / 260
　　　　三、川边民族教育的兴起 / 265
　　　　四、女子教育的兴起 / 269
　　第四节　巴蜀近代教育行政管理体制的建立及兴学特点 / 270
　　　　一、巴蜀地区近代教育行政管理体制的建立 / 271
　　　　二、清末巴蜀地区兴学的特点 / 272

第六章　民国成立后的巴蜀教育 / 279

　　第一节　民国成立后巴蜀的教育运动 / 282
　　　　一、巴蜀地区教育界与五四新文化运动 / 282
　　　　二、四川留法勤工俭学运动 / 286
　　　　三、四川教育经费独立运动 / 290

第二节　民国成立后巴蜀教育行政管理的逐步完善 / 293
　　一、省级教育行政的发展 / 293
　　二、县级教育行政的发展 / 296
第三节　民国成立后巴蜀教育的发展 / 299
　　一、现代高等教育体系的初步形成 / 299
　　二、中学教育的改革 / 308
　　三、初等教育的革新 / 316
　　四、职业教育的拓展 / 321
　　五、师范教育的逐渐完备 / 326
　　六、师范学校的教学 / 330
　　七、社会教育的探索 / 332
第四节　民国成立后巴蜀教育发展的特点与影响 / 335
　　一、民国成立后巴蜀教育发展的特点 / 335
　　二、民国成立后巴蜀教育发展的贡献 / 337

第七章　抗战时期及抗战后的巴蜀教育 / 341

第一节　抗战时期巴蜀"全国教育中心地位"的形成 / 343
　　一、战时教育政策的调整 / 344
　　二、巴蜀"全国教育中心地位"的形成 / 346
第二节　抗战时期巴蜀教育的发展与繁荣 / 347
　　一、高校内迁与巴蜀高等教育的繁荣 / 348
　　二、巴蜀中学教育的发展 / 356
　　三、巴蜀初等教育的扩展 / 359
　　四、巴蜀师范教育的兴盛 / 363
　　五、巴蜀职业教育的推进 / 366
　　六、巴蜀社会教育的开展 / 367
　　七、教育实验的开展 / 370
第三节　抗战结束后巴蜀教育的回落及其教育运动 / 374
　　一、抗战结束后巴蜀教育的回落 / 374
　　二、巴蜀地区的教育运动 / 382

第八章　新中国成立到"文革"时期的巴蜀教育 / 389

第一节　接管与改造巴蜀旧教育 / 391
一、接管改造巴蜀旧教育 / 391
二、学校向工农开门 / 400
三、团结教师与改造思想 / 402
四、学习苏联教育经验 / 403
五、民族教育迈开步伐 / 406

第二节　曲折前进中的巴蜀教育 / 408
一、教育界整风到反右及反右倾 / 409
二、教育"大跃进"与调整 / 411
三、尝试两种教育制度 / 417
四、社会教育发展起伏 / 419

第三节　"文革"动乱中的巴蜀教育 / 421
一、"文革"动乱冲击教育 / 421
二、学校教育时存时废 / 424
三、废除高考及知青上山下乡运动 / 426
四、社会教育扭曲变形 / 428

第九章　"文革"结束到重庆直辖前的巴蜀教育 / 431

第一节　巴蜀教育的拨乱反正 / 433
一、教育界揭批"四人帮"与平反冤假错案 / 433
二、教育思想大讨论 / 435
三、恢复学校教育秩序 / 437
四、社会教育恢复发展 / 443
五、民族教育转入正轨 / 445

第二节　巴蜀教育改革的起步 / 447
一、推进教育体制改革 / 447
二、实施"普九"战略 / 452
三、改革高校教育工作 / 453

四、快速发展职业教育 / 457

五、促进民族教育发展 / 459

六、开展教育改革试验 / 462

第三节 巴蜀教育改革的深化 / 464

一、加快学校教育发展 / 464

二、加强科学技术研究 / 470

三、开展对外教育交流 / 473

四、积极发展职业教育 / 476

五、民族教育的新发展 / 477

六、全面开展社会教育 / 479

第十章 重庆直辖后比翼齐飞的川渝教育 / 483

第一节 四川教育的快速发展 / 485

一、基础教育质量的提高 / 485

二、高等教育的深入改革 / 489

三、职业教育的加快发展 / 492

四、民族教育的快速发展 / 493

五、民办教育的蓬勃发展 / 494

六、社会教育的积极开展 / 495

七、对外教育交流的活跃 / 496

第二节 重庆教育的快速发展 / 497

一、基础教育质量的提高 / 498

二、高等教育的深入改革 / 500

三、职业教育的快速发展 / 503

四、民族教育的加快发展 / 505

五、民办教育蓬勃发展 / 506

六、社会教育的深入开展 / 507

七、对外教育交流的活跃 / 509

结　语 / 511

　　一、巴蜀兴衰，人才为本，教育为先 / 511
　　二、办学主体多元化，办学形式多样化 / 512
　　三、协同育人，提高综合素质 / 512
　　四、改革应试教育，完善育人机制 / 513
　　五、加强民族地区教育帮扶力度，培养优秀少数民族人才 / 513

后　记 / 514

导　言

一、巴蜀教育历史悠长

人类肇始，教育活动便与之俱生。巴蜀文明历史悠久，教育活动也同样源远流长。原始社会的巴蜀先民们，在极其简陋、艰难的条件下顽强地繁衍生息，一点一滴地积攒着早期文明，并在生产、生活过程中将这些积攒起来的经验在同类中横向传播、分享，向下一代传授以使之纵向流传。不但蜀中杜宇"教民务农""巴亦化其教而力农务"①和"蜀尝大水，宇率居民避长平山"②等传说反映了这一点，而且三星堆和金沙遗址等处出土的精美器物所展现出的高超的生产工艺，显然也离不开技术上的教授学习与流播传承。到原始社会末期，随着生产力水平的提高，文化、宗教、艺术活动的产生与发展，原始教育在积累、传播知识并促使人类智慧再生方面的职能也越来越重要，并逐渐分化出少数专门从事脑力劳动的"文"职人员——巫师。在属于宝墩文化的郫县古城村遗址中部，考古工作者发现了一座长约50米、宽约11米，面积约550平方米的大型建筑基址，横亘其中部的是五座由东北往西南依次排列的长方形卵石台基，台基之间间距三米左右。有学者研究认为，这五座卵石台基当属宗教性设施，并与其所在的大型房屋一道，构成城内的大型宗教、礼仪活动中心，亦即早期的宗庙。由此，我们可以想见，在四千多年前的这一宗教建筑里面，已有与生产劳动相分离的文化教育活动，以古蜀国重要思想观念和文史资料传承为

---

① （晋）常璩：《华阳国志·蜀志》。
② 文渊阁《四库全书·史部·四川通志》卷三八《仙释》，第561册，第214页。

主要内容，以宗教仪式等为主要形式而发生和进行着。

其他一些证据也证明了巴蜀地区教育的悠久起源。其一，根据大量文献记载和考古材料可见，巴、蜀两国在为秦所灭之前就已经建立起了与战国七雄大体类似的王国政权①，虽然没有开展文化教育活动的文献记载可考证，但推知其贵族王孙也应是接受一定教育的，相应的教育活动理当存在。其二，陆通、尸子入蜀当有教行。皇甫谧《高士传》载：陆通"楚昭王时见楚政无常，佯狂不仕，人谓之'楚狂'"，楚王派使臣屡次前往聘之出山，"请治江南，通笑而不应"，然后夫妻俩"变名易姓，隐蜀峨眉山"②。陆通既然以其才学为楚所重，入蜀后很可能在小范围内自觉不自觉地从事过一些文化传播活动。《史记·孟子荀卿列传·集解》引刘向《别录》："楚有尸子，疑谓其在蜀。今按尸子书，晋人也，名佼，秦相卫鞅客也。卫鞅商君谋事画计，立法理民，未尝不与佼规之也。商君被刑，佼恐被诛，乃逃亡入蜀。自为造此二十篇书，凡六万余言。卒，因葬蜀。"童恩正先生认为，"尸佼在蜀著书立说，宣扬进步思想，一定是有一批门徒和拥护者的，他的著作得以保存到后代，当与这批人继续传播他的思想有关"③，进而可以推论出尸子在蜀地曾经聚徒讲学施教的可能。其三，先秦时期已经有大量与巴蜀有关的文化名士在中原地区活动，这些文化名人早期必然得益于当地的文化教育。《四川通志》载：周世商瞿，"双流人，孔子弟子。生于瞿上乡，殁亦葬于瞿上，至今墓碣犹存"④。《淮南子·氾论》载："昔者苌弘，周室之执数者也。天地之气，日月之行，风雨之变，律历之数，无所不通。"传其为晋人所执杀后"藏血于蜀，三年化碧"。

（一）秦汉魏晋南北朝时期的巴蜀教育

公元前316年，秦国借救苴侯之名，由司马错、张仪率兵"伐蜀，灭之"，"取巴，执王以归"，巴、蜀作为偏居一方的独立王国而各自自主演进的历史

---

① 《华阳国志·蜀志》载："九世有开明帝，始立宗庙。以酒曰醴，乐曰荆。人尚赤。帝称王。"一般认为，开明九世大约处于东周贞定王（前468～前441年在位）至考王（前440～前426年在位）之间。
② 嘉庆《四川通志》卷一六五《流寓》。
③ 童恩正：《古代的巴蜀》，四川人民出版社1979年版，第138页。
④ 文渊阁《四库全书·史部·四川通志》卷八《人物》，第559册，第337页。

至此结束，变身为隶属于秦国政权的地方政府，秦国的政治、经济、社会制度也随之行于巴蜀，秦国的教育制度亦然。灭巴蜀之时的秦国，正在执行的是商鞅变法后的文教政策，也即法家教育思想："贱游学之人"，"禁游宦之民而显耕战之学"，"无书简之文，以法为教；无先王之语，以吏为师"。在吏师法教制度下，教育的主要内容就是政府法令，民众重在了解和遵守，各级官吏重在学习领会、宣讲传播和执行。由于"秦看中的是蜀地的丰沃国土和庞大财富，以及巴地的勇猛战士和战略位置，并以此建立稳固的基地，使其剑锋直指第一强敌——楚国，进而最终实现其问鼎中原的宏图大略"①，因此对巴蜀文教事业的关注程度十分有限。

巴蜀地区官立学校教育正式肇始于汉景帝末年的蜀郡太守文翁。在汉朝中央崇儒重教的政策导向越来越明确，巴蜀之地经济条件许可，巴蜀部分人士系统学习中原文化的愿望正在萌生和滋长的关键时候，庐江人文翁受命来到巴蜀之地，担任蜀郡太守。加之文翁"少好学，通《春秋》"②，曾"长安授经"③，自己又属于"以郡县吏察举"提拔任用的官员，因此对文教事业化民成俗的重要作用深有认识，产生了"欲诱进之"以清除蜀地之蛮夷风的想法，开始了兴学之举。文翁兴学的第一步就是选派优秀苗子送京培养。文翁"选郡县小吏开敏有材者张宽等十余人亲自饬厉，遣诣京师，受业博士，或学律令"。过了几年，这些学子学成归来，文翁便委之以重任，"以为右职，用次察举，官有至郡守、刺史者"。如张宽，就被汉武帝征为博士，官至侍中、扬州刺史。借此，文翁为巴蜀之地培养出了第一代接受过较为系统的师承教育，具有较高儒学修养的人才。文翁兴学的第二步便是开办本地官学以培育更多儒生。史载文翁"修起学官于成都市中，招下县子弟以为学官弟子"，建校舍、置学官、招收学生，办起了中国封建社会最早的地方官学——郡国学校。尽管学校规模不是很大，有学生一百来人，但在当时已是甚为可观了。蜀地由是"大化"，"学于京师者比齐鲁焉"，到京城求学者络绎不绝，赶得上齐鲁之地了。

文翁兴学是汉代最早的官方办学举措，比太学的兴办还要早十余年，是

---

① 张剑涛：《论秦对巴蜀分治的原因及影响》，《重庆三峡学院学报》2004年第6期。
② 《汉书》卷八九《循吏传·文翁》。
③ 王先谦：《汉书补注》卷五九《循吏传》注引《庐江七贤传》。

汉代最早的地方官学,开我国封建社会地方政府办学之先河。"三代之学由秦废,蜀郡之学由汉兴,而天下之学由蜀起。"①到汉武帝时,颁令天下郡国"皆立学校官",汉中央王朝认可并将文翁在蜀立学重教的经验推向全国。文翁兴学引领了巴蜀之民重教向学的风尚,为此后巴蜀人才的繁盛奠定了基础,"至今巴蜀好文雅,文翁之化也"。文翁的创举与卓越贡献也赢得了巴蜀人民的崇敬、景仰,在他开办"石室"的地方此后历朝历代都设立有学校,基本上没有间断过,今天的成都市石室中学便是这一延续的结果,因此被称为世界上历史最悠久的学校。巴蜀之地因有文翁开创,两汉时期其后任者大都比较重视兴学立教。如东汉初永平间(58~75)蜀郡太守李膺"修庠序,立法令,明规条,恩威并行",东汉末刘璋时蜀郡太守王商"修学广农,百姓便之"②;章帝(76~88)初什邡县令杨仁"宽惠为政,劝课掾吏弟子,悉令就学。……由是义学大兴"③;安帝元初年间(114~120)成都县令冯颢"修建文学,学徒凡八百人"④。在汉武帝以后的三百多年里,两汉中央政府崇儒重教的基本方针世世相袭,尤其希望通过推行儒学统一人们的思想,巴蜀地区的地方文教事业因而得以持续发展。

两汉时期巴蜀地区的私学、家学也缓慢萌生起来。经过文翁兴学及此后数十年的发展,巴蜀民间私学的教师资源渐丰,再由于地方官学的引领和政府选士任官制度的体制性诱导,巴蜀之地上进好学者日众,而地方官学名额又远不能满足民众的教育需要,巴蜀大地的民间私学正是在这样的背景下和基础上慢慢地发展起来的。到西汉中后期,巴蜀之地民间私学有一定规模和成就而见于史著者渐有其人;至东汉后期,盛况已居全国前列。据统计,《汉书》和《后汉书》共载两汉时期籍贯可考的私学活动人士129人,分布在今天的山东、河南、陕西、四川等13个省市,巴蜀以拥有13人居第四位,占了长江流域27人中的48.15%。⑤这当中,临邛(今邛崃)胡安、什邡杨宣、资中董钧、阆中杨仁、资中杜抚、南川尹珍、犍为周循、新都杨厚、绵竹任安是当时比较突出的

---

① (宋)张俞:《华阳县学馆记》。
② 《三国志·蜀志·许靖传》注引《益州耆旧传》。
③ 民国《巴县志》卷九《官师上·杨仁传》。
④ 《华阳国志·蜀志》。
⑤ 吴霓:《从古代私学的发展看中国文化重心南移现象》,《北京大学教育评论》2005年第3期。

私学教授。随着本地文风日盛和为学人数的迅速增长，巴蜀地区西汉中期以后富有文化底蕴的家庭、家族越来越多。尤其是随着一些学问大家的形成，学术家传现象渐兴，家学逐渐构成民间私学的重要组成部分。有的以祖传家学代代相承，如西汉末年巴郡阆中人谯玄、谯瑛父子；有的则以严而有方的家风、家教著称，如东汉成都人张霸、张楷、张陵祖孙；关于为人处事等方面的家庭教育有更多记载。

汉献帝建安十九年（214），刘备占领益州。公元221年，刘备在成都称帝，建立蜀汉政权。在蜀汉实际统治的五十年中（214～263），由于战乱迭起，蜀汉作为一个国家的有关制度很不完备，但蜀汉政权从恢复社会秩序、发展经济，稳定知识分子队伍、收拢人心，以及培养人才、服务蜀汉等需要出发，还是有所作为、有所成就的。史载刘备"承丧乱历纪，学业衰废，乃鸠合典籍，沙汰众学"，任免了一大批教育官员：任命周群为儒林校尉、来敏为典学校尉；任命许慈、胡潜等为文化官员；任命尹默等为劝学从事，负责教育事务。221年众官员劝进刘备称帝时，身为劝学从事的有张爽、尹默、谯周三人，可见此时"益州的州郡各级学校大约已普遍恢复开办"①。据《三国志·谯周传》载，刘备死后诸葛亮领益州牧，"命周为劝学从事"，后来蒋琬担任益州首长时"徙为典学从事，总州之学者"，可见蜀汉州、郡两级均已建立官学，巴蜀教育步上了基本正常的发展轨道。但由于战争频繁，学校教育的规模和成就，都远不及两汉时期。

公元263年，蜀汉政权为曹魏所并。265年，司马炎篡魏自立，巴蜀地区也在和平中变成西晋属地。西晋初年，"在教育制度上基本承袭魏制，至少在晋初没有大的变化"②，晋武帝司马炎励精图治，继承了曹魏重视教育的传统，"时既初并庸蜀，方事江湖，训卒厉兵，务农积谷，犹复修立学校，临幸辟雍"③。当时巴蜀地区是加紧对孙吴军事斗争准备的战略要地，地方政治比较清明。具有学问功底的王濬担任巴郡太守时"严其科条，宽其徭课"，缓解了当地蜀汉末年以来"兵士苦役，生男多不养"的情况，"所全活者数千人"④，后来又转任广汉太守和益州太守。不过就选送学生到西晋中央太学学

---

① 李兆成：《蜀汉教育与文化》，《成都大学学报》（社会科学版）1986年第3期。
② 卜宪群：《中国魏晋南北朝教育史》，人民出版社1994年版，第24页。
③ 《晋书》卷九一《儒林传序》。
④ 《晋书》卷四二《王濬传》。传称其"家世二千石"，"博坟典"。

习的情况看，晋初巴蜀地区的参与度还很低。据《晋辟雍碑·碑阴》所载，278年中央太学参加行礼的学生有405名，但属原蜀汉且今之巴蜀地区的仅梁州广汉郡一人，益州无一人。①

西晋末年，今甘肃略阳、天水一带流民大量进入巴蜀，在西晋地方政府的打压逼迫下发动起义。公元304年，李雄在成都建立政权，国号大成，后李雄侄李寿改国号为汉，故这段历史史称成汉。尽管李雄有"兴文教，立学官"②之愿，但成汉政权作为社会中下层民众建立起来的封建割据政权，缺乏名士硕儒的参与，文化底蕴比较薄弱，基本上按照西晋初年巴蜀地方文教的样式发展。347年（东晋穆帝永和三年），已由中原退守江南的晋王朝派桓温率军溯长江而上，消灭了成汉政权。但由于东晋是由门阀士族拥立和把持的封建王朝，文教事业地位甚微，加之东晋在巴蜀地区的统治先后被前秦政权和谯纵割据势力所打断，既没有一个安定的社会环境，又没有发展教育的经济基础，教育事业基本上处于停废状态。

公元420年，刘裕代晋，中国历史进入南北朝时期，巴蜀地区历刘宋（420~479）、萧齐（479~502）、萧梁（502~553）③，经西魏（553~557）、北周（557~581），直到杨坚代周而立，才进入隋唐天下一统时代。刘宋王朝在其统治的近60年中，比较重视学校教育。宋武帝、宋文帝曾多次下诏兴学，但由于刘宋时期四川经济、生产都遭受严重破坏，兴学诏对四川而言只不过是官书传递而已。齐永明十年（492），成都刺史刘悛曾修葺文翁石室，"画仲尼四科十哲像，并车服礼器"于礼殿。④梁天监九年（510），王萧憺担任益州刺史，随即"祭汉蜀郡太守文翁"，"开立学校，劝课就业，遣子映亲受经焉"。⑤西魏北周时期，陇西狄道人辛昂担任成都县令时，带领诸生祭文翁学堂，并在宴请诸生时劝勉进学。⑥随着巴蜀地区社会渐趋平稳、经济缓慢回升，学校教育逐渐恢复发展起来。

---

① 王东洋：《〈晋辟雍碑·碑阴〉所反映的几个问题》，《重庆社会科学》2007年第2期。
② 《华阳国志·李特雄期寿势志》。
③ 其间，北魏宣武帝正始（504~508）中，四川盆地东北部曾为北魏所据。
④ （唐）贺遂亮：《益州学馆记》，转引自王文才等《〈文翁学堂图〉考略》，《蜀学》第一集，巴蜀书社2006年版，第9页。
⑤ 《南史》卷五二《梁宗室下》、《梁书》列传一六《太祖五王·始兴忠武王憺传》。
⑥ 《周书》卷三九《辛庆之传》。

魏晋南北朝时期的民间私学也在凋落中起起伏伏。就全国而论，人们对魏晋南北朝时期教育发展态势总的描述是"官学衰败、私学发达"，而巴蜀地区这一时期的私学与官学教育一样，发展水平都不是很高，相对于两汉而言还呈现出一定的倒退。横向比较，见诸正史的私学大师，两汉时138人中巴蜀地区占13人，而两晋南北朝近90人中仅一两人而已①。纵向而言，3世纪后期魏晋之际和5世纪末以后更为兴盛一些。魏晋之际的私学兴盛主要有赖于东汉后期所蓄积和传承下来的一批学人硕儒，如蜀郡郫人何随、犍为武阳人李密、广汉郪人王长文、广汉绵竹人司马胜之、蜀郡江原（今四川崇州）的常氏家族，他们有的因开门办学、有的因家教得当而声名一时。这当中，萧梁时期的五经博士严植之，就是从巴蜀土地上走出去的著名教育家。

（二）隋唐五代时期的巴蜀教育

公元581年，杨坚代周建立隋朝，到公元589年灭陈，结束了全国分裂局面，国土复归统一。由于"唐承隋制"，隋朝短期内就被唐朝取代，我们在回顾这段历史时大都将隋唐放在一起。总体而论，隋唐是我国封建社会教育事业发展的鼎盛时期。学校种类之齐全，管理之严密，生徒之众多，都是前代无法比拟的。官学教育，尤其是中央官学达到了一个前所未有的高度，是这一时期封建教育兴旺发达的重要标志。周予同先生就认为："唐代的学校制度，较诸中古的任何一代，复杂而完备。"②学校教育在兴废起落中基本体制日臻完备。中央政府直接设立的学校，有直系与旁系两种。中央直系学校包括国子监领导下的六学一馆。六学是国子学、太学、四门学、律学、书学、算学，一馆是750年设立的广文馆。此外，还有在中央各专职行政机构中附设的学校，包括弘文馆、崇文馆、崇玄学、医学和小学，等等。其中医学直属于中书省辖下的太医署，不归国子监管辖，属于专科学校性质。

隋唐的地方学校为适应中央集权和科举制的需要，较前代更为周详。隋文帝开皇初年，十分重视振兴学校教育，除了设立中央学校外，在地方州县也

---

① 黄清敏博士学位论文《魏晋南北朝教育制度述论》（福建师范大学，2003年）第四章《魏晋南北朝时期的私学》统计仅李密一人。而中央教科所高慧斌博士在其《南朝私学发展的地域特征》一文（载《江淮论坛》2006年第5期）中所列南朝44位私人讲学者中，又有今重庆市巫山县（南梁时为荆州建平郡）一人（邓郁）。

② 周予同：《中国学校制度》，商务印书馆1931年版，第35页。

普遍设立学校，并明确规定了每个州县学校的贡举人数。据《广安新志》的记载："岁开皇时，县里学，七年正月制渠州，岁贡三人。"这个史实说明，巴蜀地区的州县开始创设学校。李渊即位前夕，也下令州县官学收生："上郡学置生六十员，中郡五十员，下郡四十员，上县学四十员，中县学三十员，下县学二十员。"①要求"州县及乡里并令置学"。在中央政府的倡导与诏令下，巴蜀地区涌现了一批重学兴教的地方官员，地方郡县学也粲然兴起。这当中，武德五年（622）出任益州大都督府长史的高士廉、曾任剑南西川节度使的李德裕、任职夔州刺史的刘禹锡、曾任西川节度使的韦皋，都有过兴学助教的佳话。官员的重视必然带来地方学校的发展。据王勃《益州夫子庙碑》、杨炯《遂州长江县先圣孔子庙碑》的记载，"想成均而变色"的"三蜀名儒"在唐时就先后修建了益州九龙县（今彭县城关镇）、遂州长江县（今蓬溪县郪口乡长江坝）县学庙堂。《益州夫子庙碑》还有"成都县学庙堂者，大唐龙朔三年乡人之所建"②的记录。这一时期《四川通志》记载的学校就有成都府学、南部县儒学、广元县儒学、开县儒学、彰明县儒学、荣县儒学、盐亭县儒学、遂宁县儒学、蓬溪县儒学等记录。

隋唐时期的私学也有一定发展。随着唐末大批文人智士入蜀，这些与蜀人杂居而处的衣冠士庶，为换取蜀人的"升和斗储"，纷纷执起教鞭，著书讲学。唐末黄巢起义时，刘孟温与刘玭父子便在成都附近教授生徒，雍州人李洞入蜀后也留在当地从事教授事业。隋唐时期巴蜀私学教育的另一大贡献就是开创了中国教育史上的书院教育模式。据《四川总志》载，全国最早以"书院"冠名的"士子肄业之所"，就是唐贞元至元和年间，于今遂宁市西南书台山下建立的张九宗书院。自张九宗书院以后，巴蜀的书院一直颇为兴盛。除久负盛名的鹤山书院外，清康熙四十三年（1705）在文翁石室的旧址上建立的锦江书院，清雍正十二年（1735）在开县创建的芙蓉书院（即盛山书院），以及清末光绪元年（1875）张之洞在成都创办的尊经书院都曾盛极一时，对巴蜀文化教育事业的繁荣贡献良多。

公元907年，割据西蜀的王建在成都称帝，改国号为大蜀，史称前蜀，统治今四川、重庆的大部，陕西南部和甘肃东南部，湖北西部等区域。王建立国

---

① 《旧唐书》卷一八九《儒学传序》。
② 《全唐文》卷一八三，王勃《益州夫子庙碑》。

后，针对唐末社会种种弊端，整肃吏治，倡导廉政，发展生产，以此奠定发展教育事业的基础。与此同时，王建尊重知识、擢用贤才也历来为史家所称道。史称王建"目不知书，好与书生谈论，粗晓其理"①。著名文人韦庄、许寂，唐名臣后裔张格、冯涓，著名道教学者杜光庭、高僧贯休等皆受王建礼遇，营造了尊师重教的社会氛围。为切实推动教育事业，王建开国初在《郊天改元赦文》中便明确提出："国之教化，庠序为先；民之威仪，礼乐为本。废之则道替，崇之则化行。其国子监直令有司约故事速具修之。兼诸州应有旧文宣王庙，各仰崇饰，以时释奠，应是前朝旧制。"②通过重修国子监，恢复京城和各州县的学校和孔庙，以振巴蜀地区文化教育。

公元925年，后唐灭前蜀。934年，因不堪后唐皇帝李嗣源的横征暴敛，时任西川节度使副大使的孟知祥在成都称帝，史称后蜀。孟知祥建国不久就因病死去，他十六岁的儿子孟昶继位。孟昶即位初期对政事颇为勤勉，努力稳定政局、发展生产，以此奠定教育事业的发展基础。宋人张愈《华阳县学馆》文记载："……孟氏踵有蜀汉，以文为事。凡草创制度，僭袭唐轨，既而绍汉庙学，遂勒石书《九经》，又作都内二县学馆，置师弟子讲习，以儒选人。"③从这段文字可以看出，孟氏政权对教育事业是比较重视的。仿唐朝体例重新设置学校，刊刻石经以作为通行教材，重开科举以选贤任能，在五代十国那样一个动荡不安的年代，这些举措都是难能可贵的。尤其在后蜀宰相毋昭裔组织下，历时八年才镌刻而成的"孟蜀石经"，对延续中华悠久文脉功劳甚巨。宋人吕陶在《经史阁记》中这样评价蜀石经对宋以后四川文化的影响："蜀学之盛冠天下，而垂于无穷者，其具有三：一曰文翁之石室，二曰高公之礼殿④，三曰石壁之九经。"⑤所谓"石壁之九经"，就是孟蜀石经。把孟蜀石经与文翁兴学相提并论，足见蜀石经对四川文化发展的影响。孟昶在位三十年中，对复兴巴蜀地方教育还是做过一些积极贡献。只是孟氏后来纵情享乐，挥霍无度，最终被宋朝所亡。

---

① 《资治通鉴》卷二六六《后梁纪一》。
② 《锦里耆旧传》卷五。
③ 《四库全书》卷一二，张愈《华阳县学馆》。
④ 西汉景帝时，蜀郡太守文翁作石室为学宫，为郡国办学之始。东汉兴平元年，蜀郡太守高作周公礼殿于石室东面，画远古以来君臣圣贤像，即此所说礼殿。
⑤ 《全蜀艺文志》卷三六，吕陶《经史阁记》。

（三）宋元时期的巴蜀教育

乾德三年（965），宋太祖赵匡胤派兵灭后蜀，巴蜀地区归宋朝统领。真宗咸平四年（1001），将川峡路分为益州路（后改为成都府路）、利州路、梓州路、夔州路共四路，合称"川峡四路"，"四川"由此得名。宋代的统治者十分重视学校教育，所谓"自艺祖皇帝以揖让得天下，两幸太学，列圣因之。开设学校，尊崇师儒，内自京师，外薄四海，州县莫不有学"①。北宋王朝为培育人才，曾在全国掀起三次兴学运动，为发展地方教育颁布了许多具体规定。经过宋王朝的三次兴学运动，巴蜀地区的州学、县学都逐渐修复或改建。例如宋杨甲《修学记》写道："成都学宫，自汉至今千余载，祠殿、讲堂，岿然独存，其西属延三百楹，壮丽阔大，是为崇宁新学。"②宋庆历四年（1044），张俞所写《华阳县学馆记》记载，华阳县学馆在庆历年时已破败不堪，县令杨安曾集资重修，但没有完工就调任其他职务。新任县令沈扶"益用儒雅，要归于道，兴学饰像，严翼堂宇，上以遂朝廷之制，下以成杨君之政也"。接着，张俞还描述了华阳县、乡设立学校的情况。又据宋蒲宗孟《夔州府修学记》记载，夔州府学建于宋庆历兴学时期，刘千之的《盐亭县修学记》则记述了崇宁时期盐亭县学改建的情形。这些事实说明，北宋王朝的三次兴学运动，极大地促进了巴蜀地区地方教育的发展，使巴蜀古代教育又出现了一个高峰。据统计，北宋时巴蜀地区被录取的知识分子几乎为全国之冠。据嘉庆《四川通志》统计，宋代巴蜀地区参加科举考试被录取者有三千九百九十二人，从一个侧面反映了当时巴蜀教育发展的盛况。

南宋的地方教育尽管总体不如北宋，但巴蜀地区的地方教育却仍处于不断发展中。从北宋末年到南宋末年，巴蜀地区的有将近二百五十年的安定环境，为教育的持续发展提供了条件。据统计，南宋时期巴蜀二百四十四个州县中，百分之四十二的州县建立了学校，如成都府学，江津、忠县等创建的县学，重庆府、巴县等创建的文庙，合州、梁山等创建的儒学等。当时巴蜀所辖地域广阔，故学校发展也极不平衡，隶属夔州路的重庆十二州三十县仅有学校八所，

---

① 《四川通志》，《中江县修学记》。
② 《四川通志》卷七八《学校制三》。

成都府路十六州六十一县有学校四十二处。①史籍中许多关于修建学校的记载，也足以说明当时巴蜀教育的发展状况。如宋冯时行《修成都府学记》就记述了南宋高宗重视学校教育，以及当时四川制置使王刚中修成都府学的概况。宋李焘《新修四斋记》中，也记述了修成都学宫的概况。杨甲《修学记》描述了宋孝宗淳熙二年（1175）范成大为四川制置使时，修复成都府学的盛况："自礼殿、石室与近学宫，讲诵之舍，师儒之堂，黝暗缺落，风雨入而鸟鼠宅者，皆撤新之。盖逾年而役休。沈沈翼翼，严靓宏固，为西南冠。"②除了成都府学外，巴蜀地方政府还修复了破败的州、军、监、县学。如宋景宜之《安岳县讲堂记》叙述了庆元二年（1196）安岳郡守修县学讲堂的情形，宋窦敷《黔江县修学记》记载了绍兴二十八年（1158）黔江县令修复县学的情景，类似这样的记述在各县志中还有很多，充分说明南宋时期巴蜀地区的地方学校在困难的情况下仍然在继续开办。

宋代巴蜀官学虽比较繁荣，但相对于广大民众的受教育需求还是远远不够的。况且官学主要是中、高两级的教育，初等教育、启蒙教育等教育需求不能指望官立学校教育，这种情况为宋代巴蜀私学的发展、发达提供了可能与空间。首先看书院教育。③据统计，宋代全国共有书院七百多所，巴蜀地区有三十一所，④绝大多数为南宋所建，著名的就有果山书院、柳沟书院、五峰书院、鹤山书院、玉渊书院、北岩书院等。这当中，宋代著名理学家魏了翁在成都蒲江县所建的鹤山书院，著名理学家、教育家程颐在涪州兴建的北岩书院在巴蜀书院史上影响甚大。《宋史·魏了翁传》写道，魏了翁"丁生父忧，解官心丧，筑室白鹤山下，以所闻于辅广、李燔者开门授徒，士争负笈从之。由是蜀人尽知义理之学"。可见书院教育对巴蜀地区文化事业的促进之功。除书院教育外，宋朝时期的乡校、家塾及舍馆等设置也非常普遍。据南宋末赵与时《宾退录》卷一记载："嘉（嘉州，今四川乐山）、眉多士之乡……士子私讲

---

① 沈庆生主编：《千年回首话四川》，巴蜀书社2000年版，第302页。
② 《四川通志》卷七八《学校制三》。
③ 书院教育多数也属私学，只有极少数书院是政府办的，也有部分书院属于"民办官助"类型。
④ 据陈谷嘉、邓洪波等著的《中国书院制度研究》统计，宋代创建书院711所，分布在今日全国17个省区，其中河北3所、河南11所、山西4所、安徽20所、江苏29所、上海4所、浙江156所、福建85所、江西224所、湖北17所、湖南70所、广东39所、广西10所、海南2所、四川（含重庆）31所、贵州1所、陕西1所、香港1所。

礼焉，名之曰乡校。亦有养士者，谓之山学。眉州四县，凡十有三所。嘉定府五县，凡十有八所。他郡惟遂宁四所，普州二所，余未之闻。"这里所说的山学、乡校等即为私学，从中可以窥见当时巴蜀地区私学教育的发展状况。此外，为了承家从仕等多种需要，蜀中的家族都特别重视教育，形成了发展教育以"养士"、士子热心向学的风气，"三苏"为代表的苏氏家族就堪称典范。

南宋末年，巴蜀地区的军民参加了反对蒙古入侵的战争，历时五十年，使得巴蜀地区的学校教育遭受严重破坏。公元1275年，元军平蜀，巴蜀地区纳入元朝统领。元朝按其路、府、州、县的行政区域划分，在地方上建立了路学、府学、州学、县学以及诸路小学、社学等儒学系统，管理也非常严格。因为巴蜀地区是经过多年抵抗后才被蒙古攻占的，而且元朝本来就有民族歧视政策，所以巴蜀在元朝时期属于被歧视与被压制的地区，教育发展比较缓慢。到了元朝中后期，巴蜀的教育逐步恢复起来。元罗寿在《成都瞻学田记》中写道："成都在蜀为会府，昔以武定故所……少中大夫赵公世延使指蜀道，悯士习之颓敝，教养道息，无以承流宣化，乃选秀民年二十上下者，复其身补弟子员，定章程。树令于学，以明经治行为业。"这记载了成都府学的重建情况。此外，元姚灯孙《广安府学礼器藏书记》、元赵祖全《富顺州修学记》、元府学教授冯元杰《盐亭县修学记》，都记录了所在地区地方学校的修建或创建事例。在书院兴建方面，元时巴蜀地区书院可考证者共约有十一所，相比南宋已下降很多。总体而言，元朝统领巴蜀的几十年间，巴蜀地方教育处于恢复两宋时期学校教育的局面，但始终没能达到两宋时期的水平。元朝末年，农民起义军明玉珍占领今重庆和成都等地，建立"大夏"政权，"躬行节俭，兴文教，辟异端，禁侵掠，薄税敛，一方咸赖小康焉"[1]。但"大夏"政权仅存在九年，很快被朱元璋派兵攻灭。

（四）明至清中叶时期的巴蜀教育

明洪武四年（1371），朱元璋派兵消灭了大夏政权，今巴蜀地区自此纳入明朝管领。明朝时期政治上高度中央集权，在教育领域则推行文化专制主义政策，主要通过发展学校教育、科举考试来培养有助于巩固统治地位的人才。洪武二年（1369）朱元璋下诏，"令天下郡县，并建学校，以作养士类"。巴蜀

---

[1] （明）杨学可编：《明氏实录》《方孝儒赞语》。

地区按地方建制也先后设立了府、州、县、卫学等儒学，这些儒学大体相当于今天的中小学，府学相当于中学，州县学相当于小学。明朝时期巴蜀地区新设立的著名官学有：文县守御军民千户所所学、重庆卫酉阳宣抚司宣抚司学、巴蜀永宁宣慰司九姓长官司司学、建昌府府学、播州和成都府茂州州学、巴蜀资阳县县学、汶川县县学等。照史书的说法是："无地不设之学，无人不纳之教，庠声序音，重视叠矩，无问于下邑荒徼，山陬海涯。"①

除了新建一批学校外，这一时期也对原有的学校进行了扩建或修复。府一级以顺庆为例，弘治十二年（1499）扩建府学，"悉撤其故屋，增立会讲堂。会讲前当甬道之半，立御书楼，东西两偏各立号房四联……"②县级以黔江为例，史载正统六年（1441）培修县学，"先建明伦堂，次则二斋，次则门廊廪库，次则师生之舍、庖之所"③。尽管明朝政府对学校事业颇为重视，但明代巴蜀地方官学建设所需经费并不专门由官府提供，主要来源于地方官捐俸、挪用罪囚缴纳的赎金和本地士绅的资助，缺乏固定的经费来源，限制了学校教育的持续发展。据《明太祖实录》记载，洪武十五年（1382），曾诏定天下学田，府学一千石，州学八百石，县学六百石，但这些规定在各地并未能具体实施。弘治十三年（1500）地方扩建成都府学，此后七十多年内一直无力维修，造成"学官僦屋而居，贫生露处号舍中"④的局面。

明代的书院经历了一个从沉寂到勃兴再到禁毁的发展过程。据嘉庆《四川通志》记载，明开国之初至正统年间几乎没有创办书院，见诸文字记载的只有嘉定府的东坡书院，该书院是明正统十三年（1448）由邑人刘新所建。⑤明代巴蜀书院发展的高峰期是明宪宗成化（1465～1488）以后，到嘉靖年间（1522～1566）达到顶峰。据不完全统计，明代全国共建书院1239所，巴蜀地区有95所⑥，比较有名的有长宁县文明书院、嘉定东坡书院、丰都平山书院、营山县的西林书院、云凤书院等。这些地方书院除了少数官办外，多数是私人创办。由于书院经常是议论批评时政的中心，明代曾先后引发过四次大规模的

---

① 《明史·选举志》卷二三。
② 吴宽：《匏翁家藏集》卷三八《顺庆府修建庙学记》。
③ 刘球：《两溪文集》卷四《黔江县学记》。
④ 耿定力：《成都府学记》，见天启《成都府志》卷五二。
⑤ 嘉庆《四川通志》卷七六。
⑥ 正德《四川志》、雍正《四川通志》《四川古代史稿》等记载。

禁毁书院的事件，极大地冲击了包括巴蜀地区在内的书院教育。

除大力发展官学教育外，明朝时期以社学、义学、私塾为主要形式的私学教育也得到了快速发展，成为巴蜀地区府、州、县官学教育的重要补充。这一时期巴蜀地区私学教育形式多样，主要有私塾（又称蒙学、小学或乡学）、社学、义学等形式，私学几乎遍及巴蜀各地城乡。与此同时，明朝巴蜀地区的科举制度也有了新的发展，以阆中考棚为代表的科举试院的创建，进一步发展了巴蜀地区的科举制度，出现了诸多进士和举人，如才华横溢的状元杨慎成为科举制度下产生的一代伟人。①随着政治制度改革和民族文化不断发展，明清时期巴蜀地区的少数民族教育也得到了良好发展，前期的土司制度和后期的改土归流的政治制度下，当时巴蜀地区少数民族教育采取了不同的发展措施，促进了少数民族文化教育的繁荣。

明代末年，张献忠率领起义军攻入巴蜀地区，巴蜀地区的学校和书院在战乱中遭受重创。据清顺治十八年（1661）佟凤彩《修成都府学记》的记载，张献忠攻入成都后，"茂林荒草阒无人烟，值从未有之劫"。清吴省钦《重修成都府学大成殿碑记》写道，成都府学在张献忠入川时，"惟嘉靖御书，程子四箴碑未烬"，其余全被火毁。清高人龙《梁山县修学记》写道："梁为东川巨邑，旧学在城南隅，明末流寇蹂躏，殿堂销毁。"经过明末这一段时间的变乱，巴蜀地区的学校教育再次跌入低谷。

（五）清末巴蜀新式教育的兴起

清顺治三年（1646），巴蜀地区归清朝管领。清代的地方教育，基本沿袭了明代的模式，但规模上比明代大有发展。府学有属于高等教育性质的，如成都府学、重庆府学等。州学也有属于高等教育性质的，如成都府的简州州学、崇庆州学就属于高等教育，但州学一般为中等教育性质。县学一般为小学性质，但也有中学性质的，如成都府属的温江县学、华阳县学等属于中学性质。在清政府的倡导和鼓励以及巴蜀政治、经济和文化的影响下，巴蜀地区的官学得到了进一步发展，巴蜀地区大量的府、州、县学得以创建。据《四川通志》统计，1703年时四川府、州、县学达到五十七所，到嘉庆二十年（1815）时，

---

① 杨慎是明代巴蜀地区唯一的状元，才华冠代，著作宏富。"后七子"之一的王世贞评论道："明兴，称博学饶著述者，盖无如用修。"

巴蜀各府、厅、州和县总体上都恢复或建立了官学，各县志中都有相关记载。在经费上，政府通过进一步发展学田制，鼓励地方乡绅捐赠，没收私占官地和民间未决定产权的土地和寺庙土地，将农村集市贸易税收用于兴办教育等措施，保障了巴蜀地区官学教育的蓬勃发展。

清代巴蜀地区的书院比明朝有了较大发展，不仅恢复了许多明末禁毁的书院，还新创办了一些新书院，在组织管理方面也更加完善。雍正十一年（1733），诏令各省建立书院，并赐帑金千两作为建造经费。这一时期巴蜀地区比较有名的书院有：北岩书院（涪州），紫岩书院（绵竹），青莲书院（江油），金华书院（射洪），鹤山书院（邛州），玉环书院（蓬州），濂溪书院（合州），锦江书院（成都），川南书院（泸县），通材书院（简州）等。其中，锦江书院是当时巴蜀地区较大的书院，也是巴蜀最高学府，其院长由总督、巡抚延聘，先后主持该书院讲学的通儒、学者数十人，如彭端淑、李惺等都先后在此执教。① 此外，建于乾隆二十五年（1759）铜梁县城内的巴川书院也是巴蜀地区比较有名的书院②。清初是巴蜀地区书院发展的高峰时期，据嘉庆《四川通志》统计，自唐以来巴蜀地区共有277所书院，明代54所，清代198所，清代建四川书院占书院总数的70%多。与此同时，清政府通过对书院院长的任命和经费的掌控，对生徒的选拔、限额、考课等手段，将书院教育纳入官学体系中。

清代以社学、义学、私塾为主要形式的私学教育也得到了快速发展。康熙、雍正时期，清政府曾多次下诏，令巴蜀地区设立义学，招收少数民族子弟入学。康熙二十二年（1683）万县知县张永辉捐建万县义学，雍正五年（1727）议准巴蜀建昌府（今四川雅安）择大村大堡建义学学舍，令附近熟番子弟就学。嘉庆、道光之际是巴蜀义学教育发展的黄金时期，据不完全统计，当时资州有义学三十三所，仁寿有义学五十多所，县境内书院、义学、私塾相互竞争，办学之风甚浓。除此以外，清代时还有大量富贵家族自办私塾，一般家庭则可走联办道路，如创办村学、族学等。另外还有塾师创办家塾，形成了形式灵活多样的私学教育机构体系。

为适应科举的需要，清代巴蜀地区建立了多处试院。清雍正二十二年

---

① 《四川通志·舆地志》。
② 全于天：《巴川书院记》，载光绪本《铜梁县志·艺文志》。

（1734）忠州升为直隶州，布政史司在忠州设试院；道光元年（1821），璧山建考棚，每年对全县童生进行考试；长寿县试院（考棚）建于道光八年（1828）；道光十三年（1833），重庆江北厅修建文昌宫并设考棚。这当中，建于清康熙四年（1665）的成都府贡院，是当时巴蜀地区最著名的试院，历经乾隆、道光、咸丰、同治年间修缮，最高峰时考试房舍达1.39万多间。与此同时，清初巴蜀地区考中科举者辈出。如顺治十二年（1655），巴蜀有阆中举人张注庆、中江举人彭襄、金堂举人张吾瑾等考中进士。据统计，清代巴蜀地区共有进士700多名，其中重庆府以138名居首，成都府以133名次之。尽管后期科举制的弊端日益凸显，但科举毕竟比较公平地选拔了一批人才，促进了教育事业的发展。

1840年鸦片战争的爆发到1911年辛亥革命，这是中国历史上的晚清时期，中国历史也由此进入近代社会。这是巴蜀地区文化教育逐渐冲破封建的桎梏和樊篱，由"旧"到"新"，由传统向近代转变的重要历史时期。一批新式学堂陆续兴起，传统的旧式教育逐渐分化和瓦解，新式教育开始兴起、不断涌现，由此奠定了巴蜀地区近现代新式教育的基础，揭开了巴蜀地区的教育新篇章。[①]

巴蜀高等教育在这一时期得以发端。1896年，四川总督鹿傅霖奉旨在成都创办了四川中西学堂，聘请英、法教习，"分课华文、西文、算学"，这是四川近代高等教育的开端，也是当时西南地区最早的近代新式高等学堂。1902年初，时任四川总督奎俊响应清政府实施新政的诏令，将锦江书院、尊经书院、以及四川中西学堂合并改建为四川大学堂，后定名为四川省城高等学堂。这既是当时巴蜀地区最高的新式学堂，又是代行巴蜀地区教育主管部门职权的教育管理机构。此外，各种武备学堂、法政学堂等高等专门学堂[②]也逐步发展起来。值得一提的是，这一时期还诞生了一所全新的教会大学——华西协合大学，她的医科成为巴蜀乃至西南地区现代医药学的先驱。

清末"新政"还肇始了巴蜀地区实业教育的兴起。1901年，在今重庆合川

---

① 据考证，巴蜀地区现今可考的最早的新式学堂是1892年川东兵备道黎庶昌在巴县设立的洋务学堂。
② 巴蜀地区的专门学堂始于维新运动时期，1898年，四川省矿务商务总局监督宋育仁在培植"讲求实学，博通时务"的宗旨下就创办了西文学堂、算学学堂，可谓巴蜀地区专门学堂创设之始。

创立了教授"蚕桑实业"的四川蚕桑公社,该校以"指授新学,以开风气,而扩利源"为宗旨,这是巴蜀地区近代实业学堂的发端。之后,在成都创办了"四川工业学堂",四川劝工总局办了"艺徒培训班",四川农政总局在成都设立"中等农业学堂",四川省学务当局设"中等工业学堂"等,这些新式实业教育机构的相继成立,带动了清末巴蜀地区的新兴产业。随着清末兴学潮的出现,巴蜀地区新式师范教育也逐渐兴起和发展。1903年初,时任川督岑春煊将成都锦江书院改为成都府师范学堂,招生三百零五人,半年毕业[1],这是巴蜀地区开办最早的新式师范学堂。在这之后,四川省高等学堂师范科、"四川通省师范学堂""川东师范学堂""四川优级师范选科学堂"等机构以及大量的师范传习所相继成立,为巴蜀地区各地学堂培养了大量的师资,奠定了各类新式学堂的开办基础。

巴蜀地区还在这一时期涌现了一批新式初等中等教育机构。除了新办一批新式中、小学堂外,还响应清政府号召,对巴蜀地区原有的书院、私塾、义学、社学进行了卓有成效的改造,大大推动了清末巴蜀地区新式教育的发展。据统计,1909年巴蜀地区有小学堂九千七百余所,居全国第二位,中学堂五十一所。此外,巴蜀地区的留学教育也在这一时期开始兴起,外国传教士开办的教会学校也在巴蜀地区出现,[2]以"振兴女学"为目的的女子学校和女学会也在巴蜀大地逐渐蔓延开来。在川边藏族聚居的原西康省辖区,随着"改土归流"政策的执行,以新式学堂为代表的川边民族教育也得到迅速发展。

清末时期的传统教育也在衰落与瓦解的过程中闪烁着星星光点。在管理体制上,清末时期设立了提督学政以总领全省学务,府厅州县也设有专管教育的儒学署。在官学教育规模方面,清末时约有官学一百六十七所,其中大学十五所,中学一百五十二所。[3]在科举方面,从康熙四年(1665)到1905年共二百三十间,成都贡院举行了一百五十二次考试,涌现了"布衣状元"骆成骧等一批名流。在书院方面,同治十三年(1874)创办的尊经书院,以张之洞提出的"中学为体,西学为用"为办学方针,上承文翁的遗教,下启维新思想,培养了许多对近代四川乃至全国都产生了重要影响的人才,为四川高等学堂的

---

[1] 教育部教育年鉴编纂委员会编:《第一次中国教育年鉴》,开明书店1934年版,第226页。
[2] 据1901年的统计,外国教会就在巴蜀大地办了各级各类学校460所。
[3] 熊明安等主编:《四川教育史稿》,四川教育出版社1993年版,第169页。

创建奠定了重要基础。此外，义学、社学、私塾等传统教育形式也更为普遍。

（六）民国成立后的巴蜀教育

公元1911年的武昌起义和1912年中华民国的成立，既推翻了中国几千年的封建专制统治，又推动着封建教育制度进一步向近代教育转变。但由于辛亥革命不彻底性，巴蜀地区先后进入了北洋军阀统治、境内各派军阀割据时期，直到1935年四川全省行政才得以统一。在这一时期，四川教育虽深受冲击、干扰和影响，但在一批先进人士尤其是广大教育界人士的大力推动下，仍取得了一些发展和进步，逐步形成了较为完备的各级学校系统，为抗战时期巴蜀教育的大发展奠定了较好基础。

巴蜀地区教育界人士积极参与了这一时期的新文化运动，抨击封建礼教，宣传民主和科学教育思想，提倡妇女解放、提高劳动者地位。当五四运动的消息传到巴蜀大地后，以成都高等师范学堂、重庆川东师范、重庆联中为代表的学校师生，积极响应运动号召，抗议逮捕爱国学生，要求惩办国贼并拒绝签署卖国条约等。同一时期，巴蜀地区还兴起了留法勤工俭学运动。在吴玉章等知名人士的推动下，包括邓小平、陈毅、赵世炎等一批又一批的巴蜀青年远赴欧洲，既开辟了新的知识分子成长道路，更为国内引进和传播了马克思主义，对全国和四川产生了深远的历史影响。这期间，巴蜀地区还在1922年和1927年两次爆发了争取教育经费独立运动。在王右木等人的领导下，巴蜀大地的学校通过罢课、示威游行等手段，最终迫使四川各防区以肉税作为单独的教育经费，以解决学校办学经费和教师基本生活问题。

民国前期巴蜀各类教育也在渐次迈向近代化。在教育行政管理体制上，四川省级教育行政先后设立了提学使司、教育司，最终完成确立了专职教育行政主管部门——教育厅。在县一级，相应的教育行政机构也经历了劝学所、教育公所到教育局的演变历程，教育厅和教育局制的确立，奠定了此后四川省、县教育行政机构的基本格局。在高等教育方面，继四川中西学堂、四川省城高等学堂之后，又相继成立了四川公立法政专门学校、四川公立农业专门学校、四川公立外国语专门学校、四川公立工业专门学校、成都高等师范学校、国立成都大学、国立成都师范大学、国立四川大学、重庆大学、四川省立教育学院等一批高校。到全面抗战爆发前夕，四川形成了以国立四川大学、省立重庆大学为龙头，包括四川省立教育学院、华西协合大学和私立西南美术专科学校等高校构成的高等教育体系。

民国前期巴蜀地区的中等及初等学校也在稳步发展。在1912年教育部《普通教育暂行办法》和1922年《壬戌学制》推行后，原来的学堂被改建成学校，同时新建了一批公立及私立中等学校。截至民国二十五年（1936），四川省中学共二百六十五所（包括女子初级中学），其中公立中学共一百八十三校，私立中学共八十二所。在初等教育方面，通过改"学堂"为"学校"及改良私塾，建立新的小学校等举措，保持了清末以来的较好发展势头。除此以外，这一时期巴蜀地区的职业教育、师范教育和社会教育事业也得到了较大发展。

（七）抗战时期及抗战后的巴蜀教育

1937年全面抗战爆发后，国民政府由南京辗转西迁至重庆，重庆一跃成为战时全国政治中心，带动了整个巴蜀文化教育迈入近代以来前所未有的大发展时期。抗战初期，为保存中华民族教育的精粹，延续我国教育早期现代化进程，以战区高校为先导，各级各类教育机构相率参与西迁。巴蜀地区作为战时全国政治、教育中心，成为这场声势浩大的西迁运动的重要基地和接纳场所，最终确立了巴蜀作为"全国教育中心"的地位。据不完全统计，战时曾内迁川、渝等地的高等院校即达五十余所，还有相当数量的中等、初等及社会教育工作人员不断涌入，为巴蜀教育的繁荣提供了充足的师资条件。与此同时，巴蜀本地教育在战时也得到了迅速的增长，不仅在西部各地中继续处于领先地位，一定程度上还弥补了战前与文教发达区域的差距。巴蜀地区战时新设高等院校就有十八所之多，职业学校也由战初（1939）的三十所猛增到战后（1946）的九十四所[①]，其余各级各类教育也有了不同程度的增长。[②]与此同时，一些新的教育思想也在巴蜀地区崭露头角。重庆育才学校的生活教育实验、华西的乡村建设实验、巴县的民生教育实验，这些开一时风气之先的教改项目使得巴蜀教育在国统区内独领风骚。

抗战结束后，随着国民政府及教育部迁返南京，原战时各西迁高校相继迁出，部分国立中等学校转迁、裁撤或兼并，巴蜀失去了全国教育中心地位，

---

① 教育部教育年鉴编纂委员会编：《第二次中国教育年鉴》，1912年版。
② 以中学为例，四川省中学战前为260多所，1940年时增为448所，战后更是达到了空前的600所。

处于回落的低潮期。原战时西迁高校相继返归，就连战时新设于川、渝各地的部分高校也有部分转迁他处，留驻巴蜀的高等院校数量急剧减少。中等教育方面虽然各类学校数量增减不定，但办学质量已难与抗战时期相比。中等职业教育、中等师范教育、初等教育要么徘徊不前，要么渐渐衰落，昔日风光已然不再。加之国民党政权不顾广大民众在经历长期战火后对安定和平生活的热切盼望，忙于扩军备战并再次悍然挑起内战，致使国民经济濒于全面崩溃，教育经费也根本无法得以保证，巴蜀教育亦因之元气大伤。由于内战不得人心，受到了包括进步师生在内的各界民主人士的普遍抵制，巴蜀地区学生进步运动不断，国民党当局则忙于四处镇压，动辄逮捕师生及封闭学校，甚而不惜采用武力屠杀的极端手段，严重破坏了正常教育秩序。凡此种种，都造成巴蜀教育事业在战后的每况愈下。

（八）新中国成立到"文革"时期的巴蜀教育

1949年10月1日，中华人民共和国在北京宣告成立。随着刘、邓大军挺进大西南，同年11月30日、12月7日，重庆、成都相继解放，巴蜀地区进入一个崭新的时代。1952年，中央政府取消行政公署制，设立四川省，其行政辖区由川东、川南、川西、川北四个行政公署和重庆市、西康省合并而成。从1949年新中国成立揭开新中国建设序幕到"文革"结束后的拨乱反正，作为社会主义改造与新中国建设探索的时期，巴蜀地区的教育发展也大体反映了这个历史进程。

1949年至1956年是我国由新民主主义向社会主义的过渡时期，教育的主旋律就是接管和改造。解放初，四川文教接管委员会和各市、县人民政府先后对国民政府遗留下来的公立小学附属幼稚班、幼稚园和托儿所进行了接管。小学则按照"维持原校、加以必要与可能的改革"的方针，对全省公立小学、私立小学和私塾进行了重新命名和接管。对中等教育，各地则根据第一次全国教育工作会议提出的"维持原有基础，逐步改革旧的教育制度"和"整顿巩固，提高普通中学，打好基础，准备发展"的方针，接收各地公立中学，对私立中学采取接管续办、查封停办等区别对待的办法，有计划、有步骤地接办了各私立中学、教会中学，并从教学、德育、管理等多方面进行整顿。高等教育方面在完成私立华西协合大学等校的接管、查封工作后，对学校的管理体制、课程教学进行了全面改革，对高校教师进行了团结与改造工作。同时，根据国家和地方建设需要，在接管基础上新成立了西南人民艺术学院、西南师范学院等院校。1952年开始，巴蜀地区根据国家有关高校院系调整方案要求，开始了相应的高校院系调整工作。在此期间，巴蜀地区还根据全国统一要求，贯彻"教育向工农开门"方针，积极开展工农教育，全面学习苏联教育经验，稳妥推进民族教育，积极探索巴蜀地区社会主义教育模式。

1957年至1966年是新中国历史上开始全面建设社会主义的十年，也是不断探索的十年。1957年4月，中共中央发出《关于整风运动的指示》，巴蜀各地迅速成立反右斗争领导小组，在中小学、高等院校中开展了一场轰轰烈烈的教育整风运动。由于这次反右斗争后期被严重扩大化，冲击了学校教育的原有秩序。1958年5月，中共中央八届二中全会通过了"鼓足干劲，力争上游，多快好省地建设社会主义"的总路线，巴蜀地区从基础教育到高等教育在教育规模上都出现了相应的"大跃进"情形，不切实际地提出了教育发展高指标，致使学校数和学生数迅速膨胀。①1961年开始，巴蜀地区教育工作又贯彻中央提出的"调整、巩固、充实、提高"八字方针，对全川教育事业进行了局部调整，一定程度上稳定了教育事业的发展大局。以高教为例，巴蜀高等教育系统根据"高教六十条"要求，经过三年的调整，到1963年时巴蜀地区高等学校下降到二十八所。1964年，中央关于"两种教育制度和劳动制度"的文件下发，巴蜀地区随即开始了实施两种教育制度的探索，兴办了一批半工半读学校，促进了办学主体、办学形式的多样化。

1966年5月16日，中共中央政治局扩大会议通过了《五一六通知》，揭开了"文化大革命"运动序幕。从此时到1976年"文革"结束，这是巴蜀教育遭受破坏的十年。首先是红卫兵运动。在全国红卫兵运动的影响下，巴蜀地区的大中学生纷纷离开课堂走上街头张贴标语、大字报，散发传单、集会演说，进行毁坏历史文化遗产的"破四旧"活动，成立各种红卫兵造反组织，挑起武斗。其次是工作组进驻学校。在中共中央于1968年发出《关于派工人宣传队进驻学校的通知》后，巴蜀地区也派出了多批工人、解放军工作组进驻学校，在稳定学校局势的同时也冲击了原有的教学秩序，造成教学质量明显下降。其三是"斗、批、改"运动和教育制度大批判。1971年"四人帮"在《全国教育工作会议纪要》中抛出"两个估计"后，各学校集中办"清队学习班"，大搞

---

① 以高等教育为例，1957年时巴蜀高校有22所，到1960年迅速发展到73所。

"逼、供、信""批修"活动，清查所谓隐藏在学校内部的"反动分子"，发起"开门办学"等教育革命。最后是废弃高考制度及开展知青运动。在"文革"的冲击下，尽管其间进行过一些整顿工作，但巴蜀学校教育跟全国一样整体上处于时存时废的状态。

（九）"文革"结束与重庆市直辖前的巴蜀教育

1976年10月，"四人帮"被粉碎，标志着"文化大革命"的结束。从1976年底粉碎"四人帮"到1985年《中共中央关于教育体制改革的决定》颁布之前的近九年时间，是巴蜀教育系统的拨乱反正时期。其中，1976年到1978年期间，巴蜀教育界同全国教育系统一样，开展了声势浩大的教育领域揭批"四人帮"罪行运动，以此恢复和建立正常的教学秩序。在这期间，巴蜀教育界还开展了平反冤假错案，批判"两个凡是"和真理标准大讨论，为新形势下发展巴蜀教育统一了思想。从1977年底开始，巴蜀地区各级学校按照邓小平同志的指示，把工宣队（贫下中农）、军宣队全部撤出学校，恢复了教育局和局党委设置，重新理顺了学校内部的管理体制。1977年，在全国恢复文化课程高考的形势下，巴蜀地区积极恢复了高考招生制度，开展学科专业建设，重启科学技术研究。此外，扫盲教育、农民教育、职工教育、干部教育等其他形式教育的拨乱反正也有步骤地展开。特别在1981年《关于建国以来党的若干历史问题的决议》和1982年党的"十二大"精神指引下，确立了教育作为社会主义建设优先发展的战略地位，为改革开放时期巴蜀教育的大发展奠定了坚实基础。

1985年5月，中共中央在总结我国教育发展正、反两面经验的基础上，颁发了《中共中央关于教育体制改革的决定》，启动了改革开放以来教育领域的体制改革工作。在基础教育领域，根据四川省《关于基础教育实行分级管理的试行意见》，各地普遍建立起了县、乡、村三级管理模式，因地制宜开展了农村、城市小学教育的布局调整，在部分学校实行了校长负责制的管理办法。在高等教育领域，巴蜀各高校按照"党政分工""校长负责制"的原则，推进了高校的党、政体制改革，各高校纷纷组建了校（院）务委员会、教职工代表大会和校学术委员会，完善了高校内部管理体制。与此同时，各高校还结合自身实际，开展了招生就业体制改革、人才培养模式改革，在科学研究、师资建设等方面取得长足进步。1986年，随着《中华人民共和国义务教育法》的颁布，巴蜀地区随即拉开了具有全局性影响的普及九年制义务教育战略序幕。

经过近十年的努力，到1995年时巴蜀地区义务教育普及工作取得了重要成就。此外，这一时期的职业教育、特殊教育、民族教育、社会教育事业也得到了稳步发展。

1992年，党的"十四大"确立了建立社会主义市场经济体制的改革目标，为适应这一改革要求，国家于1993年颁布了《中国教育改革与发展纲要》，巴蜀地区随即进入了又一个教育改革与发展时期。在基础教育阶段，巴蜀地区在教育管理体制上继续完善分级办学、分级管理的体制，围绕"基本普及九年义务教育，基本扫除青壮年文盲"目标，按照从"应试教育转向全面提高民族素质的轨道"的要求，着力推行素质教育。高等教育在管理体制上落实中央地方两级政府办学为主，完善高校的"联合、合并、合作、共建"办学和管理体制，积极进行投资体制、招生与毕业就业制度的改革，在科学技术研究、课程建设、教学改革、教学实践、思想政治教育等方面均取得一定突破。与此同时，职业教育和技术教育围绕"依靠行业、企业、事业单位和社会各方面联合办学"的改革目标，各地在教师队伍建设、确保教育经费投入、发展少数民族教育和社会教育、开展教育文化交流等方面都有长足进步。

1997年，第八届全国人民代表大会第五次会议审议并通过了国务院关于设立重庆市直辖市的议案，重庆作为新中国最年轻、西部唯一的直辖市就此诞生。巴蜀分治后的巴（新重庆）蜀（新四川）教育在1998年《面向21世纪教育振兴行动计划》、1999年《中共中央关于深化教育改革，全面推进素质教育的决定》、2001年《国务院关于基础教育改革与发展的决定》和2004年《2003~2007年教育振兴行动计划》等国家宏观教育政策的指导下，推动着巴蜀教育的持续发展。在基础教育领域，巴蜀两地围绕推进素质教育改革、新课程改革和"两基"攻坚等核心工作，在学前教育、义务教育学校布局、农村留守儿童教育、义务教育均衡发展、高中教育质量提升、农村地区"两免一补""农远工程"等方面均取得突破。在高等教育领域，巴蜀两地以"211""985"工程为带动，着力建设了包括四川大学、重庆大学在内的近十所高水平大学，合并、组建了一批新建普通高校，以高校扩展为契机扩大了学校的办学规模与效益，以教学评估为动力提升了高校教育教学水平，在培养人才、科学研究、服务地方等方面取得了前所未有的发展成绩。与此同时，这一时期巴蜀两地在职业教育、民族教育、民办教育、社会教育、对外教育交流等方面也呈现出一派崭新气象。

近年来，巴蜀两地为了迎接世界科技快速发展的挑战，更好地顺应全球教育发展趋势，推进各级各类教育更好地服务于社会发展需要，结合各自的发展实际，制定和出台了面向未来的教育发展规划。重庆确立了"建成一高地、一中心，实现三化"的教育发展目标，即力争到2020年，把重庆建成西部教育高地、长江上游教育中心，基本实现城乡教育一体化、教育现代化、教育国际化。四川制定了"科教兴川"和"人才强省"战略，提出了"走创新之路，建教育强省"的总体思路，实现"由人口大省向人力资源强省、教育大省向教育强省的转变"的目标。站在新的发展起点，巴蜀两地将在《国家中长期教育改革和发展规划纲要（2010～2020年）》和第四次全国教育工作会议精神指引下，在实现"基本实现教育现代化、基本形成学习型社会、进入人力资源强国行列"这一国家教育发展目标过程中取得更大的辉煌。

二、巴蜀文化教育的经验教训

综观巴蜀之地的文化教育，无论是秦汉唐宋元明清的封建社会，以及民国时期的半殖民地半封建社会，抑或是中华人民共和国成立之后半个多世纪的社会主义建设时期，两千多年来的巴蜀文化教育发展的历史事实，留给了我们一份值得长久思索的丰厚遗产，特别是教育发展的经验和教训仍可借鉴。

（一）巴蜀文化的基本特点

1. 传说巴蜀文化是以农耕文化为主体的混合型文化，它是由土著文化、中原文化、宗教文化所组成的。经历了漫长的发展过程，其特点是内聚力和包容性强，以致几千年来融合了周围的山岳、草地文化并使其内涵逐渐丰富，成为中国传统文化的重要组成部分。

2. 巴蜀文化是生长在一个农业宗法社会母体之中，农业经济一直是巴蜀经济的主干，而长期的农耕生活，使巴蜀地区各民族形成了安土重迁、讲究闲暇、追求稳定和谐的性格。

3. 儒、佛、道各种思想构成了巴蜀文化的核心内容，而儒家思想处于主导地位。在这种格局下，各种思想相互补充、互为关联，从而形成了巴蜀地区各民族的共同理想人格和价值观念，强调德治仁政，是一种趋善求治的伦理政治文化。

总之，文化是民族的灵魂，它不是自生自灭的野火，而是代代相传的薪火。巴蜀文化历史悠久、灿烂辉煌，两千多年来，逐渐形成了自己完备的理论体系和实用的价值取向，是中华文化最成熟的伦理政治文化之一。巴文化与蜀文化虽各有其发展线索，但长期以来，交融混合、不可分割。

（二）巴蜀教育发展的经验教训

1. 巴蜀地区教育的发展是各个历史时期的各种社会环境综合影响的结果。教育的发展离不开它赖以生存的社会经济文化环境，任何时代的教育都是在一定的社会经济文化中展开的，社会经济文化环境制约着教育发展的价值取向与方式。我们梳理两千多年来巴蜀教育的历史时，看到巴蜀教育的发展是如何依赖于这一地区的政治局势，经济状况又是如何影响教育前进的步伐。同时，我们还看到巴蜀教育的发展是与各时代志士仁人的大力推动有着密切的联系，而某一时代的人才兴盛，又将反过来带动社会经济的发展。

2. 办学主体多元化是巴蜀教育发展的重要条件。巴蜀地区自汉代以来形成的以中央和地方官学为主体，官学和私学并行互补的基本格局，一直延续到中华人民共和国成立。巴蜀地区历代开明的统治者，认识到教育对巩固其统治地位、稳定社会秩序的极端重要性，所以在建立政权以后，立即着手抓学校教育的恢复，不仅给学校大量划拨经费，而且采取各种措施提高学校的地位，提高知识分子和学校教师的地位。由于最高统治者的大力倡导，地方官员和民间百姓也逐渐形成了尊师重教的社会风气。

3. 师生关系和谐、教育内容博杂、教学方法多样是巴蜀教育的重要特色。在师生关系方面，我们看到，不仅教师关爱学生，而且学生对教师的个人感情也很深厚；教师对学生既严格要求，重视言教，而且也特别重视身教。所以尽管教师对学生要求严格，但学生对教师依然十分敬重。可以说，在巴蜀教育的历史上已基本形成了师生民主平等关系的萌芽因素；在教育内容方面，历史上巴蜀的学校教育，无论是官学还是私学，虽然都是以传授儒家的经籍为主，但由于巴蜀历史上仙巫之术盛行，以致天文、历算等科学技术以及方诊之技、阴阳之术的传习也通过民间私学得到发展，学校教育不仅传授儒家经籍，也介绍"老庄"思想和佛教的因果报应；在教学方式方面，积累了丰富的经验，不仅灵活多样，而且重视实施启发诱导，因材施教，尤其是书院中的问难辩论式的教学，学生强调学而不厌的自学和独立钻研，教师强调诲人不倦，教学注意培养学生学习的自觉性、思考能力、自学能力以及学习兴趣等。

　　历史是一条剪不断的链,回顾两千多年来的巴蜀教育文化历史,对于我们认识教育发展的规律,启发我们在新的历史条件下进行教育改革和教育实践无疑是大有益处的。

第一章 秦汉魏晋南北朝时期的巴蜀教育

巴蜀大地的教育活动源远流长，并随原生型高度发达的奴隶制文明而一度达到很高的发展水平。公元前316年，秦国灭蜀并巴，巴蜀之地的文化、教育随之走上了追随中央政权，吸收、传承中原华夏文明的嬗变之路。秦政权经营巴蜀百余年，带来了不同于这一地区原生态土著文明的黄河流域文化和更加成熟的汉文字，从总体上改变了巴蜀教育活动发展的方向，丰富了教育的内容、途径和手段，通过"秦化"而使教育为巴蜀地区全面接受和传承中原华夏文化开了先声，打下了初步基础。两汉时期，巴蜀地区全面接受了中央王朝的政治、经济、文化制度，文翁成都兴学倡天下郡国学校之先，地方教育的兴盛与中央政权的选士任官制度相呼应，以及私家研习、讲学之风的推波助澜，推动了以儒家经学为主要内容的中原文化在巴蜀地区的全面传播，古代巴蜀文化的血脉与特质也通过融杂其中而得以传衍。汉末天下大乱，巴蜀之地从刘焉、刘璋开始，直到589年重归隋王朝大一统中央政权，近四百年的蜀汉魏晋南北朝期间战祸不断，文教事业自然也在劫难逃，官方教育时兴时废，民间私学点缀其间，巴蜀教育处于缓慢的发展之中。

第一节　秦汉时期巴蜀地区的教育

一、远古先秦时期巴蜀教育的萌生与发展

　　"蚕丛及鱼凫，开国何茫然？尔来四万八千岁，不与秦塞通人烟。"巴山蜀水孕育了原生型的巴蜀远古文化。考古发掘显示，重庆巫山县大庙镇1985年发现的距今两百万年远古人类化石（即著名的龙骨坡遗址"巫山人"），其牙齿已属人类牙齿的范畴，所用石器既不同于时代较晚的直立人时期打制的石器，也不同于猿类偶尔使用的天然石块，表明他们制造工具的历史还不太长，正处于人类进化的早期。巴蜀境内旧石器时代的文化遗址更是有如燎原星火，东起巫山，西至雅砻江、大渡河，北至阆中，南到长宁，已发现两百多处，而属于新石器时代文化的则有巫山大溪遗址、广元营盘梁遗址、绵阳边堆山遗

址、广汉三星堆文化一期、西昌礼州遗址，以及青衣江、岷江上游文化遗址等。尤其是在距今四千五百年左右的成都新津宝墩文化遗址发现了具有明显功能标志的聚落形态——"城"，以及多座古城共存所形成的古城群的出现，表明巴蜀文明已经发展到酋邦社会时期，已处于文明的前夜。① 广汉三星堆遗址的古城东西长1600～2100米，南北宽1400米，超过了商王朝统治中心的郑州商城，而城墙的建筑年代相当于中原的早商时期，可见此时的古蜀文明已经发展到了与殷商王朝大致相当的水平。② 而本世纪以来成都发现的年代略晚于三星堆的金沙遗址，大量精美的金器、铜器、玉器等为我们展现出又一幅繁荣发达的古蜀王国景象。在巴蜀地区东部，"距今3000～4000年前，重庆地区的土著居民……已经开始进入氏族社会，过着聚落生活，形成了原始村落。……商周时期，巴族开始在先巴文化的基础上，建立了以部落联盟为基础的奴隶制国家"③。商周之际的公元前12世纪，巴蜀境内已出现大大小小的众多部落和部落联盟，其中一些发展成为早期的方国，而最大的巴和蜀还参加了周武王征讨商纣的战争，为周王朝的建立助了一臂之力。春秋时期，巴、蜀两国逐渐收服周边部族，成为巴蜀境内相互对峙的两个大国。公元前316年，秦国兴师灭蜀，进而兼并巴国，巴蜀政治、经济和文化按其自在逻辑发展的历史至此被画上了休止符。

古蜀王国时期的望帝杜宇、丛帝开明像

---

① 段渝：《政治结构与文化模式——巴蜀古代文明研究》，学林出版社1999年版，第53页。
② 蒙默、刘琳、唐光沛等编著：《四川古代史稿》，四川人民出版社1988年版，"前言"第4页："早在三千年前蜀地就已能铸造精美的青铜神像和各式礼器，其冶铸水平与同期中原器物相比并不逊色。"
③ 李定开主编：《重庆教育史》第一卷(本卷作者吴洪成)，西南师范大学出版社2006年版，第5页。

人类肇始，教育活动与之俱生；巴蜀之地远古文明历史悠久，教育活动也同样源远流长。原始社会的巴蜀先民们，在极其简陋、艰难的条件下顽强地繁衍生息，一点一滴地积攒着早期文明，并在生产、生活过程中将这些积攒起来的经验在同类中横向传播、分享，向下一代传授以使之纵向流传。不但蜀中杜宇"教民务农""巴亦化其教而力农务"①和"蜀尝大水，宇率居民避长平山"②等传说反映了这一点，而且三星堆和金沙遗址等处出土的精美器物所展现出的高超的生产工艺，显然也离不开技术上的教授学习与流播传承。到原始社会末期，随着生产力水平的提高，文化、宗教、艺术活动的产生与发展，原始教育在积累、传播知识并促使人类智慧再生方面的职能也越来越重要，并逐渐分化出少数专门从事脑力劳动的"文"职人员——巫师。巫师担负着原始宗教的宣传、解释、执行等任务，一般都受过训练，掌握一定的宗教知识和实行巫术的特殊技能，"巫师是原始社会的精神文化教员，他们自身也建立师徒制度"③，承担着文史资料保存及其代际传承（亦即教育）的重任。在属于宝墩文化的郫县古城村遗址中部，考古工作者发现了一座长约五十米、宽约十一米，面积约五百五十平方米的大型建筑基址，横亘其中部的是五座由东北往西南依次排列的长方形卵石台基，台基之间间距三米左右。有学者研究认为，这五座卵石台基当属宗教性设施，并与其所在的大型房屋一道，构成城内的大型宗教、礼仪活动中心，亦即早期的宗庙。由此，我们可以想见，在四千多年前的这一宗教建筑里面，已与生产劳动相分离的文化教育活动，正是以古蜀国重要思想观念和文史资料传承为主要内容，以宗教仪式等为主要形式而发生和进行的。在广汉三星堆遗址出土有一件立人铜像，它身高1.7米，与真人相仿，头戴花冠，做持物状，着左衽长袍，赤足佩脚镯，立于方座之上，庄严、肃穆，学者大都认为，此公"若非大酋则必大巫"，正在和众多的巫史之属进行宗教活动④，而金沙遗址也出土有类似立人像和用于宗教活动的大量精美金器、铜器、玉器、石人像以及象牙、野猪獠牙等，这些都"形象生动地反映了商周时期古蜀王国祭祀活动的昌盛"，而实施带有巫术色彩的古蜀祭祀活动离不开受过专门训练的巫师，"巫师在古蜀王国是一个特殊的阶层，是祭祀活动的主

---

① （晋）常璩：《华阳国志·蜀志》。
② 文渊阁《四库全书·史部·四川通志》卷三八《仙释》，第561册，第214页。
③ 高时良：《中国古代教育史纲》，人民教育出版社2003年版，第10页。
④ 李学勤、徐吉军主编：《长江文化史》，江西教育出版社1995年版，第129~133页。

巴蜀图语

持者"①。巴蜀这一时期已与生产、生活实践相分离的教育活动正是寓于其中的。

文字是与生产劳动相分离的教育活动的重要工具,而"我国先秦的文字,除汉字以外,可确定的只有巴蜀文字"②。一方面,"中原的文字,从商代的甲骨文到周代的金文,在巴蜀境内应当是有所流行的,只是至今还未发现古代遗留下来的直接证据";"与此同时,在春秋战国时代本地还有另外一种文字,这可能是巴蜀两族自己的创造"。20世纪70年代,考古工作者在郫县发现的一柄铜戈上铸有一行文字和一组巴蜀符号,在万县采集到的另一柄铜戈上也铸有一行类似文字,这些"无疑应该是巴蜀的文字",只是暂时还未发现其构成规律,无法释读而已③。文字本身和文字材料被习得和传承需要相应的教育,同时文字也为脱离生活生产实践形态的、比较发达的教育活动提供了可能。

另外还有三方面值得注意的问题。一是根据大量文献记载和考古材料可见,巴、蜀两国在为秦所灭之前就已经建立起了与战国七雄大体类似的王国政权④,虽然没有开展文化教育活动的文献记载可考证,但推知其贵族王孙也应是接受一定教育的,相应的教育活动理当存在。二是陆通、尸子入蜀当有教行。皇甫谧《高士传》载:陆通"楚昭王时见楚政无常,佯狂不仕,人谓之'楚狂'",楚王派使臣屡次前往聘之出山,"请治江南,通笑而不应",然后夫妻俩"变名易姓,隐蜀峨眉山"⑤,陆通既然以其才学为楚所重,入蜀后很可能在小范围内自觉不自觉地从事过一些文化传播活动。《史记·孟子荀卿列传》"楚有尸子"裴骃集解引刘向《别录》:"楚有尸子,疑谓其在蜀。

---

① 黄剑华:《金沙遗址——古蜀文化考古新发现》,四川人民出版社2003年版,第42、129页。
② 李学勤:《论新都出土的蜀国青铜器》,《文物》1982年第1期。
③ 童恩正:《古代的巴蜀》,四川人民出版社1979年版,第132页。
④ 《华阳国志·蜀志》载:"九世有开明帝,始立宗庙。以酒曰醴,乐曰荆。人尚赤。帝称王。"一般认为,开明九世大约处于东周贞定王(前468~441年在位)至考王(前440~前426年在位)之间。
⑤ 嘉庆《四川通志》卷一六五《流寓》。

今按尸子书，晋人也，名佼，秦相卫鞅客也。卫鞅商君谋事画计，立法理民，未尝不与佼规之也。商君被刑，佼恐并诛，乃亡逃入蜀。自为造此二十篇书，凡六万余言。卒，因葬蜀。"童恩正先生认为："尸佼在蜀著书立说，宣扬进步思想，一定是有一批门徒和拥护者的，他的著作得以保存到后代，当与这批人继续传播他的思想有关"①，进而可以推论出尸子在蜀地曾经聚徒讲学施教。三是先秦时期与巴蜀有关的文化名士在中原地区的活动。《四川通志》载：周世商瞿，"双流人，孔子弟子。生于瞿上乡，殁亦葬于瞿上，至今墓碣犹存"②。《淮南子·氾论训》载："昔者苌弘，周室之执数者也。天地之气，日月之行，风雨之变，律历之数，无所不通。"传其为晋人所执杀后"藏血于蜀，三年化碧"。

四川资中文庙孔子像（1999年复原）

二、秦治时期巴蜀地区的教育制度

公元前316年，秦国借救苴侯之名，由司马错、张仪率兵"伐蜀，灭之"，"取巴，执王以归"，巴、蜀作为偏居一方的独立王国而各自自主演进的历史至此结束，沦为了隶属于秦国政权的地方政府。由于蜀国的残余势力一时还难以完全剪除，秦国先是实行过渡政策，三封蜀王之后为侯，同时从中央（秦国政权）派遣张若"为蜀国守"，到公元前285年"诛绾侯，但置蜀守"，蜀国之地便与先行一步的原巴国地区一道，成为秦之郡县③，秦国的政治、经济、社会制度也随之行于巴蜀。《汉书·地理志》说："孝公用商君，制辕田，开阡陌，东雄诸侯……孙昭王开巴蜀。"而在四川青川郝家坪出土的秦墓木牍更

---

① 童恩正：《古代的巴蜀》，四川人民出版社1979年版，第138页。
② 文渊阁《四库全书·史部·四川通志》卷八《人物》，第559册，第337页。
③ 《华阳国志·巴志》："置巴、蜀及汉中郡，分其地为三十一县。"

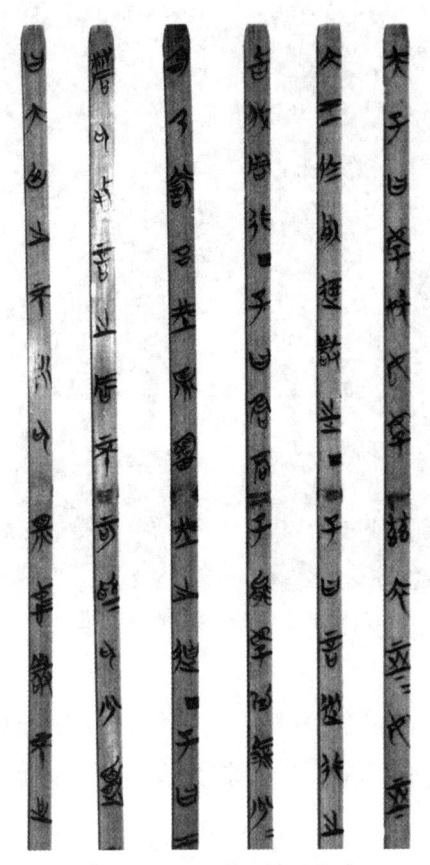

青川木牍：亦篆亦隶的文字

是明确载示："（秦武王）二年十一月初一，王命左丞相甘茂、内史匽，取瞖（秦律），更修为（蜀地）田律。"①昭襄王当政在公元前306年以后，武王二年即公元前309年，可见秦政权在巴蜀推行其土地制度迅速而毫不含糊。在城市方面，张仪、张若在成都、郫县、临邛、江州（今之重庆）、阆中等地筑城，而且成都"营广府舍""市张列肆"竟到达"与咸阳同制"的地步，秦币半两钱也很快就流通于巴蜀，近年在郫县、茂汶、青川等地都出土了秦统一前的半两钱。

在语言文字政策方面，秦制也大举进入巴蜀。秦国为巩固其统治，采取了移民入蜀政策。"昔秦惠王伐蜀，移秦人万家以实蜀中"，"临邛县……本有邛民，徙上郡实之"，"秦法，有罪迁徙之于蜀汉"，②希望通过改变巴蜀要道之地的居民结构，弱化原住民的凝聚力，增强其对于秦政权的向心力；"秦惠文、始皇克定六国，辄徙其豪侠于蜀"，"巴蜀道险，秦之迁民皆居之"，③借此拆散新占领地区的豪强势力，以利秦政权的渗入与巩固。加之巴蜀"世尚秦女"④，包括此前的蜀国王，和后来为"蛮夷君长"的巴氏，都有此好。随着与外来移民的杂处，以及越来越多的通婚等，巴蜀之民逐渐"染秦化"，在语言习惯上受到秦国文化极大影响，以致"始能秦言"，"言语颇与华同"⑤了。

---

① 李昭和：《青川出土木牍文字简考》，《文物》1982年第1期。
② 分别见《太平寰宇记》卷七四"罗目县"条、《华阳国志·蜀志》《汉书·高帝纪》颜师古注引如淳曰。
③ 分别见《华阳国志·蜀志》《汉书·项籍传》。
④ 《后汉书·南蛮西南夷列传》。
⑤ 引文出自卢求《成都记·序》、刘逵《地理志》。

与口头语言不同的是，在绝大多数黎庶都是文盲的时代，文字主要用于官府文书。秦国在巴蜀建立其地方政权的过程中，采用、推广属于汉文字的秦文字形态——秦篆和正在发育之中的隶书，致使发育尚未完全成熟的巴蜀文字没有了"市场"，逐渐失去了延续的生命力，并且由于文人们即便不仕于官，也总得与官方文书和作为知识分子之主体的官吏打交道，因此秦文字很快就在巴蜀之地流传开来，并成为官府、文人，自然也包括当时特定形态下的教育活动中的应用文字。在青川战国秦墓群出土的文物中，陶器铭文中有篆书"赵志"二字，铜器铭文中有阴篆"壹""长"二字，漆器铭文中可识读"成亭""东""王"等字，既有篆书也有隶书，而木牍上可识读的一百多字则均为墨书秦隶，而且精细流畅；①在涪陵小田溪出土的秦始皇二十六年（前221）蜀郡所造铜戈上的刻铭也是秦篆书②，这些都表明秦文字在巴蜀得到了广泛运用，到秦统一全国后推行"书同文"政策的时候，巴蜀先走一步、早已如此了。

与政治制度、语言文字政策相伴，秦国的教育制度也随之应用于巴蜀。灭巴蜀之时的秦国，正在执行的是商鞅变法后的文教政策③；在统治巴蜀的公元前3世纪后半叶，倍受秦王嬴政赏识的韩非思想大行其道。由此可以想知，秦在巴蜀执行的正是法家教育思想：重视耕战，崇尚斩首之类战功，强化专制，禁锢言论，"贱游学之人"，"禁游宦之民而显耕战之学"，"无书简之文，以法为教；无先王之语，以吏为师"，经过学习而掌握法令者可递补执法官吏，通晓法令者可以得到重用，"主法令之吏有迁徙物故，辄使学读法令所谓，为之程式，使日数而知法令之所谓，不中程，为法令以罪之"。④天下一统后，秦政权进一步强调"百姓当家则力农工，士则学习法令辟禁"，而且禁私学、燔诗书，"若有欲学法令，以吏为师"。⑤就巴蜀而言，秦政权进来之前本来

---

① 李昭和：《青川出土木牍文字简考》，《文物》1982年第1期；参见黄家祥：《四川青川出土秦"为田律"木牍的重要价值》，《四川文物》2006年第2期。需要说明的是，这里的隶书还仅仅是其初期形态。

② 于豪亮：《四川涪陵的秦始皇二十六年铜戈》，《考古》1976年第1期；四川博物馆、重庆市博物馆、涪陵县文化官：《四川涪陵地区小田溪战国土坑墓清理简报》，《文物》1974年第5期。

③ 商鞅虽然于公元前338年被处死，但"秦法未变也"（《韩非子·定法》）。

④ 分别引自《商君书·壹言》《韩非子·和氏》《韩非子·五蠹》《商君书·定分》。

⑤ 《史记·秦始皇本纪》。

就既无私学风气，也没有诸子百家思想的争鸣与传播，文化教育可能仅在王孙贵族和巫师之类专兼职的宗教神职人员中间存在，而王孙贵族随着巴蜀两国的灭亡而解体，或者退出了巴蜀之地，因此就文化教育而言，秦政权在这块土地上便无所谓多少"破"，而主要是"立"，吏师制度便比较顺利地推行开来。

在吏师法教制度下，教育的主要内容就是政府法令，民众一层重在了解和遵守，各级官吏重在学习领会、宣讲传播和执行、推行，教育的施行者是各级官吏，学生主要是将要进入官府衙门担任中低级公务人员或从事具体操作性工作的办事人员的青少年。由于施行见习制度，因此一部分学生同时也被视为官府为吏者，秦汉史籍中的"为小吏"即指此类情形。学习的主要任务在于了解、掌握为吏的基本要求、规矩和将来工作中将涉及的政府法令，亦即"为吏"所需要的基本知识和基本技能。吏员类别众多，公务自然也是多种多样，而普遍需要涉猎的事务当是文书类操作；文字、文笔能力是作为吏员的基本功，因此诵书习字也是基本的学习内容。《史记·项羽本纪》说"项籍少时，学书，不成，去；学剑，又不成。项梁怒之。籍曰：'书足以记姓名而已。剑一人敌，不足学，学万人敌。'"可见文字学习是基础性的。识字教材为李斯所作《仓颉》、赵高所作《爰历》以及胡毋敬的《博学》专门读本，这同时还有助于学习掌握和使用相同的秦篆字体，以达"书同文"之功，并且也正是因为习字和行政办公运用量甚大而秦篆又还比较复杂，才有了隶书字体的产生与发展。其他方面的教材，就法令内容的学习而言，如云梦秦简中的《法律问答》，多为具体案例的判断和对疑难问题的处理，对学习为吏者很有指导价值；就"吏德"教育而言，如云梦秦简中的《为吏之道》，具体地阐述了作为官吏所应具备的行为规范和为人处事的一些基本原则，如正直、廉洁、公心、谨慎、沉稳，以及"慈下勿陵，敬上勿犯，听谏勿塞"等，据考证，这也是当时供学习做吏的人使用的教材。①

秦代学吏的"学僮"多须经过录取手续而成为正式弟子。《秦律十八种·内史杂》规定："非史子也，毋敢学学室，犯令者有罪。"这同时也说明设有专门的教学场所——学室，而且不准未经注册许可的其他人入室学习，否则要治罪。关于吏学（即学吏教育）中的师生关系，政府也有明文规定，以保

---

① 李国钧、王炳照编：《中国教育制度史》第一卷（俞启定、施克灿著），山东教育出版社2000年版，第185、201页。

障弟子的某些基本权利。如《秦律杂抄·除弟子律》："当除弟子籍不得，置任不审，皆耐为候。使其弟子赢律，及笞之，赀一甲；决革，二甲。"求学者学业期满，应按时解除其学籍并得到合理任用，否则为师者就要受到剃去鬓须并罚作劳役一年的"耐"刑；而如果使唤弟子超过规定，甚至笞打弟子，就要处一副铠甲的罚款，打破了皮还要加倍罚款。①在学者则可以免除兵役，"驾驺除四岁"②。

总体看来，"功利主义是秦文化价值层所具有的特色"③，它形成于商鞅变法（前356）之后，是"师申商之法，行韩非之说"的结果，而且这种"趣利无耻""非有文德"④、不重视文教的取向一直持续到公元前206年秦朝灭亡。巴蜀之地正是在这一历史时期被纳入秦政权统治之下，而且秦据巴蜀的直接目的主要在于"广国""缮兵"⑤。"秦看中的是蜀地的丰沃国土和庞大财富，以及巴地的勇猛战士和战略位置，并以此建立稳固的基地，使其剑锋直指第一强敌——楚国，进而最终实现其问鼎中原的宏图大略"⑥，因此对巴蜀文教事业的关注程度十分有限。秦在巴蜀的教育实践，虽然这期间没有文献典籍流传下来，但可以想见，大致主要是围绕、结合其政治、经济统治，扎扎实实地推行了它的吏师法教制度。这类教育重在即时性，旨在调整吏员和民众当下的具体行为，缺乏思想性和深刻性，因此对巴蜀文化教育的发展没有多少推动作用可言。

另一方面，虽然秦政权在商鞅变法以后一直禁绝异说，甚至采取令东方六国文化蒙受极大摧残的焚书之类极端措施，但这"对巴蜀却几乎没有发生什么制约和影响"⑦，因为秦所欲禁的百家思想及其文献仅道、杂两家，这在巴蜀仅有极少数人传习，在当时无甚影响，而巴蜀地域传统文化中盛行的宗教、卜筮、方术、神仙术之类的东西均不在被打压之列，也未见命令禁止其教育传播的记载。最为重要的是，秦政权的进入阻断了原生态的巴蜀文化教育的继续

---

① 本段《秦律十八种》《秦律杂抄》及其引文均见云梦睡虎地秦墓竹简。
② 肖川：《中国秦汉教育史》，人民出版社1994年版，第20页。
③ 黄留珠：《秦文化琐议》，中国秦汉史研究会编：《秦汉史论丛》（第五集），法律出版社1992年版，第10页。
④ 《汉书·董仲舒传》。
⑤ 《史记·张仪列传》。
⑥ 张剑涛：《论秦对巴蜀分治的原因及影响》，《重庆三峡学院学报》2004年第6期。
⑦ 段渝：《政治结构与文化模式——巴蜀古代文明研究》，学林出版社1999年版，第486页。

发展，借由中央政权的政治、经济活动和有组织的大规模移民，有意无意间为长期封闭发展的巴蜀文化带来了中原文明的冲击，①尤其是将后来施行与东方六国的"书同文"之类政策得以在巴蜀地区先期施行——以至于巴蜀文字很快就销声匿迹了，秦制秦文化在这块土地上日益巩固，并"达到充分的稳定状态"②，为西汉时期迅速而全面地接受中原文化奠定了基础、准备了条件。

三、文翁兴学与两汉时期巴蜀地区的郡国学校

（一）西汉前期的文教政策与文翁兴学

公元前206年，随着秦朝灭亡，刘邦据有巴蜀秦国故地，称汉王于关中，四年后建立西汉王朝，巴蜀之地改属刘姓天下，走上了融入中原主流文化的教育发展新阶段。

西汉立国之初走的是倚重黄老之学的"杂霸"治国路线，各方面具体的政治、经济制度，除明显属于秦之暴政者悉予祛除外，一般多承秦制，重在休养生息，恢复经济，在文教方面也主要是做了一些"松绑"之事，而无甚"有为"兴学之举。汉高祖本是轻儒典范，"沛公不好儒，诸客冠儒冠来者，辄解其冠，溲溺其中"③，竟然到了摘下儒生帽子往里尿尿的地步，后经一帮儒生臣下长期劝谏和诱导才有所改变，到其晚年方有所醒悟，"吾遭乱世，自喜谓读书无益。……追昔所行，多不是"④。随后的惠帝在公元前191年宣布废除秦代"挟书律"而正式开放学禁，但亦未出台成文的文教政策。事实上，这种不干预本身也是一种政策，而且正是黄老政治的特点所在，它为文教事业的恢复和缓慢复苏创造了宽松的条件。据《汉书·刑法志》载："当孝惠、高后时……萧、曹为相，填以无为，从民之欲，而不扰乱。……及孝文即位，躬修玄默，劝趣农桑，减省租赋。而将相皆旧功臣，少文多质，惩恶亡秦之政，议论务在宽厚，耻言人之过失，化行天下。"随着"文景之治"时代的到来，注

---

① 即便在秦统一中国之前，其政权相对于巴蜀之地而言，也属于中央政权性质；即便是早期的秦文化，它与中原华夏文明同祖同宗，而且春秋战国期间交流频仍，因而其中原文化的成分和特质也是蔚为可观的。
② 段渝、邹一清：《古蜀文明——璀璨的四川古代文化》，四川人民出版社2004年版，第77页。
③ 《史记·郦生陆贾列传》。
④ 严可均辑：《全汉文》。

重文化、尊重学者、扶植学术之举渐多。文帝时"天下亡治《尚书》者，独闻齐有伏生，故秦博士，治《尚书》，年九十余，老不可征，乃诏太常，使人受之"。晁错受遣学成归来，便被重用，"诏以为太子舍人、门大夫，迁博士"①。公元前141年，汉武帝继位，崇儒术、兴文教之风渐盛。公元前140年，在诏举贤良方正直言极谏者的时候，同意丞相卫绾奏议，将研习申不害、商鞅、韩非一脉法家学问者排斥在外；公元前136年，置五经博士；公元前134年，采纳董仲舒"罢黜百家，独尊儒术"之策，听取其"立学校之官，州郡举茂才、孝廉"之议②；公元前124年，诏"令礼官劝学，讲议洽闻，举遗兴礼，以为天下先。太常其议，予博士弟子，崇乡党之化，以厉贤才"，丞相公孙弘"请为博士置弟子员"，③博士开始担负起培养弟子的官定职守，汉代官方学校教育产生了——虽然还仅仅是立于京师的中央官学。

我国封建社会最早的地方官学，为西汉景帝、武帝之际文翁在蜀郡所开办。前述文、景、武帝时期逐渐重教崇儒的政策动向，正是文翁得以成就此举的时代背景。另一方面，巴蜀之地之所以能最早兴办地方官学与中央政府相呼应，也有其特定的历史条件。

巴蜀之地因其为秦所有甚早，并作为秦霸天下的战备粮仓经营百余年，李冰筑堰之后便如《华阳国志》所载，"水旱从人，不知饥馑"，"时无荒年，天下谓之天府"，兼并六国的争战和秦末战乱虽都搜刮、征用了这方粮草，但毕竟未遭战火毁坏，经济得以持续发展。楚汉决战时，"诸侯之

"成都市文物保护单位"匾牌

---

① 《汉书·晁错传》。
② 《汉书·董仲舒传》。
③ 引文见《汉书·武帝纪》。人们一般以此作为汉代建立太学之始。马端临：《文献通考·学校七》："元朔五年，置博士弟子员。此前博士虽各以经授徒，而无考察试用之法，至是，官始为置弟子员，即武帝所谓兴太学也。"

兵四面而至，蜀汉之粟方船而下"，高祖不但因之而成帝业，而且在即位之初遇上关中大饥，也是通过令其"就食蜀、汉"①而加以解决的。再经过汉初半个多世纪的社会安定局面，巴蜀经济继续稳步发展，到文帝末年，已是"世平道治，民物阜康"②了。就文教事业而言，巴蜀之地虽然有着悠久的文化史，但其属于"中华多元一体的大文化中最早的源头之一……是原生型文明的典型"③，在秦汉以前一直独立发展而不同于中原华夏文明；与中原文明的交往和相互影响甚为久远，但直到秦政权进来以后才得以通过官方大面积地与中原文化沟通，而秦又漠视和抑制文教，"蜀承秦后，质文刻野"④，因而直到西汉王朝建立，以包括儒家在内的诸子百家为主要内容的中原文化，在巴蜀之地都基本上没有多少流传。秦时迁来的移民，也仅仅是带来了中原文化的种子，而当时的政治空气是不可能允许其滋生、蔓延的，所以"蜀化辟陋，非齐鲁诸儒风声教化之所被"⑤。汉初继续实行郡县制，越来越多的中原人士进入巴蜀为官，其中自然不乏文人，加之中央政府又开了文禁，中原文化便陆陆续续、源源不断地流传进来，为虽已久"染秦化"，却还很少接触到中原诸子百家思想的巴蜀人士打开了窗口。到景帝末年文翁来蜀时，虽然他所见到的仍是"蜀地辟陋，有蛮夷风"，但这比六七十年前西汉立国之初的情况已经好了很多，并且在一些巴蜀人士心目中，对中原文化艳羡而欲从学的愿望也正处于潜滋暗长之中。

  正是在中央崇儒重教的政策导向越来越明确，巴蜀之地经济条件许可，巴蜀部分人士系统学习中原文化的愿望正在萌生和滋长的关键时候，庐江人文翁（生卒年不详）受命来到巴蜀之地，担任蜀郡太守。加之文翁"少好学，通《春秋》"⑥，曾"长安授经"⑦，自己又属于"以郡县吏察举"提拔任用的官员，因此对文教事业化民成俗的重要作用深有认识，"仁爱好教化"，于是产生了"欲诱进之"⑧以革辟陋蜀地之蛮夷风的"冲动"，决定加大引入中原儒

---

① 引文分别见《史记·郦生陆贾列传·郦食其传》《汉书·食货志》。
② 《华阳国志·蜀志》。
③ 谭继和：《巴蜀文脉》，巴蜀书社2006年版，第73页。
④ 《华阳国志·先贤士女总赞》。
⑤ 马端临：《文献通考·学校七》。
⑥ 《汉书·循吏传·文翁》。
⑦ 王先谦：《汉书补注》卷五九《循吏传》注引《庐江七贤传》。
⑧ 此处及下面三段所引文字，凡未注明出处者，均引自《汉书·循吏传·文翁》。

家文化并在蜀地传播的力度,"用夏变夷"①,用华夏文化改造非华夏文化,以达教化之功,开始了兴学之举。

第一步,选派优秀苗子,送京代培师资。为解决兴学师资问题,文翁"选郡县小吏开敏有材者张宽等十余人亲自饬厉,遣诣京师,受业博士,或学律令"。这些小吏,估计是沿袭秦制在官府中"以吏为师"、学习做吏,正处于见习、实习阶段的吏学弟子,从郡、县衙门中选出了张宽等十多位比较机敏有才气的年轻人,由文翁亲自给他们做动员讲话,提出殷切期望,送到京师长安,到中央政府所设置的博士们那里去学习儒学经典,或者法律条令等。由于这时还没有汉文帝后来才给博士"置弟子员"的规定,博士接受学生属于个人行为,非职守所在,所以文翁又"减省少府用度,买刀布蜀物,赍计吏以遗博士",节省办公费用,买了蜀郡的刀、布之类土特产,让进京汇报工作的官员送给博士,作为教授张宽等学生的学费。过了几年,这些学子学成归来,文翁便委之以重任,"以为右职,用次察举,官有至郡守、刺史者",如张宽,就被汉武帝征为博士,官至侍中、扬州刺史。借此,文翁为巴蜀之地培养出了第一代接受过较为系统的师承教育,具有较高儒学修养的人才,这些土著蜀人不仅得以开始以中原文化标准的文化人身份跻身政坛,关键是为儒学在巴蜀的广泛传播准备了师资,为儒学在西南地区的星火燎原和薪火相传培育、蓄积了火种。第二步,开办本地官学,培育更多儒生。有了师资,文翁便"修起学官于成都市中,招下县子弟以为学官弟子",建校舍、置学官、招收学生,办起了中国封建社会最早的地方官学——郡国学校。校址在成都城南,讲堂为石质结构,后人用"文翁石室"②来称呼这所学校。从郡属各县选拔招录而来的学生,到讲堂接受学官集中授课和讨论辩难;讲堂左右开"温故""时习"二堂,以为学生温课、诵书之所;在讲堂之东,筑有周公礼殿,祀先圣周公、孔子,四时祭拜,以增强儒家文化对学生的熏濡感染力。学校规模不是很大,有学生一百来人,但在当时已是甚为可观了。文翁让学生跟着自己见习官府公务,到郡属各县视察工作时,还要选带一些"明经饬行者",即学习、品行俱佳的学生随行,让他们进出官衙,传达教令,协助工作,这既是一种见

---

① 房锐:《文翁化蜀与儒学传播》,《中华文化论坛》2005年第4期。
② 《华阳国志》:"始文翁立文学精舍讲堂,作石室,一作玉室,在城南。"现在的成都石室中学即由后来历代在此地所办官学演化而来。

习历练，因为这些学生绝大多数的出路在为仕官府，同时也是一种荣耀，以引导"为学光荣"的风尚。学生享受"除更徭"优待①，学习成绩好的"补郡县吏"，走出仕为官之路，次一点的授"孝悌""力田"之类荣誉称号。学生的地位高，出路好，"县邑吏民见而荣之"，竞相争取能被选录为学官弟子，一些富人甚至愿花钱求取。蜀地由是"大化"，"学于京师者比齐鲁焉"，到京城求学者络绎不绝，赶得上齐鲁之地了。"学徒鳞萃，蜀学比于齐鲁。巴、汉亦立文学"②，巴蜀之地由此从文化上开始全面转入中原文化体系，"文翁以经术教而蜀士多儒"，以致人才辈出。

文翁兴学是汉代最早的官方办学举措，比太学的兴办还要早十余年；更是汉代最早的地方官学，开我国封建社会地方政府办学之先河，"三代之学由秦废，蜀郡之学由汉兴，而天下之学由蜀起"③，到汉武帝时，颁令天下郡国"皆立学校官"，汉中央王朝认可并将文翁在蜀立教的经验推向全国。文翁兴学引领了巴蜀之民重教向学的风尚，为此后巴蜀人才的繁盛奠定了基础，"至今巴蜀好文雅，文翁之化也"。文翁的创举与卓越贡献也赢得了巴蜀人民的崇敬、景仰，在他开办"石室"的地方此后历朝历代都设立有学校，基本上没有间断过，今天的石室中学便是这一延续的结果，因此被称为世界上历史最悠久的学校。

（二）两汉巴蜀官学

两汉时期中央政府对地方官学主要是号召，并通过选举制度予以主导，而缺乏明确的规章制度，一方教育的兴衰成败主要取决于地方长官的喜好与投入。巴蜀之地因有文翁开创，其后任者大都比较重视兴学立教，但史籍所载者，西汉较少，东汉为多，并且县一级也办起了官学。如东汉初永平间（58~75）蜀郡太守李膺"修庠序，立法令，明规条，恩威并行"，东汉末刘璋时蜀郡太守王商"修学广农，百姓便之"④；章帝（76~88）初什邡县令杨

---

① 这在当时是很大的特权。汉代一般民众均有为官府服各种徭役的义务，具有某种特殊身份，或立功受爵达到一定等次，才可免除。文帝时许民众纳粮买爵，"令民入粟受爵，至五大夫以上，乃复一人耳"，而"五大夫"爵位的"售价"是粟四千石，当时做一个县长，年俸也不过五百石而已。买爵位当然不仅仅是为了免徭役，但也可以想见"除更徭""复其身"的"含金量"了。
② 《华阳国志·蜀志》。
③ 分别引自《汉书·循吏传·文翁》、《新唐书·薛登传》。
④ 《三国志·蜀志·许靖传》"修学广农，百姓佼之"，裴松之注引《益州耆旧传》。

仁"宽惠为政，劝课橡吏弟子，悉令就学。……由是义学大兴"①；安帝元初年间（114~120）成都县令冯颢"修建文学，学徒凡八百人"②。尤其是献帝初平、兴平年间（190~195），蜀郡太守高朕"亦播文教"，对遭大火毁坏的文翁石室进行修复，并"增造二石室"，扩大办学规模，后来又出现"州夺郡文学为州学"的情况，最初仅为巡查监察机构、后逐渐扩充为比郡高一级的地方行政机构的州也开始涉足教育事务，统领巴、蜀等数郡的益州开始将原来的郡学纳入其管辖之下，而蜀郡则"于夷里桥南岸道东边起文学"，另外开办了自己的地方教育机构，③这说明到东汉后期，巴蜀的地方学校教育已有很大发展。另一方面，巴蜀人士到外地为官者也十分注重地方学校教育，如西汉宣帝时（前73~前49）郫县人何武为扬州刺史，"行部必先即学宫见诸生，试其诵论，问以得失"；成都人张霸任会稽太守，"立文学，学徒以千数，风教大行"，"郡中争厉志节，习经者以千数，道路但闻诵声"；梓潼人景毅"为沇阳侯相，高陵令。立文学，以礼让化民"。④

就地方官学体制而言，两汉中央政府规定甚少。西汉元帝时（前48~前33），"郡国置五经百石卒史"；公元3年平帝时，王莽秉政，仿周制改革，提出建立地方官学序列，并确立了师资配置标准："郡国曰学，县、道、邑、侯国曰校，校、学置经师一人。乡曰庠，聚曰序，序、庠置《孝经》师一人。"⑤"东汉仍之"⑥。东汉末献帝在位、曹操秉权时，公元203年曾"令郡国各修文学，县满五百户置校官，选乡之俊造而教之"⑦，但此时全国已形成割据势力，刘璋占据益州，这项政策在全国大多数地方都不太可能贯彻实施。不过另一方面，汉武帝以后的三百多年来，两汉中央政府崇儒重教的基本方针

---

① 民国《巴县志》卷九《官师上·杨仁传》。
② 《华阳国志·蜀志》。
③ 《华阳国志·蜀志》，并参见洪适：《隶释·益州太守高朕修周公礼殿记》，国家图书馆善本金石组编：《先秦秦汉魏晋南北朝石刻文献全编》（二），北京图书馆出版社2003年版，第569页。
④ 《汉书·何武传》；《华阳国志·蜀郡士女志》；《后汉书》卷三六《张霸传》；《华阳国志·先贤士女总赞》。
⑤ 元帝事见《汉书·儒林传》，王莽事见《汉书·平帝纪》。
⑥ 严耕望撰：《中国地方行政制度史——秦汉地方行政制度》，上海古籍出版社2007年版，第252页。
⑦ 《三国志·魏志·武帝纪》。

世世相袭，尤其希望通过推行儒学统一人们的思想，因此十分重视地方文教，在郡国设学术官，称文学掾或文学史，简称"文学"，其职掌大致与中央的博士对应，既作为郡国长官的学术顾问，也从事教授诸生的活动，承担地方官学的教师职责，而其中为首"主事"者，则相当于地方教育行政长官。各地"文学"的职数和职守各不相同，视当地对文教的重视和教育的发达程度而异。巴蜀之地的教育发展较好，"文学"官设置甚众，且地位颇高。《巴郡太守张纳碑阴》记有文学主事掾、史各1人，文学掾2人，文学史1人；《蜀学师宋恩等题名碑》除列有文学掾外，还有具体分管各门儒经学科教学的《易》掾1人、《尚书》掾3人、《诗》掾2人、《礼》掾2人、《春秋》掾1人、文学孝掾1人、孝义掾1人。《华阳国志》载，东汉桓帝时（147～167）但望为巴郡太守，郡文学掾赵芬等下属官吏联名陈请"分郡之议"，只留下赵芬姓名，很可能他是承头、领衔者；而《巴郡太守张纳碑阴》上排列名次，文学主事掾史仅次于主簿、主记掾、上计掾、议曹掾，在其他掾史之上。至于县学一级，其体例与郡国大致相当。

在中央政权"罢黜百家，独尊儒术"大背景下，两汉地方官学教育自然与之相呼应，为之服务，进行的都是儒家教育。郡县官学都相当于中、高等教育，相互之间不存在递进的序列关系，其教学直接从研习儒学专经起始。从《蜀学师》校后应该跟随固定的老师从学。西汉时东海兰陵人孟喜传习《易》学，吹嘘说自己受《易》学大师田生真传，田生死时"枕喜膝"，而蜀人赵宾自称受《易》于孟喜，孟喜也予认可，但赵宾死后他又说没这回事，既杜撰又谎报师承关系，丧失了信誉，后来在补博士缺时，"上闻喜改师法，遂不用喜"①。教师以从前流传下来，中间曾经中央政府通过石渠阁和白虎观两次会议讨论考订的经文为据，并按照自己当年求学时老师所讲解的基本观点，结合自己的理解，向学生阐释经文内容，学生认真聆听、揣摩，向老师请教疑惑，同学之间还要进行讨论。老师的这种阐释，一般称之为章句，实际上就是自己的讲义。受文翁派遣入京受业回来后在文翁石室担任经师的张宽，就著有《春秋章句》。在成都市郊出土的汉代画像砖形象地再现了当时的教学情景：经学大师高冠长服，坐在左方榻上讲述，弟子亦着冠服，席地而环坐于前下方，手

---

① 《汉书·儒林传·孟喜》。

捧简册（即当时之教材书籍），虔诚肃穆、恭恭敬敬地正在听讲。①到东汉中后期，专守一家的传统才逐渐破除，一些学者开始研习数经，学生也可以同时或先后师从不同学者学习多家经书。

相对于中央官学而言，地方官学无常制，学生亦无常员定额，一般视当时地方长官的重视程度和地方财政状况而定，像成都县学在冯颢为令时就曾达到"学徒八百人"的规模。学生入学是要经过选录和注册手续的。学生选拔遵从文翁时候的惯例，要考察学生的聪颖程度、基础知识和品行等，而且每次选录都有一定限额，否则就不至于"富人至出钱以求之"了。学生年龄应该没有限制，其长可能亦有年届中年者，刘志愿等编著的《四川汉代画像砖与汉代社会》中描绘说，成都出土《传经讲学》画像砖上"有的学生颔下有须，显然年纪较大"。招收进入地方官学的学生享受免除徭役等优待，学习成绩好，"其有通明经术者，显之右署，或贡之朝"②，通过察举道理直接走上功名利禄之路，或者被选送进入中央太学继续深造。

两汉巴蜀地方官学主要承担的是传播儒家思想，开一方教化的政治、文化功能③，虽然所培养出的学生仅仅是这一时期本地成长起来的文人士子中的一部分而已，但它却起到了聚核和标杆作用，并借助政府力量引导了巴蜀之地重教求学的民风和以汉王朝儒家学说为主流的学术风气，促成了巴蜀地域文化朝向中原华夏文化的转型，带动了巴蜀人才的兴盛。东汉以后，巴蜀之地"文化弥纯，道德弥臻"④，按照中央政权和儒家文化的标准已经越来越"纯"，越来越"道德"了。与此同时，越来越多的巴蜀知识分子也借此进入了汉王朝统治集团。《华阳国志·益梁宁三州先汉以来士女目录》所列两汉今川渝两省市（亦即本文化通史所说的巴蜀地区）知名人物一百四十五人中西汉二十九人，东汉一百一十六人；任二千石以上官吏或刺史职务者，西汉九人，东汉九十人。⑤这么多人才的脱颖而出，显然是与巴蜀地区教育的快速发展分不开的。

---

① 参见刘志愿、余德章、刘文杰编著：《四川汉代画像砖与汉代社会》，文物出版社1983年版，第100~101页。
② 民国《巴县志》卷九《官师上·杨仁传》。
③ 吕思勉：《秦汉史》，上海古籍出版社1983年版，第649页："古代学校，本讲教化，非重学业，汉人犹有此见解，故武帝兴学之诏，以崇乡里教化为言"。
④ 《华阳国志·蜀志》。
⑤ 蒙默等编著：《四川古代史稿》，四川人民出版社1988年版，第76页。

四、两汉时期巴蜀地区的私学

(一)缓慢萌生与第一次兴盛

私学乃相对于政府举办官学而言的民间办学,它与官学共同构成我国古代教育发展的壮丽画卷。春秋中叶,随着周朝王室衰微、诸侯雄起,三代以来奴隶制社会"学术官守"的制度崩坏,以孔子为代表的民间学者为宣传自己的学术观点和政见而开始聚徒讲学,私学渐兴;进入战国,诸侯争霸征战不已,诸子百家游走其间,献计献策以求彰显,争相讲学以广其门,私学繁盛与百家争鸣互为表里、相互促进,至为壮观。随着秦王嬴政统一六国,为维护其封建集权统治,采取了焚书禁学等强制措施,游宦讲学被严厉封杀,民间私学虽禁而未绝,却也遭到重挫。西汉统治者吸取秦亡教训,"从一开始就对私学采取了宽容乃至鼓励的政策"①,惠帝除秦"挟书律",消除了私家办学的法律障碍,汉初在中央立太学、地方上文翁兴学之前的七八十年间,教育全赖私学维持。随着汉武帝"罢黜百家,独尊儒术"国策的确立,教育更是成为传承、发展儒学,扩大儒学影响,用儒学观点统一国民思想的重要武器,而在官学规模有限的情况下,民间私学更是被寄予厚望,承担起启蒙基础教育、广泛传习儒学和保持各家学术思想得以传承不绝的重任。中央政府通过配套的选士任官制度,以功名利禄为饵,将私学教育和地方官学牢牢地吸附在儒学导向的教育框架之下,以至于能够放手民间去大力兴办私学,而政府坐收其利。

巴蜀地区私学的起源晚于中原。在战国以前的古蜀王国时期,大致以其述诸语言文字的文化知识体系尚未能建立,或者体系还很不完善之故,就比较成型的、脱离生产生活实践的文化知识教育而言,除宗教神职人员外,还仅仅施行于王室贵族子弟,民间如果有学,大抵也仅仅是巫师、工匠、艺人之类的师徒传授活动。在中原地区六国争战狼烟四起、百家争鸣如火如荼、各家私学蓬勃炽盛的战国时代,巴蜀虽也偶尔露峥嵘,与楚、秦交锋,但整个说来是"希预华同"②,很少参与中原事务,并且由于缺乏散落民间的学问大师,因此同样未能开启私学端倪。随着秦政权时代的到来,巴蜀原有的王室贵族教育也不复存在,中原诸子文化在秦焚书禁学的高压政策下同样难以传入,更别说生

---

① 李国钧、王炳照编:《中国教育制度史》第一卷,山东教育出版社2000年版,第414页。
② 《华阳国志·先贤士女总赞》。

根和传播了，即便是识字之类的启蒙教育，在民间也少之又少。不过由于秦政权的文化荒漠政策对卜筮和生产技术方面的知识网开一面①，因此巴蜀地区得以引入了一批三秦、中原地区的生产技术知识并得以广泛传播，如随迁徙入蜀的卓王孙等带来铁矿开采和冶炼技术等。另一方面，原来为巴、蜀两国所官守的宗教神职人员及其所掌握的宗教文化知识、技术，一同散落民间，于是便吸收原来民间土生土长的仙术、巫术，以及随三秦、中原迁入民而俱来的易学理论、卜筮之术等，在民间施行其术，并收徒传艺，遂成巴蜀地区脱离劳动生产和日常生活的民间私学活动之肇始。

进入汉初，进入巴蜀为官者中原秦国故地人士渐少，中原荆楚籍者越来越多。这些官吏及其随从智囊，大都具有一定知识文化水平，且由于汉代学者型官员盛行收徒讲学之风，因此他们在政务之余也开展了一些私学活动。尤其是随着毁书禁学政策的终止，秦灭六国过程中和汉朝政权强制迁徙而来的移民中具有一定学识者，以及诸子百家中欲借汉初"杂霸"政策下比较宽松的学术空气而进入巴蜀之地收罗门徒、拓展学术思想的个别学者，他们也在巴山蜀水间开展了一些民间教学活动。这一时期巴蜀私学的特点是：本地民间的仙术、巫术教育仍然存在；识字启蒙教育逐渐增多；传播诸子学术思想的私学开始出现，但为师者主要是外来文人，最大的问题之一是本地人中缺乏学者、大师。

转机始于文翁兴学。文翁派遣张宽等蜀中弟子到京城跟随博士学习儒经，为巴蜀培育了第一代本地籍儒家学者；这些星火种子在文翁石室以及随后巴郡所开设的郡国学校里教授"诸生"，巴蜀之地研习儒家学问者迅速增长。文翁之时中央政府"崇儒""隆儒"的政策取向渐趋明朗，因此巴蜀地方官学培养起来的都是儒家学者。但随着巴蜀崇尚学问风气的渐起和盛行，一部分具备了一定文化基础的知识分子开始到巴蜀之外去拜师求学，儒家之外的学术思想在巴蜀也逐渐有了传人。经过文翁兴学及此后数十年的发展，巴蜀民间私学的教师资源渐丰，再由于地方官学的引领和政府选士任官制度的体制性"诱导"，巴蜀之地上进好学者日众，而地方官学名额又远不能满足民众的教育需要，巴蜀大地的民间私学正是在这样的背景下和基础上慢慢地发展起来。到西汉中后期，巴蜀之地民间私学有一定规模和成就而见于史著者渐有其人；至东汉后期，盛况已居全国前列。

---

① 《史记·秦始皇本纪》：李斯建议禁学、烧书，但"所不去者，医药卜筮种树之书"。

兹摘数家私学突出者如次：

临邛（今邛崃）胡安，"隐居白鹤山讲学，司马相如从之授经"[1]。司马相如在汉景帝时已进入京城长安，担任武骑常侍，中途曾回老家，在临邛发生了与卓文君的传奇爱情故事，汉武帝初年以辞赋扬名，因此其师从胡安的年代应在景帝末年、景武之际。

什邡人杨宣，知识广博，西汉平帝（1～5）时"命持节，为讲学大夫，与刘歆共校书"。曾"教授弟子以百数"，所教学生，如河南的李吉，四川广汉的严象、赵翘等"皆作大儒"，因此被常璩誉为"洙泗是睎"[2]。

资中人董钧，主攻《礼》经，术业专深，被誉为"通儒"。西汉末被察举为"明经"，旋即担任廪牺县令；东汉光武帝时察举为"孝廉"，明帝永平（58～75）初被任命为博士。曾"常教授门生百余人"[3]。

阆中人杨仁，东汉"建武中，诣师学习韩《诗》，数年，归，静居教授"[4]，后来曾当过阆中县令。

资中人杜抚，著名韩《诗》学者薛汉高足，学问精深，曾"定韩诗章句"，而且"其所作诗题约义通，学者传之，曰杜君法云"。去官之后，回到家乡教授生徒，"沉静乐道，举动必以礼"，"远近宗之"，"弟子千余人"。卒于东汉章帝建初（76～84）[5]。

南川人尹珍，"桓帝时，从汝南许慎学受五经，还里设教于乡，巴渝之人始知学"[6]。相传尹珍讲学的地方很多，留下的遗迹不少，影响相当深远。清光绪六年（1880）南川县县城西龙济桥畔兴建尹子祠，祭祀汉代学者尹珍。

犍为人周循，"教授生徒。时新都杨统从循习业，统子厚亦受业于循。父子俱得传，显名于世"[7]。《后汉书》杨厚父子本传也记载有杨厚"从犍为周循学习先法"、杨统在朝廷对问邓太后失当而被免归后"复习业犍为"之事。

---

[1] 文渊阁《四库全书·史部·四川通志》卷三八《隐逸》，第561册，第204页。
[2] 《华阳国志·先贤士女总赞》。人们称孔子在鲁国所居之地为"洙泗"，称鲁国崇学隆儒为"洙泗之风"。睎，仰慕。
[3] 《后汉书·儒林列传》。
[4] 民国《巴县志》卷九《官师上·杨仁传》。建武，东汉光武帝年号，时在公元25～55年。
[5] 《后汉书·儒林列传》；文渊阁《四库全书·史部·四川通志》卷九《人物》，第559册，第377页。
[6] 文渊阁《四库全书·史部·四川通志》卷三八《隐逸》，第561册，第200页。
[7] 文渊阁《四库全书·史部·四川通志》卷九《人物》，第559册，第377页。

新都人杨厚在东汉顺帝时征拜议郎，迁侍中，永和年间（136～141），因不愿卷入朝廷争斗，称病请辞，"帝许之，赐车马钱帛归家。修黄老，教授门生，上名录者三千余人"。"年八十二，卒于家。……乡人谥曰文父。门人为立庙，郡文学掾史春秋飨射常祠之。"其弟子中，蜀郡的何苌，巴郡的周舒，绵竹的任安、董扶等，"驰名当世"，而且也都为师授徒，如何苌的弟子杨班担任阆中等县县令，被称为"名宰"。①

东汉后期，绵竹人任安、董扶，年轻时都曾"游太学"，又双双师从新都人杨厚；都不愿在政府为官，曾被许以"博士"头衔也都推辞不就。两人都对私学教育兴趣浓厚，任安"还家教授，诸生自远而至"，董扶则"还家讲授，弟子自远而至"。常璩称任安"以儒学教，号侔洙泗"，堪比孔子，②后来的蜀汉名士杜微、何宗、杜琼都是任安的学生。

（二）两汉巴蜀私学特点

两汉时期巴蜀地区私学教育兴盛一时，而且有以下一些特点：

一是教学内容广杂。中国封建社会自汉武帝"独尊儒术"以后，逐渐建立起了紧紧围绕儒家思想这一主轴的官方意识形态体系，而官学教育最首要的职能就是为强化儒家意识形态服务。西汉前期所立博士尚不局限于儒家，而后来在为博士置弟子员、立太学以后，所允许和鼓励、支持实施教学的就逐渐囿于儒学经籍了。对于民间私学，两汉政权的崇儒是引导性的，即通过选士任官制度，诱导私学教育的主体能够围绕儒家主轴运转。其结果，这一时期中原和齐鲁地区的绝大多数私学都未能逃脱这一官方局限，而巴蜀之地则不尽相同，至少在教学内容上广杂得多。一方面，官方所倡导的儒家学问在巴蜀之地的民间私学中占据着重要地位，如董钧是跟大鸿胪王临学的庆氏《礼》，杜抚、杨仁都传习韩《诗》而后收徒为师，更有梓潼人杨充，在多方求师"精研七经"后"还以教授州里"，认为图谶之学空说无据，坚持"不以为教"③。另一方面，由于巴蜀地区历史上仙巫之术和图谶之学繁盛，它们在官学体系内难以伸张，而在民间私学中找到了空间。如杨宣，其学术思想杂驳，"少受学于楚国王子张，天文、图纬于河内郑子侯，师杨翁叔，能畅鸟言，长于灾异"，而

---

① 《后汉书·苏竟杨厚列传》《华阳国志·先贤士女总赞》。
② 任、董事迹分别载于《后汉书·儒林列传》《后汉书·方术列传》，均参《华阳国志·先贤士女总赞》《蜀志》。
③ 《华阳国志·先贤士女总赞》。

教授弟子以百数；成都严遵更是"专精大《易》，耽于《老》《庄》。常卜筮于市，假著龟以教。与人子卜，教以孝；与人弟卜，教以悌；与人臣卜，教以忠"，扬雄年轻时就曾拜他为师；雒（今广汉）人折像"以道教授门人，朋友自远而至"，《后汉书·方术列传》称他"能通京氏《易》，好黄老言"。①科学技术也通过民间私学而得以传承和发展。如东汉前期隐居绵阳的涪翁，钻研医术，著《针经》《诊桩法》，并把绝技教授给程高，程高又收了再传弟子郭玉，郭玉学得"方诊六微之技，阴阳隐侧之术"后到宫廷当上了太医，诊疗"多有效应"，和帝也为之"称善"。②

二是教师身份多样。汉朝在独尊儒术以后，入仕为官者中大多数都有较好的儒学基础，而政府又许其收徒授业，"虽有官，不废教授"③，于是一些儒学功底较为深厚的官员大都搞起了私学"兼职"。再就是一些儒者学术有成而尚未腾达于官场之前，以及罢官在家和年老告退还乡之际，往往耽于讲学。有的学者虽因宦海沉浮，几上几下，而自己的私学活动却往往延续未辍。在巴蜀之地为官而授徒者，如阆中杨仁；在外地（包括京城）为官又曾回到家乡教授者，则有杨宣、杜抚、杨厚、任安、董扶等。另有不就官府征召而退隐民间的众多学者，更是深居简出而以教授为业，如据载曾为司马相如之师的胡安，杨统、杨厚父子俱以为师的周循，以及两汉之交的费贻等。武阳（今彭山）人赵松年轻时曾拜"闭门素隐"的费贻为师，"数资问费贻"，由于"知其避世"，理解老师一心隐匿于世的心思，因此"密与周旋"④，只是秘密地师从学习，终不肯透露其身世、居所。另外还有外地学者前来巴蜀游学，同时也接收弟子从学，如"东平虞叔雅，学绝高当世，遂游于蜀"，段恭"以朋友礼待之"，而冯颢、折像都曾师事之。⑤流寓巴蜀的学者也有开办私学的，如陈留人边韶，"寓梓潼，教授生徒，常百余"⑥。

三是学生自远而至。中国私学自孔子时代就有"有教无类"传统，学生没有地域和身份限制，老师可以做到来者不拒，而学生则更是拥有择师的自由，

---

① 三人事均见《华阳国志·先贤士女总赞》。
② 事见《后汉书》卷八二《方术列传》。
③ 《北堂书钞》卷一〇〇引《东观汉记》。
④ 《华阳国志·公孙述刘二牧志》与《华阳国志·先贤士女总赞》均载其事。
⑤ 《华阳国志·先贤士女总赞》。
⑥ 咸丰《梓潼县志》卷三《人物·流寓》；嘉庆《四川通志》卷一六五《人物·流寓》。

大凡名师所在，动辄"远近宗之"，门生济济。如新都人段翳，被门生号为"夫子"，其学生中有"从冀州来学"者。而资中杜抚的学生赵晔和冯良的故事更具传奇性。会稽人赵晔和南阳人冯良，年轻时各自在其本地县衙当差，后来竟不约而同地上演了一出"耻于其役而弃职离家出走，不远数千里而来到巴蜀之地的资中跟随杜抚求学，一二十年杳无音信，家人都以为他们遭遇横祸而早已不在人世，为他们办理了丧事"的离奇悲、喜剧。后来二人均学业有成，赵晔著《吴越春秋》、诗《细历神渊》，蔡邕"读诗细而叹息"，认为比王充的《论衡》还高，并带回京师传览，"学者咸诵习焉"；冯良学成后"还乡里，志行高整……乡党以为仪表"，东汉安帝初年被尚书陈忠作为"贤才"向皇上推荐，并予以"公车礼聘"。① 至于本地学生外出，或近或远求学的故事就更多了。成都人王阜"之犍为定生学经"，而且还拿了"钱二千、布二端"做盘缠；镡显、蔡弓，虽然一个郪人，一个雒人，却"携手共学，冬则侍亲，春行受业"，春天一起出去跟从老师求学，冬天放假则各自回家侍奉双亲，可见他们都不是在本地上学的；雒人姜诗的儿子不小心溺水身亡，为不使老母亲伤心，便一直"秘言遣学"，隐瞒说她的孙子外出求学去了，老人家竟然不起疑心，可见这外出求学也是要经历一些年头的。②

四是师生关系和谐。一方面是老师宽爱弟子。边韶在梓潼办学，有一次在学生诵书自习时打起了瞌睡，弟子们便笑他道："边孝先，腹便便，懒读书，但欲眠。"边韶蒙眬中听到，当即随口吟对："边为姓，孝为字；腹便便，五经笥；但欲眠，思经义；寐与周公同梦，静与孔子同意。师而可嘲，出何典记？"③ 老师觉得"师而可嘲"，并不认为师生间这种相互戏谑有什么不妥。边韶答学生的这首自嘲诗，还被后世文人引以为典故，一是"边韶寝""边韶懒"，表示短暂睡眠的意思，如宋代司马光《次韵和邵不疑假书江邻几知方酣寝为诗通意》中的"虽如边韶寝，且异宰予懒"，清代曾国藩《东邻杜氏义塾》中的"亦有边韶懒，谁能季主寻"；一是"边氏腹""边韶笥"，如元代耶律楚材《用万松老人韵作十诗寄郑景贤》之一中的"正便边氏腹，不止谪仙襟"，清代李调元《送门生颜东屏赴乡试即用原韵》中的"才尽江淹笔，腹

---

① 赵晔事见《后汉书》卷七九《儒林列传》，冯良事《后汉书》第四十五卷与五十三卷均有载。
② 王阜事见《北堂书钞》卷一三九引《东观汉记》，镡、蔡、姜三人事载《华阳国志·先贤士女总赞》。
③ 咸丰《梓潼县志》卷三《人物·流寓》。

嘲边韶笴"。什邡朱仓"之蜀从处士张宁受《春秋》",贫困至以豆屑为粮而不改好学之志,"闭户精读"不已,"宁矜之俭,得米二十石,仓不受一粒"①。有的老师,连家人也对学生表现出无限关爱。如任安教授生徒,他母亲"每为赈恤其弟子,以慰勉其志,于是安之门生益盈门"。另一方面,学生对老师的个人感情也很深厚,尤其在危难之时,这种深情更显真挚。成都人仲呈,年轻时曾受学于严季后,严氏后来在汶江为官,写了封信叫仲呈去一趟,仲呈答应十月份赶到,结果路途中遇上夷人造反,道路阻断,而仲呈决意遵命前往,历经九死一生,数年才赶到汶江,其尊师之举"远近叹之"。曾做京兆尹的常洽在长安遇害,亲生儿子又先他而殁,他的两个学生翟登、张顺克服"寇贼蜂起"等重重困难,将灵柩送回了蜀中老家。广汉张钳为师复仇之举则更不一般:他的老师、犍为人谢衷为人所杀,张钳"负土成坟,服丧三年",后来找到仇家,为老师复仇后"自拘武阳狱","当世义之"②。扬雄《法言·问明》中有"呱呱之子,各识其亲;谎谎之学,各习之师"之说,可见老师在学生心目中地位十分重要、尊贵。

两汉时学生跟从老师是要著录名册的,如杨厚就有"教授门生,上名录者三千余人"的记载。尤其是从政府控制、管理的角度讲,这种有案可稽的师生关系还具有法律意义。如东汉灵帝时发生党锢事件,曾经担任蜀郡太守、时任长乐少府的李膺罹祸下狱被诛,"门生、故吏及其父兄,并被禁锢"。梓潼人景毅当时担任侍御史,他的儿子景顾本来也是李膺门徒,但因其"未有录牒,故不及于谴",躲过一劫,可景毅却认为自己不能够因为儿子"漏夺名籍"而苟安,于是"自表免归,时人义之"③。另一方面,教师也会因为学生犯事而受到牵连。如蜀籍儒师张楷,精通《尚书》,门徒常百人;又"能作五里雾",以雾气隐身,并将此幻术教给弟子,"时关西人裴优亦能为三里雾,自以不如楷,从学之,楷避不肯见。桓帝即位,优遂行雾作贼,事觉被考,引楷言从学术,楷坐系廷尉诏狱,积二年,恒讽诵经籍,作《尚书注》,后以事无验,见原还家"。如果张楷果真有隐身术,料想他也不会坐两年大牢,正因为"以事无验",所以桓帝就放了他。④

---

① 嘉庆《四川通志》卷一六六《人物·隐逸》引《益部耆旧传》。
② 三人及任安母亲事迹均见《华阳国志·先贤士女总赞》。
③ 《后汉书·党锢列传》。
④ 《后汉书·张楷传》。

五是学生求学之情炽热，往往师从数家，同学间关系融洽。研究两汉巴蜀教育问题，还应关注众多学子外出求学的情况。西汉武帝立太学之初就形成了"太常择民年十八以上，仪状端正者，补博士弟子"和"郡国县官有好文学，敬长上，肃政教，出入不悖，所闻令、相、长、丞，上属所二千石，二千石谨察可者"也可推荐给太常，让其"受业如弟子"的招生制度，东汉灵帝"置鸿都门学，……其诸生皆敕州郡三公举用辟召"①，相应地，由巴蜀境内各级地方政府考察选送进入太学、鸿都门学学习，如《华阳国志·先贤士女总赞》所载成都人杨终"年十三，为郡小吏，太守奇其才，遣诣京师受业，习春秋"，这类情况属于官学性质。而为满足天下士子的求学热情，两汉太学也有开门办学，允许旁听，尤其是允许博士们干私活、在完成太学工作之外招收门生，因此出现了"士之向学者，必以京师为归。……盖其时郡国虽已立学……然经义之专门名贾，惟太学为盛。故士无有不游于太学者"②的境况，从新都人王忳"游学京师"途遇"当到洛阳"的雒县书生金彦，值其重病身亡，义葬而不贪其金的故事③中也可以想见当时巴蜀学子历尽艰辛奔赴京师求学的情形。而为广博学问、先后师从数家者也很普遍，如冯颢"少师事杨仲桓及蜀郡张光超，后又事东平虞叔雅"，杨充"少好学，求师遂业，受古学于扶风马季长、吕叔公、南阳朱明叔、颍川白仲职，精研七经"，寇祺、侯蔓"俱学凉州"，段恭"少周流七十余郡，求师受学，经三十年"，景鸾与任末、郝伯宗"游学七州，遂明经术"。④在外出求学过程中，同学之间的关系亲密融洽，任末将病逝京师同学董奉德遗体用独轮小车推送回老家，寇祺、张昌、宁叔刺杀凶手为遇害同学报仇等故事载于史籍。另一方面，这一时期的巴蜀学子还常常结伴为学，相互探讨，如成都张霸学习优秀，于是"诸生孙林、刘固、段着等慕之，各市宅其傍，以就学焉"；郪人镡显和雒人蔡弓"携手共学……与张霸、李郃、张皓、陈禅为友，共师司徒鲁恭"；成都柳宗"初结九友共学，号'九子'"⑤。

---

① 引文见《汉书·儒林传序》《后汉书·蔡邕传》。
② （清）赵翼：《陔余丛考·两汉时受业者皆赴京师》。
③ 事载《后汉书·独行列传》和《华阳国志·先贤士女总赞》；本段冯颢等人事迹均见《华阳国志·先贤士女总赞》。
④ 《华阳国志·先贤士女总赞》。
⑤ 《后汉书·张霸传》，《华阳国志·先贤士女总赞》。

六是蒙学基础教育全赖民间私学。两汉地方官学属于中、高等教育性质，"初等程度的蒙学教育基本上是在私学和家庭教育范围内进行"①，学生具备一定文化基础后再入官学，或拜私学大师接受儒家经学或专门技艺之类教育。"汉时教初学之所，名曰书馆，其师名曰书师……其旨使学童习字、识字。"②识字是通过让学生诵读以韵文形式编排的蒙学课本进行的。汉初，秦时流行的《仓颉》《爰历》《博学》三种识字教材被合编为《仓颉篇》，六十字为一章，凡五十五章，三千三百字。汉武帝以后又诞生了一批新编蒙学教材，如史游《急就篇》，李长《元尚篇》，贾鲂《滂熹篇》，其中还有两种为巴蜀学者所编，即司马相如《凡将篇》和扬雄《训纂篇》。扬雄的编书工作是通过官方组织的，"元始中，征天下通小学者以百数，各令记字于庭中，扬雄取其有用者，以则《训纂篇》，顺续《仓颉》，又易《仓颉》中重复之字，凡八十九章"③。从流传至今的《急就篇》来看，这些字书以三字、四字或七字为一句，内容包括姓氏、器具、动植物、疾病医药等诸物，以及官职、经籍、法制和为人处事告诫等方方面面，既是识字课本，又是常识读物。这些蒙学教材在包括巴蜀在内的全国各地流行。蒙学学生在识字的同时还要学书写，即习字。东汉王充描述他自己曾经就读的书馆说，"小僮百人以上，皆以过失袒谪，或以书丑得鞭"④，书写不好还会受到处罚。在积累一定识字量后，就可以接触《论语》《孝经》了。崔寔《四民月令》说，"正月，农事未起，……砚冻释，命幼童入小学，学篇章。……冬十一月，砚冰冰冻，命幼童入小学，读《孝经》《论语》、篇章"⑤，篇章就是前面所说的蒙学识字教材。《论语》《孝经》在当时不同于高等教育中的五经教育，可以视之为基础教育中的中等教育，其基本职能是对学生进行伦理纲常等儒家基本思想教育。《孝经》托名孔子、曾子所作，实为西汉时编著。汉朝政府强调忠孝观念，认为孝乃"天之经也，地之义也，人之行也"，"忠孝之道，退家则尽心于亲，进宦则竭力于君"⑥。西汉末年规定在乡村开办基础教育（乡曰庠，聚曰序），就要

---

① 李国钧、王炳照编：《中国教育制度史》第1卷，山东教育出版社2000年版，第413页。
② 王国维：《观堂集林》卷四《汉魏博士考》。
③ 《汉书·艺文志》。
④ 王充：《论衡·自纪篇》。
⑤ 《全上古三代秦汉三国六朝文·全后汉文》卷四七。
⑥ 《汉书》卷七六。

求设置《孝经》师一人。《论语》蕴涵了儒家的基本观点,《孝经》传递着国家对社会关系的基本主张,这样的后期基础教育既可达社会教化之功,又能够为学生将来接受更加高深的儒家专经教育打基础。

（三）家学的形成

随着本地文风日盛和为学人数的迅速增长,巴蜀地区西汉中期以后富有文化底蕴的家庭、家族越来越多,尤其是随着一些学问大家的形成,学术家传现象渐兴,并逐渐构成民间私学的重要组成部分。

有的以祖传家学代代相承。如西汉末年巴郡阆中人谯玄,"少好学,能说《易》、《春秋》",公孙述据蜀称帝后,连聘谯玄不诣,用毒药相逼也不为所动,儿子谯瑛"奉家钱千万",才免一死。当时"兵戈累年,莫能修尚学业",而谯玄"独训诸子勤习经书"。谯瑛学业有成,也"善说《易》","为尚书郎,以易学授明帝。时有清白之称"。① 又如东汉新都人杨统、杨厚一家,《益部耆旧传》载称,杨统的曾祖父"杨仲续举河东方正,拜祁令,甚有德惠,人为立祠。乐益部风俗,因留家新都,代修儒学,以夏侯《尚书》相传"。杨仲续的儿子杨春卿又"善图谶学",曾为公孙述所用,汉兵歼灭公孙述之际自杀,临死对他儿子杨统说,"吾绨縢中有先祖所传秘记,为汉家用,尔其修之",将祖传秘籍授予自家后代。杨统在家传基础上又师从周循、郑伯山,提高了学识水平,"朝廷灾异,多以访之",然后"作家法章句及内谶二卷解说",将家学发扬光大,并将两个儿子培养成才：杨博走仕途,官至光禄大夫；杨厚"少学统业",继承家学,在安帝时曾为中郎,顺帝时"拜议郎,三迁为侍中,特蒙引见,访以时政"。杨厚后来称病求退,回家乡"修黄老,教授门生",弟子三千余人。② 再如广汉雒人翟酺一家"四世传诗",翟酺本人"好老子,尤善图纬、天文、历算",东汉安帝时拜尚书；宕渠（今渠县）人冯焕,安帝时曾为幽州刺史,其子冯绲,"少耽学问,习父业,治春秋严韩氏仓氏,兼律大杜。……父子皆春秋大师……父子继美",而"绲弟允,清白有孝行,能理《尚书》,善推步之术。拜降虏校尉,终于家"。③

---

① 《后汉书·独行传》；文渊阁《四库全书·史部·四川通志》卷一〇《孝友》,第559册,第424页。
② 参见《后汉书·苏竟杨厚列传》。
③ 《后汉书》卷四八《翟酺传》；民国《达县志》卷一八《艺文门·金石·汉车骑将军冯绲碑》、《后汉书》卷三八《冯绲传》。

有的则以严而有方的家风、家教著称，几代人都有出息。如东汉成都人张霸，"年数岁而知孝让，虽出入饮食，自然合礼"，被誉为"张曾子"；七岁通《春秋》，后随长水校尉樊儵受严氏《公羊春秋》，博览五经；觉得严氏《春秋》虽经樊儵删简，"犹多繁辞，乃减定为二十万言，更名张氏学"；后来"以有道征，拜议郎，迁侍中，遂授霸五更，尊礼于太学"。张霸前妻生有三男一女，续弦夫人司马敬非常贤惠，对包括自己亲生儿子在内的五个孩子"恩爱若一"。正是在深厚的家学基础上和良好的家风熏染下，孩子们也很有出息。中子张楷"通严氏《春秋》、古文《尚书》，门徒常百人"，连他父亲辈的朋友、凤儒都登门造访，跟随求学的人太多，邻居们竟可以通过修起房屋为这些人士提供住宿以获利，他后来隐居弘农山中，"学者随之，所居成市，后华阴山南遂有公超市"，可见其学术魅力之大。张楷的儿子张陵在桓帝时官至尚书。张霸的孙女张叔纪嫁给广汉王遵，"至有贤训，事姑以礼。生子商，海内名士"。① 又如东汉安帝永初年间（107～113）曾担任过巴郡太守的郪人王堂，家风甚好，家教尤严。其祖母"性严"，子孙即便做了年俸两千石的大官，"犹杖之，妇跪受罚"，王堂先后在五个郡做官，老祖母都一直跟随。王堂夫人文季姜，梓潼人，"少读《诗》《礼》"，属于知识女性，对王堂老祖母十分孝敬；对包括非亲生子女在内的八个孩子"抚育恩爱，亲继若一"，非亲生儿子王博喜欢写书，她还亲手为之做书套；王博的妻子杨进，以及王博儿子王遵的妻子张叔纪，都很听从王堂夫人教导，"皆有贤训"，因此一起被称为"三母"；季姜去世时八个孩子都回来参加葬礼，"内外冠冕百有余人，当时荣之"。《华阳国志》评曰："王氏世兴，实由贤母。"王堂后人由此开始世代兴旺：儿子王啜"清行不仕"，王稚屡拒征召，年俸二千石的官也不做；孙子王商官至蜀郡太守；蜀

东汉巴郡太守樊敏碑

---

① 《后汉书》卷三六《张霸传》，《华阳国志·先贤士女总赞》。

汉魏晋时，王商的儿子王彭曾任巴郡太守，四个孙子王化、王振、王岱、王崇，两个官至县令，两个官至太守。①

关于为人处事等方面的家庭教育也多有记载。巴郡太守樊敏对天下秽政深恶痛绝，并"告子属孙，敢若此者，不入墓门"。②曾经"博士征，不诣"的梓潼学人景鸾，不但一贯"戒子孙人纪之礼"，而且"及遗，令：期死，葬不设衣衿，务在节俭"③。犍为太守赵宣的夫人杜泰姬在《教子》书中要求儿子一定要注意行为自律："中人情形，可上下也，在其检耳。若放而不检，则入恶也。昔西门豹佩韦以自宽，宓子贱带弦以自急，故能改身之恒，为天下名士"；在《诫女及妇》中更是从怀孕讲到抚育："吾之妊身，在乎正顺。及其生也，思存于抚爱。其长之也，威仪以先后之，礼貌以左右之，恭敬以监临之，勤恪以劝之，孝顺以内之，忠信以发之，是以皆成而无不善。汝曹庶几勿忘我法也！"④

第二节 三国（蜀汉）两晋南北朝时期的巴蜀教育

东汉末年，各地军阀坐大，独霸一方并相互争斗厮杀，由此揭开了近四百年分裂割据时代的序幕。巴蜀在此前历史上一直偏安西南，即便春秋战国时期诸侯争雄的战火都很少祸及，而这一次却在劫难逃，不但全面卷入其中，而且动荡程度甚于全国。在整个三国（蜀汉）两晋南北朝时期，从东汉末年刘焉父子盘踞、割据开始，到6世纪末最后纳入隋朝版图，政权先后十五次易手，即便在中央政权之下，其间还发生了五次主要的短期叛乱，而且农民战争次数也居全国之冠。⑤连年战乱破坏了经济发展，持续动荡使得民不聊生，统治者的工作也大都以征战为中心，巴蜀教育结束了自西汉以来迅猛发展的历史，进入"时兴时废"的徘徊期。另一方面，由于政权的不断更迭，打破了从西汉兴办

---

① 《后汉书》卷三一《郭杜孔张廉王苏羊贾陆列传》，《华阳国志·先贤士女总赞》《后贤志》；文渊阁《四库全书·史部·四川通志》卷一〇《孝友》，第559册，第389页。
② 谢凌：《"东汉巴郡太守樊敏碑"考》，《四川文物》2000年第1期。
③ 咸丰《梓潼县志》卷三《人物·景鸾》。
④ 《华阳国志》卷一〇（下），转引自《中国教育制度史》第一卷，第448、452~453页。
⑤ 刘静夫、刘伟航：《魏晋南北朝益、梁地区经济略论》，中国魏晋南北朝史学会、中国唐史学会、西南师大历史系编：《古代长江上游的经济开发》，西南师范大学出版社1989年版，第34~37页。

官学一开始就以儒学教育为主导、主宰的局面，为巴蜀教育注入了更多的新鲜元素，教育思想更加多元，教育实践更加丰富多样，为巴蜀教育在盛唐时代的再次繁荣奠定了基础。

一、蜀汉政权下的教育与诸葛亮的教育思想

（一）蜀汉政权及其教育

公元188年，刘焉接替"在政烦扰"的郗俭领益州牧，入蜀后便"立威刑以自尊大"，"阴图异计"，着意经营独霸割据势力。刘焉死后，其子刘璋继续把持益州。刘璋庸暗懦弱，纠集笼络于手下的"东州兵"又"侵暴为民患，不能禁制，旧士颇有离怨"。[①]刘备诸葛亮集团洞悉益州"民殷国富而不知存恤，智能之士思得明君"[②]之势，图谋西进据之，公元211年受刘璋迎请，进入巴蜀，驻守广元，后于214年攻入成都，结束了刘氏父子割据益州的历史；221年，刘备在成都称帝，国号汉，史称蜀汉。蜀汉政权于263年为曹魏所灭，实际统治巴蜀地区五十年。

在天下三分、相互攻伐不断的情况下，蜀汉政权为了自身的生存，实现所谓复兴汉室的宏愿，军事活动成为一切工作的重中之重，以致"国不置史，注记无官……诸葛亮虽达于刑政，凡此之类，犹有未周焉"[③]；"刘备入蜀并夺得政权之际，战乱迭起，教育衰退，官学（州郡学校）基本关闭，民间私学也因战乱而普遍停辍。刘禅时期，调动全国一切力量为战争服务，仍无暇于教育"[④]。虽然很多学者认为蜀汉作为一个国家的有关制度还很不完备，对教育问题关注甚少，但至少从恢复社会秩序、发展经济，稳定知识分子队伍、收拢人心，以及培养人才、服务蜀汉等需要出发，蜀汉政权在巴蜀之地东汉中后期教育事业高度发达的基础上，还是有所作为、有所成就的。

刘备政权从刘焉、刘璋父子接过的是一副烂摊子。虽然刘焉据霸益州之初，蜀郡太守高朕还在成都扩大办学规模，增造"石室"，并且存在"州夺郡文"、竞相办学的情况，但"先主定蜀，承丧乱历纪，学业衰废"，仅仅二三十年时间，文教事业已遭受重创。为恢复稳定，重建社会秩序，奠定霸业

---

① 《后汉书》卷七五《刘焉袁术吕布列传》。
② 诸葛亮《隆中对》。
③ 《三国志·蜀志·后主传》。
④ 《四川通史》第二册，四川大学出版社1993年版，第384页。

基础，刘备政权着手进行了恢复和发展文教事业的工作：任命周群为儒林校尉、来敏为典学校尉，有学者分析认为这可能仅仅是秘书职务，但既然赋予秘书职位这样一些学术性称谓，至少也表达出对文教学术的一种尊崇；"乃鸠合典籍，沙汰众学"，任命许慈、胡潜等为文化官员，"慈、潜并为学士，与孟光、来敏等典掌旧文"；任命尹默等为劝学从事，负责教育事务。①

关于蜀汉教育制度，流传至今的史籍记载较少，但可以肯定是"有其中央官学与地方官学"②的。刘备在正式称帝建立蜀汉之前，沿用东汉末年体制，领益州牧，以益州地方政府名义，对整个今天的川渝地区以及周边湖北、陕西、甘肃、云南、贵州部分地区实施管辖、治理。州在东汉末年已发展为高于郡国的行政区划，其首长称牧，而州从事的地位"居守相之上"③，比郡太守还高一级。有学者认为，刘备的"劝学从事就是蜀汉设置的管理教育的职官，具体负责学校的管理和教学的安排"，劝学从事的设置表明"刘备集团入蜀伊始就已开始在整个益州恢复和开办学校了"，到221年众官员劝进刘备称帝时，身为劝学从事的有张爽、尹默、谯周三人，因此可以推想，此时"益州的州郡各级学校大约已普遍恢复开办"④。虽然蜀汉立国之初的教育恢复和发展得并没有这么快，但蜀汉有官员专教育之事是毋庸置疑的，其名称并不固定，且为蜀汉所仅见。据《三国志·谯周传》载，刘备死后诸葛亮领益州牧，"命周为劝学从事"，后来蒋琬担任益州首长时"徙为典学从事，总州之学者"。胡三省在《资治通鉴》卷七九泰始八年注称："典学从事，典学校及部诸郡文学掾。"郡文学掾为两汉郡立官学的管理者，部为巡视之意，如此可见蜀汉州、郡两级均已建立官学，巴蜀教育步上了基本正常的发展轨道。公元224年东吴使者张温访问蜀汉，秦宓与之斗嘴，针对张温"君学乎"的问题，秦宓应声答曰："五尺童子皆学，何必小人！"此语虽带有文学性的夸张，但在一定程度上也反映了蜀汉初年巴蜀地区教育的发达景象。

蜀汉作为中央政权性质的教育包括太学和皇太子教育。太学是西汉武帝以

---

① 高联事见《华阳国志·蜀志》，其余引文和周群、许慈等的任用均见《三国志·杜周杜许孟来尹李谯郤传》。
② 孙培青主编：《中国教育史》（修订版），华东师范大学出版社2000年版，第129页。
③ 严耕望撰：《中国地方行政制度史——秦汉地方行政制度》，上海古籍出版社2007年版，第292页。
④ 李兆成：《蜀汉教育与文化》，《成都大学学报》（社会科学版）1986年第3期；本段胡三省注及其分析亦转引自李文。

后中央政权体系中十分重要的实体机构之一，蜀汉作为国家形态的政权，在政府机构和职官制度上主要承袭汉制，也设立了自己的太学。巴郡临江人文立，《华阳国志》载其"少游蜀太学，治《毛诗》、《三礼》，兼通群书"，《晋书》本传亦称其"蜀时游太学，专《毛诗》、《三礼》"。太学是由博士执教的，而蜀汉时为博士的，王国维《汉魏博士考》中列有许慈、许勋、胡潜、尹宗四人，王永平考称还有周巨①，而《华阳国志》中尹默"子宗，亦为博士耳"的叙述似乎也可以理解为尹默也曾经担任过博士。

蜀汉的皇太子教育是从刘备称帝、立刘禅为太子开始的。太子太傅作为负责教导太子的老师，自商周秦汉以来皆置，而太子仆射、太子家令、太子舍人、中庶子等太子属官的重要任务也都是陪伴太子读书，尽教劝辅佐之责。公元221年，刘备"以禅为皇太子"，诸葛亮做了太子太傅；尹默为太子仆射，"以《左氏传》授后主"；"祎与允为舍人，迁庶子"，费祎、董允都先后做过刘禅的舍人、庶子；来敏在刘禅为太子时，也曾为其家令。②238年，刘禅"立子璿为太子……以典学从事巴西谯周为太子家令，梓潼李撰为仆射，皆名儒也"。太子很喜欢李撰，"爱其多知，甚悦之"。关于太子教育，孟光还发表过一段宏论，认为皇位接班人不能像追求功名利禄的知识分子那样读书，而必须从他未来的工作需要出发。③

从私学的角度讲，按照两汉遗风，凡大学问家所在，一般总有前来求学讨教者，蜀汉时亦不应例外。当时一大批中原、荆楚知识分子跟随刘备来到巴蜀，如南阳人许慈、洛阳

来敏论皇太子教育

---

① 王永平：《中古士人迁移与文化交流》，社会科学文献出版社2005年版，第127~128页。
② 《三国志》之《后主传》，《杜周杜许孟来尹李谯郤传》之《尹默传》《费祎传》《来敏传》。另参：罗开玉《蜀汉职官制度研究》，《四川文物》2004年第5期；周永卫《略论汉代的皇家教育》，《江苏社会科学》2000年第4期。
③ 《华阳国志·刘后主志》；李撰、孟光事见《三国志·杜周杜许孟来尹李谯郤传》之《李撰传》《孟光传》。

人孟光、新野人来敏、汝南人许靖等。而巴蜀本地在两汉时期成长起来的学问家也为数甚众,如成都人张裔、杜琼,梓潼人尹默、李撰,以及郫人何彦英、阆中人周群、西充人谯周等。这些知名学者很多都有收徒讲学之举,为前来求学者点拨指教,如谯周的学生就不少:"门人以立为颜回,陈寿、李虔为游夏,罗宪为子贡"①,暗喻谯周有如孔夫子,而成都杜轸也曾"少师谯周,发明高经于谯氏之门"②。以《陈情表》名垂至今的李密,《华阳国志》称他"少受学于太常杜琼",《晋书·孝友》又载其"有暇则讲学忘疲,而师事谯周",可见他既深受私学之惠,又有投身于私学之举。向朗因为马谡事件受牵连而被罢官,"自去长史,优游无事垂三十年,乃更潜心典籍,孜孜不倦。……开门接宾,诱纳后进,但讲论古义,不干时事,以是见称。上自执政,下及童冠,皆敬重焉",而许靖也是"虽年逾七十,爱乐人物,诱纳后进,清谈不倦"。③

（二）诸葛亮的教育思想

诸葛亮（181~234）,字孔明,东汉末年徐州琅邪（今山东沂南）人,父母早逝,曾任豫章太守的叔父将其抚养成人。后隐居南阳隆中,结交司马徽、崔州平、徐庶等名士,甚有才识,抱负远大,常自比管仲、乐毅,而人称"卧龙"。公元207年,在刘备三顾茅庐的礼遇和诚邀之下,诸葛亮携"西取荆益、联孙抗曹,先成三分鼎立之势,再谋天下一统、复兴汉室"之霸业路线图这一厚重见面礼,正式出山加盟,随刘备集团踏上了筹建蜀汉政权的道路。214年,刘备取代刘璋而据有益州,获得了自己的落脚点和大本营,但此后却长年率军征战在外,"以亮为军师将军,署左将军府事",让诸葛亮操持日常政务,"常镇守成都,足食足兵";223年刘禅继位,"封亮武乡侯,开府治事。顷之,又领益州牧。政事无巨细,咸决于亮"。④由此可见,诸葛亮直到234年去世,214年以来一直居于巴蜀地区实际执政者职位,包括文教事业在内的诸方面政务都打上了深深的"诸葛记"烙印,即便在蜀汉后期,诸葛亮时代所形成的体制性基础和惯性影响亦不可低估。研究蜀汉教育历史,诸葛亮的教育思想不容忽视。

---

① 《晋书·儒林·文立传》。
② 《华阳国志·后贤志》。
③ 《三国志》之《向朗传》《许靖传》。
④ 《三国志·诸葛亮传》。

教育的发展与其政治背景密切相关。蜀汉虽然政治上比较清明，但毕竟在三国中实力最单薄，而且其政权旗帜上书写着"复兴汉室"四个大字，由此而被动和主动发起的大量军事行动把整个国家都牢牢地绑上了战车。就疆域而言，汉代全国十三州，大致魏得其九、吴得其三，而蜀仅具其一，以人口而论，魏约四百四十万，吴约二百三十万，而蜀不到一百万。①另据粗略统计，自刘璋夺得成都算起，蜀汉政权五十年间对外用兵近三十次，而且其中出动半数及半数以上兵力的大规模战争将近二十次，除去妇女、儿童、老人外的兵役适龄人口中三分之一都在服现役。②正是生存压力和军事行动在蜀汉政权的首要地位，决定了诸葛亮重视人才和教育的基本思想。他在"治国策"中指出："万物之事，非天不生，非地不长，非人不成"，治国必须"务天之本，务地之本，务人之本"，③而解决人的问题必须重视教育，"才须学也，非学无以广才"④，"庠序之礼，八佾之乐，明堂辟雍，高墙宗庙，所以务人之本"⑤。"庠序"是古代地方所设学校，"辟雍"是天子为贵族子弟所设大学，"明堂"是天子明政教和进士的地方，只有通过这些教育机构，才能培养出社会需要的各级各类人才；"八佾之乐"指代音乐舞蹈等文艺活动，"高墙宗庙"意指尊崇祖先孝敬父母的礼仪活动，只有通过礼乐的陶冶教化，人们才能养成情操品行，遵行人伦，形成稳定的社会秩序。而如果忽视了教育，"人失其常，则有祸患"，人们不遵循社会准则，将给国家带来无穷灾难。就军事人才而言，诸葛亮认为也需要教育、训练和培养，"不教而战，是谓弃之"，"教民七年始可即戎矣"⑥。史书上也有关于诸葛亮开展军事教育活动的记载，如《华阳国志·刘后主志》载：建兴十年（232）"秋，旱，亮练兵讲武"，《三国志·后主传》亦称："十年，亮休士劝农于黄沙，作流马木牛毕，教兵讲武。"

教育培养目标是教育思想的重要内容，诸葛亮作为政治家和军事家，关于

---

① 蒙默等编著：《四川古代史稿》，四川人民出版社1988年版，第129页。
② 王国民：《浅论蜀汉政治目标对社会经济的影响》，《周口师范学院学报》2006年第4期。
③ 诸葛亮：《便宜十六策·治国第一》，（明）诸葛羲、诸葛倬辑《诸葛孔明全集》，中国书店1986年影印版，第100页。
④ 诸葛亮：《诫子书》。
⑤ 诸葛亮：《便宜十六策·治国第一》，《诸葛孔明全集》，中国书店1986年影印版，第100页。
⑥ 诸葛亮：《治国十六策·教令第十三》，《诸葛孔明全集》，中国书店1986年影印版，第110页。

教育培养目标的思想体现在他的人才标准之中。就学术背景和治国思想而言，陈寅恪先生认为诸葛亮是"世代相传的法家"①，刘备在给后主刘禅的遗诏中也提到"闻丞相为写《申》《韩》《管子》《六韬》一通已毕，未送，道亡，可自更求达闻"。虽然诸葛亮实际上也有很好的儒学修养，但他身处乱世，无意治经而有心治世，为学讲求实用，司马德操按照"儒生俗士，岂识实务？识实务者在乎俊杰"的逻辑向刘备力荐诸葛亮也能说明这一点。诸葛亮治国理政，具有比较明显的法家风格，他拟《八务》《七戒》《六恐》《五惧》等科条，要求各级将吏遵守，并取得了"吏不容奸，人怀自厉"的效果。这样的思想反映在人才观上，就是不务虚名，"铅刀不可能砍伐"，重真才实学，"取人不限其方"，广纳四方贤才，像东汉时期政府追捧那些隐匿山林、不应征辟、累积声名、待价而沽之士的故事在蜀汉便很少见著史籍。另一方面，人才的政治立场和道德品行素质也十分重要，这既关乎人之才能为谁所用和如何发挥的问题，也是刘备集团标榜汉室正统而必须坚持儒家重德行传统的需要。诸葛亮提出要从志、变、识、勇、性、廉、信七方面考察人才②，《出师表》中向后主推荐人才，所陈述理由亦十分强调德行，如"郭攸之、费祎、董允等，此皆良实，志虑忠纯"，"将军向宠，性行淑均"，"侍中、尚书、长史、参军，此悉贞亮死节之臣也"，而"辟尚书郎蒋琬，及广汉李邵、巴西马勋为掾，南阳宗预为主簿，皆德举也"③。在《诫子书》中，诸葛亮也强调修身和养德才算得上"君子之行"。

诸葛亮虽然没有直接从事狭义的学校教育工作，但从他行政示下、军旅教战、家庭诫子等活动中也可窥见其教学思想。就教而言，诸葛亮强调以身示范。"教令之政，谓上为下教也。……上之所为，下之所瞻也。夫释己教人，是为逆政，正己教人，是为顺政。故人君先正其身，然后乃行其令。"④这与孔子"其身正，不令而行；其身不正，虽令不从"，以及今天我们要求教师须严于律己、率先垂范的观点都是一脉相承、意蕴相通的。诸葛亮还将"上为下

---

① 万绳楠整理：《陈寅恪魏晋南北朝史讲演录》，贵州人民出版社2007年版，第26页。
② 诸葛亮：《将苑·识人》，《诸葛孔明全集》，中国书店1986年影印版，第114页。
③ （明）诸葛羲、诸葛倬辑：《诸葛孔明全集·遗事·辟贤》，中国书店1986年影印版，第132页。
④ 诸葛亮：《治国十六策·教令第十三》，《诸葛孔明全集》，中国书店1986年影印版，第110页。

教""正己教人"的思想落实到领兵作战的军事活动中,提出了"夫为将之道,军井未汲,将不言渴;军食未熟,将不言饥;军火未燃,将不言寒;军幕未施,将不言困;夏不操扇,雨不张盖,与众同也"的具体要求。在实际生活中,诸葛亮也堪称以身示教的典范。他一生勤俭克己,虽官至高位,也仅仅"成都有桑八百株,薄田十五顷","无别调度,随身衣食,悉仰于官,不别治生,以长尺寸",病逝时内无余帛,外无赢财。有段时间他侄子诸葛乔随在军中,本来该轮换回成都了,但"诸将子弟皆得传运,思惟宜同荣辱",考虑到众将士子弟都在参加粮草运送工作,为同甘共苦计,便"使乔督五六百兵,与诸子弟传于谷中",而暂缓回家。①以学而论,诸葛亮对立志励志和淡泊宁静尤为强调。他在《诫子书》中指出"非志无以成学",又告诫外甥"若志不强毅,意不慷慨,徒碌碌滞于俗,默默束于情,永窜伏于凡庸,不免于下流矣!"没有理想或者缺乏为理想而奋斗的意志力,只能落得平庸,碌碌无为,因此"志当存高远,慕先贤",而且还要励志,"绝情欲,弃疑滞","忍屈伸,去细碎,广咨问,除嫌吝",为理想而付出和奋斗,才能够筹得壮志,"揭然有所存,恻然有所感","何患于不济"。另一方面,"学须静也","淫漫则不能励精,险躁则不能治性",要有俭朴美德和恬淡情怀,把远大理想与耐得寂寞结合起来,"非淡泊无以明志,非宁静无以致远",并且要抓紧时间,如果没有志向,虚度光阴,"年与时驰,意与日去,遂成枯落,多不接世,悲守穷庐,将复何及!"②到头来只能变得像枯枝落叶一样而失去人生价值,继承前辈事业只能是一句空话,自己也没有前途,后悔都来不及了!这种强调志存高远和静心学术的育人观、学习观是我国传统教育思想和为学精神的体现和传承,至今仍具有极大现实意义。

诸葛亮五十有四而殁,刘氏父子据有巴蜀五十载而终。封建社会以来第一次持续时间如此之长,以包括齐鲁、荆楚在内的中原华夏文化地区人士为主体的蜀汉政权,以其不统属于更高层次中央王朝的自主权和独立性,促进了中原文化在巴蜀地区的进一步交融、流播与传承。无论是官方教育还是民间私学,既是这一交融、流播与传承的伴随物与结果,也是这一交融、流播与传承的条

---

① 诸葛亮:《与兄谨言子乔书》,中国人民解放军五四七三二部队、烟台师范专科学校本书组《诸葛亮著作选注》,山东人民出版社1976年版,第40页。
② 诸葛亮:《戒子》《戒外甥》,《诸葛孔明全集》,中国书店1986年影印版,第97~98页。

件与手段。另一方面，蜀汉时期的巴蜀教育培养出了一批杰出人才，这些人才不仅为蜀汉政权下巴蜀地区的政治经济文化建设做出了贡献，如谯周、罗宪，还有很多后来进入曹魏和西晋政权，如陈寿、李密、文立等。

二、两晋南北朝时期巴蜀教育的衰败与缓慢发展

（一）官学衰败

两晋南北朝时期巴蜀地区政权更迭频繁，社会动荡，官学教育落入低谷。

公元263年，蜀汉政权为曹魏所并，虽然战事在所难免，但后主刘禅的出降选择在一定意义上减轻了对巴蜀社会经济文化的破坏程度。265年，司马炎篡魏自立，巴蜀地区也在和平中摇身而成西晋属地。西晋政权承曹魏而来，而曹魏在三国中崇儒重教政策最有力、文教事业发展最好。曹操早在其创业之初，就"使郡县立教学之官"，而"高祖即位，遂阐其业，兴复辟雍，州立课试，于是天下之士，复闻庠序之教"。①西晋初年，"在教育制度上基本承袭魏制，至少在晋初没有大的变化"②，晋武帝司马炎励精图治，继承了曹魏重视教育的传统，"时既初并庸蜀，方事江湖，训卒厉兵，务农积谷，犹复修立学校，临幸辟雍"③。当时巴蜀地区是加紧对孙吴军事斗争准备的战略要地，地方政治比较清明。具有学问功底的王濬担任巴郡太守时"严其科条，宽其徭课"，缓解了当地蜀汉末年以来"兵士苦役，生男多不养"的情况，"所全活者数千人"④，后来又转任广汉太守和益州太守。王濬在任时，巴蜀地区的郡国学校得到了恢复。《华阳国志》载：广汉郡郪人李毅，"少散达，不治素检。年二十余，乃诣郡文学受业，通《诗》、《礼》训诂，为学主事"，太守王濬临学讲试，问祭酒姬艳学生中"有可成进几百人"，姬艳说可能百把人，王濬听了很生气："童冠八百，而成者百人。教少何为？"李毅接过话茬劝和说，真能有姬艳所说那么多人成才，太守您治下的教育已经比孔子还强了，孔子学生中也只有七十来个圣贤有名嘛。王濬对李毅的辩称很感兴趣，便任命他为主簿。可见晋初巴蜀是有郡国学校的，而且童冠八百，规模不小，办学成绩

---

① 《三国志》卷二四《高柔传》。
② 卜宪群：《中国魏晋南北朝教育史》，人民出版社1994年版，第24页。
③ 《晋书》卷九一《儒林传序》。
④ 《晋书》卷四二《王濬传》。传称其"家世二千石"，"博坟典"。

不俗，培养出了李毅这样的高才生①。另据载，王濬之前任益州刺史的皇甫晏公元272年曾准备讨伐汶山白马胡，众劝阻者中何祗的官职是"典学从事"，与当年蜀汉蒋琬任命谯周总理一州学务时所担任的官职相同，说明晋初巴蜀地区在州一级也设有学官。不过就选送学生到西晋中央太学学习的情况看，晋初巴蜀地区的参与度还很低：272年太学生员七千人，后采取通经考试裁减至三千余人，而278年所立《晋辟雍碑》碑阴所载参加行礼的学生四百零五名，虽然来自十四州近八十郡，几乎遍及西晋初期所属各州郡，甚至有来自西域的学生，但属原蜀汉、且今之巴蜀地区的仅梁州广汉郡一人，益州一个也没有。②

3世纪末4世纪初，略阳、天水一带流民大量进入巴蜀，在西晋地方政府的打压逼迫下发动起义，304年在成都建立政权，李雄称帝，是为成汉。李雄在位三十年间是成汉的全盛时期，今之巴蜀地区基本上都在其治下。李雄在政治上"简刑约法"，"下宽大之令，……虚己爱人，授用皆得其才"；经济上轻徭薄赋，"赋男丁岁谷三斛，女丁半之，户调绢不过数丈，绵数两"③；加之"年丰谷登"，"事少役稀，民多富实"。随着社会的稳定和经济的发展，李雄便"兴文教，立学官"④，只可惜流传至今的史书缺乏成汉教育制度和具体发展情况方面的记载，因而难知其详。可以推想的是，成汉政权作为社会中下层民众建立起来的封建割据政权，缺乏名士硕儒的参与，文化底蕴比较薄弱，而且本身也没有更大的政治图谋，《华阳国志》说它"为国威仪无则，官无秩禄，职署委积，班序无别，君子小人服章不殊……纲纪莫称"，缺乏封建王朝所讲究的制度体系，因此其文教事业的发展大致重在恢复，而所谓恢复，也就是基本上按照西晋初年巴蜀地方文教的基本样式发展。就官学而言，本来两汉以来就无甚常制定员可言，因此即便有李雄"立学官""立学校"之举，各地执行落实情况还是以州、郡、县当政者的理解、好尚和财政等方面的可能性等为决定因素。不过在魏晋南北朝战火纷飞、动乱不已的特殊年代，巴蜀地

---

① 文渊阁《四库全书·史部·四川通志》卷九《人物》载称：李毅后来跟随王濬伐吴，"与何攀并为众军。吴平，封关内侯。历宁州刺史，加龙骧将军，封成都侯，谥曰威"。
② 王东洋：《〈晋辟雍碑·碑阴〉所反映的几个问题》，重庆社会科学2007年第2期。
③ 《晋书》卷一二一《李雄载记》。据《初学记》卷二九引《晋故事》及《晋书·食货志》：西晋的租调额是男丁一岁收租四斛，女丁一斛六斗；丁男之户，每年缴纳绢三匹（每匹长四丈）、绵三斤。
④ 《华阳国志·李特雄期寿势志》。

区的社会经济能有三十来年这样比较稳定的局面十分难得，不但有利于文化教育的恢复和发展，而且在"兴文教"的政策推动下，文化教育是能够得到一定恢复和发展的。李雄继任者李班身为太子时"敬爱儒贤，自何点、李钊，班皆师之；又引名士王嘏及陇西董融、天水文夔等以为宾友"，"好学爱士""勤于咨问"①，但后来继位不到半年就被杀害，之后的继任者政治昏暗、内讧不断，文教恢复又一次中断了。

公元347年，已由中原退守江南的晋王朝（即东晋）派桓温率军溯长江而上，消灭了成汉政权。此后到420年东晋灭亡，除去为前秦所并和谯纵割据外，巴蜀地区实际为东晋王朝统治五十多年。东晋是由门阀士族拥立和把持的封建王朝，"朝寡纯德之人，乡乏不贰之老，风俗淫僻，耻尚失所，学者以老庄为宗而黜"六经"，谈者以虚荡为辨而贱名检，行身者以放浊为通而狭节信，进仕者以苟得为贵而鄙居正，当官者以望空为高而笑勤恪"②，缺乏崇尚文化的社会风气，文教事业地位甚微。元帝、成帝、孝武帝时期先后三次动议兴学，其中前两次的主题是中央官学，且无多少成效；第三次发生在东晋从前秦手中收复巴蜀前夕的384年，孝武帝采纳了尚书令谢石恢复国子学，加强贵族子弟教育，并"班下州郡，普修乡校"，开展地方官学教育的建议，但在地方兴学方面缺乏实质性举措，连孔子故里的孔庙都败落不堪，经反复呼吁也不了了之，③巴蜀这样的偏远地方就更难获得中央政府加强地方教育的政令了。尤其是在成汉后期统治者"务于奢侈"，"荒淫不恤国事"，"百姓疲于役使"，④政治混乱、经济凋敝、文化衰败的情况下，东晋政权取得巴蜀后却并无除弊革新之举：所任命的益州刺史周抚，曾有与人"凶险骄恣，共相驱扇，杀戮异己；又大起营府，侵人田宅，发掘古墓，剽掠市道"的秽迹，却先后在巴蜀地区执政三十余年，他的侄子周仲孙虽然任宁州（原本属益州，西晋初年分置）刺史时就"在州贪暴，人不堪命"，后来竟然被任命"监益、豫、梁州之三郡"；⑤执政今重庆地区及嘉陵江流域二十九年的梁州刺史司马勋，也是

---

① 《晋书·李雄载记》《华阳国志·李特雄期寿势志》。
② 《晋书》卷五《孝愍帝纪》。
③ 《宋书》卷一四《礼志一》。
④ 《晋书》卷一二一《李雄载记》。
⑤ 《晋书》卷九八《王敦传》，卷五八《周抚传》《周仲孙传》。

"为政暴酷……西土患其凶虐，在州常怀据蜀，有僭伪之意"①，后出兵攻打益州，结果被擒获斩首。东晋在巴蜀的统治直到4世纪最后十来年从前秦手中收复之后才有所好转，虽后来又有谯纵的八年割据之乱，但时断时续、几臻凋敝的官学教育总体上开始趋于恢复，益州刺史毛璩就曾辟遂宁人龚颖为州劝学从事②，主管文教事务。东晋治下巴蜀地区的官学教育因缺乏史料而难知其详，但从州教育官员仍与蜀汉时期同名来看，可能巴蜀地区州郡县学的基本架构确以因袭为主，在中央政权也并没有什么具体的新要求情况下，和魏晋之际的情势大体相当；而据史载，晋初益、梁二州的"郡国增文学掾，余官与汉同"③。

东晋在巴蜀地区的统治先后被前秦政权和谯纵割据势力所打断，计近二十年。由西北地区氐族建立的前秦，是十六国时期唯一统一了中国北方的政权。前秦在苻坚为帝时不但国力强盛，文化"达于鼎盛"，其经学之盛在十六国中也屈指可数，④而正是在这一期间巴蜀地区为之所据，统治达十三年（373～385）。苻坚器重人才，崇文重教：多次诏令求才，如在占领巴蜀前一年就曾要求"关东之民，学通一经，才成一艺者，在所以礼送之"⑤；设立太学，而且有段时间甚至一月三次亲临视察，加之苻坚本人知识也很渊博，以至"问难五经，博士多不能对"，"诸生竞劝焉"；"广修学官，召郡国学生通一经以上充之，公卿以下子孙并遣受业"；不但军队将士"皆令受学"，二十人给一经生，教读音句，就连宫廷里面也兴学，"选阉人及女隶有聪识者署博士以授经"，宦官、宫女都就学。前秦正是在"政理称举，学校渐兴"，"人思劝励，号称多士"⑥的大好形势下，一举从东晋手中夺得巴蜀的。前秦统治巴蜀十来年间，虽然反抗和镇压战争不断，苻坚也开始变得不如从前开明有为，但还是能够极力笼络巴蜀人心，如对攻占巴蜀时为之所获的东晋梓潼太守周虓礼遇有加，即便周虓"箕踞而坐，呼之为氐贼"⑦也一再容忍，因此其重视文教的政风也在一定程度上拂及巴蜀之地，产生过积极影响。

---

① 《晋书》卷三七《司马勋传》。
② 《宋书》卷九一《孝义·龚颖传》。
③ （明）正德《四川志》卷一《历代年表上》。
④ 蒋福亚：《前秦史》，北京师范学院出版社1993年版，第267～268页。
⑤ 《资治通鉴》卷一〇三。
⑥ 《晋书》卷一一三《苻坚载记上》。
⑦ 《晋书》卷五八《周虓传》。

公元420年，刘裕代晋，中国历史进入南北朝时期，巴蜀地区历刘宋（420～479）、萧齐（479～502）、萧梁（502～553）①，经西魏（553～557）、北周（557～581），直到杨坚代周而立，随即进入隋唐天下一统时代。南朝时期寒人势力崛起，统治者为重建封建礼制，强化皇权，进一步认识到了儒学的重要性，兴学热情颇高。宋武帝在建国之初便发布兴学诏，强调"古之建国，教学为先，弘风训世，莫尚于此；发蒙启滞，咸必由之"，奠定了刘宋一朝文教政策的基调。宋文帝认为"夫所因者本，圣哲之远教；本立化成，教学之为贵"，并亲临国学策试、赐赏诸生，以示重教。②南齐国祚虽短，却有三位君主发布过兴学诏，认为"经纬九区，学敩为大"，要求"式遵前准，修建敩学，精选儒官，广延国胄。"③梁代武帝在位四十七年，政局相对稳定，且其本人学识渊博，对教育事业富有热情，诏令"大启庠教，博延胄子"，创五馆，引寒门俊才，置集雅馆以招远学，并"分遣博士祭酒，到州郡立学"。④北周统治者对儒学也甚为推崇，周武帝尊太傅燕国公为三老，亲临太学向其施礼问道，又曾集群臣亲讲《礼记》，诏令"诸胄子入学，但束修于师，不劳释奠。释奠者，学成之祭，自今即为恒式"⑤。

巴蜀地区在刘宋之后一百六十多年间，仍长期遭受战乱，尤其每每朝代更迭之际更甚。如齐末邓元起争夺巴蜀时，"益部兵乱日久，民废耕农，内外苦饥"，"蜀人多逃亡"；"及成都平，城中珍宝山积，元起悉分与僚佐"，时为长史的庾黔娄没参与抢掠，"一无所取"，邓元起还"恶其异众"，责问"长史何独尔为"，庾黔娄为表示服从，便"请书数箧"，⑥虽然史书上欲以此褒显庾黔娄，但书籍都可以抢夺得到，也可见战争对巴蜀社会、文化的破坏之严重。另一方面，乱世之际的一些地方官僚把中饱私囊放在重要位置，如刘宋文帝时刘道济任益州刺史，其手下"并聚敛兴利，而道济委任之，伤政害民，民皆怨毒"；后来官员换了一茬又一茬，而贪腐依旧，"梁、益二州土境

---

① 其间，北魏宣武帝正始（504～508）中，四川盆地东北部曾为北魏所据。
② 《宋书》卷三《武帝纪》、卷五《文帝纪》、卷六《孝武帝纪》。
③ 《南齐书》卷六《明帝纪》、卷二《高帝纪下》。
④ 《梁书》本纪第二《武帝纪中》、列传四十二《儒林列传》。巴蜀学者严植之就是五馆之一的主持者。
⑤ 《周书》卷五《武帝纪上》。
⑥ 《梁书》列传第四《邓元起传》、列传第四十一《庾黔娄传》。

丰富，前后刺史，莫不营聚蓄，多者致万金。所携宾僚，并京邑贫士，出为郡县，皆以苟得自资"，直到文帝末年刘秀之入主益州，"为治整肃，以身率下"，才"远近安悦"。①当然这一历史时期执掌巴蜀而有治绩者亦不乏其人，如刘宋泰始年间（465～471）曾担任巴东、建平二郡太守的孙谦"布恩惠之化，蛮獠怀之……郡境翕然，威信大著"②；萧梁益州刺史萧纪"在蜀十七年，南开宁州、越西，西通资陵、吐谷浑，内修耕桑盐铁之政，外通商贾远方之利，故能殖其财用，器甲殷积"③；西魏益州刺史傅竖眼"性既清素，不营产业……抚蜀人以恩信为本，保境安民，不以小利侵窃。……检勒部下，守宰肃然。远近杂夷相率款谒，仰其德化，思为魏民矣"④。

正是在南朝以来历代中央政府重视文教的政策导向下，巴蜀地区在社会渐趋平稳、经济缓慢回升基础上，官学教育逐渐恢复发展起来。齐永明十年（492），成都刺史刘悛修葺文翁石室，"画仲尼四科十哲像，并车服礼器"于礼殿。⑤梁天监九年（510），始兴王萧憺担任益州刺史，随即"祭汉蜀郡太守文翁"，"开立学校，劝课就业，遣子映亲受经焉"，"由是人多向学者"。⑥西魏北周时期，陇西狄道人辛昂担任成都县令时，带领诸生祭文翁学堂，并在宴请诸生时劝勉道："子孝臣忠，师严友信，立身之要，如斯而已。若不事斯语，何以成名。各宜自勉，克成令誉。"新昂言切理至，诸生深为感悟，觉得"辛君教诫如此，不可违之"，于是井邑肃然，咸从其化。⑦

总体看来，巴蜀地区在魏晋时期因连年战乱而遭受严重破坏，见诸史籍的人口统计数据⑧从东汉顺帝时（126～144）一百二十三万多户至蜀汉末（263）

---

① 《宋书》卷四五《刘道济传》、卷八一《刘秀之传》。
② 《梁书》列传第四十七《良吏·孙谦传》。《南史》卷四三《齐高帝诸子》："自晋以来，益州刺史皆以良将为之。"《梁书·良吏·孙谦传》载：刘宋明帝委任孙谦担任巴东、建平二郡太守，"郡居三峡，恒以威力镇之。谦将述职，敕募千人自随"，孙谦回答说"蛮夷不宾，盖待之失节耳。何烦兵役，以为国费"，固辞不受。
③ 《资治通鉴》卷一六四梁元帝承圣元年。
④ 《魏书》卷七五《傅竖眼传》。
⑤ （唐）贺遂亮：《益州学馆记》，转引自王文才等《〈文翁学堂图〉考略》，《蜀学》第一集，巴蜀书社2006年版，第9页。
⑥ 《南史》卷五二《梁宗室下》、《梁书》列传十六《太祖五王·始兴忠武王憺传》。
⑦ 《周书》卷三九《辛庆之传》。
⑧ 参刘静夫、刘伟航：《魏晋南北朝益、梁地区经济略论》，中国魏晋南北朝史学会等编：《古代长江上游的经济开发》，西南师范大学出版社1989年版，第18～19页。

只剩二十八万户，到刘宋时（464）竟减少到六万九千户。南北朝以后，尤其是进入6世纪，才得以缓慢恢复，到隋大业五年（609），人口增至六十一万多户。虽然此间历代中央政权也不乏重教兴学之举，包括对儒学以外教育的更多关注和发展等，但都既缺乏坚持和一以贯之的连续性，并且派往巴蜀地区的高级官员绝大多数都是武夫出身，对文教事业缺乏兴趣，对中央政府倡导兴学的非指令性政策大多懒得理会。直到6世纪梁魏周时期，巴蜀地区社会政治渐趋平

《资治通鉴》卷一四六对梁武兴学的记述

稳，经济逐渐恢复，官学教育逐渐发展，为盛唐时期的文教大发展、大繁荣而孕育和积蓄着。

（二）民间私学的一度凋落与缓慢恢复

就全国而论，人们对魏晋南北朝时期教育发展态势总的描述是"官学衰败、私学发达"，而巴蜀地区这一时期的私学与官学教育一样，发展水平都不是很高，而且相对于两汉而言还呈现出一定的倒退。横向比较，见诸正史的私学大师，两汉时一百三十八人中巴蜀地区占十三人，而两晋南北朝近九十人中仅一两人而已[①]。纵向而言，3世纪后期魏晋之际和5世纪末以后更为兴盛一些。

魏晋之际的私学兴盛主要有赖于东汉后期所蓄积和传承下来的一批学人硕儒，如：

蜀郡郫人何随，治韩《诗》《欧阳尚书》，研精文纬，通星历。蜀汉时曾在郡、州任职，当过安汉县令；西晋政府多次安排其做官，都予以拒绝，而"居贫固俭，衣弊蔬食，昼躬耕耨，夕修讲讽。乡族馈及礼厚皆不纳。目不视

[①] 黄清敏博士学位论文《魏晋南北朝教育制度述论》（福建师范大学，2003年）第四章《魏晋南北朝时期的私学》统计仅李密一人。而中央教科所高慧斌博士在其《南朝私学发展的地域特征》一文（载《江淮论坛》2006年第5期）中所列南朝四十四位私人讲学者中，又有今重庆市巫山县（南梁时为荆州建平郡）一人（邓郁）。

色，口不语利。著《谭言》十篇，论道德仁让"，太康年间（280~289）"即家拜江阳太守……年七十一卒官"。

犍为武阳人李密，"治《春秋左传》，博览五经，多所通涉。机警辨捷，辞义响起。事祖母以孝闻"，入晋后以祖母年事已高、自己须尽孝为由多次谢绝到州郡任职，"独讲学，立旌授生"，后被晋武帝征为太子洗马，"诏书累下，郡县相逼"，李密以一篇情真意切的《陈情表》打动武帝，名垂千古。李密的家庭教育也很有成效，六个儿子都"英挺秀逸"，号为"六龙"，其中两人官至太守：长子李赐"少能属文，尝为《玄鸟赋》，词甚美"；少子李兴"亦有文才"，东晋镇南将军刘弘立诸葛孔明、羊叔子碣，都是李兴撰文，"甚有辞理"。

广汉郪人王长文，"天姿聪警，高畅敏识，治五经，博综群籍"，由蜀入晋以后曾一度"阳愚""阳发狂"（此处"阳"为"佯"之意——编者注。），装疯卖傻，不应征召，"还家养母，独讲学"。咸宁（275~280）中，"以母欲禄养"，曾出任蜀郡太守。著有《通经》《春秋三传》《约礼记》等。

广汉绵竹人司马胜之，"学通《毛诗》，治《三礼》，清尚虚素，性澹不事荣利"，西晋时梁州辟别驾从事，举秀才，并担任过广都、新繁县令和散骑侍郎，辞官回乡后，"闲居清静，谦卑自牧。……训化乡间，以恭敬为先"，这种以离职官员身份教化乡里也可以视为民间教育。

成都人任熙，蜀亡后"辞疾告归，勤农力穑"，"循训闺门，内则可法"，而且"开门待宾，倾怀下士，客无长幼，必有供膳。清谈讲游，不妄失言"，可见无论是门风家规教育还是接受咨访，都是带有一定民间私学性质的。①

就家族学问的聚积传承而言，蜀郡江原（今四川崇州）的常氏家族，从汉末一直到成汉、东晋时期，都是望族，家学教育也值得称道。常骞的祖父常竺，蜀汉时曾任南广太守、侍中，父亲常伟曾任阆中县令；常骞治《毛诗》《三礼》，以清尚知名，官至魏郡太守。常骞族弟常勖一家，祖父曾任牂牁、永昌太守，父亲任高庙县令，从父常闳任汉中、广汉太守；常勖年轻时与从弟常忌齐名，"安贫乐道，志笃坟典。治《毛诗》《尚书》，涉洽群籍，多所通览"；常勖在蜀汉曾任光禄郎中、尚书左选郎、郫县县令等职，入晋后被刺史袁邵辟为州

---

① 何随、李密、王长文、司马胜之、任熙等人事迹均见《华阳国志·后贤志》；李密事另参《晋书》列传第五十八《孝友·李密传》。

主簿；常忌在晋武帝时"拜骑度尉，除河内令……挫折豪势，风教大行"。常勖的弟弟常廓"以明著称"，英年早逝，但毕竟"阖门广学"，儿子常宽"治《毛诗》《三礼》《春秋》《尚书》，尤耽意大《易》，博涉《史》《汉》，强识多闻，而谦虚清素，与俗殊务。……鸠合经籍，研精著

李密故里：四川彭山县

述"，著有《蜀后志》《续益部耆旧传》等史志；常宽之子常生，"亦有学行"，曾担任州主簿、资中县令、治中从事等职。常璩是常宽族孙、常骞族弟，在成汉担任散骑常侍，后归东晋；常璩"少好学"，"有著作才"，同时代史学家孙盛称之为"蜀史"，著有我国现存最早的地方志《华阳国志》。①

虽然魏晋之际巴蜀地区的民间私学尚且兴盛一时，但进入4世纪以后很快就偃旗息鼓了，其十分重要的原因之一，就是知识分子的大量流失。

蜀汉灭亡后，魏晋司马氏集团为防后患，仿秦灭六国迁其豪强、强干弱枝故事，将蜀汉皇室及相关重要人物迁离巴蜀："后主举家东迁"；"内移蜀大臣宗预、廖化及诸葛显等并三万家于东及关中，复二十年田租"，诸葛亮的孙子诸葛京等后裔"咸熙元年内移河东"，蜀相蒋琬、费祎等人子孙也"流徙中畿"，②迁徙地主要是河东、山东及洛阳等，以便于中央政权的有效控制。这些外迁者以政要显贵为主，同时也囊括了可能对魏晋新主人有所想法的众多知识分子。而即便为新政权所用的原蜀汉政治文化精英，如谯周、李密、文立、陈寿等，不但被"拴"在中原，而且就是告老还乡，他们也不敢、不便，或者是不被允许在巴蜀之地过多地活动。

紧接着西晋的强迁，成汉政权时期又有一批巴蜀士人逃亡。成汉政权缺乏文化底蕴，也没有多少优抚知识分子的举措，虽曾礼遇过谯周的一个孙子谯

---

① 常氏众人事迹见《华阳国志·后贤志》、民国《崇庆县志》卷八《士女》、刘琳《〈华阳国志〉简论》，《四川大学学报》（哲学社会科学版）1979年第2期。
② 引文自《三国志·蜀志·后主传》《华阳国志·大同志》《三国志·蜀志·诸葛亮传》和《晋书·儒林·文立传》。

秀,但谯周有个儿子却为李雄巴西太守马脱所杀,其子谯登募兵复仇,后被俘至成都,"不屈,雄杀之"①。另一方面,巴蜀地区的知识分子也大多不与成汉政权合作,众多士族流走,"三蜀民流进南入东下……其入荆州者十余万户",全赖镇南将军、荆州刺史刘弘拨给田地和种粮,并"擢其贤才,随才授用",但稍稍安顿下来却又与当地居民发生摩擦,酿成武装暴动。在暴动被平定时,"贼中金宝溢目,应詹但取图书。岂有贼而载图书者乎?此皆梁益流徙之衣冠也",可见这些流民中是有很多知识分子的。

经过魏晋的强迁和成汉时期的逃亡,不但东汉末年以来随刘焉、刘璋父子和刘备诸葛亮集团流徙而来的文化人撤走殆尽,就连好不容易在西汉以来通过教育培养起来的本地人才也流失惨重。另一方面,成汉政权为应对人口流失问题,又采取"引獠入蜀"政策,"蜀本无獠,自是始出。巴西、渠川、广汉、阳安、资中、犍为、梓潼,布在山谷,十余万落。时蜀人东下者十余万家,獠遂挟山傍谷,与下人参居。参居者,颇输租赋,在深山者,不为编户。种类滋蔓,保据岩壑,依林履险,若履平地。性又无知,殆同禽兽。诸夷之中,难夷道义招怀也",虽然这里的记载对移入之民怀有明显的贱蔑偏见,但他们文化素质低下却是不争的事实。"蜀之衣冠流徙荆湘,而名郡乐郊皆为獠居矣……文物之不逮,于两京畿数百年,职此之由,自蜀通中国以来,祸未有如是之酷且久也。"②

成汉政权之后的巴蜀地区长期遭受战乱,即便短暂的和平时期,州一级长官也是武夫当道,缺乏崇尚文化的氛围。南齐永明二年(484),偏安江南的历朝政权终于派来一位文化人,即始兴王萧鉴,担任益州刺史,"蜀刺史始不专用武人"③。萧鉴"好学,善属文,不重华饰,器服清素,有高士风",虽然只是一位年仅十四岁的少年,却不再迷信穷兵黩武,开始强调不能失信和劝善的重要性,于是巴西蛮夷"皆望风降附","戎夷慕义,自是清谧"。④自此而后,巴蜀地区的社会政治日趋稳定,官学教育开始重建,崇文重教之风和民间私学也开始缓慢恢复,萧梁五经博士严植之,就是从巴蜀土地上走出去的著名教育家。

严植之,字孝源,建平秭归(今重庆市巫山县)人,大约生于刘宋孝建三

---

① 《晋书》列传第六十四《隐逸·谯秀传》;(宋)郭允蹈撰《蜀鉴》卷四,巴蜀书社1984年影印版,第164、169页。
② (宋)郭允蹈撰:《蜀鉴》卷四,巴蜀书社1984年影印版,第173~174、189、199~201页。
③ (宋)郭允蹈撰:《蜀鉴》卷四,巴蜀书社1984年影印版,第280页。
④ 《南史》卷四三《齐高帝诸子·始兴简王传》。

年（456），为人正直厚道，淳孝仁慈，谦逊随和，"不以所长高人"。自幼接受过良好教育，"少善《庄》《老》，能玄言，精解《丧服》《孝经》《论语》"，成年后又"遍治郑氏《礼》《周易》《毛诗》《左氏春秋》"。南齐永明（483～493）中担任益州广汉王国右常侍，"侍王读"，负责广汉王的教导、陪读工作；后来广汉王为明帝所害，别人都躲得远远的，严植之却十分仗义，亲手操办安葬事宜；建武（494～498）中，曾任康乐县令，"在县清白，人吏称之"，深得好评。梁初"诏求硕学，治五礼"，严植之被推荐给朝廷修撰凶礼；天监四年（505），诏令"置五经博士各一人，广开馆宇，招内后进"，于严植之等人"补博士，各主一馆"。严植之讲课条理清晰、重点突出，分析透彻、深入浅出，深受学生欢迎，"每当登讲，五馆生毕至，听者千余人"。严植之不但学识渊博、教艺精湛，而且品行高洁、师生关系和谐，自生病后就主动不再领取俸禄，过世时家里甚为清贫，还是他的学生们出资帮助料理的丧事。① 严植之之所以如此长于教学，除了学识功底深厚外，还在于他此前在家乡巴蜀地区时，钻研学问和为官之余从事过教学实践活动，积累了丰富的教学经验。②

遗憾的是，南北朝时期见诸正史的巴蜀人士中除严植之有教育活动外，难以找到第二人。不过隋朝担任过国子祭酒的郫县人何妥在做隋政权龙州刺史时，"有负笈从游者，妥为讲究，学者皆敬礼之"③，而史载其曾仕梁湘东王，可能他在进入隋朝前也是有过教学授徒活动的。

魏晋南北朝时期巴蜀地区民间私学中的童蒙基础教育一如两汉，或多或少地散布于广大城镇、乡村，凡有意愿和能力让儿童少年接受教育之家庭较为集中之地，便有本地或外来文人开馆授徒，教育内容同样由识字习字，诵读《论语》《孝经》，以及简单写作等构成。变化大致就在于又增添了新的蒙学教材，并且由于纸张的普及和书法艺术升温，习字和书写问题更受重视了。据《隋书·经籍志》记载，魏晋南北朝时期新编的启蒙教材有王义《小学篇》、杨方《少学》、束皙《发蒙记》、顾恺之《启蒙记》，以及周兴嗣等人编写

---

① 《南史》卷七一《儒林·严植之传》；《梁书》列传第四十二《儒林·序》《儒林·严植之传》，列传第三十六《孝义·江泌传》。关于严植之在康乐县的任职，《南史》载为"康乐令"，《梁书》载为"康乐侯相"。
② 熊明安主编：《四川教育史稿》，四川教育出版社1993年版，第67～69页。
③ 文渊阁《四库全书·史部·四川通志》卷七上，第559册，第299页。

的《千字文》①。周兴嗣乃陈郡项（今河南项城市）人，"博通记传，善属文"②，南梁时以文辞优美而颇受欣赏器重。梁武帝为教授皇子识字，命人从王羲之所写书法作品中拓出不相重复的一千字，令周兴嗣韵之而成《次韵王羲之书千字》，后人称之《千字文》。周氏《千字文》按内容分为天文、地理、历史、处世、务农、读书、饮食、祭祀等类，用四言韵语编成，整齐押韵，读来朗朗上口，尤其是没有牵强硬凑的痕迹，内容比较浅显，艰涩拗口的句子很少，容易为儿童学习掌握，所以流传很广，与两汉时的《急就篇》等一直为以后历代所沿用。当时的蒙学读本还出现了钟繇、皇象、卫夫人、王羲之、索靖等书法家的书写本③，习字书写教育除了实用，又增添了审美的成分。

就其经由民间传承而非官方举办而言，巴蜀地区这一时期的宗教教育亦可视为民间教育的重要组成部分。

东汉中后期，张陵在蜀西今大邑鹤鸣山创立五斗米道，自称"天师"，并通过讲解教义和施法、教武等途径发展教徒；汉末天下大乱，其孙张鲁割据汉中（亦辖控巴郡部分地区），其传教组织体系渐臻完备，不守法律，而以廉耻、诚信教育和管理民众。西晋初年，犍为陈瑞大肆传播道教，"其为师者曰祭酒"，传教的地方叫传舍，"徒众以千百数"，而且还包括巴西太守唐定等地方高官。咸宁三年（277），益州刺史王濬将其定性为"以鬼道惑民"，诛杀陈瑞及祭酒袁旌等，焚烧传舍，处罚信教官民，"又禁民作巫祀，于是蜀无淫祀之俗"，④道教受到极大打击和遏制。成汉政权时，道教与官府结成联盟，道教领袖范长生父子均拜丞相，其传教活动也增添了一些官方色彩。东晋郭璞"洞五行、天文、卜筮之术"，长于"禳灾转祸，通致无方"⑤，四十九岁时为王敦所杀。《晋书》本传载其有门人赵载，可见他有收徒教学活动，而《四川通志》称其"入蜀寓居乌龙山，注《尔雅》，洗墨山中，鱼吞墨水，至今有乌头鱼"，⑥若曾寓蜀，亦

---

① 这一时期有多位作者编撰过《千字文》，流传至今的版本乃周兴嗣所作。顾炎武在《亭林文集》卷二称周氏《千字文》"不独以文传，而又以其巧传。后之读者，苦《三苍》之难，而便《千文》之易，于是至今为小学家恒用之书"。
② 《梁书》列传第四十三《文学传·周兴嗣》。
③ 李国钧、王炳照编：《中国教育制度史》第二卷（宋大川、王建军著），山东教育出版社2000年版，第127页。
④ 《华阳国志·大同志》。
⑤ 《晋书》列传第四十二《郭璞传》。
⑥ 文渊阁《四库全书·史部·四川通志》卷三八《流寓》，第561册，211页。

可推想应该是伴有教学活动的。又据《南史》载，南梁时荆州建平（今重庆市巫山县）人邓郁，"少而不仕，隐居衡山极峻之岭"，"足不下山……日夜诵大洞经"，率徒修道，天监十四年（515）"无病而终"。死前预见自己大限将至，对弟子说："求之甚劳，得之甚逸。近青鸟既来，期会至矣。"据说梁武帝后来叫周舍为之作《邓玄传》，"具序其事"①。

佛教在巴蜀地区"发端于三国之时，传布于东晋之际，繁荣于南北朝时期，至隋末唐初，形成国内一大佛学重中心"，魏晋南北朝时期巴蜀地区的佛学教育十分活跃。4世纪末，东晋益州刺史毛璩任命僧恭为蜀郡"僧正"，礼遇高僧昙翼，崇挹佛学大师慧持；慧持在成都及郫县大弘佛法、讲说斋忏，有弟子道泓、昙云继其法门。南北朝时，刘宋东海王怀素、益州刺史刘思考，萧梁西昌侯萧渊藻、武陵王萧纪，北周谯王宇文俭等都支持和倡导佛法，佛教各重要学派纷纷进入巴蜀地区传播自家学说，佛学教育兴盛一时。如"释法成……学通经律。……元嘉中，东海王怀素出守巴西，闻风而迎，会于涪城。夏坐讲律，事竟辞反，因停广汉，复弘禅法。"又如梁初前来巴蜀的康居僧明达，曾化行巴峡蛮夷，又播教汶中、梓州，"化行楚蜀，德服如风之偃朴"，"三蜀氓流或执炉请供者，或散花布衣者，或拾俗归忏者，或剪落从发者，日积岁计，又不可纪"；阆中人宝海、资中人智方携手赴建康从云法师听讲《成实论》，还蜀后宝海大弘讲席，智方则善讲《法华经》，语出成章；梁末高僧宝象在涪川"开化道俗，外典佛经，相续训导，引邪归正，十室而九"，益州僧宝愿还请他去讲过学。②

魏晋南北朝时期的巴蜀教育因中央政权的多次更迭和长期战乱而受到严重摧残，既不如两汉时兴盛，亦难匹江南地区的崛起与发展。事实上，早在成汉东晋之际，巴蜀的教育文化就已经一落千丈了。以蓝勇先生对《华阳国志》所载巴蜀地区人物进行的分类统计③来看，两汉蜀汉两百四十二人中以学识、文化闻名者六十五人，占26.86%，西晋到东晋347年从成汉手中收回对巴蜀地区的统治权期间五十一人，其中以学识、文化闻名者仅七人，占13.73%。直到南朝以后，逐渐回暖的兴学风尚和缓慢恢复、发展的教学活动，才为巴蜀地区隋

---

① 《南史》卷七六《隐逸下·邓郁传》。
② （南朝·梁）慧皎洁《高僧传》卷六，（唐）道宣《续高僧传》卷三〇；温玉成《蜀汉至隋代的四川佛教》，《重庆师范大学学报》（哲学社会科学版）1991年第1期。
③ 蓝勇：《西南历史文化地理》，西南师范大学出版社1997年版，第79~82页。

唐时期又一个新的教育兴盛高潮积蓄着力量。

第三节 秦汉至南北朝时期的人才选拔制度与巴蜀的学问风气

在中国古代社会，教育的外部动力源泉之一在于国家的人才选拔制度。人才选拔制度本不属于教育制度范畴，但它连接教育与社会政治文化生活，既担负着吸引社会民众参与教育活动之动力引擎的重要职能，又成为国家通过调整标准而控制教育活动方向、吸纳文化精英为之所用、引领社会风尚的重要手段。因此，体现为选士任官的人才选拔制度是我国传统教育不可或缺的组成部分。

一、人才选拔制度及其对教育的影响

（一）秦汉人才选拔与教育

秦国并了巴蜀之时，执行的是郡县制和吏师制度，经学习而掌握法令者可递补为官吏，"主法令之吏有迁徙物故，辄使学读法令所谓，为之程式，使日数而知法令之所谓，不中程，为法令以罪之"①。这套以律令之学选才任官的办法与吏师制度相互配合、相得益彰，使当时的教育内容紧紧围绕"学读法令"展开，虽然学习的参与者、学习途径都十分有限，却让巴蜀地区的教育活动迅速增添了新的内容，那些希望通过接受教育加入秦政权基层组织的巴蜀人士，大抵都得遵循从吏师、习法令的路径，即便以武功、家世受用者，往往也需补上学习掌握政府法令这一课。

西汉立国，对人才的需求甚为旺盛，帝王多次颁诏求贤。汉高祖在公元前196年发布诏书："盖闻王者莫高于周文，伯者莫高于齐桓，皆待贤人而成名。今天下贤者智能，岂特古之人乎？"为了社稷长久，特地布告天下，表示"贤士大夫有肯从我游者，吾能尊显之"，要求各地官员广举贤才，"其有意称明德者，必身劝，为之驾，遣诣相国府，署行、义、年"，既须亲自劝勉贤士应诏，还要书其行状、仪容、年纪，礼送官府待用，"有而弗言，觉，免"，有人才而不推举上报的，一经发现，免其官职。②文帝即位次年（前178）也曾下诏"举贤良方正、能直言极谏者，以匡朕之不逮"；公元前165年又"诏有司、诸侯王、

---

① 《商君书·定分》。
② 《汉书·高帝纪下》。

三公、九卿及主郡吏，各帅其志，以选贤良明于国家之大体，通于人事之终始，及能直言极谏者，各有人数，将以匡朕之不逮"，并对入选的一百多人亲自策试，要求他们写出"周之密之"的文章，封好后由皇帝亲自拆看，评定高下，晁错就是这次被选中、考核优秀并被封为中大夫的。①文帝这次诏举和策试不仅是对策、射策制的起源，也是后世科举的端绪。但整个说来，汉初的诏举贤良工作还仅仅是偶为之举，没有期限、人数和标准等方面规定，尚未形成定制。

察举发展为一种比较完备的选士制度，并真正确立其在两汉仕进制度中的主体地位，是在汉武帝时期。公元前140年，汉武帝诏"举贤良方正直言极谏之士"，并且确立了丞相卫绾所奏议的选才标准，"或治申、商、韩非、苏秦、张仪之言，乱国政，请皆罢"，首次明确规定将研习法家学问者排斥在外。②董仲舒就是在元光元年（前134）汉武帝诏贤良对策时脱颖而出的。董仲舒将求贤仕用、兴学养士和地方荐举三者结合起来，认为"不素养士而欲求贤，譬犹不琢玉而求文采也"，建议"兴太学，置明师，以养天下之士"，并要求地方官员荐举人才，让"诸列侯、郡守、二千石各择吏民之贤者，岁贡各二人"，以"遍得天下之贤人"，"量材而授官，录德而定位"，"天下之士可得而官使"，而且整个培育、荐举和使用人才皆以儒学为依准。由此开始，完善配套的人才选拔机制逐渐建立起来，并对教育活动产生了直接而又深远的影响，人们求学、求知，通过获选而加入统治者集团，实现自己治国平天下的人生理想，或者借此博得声名利禄，让"知识改变命运"，获得理想的生活方式。

两汉时选举的科目比较繁多，主要有贤良方正、孝廉、茂才（初称秀才，东汉为避光武皇帝讳而改为茂才）和明经等类，其中"虽以贤良方正为至重，而得人之盛，则莫如孝廉"③；茂才在层次上高于孝廉。

贤良方正举无定期，一般情况下"凡日蚀地震、山崩川竭、天地大变，皆诏天下郡国举贤良方正极言直谏之士"④，因为他们认为"人主不德，布政不均，则天示之灾以戒不治"，所以要选拔具有文墨才学的高级人才，通过

---

① 《汉书·文帝纪》《汉书·晁错传》。
② 《汉书·武帝纪》。
③ （宋）徐天麟：《东汉会要》，上海古籍出版社1978年版，第391页。
④ 杜佑：《通典》卷一三《选举一》。

他们"极言直谏""直言极谏",帮助皇上改正过错①,这里面实际上"兼有'求言'即征求吏民之政治意见的目的"②。送选者经过对帝王之策而予任用,直接为中央政府服务。巴蜀地区入选者有:西汉阆中谯元"以对策高第拜议郎",何武"举贤良方正,拜谏大夫";新都杨统东汉明帝时被举为方正,而他曾祖父杨仲续在西汉末年尚未移居巴蜀前亦曾被"举河东方正,拜祁令",到东汉安帝时,杨统之子杨厚因为邓太后"问以图谶"而回答不称其心意,便回到老家继续师事犍为周循,而"不应州郡、三公之命,方正、有道、公车特征皆不就";梓潼李业在王莽时被"举方正。王莽以业为酒士,病不之官,遂隐藏山谷,绝匿名迹,终莽之世";成都张楷"通严氏《春秋》、古文《尚书》",安帝时"五府连辟,举贤良方正,不就";武阳张纲"举贤良方正";绵竹董扶"少游太学",东汉桓帝时"应贤良方正,诣京师"③。

孝廉是最具经常性的科目,主要是为地方政府选拔人才,一般从当地学行名士和地方属吏中推举。孝廉之举源于文帝时候的诏奖孝悌力田和廉吏,正式得名于汉武帝元光元年(前134)"令郡国举孝廉各一人"④。最初所举孝廉不必经过考试就直接任用,无官职者委以小官,小官则予以提升。到东汉时制度渐臻完备。光武帝时"举孝廉,郡国二十万人举一人";和帝时采纳丁鸿建议,"郡国率二十万口岁举孝廉一人,四十万二人,六十万三人,八十万四人,百万五人,百二十万六人。不满二十万二岁一人,不满十万三岁一人";顺帝时进一步明确了年龄限定,并增添了考试内容,"令郡国举孝廉,限年四十以上,诸生通章句,文吏能笺奏,乃得应选",才行特别出众者则"不拘年齿",⑤什邡朱仓"每察孝廉,羞碌碌诣公府试,不就",始终不愿参加三公府考试而不应举。当时规定"孝廉年不满四十,不得察举,皆先诣公府,诸生试家法,文吏课笺奏",若不跟从具体某位老师求学受业,便无家法可言,这就极大地促进了教育,尤其是私学的繁荣。巴蜀地区在两汉得举孝廉者甚

---

① 《汉书·文帝纪》。大概也正因为每次举贤良方正的特定背景,所荐者中善说天人感应和灾异之学的儒生比例较重。
② 阎步克:《察举制度变迁》,辽宁大学出版社1997年版,第4页。
③ 《华阳国志·先贤士女总赞》;嘉庆《四川通志》卷一四一《选举·荐辟》;《后汉书》卷三〇《杨厚传》及其注引《益部耆旧传》,《后汉书》卷八一《独行传·李业传》、卷三六《张楷传》。
④ 《汉书·武帝纪》;颜师古注云:"孝谓善事父母者,廉谓清洁有廉隅者。"
⑤ 《后汉书》志二八卷《百官五》、卷三七《丁鸿传》、卷六《顺帝纪》。

众，嘉庆《四川通志·选举·荐辟》列三十五人（另有两人以"至孝举"），而据《后汉书》张霸、董钧本传所载，两人都被举过孝廉：张霸"年数岁而知孝让，虽出入饮食，自然合礼，乡人号为'张曾子'。……举孝廉、光禄主事，稍迁，永元中为会稽太守……后征，四迁为侍中"；董钧"建武中，举孝廉，辟司徒府"。

茂才之选亦始于西汉武帝公元前106年诏"令州郡察吏民有茂才、异等可为将相及使绝国者"①。东汉光武帝时，对各级官吏下达了荐茂才任务："三公举茂才各一人……光禄岁举茂才四行各一人……监察御史、司隶、州牧岁举茂才各一人。"②巴蜀地区在两汉被举为秀才（茂才）的，如：巴郡安汉人陈禅"车骑将军邓骘闻其名而辟焉，举茂才"；蜀郡成都人李弘"举茂才，不就"，柳宗"举茂才，为美阳令"，张楷"司隶举茂才，除长陵令，不至官"；广汉绵竹人任安"察孝及茂才，公府辟，公车征，皆不诣，卒布衣"，新都人王忳"举茂才，除郿令"；广汉郪人王涣"州举茂才，除温令"，王堂"光禄举之为茂才"，冯信"州举茂才，公府十辟，公车再征，不诣"；犍为武阳人赵松"举茂才，为上党太守"；③嘉庆《四川通志·选举·荐辟》还列有郫人何霸、武阳人杨莽、雒人段恭、蜀郡殷参、阆中王澹和江州孟彪等人。

明经科旨在寻求通晓儒经的专门人才。汉武帝以后尊崇儒家思想，将其作为国家意识形态，体现在官僚制度上，就是以儒学和儒家思想为标准选用、提拔官员，不但宰相重臣唯硕儒是任，"自孝武兴学，公孙弘以儒相，其后蔡义、韦贤、玄成、匡衡、张禹、翟方进、孔光、平当、马宫及当子晏咸以儒宗居宰相位，服儒衣冠，传先王语"④，而且各级地方官吏也主要以儒生充之："吏百石通一艺以上，补左右内史，大行卒史；比百石以下，补郡太守卒史，皆各二人，边郡一人。先用诵多者，不足，择掌故以补中二千石属，文学掌故补郡属，备员"，所以"自此以来，公卿大夫士吏彬彬多文学之士

---

① 《汉书》卷六《武帝纪》。
② 《后汉书》志二四卷《百官一》注。
③ 李弘事见文渊阁《四库全书·史部·四川通志》卷三八《隐逸》，其余见《华阳国志·先贤士女总赞》及《后汉书》卷三一《王堂传》注、卷五一《陈禅传》、卷七六《王涣传》、卷八一《独行列传·王忳传》。
④ 《汉书·马宫传赞》。

矣"①。到东汉时，明经之举已形成成套制度，如章帝元和二年（85）"令郡国上明经者，口十万以上五人，不满十万三人"，顺帝时又规定"试明经下第者补弟子，增甲、乙科员各十人"②，安排推举为明经而考核又不取之者到太学去深造。巴蜀地区两汉时期得举明经者比较少，《华阳国志》记载了两位：梓潼人李业"少有志操，介特。习鲁《诗》，师博士许晃"，资中人董钧"习庆氏《礼》，事大鸿胪王临"，两人都在西汉末平帝元始年间（1～5）"举明经"，随即分别"除为郎"和"迁廪牺令"③。

另外，两汉遴选博士为太学教授并备帝王咨询，其方式在西汉为荐举、征辟，东汉则有选试之法。巴蜀两汉时被任命为博士的有张宽、董钧、杨班等，而景鸾"博士征，不诣"，董扶"举贤良方正、博士、有道，皆称疾不就"，任安"除博士，公车征，皆称疾不就"，而公孙述据蜀时因久闻李业贤才大名，"征之，欲以为博士"，李业反复推辞，最后宁愿"饮毒而死"也不应征。到太学受业学习要接受考试，而如郫县人何武"诣博士受业，治《易》。以射策甲科为郎"。

整个说来，两汉时期对人才选拔工作十分重视，制度不断完善，增添考核环节，虽然后期也暴露出一些问题，但借此激励了巴蜀地区的教育学习活动，为政府罗致了大批优秀人才，却是不争的事实。求学求知、获选入仕，禄利之路成为教育学习活动的巨大动力。"自武帝立五经博士，开弟子员，设科射策，劝以官禄，迄于元始，百有余年，传业者浸盛，支叶蕃滋，一经说至百余万言，大师众至千余人，盖禄利之路然也。"④事实上两汉人才选拔制度不仅是儒家经学人才辈出的强大动力，同时也为各领域专门人才的脱颖而出开辟了通道。除自下而上察举之外，还可自上而下进行征辟，巴蜀地区很多怀一技之长和负有盛名者得以直接召入官府任用。如资中王延世"以河决征拜河堤谒者"，阆中任文公"善天文风角官司空掾"，广汉雒人郭玉"以明方术官太医丞校尉"，成都司马相如和雒人李尤均"以荐奏赋为郎"，武阳张皓"以文聪辟大将军掾"，汉安杨准"以累世忠直荐拜尚书"，成都的李弘和禽坚分别因"德

---

① 《汉书》卷八八《儒林传》之（序）。
② 《后汉书》卷三《章帝纪》、卷六《顺帝纪》。
③ 《后汉书》卷八一《独行传·李业传》、卷七九《儒林列传·董钧传》
④ 《汉书》卷八八《儒林传》之（序）（赞）。

行"和"孝"而授任功曹;①垫江"龚荣以俊才为荆州刺史,后有龚扬、赵敏,以令德为巴郡太守",而巴郡太守王堂"进贤达士",所推荐的孝子严永、隐士黄错、名儒陈髦、俊士张璊"皆至大位",都被任用到了重要职位。②这些人才涉及包括儒学在内的多方面学问,不但其产生须以教育学习活动为基础,而且按当时惯例他们大都会收徒教授以传承学问,从而进一步促进了教育活动的繁荣,促进了巴蜀文化的极大丰富和全面发展。

另一方面,两汉人才选拔制度所坚持的独尊儒术意识形态,主导了这一时期巴蜀地区教育学习活动的总方向。儒家意识形态在明经和孝廉两科体现最为明显。明经以通晓儒经的知识水平为取舍,西汉平帝元始年间巴蜀地区获选的两位明经,李业所习鲁《诗》是太学最早设立的七家博士执教学科之一,董钧习庆氏《礼》"博通古今"而在"永平初,为博士",首次将庆氏《礼》上升为太学科目。孝廉以符合在家为孝悌、在官为廉吏的儒家行为标准为依据。据统计,两汉所举孝廉中资历有明确记载或可判定者二百三十四人,其中儒生七十五人,兼具儒生和官吏身份者三十一人,两者共占45.3%。③巴蜀孝廉中突出表现在研习儒经和坚持儒家正统思想者,如阆中杨仁"建武中诣师学韩《诗》",成都张霸"就长水校尉樊鯈受严氏《公羊春秋》",宕渠冯绲"学《公羊春秋》";梓潼杨充坚持儒家思想,"常言图纬空说,去事希略,疑非圣,不以为教";安汉陈禅"邪娱不扬目,枉行不动身",对西南夷掸国献演的魔术节目"独不视",并对安帝说"帝王之庭,不宜设夷狄之技"。④突出表现在孝义方面者,如成都禽坚至孝,"太守王商追赠孝廉";雒人姜诗"事母至孝",连赤眉起义军都避开姜诗乡里以免惊扰,还送给他家米与肉,但姜诗埋而不食,后来察举孝廉时,明帝诏曰:"大孝入朝,孝廉一切皆平之。"李业之子李翚为国忠义,不受公孙述的赏赐;寇祺为朋友侯蔓报仇刺杀渤海王象,"由是察孝廉,为霸陵令、济阴相"。⑤为吏廉能者有:景毅"为人廉

---

① 嘉庆《四川通志》卷一四二《选举·荐辟》。
② 《华阳国志·巴志》。
③ 黄留珠:《两汉孝廉制度考略》,《西北大学学报》(哲学社会科学版)1985年第4期。《后汉书》卷六一《黄琼传》亦称"琼以前左雄所上孝廉之选,专用儒学文吏"。
④ 民国《巴县志》卷九《官师上·杨仁传》,《后汉书》卷三六《张霸传》、卷三八《冯绲传》注,《华阳国志·先贤士女总赞》,《后汉书》卷五一《陈禅传》。
⑤ 《华阳国志·先贤士女总赞》;《后汉书》卷八一《独行·李业传》。

正,疾淫祠",经常教育儿孙们要"修善为祷,仁义为福",被察为孝廉,举为治剧,后任益州郡太守,"恩化畅洽",离任时一斗米的价格从他赴任时的一千钱降至八钱;陈宠升任大司农后,和帝问他当年在广汉郡做太守时"何以为理",回答说"臣任功曹王涣以简贤选能,主簿镡显拾遗补阙,臣奉宣诏书而已",王涣、镡显就是"同见察孝于陈司空"的。①事实上整个两汉,无论选拔哪一类人才,"孝悌清公之行"②都是基本的必要条件,而正是通过人才选拔和教育活动(尤其是官学)中的儒学主导,巴蜀文化继入秦而开始转向中原文化之后,在两汉时期开始全面融入以儒家思想为主旋律的中原华夏文明,总体上实现了文化转型。

(二)蜀汉至南北朝时期的人才选拔与教育

对巴蜀地区而言,蜀汉至南北朝是又一次被中原华夏文化所漠视和边缘化的时期,这在人才选拔和任用上体现得尤为明显。

蜀汉政权的人才选拔主要是继承和沿用东汉察举和征辟的一些做法,虽未成定制,但"特重察举,虽位经朝要,还为秀孝",像司马胜之,即便是已经做过尚书郎、秘书郎等官,而"景耀末,郡请察孝廉"③。《三国志·蜀志》中未见贤良方正和明经之选方面的记载,而被察孝廉者有三人:巴西阆中马忠和犍为武阳张翼都是"建安末举孝廉",随即分别"除汉昌长"和"为江阳长",广汉鄪人王义强则是"从先主入蜀后,举孝廉,为符节长";举茂才者有三人:阆中周群为先主占候预见,很多次"悉如群言。于是举群茂才",诸葛亮领益州牧、开府治事时辟蒋琬"为东曹掾。举茂才,琬固让",诸葛亮为此还强调说只有像蒋琬这样的人士才对得起茂才这样的"清重"之选,成都人寿辑"举秀才,自历城令进涪陵太守,清俭有治声"。④《四川通志》所载这一时期的孝廉只有常勖、常忌和杜轸三人,而荐辟任官则有犍为人杨洪"以才能为蜀郡守"、郫人何祗"以才策为广汉守"和梓潼人文恭"以才干为丞相亮

---

① 《华阳国志·先贤士女总赞》;《后汉书》卷七六《王涣传》,陈宠字司空。
② 《后汉书·和帝纪》注引《汉官仪》:东汉章帝公元83年令诏"辟士四科:一曰德行高妙,志节清白;二曰经明行修,能任博士;三曰明晓法律,足以决疑,能案章覆问,文任御史;四曰刚毅多略,遭事不惑,明足照奸,勇足决断,才任三辅令。皆存孝悌清公之行"。
③ 《华阳国志·后贤志》。景耀为蜀汉后主年号,时在公元258~263年。
④ 《三国志·蜀志》之《马忠传》《张翼传》《杨戏传》引《季汉辅臣赞》《周群传》《蒋琬传》,文渊阁《四库全书·史部·四川通志》卷六《名宦》。

治中从事"等。①蜀汉政权为与曹魏、孙吴抗衡，而且还扛着汉室正统大旗，因此走的是"爱才重德"路线，只要是支持蜀汉、符合基本道德规范的有才之士，包括巴蜀本地人才在内，都能够为之所延揽、任用。

另一方面，由于蜀汉政权为中原荆湘人士所建立和把持，军政大权主要掌握在侨寓人士手中，巴蜀本地人才受重用的程度十分有限。蜀汉中枢大臣十七人中，土著仅梓潼李福和巴郡姚伷两人②，明显居于配角地位，《三国志》都不曾为之立传；而《三国志·蜀志》所载列传人物五十六人中，除刘备养子刘封外，关东籍二十四人、荆楚籍十一人、天水籍一人、巴蜀籍十九人③。刘备公元214年入主成都自领益州牧后进行入蜀以来首次重要人事安排，《华阳国志》载其一揽子安排的十八人中只有阆中黄权和广汉彭羕为本地人；诸葛亮领益州牧、开府治事时任命官员，《华阳国志》列名十人中巴蜀土著倒占了一半：广汉李邵、巴西马勋、绵竹秦宓、犍为五梁、梓潼杜微。④

进入曹魏，中央政府在巴蜀地区实行了一种新的人才选拔制度——九品中正制。九品中正制始于曹魏政权初期，"立九品官人之法，州郡皆置中正，以定其选，择非郡之贤有识鉴者为之，区别人物，第其高下"⑤。按照此制，州、郡分别设置大、小中正，负责对本地区出身的官吏和士人进行评选，对被评者的"簿阀"（即家世出身）、"状"（即包括此前为官政绩在内的才德行为）和"品"（即人品等第）等进行考察，并按三等九级评定品级，然后将有关材料和结论层层上报，最后由负责人事的吏部以品级为主要依据授予官职。这一政策不同于两汉察举征辟制的重要之处在于，设置了由中央控制的专司考察的中正官，并实行考察与任用两权分离，而且选才标准更加周密。中正除例行品定人物外，还要执行中央政府临时性的人才考察和察举工作，如晋武帝司马炎公元265年"令诸郡中正以六条举淹滞：一曰忠恪匪躬，二曰孝敬尽礼，三曰友于兄弟，四曰洁身劳谦，五曰信义可复，六曰学以为己"。⑥九品中正

---

① 嘉庆《四川通志》卷一四二《选举·荐辟》。
② 许蓉生：《蜀汉政权重要官员的地域构成及变化——兼议诸葛亮的"贵和"精神》，《西南民族大学学报》（人文社科版）2005年第12期。
③ 张晓莲：《试论魏晋时期的巴蜀士族》，《川东学刊》（综合版）1998年第4期。
④ 《华阳国志》之《刘先主志》《刘后主志》。
⑤ 《通典·选举典》。
⑥ 《晋书》卷三《武帝纪》。

制一直运用于魏晋南北朝,但其运行状况到东晋中后期即开始变质,沦为加强门阀统治的工具,弊端丛生,中正官凭个人好恶任意评定品第,"爱恶随心,情伪由己",选举工作逐渐为世家大族所左右、操控,品定人物唯家世阀阅,造成"上品无寒门,下品无世族","高门华阀,有世及之荣;庶姓寒人,无寸进之路。选举之弊,至此而极"①。巴蜀地区做过中正官且比较著名的有:西晋时郫县何攀"为梁、益二州中正,引起遗滞",犍为费立"以性公亮,入为州大中正……每准正三州人物,品格褒贬,帅意方规,无复疏亲,莫不畏敬",巴西郡安汉人陈寿曾"领本郡中正"②;南朝萧梁武帝时,梓潼涪人李膺也做过益州大中正。

魏晋时期亦未废察举,虽然其地位和作用呈逐渐下降趋势。曹魏政权曾明确要求"供士以经学为先",如明帝曾下诏"欲得有才智文章、谋虑渊深、料远若近、视昧而察、筹不虚运、策弗徒发、端一小心、清修密静、乾乾不解、志尚在公者",要求"无限年齿,勿拘贵贱,卿校已上各举一人"。③曹魏的这些举措和思想在承祚而立的西晋得到了延续,如犍为武阳人杨邠"少好学志古,藻励名行",在晋初被益州刺史王濬举为秀才,而后历任安汉、雒令和汶山、巴东、广汉太守,永嘉初进衡阳内史。西晋武帝不但多次下诏察举,如泰始四年(268)"诏王公卿尹及郡国守相,举贤良方正直言之士",太康九年(288)"诏内外群官举守令之才"等,而且十分重视贤良对策,"试贤良而至于再策,始于汉武帝之董仲舒,而晋武之时亦有之。……可见二帝于策士之事,究心如此",并开创秀才对策制,"举秀才必五策皆通,为郎中,一策不通不得选"。④魏晋时期的知识分子还可通过学校试经入仕,"诸生有法度者及白衣,试在高第,拜郎中"⑤,而且这里的"白衣"大致是指不在学籍者,说明不经过官学学习成才者也可以应试参选,如江州人母稚"忠厚沈晦,然其性气凛不可犯,以学贯四科,贡于朝",后来官至夜郎太守⑥。西晋前期一度繁盛的察举,到后来尤其东晋朝,随着门阀世族把持政坛而逐渐低落,并且慢

---

① 《晋书》卷八五《刘毅传》。
② 赵翼:《廿二史札记》卷八《九品中正》。
③ 引文分别自《三国志·魏书·王昶传》《三国志·魏书·明帝纪》。
④ 《晋书》卷三《武帝纪》,《文献通考·选举六》,《晋官品令》。
⑤ 《艺文类聚》卷四六引《晋令》。
⑥ 民国《巴县志》卷一〇《人物上·母稚传》。

慢地只剩下孝廉和秀才两科；秀才成为主要的对策取士之途，在以此"求言"的同时，"日重文辞，成了一种按文辞高下取人的科目"①。

到了南朝，察举和经由学校选士入仕之制在经过3世纪尤其是东晋朝的低落后，开始呈现出复兴态势。刘宋武帝在420年即皇帝位当月便诏令"遣大使分行四方，旌贤举善"，次年又亲自到延贤堂"策试诸州郡秀才、孝廉"，孝武帝曾诏令整饬察举，"四方秀孝，非才勿举；献答允值，即就铨擢。若止无可采，犹赐除署；若有不堪酬举，虚窃荣荐，遣返乡里，加以禁锢"。②南齐武帝永明四年（486）"车驾幸中堂策秀才"，东昏侯永元元年（499）"诏研策秀才，考课百司"。③萧梁武帝以"通经"为条件选拔人才，"策实"而后用之："九流常选，年未三十，不通一经，不得解褐。若有才同甘颜，勿限年次"，"其有能通一经，始末无倦者，策实之后，选可量加叙录。虽复牛监羊肆，寒品后门，并随才试吏，勿有遗隔"。④据统计，西晋、东晋和南朝宋、齐、梁三代各历五十二、一百零三、五十九、二十三、五十五年，正史载其各自孝廉、秀才人数（含举而不就者）分别为八十六、二十四、五十一、二十三、二十人；萧梁虽然孝廉秀才数较少，但经太学、国子学策试（包括学外得预明经策试）入仕者却达三十八人，而南齐二十二人，刘宋仅两人；就南朝三代而言，这种比例的变化同时也反映出逐渐增强的入仕氏族化倾向：刘宋举士重孝行、多寒门，而齐梁则由专容贵胄的国子学出身者占了压倒性多数。⑤

东晋时曾统治巴蜀十多年的前秦和南朝萧梁之后接管巴蜀的西魏、北周，也都有其察举任官之制。前秦苻坚既有"临太学，考学生经义，上第擢叙者八十三人"之举，亦有"秀才段铿对策上第，拜吏部郎中；孝廉通经者十余人，皆拜令长"的记载。⑥西魏据巴蜀五年之后即为北周所代，但两朝相承，制度上具有延续性。北周武帝建德三年（574）"令六府各举贤良清正之人"，宣帝宣政元年（578）"诏制九条，宣下州郡。……五曰，孝子顺孙义夫节妇……才堪任用者，即宣申荐；……八曰，州举高才博学者为秀才，郡举经明

---

① 阎步克：《察举制度变迁》，辽宁大学出版社1997年版，第134页。
② 《宋书》之《武帝纪》《孝武帝纪》。
③ 《南齐书》本纪第三《武帝》、本纪第七《东昏侯》。
④ 《梁书》本纪第二《武帝中》。
⑤ 阎步克：《察举制度变迁》，辽宁大学出版社1997年版，第201、203、210页。
⑥ 《晋书·苻坚载记》、汤球《十六国春秋辑补》卷三三。

行修者为孝廉,上州、上郡岁一人,下州、下郡三岁一人"①。不过制度虽似完备,西魏、北周相继四十八年,按照阎步克先生统计,其得察举者见诸正史的只有寥寥五人,较之大约同一时期的南朝陈的三十二年八人和东魏北齐的四十二年二十九人②,显然是很少的。

综以观之,魏晋南北朝时期的人才选拔制度具有两大特点。一是不断走向完善,不但专设直接受制于中央政府的人才考察官职,而且对入选人员(包括由察举而得者)的考察、考试办法也日趋缜密,强调文化知识的重要性,这对教育活动具有较大促动意义,只不过实际上这一政策的落实十分有限。二是门阀世族把持政坛,无条件地占据高位,拥有真才实学者难得重用,加之政权更迭频繁,战乱不断,武士更为当朝者所倚重,因而很多人对认真学习文化知识的意义产生了怀疑,缺乏求知为学积极性。

在曹魏至北周历朝历代中央政府的人才政策之下,巴蜀地区这一时期的人才入选水平与两汉相比,落入了一个低谷时期。整个说来,曹魏、西晋时期的状况稍稍好一些,不过其实质颇似"招安",巴蜀人才被边缘化的三百多年历史由此才揭开序幕③。嘉庆《四川通志·选举·荐辟》载列人物中,两汉一百一十三人,蜀汉十三人,两晋四十四人(其中绝大多数为西晋时期入选),而南朝甚至只登录有一人④。事实上,问题从蜀汉灭亡时就开始了。当时司马氏集团为抚慰巴蜀,经由察举和荐辟任用了一批蜀汉政要与名士(及其后人),但这些人士实际上是受到歧视、难得重用的。郫县何攀功勋卓著于晋,但就因为来自巴蜀,即便被封为关内侯,仍为同僚所看低,"时廷尉卿诸葛冲以攀蜀士,轻之,及共断疑狱,冲始叹服"⑤。事实上,被晋王朝征召起用的李密以老祖母面前需尽孝而通过《陈情表》诉尽"衷肠"以求暂不应命,谯周应辟赴洛却一路生病、病困汉中直至"以疾不起,就拜骑都尉","自陈无功而封,求还爵土"却不被听许,"为散骑常侍,疾笃不拜",王长文大

---

① 《周书》卷五《武帝纪》、卷七《宣帝纪》。
② 阎步克:《察举制度变迁》,辽宁大学出版社1997年版,第201、282页。
③ 这种边缘化其实最根本的在于政治上相对于汉族中央王朝的边缘化:自公元317年东晋退守、偏安江南,至589年隋统一全国,巴蜀地区除347~373、385~405、413~551年基本上归属江南中央王朝外,其余将近一半的时间或割据独立、或为北方少数民族政权所控制。
④ (南齐)龚悝:"有学行,益州刺史刘季连辟为主簿。"
⑤ 《晋书》卷四五《何攀传》。

同后察孝廉不就而装疯卖傻以至"于成都市中蹲踞啮胡饼","绛衣绛帽,牵猪过市中乞,人与语,伪不闻。常骑牛周旋。郡守初至,诣门修敬,至间,走出,请,终不还",①这些典型事例都说明巴蜀知识分子与司马氏之间存在明显的心理隔阂。随后晋室南迁,巴蜀地区又经四十多年的成汉割据,与中央王朝的心理距离就更加疏远了。另一方面,东晋以后门阀世族控制政坛,巴蜀地区影响力比较大的望族和知识分子在蜀汉灭亡后被曹魏、西晋统治者大量迁离本土,再除去成汉时流徙荆湘的衣冠之族,遗留下来者与中原和江南地区的门阀世族和知识分子相比,竞争实力大不如前,因而很难挤进中央政权,即便到了齐梁之际,"蜀土以文达者,惟研与同郡李膺",②仅罗李二人而已,广汉郪人李庆绪在梁天监时做了东莞太守、巴郡太守,并得封安陆县侯,史书叙称"益州一二百年无复贵仕,庆绪承恩至此,便欲西归"③。有论者曰:"自晋永和而元温始平李氏,迄梁承圣而蜀乃尽入于周,跨历四代,咸抚而有,虽苻坚之侵陷,谯纵之盗窃,声教暂阻,而旋即讨平。其职贡于江东者,年所居多,而蜀士未有光显者。岂果无人?当两汉之际,蜀人文章节义足以冠冕海内,柱石帝京,夫岂足用于两汉而无用于晋宋齐梁者?失在于不能招徕之也。"宋代郭允蹈认为这一论断"深究当时之实"④,并且其《蜀鉴》第五卷的标题就叫"江左不用蜀"。

巴蜀人才在两晋以后长期很少能够进入中央政权体系的事实,对教育活动造成了很大的消极影响。对芸芸众生而言,读书学习不是目的,"学成后出路如何,是决定学生入学积极性的关键因素"⑤。在魏晋南北朝那样的时代,一般谋生并不需要多少文化知识,能够进入政府系统谋得差事是绝大多数求学者最现实的动机和最直接的动力。鉴于这一时期中央政府的人才政策,及其与巴蜀地区之间的心理隔阂,读书学习后越来越少的功名出路严重挫伤了巴蜀民众的求知热情,巴蜀地区的教育活动陷入了低谷。这既使两汉时期以来巴蜀文化向中原华夏儒家文化积极靠拢的高昂热情急剧降温,也为巴蜀文化发展方向与步伐的调节提供了可能,为其进一步丰富和多元发展留下了空间。

---

① 《晋书·孝友列传·李密传》,《三国志·蜀志·谯周传》,《晋书》列传第五二《王长文传》《华阳国志·后贤志》。
② 《南史》卷五五《罗研传》。
③ (民国)《巴县志》卷九《官师上·李庆绪传》。
④ 郭允蹈撰:《蜀鉴》卷四,巴蜀书社1984年影印版,第282~283、284页。
⑤ 李国钧、王炳照编:《中国教育制度史》第一卷,山东教育出版社2000年版,第398页。

二、巴蜀地区的学问风气

巴蜀地区的教育在秦汉至南北朝期间虽曾一度得到极大发展，但制度化水平仍然很低，官学教育尚未形成定制和常态，其象征意义大于实质意义，主要承担着主导教育活动方向和社会教化职能，政府对教育学习活动的内容等没有硬性规定，而是体现为兼具时代气息与地域特色的学问风气。

（一）今文经学为主及其与图谶、星历天文的结合

西汉武帝"罢黜百家，独尊儒术"后，中国学术思想的官方主脉是儒家经学。经学又有今文和古文之分。所谓今文经，是指老师口授传经，以汉代通行之隶书抄写而成，侧重于阐发儒家经典的"微言大义"，西汉晚期以后与谶纬学说结合，并成为官方钦定和扶持的正统学术。古文经是用先秦的大篆写成的儒家经典，汉时大篆已不流行，故称古文，其研究注重儒学经籍的文字训诂和史实考证。古文经在汉初已陆续发现，虽有传本，但藏于秘府，未立博士，不列于官学。哀帝时刘歆曾上奏建议赋予古文经以官学地位，设学官，采为教科书，结果不但没有得到认可，反而以刘歆受到打压、败出京师告终。王莽辅政时，再次提倡古文经，将《左氏春秋》《毛诗》《逸礼古文》《尚书》立为官学，每经博士增为五人。古文经因此逐渐得到广泛传播。光武中兴，复废古文，但此时古文经已进入学者案头，在民间广泛流传。东汉末郑玄等提倡古文经，古文经势力大盛，自是以后直到清嘉庆间，所行者大致皆古文经。道光之后，今文经曾一度死灰复燃。康有为是今文经学最后一个大师，而古文经学则终于其最后一个大师章太炎。

巴蜀地区原本儒化程度甚低，儒学思想的正式引入和传播始于汉兴以后，尤其是文翁兴学后历代地方政府的强力推动，活跃于官学、私学的经学之风炽盛一时。据统计，虽然巴蜀地区的经学著作在西汉时还不到其全部著述的五分之一，但这一比例到东汉则已窜升至44.4%，与中原地区相差不大了。[①]不过巴蜀儒学之传承，从一开始便"未能笃信道德，反以好文刺讥，贵慕权势"[②]，对追寻传统道德的"古典"经学之类"纯"学术问题缺乏兴趣，而呈现出好文辞、多讽谏的特点，选择了务时济世、与中央政府保持一致步调、跟着时势走

---

① 蓝勇：《西南历史文化地理》，西南师范大学出版社1997年版，第136~137页。
② 《汉书·地理志》。

的今文经学之路。西汉李弘、扬雄等巴蜀士人都"不为章句",成帝时"议立《三传》博士,巴郡胥君安独驳《左传》不祖圣人"①,力排众议而毅然表达自己对古文经学的反对立场;东汉章帝时,时为校书郎的成都人杨终建议"方今天下少事,学者得成其业,而章句之徒,破坏大体。宜如石渠故事,永为后世则"②,催生了著名的白虎观会议。

巴蜀经学大多不以专深为务,而以驳杂见长,尤与老道、图谶、灾异之学结合紧密,"辞赋、黄老、阴阳、数术合为一家的很多,这种风气好像在巴蜀是有深远的基础"③。秦汉之际的云阳人扶嘉就"长占吉凶,巧发奇中。高祖为汉王时,与嘉相遇,嘉劝定三秦。高祖以嘉志在扶翼,赐姓扶氏,官至廷尉"④。西汉司马相如、严遵、扬雄等巴蜀著名学者都有深厚的儒学修养,但又都并非纯粹的儒学经师。司马相如作为汉赋奠基者,以文辞之功卓然于世,而"就相如文章按之,其所用词语多本六经"⑤,不乏儒学功底。严遵作为西汉晚期蜀中杰出思想家,虽其哲学思想基础主要源于老庄,经常叹息的是"多财积谷使吾有劳神之苦,高位显名使吾有杀身之虑",⑥但他"学业加妙",既"耽于《老》《庄》"又"专精《大易》",在街头以卜而教时"与人子卜,教以孝;与人弟卜,教以悌;与人臣卜,教以忠"⑦,其基本思想也是儒家的孝悌忠义。扬雄不但辞赋和语言学名于世,"少而好学……非圣哲之书不好",认为"经莫大于《易》,故则而作《太玄》;传莫大于《论语》,故作《法言》"⑧,儒学家身份昭然若揭。事实上,作为文翁以官方名义派赴京师就博士学习儒经的巴蜀第一人张宽,就既有《春秋章句》这样的学术成果,亦具"明天文、灾异"的学术风格⑨。

进入东汉,巴蜀学人普遍治经,但多善谶纬、卜筮、数术等"内学",如"杨厚、任安一派,自西汉末年直到晋代,师承不绝,都是以黄老灾异见长,共

---

① 《华阳国志·先贤士女总赞》。
② 《后汉书》卷四八《杨终传》。
③ 蒙文通:《巴蜀古史论述》,四川人民出版社1981年版,第98页。
④ 文渊阁《四库全书·史部·四川通志》卷八《人物》。
⑤ 《蒙文通学记》,三联书店1982年版,第4~5页。
⑥ 李殿元、李松涛:《巴蜀高劲振玄风——巴蜀百贤》,四川人民出版社2001年版,第49页。
⑦ 《华阳国志·先贤士女总赞》。
⑧ 分别引自《汉书》卷八七《扬雄传》、《华阳国志·先贤士女总赞》。
⑨ 《华阳国志·蜀志》。

有三十余人，这在两汉最为突出"①。其他如：宕渠冯允"能理《尚书》，善推步之术"；雒人折像"能通京氏《易》，好黄老言"，"以道教授门人"；曾"教授门生千人"的资中杜抚"少师事薛汉"，而薛汉"少传父业，尤善说灾异谶纬，教授常数百人。建武初，为博士，受诏校定图谶"，杜抚弟子会稽赵长君"卒业乃归。州召补从事，不就。举有道"，另一个来自南阳的弟子冯良"亦以道学征聘"②，而得举有道和以道学征聘说明他们研习的学问在于图谶；雒人翟酺曾以灾异之说劝勉安帝励精图治，"自去年以来，灾遣频数，地坼天崩，高岸为谷。修身恐惧，则转祸为福；轻慢天戒，则其害弥深。愿陛下亲自劳恤，研精致思，勉求忠贞之臣，诛远佞谄之党，损玉堂之盛，尊天爵之重，割情欲之欢，罢宴私之好。帝王图籍，陈列左右，心存亡国所以失之，鉴观兴王所以得之，庶灾害可息，丰年可招矣"，可惜"书奏不省，而外戚宠臣咸畏恶之"③；郫县何英、成都杨由"二子学通经、纬"，据称何英的"日食盗贼起"得到应验，而且"京师旱，请雨，即澍"，杨由也同样神秘兮兮，"乡人冷丰赍酒候之，值客，未内，由为知其多少。又言，人当致果，其色赤黄，果有送甘橘者"，而且预言政事亦得应验，"其明如此"；新都段翳"明经术，妙占未来"，能预知有学生从远方前来求学，"某日，当有诸生二人，荷担，问翳舍处者"，自冀州而来的学生辞行时又准确预知其"到葭萌，争津，破头"并事先授以"以膏裹之"的"锦囊妙计"；什邡杨宣青年时求学"天文、图纬于河内郑子侯，师杨翁叔，能畅鸟言，长于灾异"，而且教授弟子数百人；郫县何宗也是"通经纬、天官、推步、图谶，知刘备应汉九世之运"；蜀汉时梓潼李撰"自五经、四部、百家诸子、伎艺、算计、卜数、医术、弓弩机械之巧，皆致思焉"，学识宽博；郪人王长文既"依则《论语》"著《无名子》十二篇，又"拟《易》《玄》"著《通经》四篇，而且"亦有卦名"，蜀汉后入仕西晋，"后来闻益州乱，以《通经》筮，得'老蚕缘枯桑'之卦，叹曰：'桑无叶，蚕以卒也。吾蜀人殄于是矣。'拜蜀郡太守，暴疾卒"。④到后来南朝齐梁年间，从巴蜀之地走出的著名学者严

---

① 蒙文通：《巴蜀古史论述》，四川人民出版社1981年版，第98页。
② 《后汉书·冯绲传》；《后汉书·方术列传·折像传》《华阳国志·先贤士女总赞》；《后汉书·儒林列传》之《薛汉传》《杜抚传》；咸丰《资阳县志》卷三六《人物列传·侨寓·赵长君传》。
③ 《后汉书》卷四八《翟酺传》。
④ 均见《华阳国志》，王长文在《后贤志》，其余在《先贤士女总赞》。

植之"少善庄老，能玄言"①，学风依旧。

巴蜀地区的天文历算之学源远流长，两汉时期不但研习者甚众，而且诞生了落下闳这样的著名天文学家。西汉"庶事草创，袭秦正朔"，沿用秦王朝施行全国的颛顼历；颛顼历本来较之当时可选用的其他历法"疏阔中最为微近"，但累积误差越来越大，汉武帝针对"朔晦月见，弦望满亏，多非是"的严重问题，决定改革历法，"议造《汉历》"。由于当朝学者"不能为算"，巴郡阆中人落下闳被推荐征召入京，参与新历研制。经过六年艰苦工作，落下闳与邓平各自分头完成了比较近似的"八十一分律历"方案，并从众多方案中脱颖而出：每月29又81分之43（即29.53086）天，每年365又1539分之385（即365.250162）天，以正月为岁首。汉武帝将此新历定名为"太初历"，并改年号为"太初"。太初历是我国历史上有文字记载的第一部比较完整的历法，落下闳首创的连分数推历法比西欧早一千六百余年，所提出的以无中气之月置闰之法沿用一千七百多年（直至明代末）。落下闳为造太初历，需观测天象、推算数据，又"造员仪（浑天仪）以考历度"，做浑象（天球仪）"于地中转浑天"②，对我国天文历法科学的发展做出了很大贡献，并为巴蜀之地此后天文历算之学经久不衰奠定了基础。在两汉时期，阆中一带成为巴蜀地区的天文研究中心，除落下闳外，西汉末有任文公"善天文，王莽篡汉，乃携妻子奔于深山"③，东汉末有周群从其父周舒学习图谶术数之学，"专心候业"，并在家中庭院建立小楼以观天象，"常令奴更直于楼上视天灾，才见一气，即白群，群自上楼观之，不避晨夜，故凡有气候，无不见之者"④。东汉以后则有僰道人任永"长历数"，雒人翟酺"尤善图纬、天文、历算"，"以明天官为侍中、尚书"，雒人折像常与著有《河洛解》的什邡朱仓、"明天文二卷"的雒人段恭以及安汉赵晏等人"但说天文论五经"，历蜀汉魏晋的郫县何随"研精文纬，通星历"，巴西西充国谯周"颇晓天文"⑤，《晋书·天文志》亦载称"及班固叙汉史，马续述《天文》，而蔡邕、谯周各有撰录"。

---

① 《南史》卷七一《儒林·严植之传》。
② 《汉书》卷二一《律历志》；吕子方《天数在蜀》（载四川人民出版社1983年版《中国科技史论文集》上册）。
③ 文渊阁《四库全书·史部·四川通志》卷八《人物》。
④ 《三国志·蜀志·周群传》。
⑤ 《华阳国志·先贤士女总赞》《后贤志》；《三国志·蜀志·谯周传》。

东汉时期古文经学在民间广为传承，但直到东汉末，巴蜀地区依然"多贵今文而不崇章句"①，"今学尚未尽漓"②，本土大部分学者仍然因循着两汉以来学风，如成都张裔"治《公羊春秋》，博涉《史》《汉》。汝南许文休入蜀，谓裔干理敏捷，是中夏钟元常之伦也"；西充国谯周之父"治《尚书》，兼通诸经及图纬"，本人"耽古笃学""研精六经"，"颇晓天文，而不以留意；诸子文章非心所存，不悉遍视也"，并出任蜀汉益州典学从事，"总州之学者"，③其弟子文立、陈寿、罗宪、杜轸等自然也是传其学术的，今文经学得继续广泛传授。

汉末蜀汉之际，古文经学开始传布巴蜀。早在东汉后期，梓潼杨充就曾"受古学于扶风马季长、吕叔公、南阳朱明叔、颍川白仲职，精究七经"，并与多位中土名士、古文经师交好，后来"还以教授州里"，传习古文经学④。到汉末，梓潼的尹默和李仁也认为今文经学"不博"而"俱游荆州"，跟随司马徽、宋忠等"受古学"；尹默由此而"皆通诸经史，又专精于《左氏春秋》，自刘歆条例、郑众、贾逵父子、陈元、服虔注说，咸略诵述，不复按本"，而李仁之子李撰亦具传父业，并"从默讲论义理，五经、诸子，无不该览"，"著古文《易》《尚书》《毛诗》《三礼》《左氏传》《太玄指归》，皆依准贾、马"。⑤另一方面，由中土荆湘而来的侨寓学人多习古文经学，加快了古文经学在巴蜀的传播。如南阳人许慈"师事刘熙，善郑氏学，治《易》《尚书》《三礼》《毛诗》《论语》"；河东解州人关羽亦"爱读《左氏春秋》"；新野人来敏"善《左氏春秋》"，只有洛阳人孟光研习今文经学，"好《公羊春秋》而讥呵《左氏》，每与来敏争此二义"。⑥蜀汉政权对今文、古文经学人才都加以重用，如尹默、李仁都被延揽入宫，教授后主刘禅，孟光也被刘备拜为议郎，与许慈等并掌制度，后主以之为符节令、屯骑校尉、长乐少府，迁大司农。由于蜀汉政权对古文经学的重视，巴蜀学者虽仍以治今文经为主，但转习古文或今、古兼修者渐多。如

---

① 《三国志·蜀志》之《尹默传》。
② （清）唐晏：《两汉三国学案·凡例》。
③ 《三国志·蜀志》之《谯周传》《张裔传》。钟元常即曹魏钟繇。
④ 《华阳国志·先贤士女总赞》。
⑤ 《三国志·蜀志》之《尹默传》《李撰传》。
⑥ 《四库全书·史部·四川通志》卷六《名宦》，《三国志·蜀志》之《许慈传》《来敏传》《孟光传》。

《华阳国志·后贤传》便载李密"治《春秋左氏传》，博览五经，多所通涉"，文立"治《毛诗》《三礼》，兼通群书"，王化"治《毛诗》《三礼》《春秋公羊传》"，任熙"治《毛诗》《京易》，博通五经"，常勖"治《毛诗》《尚书》，涉洽群籍，多所通览"，寿良"治《春秋》三传，贯通五经"。谶纬之术也明显式微，即便谯周虽传家学，"颇晓天文，而不以留意"①，不再以此自炫和授徒了。不过此后历代，巴蜀经学都一直保持了今文为主的传统，直至晚清还诞生了今文经学大师廖平。

汉末中土士风嬗变，行为"通脱"，好言谈议论，与以往刻板的经师大异其趣。随着士人流迁，这一风气也传入蜀地，为巴蜀士风带来了一些新的气息。如汝南许靖年过七旬仍然"爱乐人物""清谈不倦"；涿郡简雍"优游风议，性简傲跌宕"；鲁国人刘琰"有风流，善谈论"；襄阳习祯"有风流，善谈论，名亚庞统，而在马良之右"②。不过这些学人的"清谈"主要还是人物品评的"清议"，尚不同于玄学中的谈论，而且这正好与巴蜀文人"好文刺讥"的风格意气相投。如秦宓接待吴人张温，其嘲戏讥讽之言，滔滔不绝；李撰则"体轻脱，好戏啁，故世不能重也"；马忠"为人宽济有度量，但诙啁大笑，忿怒不形于色"；杨戏辅姜维领兵而一直"心不服维，酒后言笑，每有傲弄之辞"；何彦英"滑稽谈笑，有淳于髡、东方朔之风"；著名学者张裕更是因谐音戏弄刘备等原因而掉了脑袋。③前述边韶与学生用"顺口溜"相互调侃的故事，除了反映出随和的师生关系外，可能也在一定程度上展示出巴蜀学人戏啁诙谐的性格。

两晋南北朝期间"蜀中经学的情况记载很少，无可称述"，巴西龚壮"每叹中夏多经学，而巴蜀鄙陋，兼遭李氏之难，无复学徒"。④

（二）辞章之学的繁盛

《华阳国志·蜀志》用五行学说"戏说"巴蜀民风：《易·说卦》称"坤（之卦象）……为文"，而巴蜀位在西南，于八卦属坤位，"其卦值

---

① 值得注意的是，谯周后曾仕晋。而晋武帝在公元267年即下诏"禁星气谶纬之学"，并于次年将此规定纳入国家正式法律《泰始律》。
② 《三国志·蜀志》之《许靖传》《简雍传》《刘琰传》《杨戏传》注引《襄阳记》。
③ 《三国志·蜀志》之《秦宓传》《李撰传》《马忠传》《杨戏传》，《杨戏传》引《季汉辅臣赞》《周群传》。
④ 蒙默等编著：《四川古代史稿》，四川人民出版社1988年版，第160页；《晋书》列传第六四《隐逸·龚壮传》。

坤，故多斑采文章"。此说虽然牵强附会，但巴蜀士人"好文雅"之风自西汉一开而绵延千古、经久不衰却是不争的事实，巴蜀乃"中国文坛领袖的孕育地"[①]而"文章冠天下"[②]之论断与"文宗自古传巴蜀，锦江春色与天长"[③]的诗意写照互为表里，道出了巴蜀文化辞章优美的重要特色。西汉一朝，从巴蜀大地诞生和走出了司马相如、扬雄、王褒等执汉赋之牛耳的著名文学家。蜀郡成都人司马相如，生活在文景武帝时期，"少时好读书"，"善属文"，长辞赋，曾得梁孝王赏识。后来汉武帝读到司马相如的《子虚赋》，极为赞赏，召入长安，任命为"郎"官。司马相如入京后，又作《上林赋》以续《子虚赋》，以铺陈手法描绘、渲染皇家的苑囿之盛和游猎之乐，结构宏大，文辞富艳，成为我国大赋的代表作；晚年针对武帝幻想成仙而特意写成《大人赋》以讽谏之，武帝读后"飘飘有陵云气游天地之间意"，看来劝谏效果可能不佳，但其文学意义却不可低估。司马相如还曾受武帝之命深入西南夷地区，针对唐蒙因激进冒进而造成的"巴蜀民大惊恐"局面，纠正其错误行为，撰发《谕巴蜀檄》，晓喻官民，强调"发军兴制，惊惧子弟，忧患长老"以及大量粮草转运等"皆非陛下之意"，随后又作《难蜀父老》，"籍蜀父老为辞，而己诘难之，以风天子，且因宣其使指，令百姓皆知天子意"，表达西汉王朝"偃甲兵""息讨伐""垂仁义""博恩广施"之善意，用恰当的政治策略和颇富影响力的优美散文平息了骚乱，沟通了民族关系，稳定了汉室边疆。司马相如的文章不但气势恢宏、辞藻华丽，而且总是落脚于"劝百讽一"，不失意旨，成为后世赋家沿袭的风尚和依从的法则，"世之作辞赋者，自扬雄之徒咸则之"。[④]蜀郡郫县人扬雄"少而好学"，"博览无所不见"，并且从小就仰慕司马相如，"每作赋，常拟之以为式"，汉成帝时因"客有荐雄文似相如者"而被召见，所写《甘泉赋》《河东赋》《长杨赋》等均为汉赋上品，后来自己觉得辞赋虽美却"不足以讽谏，乃辍其业"，把更多的精力放到了经学和文字学上[⑤]。司马相如和扬雄的赋作后世甚重，曹子建谓之曰："扬马之作，

[①] 谭继和：《巴蜀文脉》，巴蜀书社2006年版，第80页。
[②] 《汉书》卷二八《地理志》。
[③] 郭沫若：《题为成都川剧学校》，《郭沫若全集》第四卷（文学编），人民文学出版社1984年版，第436页。
[④] 《汉书·司马相如传》《华阳国志·先贤士女总赞》。
[⑤] 《汉书·扬雄传》《华阳国志·先贤士女总赞》。

趣幽旨深，读者非师傅不能析，其词非博学不能综其理。"西汉后期资中王褒长于诗赋，"以高才文藻侍宣帝"，所完成的"命题作文"《圣主得贤臣颂》描写生动，节奏感十足，为其散文代表作，另有咏物小赋代表作《洞箫赋》亦深得宣帝喜好，并"令宫人诵之"①，而且据载诵读此赋还曾治好了太子厌厌不乐的情绪病。宋代杨朴在为资阳县学重建二贤堂撰记时叹曰：当年班固"班孟贤论西汉文章，于武帝时则曰司马迁相如，于宣帝时曰刘向王褒。以武宣之世，天下之广，孟贤取文章之士四人而蜀人居其二"②，可见西汉时巴蜀文学之盛。

巴蜀众多学人也皆有文辞之好。东汉成都杨终，"年十三，已能作《雷赋》，通屈原《七谏》章"，后来犯错被罚徙边地，时逢皇上东行巡狩，据说有凤凰黄龙并集等嘉瑞，便撰文赞颂，"上述祖宗鸿业，凡十五章，奏上，诏贳还故郡"，因文除罪，其文辞功底和功效可以想见；雒人李尤"少以文章显"，侍中贾逵向和帝推荐说他"有相如、扬雄之风"，由是被召见，并应诏作"东观、辟雍、德阳诸观赋铭、《怀戎颂》、百二十铭，著《政事论》七篇，帝善之"，而且"同郡李胜，亦有文才"，被《华阳国志》赞为"两李丽采，文藻可观"；绵竹秦宓虽文才可观，却认为"虎生而文炳，凤生而五色，岂以采自饰画哉，性自然也"，蜀汉时随诸葛亮会见孙吴使者张温，戏引经典，智答其问，"若响应声，辞义雅美"，"张温大敬服宓之文辩"。③蜀汉魏晋间成都任熙"好述作，诗诔论难皆粲艳"；巴西安汉陈寿"聪警敏识，属文富艳"，侄儿陈符"亦有文才"，陈莅、陈阶等"皆辞章粲丽，驰名当世"；犍为武阳李密更是以《陈情表》获得晋武帝"士之有名，不虚然哉"高度评价，名垂至今，传诵千古，儿子李赐、李兴也都很有文才。④

巴蜀文字之学亦蔚为可观。汉时儒家经学盛起，离不开扎实的语言文字功底，加之注重词句的汉赋流行，词汇积累亦甚为重要，因此语言文字学（古人称之为"小学"）得到了快速发展，巴蜀地区在这方面亦不乏大家，竞相传习而成为教育学习活动的重要内容之一。由汉初学者辍辑旧文递相增益而成的

---

① 《华阳国志·先贤士女总赞》。
② 杨朴：《重建二贤堂记》，咸丰《资阳县志》卷四六《艺文中》。
③ 《华阳国志·先贤士女总赞》，《后汉书》卷四八《杨终传》、卷八〇《文苑列传·李尤传》、卷八二《方术列传·董扶》注引《蜀志·秦宓传》。
④ 《华阳国志·后贤志》，《晋书》列传第五八《孝友·李密传》。

《尔雅》是我国最早的一部词典，而最早为之作注的郭舍人也可能就是犍为人①。扬雄作为西汉著名语言学家，在二十七年寻咨访谈、搜集整理的基础上撰成我国第一部方言学名著《方言》，仿《尔雅》体例，类集古今各地同义的词语，释义并注明其通行地区，成为研究我国古代语言文字、音韵词义不可或缺的重要工具书，而扬雄年轻时曾就文字学师从巴蜀本地"深好训诂"②的严君平和林闾，得其教诲、指点，《华阳国志》有"扬雄闻而师之，因此作《方言》"之说。此外，司马相如和扬雄都还积极参与蒙童识字教材编写，分别著有《凡将篇》《训纂篇》，这也是语言文字学的应用。汉末刘璋时入蜀而在巴蜀生活了五六十年的新野人来敏也长于语言文字学，"善《左氏春秋》，尤精于《仓》《雅》训诂，好是正文字。先主定益州，署敏典学校尉。及立太子，以为家令"，看来还将其学术专长运用于教育实践，其子来忠"亦博览经学，有敏风"③。

（三）史学

巴蜀之地的史学在两汉时就已很有基础，如司马相如、严遵、子玄各著《蜀本纪》，林闾、扬雄、子张、郑伯邑各著《蜀王本纪》，以及李尤《蜀记》、杨终《哀牢记》等④。东汉前期郫人何英著《汉德春秋》十五卷，大抵属于史学著作之类；东汉安帝时广汉雒人李尤"与刘珍等共撰《汉记》"，"作纪、表、名臣节士儒林外戚诸传，起自建武（汉光武年号），迄乎永初（安帝年号），事业垂竟，而珍、尤继卒"⑤。成都杨终曾在兰台工作，担任校书郎，"后受诏删太史公书为十余万言"，诏令其承担改写《史记》的工作，说明也是有一定

司马相如　　扬雄

"汉赋四杰"：司马相如四川成都人、扬雄四川成都人、班固陕西咸阳人、张衡河南南阳人

---

① 《经典释文叙录》："《尔雅》犍为文学注三卷。一云犍为郡文学卒史臣舍人，汉武帝时待诏。"转引自《四川古代史稿》第113页。
② 扬雄：《答刘歆书》，转引自刘琳《〈华阳国志〉校注》，巴蜀书社1984年版，第708页。
③ 《三国志·蜀志·来敏传》。
④ 蓝勇：《西南历史文化地理》，西南师范大学出版社1997年版，第144页。
⑤ 《华阳国志·先贤士女总赞》、刘知几《史通·古今正史篇》。《汉记》后来正式名为《东观汉记》。

史学功底的。"益部自建武后，蜀郡郑伯邑、太尉赵彦信，及汉中陈申伯、祝元灵，广汉王文表，皆以博学洽闻，作《巴蜀耆旧传》"①，可见治史之人众多。东汉前期不远数千里前来资中从杜抚受业的会稽人赵晔著有《吴越春秋》传世至今，虽然《后汉书》其本传只说他"诣杜抚受韩诗，究竟其术"，而未谈及学习史学的问题，但后来能有此史学成就，恐怕与他在巴蜀之地求学"积二十年"②有一定联系。

到蜀汉魏晋时期，巴蜀史学发展到了第一个小高潮，涌现出了谯周、陈寿、常璩等著名史家。谯周在史学上的成就主要包括删《东观汉记》而成《后汉记》，著《古史考》《蜀本纪》《益州志》《三巴记》《巴蜀异物志》等，其中最著名的是考述汉代以前历史的二十五卷《古史考》：针对"司马迁《史记》书周秦以上，或采俗语百家之言，不专据正经"的问题，撰成《古史考》"皆凭旧典，以纠迁之谬误"③。巴西安汉人陈寿曾师从谯周，"治《尚书》《三传》，锐精《史》《汉》"，积淀了深厚的史学修养。对陈寿所著《三国志》，"时人称其善叙事，有良史之才。夏侯湛时著《魏书》，见寿所作，便坏己书而罢"；陈寿过世后，晋武帝随即诏令河南尹、洛阳令，安排专人"就家写其书"④，抄录书稿以存之；后世将《三国志》与《史记》《汉书》《后汉书》合称"前四史"，尊为二十四史之冠冕，足见其地位之高。陈寿还有《古国志》《益部耆旧传》等史学著作，虽未流传至今，但历代其他史籍多有征引，为巴蜀地方史保存了大量珍贵史料。蜀郡江原人常璩在成汉李势时为散骑常侍，掌著作，归晋后被桓温任为参军，并随至建康。常璩曾编纂成汉国史《汉之书》（后改称《蜀李书》），另著有《蜀平记》《蜀汉伪官故事》，而其名传千古的史学名著《华阳国志》则是他到东晋建康以后完成的。《华阳国志》记述了先秦以来至东晋永和三年（347）我国西南地区（包括今川渝云贵及甘南、陕南、鄂西北）的历史、地理，开创了地理志、编年史和人物传三结合的方志体例，唐代著名史学家刘知几在《史通·述杂篇》中誉其为"能传诸不朽、见美来裔"之作。

魏晋之际还有很多巴蜀学人在史学领域也颇多耕耘和收获。曾跟随刘备

---

① 《华阳国志·后贤志》。
② 《后汉书》卷七九《儒林列传·赵晔传》。
③ 《晋书》列传第五二《司马彪传》。
④ 《华阳国志·后贤志》、《晋书》列传第五二《陈寿传》。

担任过荆州主簿、别驾从事的孔休著有《季汉辅臣赞》，"网罗当世名人行事"①。犍为武阳杨戏"小与巴西程祁公弘、巴郡杨汰季儒、蜀郡张表伯达并知名。戏每推祁以为冠首，丞相亮深识之"，曾出任建宁太守、梓潼太守，对谯周一直十分敬重，常说"吾等后世，终自不如此长儿也"；著有《季汉辅臣赞》，陈寿在《三国志》中常予引用，"其所颂述，今多载于《蜀书》"，并将"戏之所赞而今不作传者"抄录和注疏于蜀汉人物传记之末。②广汉郪人王崇"学业渊博，雅性洪粹"，蜀汉时曾任东观郎，入晋后辟梁州别驾、举秀才、为尚书郎，著有《蜀书》，"其书与陈寿颇不同"，视角和取材各异，史学价值颇高。常璩族祖常宽"博涉《史》、《汉》，强识多闻……鸠合经籍，研精著述"，曾任西晋武平太守，深感入晋以后巴蜀本地人物出众者甚多、"侔于先贤"而无人为之作传，于是"操简援翰，拾其遗阙"，为三蜀人物著《后贤传》，又续陈寿《益部耆旧传》作《梁益篇》，记西晋以来蜀中人士，《华阳国志·后贤志》就参考、引用了常宽作品。③南朝萧梁时梓潼涪人李膺"有才辩"，为益州主簿、别驾，著《益州记》三卷"行于世"，④主要记载益州各地的地理、掌故，资料丰富，后世类书、方志多有引用，可惜宋代以后原书佚亡。

---

① 《三国志·蜀志·杨戏传》引《季汉辅臣赞》；吕思勉《秦汉史》，上海古籍出版社1983年版，第700页。
② 《三国志·蜀志·杨戏传》。
③ 关于王崇、常宽二人引文均自《华阳国志·后贤志》。
④ 《南史》卷五五《邓元起传附罗研、李膺传》。

第二章 隋唐五代时期的巴蜀教育

隋唐五代时期（581~960），地处西南的巴蜀地区政局相对稳定。虽然中唐以后对西、南两面用兵频繁，成都周边也一度遭受战火洗劫，但巴蜀地区承平既久，已经打下了长期稳定的经济基础，历难而不衰。即使是前后蜀时期，开国之君也很注重"劝课农桑，轻省徭赋"，巴蜀地区在经济长期稳定发展的基础上，成为全国最为昌盛的地区之一，以"土富人繁"称誉天下。著名诗人陈子昂曾说："国家富有巴蜀，是天府之藏。自陇右及河西诸州，军国所资，邮驿所给，商旅莫不取给于蜀。又京师府库，岁月珍贡，尚在器外，此诚国之珍府。"①当时的巴蜀，是唐王朝财赋的主要来源之一，也是晚唐时期支撑唐王室军需的重要基地。时人所说"倚剑蜀为根本"，"蜀中府库充实，与京师无异"，无不反映出巴蜀雄厚的经济实力，足见巴蜀地区的经济繁荣。这一切最终为巴蜀地区赢得了"扬一益二"的美名，成为世人向往的天府之国。

　　政局的相对稳定，经济的欣欣向荣，为这一时期巴蜀教育的发展奠定了扎实的基础。巴蜀地区自文翁兴学、"开天下学官之先"以来，学习风气大为兴盛，读书求学的人数日益增多。由于文翁的倡导，巴蜀学风之盛，赶上了当时文化发达的齐鲁地区。降至隋唐，在统治者的大力提倡下，巴蜀的文化教育水平得以迅速提升，一些地方陋习得以革除，涌现了一大批贤才智士。尤其是"安史之乱"后，大批文化名人随唐玄宗、唐僖宗入川，巴蜀地区一时更是成为全国的文化重地。到前、后蜀时期，两蜀君臣重视教育，优遇文士，有力地促进了当时蜀中地区的教育发展，并对宋以后的教育发展产生了深远的影响。

第一节　隋唐时期巴蜀的教育发展

　　隋唐时期的巴蜀凭借其富饶和雄险，以其特有的区位优势，焕发着无穷的魅力。自公元581年隋朝建国至唐末，巴蜀地区一直是国之"府库"。"安史之乱"爆发后，大批文化精英相继入蜀，输入了高度发达的中原文化。在一批地

---

① 《全唐文》卷二一一，陈子昂《上蜀川军事》。

方官员和文人志士的大力推动下，巴蜀地区迎来了一次文教事业的发展高潮，官家办学、私人讲学、书院教育逐步发展，涌现出了成都府学、张九宗书院等著名教育机构，以及高士廉、刘禹锡等兴学重教之士，谱写了巴蜀教育历史的一段精彩华章。

一、隋唐时期巴蜀地区的官学教育

隋唐是我国封建社会教育事业发展的鼎盛时期。学校种类之齐全，管理之严密，生徒之众多，都是前代所无法比拟的。官学教育，尤其是中央官学达到了一个前所未有的高度，是这一时期封建教育兴旺发达的重要标志。周予同先生就认为："唐代的学校制度，较诸中古的任何一代，复杂而完备。"[①]

2008年在重庆大足发现的璧山神碑刻

学校教育在兴废起落中基本体制日臻完备。中央政府直接设立的学校，有直系与旁系两种。中央直系学校包括国子监领导下的六学一馆。六学是国子学、太学、四门学、律学、书学、算学，一馆是公元750年设立的广文馆。此外，还有在中央各专职行政机构中附设的学校，包括弘文馆、崇文馆、崇玄学、医学和小学等。其中医学直属于中书省辖下的太医署，不归国子监管辖，属于专科学校性质。唐朝的中央官学体系图是根据《旧唐书》《新唐书》《唐大诏令集》《册府元龟》等文献对唐朝中央官学管理体制的简要概况。

---

① 周予同：《中国学校制度》，商务印书馆1931年版，第35页。

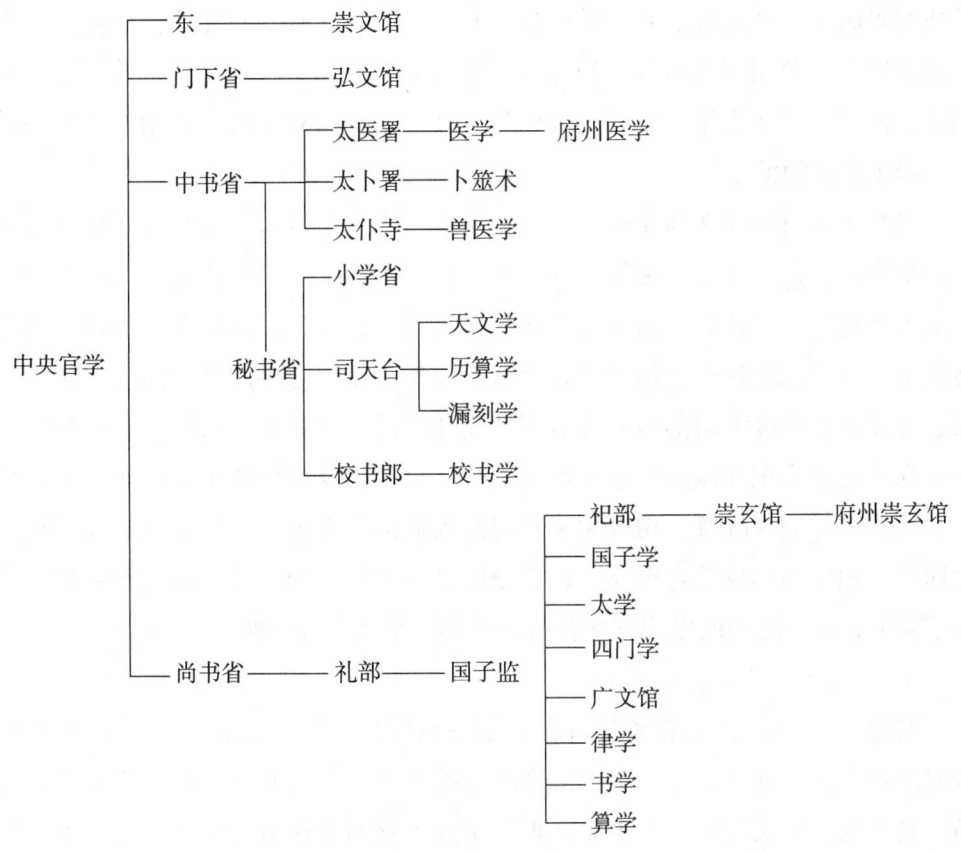

唐朝的中央官学体系图

隋唐的地方学校为适应中央集权和科举制的需要，较前代更为周详。为加强思想控制，统一人们的思想，隋朝在各州县普遍设置博士职位并设立州县学。唐承隋制，在地方上也推行州县二级制，对地方教育事业也颇为重视。李渊在即位前夕，便下令州县官学收生："上郡学置生六十员，中郡五十员，下郡四十员，上县学四十员，中县学三十员，下县二十员。"[①]武德七年（619），他再次下诏："州县及乡里并令置学。"此外，唐贞观四年（630），唐太宗也曾诏告天下，要求各地大兴郡县学、立孔庙。除经学教育外，唐时县以上还设有医学和崇玄学，由府州的长史主管，具体事务归司功掌管。武德初沿袭隋制而设经学博士，以五经教授学生。此后，其名屡有变更。代宗大历十四年（779），"诸州府学博士，改为文学"。贞观三年（629），

---

① 《旧唐书》卷一八九《儒学传序》。

敕州府置医学，设医药博士。开元十一年（723），改医药博士为医学博士，设置助教席位，每州写《本草》和《百一集验方》贮藏。开元时期，曾一度废弃医学，但开元二十七年（739）又恢复。天宝二年（743）改地方崇玄学为通道学，博士为道德博士。

巴蜀地区自西汉文翁化蜀，"开天下学官之先"以来，文化教育事业得到了较快发展，产生了司马相如、扬雄等一批杰出人才。但魏晋南北朝数百年间"獠人入蜀"、"蛮族"内迁的二次"蛮夷化"过程，民间信仰又普遍出现逆转倒退，到唐朝初年巴蜀地区又开始盛行以鬼神崇拜为主的杂祠淫祀，儒学礼仪、文化教育程度普遍落后。针对当地文化落后、科举不兴的局面，一些地方官员和文化名人把移风易俗作为地方理政、推广儒家教化的重要工作，大力兴办学校，倡导儒学教育，用教化手段提高人们的认识水平，有效地推动了这一时期巴蜀地区的学校教育事业。趁着全国教育大发展的良机，加之巴蜀地区的地富人庶，这一时期的巴蜀官学教育进入到一个大发展时期。

（一）地方官员敦风励学

据史书记载，巴蜀地区在隋唐前期民风鄙俗，儒学礼仪、文化教育程度普遍落后。贞观年间，高士廉①赴益州出任大都督府长史时，发现蜀地风俗鄙陋，时人既怕鬼又畏病。如果父母得了重病，就抛弃在另外的屋子里，不予照料，听其生死，到了吃饭时，才拿长竿挂着食物投向病人屋中。对此，《旧唐书》有相当形象的记载："蜀土俗鄙，畏鬼而恶疾，父母病有危殆者，多不亲服侍，杖头挂食，遥以哺之。"②刻画了当时当地礼教孝行淡薄，民风落后的现状。唐后期李德裕（787~849）出任剑南西川节度使时，还发现成都平原有女口买卖，民削发为僧后还娶妻纳妾等丑陋现象。同时期的蜀南巴渝一带民风更是落后，自然神崇拜极为盛行。如剑南东川的合州璧山县有闻名遐迩的"璧山神"。北宋李昉等人编的《太平广记》卷三一五引晚唐孙光宪《北梦琐言》一则故事说："合州有璧山神，乡人祭必以太牢。不尔，致祸州里。惧之，每岁烹宰不知其极。"面对这种局面，心怀为官一任造福一方之念的地方官员，以及一些虽处江湖之远，但怀庙堂之忧的文化名人承担起了敦风励学之责，由

---

① 高俭，字士廉，渤海蓨县（今河北景县）人。唐太宗把曾帮助他取天下的佐命贤臣二十四人的图像画在凌烟阁上，高俭便是其中之一。
② 《旧唐书》卷六五《高士廉传》。

此确立了巴蜀在文化教育事业上翘楚西南的地位，奠定了宋代巴蜀学术文化发展的根基。

武德五年（622），高士廉出任益州大都督府长史，为扭转当地的粗风陋俗，他利用闲暇时间邀请地方文化名人聚集在一起，通过组织各种文会活动，聘请一些德高望重的饱学之士讲经论史，指点后辈，为地方官僚树立起励学重教的典范。"暇日吸引辞人以为文会，兼命儒生讲经论史，勉励后进，蜀中学校粲然复兴。"①与此同时，针对当地不讲孝道、不顾恩义的鄙薄风俗，高士廉还向百姓颁布了人伦纲常条目，并亲自向百姓宣讲，劝告那些鄙薄之人丢掉陋习，一心向善。在此基础上，他又进一步兴办学校，亲自引导学生讲经书、谈文章，蜀土的土风陋俗大大改观，学校教育也复兴了起来。

致力于移风易俗的地方官员还有许多。曾任剑南西川节度使的李德裕，于大和四年（830）十二月抵达成都之后，深恶"非痛革弊，不能刷一方耻"，随即开始了雷厉风行的整顿工作。面对当时与南诏交恶的局面，他首先到南诏访查被俘民众，继而巩固边防，训练士卒，修理兵器。在让"蜀人粗安"的基础上，进而采取了长治久安的措施，励精图治，发展生产。据史书记载，当时成都平原盛行女口买卖，民削发为僧后娶妻纳妾等现象很是普遍。"德裕为著科约：凡十三而上，执三年劳；下者，五岁；及期则归之父母。毁属下浮屠私店数千，以地予农……蜀风大变。"②法规的明确，加上处罚的有力，极大地扭转了当时的风气。

一些士大夫还以儒家孝悌思想来感化世人，改变当时蜀人血亲情感淡漠，兄弟争讼残杀的现状。唐高宗时，韩思彦③任监察御史巡察剑南，就利用"高赟兄弟相讼"案例，在蜀地推行孝道，整顿民风。相传，他奉命巡察剑南，有个叫高赟的兄弟打官司，他命厨师给他兄弟二人奉上乳品，兄弟二人突然间有了"共乳而生"的感悟，意识到了兄弟之间孝悌观念的重要，得出了"不识孝义"类同夷獠的感慨。④

长庆元年（821）冬，著名的竹枝词人刘禹锡在任职夔州刺史时，鉴于当地

---

① 《旧唐书》卷六五《高士廉传》。
② 《新唐书》卷一七四《李德裕传》。
③ 韩思彦，字英远，唐邓州南阳（今河南南阳市）人。初为监察御史，后在贺州司马任上告终。
④ 《新唐书》卷一一二《韩思彦传》。

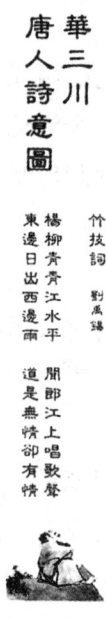

唐人诗意图——河南洛阳人刘禹锡在夔州创作的竹枝词

学校普遍存在的废弛状况，遂向宰相上书。书中说，贞观时国子六学有生徒三千，周边及外夷贵族遣子弟就读者有五国之多。如今天下学校的校舍多有废弃，生徒大减。究其原因，并非生源不足，实为无钱兴学的原因。玄宗时宰相李林甫曾主持制定了各州县每年须以衣物牲牢在学校举行释奠的礼仪，并作为诏令颁布全国。此后，州县遵行无违，至今不改。仅夔州四县每年释奠所资，就达十六万贯。以此推算，天下州县每年此项费用就要超过四千多万。故奏请将此项制度予以废除，将其一半费用留在州县，另一半拨归太学，使其增筑校舍，招聘学官。如此以往，"贞观之风，指日可待"。他大声疾呼："天下少士而不知养材之道，郁堙不扬，非天不生材也，是不耕而叹廪庾之无余可乎？"人才乃兴国第一要务，大量人才的埋没不扬更是国家的一大损失。刘禹锡设想，"其他郡国，皆立程督，投绂怀玺，械朴华华，良可咏矣"①。如果各地都注重兴学，势必将为国家的发展注入强大的活力。虽然刘禹锡是否曾致力于夔峡一带的学校教育并无明载，但从他到夔州上任伊始就上书朝廷呼吁振兴教育看，他在夔州期间对振兴当地教育事业定是相当积极的。

地方官员致力于兴学助教的例子还有许多。据史书记载，韦皋任西川节度使时，为结好与朝廷有战事的南诏，利用成都府学接纳少数民族子弟，"教以书数，业成则去，复以他子弟继之"②。唐朝初期，成都府学因接受少数民族

---

① 《四库全书》卷二〇《刘宾客文集》。
② 《资治通鉴》卷二四九《唐纪六十五》。

子弟入学而陷入学费困境，西川节度使奏请节减其数，到中唐以后由于办学经费困难，以至于"元和十四年（819）国子祭酒郑余庆率文史捐俸修学，月俸每百取一，以资完葺国学"，以后正式规定文官一品以下，九品以上"每月所请料钱，每贯抽一十文以充国子监"。到懿宗咸通（860~873）时，刘允章奏请群臣疏"光学钱"，宰相五万，节度使四万，刺史一万，以资助办学。

一些在巴蜀地区活动的文化名人也对敦风励学兴趣浓厚。唐初诗人陈子昂在给武则天的奏疏中，对"太学久废，堂皇埃芜，《诗》《书》不闻，明诏尚未及之"极其愤懑，认为"太学者，政教之地也，君臣上下之取则也，俎豆揖让之所兴也，天子于此得贤臣焉"，并表示"愿引胄子使归太学，国家之大务不可废已"[①]。继李白、杜甫之后的又一伟大诗人白居易，因上书言事而遭权贵陷害被贬江州（今江西九江），后又奉诏移任忠州（今重庆忠县）刺史。在忠州的两年时间里，他曾与州民"诗酒盘桓"，写下了近百首诗篇，反映诗人当时的生活情趣、思想情怀和政治主张，以及当时忠州的人物风情。在白居易的带领下，忠州民众的生活风俗大大改观，提升了当地民众的文化水平，推动了这一边远地区的教育发展。与白居易关系密切的大诗人元稹在通州（今四川达州）的四年贬谪期间，也常与地方乡民吟诗作画，带动了一方风气。

（二）郡国学校粲然兴起

地方官员重教兴学必然带来学校的复兴。汉文翁在成都讲学传道的石室，到唐代被改为成都府学，时任西川节度使的韦皋就曾利用此校接纳南诏的少数民族子弟入学接受教化，翰林学士刘允章等人还为修葺此学校而上书朝廷。根据王勃《益州夫子庙碑》、杨炯《遂州长江县先圣孔子庙碑》的记载，"想成均而变色"的"三蜀名儒"在唐时就先后修建了益州九龙县（今彭县城关镇）、遂州长江县（今蓬溪县郪口乡长江坝）县学

成都府学旧址图——今成都石室中学

[①] 《新唐书》卷一〇七《陈子昂传》。

庙堂。《益州夫子庙碑》还有"成都县学庙堂者，大唐龙朔三年乡人之所建"的记录。①

除州县学校外，唐时巴蜀地区还有地方乡里学校存在的记录。据史书记载，唐初著名四川诗人陈子昂"十八岁未知书，以富家子，尚气决，弋博自如。它日入乡校，感悔，即痛修饰。"②所说的就是陈子昂年少时不喜读书，却对射猎、赌博之类情有独钟，直到十八岁那年偶然一次在乡学中受到启发，他才幡然悔悟，从此发奋读书，勤奋求学，博览经史百家典籍。这说明当时巴蜀地区已有了"乡学"这一教育机构的存在。

对这一时期的巴蜀地方官学，我们在梳理《四川通志》第五卷学校篇后，将这一时期存在的地方官学罗列如下：

成都府学：汉文翁讲堂遗址，延续至唐，后于北宋初年大规模修葺。

南部县儒学：建于隋，明洪武年间重修。

威远县儒学：隋开皇时建。

广元县儒学：唐人颜鲁公建。

开县儒学：唐人韦处厚建。

彰明县儒学：唐大中十三年建。

荣县儒学：唐武德元年建于桂林山。

盐亭县儒学：唐贞观中年建。

遂宁县儒学：唐贞元间建。

蓬溪县儒学：唐开元间建。

泸州儒学：唐咸亨间建，宋开禧年间魏了翁加以整修。

绵州儒学：唐贞观三年建。

需要指出的是，不管是全国还是就巴蜀地区，隋唐时期地方官学的兴盛局面都缺乏行之有效的制度做保证，仅靠个别有识之士来支撑。偶然碰到重视教育的地方官员，州县学便兴盛起来，而一旦人事更易，"后生无所从学"的旧貌便马上再现。另外，这一时期的地方官学主要也只是行礼之处而非就学之所。唐时往往庙学并称，所谓庙指孔庙，所谓学即官学，学生不仅要"讲读以时"，而且要"如法以祠"，地方学校偶然的兴盛局面实属祭祀行礼之盛，而

---

① 《全唐文》卷一八三，王勃《益州夫子庙碑》。
② 《新唐书》卷一〇七《陈子昂传》。

非学校教学之盛。

二、隋唐时期巴蜀的私学教育

中国的私学教育源远流长，私学一直和官学同步发展。隋初官学不兴，加上政治腐败和战乱频繁，许多儒士转入乡间山林从事私家讲学。著名大儒王通，其父亲就开办私学，居家讲授，培养弟子。受其父影响，王通从小精研儒学经典，二十岁就开始从事私人讲学和著述。他的门下弟子遍及全国，往来受业者近千人。唐初开国名臣魏徵、房玄龄均出其门下。以儒学扬名的刘焯，"优游乡里，专以教授著述为务，孜孜不倦"，"天下名儒后进，不远千里而至者，不可胜数"。① 著名学者孔颖达也曾在其门下受业。唐朝自"安史之乱"以后，藩镇割据，相互讨伐，兵燹四起，严重危害了教育事业，造成官学日趋衰败，士子大量失学。一些好学之士则在山林名胜僻静安全之处，建屋藏书，读书求学，进而聚徒讲学。朱熹在《衡山石鼓书院记》中就说："前代庠序之教不修，士病无所于学，往往相与择胜地，立精舍，以为群居讲习之所。"②

据《文献通考》卷四六《学校考七》记载，开元二十一年（733）五月，唐太宗就曾敕告天下鼓励百姓设立私学。私学和家学作为早期教育形式，在唐朝获得了较大的发展。许多名流学者，一方面居官理事，一方面招徒讲学，从事教育活动。有的博学大师甚至隐居乡间，以招收生徒讲授知识为业。以考订五经著名的颜师古，在显达之前也以教授为业。奉命撰写《五经正义》的孔颖达，为太宗"十八学士"之一，精通儒学。他曾任国子博士、国子祭酒等官职，但同时又从事私人授徒讲学。"安史之乱"后，学风日衰，文人相轻，人们耻于为师求师。"文起八代之衰"的著名散文家韩愈就倡言为师之道，且身体力行。他从任地方官开始，直至为国子祭酒，都在家中接纳生徒，辅导学业。他的弟子中，著名的就有李翱、皇甫湜、张籍等人。另一位著名散文家柳宗元也是积极从事传经授徒事业。他在《与太学诸生书》中自称少时不敢去上太学，只得就学于"乡间私塾"，接受私学教育。当被贬柳州时也积极从事讲学活动，"江岭间为进士者，不远数千里皆随宗元师法；凡经其门，必为

---

① 《隋书》卷七五《儒林列传》。
② 《朱文公文集》卷七九《衡山石鼓书院记》。

名士"①。经过私学以及其他教育形式的培养，许多人成为名流学者、社会贤达，这些人又开办私学，招收学生，进一步促进了私学的发展。

隋唐时期的家学教育也比较发达，这从流传至今的一些诗文就可窥见一斑。白居易在《狂言示诸侄》诗中教导侄子说："一裘暖过冬，一饭饱终日。勿言舍宅小，不过寝一室。何用鞍马多，不能骑两匹。"教导他们应该知足常乐，物质欲望不要过度膨胀。在《遇物感兴因示子弟》中则教导子女处世要刚柔相济，"寄言处世者，不可苦刚强"，"寄言立身者，不得全柔弱"，应在刚柔之间掌握分寸。此外，元稹的《诲侄等书》、柳宗元的《送表弟吕让将仕进序》等文也有众多家教内容。

除私人讲学和家学教育外，在中国历史上存在了数千年的书院教育也在唐代逐渐萌芽。作为我国独有的一种教育形式，书院以私人创办为主，拥有大量图书，从事授徒讲学活动，注重教学活动与学术研究活动的结合，具有高等教育的性质。据统计，《全唐诗》中提到书院的有十一处，以人名命名的有李秘书院、杜中丞书院、李宽中秀才书院、沈彬进士书院等；见于地方史志记载，注明为唐代设立的书院有：皇寮书院（吉水）、松州书院（漳州）、义门书院（德安）、梧桐书院（奉新）等。据光绪《江西通志》卷八一记载：皇寮书院，"唐通判刘庆霖建以讲学"，"唐罗靖、罗简讲学之所"。又据同治《福建通志》卷六四记载：松州书院，"唐陈珦与士民讲学处"。同治《九江府志》卷二二记载：义门书院，"唐义门陈兖即居左建立，聚书千卷，以资学者，子弟弱冠，皆令就学"。虽然具有授徒讲学活动的书院在当时还不普遍，规模一般也不大，没有形成系统的规章制度，但它作为中国封建社会的一种新的重要的教育组织形成正式萌芽了。

尽管不少地方开明官员致力于在巴蜀地区兴学助教事业，一定程度上推动了巴蜀官学教育的兴盛。但地方官学毕竟缺乏一套系统的管理体制，兴兴废废更是常事。加之官学数量有限，普通民众只能更多地接受私学教育，民间讲学、家庭教育等私学形式因而反倒绵延不绝。创立于唐贞元十一年（795）以后至元和年间（806~821）的遂宁"张九宗书院"，更因首创书院教育形式而名垂青史。

（一）巴蜀地区的民间私学

---

① 《旧唐书》卷一六〇《柳宗元传》。

历史上有关隋唐时期巴蜀民间私学的记载并不周全，后人只能根据散见于不同材料的记述加以评述了。总体而言，随着唐末大批文人智士入蜀，这些与蜀人杂居而处的衣冠士庶，为换取蜀人的"升和斗储"，纷纷执起教鞭，著书讲学。唐末黄巢起义时，御史刘再思随唐僖宗逃往四川，当刘再思随僖宗重回长安时，他的儿子刘孟温看到唐王朝已走向衰亡，自己又乐于教授生徒，便留在蜀地以教学为业。后来，刘重温的儿子刘玙也精于儒家学术，继承父亲事业，做了成都府学"石室"教授，致力于讲授事业。刘玙死后，其门下弟子为他建碑立传，并谥为"宝巾先生"。居于普州的雍州人李洞，为避当时朱全忠背叛之乱，迁入蜀地拜贾岛为师，之后也留在当地从事教授事业。

大批文化精英大规模流入成都，极大地带动了当时当地的文化风气。以绘画为例，早在武周时期，被誉为"画人神品"的薛稷就曾入蜀，在成都、通泉（今射洪县）作过多幅名画。玄宗时，"画圣"吴道子两次入蜀，写貌山水，后来在长安绘成"嘉陵江三百余里"的无限风光，开创了山水画派。"安史之乱"后，一些知名画家至蜀避乱，致使"益都多名画，富视他郡"，最终"举天下之言唐画者，莫如成都之多"。① 在这些名画家的促进和影响下，巴蜀籍的画家迅速成长了起来，在唐末二十七位著名画家中，巴蜀籍画家就有七人，流寓巴蜀的画家有十二人，共十九人。

著名绘画艺术大师，成都人黄筌就是拜这些入蜀的画家而成其功名的。据传，黄筌曾拜孙位为师学习松石墨画，拜李升学画山水竹树，拜刁光胤学画竹石花鸟，而后博采众长，自成一家。而这些人大都是入蜀避难的中原名画家。黄筌曾在后蜀偏殿上绘白鹤六只，"精彩体态，更愈于生"，以致许多真鹤都立在

四川成都人黄筌的写生珍禽图

---

① 《成都文类》卷四五，李之纯《大圣慈寺画记》。

画像旁边，后主孟昶因此将此殿命名为"六鹤殿"。黄筌的三个儿子黄居寀、黄居宝、黄居实，在绘画艺术上也取得了突出的成就，其父的家教之功自是显而易见。

父母在家教授子女的例子比比皆是。唐武后神龙元年（705），李白随父迁到四川江油后，就在其父李客的督导下广泛涉猎经史子集，"五岁诵六甲，十岁观百家"。著名诗人陈子昂年少时厌学，其父陈元敬便经常同他一起讨论时事，希望并勉励子昂能成为当代贤臣。陈子昂在《我府君有周居士文林郎陈公墓志文》也曾追叙陈元敬的教导，"贤圣沦亡，至龄今四百年矣。天意其将周复乎？龄戏，吾老矣，汝其志之"，可见其父对子昂的影响。唐朝著名的制琴家族，西蜀成都雷威一家也是世业家传的典型。雷氏家族以制琴为世业，所制古琴被人们赞誉为"雷公琴"，制琴的技艺就是依靠子承父业相传的。

隋唐时期巴蜀不仅儒学极盛，佛教私学亦很流行。唐时每所寺庙实即是一个佛教学校。贞观时的玄奘法师、文宗时的义净法师，对于佛学都很有研究，并口传心授给门下僧徒。其中，怀让禅师的高足，出生于四川什邡的著名禅宗大师马祖影响最大，他后来更是自成一派，"四方学者云集座下"。当他在江西开堂说法时，还在传授佛教理论过程中创造了一套称之为"机锋"的独特方式。用某些看似反常的乃至非逻辑的奇怪语言形式，来使学者猛省，达到直悟心性的作用。马祖甚至采用打、喝、踏等令人感到怪诞而极刚烈的手法，来诱发求学者的心性直悟。如他扭弟子百丈禅师的鼻子，百丈禅师被马祖一喝三日聋，水潦和尚被马祖当胸踏倒等禅宗公案，都是佛教中被津津乐道的佳话。

（二）中国书院教育的开端——遂宁张九宗书院

隋唐时期巴蜀教育史上的一大盛事就是开创了中国教育史上的书院教育模式。据《四川通志》载，全国最早以"书院"冠名的"士子肄业之所"，是唐贞元十一年（795）以后至元和年间（806~821）于今遂宁市西南书台山下建立的张九宗[①]书院。尽管它与宋以后特别是南宋的书院（如魏了翁讲学的鹤山书院）那种学者聚众讲学治学授徒的性质还有相当的距离，但这毕竟属于全国最早的由私人建立的属于读书人的书院。史载唐贞元初，遂州（今四川遂宁）

[①] 张九宗，生卒年不详，遂宁人，自幼聪颖好学，文思过人。据《四川通志·人物》卷一四九记载，他"以儒业起家，仕至御史。德宗时，戎州刺史，以治化称。遂宁文学自九宗倡焉"。

刺史乔琳创学宫于城南。贞元十一年（795），张九宗中进士，出任戎州（今四川宜宾）刺史，后又出任遂州刺史。在任遂州刺史时，见当地学宫废祀，于是致力恢复，并在其旧址上创建书院，张九宗亲自主讲，亲植柏樟，故更名为张九宗书院。当时，他在山上大量栽植佳木奇花异草，畜养鸟兽，并取山庄名为"九思山房"，强调学员要勤于思考，时时思考，事事思考。他为九思山房撰写了大门楹联："欲藉水山来养性，更凭花鸟去偷春。"从中我们也可看出书院的景致与诗人的闲情逸致，及其对后代书院建于山林、自由讲学之风的影响。

清嘉庆《四川通志》卷九七云："蜀自文翁倡其教，相如为之师，受以七经，而岷络之地风教大行，人才蔚起，班氏谓天下郡国皆立学官，自文翁始；然则谓书院之设亦始于蜀，无不可以。"[①]张九宗书院的首创之功由此得到肯定。

一千多年来，张九宗书院随沧海桑田而变迁。先毁于五代末孟知祥之战，后于宋庆历四年（1044）太守廖询复建于郡城东，后又被江水冲毁。嘉泰二年（1202）船运史王勋、知州赵善宣迁建于书台山麓，易名"书台"。嘉定间书台山附近

张九宗书院旧址——今遂宁广德寺

有二雁塔，刻录唐、宋以来科甲名士。殿廊有石刻《孝经》，传为宋徽宗亲书。单单在宋一代，培养弟子约八百余名。从唐、宋到元朝，参加科举擢第者一直是蜀书院之冠。明洪武四年（1371），松江儒士钱恕上任遂宁，与州同陈善授捐俸重修。"新绘七十二贤及历代道学宗儒"奉祀其中。请名师训导教诲诸生，并于每月朔望之时亲自到书院讲学并加劝赏。嘉靖九年（1530）知县郑重威重建，二十一年（1542）扩大规模，规制完备。崇祯末毁于兵火。清康熙

三十年（1691）大学士张某与邑令等谋划复兴该书院，可惜未成。乾隆四十三年（1778）举人席有源、李晋阳集资呈准知府汪世椿，书台山旧址重建书院。讲堂名"撷秀"，厅堂匾"学山"，书斋七间，东名"明志"，西为"致远"，之后渐渐损毁。嘉庆十八年（1813），乡人捐资重修书院。二十一年（1816），知县赵由忠补修，新建讲堂三间、书斋两间。二十三年（1818），知县余承捐俸补建崇圣祠、亭阁及书斋，规模与前代无异。道光二十八年（1848）知县鸣谦再次补修，院内"岚光翠柏，蔚然深秀"，"历代鸿儒名臣，蝉联辈出"。清末改为天台寺初级小学，直至解放后"文革"期间破"四旧"时被毁灭。

中国素有文教立国的传统，书院的兴起可以说是私学对官学的补充，不管后来书院怎样沦为民办官助，其间的动力仍旧来自民间推动。可以说，在漫长的中国文化教育学海中，私学与官学始终为中国教育之舟的双桨，虽然此消彼长，但江湖庙堂的和谐共生却一直占据着中国教育的主流。自张九宗书院以后，巴蜀的书院一直颇为兴盛。除久负盛名的鹤山书院外，明代在文翁石室的旧址上建立的锦江书院，清嘉庆六年（1801）创建的芙蓉书院，以及清末张之洞创办的尊经书院都曾盛极一时，对巴蜀文化教育事业的繁荣贡献良多。

三、国家科举制度的创立及其在巴蜀地区的实施

用考试成绩来选拔人才的科举制，是我国封建社会持续时间最长、影响范围最广的选士制度，既不同于以德取人的两汉察举制，又不同于以门第取人的魏晋九品中正制。科举制产生于隋朝、发展于唐朝。隋唐以前的选士制度是以荐举为主，考试为辅；隋唐以后的科举制以考试为主，荐举为辅，从此有了一个衡量知识才能的客观标准。虽然科举制的弊端在之后也逐渐显现，但以成绩为标准的选士制度毕竟更为公正，科举也因而一直延用到清末，在中国教育史上存续了一千多年。

（一）隋唐科举制的产生与发展

隋朝统一后，为巩固封建统治，加强对人民的控制，迫切需要大批德才兼备的人才来充实官吏缺乏的问题。为不拘一格地选拔优秀人才，就需要有一种新型的选士制度。在隋初的改朝换代中，豪门士族的经济势力日益衰弱，庶族地主的经济力量得到了巩固和发展，他们希望能参与到朝廷政治决策过程中。统治者为了集中选士权，团结广大庶族地主，解决地主阶级内部矛盾，各阶层

都希望有一种新型的选士制度来取代九品中正制,科举制就这样应运而生了。

隋文帝开皇十八年(598)七月,皇帝诏令"以志行修谨,清平干济二科举人"。①这标志着隋王朝设科选举的开始。隋炀帝继位以后,继续推行分科选举的办法,明确设立了选举科目。隋朝的选举活动频繁,一般每年举行一次。据《新唐书·选举制下》记载:"十一月为选始,至春乃毕。"前后持续三到五个月时间。从选举的范围上看,官吏百姓等不同门第出身的人士,都可以自愿报名参加,分科公开考试,择优录取。

唐承隋制,继续实行开科取士。对此,《通典》卷一五《选举五》说,"大唐贡士之法,多循隋制",反映了隋唐科举制度的一脉相承关系。但唐时并非直接照搬隋朝的体制,而是不断对科考加以完善,具体表现在:发展了科举与学校的关系,科目种类增多,考试内容趋向丰富,考试方法及入仕办法多样化,等等。

唐太宗执政时期,实行偃武修文的文教政策:一方面扩建校舍,振兴教育,为国家培养后备人才,以确保科举取士的数量和质量。另一方面则推行开科取士,通过科举考试来网罗人才,钳制人们的思想,以达到巩固政权的目的。据载,唐太宗曾在贞观初年的一次放榜日到端门视察,看见新科进士于榜下缀行而出,喜对侍臣说:"天下英雄入吾彀中矣!"

武则天轻视学校教育,却十分重视科举,对科举制的完善做出了重要贡献。她亲自策问贡士于洛城殿,开创了科举考试中殿试这一形式;她令人练武习功,以长垛、马射、马枪为考试内容,通过武举来选拔军事人才,从而开创了武举的先例;为杜绝试场舞弊之风的盛行,她引入了糊名考试的方法并沿用至今。

唐玄宗励精图治,调整了学校教育和科举制的关系,使二者重新得到了健康的发展。开元二十一年(734)诏告天下,要求每年各州县要推荐贡士,减《尚书》《论语》策,加

李世民,山西太原人

---

① 《隋书》卷一《高祖本纪》。

试《老子》；开元二十四年（737），他将科举取士的大权，从以前的吏部移到礼部，由礼部侍郎负责主管，加强了中央对科举制的领导；开元二十九年（742），在京都长安设置了崇玄学，地方诸州也设立了崇玄学，同时增设了道举来选拔精通道学思想的人才。到天宝时期，科举制大部分的考试科目已经形成，考试内容已基本确定，考试的形式已定型，科举制已经发展成为一种完备的选士制度。

（二）隋唐时期巴蜀地区的科举概况

根据清朝学者徐松在《登科记考》一书中的统计，在唐朝的两百八十九年历史中，开科取士两百六十六次，及第进士共六千四百四十二人。从前文我们知道，唐朝时期科考生员主要来自各地的贡生，而朝廷对各地的生员数量则有明确规定。《唐会要》二六卷《乡饮酒》记载到，开元二十五年（737）规定的贡士数额为"上州岁贡三人，中州二人，下州一人"。上中下州的划分是综合考虑了各地区的政治、经济、人口、文化、地理等多方面发展的不平衡性。大体而言，各地区的分布以中原地区为圆心，随离圆心距离的增加，人数则递减，而录取名额大致上也会跟贡额成比例关系。唐代中央政府各地解送赴京应试的进士数额基本上分四个档次，即三十人、十五人、十人、七人四个档次。

在所有的科考中，进士无疑是最受器重的。据统计，唐代有名姓可考的状元一百四十五人，目前可考知籍贯者有五十九人。其中，属于今河南地区的十二人，河北地区的十一人，陕西地区的九人，江苏地区的六人，山东、山西、四川各四人，甘肃三人，安徽、江西、广西各两人。[①]这四名四川籍的状元分别是开元四年（716）夺魁的范崇凯、贞元七年（791）夺魁的尹枢、元和八年（813）夺魁的尹极、大和七年（833）夺魁的李余。

这四人当中，来自四川内江的范崇凯是目前见载的、第一个来自非中原地区的状元。开元年间，范崇凯与弟弟范元凯同去长安会试，兄弟双双考中进士。范崇凯名列第一，考中了状元，弟范元凯为同科十一名进士。范崇凯中状元后留在京师做官。当时正值唐玄宗修建"花萼楼"，在一次宴会中，范崇凯当场写成《花萼楼赋》，深得玄宗赏识。后来范崇凯与大诗人李白结为挚友。李白见他为官清正廉明，赠诗称赞，"范宰不买名，弦歌对前楹"，"游子睹佳政，因之听颂声"，意在赞颂范氏做官时的所作所为。

---

① 周亚非：《中国历代状元录》，上海文化出版社1995年版。

尹枢、尹极则是来自阆中地区的一对兄弟，其中，哥哥尹枢在唐德宗贞元七年（791）辛未科状元及第，该科进士三十人。弟弟尹极则在唐宪宗元和八年（813）癸巳科考中状元。据《闽川名士传》记载："尹枢文名甚高，应试时，年已七十余，知举杜黄裳奇其才，取为状头。"说他早年成名，但中状元时年已七十有余。兄弟二人虽先后中状元，但两人都未做官，因此新旧唐书均无传。尽管如此，《全唐书》中仍有尹枢科场所作的《珠还合浦赋》《华山仙掌赋》二篇，《登科记考》中则载有尹极科场试题《履春冰诗》。尹枢、尹极兄弟在二十二年中先后中状元，时人称"梧桐双凤"。他们的状元府第在阆中保宁镇，后人在此建有"状元坊"，并将此街名为"状元街"。

阆中状元坊——为纪念尹氏兄弟而建

而另一位状元李余则在唐文宗大和七年（833）癸丑科状元及第，该科进士及第二十五人，考官为礼部侍郎贾餗。据载，李余取状元后归省，友人贾岛、姚合、朱庆余等人赋诗话别，这之后却不知所终。李余工乐府诗，《全唐诗》有其存诗二首。

除了受人瞩目的进士状元外，唐朝时期其他一些科考中也活跃着巴蜀学子的身影。现根据新旧唐书中的记载，对其中提到的参加科考的川籍人士略举一二：

《新唐书·陈子昂传》：陈子昂字伯玉，梓州射洪人……举明经，调文林郎。

《新唐书·李叔明传》：李叔明字晋，阆州新政人……擢明经，为杨国忠剑南判官。

《旧唐书·崔信明传》：崔信明，青州益都人……贞观六年，应诏举，授兴世丞。

这三人中，前两人属于明经中举，崔信明则参加的是应时局所设的制举考试。由于相关材料的欠缺，作者不敢臆测，只有从中窥视巴蜀地区在隋唐时参加科举的概况了。

科举制度的引入满足了封建君主专政的需要，收到了集权中央、巩固封建统治的效果。根据史书记载，从隋朝大业元年（605）的进士科算起，到光绪三十一年（1905）正式废除，科举在中国整整存在了一千三百年，产生出七百多名状元，近十一万名进士，数百万名举人。隋唐以后，几乎每一位知识分子都与科举考试有着不解之缘，从未参加过科举考试的是极少数。中国历史上善于治国安邦的名臣、名相，有杰出贡献的政治家、思想家、文学家、艺术家、科学家、外交家、军事家大都出自状元、进士和举人之中。其影响之大，家喻户晓，妇孺皆知，孙中山称赞其为世界各国中选拔人才最古最好的制度，其影响一直延续至今，当今欧洲、亚洲各国的文官考试也有它的影子。

第二节　前蜀、后蜀时期的巴蜀教育

五代十国是中国历史上疆土分裂、社会大动荡、经济和文化遭受大破坏的乱世，同时亦是承唐启宋、政治大变革的时期。当此之时，中原地区战乱仍频，而巴蜀地区则在王建、王衍父子，孟知祥、孟昶父子的统治下，保持了一个相对安定的社会局面，巴蜀地区的文教事业在唐朝奠定的基础上有了进一步发展。西蜀与江南遂成为当时全国的两大文化中心，不仅保存了唐代的文化传统，而且对于北宋初年的文化重建也有极其重要的作用。北宋文治时代的迅速到来，与西蜀、江南两地文化人的参与有极大关系。较之江南政权而言，前、后蜀在文化事业上所取得的成就及在承唐启宋的历史进程中所发挥的作用更为显著：学校的恢复，蜀石经的镌刻，雕版印刷术的广泛流行，我国最早的文学词派——"花间词"派的诞生，音乐歌舞的繁盛，绘画艺术的辉煌，医药科技方面取得的成就等，无一不对宋以后的文化发展产生了深远的影响，在某些领域（如民俗文化）的影响力甚至持续到今天。

一、前蜀政权对教育的重视

公元907年，割据西蜀的王建（河南舞阳人，847～918）在成都称帝，改国号为大蜀，史称前蜀，统治今四川、重庆的大部，陕西南部和甘肃东南部，湖北西部等区域。从前蜀开国至925年后唐进入成都，前蜀在王氏父子的励精图治之下，政治相对稳定，经济富裕，成了当时南方诸国中唯一被中原政权认可的他国。尽管王建目不识书，继位者王衍也荒淫无度，但是在尊重士人、重教兴学等方面却都可圈可点，为西蜀在全国确立两大文化中心之一的地位奠定了基础。

（一）整顿吏治、发展生产，奠定教育事业的发展基础

王建立国后，针对唐末社会种种弊端，整肃吏治，倡导廉政，励精图治。开国仅三月余，王建便在《大赦诏》中提出将"革弊从新，去华务实。有利于民者，不得不用，有害于政者，不得不除。公平必致于民安，富庶自成国霸。恩虽不吝，法且务司。赦宥者各仰自新，厘革者皆宜共守。俾从涤荡，永致清平"①。要求地方官吏兢兢业业勤于政事，廉洁为官。"刺史县令，身皆受职……将申保国，只计安人。其有徭役不均……乡县凋敝，税赋难承，必当分命使臣，大明黜陟。……太仓及诸州县受纳……不得加一升一合，致百姓积累逋悬，如有故违，必行朝典。"武成二年（909）又要求宰相韦庄、张格等"不恃权，不谋私，惟正是守"②，强调宰相必须坚持克己奉公、廉洁自律等为官之道。

历史上对王建勤勉于政事的事迹记载颇多。史称王建自封蜀王之后，便"留心政事"，"亲决庶狱，人无枉滥"。③王建在登基之初的武成元年大赦诏书中，对外州、远县官吏贪赃枉法者，"许百姓诣阙论述，不计官职高卑，并正刑名处分"④。王建勤于政事，就连以风骨高傲、不阿附权贵而著称的当世高僧贯休，在《大蜀皇帝寿春节进尧铭舜颂二首》中亦盛赞王建"忧国忧民"。最后，王建因积劳成疾而病逝宫中，其在《示群臣手书》中也称："夙夜勤劳。有此焉疾，药石勿救。"永陵出土玉谥册载王建立国登基后，"犹夜分不寐，躬览万机，亲临庶政"，称王建"劳神苦志，暮思昼行。观书乙夜，求衣未明。去华务实，极思研精"，终因积劳成疾而病逝。

王建还是一个"容纳直言"之人。进谏者无论官阶高低，抑或布衣百姓，

---

① 《锦里耆旧传》卷五。
② 《全唐文》卷一二九，王建《郊天改元赦文》。
③ 《全唐文》卷一二九，王建《诫子元膺文》。
④ 《锦里耆旧传》卷五。

成都永陵王建墓

不论在何种场合,只要言之有理,大都能为王建所采纳。军士王先成以进谏而得王建赏识,后官至州刺史。布衣李景上言切中机宜而被拔为官吏。流落蜀中的苏州人蒋诏恭在王建末年针对臣僚多尚权势的弊端,常以诗文讽刺,王建赞其为敢言之士而特授名山县令。王建为蜀王时,为筹集军资而增收东、西两川赋税,致使民间多有抱怨,节度判官冯涓就在王建生日贺宴上献诗,详述生民之苦,讽谏王建赋税过重,王建不以为忤逆,反而"愧谢曰:'如君忠谏,功业何忧'。赐之金帛"①,并立即减轻赋徭。朱温篡夺唐政权后,王建传檄会兵讨梁兴复唐室,因为无响应者,就打算自己称帝。在同将吏们议事时,唯独冯涓反对称帝,并坚持认为应以蜀王称制。冯涓还因孤掌难鸣而闭门不出。但王建并不以为他叛逆,反以冯涓对唐室忠诚而更加信赖。高僧贯休在众多贵戚在场的情况下向王建吟咏其所作《公子行》诗,讽刺王公贵族子弟不学无术、胸无大志、不知民间疾苦,尽管此举引来满座贵戚的诸多怨愤,但王建却表示称赞。诸如此类事迹,足可以表明王建确实是一位善于纳谏、胸襟宽广的君主。

---

① 《资治通鉴》卷二六五《唐纪八十一》。

与此同时，王建还制定了与民休养生息的国策。立国之初，他便宣布各州府将当年应征收的赋税每贯（一千文）减收二百文，无论军人百姓，所有拖欠的赋税，以及因为纳税人交纳不起而由担保人承受的担保税，担保人的房舍、田庄被政府没收尚未处理的部分，发还给本人。禁止征税时加收所谓损耗，如有官吏不守此项规定多收税款，百姓可以越级上告。

武成三年（910），王建采纳了冯涓"安民为先，丰财为本"的主张，颁布了《劝农桑诏》："昔刘先主入蜀，武侯劝其闭关息民十年，而后举兵振摇关内。朕以猥眇，托于人上，爱念蒸民久罹干戈之苦，而不暇力于农桑之业。今国家渐宁，民用休息，其郡守、县令，务在惠绥，无侵无扰，使我赤子乐于南亩，而有《豳风·七月》之咏焉。"要求地方官必须体恤农民，不要侵扰，使百姓能安心农业生产。前蜀官吏亦奉行劝民农桑之政，以致蜀国终以"地富民饶"而享誉天下。

（二）优礼士人、擢用贤才，营造尊师重教的社会氛围

王建尊重知识、擢用贤才历来为史家所称道。史称王建"目不知书，好与书生谈论，粗晓其理"①。王建曾追随唐僖宗为宫廷神策军宿卫军使，僖宗治国尊重士人之举对王建深有影响，故王建据蜀后对有才学之士尤为礼遇。著名文人韦庄、许寂，唐名臣后裔张格、冯涓，著名道教学者杜光庭、高僧贯休等皆受王建礼遇。《资治通鉴》称："是时，唐衣冠之族多避乱在蜀，蜀主礼而用之，使修举故事，故其典章文物有唐之遗风。"②欧阳修《五代史》记载王建"善待士，故其僭号所用，皆唐名臣世族。庄，见素之孙。格，睿之子也。建谓其左右曰：吾为神策军将时，宿卫禁中，见天子夜召学士，出入无间，恩礼优厚如寮友，非将相可比也。故建待格等恩礼尤异"。《五代史补》记载："王建之僭号也，惟翰林学士最承恩顾，侍臣或谏其礼过，建曰：'盖汝辈未之见也，吾昔在神策军时，主内门鱼钥，见唐朝诸帝待翰林学士，虽交友不若也。今我恩顾，比当时才有百分之一尔，何谓之过当耶'。"③这表达了他对文人贤士的仰慕，和自己的招贤纳才之意。

著名文人许寂来到蜀国，王建先是待他以礼，后又重用为僚属。武成初

---

① 《资治通鉴》卷二六六《后梁纪一》。
② 《资治通鉴》卷二七四《后唐纪三》。
③ 《五代史补》卷一，王建《礼待翰林学士》。

年，许寂呈《上王建求贤书》，详述历代以武定乱、以文安邦的道理，请求"今百辟之中，有谋克以策国，勇可以荡寇，或博究治体，或精知化深，未擢颖于明厅，尚含光于庶位者，伏望恢明圣之略，开户牖之图，亲赐顾问，以观其能，置之列位，尽其献纳，俾官无败政，人无滞才"①。王建采纳了他的观点并下令求贤。在这之后，他又专门拓展子城西南城门，名其城门为"得贤门"，以示广招天下贤才之意。

著名词人韦庄晚年也来到西蜀，官至吏部尚书兼平章事。虽然时间不长，但政绩显著。《蜀梼杌》载："建之开国制度，号令刑政礼乐，皆庄所定。"《唐才子传》亦云："建开伪蜀，庄托在腹心，首预谋画，其郊庙之礼，丹书敕令，皆出庄手。"他仕王建为记室时，曾弹劾借故扰民的县令。他出任台辅时，于"武成二年（909）正月，祀南郊，御楼肆赦"。王建以韦庄为吏部侍郎，张格为中书侍郎，对二人评价甚高，称他们"不恃权，不谋私，惟正是守，此宰相之任也"。

著名诗人、画家、号曰"禅月大师"的和尚贯休在饱受荆南节度使成汭迫害后，看到他的一些旧交故友如卢延让、韦庄等人大多在蜀中受到重用，发出了"故人多在蜀，不去更何之"的感慨。随即他毅然入蜀，慕名来投王建，在上王建的陈情诗中写道："一瓶一钵垂垂老，万水千山得得来！"王建则回答说，"寡人高筑金台，以师名士；广修宝刹，用接高僧。千山万水之言，何以当此！"于是贯休留蜀龙华禅院居住。王建恩赐贯休之后，还不时登门拜访，赐茶送药。

成都青羊宫住持杜光庭，在王建任时也深受礼遇恩宠，经常与他议论政事，后拜为太师、左谏议大夫。王建去世后，杜光庭归隐青城山白云溪，十四年间整理完成了包括《道德经》在内的道家经典、科范仪规，对道教理论进行了全面、详尽的阐释，成为道教发展史上最著名的学者，被誉为道教史上的"无冕之王"，堪称五代传奇小说压卷之作的《虬髯客传》亦出自杜光庭之手。

总之，王建不拘一格擢用人才，对前蜀政权的建立和巩固，对蜀地经济文化的发展，对营造尊师重教的文化氛围，起到了重要作用。

---

① 《全唐文》卷一二九，王建《郊天改元赦文》。

（三）恢复庠序、崇饰孔庙，大力推行重教兴学之举

王建开国之初，在其《郊天改元赦文》中便明确提出："国之教化，庠序为先；民之威仪，礼乐为本。废之则道替，崇之则化行。其国子监直令有司约故事速具修之。兼诸州应有旧文宣王庙，各仰崇饰，以时释奠，应是前朝旧制。"①可见，王建在开国之初便将文化教育放在首位，强调教化礼乐对国家的重要性，并明确提出要重修国子监，恢复京城和各州县的学校和孔庙，以振蜀地文化教育。

王建上任，对文化教育非常重视。前蜀开国之初，就设有国子监，而且按照唐朝旧制把京城和各州的学校与孔庙加以恢复。在王建加尊"英武睿圣光孝皇帝"后，更是"命集四部书，选名儒专掌其事"。永平元年（911）十二月，前蜀开始修建新宫，通正元年（916）九月落成，其作用就是用于储存四部书籍。宰相王锴上表劝告兴文教，选用名儒专门掌管图书。通正元年（916）八月，前蜀又建文思殿，购置群书存放于此，并选派清资五品正员官进行管理。

恢复科举，开科取士。前蜀武成元年（908）正月，王建发布《郊天改元赦文》，其中便有恢复科举的内容："诸州府或有贤良方正，能直言极谏，达于教化，明于吏才，政术精详，军谋宏远，韬光待用，藏器俟时，或智辩过人，或辞华出格，或隐山林之迹，或闻乡里之称，仰所在州府奏闻，当于量材叙用。"②可惜这方面的记载并不多，我们无从了解其科举的具体情况。

重视教化，鼓励讲学。在唐末时期，蜀中就有一些学者，如刘孟温等人就在传授儒经。刘孟温的父亲刘再思在唐朝做御史，从僖宗入蜀。僖宗回长安后，孟温留在成都，传授儒学。刘孟温的长子刘玽在广政十年（947）补石室教授。刘氏自唐末历两蜀一直以传授儒学为业。可见在前蜀时期，私人讲学之风也一直在延续。

王建对继承人的教育也很重视。元膺为太子时，王建命杜光庭为元膺师傅，并且叫杜光庭推举德才兼备之士为东宫官属，辅导元膺。杜光庭于是推荐儒者许寂等人，常与太子议政事，"相得甚欢"。③元膺死后，王衍为太子，在徐妃的溺爱与纵容下，对他的教育松懈了许多，以致最后养成了骄奢淫逸的

---

① 《锦里耆旧传》卷五。
② 《全唐文》卷一二九，王建《郊天改元赦文》。
③ 《十国春秋》卷四七《杜光庭传》。

恶习。

王建对文教事业的热心也影响了后来的执政者。后主王衍虽遭诸史骂声一片，但他尚能继承其父重教兴文之业。《蜀梼杌》载王衍"颇好经史诗赋"，《十国春秋》卷三七也说他"颇知学问，童年即能属文……凡有所著，蜀人皆传诵焉"。王衍立太子后，其父为其置崇贤府，"凡文学道德之士，得以延纳访问"，其时君臣上下都好学著文，一时蜀中大家云集，流派纷呈，蜀中文学出现了繁盛景象。

前蜀恢复庠序、崇饰孔庙以及收集图书等重教兴文之举，为当时蜀地文教事业的发展广开门路，为儒生们提供了讲学土壤，极大地推动了巴蜀地区的文教事业。

二、后蜀政权振兴教育的举措

公元925年，后唐灭前蜀。934年，因不堪后唐皇帝李嗣源的横征暴敛，时任西川节度使副大使的孟知祥（874~934）在成都称帝，史称后蜀。孟知祥建国不久就因病死去，他十六岁的儿子孟昶继位。孟昶即位初期对政事颇为勤勉，后来则纵情享乐，挥霍无度。公元965年，宋太祖赵匡胤派兵入川，后蜀被亡。尽管如此，孟昶亲政期间还是采取了一些有利于民众的措施，如减轻赋役、恢复生产，开科取士、复兴文教，等等。在这当中，他命人组织镌刻的石经因保存中华文化、开启北宋文明之功而永载史册。

（一）稳定政局、发展生产，奠定教育事业的发展基础

后蜀高祖孟知祥入蜀后，"择廉吏使治州县，蠲除横赋，安集流散，下宽大令，与民更始"①。通过选拔廉明的官吏治理地方，废除苛捐杂税，发布大赦命令，使当时动荡不安的局势逐渐稳定了下来，生产力得到了恢复和发展。后主孟昶继位后，整顿吏治，惩治贪污，减免赋税，体恤百姓。"迹其平生行事，劝农恤刑，肇兴文教，孜孜求治，与民休息，要未必如王衍荒淫之甚也。独是用非其人，坐致沦丧迹，所由与前蜀之灭亡有异矣。"②这表现了一定的进取精神。

孟昶从小受的家教极为严格。孟昶的母亲李氏，"累从征伐，备历艰难，

---

① 《资治通鉴》卷二七四《后唐纪三》。
② 《十国春秋》卷四九《后蜀主传》。

由是颇务慈俭，常戒昶以固福寿为怀"，母教很是严格。《玉壶清话》就记载说："李氏有贤识，昶在国或纵侈过度，往往诟挞于庭。"宋灭后蜀，孟昶母子被送往开封，其母斥责孟昶道："汝不用吾言，不思社稷，贪生以至今日。"由此也可窥见孟昶在其父过世之后，其母所给予的家教如何了。

十六岁的孟昶在父亲旧臣的拥戴下继承了帝位。他登基之后，以李仁罕、张业、赵庭隐、李肇为首的将领自恃有功，根本不把皇帝放在眼里。他们违犯朝纲，夺人良田，

孟昶的《官箴》

掘人坟墓，不仅危及孟昶的帝位，而且也激化了阶级矛盾，影响了社会稳定。为防止将相大臣独揽朝纲和制造政变，孟昶采取了坚决果断的措施，首先将骄横跋扈的李仁罕处死，接着杀掉了以酷法滥刑聚敛财物的张业，后又陆续罢免了一批贪婪不法的官僚，将政权掌握在自己手中。

广政四年（941）五月，孟昶还亲自撰写《官箴》，颁发郡县命令遵照执行。他戒令官员："朕念赤子，旰食宵衣。言之令长，抚养惠绥：政存三异，道在七丝。驱鸡为理，留犊为规。宽猛得所，风俗可移。无令侵削，无使疮痍。小民易虐，上天难欺。……尔俸尔禄，民脂民膏。为民父母，莫不仁慈。勉尔为戒，体朕深思。"[①]他要求官员们时刻铭记自己的俸禄来自人民，必须时时处处待民仁慈，不得剥削欺凌。从这篇文字看，在五代十国昏暴之主层出

---

① 《容斋续笔》卷一《戒石铭》。

不穷的年代，孟昶的爱民之心还是难能可贵的。宋平蜀后，宋太祖赵匡胤还选择其中"尔俸尔禄，民膏民脂；小民易虐，上天难欺"四句颁于州县，更名为戒石铭碑，成为官吏之戒。

此外，孟昶也注重发展经济，劝课农桑，使后蜀连年丰收，国泰民安。据《蜀梼杌》记载："是时，蜀中久安，赋役俱省，斗米三钱。城中之人，子弟不识稻麦之功，以笋芋俱生于林木之上，盖未尝出至郊外也。村落、闾巷之间，弦管歌声，合筵社会，昼夜相接。府库之积，无一丝一粒入于中原，所以财币充实。"而宋灭后蜀时，把府库中的贵重物品和锦绮等丝织物作为战利品，"自京师至两川设传置，发卒负担，每四十卒所荷为一纲，号曰'日进'"。用了几年时间，才全部运到开封。其数量之大，蓄积之富可以想见。宋初曾两次任蜀守的张咏曾叙述五代宋初蜀地民风说："蜀国富且庶，风俗矜夸浮薄。奢僭极珠贝，狂佚务娱乐。"经济的繁荣滋生了奢华享受之风，这种风气弥漫于当时蜀中的各个阶层。《蜀梼杌》也说，五代后蜀时，"蜀中百姓富庶，夹江皆创亭榭游赏之处。都人士女，倾城游玩，珠翠绮罗，名花异香，馥郁森列"。这种奢靡的生活风气极大地削弱了国家的实力，上至皇帝下至普通百姓都沉浸在享乐之中，最终导致了国家的灭亡。但是强大的经济基础，加上局势的相对稳定，为教育事业的发展无疑奠定了较为扎实的基础。

（二）重学兴教、招贤纳士，重振西蜀文治教化

后蜀兴学，不亚于前蜀。宋人张愈《华阳县学馆》文记载："……孟氏踵有蜀汉，以文为事。凡草创制度，僭袭唐轨，既而绍汉庙学，遂勒石书《九经》，又作都内二县学馆，置师弟子讲习，以儒选人。"①从这段文字可以看出，孟氏政权对教育事业是比较重视的。仿唐朝体例重新设置学校，刊刻石经以作为通行教材，重开科举以选贤任能，在五代十国那样一个动荡不安的年代，这些举措是难能可贵的。《蜀梼杌》也说："昶好学，凡为文皆本于理，尝谓李昊、徐光溥曰：王衍浮薄，而好轻艳之辞，朕不为也。"孟昶本人对文学的雅好，以及他对著文的态度，极大地带动了当时蜀中的为学风气。

在孟昶执政期间，镌刻石经、引入雕版刊印无疑最具历史意义。广政十六年（953），孟昶命人在石碑上刻《论语》《尔雅》《周易》《尚书》等十经，历时八年才刻成，史称"孟蜀石经"。又怕刻石经流传不广，就刻为木板，以

---

① 《四库全书》卷一二，张愈《华阳县学馆》。

便后世流传，后成为经传范本。宋时木版雕刻印书就肇始于此。对此，《边州闻见录》云："孟昶尝立石经于成都，又恐石经流传不广，易以木版。宋世书称刻本始于蜀，今人求宋版，尚以蜀本为佳。"①尽管宰相毋昭裔对石经与雕版印刷的推动之功尤大，但孟氏的支持无疑也很重要。对石经刊刻及毋昭裔的贡献我们将另行谈及，此不赘述。

成立于广政十二年（949）的成都、华阳县学馆是后蜀重学兴校的一个明证。这两个学馆到了宋代仍得以保存，对宋代巴蜀地区教育事业的发展起到了极大的推动作用。北宋巴蜀地区文化鼎盛，人才辈出，涌现了一大批杰出的政治家（如张商英、苏舜钦、文同、苏轼、范祖禹等）、文学家（如著名的三苏父子等）、史学家（如张唐英、范缜、吴镇、范祖禹等），这些都与前、后蜀时期文教事业的发展不无关系。王文才先生在《蜀梼杌校笺》中就曾指出："宋时蜀中讲学及学术之盛，渊源孟蜀。"②确为至评。

除官学外，当时的巴蜀还有许多设馆聚徒讲授的私学。诸王侍读刘保义③即以治《尚书》《左氏》闻名，亦教授经学。多岳在普州设教，"教授生徒，门下多知名士。"处士李谌，学识渊博，讲授《诗经》《尚书》《周易》《礼记》《春秋》达四十年之久，为一时名儒。官学、私学在蜀中的普遍设立，对于儒学在蜀中的传播起到了很好的促进作用。正因为统治者的重视及众多文人志士的推动，所以后蜀尽管只有三十二年的短暂历史，但其兴学并不减于前蜀。

此外，孟昶还创办了中国历史上第一个画院，延请蜀中著名画师五十多人入院作画，花鸟大师黄筌父子就在被邀之列。他让赵元拱编了一部《前蜀书》，让韩保贞编了《蜀本草》，还让人编了一部五百卷的《古今韵会》收藏在成都学馆。赵崇祚编撰的《花间集》，涵盖了晚唐诗人和前蜀韦庄及后蜀许多词人的作品，给后世的词风带来了深远的影响。这些文化成就的取得，离不

---

① 《蜀梼杌校笺》卷一二《边州闻见录》。
② 《蜀梼杌校笺》卷四《后蜀后主》。
③ 刘保义：青州（今山东益都县）人，精研《尚书》《左传》，后蜀主孟昶广政初年，他任户部郎中兼做皇子侍读。孟昶询问他经书里的微言大义，所作解答令孟昶心悦诚服。刘保义执教严格，经常用鞭子督促皇子，学业没有长进的还常被施以体罚。王官的乳母生怕打出事来，暗地劝告他对皇子要宽和些。他则说，倘任其吃喝玩乐，不严加督责，成人后势必如猪狗一般无所用处。

开孟昶的支持。孟昶把这些人聚在一起，为传播和保留中华文化做出了一定的贡献。

为推动时人的求学兴趣，为国家招贤纳才，孟昶还在后蜀重开科举。据周腊生考证，后蜀于广政十二年（949）首开贡举，约共开考十次，约共取士五十五人；已知开考年份五次，知贡举三人，进士（包括状元）十一名，已知姓名者共十名；担任知贡举者的身份或为翰林学士，或为中书舍人。①这当中，简州人王归，双流人费黄裳是目前可考的两名状元。据《十国春秋》卷五六载，蜀人杨九龄曾撰有《蜀桂堂编事》二十卷，"中记广政试举事，载诗、赋、策题及知举、登科任姓氏"。可惜此书已经失传。《蜀梼杌》卷上记载说，乾德三年九月，"诏置贤良方正，博通经史，经达吏理，识洞兵机、沈滞印园五科，令黄衣选人、白衣举人投策就试，吏部考较"，也可作为后蜀开科取士的一个例证。根据《十国春秋》等文献记载和前人的考证，我们对后蜀科考中榜上有名且有记录的士人列举如下，从中也可窥见后蜀科举之一二。

王归，"简州人。少脱颖，善属文。广政中状元及第，后不知所终"（吴任臣《十国春秋》卷五三）。

费黄裳，"蜀，第一人"（民国《双流县志》卷二《选举》）。《状元式话》则径称费黄裳为"科分不明"的后蜀状元，并标明该科取士十六人。

王贲，"子著，广政时进士及第，授隆平主簿，有政绩"（《十国春秋》卷五二）。事后主官雅州刺史，称为廉吏。《玉壶清话》及《中国人名大辞典》则称王"孟昶时明净及第"。

卞震，"成都人，等进士第"（《十国春秋》卷五三）。《中国人名大辞典》则称卞震"举蜀进士"。

句中正，字坦然，成都华阳人。"明德中，授崇文馆校书郎，复举进士及第"（《十国春秋》卷五六）。《中国文学家大辞典》言："句中正……孟蜀时举进士，及第。"《中国人名大辞典》亦云："句中正……孟蜀时举进士。"

韦昉，"蜀人……以骑迎入宫，已而登第。十年，出知简州"（《十国春秋》卷五七），《中国文学家大辞典》所载略同。

陆虔扆，"五代十国后蜀词人，后蜀时举进士"（《中国文学家大辞典》

---

① 周腊生，"后蜀贡举钩沉"，载《孝感职业技术学院学报》2000年第4期，第36~37页。

古代第二分册）。

陈熙载，"伪蜀进士，字季和，文学之外，书画之尤者，皆阅而识之"（《茅亭客话》卷七）。

杨鼎夫，"蜀进士"（《全唐诗》卷七六〇）。

张崇文，"孟昶时秀才，通五经，博极群书，铿然有声于当年"（《丹渊集》卷四十）①。

（三）刊刻石经、裁定教材，延续中华悠久文脉

所谓石经，是指刻在石碑上的儒家经典。在古时，"四书""五经"是文人学子的必修课。在纸张尚未出现的情况下，书籍大都写在竹条、木片或锦帛上。后来，儒家经典被刻在石头上，竖立在太学之中，便于儒士参照学习，被人们称为石经。古代的经书刊行，或用简牍，或用锦帛，辗转传抄，难免出现纰漏。有鉴于此，汉灵帝于熹平四年（175）下令将经过校正的经文刻在石碑上，陈列于太学。这是我国有文字记载的最早的石经。历代著名的石经，主要有东汉《熹平石经》、曹魏《正始石经》、唐朝《开成石经》、五代《孟蜀石经》、北宋《嘉祐石经》、南宋《国子监石经》和清朝《乾隆石经》等。

孟蜀石经，或称"蜀石经"，又称"石壁九经""石本九经""蜀刻十经""蜀刻十一经""蜀刻十二经"和"石室十三经"等。据曾宏父《石刻铺叙》记载："益郡石经，肇于孟蜀广政，悉选士大夫善

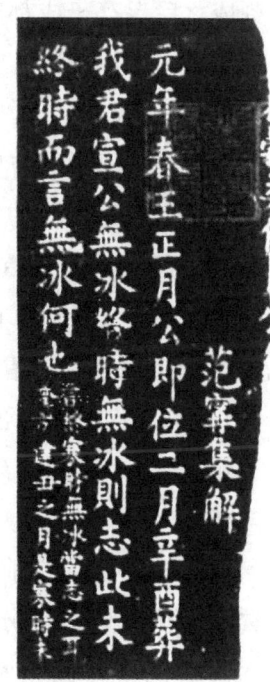

孟蜀石经拓片图

---

① 《丹渊集》卷四〇《华阳县君杨氏墓志铭》。

书者，模丹入石。七年甲辰，《孝经》《论语》《尔雅》先成，时晋出帝改元开运。至十四年辛亥，《周易》继之，时周太祖广顺元年。《诗》《书》《三礼》不书岁月。逮《春秋三传》，则皇祐元年九月讫工。时我宋有天下已九十九年矣，通蜀广政元年肇始之日，凡一百一十二祀，成之若是其艰。又七十五年，宣和五年癸卯，益帅席贡始凑镌《孟子》，运判彭慥继其成。乾道六年庚寅，晁公武又镌《古文尚书》暨诸经《考异》。"①

由此可知，孟蜀石经是在宰相毋昭裔的组织下，从孟蜀广政初年（938）开始镌刻的。到广政七年刻成《孝经》《论语》《尔雅》《周易》《诗经》《尚书》《三礼》及《左传》，共用了八年时间。至北宋皇祐元年（1049）刻成《公》《谷》二传，又经过了一百一十二年。经过七十五年后的宣和五年（1123），才将《孟子》入石。如果要算乾道六年（1170）晁公武作《考异》和刻《古文尚书》的时间，则前后经历了两百三十余年，完整地刊刻了《孝经》《论语》《尔雅》《周易》《尚书》《周礼》《毛诗》《礼记》《仪礼》《春秋左氏传》《春秋公羊传》《春秋谷梁传》和《孟子》十三经的正文与注文，刻成之后保存于成都府学及汉文翁石室。孟蜀石经的书写人，都是当时著名的书法家，字体精谨，镌工也是名手。共计一百三十多万字，用去碑石上千块。

孟蜀石经刻成后，曾以拓本形式从南宋至明代广为流传。曾宏父《石刻铺叙》曾据拓本对每一经的文字都作了详尽记录。晁公武还用通行"监本"十三经与孟蜀石经对校，并撰《石经考异》记载："《周易》经文不同者五科，《尚书》十科，《毛诗》四十七科，《周礼》四十二科，《仪礼》一十一科，《礼记》三十二科，《春秋左氏传》四十六科，《公羊传》二十一科，《谷梁传》一十三科，《孝经》四科，《论语》八科，《尔雅》五科，《孟子》二十七科。"②十三部石刻经典的名称及其与"监本"之异同，皆章章在目，毫无含混。

和其他石经特别是前三种石经相比，孟蜀石经呈露出诸多优长之处。其一，蜀石经仿开成石经分排书刻，但只有蜀石经加有注文，这就大大方便了士子对经文的观摩阅读和正确理解，同时也给他们传授经文提供了可靠依

---

① 《文渊阁四库全书》，曾宏父《石刻铺叙》。
② 《全蜀艺文志》卷三六，晁公武《石经考异自序》。

据。其二，从孟蜀广政初年开刻到南宋孝宗乾道六年（1170）晁公武刻成《古文尚书》，贯穿后蜀、北宋、南宋。这种前后继起、异代同工的刻经过程，史无前例。其三，蜀石经工程浩繁，碑石上千数，空前绝后。工程之精细，独冠古今。

孟蜀石经的镌刻，是中国文化史上的一项盛举，工程浩大，规模空前。它是我国历代刻石经中首次有注文的石经，

蜀石经藏楼图

并首次将《孟子》刻入，形成一套完整的"十三经"石刻经书。石经书写不仅"较开成石经尤为优美"，而且亦比宋初补刻的石经质量好。"宋人所称引，皆以蜀石经为证，并不及唐陕本石经。"① 两宋文人写文章多以蜀石经为标准，朱熹也曾多次引用孟蜀石经的说法。宋人吕陶在《经史阁记》中这样评价蜀石经对宋以后四川文化的影响："蜀学之盛冠天下，而垂于无穷者，其具有三：一曰文翁之石室，二曰高公之礼殿②，三曰石壁之九经。"③ 所谓"石壁之九经"，就是孟蜀石经。把孟蜀石经与文翁兴学相提并论，足见蜀石经对四川文化发展的影响。

遗憾的是，这笔珍贵的文化遗产却基本上未能保存下来，宏丽壮观的孟

---

① 《蜀典》卷一〇《著作卷》。
② 西汉景帝时，蜀郡太守文翁作石室为学官，为郡国办学之始。东汉兴平元年，蜀郡太守高朕作周公礼殿于石室东面，画远古以来君臣圣贤像，即此所说礼殿。
③ 《全蜀艺文志》卷三六，吕陶《经史阁记》。

蜀石经在宋末至元、明之际的战乱动荡中,突然散失了。清朝乾隆年间,有人曾在成都文庙附近的泥土中发现了一些孟蜀石经的残片,落入好古者手中,如获至宝。1938年,在成都老南门外又发现了孟蜀石经残片十片左右,上刻《毛诗》《仪礼》中的一些字句,后被四川省博物馆和重庆市博物馆收藏。北京图书馆和上海图书馆分别藏有孟蜀石经中的部分拓本。

相传周恩来总理都曾关注过孟蜀石经拓本。丁瑜《至臻至美的"郇斋"藏书回归记》之六《周总理借阅〈蜀石经〉》:"郇斋旧藏回归大陆展出后的一个星期六,赵万里让我下班以后留下来,协助他把《蜀石经》九册提出清点登记,然后装箱。一切就绪后,他才说明周总理要看《蜀石经》的事。晚上11时王冶秋局长来了,他让我带着箱子陪他到中南海。……《蜀石经》留在总理处……1969年8月18日……周总理借阅的宋拓《蜀石经》九册又完整地回来了。……郇斋旧藏《蜀石经》计有宋、元两朝拓本之《春秋左传》《谷梁传》《周礼》各二册,《公羊传》一册,又附清木刻印本《石经》一册,写本《石经题跋姓名录》一册。"石经的影响由此可见一斑。

(四)雕版印书,蜀中文化事业大发展

自唐末以来,巴蜀地区战事不断,社会教育事业起起伏伏。为振兴西蜀文教事业,传承儒家文化经典,帮助士人读书求学,后蜀宰相毋昭裔在其任内组织人力物力,大规模刊刻书籍,成为中国历史上出私财刊刻书籍的第一人。①

毋昭裔,河中龙门(今山西河津县)人,自幼好学,博学有才。毋昭裔青年时,书籍的流传主要是抄写本,由于手写费时费工,一部书的复本少,成本高,要得到一部书看是很不容易的。当时,毋昭裔因其家境贫寒,无力购买更多的书籍,常在朋友间借读。宋人王明清《挥麈录》记载说:"毋昭裔贫贱时,尝借《文选》于交游间,其人有难色。"即他的朋友虽借给他,但也多有不高兴的样子。这种不愉快的局面,深深地印在青年毋昭裔的脑海里,一种建立在强烈的求知基础上的刻书愿望油然而生。

后蜀明德元年(934),孟知祥在成都称帝,擢毋昭裔为御史中丞。后主孟昶于德明二年(935)拜毋昭裔为中书侍郎同平章事,又改门下侍郎。广政三年(940),毋昭裔被分派主抓盐铁事务,后又官升左仆射,直至担任太子太

---

① 马明霞:《古代家刻本先驱毋昭裔刻书事略考》,载《图书与情报》2004年第2期,第27、28页。

师。不仅如此,毋昭裔的儿子毋守素在广政二十年(957)官拜工部尚书。蜀亡入宋,"授工部侍郎、籍其成都庄产茶园以献。宋太祖诏赐钱三百万缗,以充其值"。后主孟昶曾召见他的两个儿子克温、克恭,"并赐绯以克恭,尚崟国公主",恩礼有加。此时的毋昭裔,经济地位已发生了根本的变化,由一个贫寒的布衣之家变成了很有声望的官宦富家,其"异日若贵,当版以镂之,遗学者"①的愿望即可实现了。

据《十国春秋》卷五二记载:"昭裔出私财营学宫,立簧舍,且请后主镂版印《九经》,由是文学复盛。又令门人句中正、孙逢吉书《文选》《初学记》《白氏六帖》,刻版行之。"由此可见,毋昭裔首先主持刊刻了儒家石经,后又组织雕版印书。

广政七年(944)起,毋昭裔按雍都旧本《九经》,命张德钊书写并刻在石碑上,贮藏成都学宫。直到广政十四年(951),这个刻诸经于石的任务才算完成。其中,秘书郎张绍文写《毛诗》《仪礼》《礼记》,秘书省校书郎孙朋古写《周礼》,国子博士孙逢吉写《周易》,校书郎周德政写《尚书》,简州平泉令张德钊写《尔雅》,字皆精谨。大批文化精英的加入,使蜀石经的刊刻质量有了保证。

后蜀广政十六年(953)五月间,孟昶采纳了毋昭裔的建议,"恐石经本流传不广,乃易木板",组织木板刻印《九经》。他以"今日可以酬宿愿"的激动心情,开始了雕版印书。由于之前已有刻经于石的实践,使得这次雕版印刷有了技术上的前期准备。他招佣工匠,日夜雕版,首先印成《文选》《初学记》《白氏六帖》《九经》诸史等,这是历史上利用刚开始的雕版印刷镂刻技术,最早刻印的大部头文学选集和类书,是一次较大的印刷工程。在毋昭裔推动下,后蜀雕版印刷事业得以发展,书籍也由此大量印行,这对五代时期图籍的保存有着巨大的贡献,对于唐代文化及中华文明的传播起着薪火相传的作用。

尽管毋昭裔开始在蜀刻书之际不为人们所理解和支持,但毋昭裔克服种种阻力,大量刻印书籍,在市场上赢得了很好的声誉。此时的毋昭裔不仅拥有大量藏书,是当时的藏书家,而且也是一位有名的私人刻书家。毋昭裔不仅摆脱了借书有难色的愁苦局面,而且已到了"家累千金"、子孙禄食的地步,开始

---

① 《五代史补》卷一二,王明清《挥麈录》。

对他刻书抱有嗤笑态度的人，也不得不一改常态，而纷纷向毋昭裔借书、贷款来了。

毋昭裔版刻诸书的举动，不仅使得"两蜀文字，由是大兴"，而且影响到北宋。宋灭后蜀，"豪族以财贿祸其家者什八"，许多书籍已遭破坏。宋太祖喜爱并重视书籍，于是在乾德三年（965）九月特命孙逢吉前往西川收集后蜀珍藏书籍。据程俱《麟台故事》卷二记载："国家承五代之后，简编散落，建隆之初，三馆（即崇文院）聚书，仅才万卷。"又云："（建隆）二年平蜀，遣右拾遗孙逢吉往收图籍，凡得书万三千卷。"可见当时蜀中文化较中原地区远为发达。在孙逢吉带回的大量书籍中，宋太祖看见一部卷尾有毋昭裔刻印字样的书籍，就问在他身边的学者欧阳炯，欧阳炯于是将毋昭裔出钱造书的事上报给他。宋太祖听了非常高兴，当即命人刻版印刷，并以同样的版本还给毋氏子弟。毋氏之书遂遍于海内。

毋昭裔组织刊刻石经、雕版印书之举，为中国古代文化的积累和传播做出了突出的贡献，对蜀中文化事业的发展起到了积极的促进作用。毋昭裔自己又成为后世家刻之先驱，带动了蜀地刻书事业的发展，他大规模的刻书之举必将永载史册。

第三章 宋元时期的巴蜀教育

公元960年，后周禁军将领赵匡胤发动"陈桥兵变"，建立宋朝。整个宋朝分为北宋和南宋两个时期，共320年。在宋朝统治期间，我国北方还先后建立了一些少数民族政权，他们是契丹族建立的辽（916~1125）和女真族建立的金（1115~1234）政权。1279年，北方少数民族蒙古灭了南宋（1127~1279）政权，建立元朝（1271~1368）统一了全国。

宋王朝实行的是路、州（府、军、监）、县（监）三级地方行政管理制度，在巴蜀地区设置了"路"的行政单位。宋真宗咸平四年（1001），将川峡路分为益州路（后改为成都府路）、利州路、梓州路、夔州路共四路，合称"川峡四路"，以后简称"四川"。当时的川峡四路还包括今陕西、贵州、甘肃、湖北等部分地区。《宋史·地理志》记载，南宋川峡四路在今四川地区设"州"49个，设"县"117个。元朝建立后，将全国划分为11个行省，四川行省便是其中之一。行省制下，政区分为路、府、州、县，四川行省设路9个，另有属州36个，军1个，属县81个。

宋朝是我国封建社会经济的大发展时期。随着社会生产力的进步，宋代的农业、商业、手工业等都得到了很大的发展，这也有力地促进了文化教育事业的发展。两宋时期是我国教育发展的繁荣时期，不论是官学、私学，还是具有高等教育性质的书院教育和作为人才选拔制度的科举考试等都得到了很大的完善。而且，值得一提的是北宋还出现了一些女词人，如著名女词人李清照、唐婉等，这在重男轻女的封建社会是少见的。北宋诗人魏泰在《临汉隐居诗话》说："近世妇女多能诗，往往有臻古人者。王荆公家最众。"他称赞王安石的妻子吴氏、妹妹、女儿、侄女都能吟诗，而且佳句颇多，"皆脱洒可喜"。司马光曾说："今人或教女子以作诗歌，执俗乐，殊非所宜也。"这种情况至少表明当时部分女子（应该是中上层社会的女子）也能够接受良好的教育。

第一节 宋元时期巴蜀教育的发展

宋朝最初几十年，由于战争、社会动荡等因素，教育并未得到很大恢复。

王安石，江西抚州人

在消灭了各割据势力，基本上统一全国之后，宋朝统治者逐渐做出了政策上的战略转移，即由原来的注重"武力"转为强调"文治"的重文轻武政策。正如宋太宗所说："王者虽以武功克定，终须用文德致治。"① 随着形势发展，统治阶级内部的一些有识之士也越来越认识到，仅仅依靠科举制度选拔人才是远远不够的，还必须从人才产生的"源头"即学校教育中培养人才。而且随着经济的恢复发展，教育发展的经济条件也逐渐成熟。到宋真宗时，兴学之风逐渐形成。从庆历四年（1044）开始，通过三次著名的兴学运动，宋朝的官学有了很大发展，各地方州县大多建起了官办的学校。

元朝按其路、府、州、县的行政区域划分，在地方上建立了路学、府学、州学、县学以及诸路小学、社学等儒学系统，管理也非常严格。此外，元朝还开设有诸路蒙古字学、诸路医学、诸路阴阳学等专门学校。由于巴蜀地区是经过多年抵抗最后才被蒙古攻占的，而且元朝本来就有民族歧视政策，所以元朝建立后，巴蜀是被歧视与被压制的地区，教育发展缓慢。但到了元朝中后期，巴蜀的教育逐步恢复起来，虽然没有达到宋代水平，但相对全国来说，巴蜀的教育还是较为先进的。

一、巴蜀地区的官学教育

（一）"三次兴学"运动对巴蜀官学教育的影响

第一次兴学运动被称为"庆历兴学"，直接领导人物是范仲淹。范仲淹乃北宋著名的政论家、文学家和教育家，他在庆历三年（1043）七月，任参知政事，不久便向宋仁宗条奏十项改革案，要求兴学育才，改革科举。庆历四年，

---

① （宋）李焘：《续资治通鉴长编》卷二三（第一册），上海古籍出版社1986年版，第201页。

仁宗采纳了范仲淹的建议，并委托他主持兴学。这次兴学内容主要有三条：第一，下令普遍设立地方学校。第二，改革科举考试。规定应科举者必须接受一定的学校教育。考试科目调整为先策，次论，再诗赋，罢贴经、墨义。第三，创建太学。"庆历兴学"虽然由于范仲淹被排挤出廷而告失败，但在现实中还是促进了北宋教育特别是学校教育的发展。

第二次兴学运动被称为"熙宁兴学"，直接领导人物是王安石。王安石也是北宋著名的政论家、文学家和教育家，他在熙宁二年（1069）任参知政事，后拜同中书门下平章事，在宋神宗的支持下进行了著名的"王安石变法"。"熙宁兴学"是这次变革的重要方面之一，其措施主要有四个方面的内容：第一，改革太学，创立"三舍法"。第二，恢复和发展州县等地方学校。第三，恢复和创立武学、医学、律学等专科学校。第四，编撰《三经新义》作为统一教材。"熙宁兴学"仍然因为王安石被逐出朝廷而告夭折，但它对当时及后来的教育发展产生了深刻影响。

第三次兴学运动被称为"崇宁兴学"，直接领导人物是蔡京。崇宁元年（1102），宋徽宗委任蔡京为尚书右仆射，寄希望他继承熙宁新法来挽救北宋统治危机，于是蔡京主持了"崇宁兴学"。此次兴学主要是继承、恢复了熙宁兴学的诸多措施，其具体内容包括五方面：一是新建辟雍，发展太学；二是全国遍设地方学校；三是建立了太学、州学、县学三级学制体系；四是恢复医学，创立书学、算学、画学等专科学校；五是废科举而行学校取士。此次兴学运动的影响大大超过前两次，对宋朝教育事业的发展起到了巨大的促进作用，当然也大大地促进了文化的传播。

经过这三次兴学运动，宋朝的官学得到了很大的发展，地方州县大多设立了官办的学校。巴蜀各州县在这段时期也先后兴办了许多学校，教育大为活跃。因为当时官学中要设孔庙以祭孔子，修学校实际就是建孔庙，"郡国皆立学，学必有孔子庙"①，所以学校又称庙学。据统计，宋代巴蜀地区建立的庙学有九十五处。在南宋，巴蜀两百四十四个州县中，42%的州县建立了学校，如成都府学，江津、忠县等创建的县学，重庆府、巴县等创建的文庙，合州、梁山等创建的儒学。各学校一般都有一定规模的校舍，分成教学、祭祀、娱乐、膳食、住宿、收藏等几大部分，其中藏书楼的藏书量也较大；设施较为

---

① （清）傅增湘编：《宋代蜀文辑存》卷三四《郫县犀浦镇修文宣王庙记》。

齐备，校内"横经有堂，肆也有舍，膳馐有所"①。但是，因当时巴蜀所辖地域广阔，故学校发展也极不平衡。有些经济落后地区的学校数量少，也很简陋。如隶属夔州路的重庆十二州三十县仅有学校八所。"州县复得置学至宋时。……然其时，或举或败，视守令能否。即举矣，而土木弗坚，庙貌弗箴饰……非所称尊重先师之典也。且学师散处，舍署圮败，亦非所以隆教化也。其举坠救败，饬与弗饬，亦恒视守令能否"②。而经济发达的地方不但学校数量多，而且质量也较高。如成都府路十六州六十一县，有学校四十二处③。其中成都府学最盛，"郡国之学，最盛行成都"④，规模大，生员多。北宋时有屋三百楹，南宋时有屋五百八十五楹，"举天下郡国所无有"⑤。至绍兴年间，成都府学学生达八百人，已成为西南最大的教育中心。而普州（今四川安岳县）官学在南宋时，"肄业沣水者，每千有余人"⑥。

（二）地方官学中的教官与学生

如前所述，宋朝的地方行政划分为三级：路、州（府、军、监）、县。因为路不直接设学，故宋代的地方学校一般分为州学和县学。学宫是文庙和学校结合在一起的教育机构，其入学生员必须是取得秀才资格的，并设有月课和季考。州学的学额是学院即省学政衙门根据其州、县的钱粮、文风及人口等因素而确定的。州县在校学生由国家供给伙食，并免除赋役；县学学生优秀者可以升入州学继续学习，州学每三年进行一次选拔考试将部分优秀学生送进中央太学深造。州学设教官，宋元时期称之为教授（明清则称之为学正或教谕）。早在庆历兴学时，就已诏令地方官学"选属官办教授，三年而代"，州学以教授为学官。元丰元年（1078），巴蜀设有学官共计六人，"成都府路眉州、成都各一员，梓州路梓州、普州各一员，利州路利州一员，夔州路夔州一员"⑦。在南宋初，因为战争原因巴蜀州县学官多不存在。于是在绍兴十年（1140）又

---

① （清）常明、杨芳灿等编修：（嘉庆）《四川通志》卷七八《学校·艺文》。
② 余有光：《重庆修斆宫泮池记》，（光绪）《大宁县志》卷八《艺文·记》，巫溪县志编撰委员会校点重印，1985年。
③ 沈庆生主编：《千年回首话四川》，巴蜀书社2000年版，第302页。
④ （南宋）李心传：《建炎以来朝野杂记》甲集卷一三。
⑤ （清）傅增湘编：《宋代蜀文辑存》卷六七《重修创府学记》。
⑥ （清）常明、杨芳灿等编修：（嘉庆）《四川通志》卷三六《舆地·祠庙》。
⑦ （元）马端临撰：《文献统考》卷四六《学校》。

诏令"复置四川诸州学官员"①。宋代的学官一般有三大职责：讲授儒家经典和皇帝训示教诲，提升、管理、考核所属生员；掌握经费开支；负责文庙春秋两季的祭祀。

元朝官学教官设置有承袭宋朝的一面，但统治者加强了对教育的控制。在地方行政区域路、府、州、县建立了各级学校，还专门在江南各路、府、州、县的学校内皆设立"小学"，教官由政府任命。同时规定五十家为一社，每社设一所学校，称社学。教官的职务有教授、学正、山长、学录、教谕等。《元史·选举志一》载："太宗始定中原，即议建学，设科取士。世祖中统二年，始命置诸路学校官……。至元十九年夏四月，命云南诸路皆建学以祀先圣。二十三年二月……诏江南学校旧有学田，复给之以养士。二十八年，令江南诸路学及各县学内，设立小学……其他先儒过化之地，名贤经行之所，与好事之家出钱粟赡学者，并立为书院。凡师儒之命于朝廷者，曰教授，路府上中州置之。命于礼部及行省及宣慰司者，曰学正、山长、学录、教谕，路州县及书院置之。路设教授、学正、学录各一员，散府上中州设教授一员，下州设学正一员，县设教谕一员，书院设山长一员。中原州县学正、山长、学录、教谕，并受礼部付身。各省所属州县学正、山长、学录、教谕，并受行省及宣慰司札付。……教授之上，各省设提举二员，正提举从五品，副提举从七品，提举凡学校之事。"可见，元朝还是认识到了教育的重要性，也强化了对教育的控制。元代巴蜀的教官还到外地任教，《续文献通考》记载："元二十九年四月，设云南诸路学校，其教官以蜀士充之。"

宋朝统治者虽然没有要求在全国范围内广泛设立地方学校，但对于设立学校还是表示了积极的支持。这种积极表示主要体现在两方面：赐书与赐学田。赐学田是政府保障学校经费的重要措施。因为宋代学校的办学经费是以学田为主，政府资助、社会献田、捐款集资、学校刻书创收为辅等多种途径相结合的办法解决的。早在熙宁四年（1071），宋朝就"仍令中书采访，逐路有经术者各三五人，虽未仕亦给簿尉俸，使权教授他路州军。……州给田十顷为学粮。仍置小学教授。"②在宋真宗年间，及其后的仁宗景祐、宝元年间，政府赐予学校学田的记载屡见史册。宋仁宗时还规定了州郡学田的标准为"公田十

---

① （南宋）李心传：《建炎以来系年要录》卷一三三。
② （宋）马端临：《文献通考·学校考七》。

顷"。但是，由于金兵进犯、连年战争、灾荒频起等多种原因，到了南宋时，官学的经费往往还是入不敷出，如黔江县"旧有学，学者不减旁近，郡不以教养为急，故散居郊野"①，连巴蜀地区最大学府成都府学也是"一岁之入不周于用"②。在宋孝宗时，蜀帅沈介多曾多方筹措，得田千五百四十九亩，屋六区，拨与学校，作为日常经费来源。有些地方官府也以课税的方式筹措资金。另外，也有一些经济条件较好的人捐资助学，如魏城县（今四川绵阳）徐邑侯捐资一千九百缗，"买中田一顷而置之学"，"凡学之缮葺，士之廪给，皆于此取办"③。

元朝也仿照宋制设立学田，以保证学校必要的经费。据《元史·刑法志》记载，元时政府规定，官吏不能以任何借口占用学田费用，若有以熟为荒，减额增租，或接受贿赂、纵容地主等欺占学田及巧立名目、欺蒙冒支的，则在提拔调动官吏时须加以查究。

（三）学校的教育内容与方法

宋朝的文教政策体现了尊孔崇儒。早在建隆三年（962），宋太祖就命令国子监中"增葺祠宇，塑绘先圣、先师之像"，并亲自撰文颂扬孔丘和颜渊。宋太宗即位后也十分看重儒学地位，要求选用人才"须通经义，遵周孔之礼"。政府的这种理念体现在教育内容上就是学校教材以儒家经典为主，即以儒学的典型代表作所组成的《十三经正义》为法定教材而颁于学校。在尊孔崇儒的同时，宋王朝还大力提倡佛教与道教，这在地方官学中也有一定体现。

宋朝的这种教育理念深深影响了巴蜀地方教育及科举考试。早期的教育内容以经学为主，以三苏为代表的"苏氏蜀学"就体现了会通三教，擅长经史文学的特点。比如在宋神宗时期，经学在学校教育中的地位就很高，而诗赋课程则有所削弱。王安石变法时甚至在科举考试中罢黜了诗赋，这也导致了很多人的反对。包括苏轼，也曾专门撰文认为那种改革大可不必："自文章言之，则策论为有用，诗赋为无益；自政事言之，则诗赋策论均为无用。然自祖宗以来，莫之废者，以为设法取士，不过如此也。"他认为对考试内容的改革没有必要，更没必要去破坏祖宗之法，并举例说"自唐至今，以诗赋为名臣者，不可胜数，何负于

---

① （清）常明、杨芳灿等编修：（嘉庆）《四川通志》卷七八《学校·艺文》。
② （清）傅增湘编：《宋代蜀文辑存》卷六〇《增赠学田记》。
③ （清）傅增湘编：《宋代蜀文辑存》卷七八《魏城徐邑侯捐置学田记》。

天下而必欲废之。……无规矩准绳，故学之易成；无声病对偶，故考之难精。以易学之士，付难攻之吏，其弊有甚于诗赋者矣"①。但到宋哲宗即位后，学校又恢复了《春秋》等教学，学生既可以学习经术与策论，也可以学习诗赋。到南宋绍兴年间时，朝廷规定官学开设经术、诗赋和策论课程，学生可在《诗》《书》《礼》《易》《春秋》中选学一经，兼学《论语》和《孟子》。其实，无论是诗赋还是策论都主要为渗透儒家的思想。

二、私学

宋代巴蜀官学虽很繁荣，但对于广大民众的受教育需求来说还是远远不够的。况且由于官学主要是中、高两级的教育，故初等教育、启蒙教育等的需求如果都依靠官学显然不现实，这种情况为宋代巴蜀私学的发展、发达提供了可能与空间。宋朝统治者十分重视教育的政治教化功能，"化民成俗"的思想在宋代统治中占用重要地位。政府对教育的重视和对文人的优待，让教授私学成为大批知识分子的人生选择与谋生方式。这样，包括为官的儒家学者、科举不中者等，各因为多种原因而纷纷聚众讲学，于是私学在宋元时期是很发达的。如蒲江魏了翁"筑室白鹤山下，以所闻于辅广、李燔者开门授徒，士争负笈从之。由是蜀人尽知义理之学"②；大足县"遵道而重学"，"士愿而劝学"，最后是"户晓礼义"，"比屋谈经史"③。

宋代的巴蜀私学，形式多样，层次不一，既有乡绅士大夫们创办的比较正规的乡学，也有随遇而教的零散村学；既有达官贵人为私家子弟办的私塾学馆，也有普通百姓的家庭教学。据南宋末赵与时《宾退录》卷一记载："嘉（嘉州，今四川乐山）、眉多士之乡……士子私讲礼焉，名之曰乡校。亦有养士者，谓之山学。眉州四县，凡十有三所。嘉定府五县，凡十有八所。他郡惟遂宁四所，普州二所，余未之闻。"

这里所说的山学、乡校等即为私学。苏东坡当年在眉山"郡城之西寿昌院"学习的地方也是山学，即私学。另外，书院教育多数也是属于私学性质，只有极少数书院是政府办的，也有部分书院（一般都是有名的书院）属于"民

---

① （宋）苏轼：《议学校贡举状》，《苏东坡全集·奏议集（卷一）》，中国书店1986年版，第398页。
② 《宋史·魏了翁传》。
③ 大足县志编委会编：《大足县志》，方志出版社1997年版，第953页。

办官助"或者是"民办官认"。不过,如果从学习层次上看,私学大致可以分为两类:一类是蒙学,主要是针对幼小儿童的启蒙教育;一类是经馆学,主要为年龄较大、有一定知识水平的学生或准备参加科举考试的学生讲授。

私学教师的水平相差极为悬殊,教师旨趣也不尽相同。有的"不屑仕进,耻事权贵";有的"不与时俯仰";有的当朝大夫以"传道授业"为儒者要务;更多的则是屡试不第,为养家糊口而"教授乡里"。如《蜀故》卷十八载:"蜀虽僻左,而先正大儒如濂溪周先生、河南二程先生常不鄙而幸临之……三先生始在蜀时所闻为彰,而蜀人从者已众,诵其诗、读其书……";而《蜀故》卷二也载:"遂宁冯正符……三上礼部不第,教授遂梓学十年"。宋代著名文学家叶梦得(1077~1148)在其《避暑录话》中,记录了他小时候的私学老师的相关状况及教学情况:

乐君,达州人,生巴峡间,不甚与中州人士相接,状极质野,而博学纯至。先君少师特爱重之,故遣吾听读。今吾尚能略记"六经",皆乐君口授也。家贫甚,不自经理,有一妻二儿,一跛婢。聚徒城西,草庐三间,以其二处诸生,而妻子居其一。乐君坦率,多嬉笑,未尝见其怒。一日,过午未饭,妻使跛婢告米竭。乐君曰:"稍忍,会当有饷者。"妻不胜忿,忽自屏间跃出,取案上简击其首。乐君袒而走,仆于舍下,群儿环笑掖起之。已而先军适送米三斗,乐君徐告其妻曰:"果不欺汝!饥甚,幸速炊。"俯仰如昨日。几五十年矣,每旦起,分授群儿《经》,口诵数百过不倦。稍闲,必曳履慢声抑扬,吟讽不绝。蹑其后听之,则延笃之书。群儿或窃效靳侮之,亦不怒。喜作诗,有数百篇。先君时为司理,犹记其相赠一联云:"末路清淡得陶令,他时阴德颂于公。"

在这段记述中,私学老师的书生形象跃然纸上,这也可以代表宋代巴蜀私学的多数塾师的境况:清贫、坦然、勤奋、乐教。由此我们也可以以管窥豹,大致感受宋代私学的一些情况。

蒙学是私学的一个重要方面。在我国封建社会,一般将八至十五岁儿童的"小学"教育阶段,称为"蒙养"阶段,对儿童进行启蒙教育的学校称为"蒙学",所用教材称为"蒙养书"或"小儿书"。

宋元时期,是我国古代蒙学发展的一个重要阶段,不仅是数量上的增加,而且在教育内容、教材、方法等方面都有了很大的发展，流传于后世的成果也很多。对于宋代的蒙学，当然不全属于私学，因为宋朝政府也主办了一些启蒙教育，如设在京城宫廷内的贵胄小学、设在地方上的庶民小学等。但就全国范围来说，普遍设立的蒙学主要还是私学，即民间设立的教育机构。在当时，蒙学有各种不同的称谓。有的称"小学"，如苏轼八岁的时候以道士张易简为师进行学习的"小学"；在农村地区农家弟子利用冬闲时节读书的蒙学，则称为"冬学"；此外，还有称为乡校、家塾、私塾、蒙馆等。

蒙学的学习内容，主要是文化基础知识和初步道德行为训练，如识字、写字、背书、作文、作对等。朱熹曾说，小学的任务是"教以事"，即"教人以洒扫、应对、进退之节，爱亲、敬长、隆师、亲友之道"，以及"礼、乐、射、御、书、数之文"。至于教材，宋代已发展了一个比较完备的蒙学教材体系，包括《三字经》《百家姓》《千字文》《蒙求》《十七史蒙求》《神童诗》等。其中，《百家姓》《神童诗》是北宋时期出现的两种对后世影响极其深远的蒙学读本。而在基础的识字教材上，形成了一套"三、百、千"即《三字经》《百家姓》《千字文》相互配合而不可分的体系。《三字经》在这三者中侧重于思想教育；①《百家姓》全为姓氏组合，切于日用，在它的内容编写上，也体现出了明显的正统思想；②《千字文》产生在南北朝时期，内容上涉及了儿童行为规范、处事准则以及自然社会知识，没有太多的思想教化痕迹。

---

① 《三字经》乃南宋末期出现的蒙学课本，其作者一般被认为是南宋著名的大学者王应麟。《三字经》继承了历史上编写蒙学教材的传统，集中了《急就篇》《千字文》的优点，是一部集识字、自然常识、历史知识、读书方法和伦理教育于一身的综合性蒙学教材，是古代童蒙读物中的典范教材之一。《三字经》里的句子言简意赅、浅显易懂却意蕴深长，其形式乃每三字一句，整齐排列，讲究押韵，读起来朗朗上口，非常易于儿童诵读记忆，成为古代社会最有代表性的一种蒙学教材。七百多年来，《三字经》在社会上广泛传播，家喻户晓，妇孺皆知，对中国社会有着广泛而深远的影响。1989年10月，《三字经》英译本由新加坡教育出版社出版并向全世界发行。1990年，联合国教科文组织将《三字经》确定为儿童道德丛书之一。

② 北宋初年问世的《百家姓》是我国流行时间较长、流传范围很广的一种蒙学识字教材，它将约五百个常用姓氏编成四字一句的韵文，形式上很像一首四言诗，基本上包括了当时的常用汉字。虽然其内容缺乏文理，但编排合理，句式整齐，隔句押韵，读来顺口，易学好记。据南宋学者王明清考证，《百家姓》的作者是钱塘（杭州）的一个儒生，前几个姓氏的排列大有讲究，如赵是指赵宋，既然是国君的姓，理应为首；其次是钱姓，钱是五代十国中吴越国王的姓氏；孙为当时吴越王钱俶的正妃之姓；李为南唐国王李氏，等等。

《百家姓》与《千字文》《三字经》相配合，成为我国古代蒙学中的固定教材，影响深远。

宋时巴蜀的蒙学教育基本上与当时整个国家的蒙学特点相一致。在巴蜀，蒙学的形式也是丰富多样、层次不齐，有的蒙学还算比较正规的教学，但许多蒙学是在家庭里面口授言传，水平也较低，而教育内容却比较丰富实用，有的与生活联系密切。在南宋时，蒙学教育也十分发达，有乡校、村校、义学、家塾等，遍布乡村城镇。陆游的《秋日郊居》中描述了村学的情形："儿童冬学闹比邻，据案愚儒却自珍。授罢村书闭门睡，终年不着面看人。"诗文下面作者自注曰："农家十月，乃遣子弟入学，谓之冬学。所读'杂字'《百家姓》之类，谓之村书。"这时的蒙学教育仍主要是进行初步的道德行为训练，学习基本文化知识，以识字、写字、背书为主，每日功课一般是背书、授新书、作对、写字、读诗等。关于"作对"，曾有一段与苏东坡相关的记载："元祐三年（1088），东坡先生自翰苑出牧钱塘，道由田比陵之洛社，时孙仲益之父教村童于野市茅檐之下，仲益方八岁，立于案侧，东坡望见奇之，呼来前与语，果不凡，询其所学，方为七字对……"①南宋蒙学教材主要还是《三字经》《百家姓》《千字文》《神童诗》《十七史蒙求》《训蒙诗》《小学诗礼》《名物蒙求》《千家诗》等。

由于眉山的苏轼在文学上的成就与影响巨大，所以在南宋时期，许多地方的蒙学教育都把苏轼的诗文也作为学子学习的重要内容。陆游《老学庵笔记》卷八载："建炎以来尚苏氏文章，学者翕然从之，而蜀士尤盛。亦有语曰：'苏文熟，吃羊肉；苏文生，吃菜羹。'"可以看出，当时学习苏文的不只是巴蜀，全国皆有，只是"蜀士尤盛"而已。

在当时的巴蜀地区，还有少数的经馆，主要讲授儒家经典内容。在一些殷实人家也有很多人学习儒家著作，如眉山地区苏氏家族，从小就学习《论语》《孟子》《韩非子》《春秋》《诗》等。

受宋代影响，在元代的蒙学中，《千字文》《百家姓》《十七史蒙求》《神童诗》《训蒙诗》《小学诗礼》《三字经》《名物蒙求》《千家诗》等仍是主要教材。由于理学成为官学，"四书""五经"不仅成为官学的主要教材，而且也渗透进入私学中，故在私学包括蒙学中，儒家学说的教育得到了进

---

① （南宋）王明清：《玉照新志》。

一步的继承和发展。苏轼的成才，理学的官学化，都昭示了私学的重要意义。可见，不论是对于启迪心智、培养人才，还是传播文化、提升理学地位，巴蜀的私学都是功不可没的。

三、书院

作为一种教育组织形式，书院在我国有着悠久的历史。书院这个名称最早出现在唐代，而书院兴盛是在宋代，后衰亡于清末，历时一千多年。书院是我国封建社会一种具有成人高等教育性质的教育组织，在世界教育发展史上颇具特色，它推动了我国封建社会教育的发展、学术文化的繁荣及人才的培养，对我国古代社会产生了广泛而深远的影响。

书院的功能一般有三个方面：藏书、供祭和讲学。早期的书院，特别是官办书院，一般是以藏书、修书为主要功能，而非是讲学的地方，如唐玄宗时期的丽正书院、集贤殿书院。清代诗人袁枚在《随园诗话》中写道："书院之名，起于唐玄宗时，丽正书院、集贤书院皆建于朝省，为修书之地，非士子肄业之所也。"后来的书院虽以讲学为主，但藏书仍是很多书院的主要功能之一。如宋时四川蒲江的鹤山书院，"堂之后为阁，家故一藏书，又得秘书之付而传录焉，与访寻于公私所板行者，凡得十万卷"。这个藏书量已超过了当时国家书库。书院作为供祭的地方表现在很多书院供奉有先贤、学术鼻祖或书院创建人的图像，如涪州北岩书院就有程颐像。另外许多书院在孔子诞生和逝世

白鹿洞书院

的日子举行定期的祭祀活动。书院作为一种讲学的教育模式得以发展主要是在宋代。北宋初年，出于对人才需求等多种因素的考虑，北宋开始"重文抑武"，朝廷通过赐书、赐额、赐田、召见山长等方式进行扶植，使其替代官学教育之职，这使私家所创书院在当时有较大规模的发展。当时的一大批著名书院，如白鹿洞书院、应天府书院、岳麓书院、嵩阳书院等就是在这种背景下建立并发展起来的。吕祖谦在《白鹿洞书院记》中说："国初斯民，新脱五季锋镝之厄，学者尚寡。海内向平，文风日起，儒生往往依山林，即闲旷以讲授，大率多至数十百人。嵩阳、岳麓、濉阳及石洞为尤者，天下所谓四书院者也。"据不完全统计，两宋期间全国书院达七百一十一所。[①]当时"州县之学"即为官学，"乡党之学"即为书院。据马端临《文献通考》卷四六载："是时（宋代）有州县之学，有乡党之学。盖州县之学有司奉旨所建也，故或作或辍，不免具文；乡党之学，贤士大夫留意斯文者所建也，故前规后随，皆务兴起，后来所至，书院尤多，而其田土之赐，教养之规，往往过于州县之学。"可以看出，书院因为没有一些官学的弊端，所以发展很快并往往超过了官学。

巴蜀书院的发展始于北宋初年，宋朝是巴蜀书院迅速发展的时期，但分别来看，北宋与南宋差别较大，北宋书院发展较慢，南宋则是巴蜀地区书院发展的繁荣期。这种情形与当时全国书院的发展情形有不大一致之处，主要是北宋时期，全国其他地区特别是洛阳一带书院发达，而巴蜀地区书院发展却很缓慢。北宋初期地方官学因五代混战尚未得到恢复，书院为满足社会对教育的需求应运而生，因而书院逐步发展起来。仁宗庆历四年（1044）朝廷第一次兴办官学的高潮之后，州县官学发展起来，书院的发展势头逐渐减弱。至南宋，书院发展的繁荣期到来，并出现了著名的"四大书院"。

在全国七百多所书院中，巴蜀地区有二十九所，[②]绝大多数为南宋所建。巴蜀地区的书院，分布较广，包括成都府、夔州府、潼川府、蓬州、普州、眉州、泸州、涪州、合州、盐亭县、宜宾县、蒲江县、夹江县等在内的二十二个府州县。值得注意的是，在边陲民族杂居地区的黎州（今汉源）也设有一所玉渊书院，这也可以看出当时巴蜀书院发展的广泛。

---

① 陈谷嘉、邓洪波：《中国书院制度研究》，浙江教育出版社1997年版，第355页。
② 胡昭曦：《四川书院史》，四川大学出版社2006年版，第206页。

到北宋后期，统治者为了更牢固地控制人才，十分重视科举，大力发展学校教育，不重视讲学自由的书院发展。在这种背景下，书院开始衰落。到了南宋，形势再变。首先，北宋后期兴办的官学已成科举的附庸和政治斗争的工具，日益腐败而失去了教育本性。其次，朝廷面临农民起义和辽、金入侵的威胁，财政开支巨大，难有充足办学经费供官学发展。以朱熹①、陆九渊为代表的理学思想对巩固中央集权统治的价值逐渐被南宋最高统治当局所认识和利用，理学家的书院得到朝廷的大力支持，从而理学在社会上日益风行，理学家们的讲学活动非常活跃。在这种背景下，书院又开始复兴，鼎盛时期的书院数量有两三百家，遍布南宋统治的大部分地区。而以朱熹、张栻、吕祖谦、陆九渊为首的著名理学家，主持或兴办的白鹿洞书院、岳麓书院、丽泽书院、象山书院被并称为"南宋四大书院"，影响巨大。而四大书院的办学模式和教学经验，都成为当时及后来各书院的榜样。特别是朱熹制定的《白鹿洞书院揭示》（又称《白鹿洞书院学规》《白鹿洞书院教条》），体现了以儒家经典为基础"格物、致知、诚意、正心、修身、齐家、治国、平天下"的教育思想，成为南宋以后元明清三代七百年间书院办学的范本。绍熙五年（1194），朱熹任职湖南，大规模重建岳麓书院，邀请知名学者来此讲学，一时名声大振，成为当时的文化学术中心；学生人数最多时达千余人，办学规模远远超过北宋时期。

南宋时期，除了巴蜀本地的名师大儒在风景优美的僻静地方建立书院而从事讲学外，还有不少全国知名的儒学大师因避战乱，也纷纷来到巴蜀，建立书院，从事讲学教授生徒的活动。因此，巴蜀书院发展在南宋也达到高潮时期。当然，这种状况也与理学思想的发展有密切的关系。因为南宋书院实际上是讲研理学的地方，南宋理学主要靠书院来宣讲传播。

随着宋代巴蜀书院的发展，巴蜀地区出现了一些在全国都较为知名的书

---

① 朱熹（1130~1200），字元晦，一字仲晦，号晦庵。自幼颖悟好学，十八岁贡于乡，中绍兴十八年进士第。他学识渊博，对经学、史学、文学、乐律乃至自然科学都有研究。朱熹是宋代理学的集大成者，也是一位卓有成效的大教育家。他编注的《四书集注》成为南宋之后科举考试的必读书；他提出的循序渐进、熟读精思、虚心涵泳、切己体察、著紧用力、居敬持志等读书方法至今仍有很大影响。朱熹并不排斥文学，曾校注《诗经》《楚辞》，有很高的文学修养，能诗善词，作品很多，是宋代道学家中文学成就最高的诗人。他和著名诗人辛弃疾、杨万里、陆游等人往来密切，相互唱和，尤其与陆游结下了深厚的友谊。

成都蒲江鹤山书院，乃巴蜀著名书院

院。其中，为全蜀最著名的书院之一的鹤山书院，是宋代著名理学家魏了翁在成都蒲江县所建。据《宋史·魏了翁传》记载：魏了翁"丁生父忧，解官心丧，筑室白鹤山下，以所闻于辅广、李燔者开门授徒，士争负笈从之。由是蜀人尽知义理之学"。当时鹤山书院的藏书量超过宋代国家崇文馆的藏书规模，由此可见其藏书之巨。由于这所书院影响大，宋理宗还亲赐御书"鹤山书院"四个大字匾额以示嘉奖。魏了翁为此曾写下《跋御书鹤山书院四大字》一文："臣伏见庐山、嵩岳、衡麓、濉阳各有书院，自太平兴国，迄大中祥符，锡之号荣，被以诏墨。至近世东湖、北崖、濂溪、象山之称，皆尝有请于朝。风声所形，闻者兴起。臣生于邛之鄙，自开禧边议不合，去之古白鹤山之下，筑室聚友，将终身焉！两朝圣明，照知臣心，讫荷眷怜，致位通显；兹又蒙陛下申锡宝翰，贲耀林庐。臣窃惟先朝赐书，必以名须实，顾臣熏心患难，旧读荒芜，大惧无以称塞隆旨。其自今乞身得请，将归老鹤山之麓。顾瞻奎文，帝临有赫，誓毕余齿，力求初心，以无忘君师训迪之意。"①

此外，涪州的北岩书院也是闻名于世的书院。绍圣四年（1097），著名理学家、教育家程颐谪涪，与其弟子涪州人谯定居普净院，并在此评注《易经》，写出理学代表作《易传》，从而开创了理学流派在巴蜀地区的传播。程颐在涪讲学著书共四年，影响甚大。南宋绍兴四年（1134），理学家尹焞避难来涪，在北岩辟"三畏斋"居住，研究理学。绍兴五年十二月（1136），涪州太守李瞻在程颐讲学地、黄庭坚题名的钩深堂建成伊川先生祠堂，供祀程颐塑

---

① （宋）魏了翁：《鹤山集》六五卷《跋御书鹤山书院四大字》，上海古籍出版社影印文渊阁《四库全书》本。

像。嘉定十年（1217），钩深堂被扩建为北岩书院。北岩文化氛围浓厚，历代皆有名人造访，并留下自己的题刻。今天的北岩书院遗址有一长约一百四十六米、高约十六米的摩崖石刻，上有黄庭坚、朱熹、陆游、王士祯等历代名人书法手迹八十余幅，这也是北岩书院遗址中最具历史价值的地方。

两宋时期巴蜀地区的书院还有很多，现列举如下[①]：

果山书院，在蓬州（今蓬安县），宋真宗年间（998～1102）知州王丹建。

东台书院、太元书院，均在盐亭，宋代初年建。

柳沟书院，在富顺县，宋仁宗庆历四年（1044）邑人李文渊建。

东馆书院，在眉州（今眉山）。

翼岩书院，在丹棱，高宗时建。

龙门书院，在江安，宋孝宗乾道年间（1165～1173）吕伯佑创建。

龙门书院，在铜梁县，嘉熙年间（1237～1240）由宋学士苏汝励建。

庡子书院，在铜梁县，宋侍郎庹正创建。

修文书院，在洪雅县，宋代田赐建。

静晖书院，在夔州府（今重庆奉节），孝宗隆兴元年（1163）知州王十朋在夔州府治后建。

莲峰书院，在夔州府（今重庆奉节），宋夔州知府王十朋于卧龙山麓建。

竹林书院，在夔州府（今重庆奉节），夔州郡守孟珙在奉节县东修建；后又设南阳书院。

少陵书院，在夔州府（今重庆奉节），建置年代不详，清末废。

蟠龙书院，在宜宾县西北100里越溪上，宋龙图阁学士陈公许读书处，宋代建。

穆清书院，在泸州，宋绍定五年（1232）魏了翁建。

五峰书院，共有两所，一为泸州知府杨汝明在泸州五峰上下修建；另一所也称五峰书院，在江津，北宋大中祥符年间（1008～1016），江津县知县冯忠创办。

南山经堂，大中祥符年间（1008～1016），继五峰书院后，江津县人在县治西建。

玉渊书院，黎州（今汉源县），南宋宁宗开禧初年（1205～1208）成都府

[①] 部分书院参照熊明安等：《四川教育史稿》，四川教育出版社1993年版，第565页。

学教授、后任黎州知州的薛绂所建。

同人书院，南宋宁宗嘉泰年间（1201~1204）进士高定子建于夹江县。

沧江书院，在成都，宋代虞刚简建。

凤山书院，在大宁监（今重庆巫溪），嘉定二年（1209）建。

山阴书院，在长宁郡（今长宁县）。

濂溪书院，即瑞应山房，在合州（今重庆合川），孝宗淳熙年间（1174~1189）任逢建在合州原周敦颐著书讲学的地方。

宏文书院，在忠州（今重庆忠县），知府常福庆开贡院，榜此院为"宏文"，其遗址在今忠县顺溪乡皇华村。

栅头书院，在丹棱县，宋高宗绍兴年间（1131~1162）丹棱县令冯时行在县南四十里处所建。

……

元初巴蜀地区的书院发展状况比较衰微。宋末元初，蒙元攻占巴蜀，惨烈战争达半个世纪之久。战争使得经济崩溃、人口流散、文明发展严重受挫。这时巴蜀地区的书院同宋代相比数量锐减，在全国各省排名从宋代第六位下降至第十二位。元朝后期，巴蜀书院才有一定程度的恢复。元代巴蜀地区书院可考证者共约有十一所，主要分布在眉州、汉州（绵竹）、剑州、忠州、成都府、潼川府（三台）等地。如《忠县志》载："至元年间，复名忠州，还治临江县城，废宏文书院，于治城东北隅学宫内设龙虎书

石室书院旧址——今成都石室中学

院"①。在仁寿，至正二十八年（1368），时任知县沙文达在仁寿县乐温城紫云岩建凤山书院。元时发展较好的书院如绵竹的紫岩书院，在全国书院中较有名气。另外比较有名的巴蜀书院还有元文宗至顺年间在剑州（今剑阁县）修建的兼山书院、元世祖至元年间在眉州（今眉山县）重修的东坡书院以及成都的石室书院等。

其中，成都的石室书院被认为是第一所由省级地方政府兴建的官学，开创了中国地方官办学校之先河。石室书院始于汉代文翁创办的"石室精舍"，在宋代被称为"成都府学"，元代则叫作"石室书院"。元代翰林待制、学者王沂在其《伊滨集》一八卷写下了《石室书院记》，对石室书院的创建、发展、影响等做了比较详细的论述：

石室何以名？祀汉文翁也。曷以祀之？古者建学，先圣先师各因其国之故礼也。今先圣先师之位定于一，祀之礼欤？曰郡邑先贤得祠于学宫犹古也。然则，何以书？蜀有儒自公始，祀有书院，自今舒噜侯始，书谨始也。初，侯有宅承教里，其地亢爽宜讲艺，其位深靖宜妥神，谋斥新之为书院。乃请于省，部使者相与图之如不及，故材不赋而美，工不发而集。为殿以祀先圣，为室以祀公。讲有堂，栖士有舍，重门修庑以制，庖湢库厩以序。又割俸购书，作祭器于吴，而俎、豆、笾、筐、樽、爵、篮、簋皆具，而经史百氏无外求者。祀敛其新都膏腴之田亩一百五十所入，庙干其家僮二百指。既成，而岩才里秀接踵来学。至元六年，侯来京师请记。

汉史载，公之治蜀，开学校以诗书教人，而从化者众，有道则严遵、李仲元，洽闻则张宽，文章则司马相如、王褒、扬雄。时汉之兴六十余载矣，公一倡而乡人翕然，况乎一道德而同风俗者哉？蜀在宋季为边郡，民缠焚剽之毒百余年。王师南戡，成都最先下，太宗皇帝壑除艰厄，提携赤子，置之乐土，累圣继以休养蕃息。向之援枹击柝，今则田耕井饮矣；昔之重关复栈，今则东阡南陌矣。太和之所涵煦，孰知夫百年之深欤？既富而教，非方伯连率之职欤？表显以风厉多士，不在公欤？读其书想其人，凛乎如见之也，况低回是祠之下者哉？夫有先贤为之依归，有贤方伯连率植之风声，作为宫室教肄之，翼然而峻整，肮然而崇邃，而市嚣之声弗闻。锦江横陈，玉垒环峙，而山川之秀可揽

---

① 忠县志编撰委员会：《忠县志》，四川辞书出版社1994年版，第496页。

也。润泽之所被，华藻之所敷，学于斯者心移（怡）而神旷，气闲而意消；渐摩乎择善修身之道，涵泳乎诗书礼乐之中；于以穷神知化，于以开物成务，出者为唐虞，处者如洙泗可也。讵特作为中和乐职之诗，以歌咏盛德如汉何武辈而已。舒噜侯世长万夫，知乎文武之道寓于干戈羽箨，而以筑宫育士为急，其贤乎人远矣。故余乐为之书。侯名多尔济，字存道，官云南都元帅云。

元代以后，石室书院几易其名，明代叫"成都府学"，清代先后为"锦江书院""成都府师范学堂暂设蒙养师范学堂"，近代晚清的1904年又改设现代中学——成都府中学堂，直至今天的成都石室中学。石室书院总共绵延两千一百多年，如今已经发展成为一所拥有诸多荣誉的著名中学，这些荣誉包括：四川省首批通过验收的国家级示范性普通高中，全国教育系统先进集体、四川省文明单位、四川省校风示范校、四川省艺术特色学校、四川省实验教学示范学校、四川省体育达标先进集体、四川省科技教育示范学校、四川省依法治校示范校等。

宋代与元代都是我国古代书院发展史上的重要时期。两宋书院初兴于百废待兴的北宋初，再兴于兵火之余的南宋初，都是在宋王朝统治相对薄弱之时，具有私学性质的书院找到了自己的发展空间，弥补了官学的不足。随着统治秩序的相对稳定，宋政府开始一方面大力兴办官学，另一方面又加强对书院等私学的控制，使之逐步官学化。在控制方式上，政府在加大对民间书院的褒扬的同时，还通过颁书赐额、赐学田、委任山长等形式加强控制。如前面说到的宋理宗曾赐御书予巴蜀的鹤山书院。当然，许多书院为了得到政府的支持，也主动希望官学化。二者相宜，到南宋中后期，在

宋代科举图

当时四百多所书院中，官学化的书院已达到一百余所，占总数的三分之一。[①]而随着书院的官学化进程，理学也得以逐渐正统化。各地理学家们经过不懈努力，使理学在宋朝逐步发展并最终在宋理宗时成为官方统治思想，理学家被列于孔庙从祀，理学书籍被定为学校教材和科举考试的标准答案。由于传播理学的主要场所已转变为官学化了的书院、州县学，所以理学的正统化与书院的官学化就相辅相成了。

元代的巴蜀书院也体现了官学化特点。元政府把书院的山长、直学等列为学官，纳入官员的筛选考核任免中。许多书院甚至完全被纳入地方官学系统，与路、府、州、县学一样，成为科举的附庸，逐渐与书院淡泊名利、志在问学修身的传统相去甚远。元代巴蜀地区官办书院数量达六所，占该时期总数的54%。当然，元代巴蜀书院仍有着积极意义，包括传播普及文化知识，培养各种人才等。而且，元代书院由于蜀中蒙古人、女真人创建了一些书院，开展了教育活动，也在实际上有促进民族融合的积极意义。

第二节　宋元时期科举制度在巴蜀的实施

宋代是阶级矛盾和民族矛盾交织的时代，宋太祖吸取唐代藩镇割据、五代分崩离析的教训而加强了中央集权，使各级官吏和人才置于自己控制之下。因此宋代基本沿用了唐代的科举制度，但比唐代更重视科举取士。宋太宗赵光义曾对侍臣说："朕欲博求俊彦于科场中，非敢望拔十得五，只得一二，亦可为政治之具矣。"[②]通过科举，宋王朝加强了对文人的思想控制，也选拔了不少人才，许多担任政府重要职务的人都是科举出身，如范仲淹、王安石、苏轼兄弟、司马光、沈括等。宋代科举制度已经形成了一个相当严密的体系，通过朝廷的影响，宋朝科举制度达到鼎盛时期，形成了制度更趋完备和严密、取士规模不断扩大、应试者范围大大扩展、录取程序渐趋简化、考试规则日趋严密等为特点的科举制度。应当说，科举制度的成熟在北宋。

元朝统治中原以后，极大地显示了统治的民族性特征，在全国范围内推行民族歧视与民族压迫政策，他们把全国各民族分为蒙古人、色目人、汉人和南

---

① 白新良：《中国古代书院发展史》，天津大学出版社1995年版，第20页。
② 《宋史·选举志》。

人四个等级。地处西南偏远地区的巴蜀，属于"南人"中最偏远的地区，因而更受歧视。

一、两宋时期巴蜀地区的科举状况

宋代的科举制度主要有常科和制科两种。常科又称为常贡，是由州县考试后将合格的人贡于礼部进行考选。这种考试开始是一年一次，从宋神宗后改为三年一次。宋代科举考试层次上大致分为三级：解试、省试和殿试。解试是由地方官考试举人，将合格者贡于朝廷；省试，又称礼部试、春试，是由尚书省礼部主持的考试，合格者参加殿试；殿试，又称廷试、御试，是由皇帝主持考试和唱名仪式的最高级别的入仕考试。北宋时，巴蜀举人参加的是这三级考试；南宋时，巴蜀考生参加由四川举行的类省试，通过后直接参加殿试。

关于科举考试的内容，整个宋朝经历了不少变化。

宋初专以诗赋取士，助长了文人片面追求音韵、修辞技巧、不关心社会实际等一些浮华气息。庆历以后，学校中的经术课程，开始从章句之学转变为致用之学。而后，进士考试逐渐重策论，但也不轻视诗赋。到后来经欧阳修等人提倡，策论渐为科举考试的重点。眉山的苏轼、苏辙兄弟之父亲苏洵敏锐地把握了这一动态，因而促成了苏氏兄弟的科场成功。苏轼晚年回忆时说：昔吾先君适京师，与卿士大夫游。归以语轼曰："自今以往，文章其日工，而道将散矣。士慕远而忽近，贵华而贱实，吾已见其兆矣。"以鲁人兖绎先生之诗文十余篇示轼曰："小子识之，后数十年，天下无复为斯文者也。"①

宋王朝通过改革考试内容、简化录取程序、增多考试等级、严密考试规则等多种措施，至北宋中期基本上已形成一套公平的考试制度，使考生基本上处在公平竞争之中。北宋建国方针之一就是宽待文人，政治气候比较宽松。中期时这种宽松政策又用于科举考试，在考试准入、录取等方面都更宽松一些。因此，宋代出现了一种人才辈出的景象，特别是政治家和文士学者结合的综合性人才层出不穷，远胜于其他朝代。

宋王朝重视文教的政策，促成了巴蜀的科举成就，巴蜀地区被录取的知识分子几乎为全国之冠。据嘉庆《四川通志》统计，宋代巴蜀地区参加科举考试被录取者有3992人，这个数字既是空前的，也是绝后的。据宋仁宗皇祐二

---

① 苏轼：四库本《东坡全集》卷三四《先生诗集序》。

年（1050）田况所撰《进士题名记》："益州自太平天国以来，登进士第者，接踵而至。天圣、景祐中其数倍。至庆历六年，一榜得十八人，黄祐元年得二十四人。他州来学而登第者，复在数外，其盛也如此。"又据宋朝李仲熊《安岳县学题史记》，安岳县中进士者，自宋太宗雍熙三年（986）至宋宁宗嘉定七年（1214）的两百二十八年间，中进士者共两百二十一人。①由此可以看出宋朝巴蜀科举的不凡成就。

就巴蜀地区的重庆来看，整个宋朝时期中进士者先后也共达两百多人。具体分布情况如表3-1所示：②

表3-1 宋代重庆进士分布表

州府郡监	分县人数	合计
合州	合州89人，巴川1人，铜梁14人	104人
昌州	昌州36人，永川11人，荣昌13人	60人
恭州	恭州4人，璧山5人，江津11人	20人
南平军	南平军20人	20人
涪州	武隆6人	6人
黔州	彭水5人	5人
夔州	奉节4人	4人
梁山军	梁山军4人	4人
大宁监	大宁1人，大昌2人	3人
忠州	忠州1人，垫江1人，丰都1人	3人
万州		
开州		
总计		229人

---

① 熊明安等：《四川教育史稿》，四川教育出版社1993年版，第22页。
② （清）常明等修：《四川通志》，嘉庆二十一年（1816）。

在宋代，殿试是最高级别的科举考试，殿试第一名称为状元，第二名为榜眼，第三名为探花。因为巴蜀远离都城，而且交通不便，所以出现一名状元实属不易。作为"全国第一名"的状元，宋代巴蜀共有十三人，如马涓、何栗、苏易简、陈尧咨、陈尧叟、赵逵、冯时行、蒲国宝等。

二、南宋时期巴蜀地区的类省试

南宋全面继承北宋的政治、经济、军事、文化和教育制度。即便在外患内忧不断的情形下，南宋教育总体上仍然维持了较大的发展。南宋绍兴十二年（1142），在临安府重建太学，至南宋末，太学生多达一千七百多人。尊孔崇儒依然是南宋文教政策的核心，一些统治者特别鼓励读书，宋真宗甚至写成了脍炙人口的《劝学诗》。①程朱理学在北宋末南宋初屡经禁止后，至南宋中期影响越来越大。南宋继续沿袭科举取士制度，并于建炎二年（1128）恢复诗赋和经义两科进士，一直延续至宋末。

在巴蜀地区，宋朝曾实行"类省试"。"靖康之难"之后，由于战乱、交通不便等原因，南宋朝廷把科举中"省试"的考试权下放到各路举行，即为"类省试"。这样，在巴蜀通过了类省试的举人就可以不再经过礼部的省试而直接参加殿试。南宋初曾在当时所有统治区域内举行，后来基本停罢，独巴蜀地区（当时包括现陕西等省的部分地区）得以保留。类省试在巴蜀实施百余年，对巴蜀的教育、文化、社会发展产生了深刻影响。

全国性的诸路"类省试"始于宋高宗建炎元年（1127）。李心传《建炎以来朝野杂记·类省试》（以下简称《朝野杂记》）曰：类省试者，始高宗在扬州，以军兴道梗，建炎元年（1127）十二月，遂命诸道提刑司选官，即漕司所在州类试，率十四人而取一人。第二次类省试是建炎二年（1128）。

类省试经两举之后，因诸路选择考官不精，取舍拘私，责难之声已不绝于耳。另外，南下的金军宣称"搜山阅海已毕"，开始北撤。中原与川陕战场上，金兵的锐气也屡屡受挫。于是，绍兴三年（1133）六月，朝廷依多数臣僚的请求，"罢诸路类试"，省试仍于礼部贡院统一进行。但是，巴蜀的类省试

---

① 宋真宗赵恒的《劝学诗》（又名《励学篇》）为读书人描绘了美妙的前景："富家不用买良田，书中自有千钟粟；安房不用架高梁，书中自有黄金屋；娶妻莫恨无良媒，书中自有颜如玉；出门莫恨无人随，书中车马多如簇；男儿欲遂平生志，六经勤向窗前读。"

却唯一地保留了下来，这是为什么呢？综合来看，应该有以下几个原因：

第一，巴蜀是南宋的西北大门，乃对外要塞及战略要地。巴蜀的地理位置及多山的地形特点，对稳固南宋政权具有至关重要的意义。南宋政权的诸多重臣强调了巴蜀的战略重要性。乾道三年（1167）四月，利州路安抚使兼四川宣抚使吴璘卒于任，他在《遗表》中对孝宗说："无弃四川，无轻出兵。"[①]嘉定十五年（1222）二月，左司谏张次贤亦讲："西蜀之地，祖宗视为殿之西角。"[②]可以看出朝廷认为巴蜀是南宋王朝的安危所系之地。而后来的事实也证明了这些论断的重要性，当蒙古战马入侵南宋之时，巴蜀地区凭借地理优势等因素对元军进行了顽强抵抗，从而对南宋政权的延续起到了举足轻重的作用。

第二，巴蜀是经济较为发达的地区之一，是宋王朝的重要财政支柱。宋代的经济重心虽然明显南移，但在素有"天府之国"美称的成都平原上经济则呈现着持续发展的趋势，其中巴蜀的农业由于雨水、气候等得天独厚的自然条件，出现了相对发达的局面。

第三，巴蜀文化昌盛，人才济济。"蜀士知向学，而不乐仕官。"[③]这是北宋初年的看法。自太平兴国二年（977）始批量参加科举。五年（980），巴蜀地区的苏易简殿试夺魁。此后，中高第者比肩接踵，不乏其人。到北宋末，五十四举中共有七名状元为川陕籍人，占总数的13%。金榜题名的超过千人。[④]巴蜀地区的人才优势在宋代得到昭显后，南宋政府很容易注意到巴蜀地区的人才潜力。

应该说，南宋统治者是在全面考虑了上述因素等多种原因后，积极估价了巴蜀地区在宋金对峙局面下的战略地位，从而确定巴蜀作为唯一继续实行类省试的地区。

可以认为，南宋独独对巴蜀地区实施类省试，既是其自身统治目的的需要，也对巴蜀学士体现了一种恩惠（时称"恩数"）。理由如下：其一，朝廷调整了"解试""类试""殿试"的时间，虚席以待川陕举人。因为自巴蜀类试独立后，由于多种主客观原因，类试取中的士子常有不能按时参加殿试者。鉴于此，朝廷特别调整了时间。其二，慎择类试官，力求选贤任能。宋代对参

---

① （南宋）刘时举：《续宋编年资治通鉴》卷八。
② （清）徐松：《宋会要辑稿》选举一六之二六。
③ （清）徐松：《宋会要辑稿》选举一六之一九。
④ 穆朝庆：《论南宋科举中的类省试》中州学刊，1987年第6期，第118页。

与贡举官员人选的问题历来十分重视,其基本条件有四:一是适当的官职;二是要有"出身',即科举入仕的文凭;三是执法公正;四是非本郡人。类试是礼部取士权的下放,故对类试官员的选差更为慎重。其三,严格避亲之法,提高"别试"等级,防止官宦子弟亲属滥占科第。具体措施有:提高别试所官员的委任权。解试时,州军官员子弟亲属等避亲人均不得在本处试院考试,而集中于诸路进行;官宦子弟别试取中者,必须赴临安参加礼部贡院考试,不准就地参加类试。这是因为,四川成都府的类试院和礼部贡院的实际职能相当,在某些方面还更灵活。如类试取中者,即便不参加殿试,也可得到个"同进士出身"的头衔,就地任官,而礼部贡院则无此权力。如此大的名利诱惑,尽管宋廷三令五申科举法规,也根本不可能实现风清弊绝的目的。因此各种检举不断诉至朝廷,不少人要求取消巴蜀类试。绍兴二十七年(1157)五月,经礼部反复商讨,权衡利弊。在保留类试的前提下,特采取了上述策略。其四,给巴蜀举子的若干特殊优待。比如,经济上的扶持、取士比例优于礼部、名例与授官上优于常规、按科举授官法等。①由此我们可以看到,作为全国唯一类省试地区,巴蜀的确是得到了不少关照。当然,在这个过程中,类省试也面临了不少"绊脚石"。

南宋时期在巴蜀路府实施的类省试政策,从多方面给巴蜀地区带来了巨大而深刻的影响。首先,南宋王朝通过巴蜀类省试这一形式,以更优惠的方式把科举功利分配给巴蜀地区的地主阶级的知识分子。这一举措现实上既招徕了大批人才,又安抚了巴蜀地区的地主阶级,笼络了人心,培育了一批拥戴宋廷的官僚,对内巩固了宋王朝的统治基础,对外筑起一道抵御外来侵略的精神防线。其次,科举对政治安定亦起到重要作用,并反过来促进了巴蜀地区经济的发展,使其在南宋统治区域内经济处于中上游水平,为南宋的政治、军事等提供了强有力的经济保障。最后,类省试对巴蜀文化、教育事业的发展起到不容否认的促进作用。当时的成都、阆州、华阳、眉州、洪雅、遂宁等州府的应举人数逐年增多,一州常达四五千人。李焘《贡院记》云:"乘舆巡狩吴越,士生西南,尤惮涉险,得与计偕,亦迟迟其行。天子委曲加惠,故即以古泽宫泽士夫典就付西南统帅,既择乃趋行在所策试。遂官爵之。"如果没有保留巴蜀的类省试,那么,参加省试的举子都要求到杭州,则必然有大量举子因路途遥

---

① 穆朝庆:《论南宋科举中的类省试》,中州学刊1987年第6期,第119页。

远、交通不便,特别是长江三峡所阻,从而与科第无缘。如此的状况,必然成为巴蜀学子心中难以抹去的遗憾与悲切。同时,如果失去科第的刺激,南宋时巴蜀发达的教育文化,定然一落千丈。南宋间巴蜀的教育、文化方面名人,大多数都有参加类省试的经历,如作《贡院记》的李焘,乃绍兴八年(1138)进士,后成为著名史学家。汉州绵竹县人、曾获类省试第一的何耕,以及传说曾经作弊的李焘之子李壁、李埴兄弟等皆是。魏了翁在《跋类省试策卷后》卷六七中曾说:"予以贫贱,未免有科举之累,然亦耻为揣摩剽窃之文。始举于乡,故吏部郎赵公大全取之于类省试。"魏了翁是宋代名臣、大学者与教育家,亦由此途出,由此也可认为是类省试创造的前提条件。[①]我们可以这样说,如果没有类省试,宋代巴蜀地区的文化、教育,甚至是经济、政治等方面的发展都将受到较大的消极影响。

当然,凡事有利则有弊。巴蜀的类省试也带来了一定的消极影响,主要是作弊与贿赂方面。但在当时作为封建统治的南宋王朝,作弊与贿赂等不良气息在社会各个领域随处可见,并不只是科举,更不只是巴蜀的类省试。应当看到,巴蜀类省试的弊端很多都是封建王朝统治本身难以克服的。

三、元朝的民族歧视政策与巴蜀地区科举

关于科举考试,元代统治者并不重视。前五十五年没有开考,后来虽然开考,但规定三年一次,有时还不定期。元代的文人儒生地位极低,在地位排序的十个等级中,儒生为第九级,仅比乞丐高一级而已。现实中的文人们难再像唐、宋那样"一举成名天下知"了。而且文人们往往不擅长营生,随之经济地位和社会地位迅速下降,他们在世人眼里的地位也一落千丈。作为选仕的科举考试基本被废除,元代虽然举行过几次科举考试,但录取的人很少,汉族文人中举的更是寥寥无几。

当然,元朝并不是没有选仕制度,忽必烈主要用选官制代替了科举制。但选官制让那些一直以读书通吏的儒生们不但有些不适应,甚至还产生逆反心理。而且由于元朝在选官时有明显的歧视政策,巴蜀地区更是受歧视区域,这也反映了元朝轻科举的政策取向所具有的落后性及消极性。

[①] 祝尚书:《论南宋的四川"类省试"》,《四川师范大学学报》(社会科学版),2003年第5期,第135页。

元朝在巴蜀地区设立了四川行省，作为元朝统治的区域之一，其科举考试的规程与全国一样，考试程序也以乡试、会试、殿试自下而上三级而定。乡试即行省考试；会试即礼部试，由中书省和礼部主持；殿试仍是科举考试的最后一关，由皇帝亲自主持，考试地点设在国史院。但无论哪一级考试，巴蜀考生都是受到元朝政策歧视的。通过科举进入仕途的巴蜀学子少之又少，中状元者更是难得一见。据《四川通志》等记载，元代科举考试及第者，巴蜀共六百二十二人，进士有六十一人，状元则只有文允中一人了。科举入仕人数的减少，反映了元朝民族歧视政策的消极影响与巴蜀教育文化地位的衰落。另外据《文翰传》收录的一百八十八人中，巴蜀也仅为六人在册。

又如，四川行省的重庆地区，元代经殿试而中进士的人数仅为九人（见表3-2）[①]。相比宋代而言，这个数字是相差太远了。

表3-2　元代重庆进士人员分布

年代	科名	人名与分布
延祐元年（1314）	甲寅	杨鹤鹏（璧山人）、于韩（江津人）
泰定元年（1324）	甲子	陈如龙（江津人）
至顺元年（1330）	戊辰	朱齐（大足人）、宋贤（江津人）
至正元年（1341）	辛巳	周必通（江津人）
元（1271～1368）进士朝代年号无考者		王震一（江津人）、赵时春（铜梁人）、罗涓（大足人）

总之，元代巴蜀地区教育文化相对滞后，主要是由于元朝的科举政策、特别是民族歧视与压迫政策造成的。而南宋末年巴蜀地区遭受蒙古的战乱摧残，以及由此带来的经济水平的衰退，也削弱了巴蜀教育文化发展的经济基础。战乱时巴蜀地区大量文人的逃离，也应该是元时巴蜀文化教育滞后的一个不可忽视的原因。教育体制及人才选拔方式的偏见与限制，导致巴蜀在元代很难出现像苏轼、魏了翁一类的文化名人，也难以产生具有巴蜀特色的教育或文化。

---

① （清）常明等修：《四川通志》，嘉庆二十一年（1816）。

第三节 蜀学的发展与巴蜀的教育

蜀学的含义一般有广义与狭义之分，而且具有多层定义。最为广泛定义的蜀学是以囊括各种学术文化为标准，指整个古代巴蜀地区的各种学术。而真正开始具有学派意义的蜀学则是在北宋中期，故多数时候蜀学指宋代蜀学。而宋代蜀学也有广义和狭义之分。广义的宋代蜀学是指两宋时期包括了三苏、张栻、魏了翁等众多著名人物及其弟子融合蜀、洛，贯通三教，而以儒学及义理之学为主的巴蜀地区的学术。狭义的蜀学是指北宋时以苏洵、苏轼、苏辙三苏父子为代表的苏氏蜀学，它由苏洵开创，由苏轼、苏辙兄弟发展成熟，由张耒、秦观、黄庭坚、晁补之等文人学士为羽翼而形成了较为一致的学术倾向。学术界所说的蜀学通常是指广义的宋代蜀学。

一、宋代蜀学的发展与教育

（一）宋代蜀学的演化与对教育的影响

宋代是广义蜀学发展的重要时期，是蜀学的形成与兴盛时期，这一时期的蜀学形成了具有巴蜀地域特色的学术文化。但是，在宋代以前就已有了蜀学一说。早在东晋常璩所著《华阳国志》就有记载："文翁为蜀守，兴教立学，派张叔等十余人赴京学习儒家经典，回归后任教蜀郡，形成蜀学比于齐鲁之势。"当然，这时的"蜀学"，还不是汉初张栻（1133～1180）四川绵竹人"齐学""鲁学"那样的经学派别，只是指儒学在蜀郡的传播及由此带来的学习风潮。《汉书·地理志》记载："景武间，文翁为蜀守，教民读书法令，未能笃信道德，反以好文刺讥，贵慕权势，及司马相如游宦京师诸侯，以文辞显于世，乡党慕循其迹，后有王褒、严遵、扬雄之徒，文章冠天下，由文翁倡其教，相如为之师。"由此，巴蜀已渐出文风。唐末五代时，中原长期战乱，衣冠士族纷纷入蜀避难，巴蜀地区因为和平而获得发展的机遇，从而形成北宋时期的文化兴盛。吕陶《经史阁落成记》载："蜀学之盛，冠天下而垂无穷者，其具有三：一曰文翁之石室，二曰周公之礼殿，三曰石壁之九经。"[①]由此可见当时蜀学繁荣之况。宋朝是儒学发展的重要时期。当时儒学的发展是百花齐

---

① 吕陶：《经史阁落成记》，《成都文类》卷三〇（文渊阁《四库全书》本），商务印书馆1986年版，第2页。

放,最初是荆公(王安石)新学乃官学地位,继而是苏氏蜀学异军突起,与司马光朔学、二程洛学形成鼎立之势,尤以"程学"和"苏学"影响最大,处于被人尊崇地位。夏君虞曾说:"宋学中的蜀学,通常只指言苏洵、苏轼、苏辙父子三人","苏轼所领导的学子确实很多,势力真大,曾经与程颐的门下起过蜀洛党争。苏轼的学问也有特别的地方,颇有成一派的资格"[①]。以苏氏为代表的蜀学,具有鲜明独立的学术特色,它既是王安石的反对派,又是濂洛理学的否定者。蜀学与濂洛理学的区别很大:二程主张道学,视礼至高无上,绝情去欲,斥文学为玩物丧志;而苏学重权变而讲人情,融合佛老,杂之纵横,主张文学脱离道学而独立,并以显赫的文学成就证实自己的理念。三苏也是大思想家,受儒学复兴运动和三教加速融合的时代浪潮所裹挟,疑经惑传,谈性说理,形成的蜀学"本于儒而不为儒所囿,参释老而不为释老所溺,学殖既有所自,论道又出己意,通三教之变,成一家之言,形成了自己独特的学术体系和世界观"[②]。

具体说来,宋代蜀学大致经历了萌芽与初创、形成与初盛、低谷与转型、定型与鼎盛、冷落与衰隐五个阶段。总体来看,它经历了一个以苏学为主(初盛)转为以洛学为主(鼎盛)的过程。而宋代蜀学每一过程的形成,都是多种因素作用的结果。

第一阶段:萌芽与初创时期。这一阶段是在北宋初期,即太祖、太宗、真宗年间(960~1022)。宋初哲学主张三教合一,提倡经世致用。学则求道,文则载道,这种学风与巴蜀学术传统相结合,使宋初蜀学具有三教合一、文献典制与学道相合的特征。主要学术人物有乐安、陈抟、邵雍及周敦颐等。

第二阶段:形成与初盛时期。这一阶段在北宋中期,即仁宗到哲宗元祐年间(1023~1094)。宋朝发展近百年,国家强盛,文教繁荣,宋学的主要派别均开始形成,如濂洛理学、苏氏蜀学。此时的蜀学形成了两个较大学派,即范学、苏学。而濂洛理学的入蜀传播为蜀学的发展注入了新的思想。这时蜀学的主要人物有范镇、范祖禹、三苏等。

第三阶段:低谷与转型时期。两宋之际,即哲宗绍圣到南宋高宗年间(1094~1162),蜀学处于多种学术融合的时期,逐步由以苏学为主转向以洛

---

① 夏君虞:《宋学概要》,商务印书馆1937年版。
② 粟品孝:《论苏氏蜀学衰隐的原因》,《社会科学研究》1995年第1期,第17页。

学为主。在巴蜀，蜀学主要学派有三个，即以谯定为领袖的涪陵学派、以李焘为领袖的丹棱学派和以李石为领袖的资中学派，他们分别以川东、川西、川中为基地，讲学传道。

第四阶段：定型与鼎盛时期。南宋前期，即孝宗至理宗年间（1163～1264），中国南部地区学术形势发生了新的变化：程朱理学独盛，传播地区广阔，信仰人数众多。这时的巴蜀地区，许多宗苏的学者开始转向宗程。这个过程也叫蜀学的洛学化过程，或称蜀学的义理化过程。这一过程，从谯定的涪陵学派开始转型，中经以张栻为领袖的南轩学派的努力，最后以魏了翁为领袖的鹤山学派才最终定型。朱熹的巴蜀籍弟子度正、吴昌裔等在这一过程中，也起到了巨大的促进作用。

第五阶段：冷落与衰隐时期。这一阶段指南宋后期，即度宗到宋亡（1265～1279）这一时间段。宋蒙（元）双方在巴蜀地区进行了长达近半个世纪的激烈争夺，这不仅造成了巴蜀的社会动荡，经济凋敝而学术发展基础的丧失，而且，也导致了巴蜀地区大量学者的外迁，南宋末年外迁规模尤大。蜀中学者如魏了翁、牟子才、吴泳、高斯得、吴昌裔等均移居江浙。而学术预备人才的东移更不计其数，于此宋代蜀学也迅速衰落。所以后来的元代蜀学自然就很难景气。正如刘咸炘先生言："元兵略蜀，蜀士南迁于浙，浙人得此遂成文献之府库，江南文风大盛，蜀反如鄙人矣。"①

在宋代蜀学发展到最后衰隐的整个过程中，教育因素都发挥了至关重要的作用。蜀学传播与影响主要是通过教育手段，即学者们带徒授学，通过自己的讲学活动或弟子们活动，扩大学术影响，形成典型学术特征与派别。在宋代后期程朱理学进入巴蜀逐渐取代蜀学的过程，同样是这样的教育活动起了主要作用。

（二）宋代蜀学的特征

蜀学是宋时的一个重要学术派别，不论是学术上还是政治上，都作为有别于当时的濂溪洛学、荆公新学而发生过重要而深刻的影响。作为一种学术流派，宋代蜀学建构了自己独特的地域特色与鲜明的派别风格。归纳起来，蜀学特色主要表现在以下几个方面：

一是与经史文学关系紧密。蜀学长于经史文章，这已是学界公认的特征。

---

① 刘咸炘：《推十书·史学述林》卷五《重修宋史述意》。

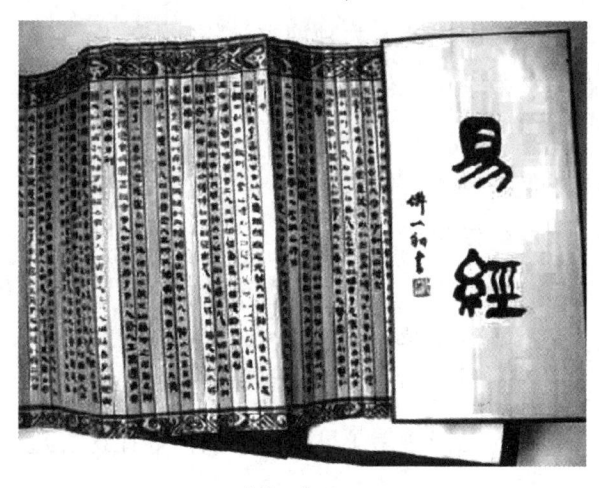

《易经》书影

庆历之后，学者们基于对汉唐烦琐学风的反对，主张抛开传注，直寻经义，形成了一股以疑经惑古为特征的经学变古思潮。蜀学学者不仅大胆疑经惑古，而且更注重训释儒家经典，阐发其中义理。苏轼的《东坡书传》、苏辙的《诗集传》等就是典型。蜀学学者在史学方面亦颇有造诣。在北宋几大学术流派中，苏氏蜀学是比较重视史学的。比如，苏洵就很重视对古今治乱成败的探讨，希望以史为鉴。

蜀学学者在北宋文坛乃至整个中国古代文坛都负有盛名，文学成就很高。三苏父子更被列入唐宋八大家之中，在文学史上占有重要地位。蜀学学派的文学成就已为人们所认同，在此不再赘述。

二是融合诸家，但以儒学为主。蜀中学者在建立自己的学术体系时，都以儒为主，兼融佛道，但并未脱离儒家的基本立场。在学术思想上公开而积极地融合佛老，并宣扬儒佛道同、三教合一。《东坡易传》《论语拾遗》《孟子说》《书传灯录后》等都是这种立场的典型表现。三苏曾大力批判"学者不可以读天下之杂说"的观点，声称自己"百氏之书无所不读"。这与程朱学说坚决维护儒学的正统性、而斥佛老为异端大害形成鲜明对比。

三是学术家族众多。家族性是宋代蜀学学统的传承的重要特征。著名的有眉山苏氏（三苏）、家氏、任氏、史氏；蒲江的魏氏、高氏；阆中的陈氏、蒲氏；华阳的范氏、邓氏；丹棱的李氏、唐氏；井研的李氏、牟氏；仁寿的虞氏；青神的杨氏；绵竹的张氏；资中的李氏、赵氏；简阳的刘氏；安岳的冯氏；南充的游氏；铜梁的阳氏等数十个家族，代代相传。他们是宋代蜀学得以延续和长期繁荣的重要原因。

四是依重感性，轻忽理性，理性思维薄弱，缺乏正统意识。这也是宋代蜀学的不足之处。蜀学在本体论方面以佛、道为本，并力图以佛、道的本体论来整合儒学，为儒学提供形而上的本体论依据。蜀学学者力图建构蜀学思想体系，成一家之言，为此汲取佛道的理论成果，提出了蜀学本体论、认识论、人性论及修养论等。其中，不乏真知灼见，有许多值得后人借鉴及运用的东西。但是，在蜀学理论体系中还有不少互相矛盾、难以自圆其说之处，体系的各部分之间也缺乏紧密的逻辑联系。与同时代的理学相比较，儒学在精致、细密方面明显是功夫不够，表现出理性思维薄弱等特点，而且正统意识不强，也不重视与不同派别或学说的斗争。这个特点，也成为宋代蜀学没能成为显学，最后被理学所同化的主要原因之一。

（三）宋代蜀学的影响与教育

宋代蜀学，绵延两百多年，对宋代巴蜀地区甚至整个宋朝学术的发展产生了广泛而深刻的影响。在宋代多种学派并立的局面中，蜀学由于偏重文章，所以传播很快，尤其是在同洛学、新学的斗争中，影响日渐扩大。当时，"苏门四学士"俱在馆中，"一时文物之盛，自汉唐以来未有也"①。据张耒说苏轼遭贬出知定州时"士愿从者半朝廷"②，这从一个侧面反映了蜀学在当时朝野的影响。宋代蜀学学者一般自身都有很高造诣，像北宋的陈抟、苏轼，南宋的张栻、魏了翁等，都自成体系，各极一时之盛。他们通过自己及弟子们的努力与影响，促成了宋代蜀学的繁荣兴盛。蜀学影响的扩大，巴蜀地区学术文化的发展，对于提高巴蜀影响力与地位起到了很大的促进作用。

同时，通过巴蜀学者在朝廷做官、在外地定居、文学作品特别是传带弟子等方式，蜀学广泛地影响了宋代的政治、文化及宋代儒学的各大学派。如濂洛理学的形成、湖湘学的鼎盛、朱熹闽学的"集成"、浙江婺学、永康永嘉之学、四明之学等，都有蜀学的深刻影响。

与宋代蜀学关系最为复杂的学派，当数程朱理学。说他们关系复杂，是因为二者在发展过程中既有许多促进，又有

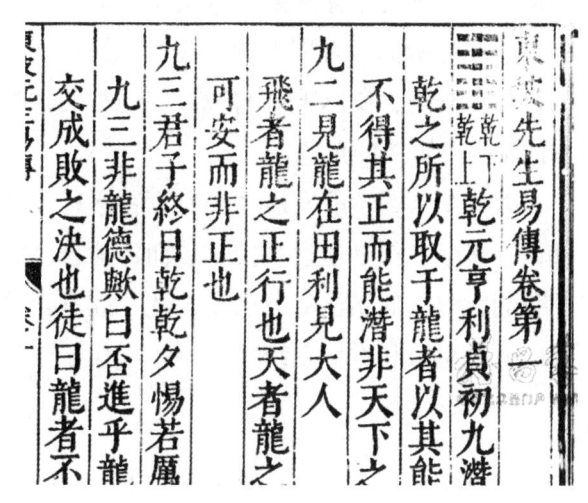

《东坡易传》书影

---

① （宋）释惠洪：《石门文字禅》卷二七《跋三学士帖》。
② （宋）张耒撰，李逸安等点校：《张耒集》卷四八，中华书局1990年版。

许多斗争。一方面蜀学对理学有积极的推动作用：第一，宋朝后期的蜀学传播洛学学术主张，宣扬洛学的道统，以谯定、张栻、魏了翁为代表；第二，通过弟子们的逐层传递，如陈抟等人的蜀学对理学"集大成"等方面起到了"反复开益"的作用；第三，以李心传①、魏了翁为代表，让蜀学促使宋廷提高理学的政治地位，确立理学的学术统治地位；第四，推动理学从程、朱到陆九渊的转变，以张栻、魏了翁为代表。从这四方面影响可以看出，蜀学是理学思想的渊源之一，蜀学在宋代有着不可忽视的地位。另一方面，宋代蜀学与程朱学术又有分歧、有斗争。所谓分歧，指蜀学与程朱学术有明显的区别，谯定与谢良佐、杨时等人之间，张栻与朱熹、吕祖谦等人之间，魏了翁与真德秀之间，就存在着这种分歧。我们也要看到，虽然蜀中理学是程朱学术在蜀地的分支，但与程朱学术本来面目已有所不同，蜀学具有自己的特色。

应该说，蜀学的广泛影响首先源于蜀学学者们对蜀学的创造、传递与引介等，而这些活动都贯穿于教育活动中。其中，传学弟子与书院讲学是教育活动中最主要的方面。

（四）宋代蜀学的衰隐与教育

苏氏蜀学是宋代蜀学的典型代表，苏氏蜀学的发展历程基本昭示了宋代蜀学命运。为什么盛极一时的宋代蜀学会逐渐衰隐呢？对这个问题，已有一些学者从宋代蜀学的本体缺陷、党禁学禁的打击、朱熹贬斥等多方面进行分析。当然，这些分析都是有道理的。我们仔细审视、考察宋代蜀学后发现，宋代蜀学的显赫与衰隐，实际上都与教育密切相关，教育在蜀学的发展与衰败过程中都扮演了至关重要的角色。

教育影响蜀学的发展主要有两种途径：私学授徒与书院教育。在宋代的巴蜀，许多学者都是通过私授学徒而传播自己的教育理念与知识文化的，这种情况我们在前面的私学部分已有论述，此不再赘述。书院是中国历史上的一种特殊的教育组织和教育系统，肇始于唐代，于宋代有很大发展并形成制度。书院

---

① 李心传（1167~1240），南宋人，字微之、伯微，世称秀严先生。四川井研人。十四岁随父李舜臣居于临安（今浙江杭州），舜臣博通古今，时任宗正寺（管天子宗族事）主簿，李心传有机会阅读官藏史书。三十岁进士不第，遂绝意于仕途，专心从事史学研究，又仿李焘的《续资治通鉴长编》体例，编成《建炎以来系年要录》二百卷，记述了建炎元年（1127）至绍兴三十二年（1162）共三十六年的史事，尤详于岳飞事。主要著作有《建炎以来朝野杂记》《旧闻证误》《西陲泰定录》等。

是传播文化、进行教化的重要场所，又是教育和学术研究的重要力量。自有书院以来，中国历史上学术思想的发展变化就同书院教育有密切联系。

需要说明的是，苏氏蜀学可以认为是宋代蜀学的典型代表，但并不等同于蜀学。苏学在南宋虽然日益退步，但蜀学却比较兴盛。但二者最终都"殊途同归"，走向了衰隐。宋代蜀学最后洛学化或者说义理化，到宋末元初因战争等因素衰败，都与巴蜀教育包括书院教育有着直接或间接的关系。

书院的主要活动是讲学。在宋代，许多学者或开办、主持书院，或在书院任教，推动了宋朝教育的发展。与此同时，许多学者也在书院著书立说，并在书院的传道授业过程中，宣讲学术而逐渐形成学派。在宋代书院教育中，道统、师承和学统是很被重视的，这在激烈的党派之争、学派之争中尤为重要。因为书院教学中形成的师生关系，加上书院学规的约束和供祀先师先贤的濡染，都能增加学派的凝聚力。洛学就十分重视书院教育，周敦颐、程颐、朱熹等所到之处，著书讲学，热心书院教育。朱熹更是恢复了白鹿洞书院并自兼书院洞主（山长）亲自讲学，所以从洛学到闽学都是传播迅速。师徒擅传，学派繁衍，形成强大的学术阵营和理学学统，以致程朱理学在南宋后期为官方所提倡。可以说，重视教育让洛学逐渐成了风格鲜明且学统严密的一大学派。

相对来说，以苏学为代表的蜀学却不重视教育。苏氏始终没有建立稳定的教育之地，在巴蜀基本没有建立书院之类的教育基地。在与门人弟子的书信往来中，也多为文艺探讨。这与苏氏主张"未尝以师资自予"和苏氏主要擅长文学有关。因为不重视教育，苏氏虽然文学成就很高，但其弟子明显不如二程多，弟子

四川乐山人李心传所著的《建炎以来系年要录》书影

宋代理学集大成者朱熹（左，江西婺源人）与张栻的雕像

的学术理论功底也不如二程之徒，当然学术传承要困难一些。苏氏经学文学著述虽较程氏为多，在当时影响也非常巨大，但对于学术，不重视教育则肯定根基不稳。因为，诗文相传是不及口传深入的。通过书院教学、讨论等，学生受到的影响自然要深刻得多。程颐有言："以书传道，与口相传，煞不相干。相见而言，因事发明，则并意思一时传了；书虽言多，其实不尽。"①如此看来，蜀学自然很难建立起比较稳定的学派和维护这个学派的队伍。

就南宋"洛蜀会同"，最后洛学同化了蜀学这一问题来看，教育特别是书院教育同样发挥了重要影响。两宋之际，苏氏蜀学已逐渐衰隐，而洛学（理学）逐渐传播入蜀，蜀学逐渐由以苏学为主转向以洛学为主。在这一过程中，谯定、张栻、魏了翁等著名的理学家所进行的教育活动，特别是书院教育，发挥了至关重要的作用。

洛学入蜀是从周敦颐开始的，他在合州做官时就"从者甚众"。宋哲宗后，在涪陵北岩的普净院（即后来的北岩书院），程颐、谯定等大学者在此讲学，被认为是洛学大举入蜀的开始。

洛学比较广泛地传播入蜀是南宋中期张栻之学返传回蜀。张栻（1133~1180），绵竹人，号南轩。从小随父张浚在外，后徙居湖南衡阳（今长沙），其学师承著名洛学传人胡宏，也有其父张浚（苏轼再传、谯定门人）家传之学。张栻是宋代与朱熹齐名的著名理学家，他深得胡宏所传伊洛之学的要旨。张栻曾在长沙南门妙高峰下创办城南书院，也曾受聘主讲于岳麓书院。这些教育活动，培养了一大批学子，使伊洛之学大昌于湖南，形成了湖湘学派。但是，作为蜀人的张栻没有返回巴蜀讲学，张栻之学是通过他的弟子们返传回蜀的。这些弟子包括普城人陈概，成都人范仲黼、范子长、范子该等。经过他们的努力，并通过书院教育（如成都的沧江书院、潼川的云山书院、泸州的江阳书院、黎州的玉渊书院等）等载体，南宋中期张栻之学返传回蜀，大大促进了洛学的传播和蜀学的转型，并形成了"蜀学再盛"的局面。

洛蜀会同、蜀学转型的最后完成，著名的巴蜀学者刘光祖（简阳人）、李壁、李埴（丹棱人）和魏了翁（蒲江人）等起到了决定性的作用。这正如黄宗羲所说："盖元祐有洛、蜀之争，二百年中，其学终莫能合。及后溪（刘光

---

① （宋）程颢、程颐：《河南程氏遗书》卷二（上）。

祖）与先生兄弟（李壁、李埴）出，鹤山（魏了翁）继之，遂合其统焉。"①这一概括是符合实际的。其中，最为突出的是魏了翁，他通过创办书院，大兴教育，促成了蜀学转型的成功，推动了南宋理学为官方的认可，确立了程朱学说在巴蜀的学术统治地位。

魏了翁在巴蜀创办了多所书院，其中命名为鹤山书院的有两所，最有名的是蒲江鹤山书院。通过创办书院，魏了翁教学授徒，传播义理之学。同时魏了翁还喜欢会友讲学，当时会友讲学的蜀学人物主要有范荪、宇文绍节、虞刚简、刘光祖、李心传、李从周等。

魏了翁通过书院教育等方式，也培养了大批的学术人才，这对蜀学的发展尤为重要。在长期教学生涯中，魏了翁确立了以他为代表的学术流派——鹤山学派，这在当时的思想界产生了重要影响。这个学派是由魏了翁的家学和弟子组成，其中大部分是蜀人，或从学于魏了翁的外地学者。他们占据了南宋后期思想界的重要位置，以卓越的学术、广泛的教育活动促进了蜀学的发展，而魏了翁则成为宋代蜀学的集大成者。魏了翁在蜀学的转型、定型与鼎盛时期，乃至整个巴蜀教育史、文化史上，都有不可磨灭的贡献与影响。

蜀学的发展与衰隐过程，较好地揭示了教育对文化学术发展的影响。这在今天看来，仍然有着很强的现实借鉴意义。在文化强省、文化强市建设新巴蜀的过程中，教育依然是需要重点考虑甚至是不可或缺的因素。

二、以家学为组成部分的私学的蓬勃发展

家学是中国传统文化中的一种文化现象，在中国社会发展史上，家学对传统文化的弘扬、传播及社会进步，始终起着相当重要的推动作用。

家学也有广义和狭义之分。广义的家学就是传统社会一家一族经数代创立发展起来的一家学问，其后人据此而不断发展、创新，形成了在当时以至后世有一定影响力的学术理论或学派。狭义的家学主要是指某一家庭或家族所形成的教育学说或教育理论。

宋代商品经济的发展，政府的崇文抑武的政策，结果不仅是官学发展迅速，而且普通百姓对于子女的教育极为重视。乡校、家塾及舍馆等，在宋代设置非常普遍。家学发展也很迅速，这可以以书为例：《宋元学案》是古代的一

---

① （清）黄宗羲：《宋元学案》卷七一《岳麓诸儒学案》。

部学术巨著,至今依然是研究宋元理学的基本参考,所述学案一百个,绝大多数有"家学"的记载,而且分量很重。如卷一《安定学案》中即有《八行家学》《刘氏家学》《开府家学》《邹氏家学》《杜氏家学》《莫氏家学》六篇之多。

宋代的巴蜀地区文化发达。为了承家从仕等多种需要,蜀中的家族,不论是移民家族还是土著居民,都特别重视教育,形成了发展教育以"养士"、士子热心向学的风气。家庭教育在这个过程中起到了重要作用。家庭教育不仅传授知识,而且很注重思想品德的修养养成,以及教导一些振家门、平天下类的理想和期望。

宋代巴蜀文化发达,而西南小州眉山又是巴蜀最发达的地区之一。宋代的眉州,甚至是宋代巴蜀的重要文化中心。《眉山县志》载:"(眉山)其民以诗书为业,以故家文献为重。"[①]在眉州,文化繁荣,尤以文学、经学、史学等著称。但这些成就的出现都不能忽略一个重要的基础性因素,即家学的发达。宋代眉山有名的家族较多,如苏氏(以"三苏"为代表)、任氏(有任汲、任伯雨、任希夷等)、王氏(王当、王赏、王称等),都是人才辈出的著名家族,其家庭教育都是可圈可点的。

其中,以"三苏"为代表的苏氏家族的家庭教育颇具特色与代表性。苏氏家族在宋代的崛起,首先归功于其家族良好的家教。在宋仁宗天圣元年(1023)之前,眉山几乎无人参加科举,眉山苏氏到苏序时皆没有人入仕。随着北宋科举制度的进一步完善,放宽了门第限制,扩大了取士范围和人数,从而激发了普通老百姓,特别是庶族家族的入仕愿望。在"学而优则仕""万般皆下品,唯有读书高"的理念下,苏氏家族特别注重了家教。"门前万竿竹,堂上四库书"就是苏氏家教的真实写照。通过长期发展,苏氏家族形成了以诗文传家、以经史见长的苏氏家学。

(一)苏洵与程夫人的家教

苏洵(1009~1066),字明允,"三苏"之一,"唐宋八大家"之一,乃苏轼、苏辙的父亲。文章语言明快,笔力雄健,曾任秘书省秘书郎、霸州文安县主簿。著有《嘉祐集》,家教文章有《名二子说》。

苏洵善于潜移默化式教育。他在为二子取名时就颇费功夫,《名二子说》

[①]《眉山县志》引言,民国12年。

说明了他为二子取名苏轼、苏辙的用意。苏轼，表字子瞻，其中"轼"作为名，本意是车厢前面供人凭倚的横木，"瞻"作为字，本意是望的意思。苏轼性格坦荡，光明磊落，苏洵启发说："轮、辐、盖、轸，皆有职乎车，而轼独若无所为者。虽然，去轼则吾未见其为完车也。轼乎，我惧汝之不外饰也。"①期望他做人能像车轼一样，既有用于社会，又不要太自显其功。对于苏辙的名字，苏洵说："天下之车，莫不由辙，而言车之功者，辙不语焉。虽然，车仆马毙，而患亦不及辙，是辙者善处乎祸福之间也。辙乎，吾知免矣。"②也就是说，车辙对于车辆行驶作用很大，但无功名，也无祸患。

三苏祠里的苏洵，四川眉山人

《名二子说》全文采用借物喻人的方法，针对两个小孩的个性特点，有区别地教导孩子既要努力建功立业，但在复杂的社会环境中也要注意保护自己。文章很好地体现了苏洵的家教思想。

苏洵重视激励教育。苏东坡小时候曾写《却鼠刀铭》，苏辙曾作《缸砚赋》，苏洵称赞他们，并叫人用优质纸张修饰好而挂在墙壁上，以示激励。苏轼兄弟在家中的读书处原名"南轩"，苏洵为了鼓励他们奋发上进，将它改名为"来凤轩"，凤凰来仪，是吉祥象征，激励二人将来能如金凤展翼。

苏洵教导二子读书要联系社会实际，把握时代所需。针对当时的科举考试以讲究声律的诗赋文辞为主要标准，苏洵特意把两个儿子送到眉山城西寿昌院州学教授刘微之那里学习声律。后范仲淹倡导科举考试应从以诗赋为重点变为以联系实际的策论为重点，强调学以致用，苏洵就在家教上顺应了这种趋势。他让苏轼、苏辙兄弟背诵和模仿名家之作，欧阳修的文章就是他们常用的范文。苏洵还强调要写不得不为之文，反对为文而文，他在《仲兄字文甫说》中写道：

风行水上，涣。此亦天下之至文也。然此二物者，岂有求乎文哉！无意乎相求，不期而相遭，而文生焉。是其为文也，非水之文也，非风之文也……故

---

① （宋）苏洵：《嘉祐集》卷一五《名二子说》，上海古籍出版社1993年版，第414页。
② （宋）苏洵：《嘉祐集》（四部备要本）卷一四。

此天下之至文也。①

苏洵还注意教导二子明确读书、作文的目的。他亲手选择校订数千卷图书，要求苏轼兄弟用心研读，以进能立功，退能立言，表现了苏洵灵活的教育思想。

苏洵夫人程氏，是当时眉山大户人家的女儿，知书达理，思想开明。苏洵游学四方时，程夫人担起了家教的责任。她教子以名节道德相尚，不仅要求儿子要学习知识，还要立志尚德。苏轼十岁那年，程夫人教他读《后汉书·范滂传》，让他在学习中感染范滂的大义大勇的精神。苏家曾为"眉山三富"之一，家境较优裕。但程夫人并不娇惯孩子。为了培养苏轼兄弟吃苦耐劳的精神，程夫人曾有意识地让兄弟二人"日享三白"，即每天饭菜只是一撮盐、一碟生萝卜、一碗米饭。这对培养孩子吃苦耐劳、勤俭节约等品质是很重要的。

苏洵夫妇的教育努力没有白费，二苏后来在政治上、文学上都取得了令人瞩目的成就，成为唐宋八大家的著名人物，苏轼后来还成为欧阳修之后的文坛盟主，显然离不开苏洵夫妇的家教影响。

（二）苏轼的家教

苏轼（1037~1101），字子瞻，号东坡居士，谥号"文忠"，嘉祐二年（1057）进士。苏轼是苏洵的长子，是北宋著名文学家、书画家、散文家和诗人，宋代文学豪放派代表人物。他与他的父亲苏洵（1009~1066）、弟弟苏辙（1039~1112）皆以文学名世，世称"三苏"。他还是著名的唐宋八大家之一。②苏轼曾经官至礼部尚书，但也曾多次被贬。苏轼思想比较复杂，主儒术而不迂腐，参佛老而不沉溺。性格坦率真诚，随缘自适。博擅众艺，著述繁富，他的诗、文、词都代表宋代文学的最高水平。他的书法也好，后人对宋代书法有"苏黄米蔡"之称，苏轼居首。他还是北宋水墨写意画的代表画家。苏轼是一位儒、道、释兼收并蓄、融会贯通的思想家，一位通达古今的学者，一位兼通药理、美食等多种生活经验的全才。林语堂《苏东坡传·序》云："一提到苏东坡，中国人总是亲切而温暖地会心一笑。"作品存《东坡全集》一一五卷、《东坡乐府》三卷。其诗文为后人编为《苏轼文集》《苏轼诗集》

---

① （宋）苏洵：《嘉祐集》卷一五，上海古籍出版社1993年版，第414页。
② 唐宋八大家是唐宋时期八大散文代表作家的合称，即唐代的韩愈、柳宗元和宋代的欧阳修、苏洵、苏轼、苏辙、王安石、曾巩。

等。苏轼的家教思想较为丰富，主要内容包括以下几方面：

1. 教为人处世

苏轼个性豪迈，不喜掩饰，故仕途生活多次挫折后，才逐渐变得沉稳谨慎。反映在他的家教中，便是强调身处逆境时要"独立不惧""万事委命，直道而行，纵以此窜逐，所获多矣"。①他告诫苏辙，生活中要注意小节："吾弟大节过人，而小事或不经意，正如作诗高处可以追配古人，而失处或受嗤于拙目。薄俗正好点检人，小疵不可不留意也。"②这反映了苏轼对待生活小事的态度。

2. 教读书写作之法

苏轼作为大文学家，积累了丰富的写作经验。他经常向子侄传授自己的经验，教导他们为学不能搞花架子，要扎扎实实打好文史基础。另外他还强调读书要有选择性，他说："书富如入海，百货皆有，人之精力，不能兼收尽取，但得其所欲求者尔。"即认为，人的精力是有限的，而书籍是无穷多的，应该用我们有限

苏轼，四川眉山人

的时间和精力，去择取自己所希望得到的东西就行了，不宜兼收尽取。因此，他说："愿学者每次做一意求之，如欲求古今兴亡治乱、圣贤作用，但作此意求之，勿生余念。又别作一次，求事迹故实、典章文物之类，亦如之。他皆仿此。"即希望学习者每读一遍书，都要确定一个明确的目标，由此目标来指导自己去钻研，而不要产生其他念头，以免分散目标，不利钻精。他认为这种方法粗看很迂钝，但"他日学成，八面受敌，与涉猎者不可同日而语也"③。也就是说，采用此种学习方法，学成之后，就可以应对各种情况了，是其他泛泛而读者不可并论的。

3. 教爱国

在苏洵及程夫人的教导下，少年时的苏东坡就怀有一颗热烈的爱国之心。

---

① 苏轼：《与千之侄二首》，《苏轼文集》卷六〇，中华书局1986年版，第1839页。
② 苏轼：《苏轼诗集》卷五，中华书局1982年版，第215页。
③ 苏轼：《又答王庠书》，《经进东坡文集事略》卷四六，文学古籍刊行社1957年版。

苏轼生活的年代，北宋经常受到辽、金等少数民族的侵扰威胁，这更是激发了苏东坡的爱国激情与强烈愤慨。在元祐四年（1089）八月，苏辙被任为贺辽国生辰国信使。苏轼为他写《送子由使契丹》：

云海相望寄此生，那因远适更沾巾。不辞驿骑凌风雪，要使天骄识凤麟。沙漠回看清禁月，湖山应梦武林春。单于若问君家世，莫道中朝第一人。①

苏轼为兄弟的出使远离而生发感叹，但他告知弟弟自己并未因此而流泪，且教导弟弟要不卑不亢、展示自己的风采，不辱使命，让契丹人认识北宋的能力。全诗充满了对祖国的荣誉感、自豪感，这对苏辙来说无疑也是一种教育，一种感染。

在治平元年（1064）十一月，苏轼在地方任满回京时，心潮澎湃，写下了《和子由苦寒见寄》一诗。在诗中，苏轼感叹离别，但更表达了对朝廷软弱无能政策的失望与不满，同时，赞扬了战士们的勇敢与决心。但对苏辙在国家危难时仍在一心读书的做法提出了批评。可以认为，这对苏辙来讲也是一次爱国主义教育。

（三）苏辙的家教

苏辙（1039~1112），字子由，号颍滨遗老。嘉祐（1056~1063）进士，曾任尚书右丞、门下侍郎。《宋史》卷三三九有传。主要作品有《栾城集》等。苏辙性情洒脱、淡泊名利。他教子多倡耕读相兼的家风，他曾写《示诸子》一文：

老去惟堪一味闲，坐令诸子了生缘。搬柴运水皆行道，挟策读书那废田。兄弟躬耕真尽力，乡邻不惯枉称贤。裕人约己吾家世，到此相承累百年。②

"耕读相兼"的主张实际上是对科举制度下，一味读书求功名的学习方式的否定。苏辙主张脑体结合、全面发展。这在当时确属一种进步的教育主张了。

苏辙教孙子，也受父亲影响，喜欢寓意于字中。他根据《书传》有关礼之于人，"如松柏之有心也，如竹箭之有绮也，皆其坚者也"之说，名其一孙曰

---

① 苏轼：《苏轼诗集》卷三一，中华书局1982年版，第1447页。
② 苏辙：《栾城集》第三集卷二，上海古籍出版社1987年版，第1479页。

筇，字曰坚；又根据孔子"譬如为山，未成一篑，止，吾止也。譬如平地，虽覆一篑，进，吾往也"。名其另一孙为筑，字曰进。其意是"进而不止，虽山可成"。这种寓意于字的家教影响是深远的。

在《古今家诫叙》中，苏辙引用老子"慈故能勇，俭故能广"的例子加以发挥："父母之于子也爱之深，故其为之虑事也精。以深爱而行精虑，故其为之避害也速，而就利也果。此慈之后以能勇也。"[①]在这里，苏辙将父母对孩子的爱阐述得相当深刻，并且是辩证地看待父母之爱。

（四）宋代巴蜀家学的影响与地位

在宋代科举制改革、完善以及社会变革的综合条件下，眉山苏氏家族因顺时、得法的家庭教育，形成了以诗文传家、贯通经史为主要特色的苏氏家学。在这个过程中，苏氏家族出现了苏涣、苏轼、苏辙等进士出身、以文学政事通显的科宦族人，振兴了苏氏家族。虽然仕途坎坷，宦海沉浮，苏氏家族的为政之路走得并不顺畅，但苏氏家族以其深厚的家学传统，使其子弟们在文学经术上更显影响。苏氏家族有多数文人骚客，特别是苏东坡的文学影响更是彪炳史册。"苏文熟，吃羊肉；苏文生，吃菜羹"的流行语，也印证了苏氏文学的影响。

家学是中国传统社会的产物，是社会生产力、经济文化发展到一定高度的产物。因为在任何社会里，只有社会经济发展到一定的水平，有了足够的物质基础，人们才能进行知识文化的交流和传播。学术活动，一般也是对日常生活无后顾之忧的人群在从事。在传统社会能有如此条件的人和家庭，毕竟为数不多，能够受文化教育的人也只能是一小部分，即那些家境宽裕的一般庶族人家，或是那些阔绰的达官显贵、富绅地主。如此看来，社会环境决定了家学从其诞生之日起，就主要出现在社会的上等阶层中，它也具有阶级性的特性。但是，总体来看，家学具有坚实的文化内核，以及独具特色的文化特征和固有的学术色彩。它的传播与影响对整个民族文化来说是一种巨大的财富，它对中国传统文化的丰富和发展起到了相当大的作用，它对中国传统文化的发展和丰富有着不可磨灭的功绩。

我们研究家学的意义，在于加深对历史进程的认识，研究文化学术活动与国家盛衰、民族兴亡的关系。家学是一种历史文化遗产，对于今天而言，我们仍有继承、借鉴的必要。

---

① 曾枣庄等：《全宋文》二（下），卷七五，巴蜀书社1990年版。

三、宋元时期巴蜀地区教育名人的活动及影响

在宋元四百多年的历史进程中，无数巴蜀儿女创造了大量优秀灿烂的文化成果，巴蜀地区涌现了一大批在当时颇有影响的文学家、史学家、政治家、教育家等。他们或是土生土长的巴蜀学人，或是外籍入川的各类名士，但他们都一直或曾经在巴蜀地区活动并导致了广泛而深刻的影响。这些名人的代表除了前面已经介绍的眉山"三苏"，还有周敦颐、魏了翁等。

（一）周敦颐

周敦颐（1017～1073），字茂叔，道州营道（今湖南道县）人，曾在巴蜀地区为官多年。周敦颐是北宋理学的创始人，著有《太极图说》和《通书》等。他的理学思想在中国哲学史上起了承前启后的作用，其学术思想在以后七百多年的学术思想史上产生了广泛的影响，他所提出的哲学范畴，如无极、太极、阴阳、五行、动静、性命、善恶等，成为后世理学研究的课题。周敦颐生前并不为人们所推崇，学术地位也不是很高。周敦颐去世后，随着其弟子程颐、程颢对他的哲学的继承和发展，他的名声逐渐显扬。而他的人品和思想，千百年来一直为人们敬仰，《爱莲说》就是他的人品写照。

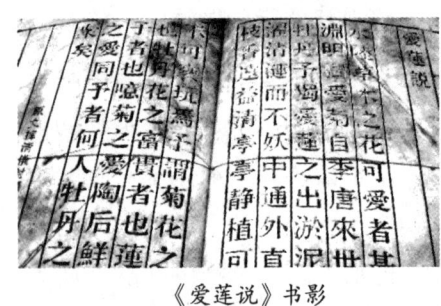
《爱莲说》书影

周敦颐在巴蜀的教育活动主要是嘉祐元年到五年（1056～1060）为合州（今重庆合川市）判官期间。周敦颐在合州为官四年多，政绩颇多，声望极高。他常在政务之余，在合州从事讲学活动。"当时乡贡之士，闻先生学问，多来求见。"①其蜀中弟子有遂宁人傅耆、合州人张宗范等。著名理学名家魏了翁在《鹤山集》卷四四《合州建濂溪先生祠堂记》中写道："厥十有五年返自南迁，起家守泸……周子故有绘像于学西偏，地下濒江，屡圮于水，乡进士罗艮十余人尝以请于予，予为移书太府少卿安癸仲，得官屋于州冈前……扁曰瑞应山房，以祠先生，配以二程子。郡少府又余法用即张氏故址为养心堂，以馆学徒。"瑞应山房即濂溪书院，因山而得名，张氏故址，是指张宗范随周敦颐游学时所建之"养心亭"。

---

① 度正：《濂溪先生年谱》，附于《周濂溪集》卷一〇，商务印书馆1937年版。

周敦颐在巴蜀讲学传道、播扬易学的教育贡献，时人有诸多赞美。如在北宋仁宗嘉祐五年，铜梁令吕陶曾撰文曰："周茂叔，志清而材醇，行敏而学博，读《易》《春秋》探其原，其文简洁有制，其政抚而不柔。"并诗云："任安济德，中养澄静源。未易泛沧浪，时平斯道尊。"①

开创性的研究奠定了周敦颐在理学上的鼻祖地位，使得他在整个北宋学术界的地位非同一般。这种地位，使得周敦颐在巴蜀地区的时间虽然不长，但其影响深远。后人在合州以及巴蜀其他许多地方都以各种形式纪念他，如魏了翁写了《合州建濂溪先生祠堂记》，今四川蓬安一镇因周敦颐到过其渡口而命名为"周口镇"。

（二）程颐

程颐（1033～1107），字正叔，人称伊川先生，为程颢之胞弟，北宋洛阳人，曾谪居研学于涪州（今重庆涪陵）。

程颐，河南洛阳人

程颐出生于大官僚地主家庭，从小聪颖过人，博闻强记，受到了良好的教育。程颐三十四岁时游成都，研读《周易》，其一生以讲学为主，勤学精思，取得了丰富的研究成果。其中，《伊川易传》成书于涪州，是程颐注解《周易》的哲学著作。（又称《周易程氏传》《程氏易传》），共四卷，约十五万字。

程颐在巴蜀地区的讲学主要是在涪州。绍圣四年（1097），程颐被贬为涪州编管，当时涪州属于夔州路，州治涪陵，共管辖三县。涪陵长江边上的北岩，是程颐在涪州时的居留之地。

程颐在涪州时，得到了弟子谯定的帮助而在北岩的普净禅院讲学授徒。因为禅院有个天然石洞，而程颐常在此石洞中注释《易经》，所以后来称此洞为"点易洞"。②黄庭坚来涪州时，常与程颐在北岩相聚研学，探讨学问，并为他们讲学之地题名为"钩深堂"。

---

① 《周子全书》卷一九。
② 时至今日，点易洞已是长江流域的文化圣地，也是著名的旅游景点，它位于现在的重庆市涪陵区长江北岸黄旗山北山坪南麓的北岩。"点易洞"背岩面江，系石砂岩上人工凿成的石洞，高四米，深二点二米，宽三点八米。现今洞口上方尚有"点易洞"三字。洞内有朱熹游此题诗："渺然方寸神明舍，天下经纶具此中。每向狂澜观不足，正如有本出无穷。"

伟大的思想往往在困苦处境中产生。心怀被贬之压抑，经多年苦心研究，程颐于1099年在涪州写成《伊川易传》四卷。此书诞生后，影响极大，自此北岩成名胜之地，以致后来无数文人骚客瞻仰北岩遗迹，且有无数学士大家等为北岩题字颂赞。程颐之弟子尹焞曾继承师业，在北岩讲授理学。程颐的四传弟子、理学的集大成者朱熹，也曾慕名到涪州，瞻仰先生讲学旧址，并题书《北岩题壁七绝》一首，至今仍可见此诗题刻于北岩石壁之上。

程颐是北宋著名的理学家、教育家，他一生讲学著书为主，做官时间很短，弟子很多，可以说是"桃李满天下"。后人曾在他讲学之地设书院以为纪念，如河南嵩阳书院、伊川书院、北岩书院等。程颐教育主张和思想对后世教育影响极大。今天看来，很多思想仍有积极进步的意义。当然，在他的教育主张中，也有一些不足之处，批判认识与继承程颐的教育思想，不仅有利于我们深化对中国封建社会后期的社会状况的认识，而且对我们今天的教育发展，都是颇有意义的。

（三）魏了翁

魏了翁（1178～1237），字华父，号鹤山，四川邛州蒲江（今四川蒲江）人，南宋著名理学家、经学家、教育家，时与真德秀齐名，并称"真魏"。魏了翁少时聪颖，读书过目不忘，"乡里称为神童"。他深习儒家经典，从私塾张栻、朱熹为业，尊奉程朱理学，对蜀中学术（包括苏学）也很熟悉。因而在继承濂洛学统，吸收理学的同时，也重视研究和融合苏氏蜀学，既集宋代蜀学的大成，又融合蜀学、洛学，使蜀学完成了义理化过程。魏了翁于庆元五年（1199）登进士第，时年二十二岁，授剑南西川节度判官厅公事，从此进入仕途，曾在国子寺主管教育工作，在巴蜀嘉定任知府。后因父亡，丁忧回家守孝，筑室白鹤山下，开门授徒，而"士争负笈从之"。守孝期满后，先后至汉州、眉州、泸州任职达十七年。后入朝为兵部郎中，署工部侍郎。因受朱端诬告，"连降三官"。过了几年，又复入朝为礼部尚书，再遭廷臣妒忌，外放出朝，先后知绍兴府、浙江安抚使，知福州、福建安抚使。他多次上章，以年老乞请退休，均不得许。嘉熙元年（1237）死于福州任上。他死后，朝廷赠其"太师"称号，谥文靖。

魏了翁著述甚多，有《鹤山集》《九经要义》《古今考》《经外杂钞》《师友雅言》等，后人将其文收集汇编成《鹤山先生大全文集》。

魏了翁的教育活动主要是书院讲学，他创办了著名的鹤山书院。通过讲学等活动，魏了翁传播了代表当时宋学最高水平的朱熹学说，从而提高了巴蜀文化教育的普及程度，繁荣了蜀地的学术。创办鹤山书院是魏了翁一生的重要活动，通过开办书院，教学授徒，充分体现并实践了他办教育的目的和宗旨，同时也扩大了理学在蜀地的影响，加速了蜀学义理化的进程。后来宋理宗为表彰魏了翁的讲学活动，特御书"鹤山书院"四个大字为赠。

魏了翁的教育思想涉及多个方面。首先，在教育目的方面，魏了翁作为南宋一名具有进步思想的政治家，他把教育作为其宣传程朱理学治国安邦的一个重要手段。他希望以理学三纲五常思想为标准，整顿人心，进而达到维护和巩固封建统治的目的。其次，在教育内容方面，魏了翁从倡导程朱理学而达到治国安邦的目的出发，所以把学习研究儒学经典作为重要内容。再次，在教育方法方面，魏了翁强调"审问"和"笃行"，认为做学问最重要的就是要"问"。这儿的"问"就是要思考，在学习过程中要有积极的思考活动。同时，魏了翁很强调笃行，强调学以致用。他对理学一分为二地辩证看待，反对理学空谈心性，主张寓功利于义理。魏了翁的教育思想也是自己学习与教育经历的反映和总结。

魏了翁，四川蒲江人

魏了翁是朱熹理学的后继人之一，是继张栻之后宋代蜀学最重要的人物，其思想的特点之一是集多家之长。他吸取了朱熹的理学、陆九渊的心学以及叶适的功利学等各家的思想，并加以融会贯通，深化提炼，适应了时代发展的需要，成为集宋代蜀学之大成者。魏了翁在长期的学术和教学活动中，确立了以他为代表的鹤山学派。鹤山学派由魏了翁的家学和弟子组成，其中不乏当时的著名人物。一传数传弟子中著名者有：魏文翁、郭黄中、吴泳、游似、牟子才、王万、史守道、蒋公顺、税与权、滕处厚、蒋重珍、许月卿、史绳祖、叶元老、严植、张端义、赵范、赵葵、牟应龙等。此派为学旁搜诸家，广取博收，以钻研儒家经典为主，融合朱熹、陆九渊两派学说，形成自己的思想体系。魏了翁作为鹤山学派的代表，集宋代蜀学之大成，他在宋代蜀学乃至整个宋明理学史上的地位，不可低估。正是因为魏了翁的理学在当时有相当大的影响，一些学者才慕名向他求教，并使他享有"南方共宗鹤山老"的盛誉。

魏了翁在中国思想史上有重要地位。魏了翁一生积极确立理学在社会意识形态领域的正统地位，清除"庆元党禁"对理学打击的影响，研治经学，为发展理学、经学和教育做出了重要贡献。他身为蜀人，一生大部是在巴蜀活动，与众多蜀中学人共同促进了宋代蜀学的发展，并确立了以他为代表的鹤山学派，使蜀学在当时产生了重大影响。由于两宋时期是巴蜀文化发展的重要阶段，故魏了翁的学术活动和学术思想，在整个巴蜀文化史及整个宋代学术史上都有着重要地位。

宋元时期巴蜀地区的教育名人还有很多。比如，宋仁宗时任成都知府的蒋堂，兴修学校，培养人才，扩建成都府学，使成都府学成为仁宗时期全国最有名的学校之一；曾为宋哲宗老师的华阳（今四川双流）人范祖禹；宋高宗时主讲成都府学的名师、弟子数千的资州（今四川资中县）人李石；朱熹的再传弟子、曾任眉州州学教授的中江（今四川中江县）人吴昌裔；苏轼、苏辙的老师、眉州（今四川眉山）道人张易简；在梓州（今四川三台县）、遂州（今遂宁市）教书几十年的冯正符；宋徽宗时进士第一人、在四川丹棱兴建栅头书院和北碚缙云山下讲学的巴县人冯时行；曾在多地兴办书院讲学、知名学生众多的理学大师张栻（四川绵竹人）；等等。

以苏轼三父子、魏了翁为代表的巴蜀文化教育名人，反映了宋元时期巴蜀文化及教育的特色与繁荣。不论是土生土长的魏了翁，还是外籍入川的周敦颐和程颐，都为巴蜀文化的发展做出了自己的贡献，他们或是开堂讲学、培养才俊，或是钻研学术、创立门派。归纳来看，宋元时期巴蜀地区这些文化教育名人活动的意义体现在三方面：一是发展繁荣了巴蜀本土文化。如陈抟、苏轼、魏了翁等促进了具有本土地域特色的蜀学发展。二是引进了外地文化。如周敦颐、程颐等来巴蜀做官期间的讲学，传播了理学思想，又通过培养弟子，扩大了外来文化在巴蜀的影响。三是促进了巴蜀文化与外地文化的交流及融合。蜀学的义理化过程就是典型例证。而南宋后期以来，蜀中学者如魏了翁、牟子才、吴泳、高斯得、吴昌裔等移居江浙，虽导致了蜀学的衰微，但在实际上也促进了巴蜀文化在外地的影响。

第四章 明至清中叶时期的巴蜀教育

教育总是与政治、经济、文化相伴而生、相伴而长。明至清中叶，巴蜀地区的政治、经济、文化直接影响着当时巴蜀地区的教育发展。

在政治上，明清时期是我国封建社会由发展走向衰落的时期，封建专制进一步发展，形成了君主专制的独裁统治。明太祖洪武四年（1371），朱元璋借口惩处巴蜀的大夏政权不服诏谕，遣兵入蜀，不久就统一了整个巴蜀地区。明王朝平蜀后，置巴蜀承宣布政使司，又置四川都指挥使司和提刑按察使司，合称"三司"，分掌行政、军事、司法。布政使在教育上，主要责权是向下级政府传达朝廷的德泽禁令，提调科举和贡士，按时颁给师生禄俸廪粮；按察使下设副使，分道巡察，专设一员提督学政。明清巴蜀地区的这些政府机构的设立，形成了当时巴蜀地区教育在行政隶属上的多途径。各地府、州、县地方政府相继建立起来，并在府、州、县下设儒学，其学政直属布政司和按察司。为了统治多民族的巴蜀地区，明朝在此大力推行土司制度，先后在巴蜀少数民族聚居地建立十五个土司地区。随后受改土归流的影响，巴蜀地区少数民族教育也得到了进一步发展。

经济是教育发展的物质保障，经济发展状况直接影响着教育发展水平。明至清中叶时期，巴蜀地区的社会经济状况主要表现为：在农业方面，明朝初年朱元璋在巩固政权统治的同时，在全国实行了一系列恢复和发展经济的措施，在巴蜀地区开展兴修水利工程。都江堰工程在明代经过两次大修，眉州、新津、中江、彰明、峨眉等地，相继修复或建成一批水利工程，对发展农业起了积极的推动作用。另外，明代巴蜀都司及行都司大力推行屯田，鼓励农民种植棉桑。与此同时，手工业也得到了进一步发展。明初，巴蜀盐井为元代的三倍，到景泰时，增至一千三百八十眼。明代巴蜀钢铁产量居全国第四，银产量居全国第三，成都琉璃厂窑所产瓷器亦颇有名气。清代巴蜀盐业和茶业获得较大发展。其他如矿冶业、制瓷业、雕版印刷业等，均取得不小成就。明代巴蜀地区商业有所发展，外省商人常将巴蜀地区的绸缎、布匹、药材运往东北，把阆中市的丝运往山西、江苏、福建，同时又将那里的货物运至巴蜀交易。清初巴蜀地区生产凋敝，大规模商业活动很少。但到乾隆时，商家即能以奢侈相尚，贸易已十分活跃发达。其中食盐、粮食等大宗商品的买卖非常兴盛，而内地与边区的茶、丝等交易也十分繁忙。巴蜀地区经济的良好发展为各类学校的创办和公众子弟入学提供了经济基础，推动了当时巴蜀地区的各级各类教育的发展。

文化是影响教育发展的最直接、最深刻的因素，不同时期占主导地位的学术与哲学思想决定着当时教育发展的基本取向和主要内容。明朝到鸦片战争前这段时期，从全国看，在思想学术领域除了在明代程朱理学有了新的发展外，王阳明的心学在明中叶有了很大传播，以及黄（宗羲）、顾（炎武）、王（夫之）等汉学开始对理学进行批判，强调"民主"和"经世致用"。这一时期，巴蜀地区也出现了不少有影响的学术思想家。其中最杰出的有明朝的杨慎和明末清初的唐甄[①]。

在文学艺术方面，明清时期巴蜀地区在宋元的基础上，巴蜀戏剧取得了较大发展，川剧成为我国四大剧种之一。川剧就是清代流行于巴蜀地区的高腔、昆腔、胡琴、弹戏和灯戏。另外，明清时期也出现了有名的作家，如遂宁的吕大器父子、通江李蕃父子、内江王桓四等。

明清巴蜀地区的政治、经济、文化事业的发展为当时该地区教育发展提供了一定社会背景。在政治、经济、文化因素的影响下，明清时期巴蜀地区官学教育进一步发展；书院逐渐官学化；在官学教育大力发展的基础上，以社学、私塾、义学为主要形式的私学教育蓬勃发展。这一时期国家科举制度进入后期发展阶段，科举考试更加严格，八股取士导致国家科举制度不断僵化；与此同时，巴蜀地区科举制度有了新的发展，以阆中考棚和成都府贡院为代表的科举试院的创建，进一步发展了巴蜀地区的科举制度，并出现了诸多进士和举人，

---

① 唐甄（1630~1704），中国明末清初的思想家、政论家和教育家。初名大陶，字铸万，号圃亭。四川达州（今达县）人。从小随父居住吴江。顺治十四年（1657）举人。唐甄的主要著作是《潜书》。唐甄是清初经世致用之学的积极倡导者，他认为儒家不应只讲心性，不谈事功。唐甄的社会政治思想具有某些近代民主思想的因素，他对封建君主专制进行猛烈的抨击，揭露了封建专制下的社会严重不平等现象，提出了"天地之道故平"的平等思想。唐甄主张富民，认为"财者，国之宝也，民之命也；宝不可窃，命不可攘"。在教育上，他主张尚实，强调实义和实用。具体体现在：农商并重的实学主张；"不可以不知兵"的实学思想；在教学思想方面，强调教师的地位和作用应与政治联系起来，教师对学生治学修身起着重要作用，教师的教学目的就是"淑其身，明其心"；在学习方式上，他肯定了教师和学生的互动作用，并强调启发学生"自明"，求其"自得"。

如才华横溢的状元杨慎成为科举制度下产生的一代伟人；随着政治制度改革和民族文化不断发展，明清时期巴蜀地区的少数民族教育也得到了良好发展，在前期的土司制度和后期的改土归流的政治制度下，当时巴蜀地区少数民族教育采取了不同的发展措施，促进了少数民族教育及文化的繁荣。

第一节　明清时期巴蜀教育的发展

明清时期政治上的高度中央集权促使国家在教育领域继续推行文化专制主义政策，大兴文字狱，大肆销毁不利于政治统治的书籍。文化专制主义影响下，明清政府通过发展学校教育、科举考试来培养和巩固统治地位的人才，并对人们进行思想禁锢。据《明史》载："无地而不设之学，无人而不纳之教，庠声序音，重规叠矩，无间于下邑荒徼，山陬海涯。"[①]明清政府的倡导和鼓励以及巴蜀政治、经济和文化的影响，巴蜀地区的官学得到了进一步发展，在巴蜀地区创建大量的府、州、县学，1703年四川府、州、县学达到五十七所。书院发展走向高峰期，清代尤盛。据嘉庆《四川通志》统计，自唐以来四川书院共两百七十七所，明代五十四所，清代一百九十八所，可见教育事业兴旺发达。明代四川书院多属私办，著名的有长宁县文明书院、嘉定东坡书院、丰都平山书院等。清代四川官办书院增多，乾隆时官办书院占统治地位。私塾几乎遍及城乡，一般分专馆、散馆，讲习内容多为语文、算学基础知识。义学也较普遍，多由地方官员、乡绅等捐资兴办，是一种初级教育组织。

一、官学教育

（一）明至清中叶巴蜀官学的设立与发展

这一段时期，官学教育分为中央官学和地方官学。中央官学有国子监、太学、宗学、武学、医学和阴阳学；地方官学有府学、州学、县学、卫学等，统称儒学。洪武二年（1369）朱元璋下诏，"令天下郡县，并建学校，以作养士类"。当时，巴蜀地区按地方建制也先后设立了府、州、县、卫学等儒学，这些儒学大体相当于今天的中小学，府学相当于中学，州县学相当于小学。成化二十二年（1486）七月，在文县守御军民千户所设立千户所学；永乐六年

---

① 《明史·选举志》卷二三。

(1408)四月在重庆卫酉阳宣抚司设立宣抚司学;洪武三十年(1397)二月在巴蜀永宁宣慰司九姓长官司设立长官司学;洪武十六年(1383)十一月在建昌府设立府学;永乐十二年(1414)一月、宣德八年(1433)三月在巴蜀乌撒军民府设立府学;洪武二十八年(1395)九月和永乐九年(1411)四月分别在播州和成都府茂州设立州学;另外,成化三年(1467)一月、成化十一年(1475)十二月和嘉靖五年(1526)七月分别在资阳县、东乡县和汶川县设立县学。

清代的地方教育,基本沿袭了明代,但是巴蜀地区清代的官学比明代有更大发展。府学有属于高等教育性质的,如成都府学、重庆府学等。州学也有属于高等教育性质的,如成都府的简州州学、崇庆州学就属于高等教育,但州学一般为中等教育性质。县学一般为小学性质,但也有中学性质的,如成都府属的温江县学、华阳县学等属于中学性质。

另外,明清时期,巴蜀地区的官学也在原有的基础上得到了进一步扩建和发展。府一级以顺庆为例,弘治十二年(1499)扩建府学,"悉撤其故屋,增立会讲堂。会讲前当甬道之半,立御书楼,东西两偏各立号房四联……"①县级以黔江为例,正统六年(1441),培修县学,"先建明伦堂,次则二斋,次则门廊廪库,次则师生之舍、庖之所"②。清代巴蜀的地方官学是在逐步恢复明代地方官学的基础上发展起来的,到嘉庆二十年(1815)为止,巴蜀各府、厅、州和县总体上都恢复或建立了官学,各县志中都有相关记载。如《修成都府学记》中曾记载:成都府学明末毁,顺治十八年(1661)十月重修。

经费是学校赖以生存的经济基础。明代巴蜀地方官学并不专门由官府提供学校建设的经费,学官的俸禄在本地正供内开支,其余由各地自筹。据《明太祖实录》记载,洪武十五年(1382),曾诏定天下学田,府学一千石,州学八百石,县学六百石。但这些规定在各地并未能具体实施,没有固定的收入,往往使学校发展陷入困境。弘治十三年(1500),扩建成都府学,此后七十多年内一直无力维修,造成"学官僦屋而居,贫生露处号舍中"的局面。③由此可知,明代巴蜀地方官学的经费主要来源于地方官捐俸、挪用罪囚缴纳的赎金和本地士绅的资助,其中士绅资助是支撑当时地方官学教育的最重要的物质

---

① 吴宽:《匏翁家藏集》卷三八《顺庆府修建庙学记》。
② 刘球:《两溪文集》卷四《黔江县学记》。
③ 耿定力:《修成都府学记》,见天启《成都府志》卷五二。

基础。清代巴蜀官学比明代有较大发展，主要得益于当时地方经济的发展和多渠道的资金来源，从而保障了教育发展的物质基础。一方面，政府进一步发展学田制，并鼓励地方乡绅捐赠，没收私占官地和民间未决定产权的土地和寺庙土地。据《蜀海丛说》记载，巴蜀各府厅皆有学田，其租息所入，以供本郡邑文学科名之资助，且其款皆由地方筹集及绅富之慨捐者，历岁有增无减……另一方面，农村集市贸易税收也是一条重要渠道。清代巴蜀地区商品经济比较发达，各地农村兴起诸多集市，政府规定各地农村集市贸易所得税款劝募用于该地兴办教育。政府还将上面两项收入送质库生息，其息以为学费。这些稳定的收入，保证了巴蜀地区当时官学教育的蓬勃发展。

（二）官学的教师与学生

明代地方官学的教职均系国家官员，由吏部任命，政府按月发给月薪，并享受"月廪食米，人六斗，有司络以鱼肉"的免费伙食待遇。永乐初年，政府令巴蜀各府州县和巴蜀行都司所属各卫师生俸廪，一半支米，一半支钞。到永乐九年（1411），又复改为全部支米，其后支米、支钞、本色、折色各项支领方法，与国子监官支领俸禄办法大同小异。①在教师的选用上，按照规定，府学设教授一人，从九品，训导四人；州、学设学正一人，训导三人；县学设教谕一人，训导两人。教授、学正、教谕由各处守令选择有才德、学问并通晓时务的儒士担任，他们的主要职责是教诲所属生员，训导作为辅助教师。清代的教学和管理人员一般都用本地人士。各州、县学设一名学官的称"单学"，有增设训导或教谕者称"双学"。各地府学也增设训导或教谕；教授由正七品官担任，一般在进士中遴选，学正和教谕由正八品官担任。学官任期六年，学正、教谕和训导任期满后成绩优异者可升为教授。据《四川通志》（嘉庆版）载，当时巴蜀各地学校共有教学和管理人员两百三十一人，其中府学教授十二人，府学训导九人，州学学正十七人，州学训导十九人，县学教谕八十三人，县学训导八十四人，以及厅学教训两人，厅学训导五人，据此计算师生比例为1∶5。

明代官学的学生称生员，其来源一是民间俊秀，二是官员子弟。洪武二年（1369）的立学格式中规定：凡府、州、县学接收学生入学，必须由当地行政官员选择，学员必须是人才俊秀，容貌端庄，已读过《论语》《孟子》和《四

---

① 《明会典》卷三〇《户部十五·俸给二》。

书》，并且年龄在十五岁以上的。这些对生员的外表、年龄和学力都做了一定的要求。对学员的另一个重要条件就是家庭出身。据成化二年（1466）礼部尚书奏请修明学政曾指出："旧制，选民间俊秀子弟入学，而倡优隶卒不与焉。所以别贤愚、明贵贱也。"①除倡优隶卒之家外，犯过重罪的人户子弟，也被排除在儒学教育之外，如王廷相督学四川，就曾在"倡优隶卒"之外，加上了"极刑之家"。②在生员数量方面，政府对生员额规定是："府学四十人，州、县学依次减十。"据《四川通志》记载，清代巴蜀地区的府、州、县各级学额基本平均。如成都府"学额进二十名，廪生四十名，增生四十名，一年一贡"。重庆府、保宁府、叙州府等府学的学额都与成都府学相同。但一些如雅州府等经济文化不发达地区的府学学额比较少。州学层面，如泸州直隶州规定：学额进十五名，廪生三十名，增生三十名，三年两贡。而在天全州等经济文化不发达地区学额就少得多。各县学学额也大体相当。由此可见，各地区的府学、州学、县学的学额与当地的经济文化发展水平有密切关系，社会经济文化是制约官学发展的重要因素。

清代府州县儒学生员需要经历三次重要考试，入学前的读书人称为童生。初次考试由本县教官考试录取的人造名册送到州，再由州的教官考试，合格者报送本省学政，最后由学政进行岁考和科试，考取的人统称为秀才。把其中的优秀生送入学校，这些学生称为附学生员。入学后再经考试，选优秀者为廪膳生员，国家供给膳食，次等者为增广生员。所有生员均享有特殊待遇，因学生身份不同而有所差异。正如上面所言，廪膳生员享受国家提供的津贴，而增广和附学生员则没有；廪膳和增广生员不仅本人享受免除杂役差徭的待遇，而且家庭还可以免除两个男丁的差徭，而附学生员则没有此等待遇。

（三）官学的教学、课程与测试

在教学内容上，明朝时期，国家对地方儒学的教学内容有特别规定，并按照教学内容的特点组织教学。另外，由于入仕是最有价值的人生目标，因此，为打好入仕基础，儒学学生乃至教官不得不选用对入仕有用的内容进行教学。洪武二年（1369）的立学格式中，明中央政府曾对地方儒学的教学做了一些规定：选官分科教授；府教授、州学正、县教谕掌明经史，通晓古今；生员习学

---

① 《礼部志稿》卷七〇。
② 《礼部志稿》卷七〇。

明经史，学律。据此，洪武二年令全国建立儒学时，儒学的教学内容基本上分为四部分：即经史、礼律书、乐射算为必修科目以及其他非必修科目。随后，由于科举考试的影响，曾多次对该内容进行不同程度的修订。如嘉靖年间，王廷相督学巴蜀曾在《儒学四川条约》中规定：《五经》《四书》《性理大全》《通鉴纲目》及《孝经》《小学》《近思录》等书，天地人物之道，修齐治平之理，无不该备。学者必须讲明玩索以究其义理，体验扩充以达诸人事，则知行并进，体用兼举，有用之学，无过于此。此外更有力兼通广览。①

可见，明代巴蜀地区的官学教学内容比较宽泛，比国家规定的多出了许多内容。到清代，地方官学的主要教学内容也是儒学经典，如《十三经》《二十四史》《三通》《古文辞》《五经》《四书》《小学》等。

在课程安排上，王廷相的《督学四川条约》不仅对当时巴蜀地区的官学学生的学习提出了比较具体要求，也对教官的教学给以具体规定。儒学中的课程安排，乃是按照学生的成才与否以及入学先后的不同而分别予以对待的。王廷相规定：各学的学生，每季准备课簿一册，由学校盖章，每月的三、六、九日学习作课，上旬作"《四书》义"三篇，中旬作经义三篇，下旬作论策各一篇，表判一篇，每月共作文十篇。对于未成才者，每月作《四书》义四篇，经义五篇。②

从这种安排可以看出，明代的教学组织形式可以将不同学生分为不同斋舍进行学习（分斋教学）或复式教学。对于教官，王廷相要求他们每天都要升堂坐斋，负责约束生员背诵经书、讲解义理、习作课业。每晚需要巡视学生宿舍，察看学生读书情况。由此可见，当时巴蜀儒学的教学中，教师讲授并不占主导地位。

因此，无论是代表国家办理教育意图的儒学立学格式，还是作为督学官王廷相，在课程安排和教学的具体要求上，都把最终目标放在"国计民生"上。这表明，明至清中叶时期巴蜀地方官学的教学目标并不是空谈无用的。但是，课程安排还是与当时的科举和岁贡考试保持高度一致。

关于巴蜀官学考试，明清时期，国家规定各府州县官每月必须对学生进行一次考试，考试方式因所学科目而异。王廷相《督学四川条约》中曾规定：教

---

① 《浚川公移集》卷三《督学四川条约》。
② 《浚川公移集》卷三《督学四川条约》。

官每月将终,会集生员当堂考试一次,成才者,《四书》、经义、论、策各一篇;未成才者,《四书》、经义各一篇;初学者,对句三首。每一季将终,提调官会集生员当堂考试一次,出题与月考同,凡逢季考月,免其月考。考毕,各较定次第高下。其月考、季考等第,各填注释帖,并上等试卷。季终提调官通并差人上报,以凭查考。①

可见,当时巴蜀地区官学考试基本类型有月考和季考,考试形式主要是"当堂考试"。

二、书院逐步官学化

（一）明至清中叶巴蜀地区书院的发展

书院是我国封建时代独特的一种教育机构。明代的书院以私人创办为主,积累大量图书,教研结合,具有成人教育性质。巴蜀地区是我国书院的发祥地之一,清嘉庆《四川通志》卷九十七云:"蜀自文翁倡其教,相如为之师,受以七经,而岷洛之地风教大行,人才蔚起,班氏谓天下郡国皆立学官,自文翁始;然则谓书院之设亦始于蜀,无不可以。"②

明代,巴蜀书院经历了一个从沉寂到勃兴再到禁毁的发展过程。据嘉庆《四川通志》记载,明开国之初至正统年间书院很少,见诸文字记载的只有嘉定府的东坡书院,该书院是由明正统十三年（1448）由邑人刘新所建。③明代巴蜀书院发展的高峰期是明宪宗成化（1465～1488）以后,到嘉靖年间（1522～1566）达到顶峰。据不完全统计,明代全国共建书院一千六百九十九所,巴蜀地区就占了九十五所。④这段时期巴蜀地区比较有名的如位于营山县的西林书院、云凤书院等。巴蜀地区营山县书院的建造结构图,反映了明代巴蜀地区部分书院的内部建置。其中的号舍表明这是一所寄宿式书院;会文亭则表示这所书院的建立是服务于科举考试的;乡约所则显示书院同时兼有作为社会教育场所的职能。

明代巴蜀地区书院的建立大致有四种情况:一是地方官在任时,为隆教化,观风俗而带头捐献俸银,筹资或提拨地方公款建立;二是地方士绅筹资或个人捐资建立;三是义学、社学合并或扩充而来;四是致仕官吏学问渊博者返

---

① 《浚川公移集》卷三《督学四川条约》。
② 嘉庆《四川通志》卷九七。
③ 嘉庆《四川通志》卷七六。
④ 胡昭曦:《四川书院史》,四川大学出版社2006年版,第206页。

乡建书院讲学。由此可以看出，当时的地方书院除了少数官办外，多数是私人创办。一些不愿入仕的大儒或求官不得的读书人，由他们自己或在富绅的资助下在地方建造书院，吸引各地有志于学术研究的读书人前来从事研究。明朝人李长馥在《修子云书院启》中曾指出：书院多以明贤遗址为之。其在蜀者，如北岩、紫岩、青莲、金华数书院，皆名人遗址。如涪州的北岩书院、绵竹的紫岩书院、彰明的青莲书院、射洪的金华书院分别是名人程颐、张浚、李白和陈子昂等居住过的地方。并且上述书院以及丰都的平山书院、铜梁的巴川书院等，都是巴蜀地区著名的私人创办的书院。这些书院的主持人往往按照自己的愿望和想法进行管理，根据自己的治学经验指导学生读书的原则和程序，具有较强的自主性，自由讲学。据王守仁的记载，杨温甫在其家乡创建平山书院的目的是："使吾乡之秀与吾杨氏之子弟，诵读其间，翘翘焉相继而兴，以无忘吾先君之泽。"当时平山书院为当地培养诸多才士，"于是其乡多文士，而温甫之子晋，复学成，有器识，将绍温甫而起，盖书院为有力焉"。[①]

有的书院的讲学还时常带有政治色彩，书院甚至成为议论批评时政的中心。由此，明代曾先后引发过四次大规模的禁毁书院的事件。第一次是在嘉靖十六年（1573），御史游居敬上疏斥当时学者湛若水，"倡其邪学，广收无赖，私倡书院，乞戒谕以正人心"，其结果导致全国书院皆遭捣毁。第二次是在嘉靖十八年（1575），吏部尚书许赞建议："地方多建书院，聚生徒，极宜撤毁。"嘉靖同意了这一建议。第三次是在万历五年（1577），宰相张居正说书院是"别标门户，聚党空谈，今后不许别创书院，群聚党徒，及号召地方游食无行之徒，空谈废业"。以至万历七年（1579）把各省书院均改为公廨。第四次是在明末天启五年（1625），宦官魏忠贤大肆杀害东林党人，从而掀起大规模的捣毁书院的运动。在这四次禁毁书院的运动中，巴蜀地区的书院也未幸免于难，极大地冲击了当时巴蜀地区乃至全国的文化发展，不仅是教育上的悲剧，也是对学术文化的毁灭。

清代巴蜀地区的书院比明朝有了较大发展，不仅恢复了许多明末禁毁的书院，还新创办了更多的书院，并且在组织管理方面也更加完善。清代巴蜀地区书院的恢复和发展是在康熙到乾隆年间。雍正十一年（1733），诏令各省建立书院，并赐帑金千两作为建造经费。比较有名的书院有：北岩书院（涪州），

---

① 王守仁：《平山书院记》载康熙本《四川通志》卷四二。

紫岩书院（绵竹），青莲书院（江油），金华书院（射洪），鹤山书院（邛州），玉环书院（蓬州），濂溪书院（合州），锦江书院（成都），川南书院（泸县），通材书院（简州）等。其中，锦江书院是当时巴蜀地区较大的书院，也是巴蜀最高学府，其院长由总督、巡抚延聘。①先后主持该书院讲学的通儒、学者数十人，如彭端淑、李惺等都先后掌院执教讲席。

巴川书院是巴蜀地区比较有名的书院，巴川书院位于巴蜀铜梁县城内。乾隆二十五年（1759），知县蔡玉华率士民修建。嘉庆三年（1798），知县陈焕章增建大门及围墙。巴川书院修建的目的是要为乡人提供学习的机会，满足乡人学习的欲望，即"寒薄之士，既苦负笈远从，又难延师专训，每有可学而不能学，好学不得学而竟至于废学。顾夫郡邑之需书院，仰望最殷，而铜梁阙如也"。另一个目的是为了科举考试，即"自乡学而迁国学有次第，今之以贡监升诸太学，以童子试进于黉宫者，是即庠序之教，而设书院，更补庠序之不逮"。巴川书院注重生员入学指导，在入学之日，教师亲自向学生宣讲学习指要：虽博诵强记，必以身体之。于明人及本朝制艺，分析其可从不必从者。每月课试文二篇、诗一首，必细为披阅，而次第之，各予奖赏有差。②

民间和官方共同努力，是明清时期书院得到大力推广和普及的主要原因。一方面，由于民间士绅对书院教育的极度热忱和向往，他们普遍将资助、创办书院看作是自己的社会责任、文化使命与"兼善万世"的历史功业，故而往往将最大的热情倾注在书院建设方面。另一方面，官方虽然对书院自由讲学有所限制，但对书院在发挥基础教育、精英教育及社会教育方面的作用亦是肯定的，故也倾注力量对书院加强扶持，希望借助书院教育，以实现"建国君民，

---

① 锦江书院是晚清巴蜀地区最著名的书院，它是上承文翁之教，下启巴蜀名校四川大学的一所承传古今蜀学的通省书院。关于锦江书院的修建，嘉庆《四川通志·舆地志》记载：康熙四十三年（1704）按察使刘德芳修复之，建锦江书院。1721年，学使方觐增讲堂学舍三十余间，拔通省士之优者，延师教之，一时文物称盛。作为全川书院之首，其规制、管理、师资和生员质量，其他书院无法比拟。书院生员拔取全省秀才以上者，无秀才、举人以上资格者，不得入学。书院教学要求生员"先经义而后时文，先行谊而后进取"。锦江书院在乾、嘉时期有了很大的发展。由于四川历任总督的重视，加之延聘通儒、学者主持书院，乾、嘉之际乃是锦江书院历史成就最高的时期。乾隆二十四年（1759），该院诸生参加会试，中进士者即有十余人。清代大学者，时称"蜀中三才""锦江六杰"之一的罗江李调元和"戊戌六君子"之一的刘光第等人都出自锦江书院。
② 仝于天：《巴川书院记》，载光绪本《铜梁县志·艺文志》。

教学为先"的目标。

明清时期是巴蜀地区书院发展的高峰时期，清代尤盛，据胡昭曦著《四川书院史》统计，自唐以来巴蜀地区共有六百九十二所书院，其中唐代五所，宋代二十九所，元代十一所，明代九十五所，清代五百五十二所，清代四川书院占全国书院总数的70%多（全国三千八百六十八所）。书院一般设院长或山长主持其事，教师均由书院支俸金。华阳潜溪书院山长一年俸金二百两，食米四石八斗。巴东川书院院长俸金高达八百两，相当于一个知州全年薪俸、养银的总和。

（二）书院官学化

清初，清政府为了压制舆论，扫尽南明爱国情绪，惧怕书院广聚生徒，讽议朝政，裁量人物，妨碍其统治，不得已加以抑制。到了雍正年间，明末清初著名爱国学者相继去世，清政府地位日益巩固，开始改变对书院的态度，采取扶持与控制相结合的政策。由于当时的书院多设于僻寂幽静的深山密林中，"天高皇帝远"，政府的控制与管理往往鞭长莫及。这对专制统治高度集中、疑心颇重的清代统治者是不能允许的。于是清政府第一个举措是将官方重点资助的一批书院迁出深山老林，设在各府州县城市中，以便封疆大臣控制。如锦江书院设在成都府学明伦堂汉文翁石室故址，懋修书院设在顺庆府城西，江源书院设在崇庆县城南街，汶川书院设在汶川县府。

乾隆元年（1736）谕旨，肯定"书院之制，所以导进人才，广学校所不及"，并明确了书院的目标和基本办法。乾隆元年的谕旨还要求地方书院"酌仿朱子白鹿洞（书院）规定之立仪节"，加强考课管理。在科举功名的潮流冲击下，书院也像地方官学一样，大多成了科举考试的预备机构，教者失其所教、学者失其所学。在这种情况下，考课就成了教学管理的重要手段。清代书院的地位，决定它的管理已完全官学化了。

官府通过对院长的任命和提高他们待遇来实现对书院的控制。清代官府掌握书院主持人和讲学者的任命权。院长每年任聘一次，大多在年前由地方官员发出聘书，并附聘金。这种由官府聘任院长的做法强化了官方对书院的控制。同时，清朝政府把主持州县书院的院长列为朝廷命官，与学正、学录、教谕一样，由礼部任命；凡各省所属书院的山长，则与所属州县学正、学录、教谕一样，并受行省及宣慰司授命。政府给予山长以优厚的待遇，大约一年两百至六百两俸银。另外，书院的生徒也与官学的学生同等对待。比元代统治者更为高明的是，清政府还掌握和控制了书院设置的审批权。如此，从书院的选址、院长的任命，教师的聘请以及书院的设置，实际上全由清政府掌握与控制，从而大大加快了书院官学化的进程。各府、州书院师德声誉不高者也很难找到。有些书院只聘本县人为院长，如新都县的龙门书院就不聘任外县人掌教书院。

另外，官府还加强了对书院的经济控制。清代书院的常年经费由官府一次性拨给，多采用存库、发商生息或拨学田的办法。地方公众捐资或与官府合资创建书院的经费也由官吏统一管理，以通过对经济的控制来控制书院。官府没收寺庙产业为书院提供经费，如巴蜀仁寿县的鳌峰书院，其经费主要来自为官府没收的寺庙财产。

官府还通过对生徒的选拔、限额、考课等手段控制书院。清代的书院所收生徒大多都有名额和籍贯的限制，生徒入学权在官而不在师。书院的名额主要依据经费的多少或书院规模的大小以及主管衙门的等级和学生资格来确定。对生徒的选拔要经过正规考试，选拔权基本由官府控制。官府对书院教学和日常管理等各个领域、各个环节进行参与和控制，都反映了当时书院官学化程度的不断加深。据道光时期巴蜀地区撰写的县志记载，巴蜀地区的书院招收的学生主要来源于那些愿意入学的生童，但必须经过考试，由州县官员秉公选送。书院学生就学的目的既有乡试应考的秀才，也有入学专攻经史者，这就决定了巴蜀地区不少书院教学要完成三大任务：为应付科举考试的教学、高级治经史的教学和基础文化知识教学。但以上都必须服从于清朝统治者创办书院的总目的，即朝廷培养良士、名臣和教化百姓。

三、以义学、私塾为主要形式的私学教育

明至清中叶，巴蜀地区除大力发展官学教育外，以社学、义学、私塾为主要形式的私学教育也得到了快速发展，成为巴蜀地区府、州、县官学教育的重要补充。这一时期巴蜀地区私学教育形式多样，主要有私塾（又称蒙学、小学或乡学）、社学、义学等形式，私学几乎遍及巴蜀地区各地城乡。据嘉庆《四川通志》记载，清代巴蜀地区共有义学四十八所，社学二十一所，乡学两所，私塾极为普遍。

（一）义学或社学教育

义学在巴蜀地区的称谓不一，有的地方称为义学，有的地方称为乡学，也有一些地方称为社学。它既不是官办学校，也不是私人办学，而是朝廷所倡导

的民间集体创办的小学,是乡村基础教育的主要形式,起源于宋朝,到明清时代又有较大发展。明冯应京《明经世实用篇》卷十七《社学篇》就指出:"社学者,一社之学也。百又十户为里,里必有社,故学于里中者名社学云。"①即各县所属的乡村,每五十家为一社,不满五十家的村,可与邻村合为一社,也可自立为社。各村社要开办社学,按规定"每社立学校一,择通晓经书者为师,农隙使子弟入学"。义学具有明显的私学教育性质,明清时期社学的建设上虽然国家发布有多项命令,但实质创办者属于私人或一些官员本身,官员本人并不代表政府;从社学的地位看,社学是地方官学的补充形式,是官学的基础。宣德六年(1431),巡按四川监察御史王翱上疏中谈到四川的社学状况时说:"四川诸府县社学久废,民不知教,所以争讼多而礼让少。"②

到了明末清初,巴蜀地区义学发展迅速,遍布巴蜀各地。康熙、雍正时期,清政府曾多次下诏,令巴蜀地区设立义学,招收民间子弟入学。如康熙二十二年(1683)万县知县张永辉捐建的万县义学。雍正五年(1727)议准建昌府择大村大堡建义学学舍,令附近熟藩子弟就学。嘉庆、道光之际是巴蜀义学教育发展的黄金时期,据不完全统计,当时资州有义学三十三所,仁寿有义学五十多所。明清时期,县境书院、义学、私塾相互竞争,办学之风甚浓。

义学的校舍修建、教学和教师日常开支,主要靠地方官员、商人和乡绅资助。经费多称为"大义学",经费少则称为"小义学"。

清代巴蜀各地义学教育教学情况不一。在教材设置上,年幼者,其通用教材有《三字经》《百家姓》《千字文》《千家诗》《幼学琼林》。此外还有《弟子规》《小儿语》《续小儿语》《龙文鞭影》。女学童多半读《女儿经》《妇女贤》《劝孝歌》《列女传》等。这些书句法整齐有规律,读起来押韵,便于诵读。程度高者,使用的教材主要有:《东莱博议》《古文观止》《孝经》《四书》等,有的还要读"五经""春秋三传"。在课程设置上,义学的课程主要包括:识字、写字、读书、作文和珠算等。在教学上,义学教无计划,学无年限。生童小则四五岁,大则十余岁,同窗念书,分别授课。上午读生书,下午背重书,常年如是,要求必做八股文。

义学具有基础教育性质,相当于现代的初小教育,"义学以养蒙童"就说

---

① 《明经世实用篇》卷一七《社学篇》。
② 《明宣宗实录》卷七九。

明了这一点。义学几乎都是由地方官员和乡绅集资兴办，因此，可以说它是地方善举性的教育组织，主要招收城乡贫苦无力求学的幼童。

（二）私塾教育

除了义学外，私塾也是当时巴蜀地区私学教育的主要形式。私塾是明清时期在民间广泛设立的由私人经办的学校。一般按其设立情况可分为三种：塾师在自己家里，或借祠堂、庙宇，或租借他人房屋设馆招收附近学童就读，此称"门馆"或"家塾"；由一族一村延师择址建馆教授其子弟，称"村塾"或"族塾"；由富贵人家独立一家聘请教师在家设馆，专教其子弟和亲友子弟，称"坐馆"或"教馆"。

私塾是一种从启蒙教育、识字写字到层次教学教育的一揽子学校，其程度一般取决于教师的水平而定。明至清中叶，私塾几乎遍及巴蜀各地城乡，由于私塾过多，只有各县县志有所记载。如峨眉县，李东垣于城南回龙寺设私塾；潼南县双江镇杨秩鲁延师夏璜到家为子女授业，双江镇"明善堂"筹募聚资与善堂公款设学，不分贫富招收子弟入学。明万历年间，塾师郑渤在广安州城办有私塾，开馆多年，教授童生百余人。私塾教师一般都是官场不得志或少数不愿做官的知识分子，他们具有扎实的文化知识基础，希望能为养育人才做贡献，其生活条件要求不高，但教学非常认真，对学生的学业、德行管理要求很严格。因此，明清时期巴蜀私塾教育声誉甚好。

私塾讲授的内容从识字写字到诵读"四书""五经"，有的也教授一些如数学、生物、自然科学常识。教学都是由一个老师在同一个书馆对不同程度的学生实行单个教学。学生入学时，塾师教以洒扫应对、待人接物方面的常识，继而读书、写字和作文。

明至清中叶的私塾学规相当严格。先生对学生除课业外，不与他们交谈言笑，并定有严厉的法规，如用"戒方"或旱烟管敲头、罚饿肚子、守学堂、打屁股、罚跳等。另外的学规还包括：当天功课未完成者受罚；笔墨纸砚等必须事先准备好，不准临时去买；不准在馆内乱涂乱画，乱丢纸屑；读书要做到眼到、口到、心到；等等。

（三）明至清中叶巴蜀地区私学教育的基本特征

明至清中叶，巴蜀地区义学、私塾等私学教育虽各有特点，但其性质多属封建教育最基础的启蒙教育机构，主要以儿童为对象，所以教学内容和教学方法上也大同小异。总体看，明清时期巴蜀私学教育的特点主要表现在以下几点：

1. 私学发展快速，形式多样

明至清中叶时期，巴蜀私学数量发展很快，特别是私塾和义学，得到了长足发展。社学在明朝发展迅速，随后被义学取代，到了清朝，几乎在所有城乡普遍设有义学和私塾，覆盖面较广，得到了较好的普及。关于私塾的数量，由于其多傍依家庭和宗族，因此难以详考，但据各县志的记载，当时巴蜀地区的私塾种类多样，数量远远超过其他形式的私学。

另外，由于明清政府的倡导和保护，除了巴蜀地方官吏的支持和赞助兴办私学，也允许民间自立，这使得巴蜀地区私学创办具有较高自由度。富贵家族完全可以自办私塾，而一般家庭则可联办村学、族学，还有塾师创办家塾。因此，私学教育机构设置形式灵活多样。在私学体系上，私塾、义学、社学、乡学等鼎足而立，形成了明至清中叶巴蜀地区私学教育的基本体系。

2. 政府积极提倡和参与

明清之前，历代政府并未将蒙学教育纳入政府行为，一直被看作家庭事务，基本上是在家庭和宗族层面进行的。明清政府则开始将这种具有蒙学性质的私学教育纳入政府事务，为了强化其封建统治的需要，以皇帝谕旨和政府倡导来加强对社学和义学的诱导与钳制。各级政府特别是地方官吏还直接参与社学和义学的创办，并对义学实行扶持政策，豁免蒙师差役或给以资助。由此，私学开始突破家庭和家族的范围，从家族事务转为国家事务，与政府的统治利益相联系，并与官学系统相衔接。

3. 宏观管理和微观管理相结合

明清政府对私学教育予以前所未有的重视，采取各种手段把私学教育纳入封建教育大系统中，诱导和控制相结合。除了私塾外，明清政府大力提倡社学和义学发展，相关办学政策的发布不仅有力地推动了私学的发展，也使私学的创办合法化。在经费上，社学、义学和乡学大都得到明清政府特别是地方官僚的资助，部分私塾也有"官"资助渗入。另外，明清时期是科举制度发展的鼎盛时期，经由学校收取生员是科举必由之路，因此，客观上需要把私学系统与官学衔接起来。为了加强私学与地方官学的联系，明清政府通过州县学校便实现了对私学的行政管理，尽管是间接的，但也起了一定效果。在微观上，明清政府管理私学具有随意性和开放性。政府不对私学的入学、教学活动和毕业要求等环节进行管理，不像官学那样严格，让私学教育发展保持灵活性和自主性。

第二节　明至清中叶时期科举制度在巴蜀的实施

科举考试制度与官学教育制度有着十分密切的关系。明清政府在推行官学教育制度除了实行文化控制之外，为科举考试输送人才也是其重要目的；而科举制度有利于强化官学教育制度，增强学校的吸引力。科举制度自隋朝产生以来，就成为中国历代王朝基本的考试制度和选官制度。随着封建政治的日益腐朽，明清时期的科举制度实行了更加追求形式的八股取士方法。

一、明至清中叶时期巴蜀科举制度实施概况

巴蜀地区作为明清时期的省级行政单位，科举考试由两级构成，即省会城市贡院举行的乡试，以及府州县城试院（或考棚）举行的童试、岁考和科试。清代科考规定：儒童或童生得到生员资格后，经过县府院三试，试中者免丁徭役。在录取名额上，分府州县大中小三个等级定额，如四川长寿县为小县，其考录名额在顺治四年至顺治十四年，每年录取生员二十名。

明清巴蜀地区的乡试，按明代朝廷规定，每逢子午卯酉年八月在成都府举行，共考三场，每隔三天一场，每场考试一天。第一场考"四书"义三道，考经义四道，每道限答三百字以上；第二场考写论一篇，限三百字以上，另考诏、诰表一道及判语五条；第三场考经、史、时务策五道，每道三百字以上，答案要求以程朱所注为标准。清代乡试仿明制对应举者有严格规定：第一，各府州县和书院中的廪生、科试取列一、二等和三等中的前三名。第二，必须是巴蜀地区各府州县的各种贡生、监生以及由贡生、监生就职加捐候选候补者及其他特殊情况准予应试者。第三，最初乡试每中举人一名，取应试生儒三十名，乾隆九年（1744）议准"四川为中省，每举人一名，录送科举六十名"[①]。第四，康、乾年间规定："蜀省流寓之民，有开垦田土，纳粮当差者，应准其子弟在川一体考试，著为例。"[②]第五，康熙十一年（1672），礼部同意四川湖广总督蔡毓荣所请："川、湖两省土著者，伊等子弟有读书者，似应准其入籍考试。"[③]第六，巴蜀少数民族地区，如"茂州羌民，久列版图，载粮入册，与齐

---

① 《钦定学政全书》卷三六。
② 《圣祖仁皇帝实录》卷一四九。
③ 《圣祖仁皇帝实录》卷四〇。

民无异,应准其与汉民一体应试"①。另据《世宗宪皇帝实录》载:"川省苗民,久经向化。嗣后各属土司苗童,有读书向上者,请准与汉民文、武童生一体考试。"②

明清各省乡试的录取名额,大致按人口多寡、丁赋轻重及文风优劣而定。巴蜀地区当时乡试录额规定:如洪熙元年取士之数定四川35名;正统五年(1440)复定四川45名;顺治二年四川定额84名,顺治十七年42人;康熙五十年(1711)67名;乾隆九年(1744)60名;嘉庆二十五年(1820)80名等。自顺治八年(1651)辛卯科到道光二十年(1840)庚子科六朝189年期间,巴蜀地区共举行了乡试78次,其中恩科16次。

明清时期,巴蜀地区考中进士人才辈出。如顺治十二年(1655),巴蜀有阆中举人张注庆、中江举人彭襄、金堂举人张吾瑾等考中进士,可谓清代巴蜀地区进士之先驱。清代巴蜀地区共有进士700多名,其中,重庆府居首,138名,成都府次之,133名(具体如表4-1)。

表4-1 清代巴蜀地区各府州进士分布

州府	进士人数	土地面积(万平方公里)	进士密度	地区	进士人数	土地面积(万平方公里)	进士密度
成都府	133	0.98	5.7	绵州	14	0.47	29.8
龙安府	3	1.09	1.8	杂谷厅	1	0.67	1.5
雅州府	5	19.85	0.25	宁远府	3	4.33	0.6
嘉定府	41	1.09	37.6	眉州	12	0.29	41
泸州	25	0.51	49	叙州府	73	2.08	35.1
资州	30	0.88	34.1	永宁州	10	0.59	17.0
保宁府	41	2.92	14.0	顺天府	60	1.13	53.1
潼川府	43	1.35	31.9	重庆府	138	2.65	52.1
忠州	33	0.64	51.6	石柱厅	3	0.35	8.5
绥定府	25	0.89	28.1	酉阳州	13	1.24	10.5

资料来源:进士统计以《明清进士题名录索引》为准;土地面积据陈国生的《清代四川进士的地域分布及其规律》一文的统计数。

---

① 《钦定学政全书》卷六二。
② 《世宗宪皇帝实录》卷一五四。

由此表可以粗略地衡量清代巴蜀地区各州府的综合教育水平。如成都府、重庆府、忠州、眉州、顺庆府、泸州、资州、潼川府等是出高层次杰出人才的集中地区，教育水平属于发达的地区；而保宁府、绵州、绥定府等属于一般区；酉阳州、永宁州、宁远府等属于落后地区。从清代教育发展的总体趋势看，巴蜀东南地区的教育发展十分快，在九个发达区中，东南地区的州府就占了六个。

明清科举考试的场所叫试院，是固定设置的。县城设有考棚，省城和京城设有贡院。贡院是举行乡试会试的场所。清代巴蜀地区建立了多处试院，如清雍正二十二年（1734）忠州升为直隶州，布政史司在忠州设试院；道光元年（1821），璧山建有考棚，每年对全县童生进行考试；长寿县试院（考棚）建于道光八年（1828），棚址在刘氏祠左侧隙地；道光十三年（1833），重庆江北厅修建文昌宫，设考棚。当时巴蜀地区最著名的、保存最完善的试院是成都府贡院和阆中考棚。

二、成都府贡院及其考试活动

成都府贡院建于清朝初年，清康熙四年（1665），四川巡抚张得地上奏康熙帝后，改成都明蜀王府宫址旧基建"贡院"，课堂、号舍均备。成都府贡院的大堂之东西侧为外帘，供管理人员居住，后为内帘，供考官居住。贡院两旁建号舍，以供应试者居住，贡院外墙辅以荆棘，故称"荆围"。贡院建成后，于康熙五年（1666）开始试士成都。在此之前，因明末成都全毁，乡试曾改在保宁（即阆中县）举行。同治元年（1862）因贡院多倒塌，遂筹款彻底重修。成都府贡院共建成楼堂院所大小五百余间，还建有主考、监临、提调、监试、内外帘官住所等。自康熙至同治时，共修考试房舍共达一万三千九百多间。

成都府贡院是当时巴蜀地区乡试考试之地。清朝科举考试十分严格，未经童试者，绝对不能进入乡试。成都府童试三年两考，由知县主持县试，进行预备性考试；知府主持府试。这两次考试共九场，统称"童试"。府试及格者称童生，童生还要参加由皇帝派往各地的提学官主持的院试。院试三年一次，一次为岁试，即从童生中考选出秀才来，秀才算是国家的学生，即生员。生员再经过一次科试，及格者才具备参加成都府贡院乡试的资格。

成都府贡院乡试共有三场：第一场在黎明时，考生半夜三更在龙门等候，点名对号进考场。所出题目是"四书"文三题，皆首为《论语》，次或《大学》或《中庸》，三为《孟子》，试帖诗一首，系木刻大字一纸，盖有监临关防，并载明各种禁令；第二场所出题目，是"五经"《诗》《书》《易》《礼》《春秋》中各作义文一篇，作文系指"八股文"，即应试的主要部分，分为起股、中股、后股、束股四个段落，每一个段落又分为两股，共八股而得名；第三场为策问五道，均为经、史、子、集并及时务问题，其所试内容以"四书""五经"为主。考生三场完后待数十日，发榜之先，汇集至公堂上，由主考会同总督、学使、监试、提调、司道、内监试、内收掌、十四房同考官，分左、中、右，依次同坐堂上。写榜自第六名起，拆弥封一名，与朱卷对照，录写一名；写至榜末，始同转由第五名倒写至第一名，再写副榜数名。此时红烛高烧，欢呼得人才，谓之"闹五魁"。据《成都府志》《成都县志》载：从康熙四年（1665）到光绪三十一年（1905）共两百三十年间成都贡院举行一百五十二次考试，考中举人七百八十六名。到京城参加会试的举人，两百年来巴蜀仅中状元一名，他就是人们所称"布衣状元"骆成骧。①

成都府贡院考试规则比较严格，有关于考生和考官的严格规定，规定考生在户籍所在地区报名和考试。如在其他地方冒籍报考，则予除名等惩罚。进贡院的考生要经过"承差"搜身检查，弄清确实没有文章"夹带"才准进考棚；考官规定既多又严。成都府乡试主考官由翰林及进士出身的部院官担任，规定由邻省在籍的进士充任考官，这种规定的目的旨在防止本地户籍的考官趁机录取亲友。对于考官相互贿赂托情，或泄露考题，惩处更严，轻则罢官，削职为民，重则指以弃市之罪，全家充军。

三、阆中试院考棚及其考试活动

清代阆中试院考棚位于四川阆中县（原保宁府），是全国保存最完整的考棚之一。阆中试院考棚具体建于何时，已无确切记载，但据明代嘉靖《保宁府志》记载，有建筑群叫明伦堂，考场四十间，而清代黎学锦重修考棚地基原来也很宽广。三进四合庭式建筑纯穿斗木结构，房舍整齐规矩，高出街坊民居一

---

① 骆成骧，资州（今四川资中）人，字公骕，生于清同治四年（1865），卒于民国15年（1926）。清光绪二十一年（1895）状元，授翰林院修撰，掌修国史。光绪二十四年（1898），充会试同考官。同年，受聘为京师大学堂首席提调官，操持大学堂事务。骆成骧创立"蜀学堂"，讲习新学，宣传维新。光绪二十六年（1900），出任贵州乡试主考官。光绪二十九年（1903）年，放任广西乡试主考官。后被派往日本留学，专攻法政。回国后，受广西巡抚特聘，主办广西桂林法政学堂。骆成骧是清代状元中第一个巴蜀人。

头。前院是考场，后院是斋舍，四周都是号房。考试时按天、地、玄、黄……编号，每间号房有进出小门一道。与大门相对的正厅是一楼一底的殿堂，是考官点名、发卷和监考的地方。庭院中是十字形走廊，走廊两边栏杆连带靠背木椅，供考生休息等候点名。斋舍为一楼一底四合院，楼下庭院纵贯走向。另据《阆中县志》记载，顺治九年壬辰（1652），巴蜀未靖，补行辛卯科乡试，围设保宁府。甲午、丁酉、庚子三科皆在保宁，至康熙二年癸卯（1663）始移成都，嘉庆二十二年，川北道黎学锦率属重修。①

关于修缮的情况，黎学锦曾言："因不避选事之嫌，亲督工。一切经营部署、不敢因陋就简，务期冠冕精坚，以垂永久"，"通计经费已万有余金，阖郡文武及州县官僚捐帮不及三千之数，其余经费俱系余通融筹画"。②现在的阆中试院考棚就是嘉庆二十二年（1817）重建的。重建的试院考棚比原来略有拓宽，而建筑基本保持原有格局和风貌。这可从黎学锦所作重建碑记得到证实："试院考棚另为改造高朗，东西拓地数丈。坐号悉易以石脚，面铺宽厚板片。前后门堂厅廊，焕然一新。"③这座考棚带有明代建筑特点，体现了重建基本保持着原建的风貌。阆中试院考棚为砖木结构的大型四合院，整个占地面积约1725平方米，房舍面积约758.4平方米。除中间与大门相对的一间房屋被拆除外，房舍基本保持完好。

阆中考棚也称川北道贡院，在城内学道街，清嘉靖年间重建。原由山门、廊道、考房、大殿、二殿、后殿和考生宿房组成。现存有卷棚式廊道，纵横共长五十多米，廊道两旁的木栏上带有飞仙椅。左右有两排考室，各室相隔，饰以雕花。

按清政府规定，乡试一般在省府进行。清初，清王朝尚未平定巴蜀，不少地方处于战乱中，无法在成都建立省会。阆中是川北重镇，是川北道和保宁府所在地，因为当时阆中已经平定，四川省会暂设阆中，乡试也就在阆中举行，并特地兴建考棚作为四川省乡试考棚。顺治八年（1651），清王朝开科乡试，四川顺治九年（1652）补试，所用考场就在这里。顺治十七年（1660），巴蜀基本平定，省会移至成都，按理乡试也应在成都进行，因为成都尚未建乡

---

① 刘文刚：阆中清代试院考棚，《四川文物》1989年第2期，第68~69页。
② 黎学锦：《续修会府书院考棚碑记》，道光《保宁府志》卷一一《舆地·公署》。
③ 黎学锦：《续修会府书院考棚碑记》，道光《保宁府志》卷一一《舆地·公署》。

试考棚，因而这次仍在阆中乡试。康熙五年（1666），巴蜀乡试开始在成都进行。阆中试院考棚也就结束了它的乡试使命。这座考棚一共举行过四次乡试：即顺治八年（1651）辛卯科（九年壬辰补行），顺治十一年（1654）甲午科，顺治十四年（1657）丁酉科，顺治十七年（1660）庚子科。关于四科考试的大致情况，据道光《保宁府志》记载："国初顺治九年补行辛卯科乡试，以全蜀未靖，阁设保宁。主司徐兆举吴南岱监临。郝浴、汪碗所谓'郝公监省试于保宁'是也。提调则李藻。《替云楼记》：'时士子二百余，适有亭溪之替，亟欲竣事，二三场并日而就。取李之晔等七十二人。'甲午考官李宗孔、蔡瑞枝。丁酉考官解元才、罗先众皆试于此。《湘预囊》中说：'十七年庚子，李国英以开国之初驻师保宁，壤接三秦，便于转运。今全蜀戡定，宜复省会于成都。疏奏。因乡试迫近，贡院未修，主司张光祖、孙象贤仍就保宁乡试。癸卯始试于成都'。"①这段记载在一定程度上展现了阆中考棚的发展历史。

早在清代道光之前，阆中就盛传乡试在城东观音寺举行，清末观音寺的对联仍有"两朝试士"之语。②这就混淆了人们对阆中考棚的考据，令人莫衷一是，以致咸丰《阆中县志》和民国十五年修《阆中县志》对此均有疑虑。前者在写到试院考棚时说："其时贡院未知即此试院否，或以为在城外观音寺者，亦无从征信。"③其实，说乡试在观音寺乃是无稽之谈。详其情理，乡试是考举人，举人就可以做官，此乃科举大事，不会四科皆在寺庙举行。阆中既有试院考棚，乡试理应在试院进行。对于观音寺乡试的谬说，清代阆中人王承志曾辩驳道："通江诸生李馥荣所撰《艳预囊》一编有'壬辰八月，四川初开乡试，蜀士皆赴保宁。王辅臣攻城，吴王李固山督兵迎敌，士卒用命，往来数回，直逼城下。李太保潜兵江边，倦敌人后，敌退走观音寺'之语，知观音寺是时乃兵甲之场，非文字场也，可不辨而明矣。"④王承志的辩驳非常有力，顺治九年乡试时，观音寺在清王朝的反对者王辅臣手中，清王朝绝不可能用它来乡试。可知，阆中乡试在考棚进行丝毫不容怀疑。四川乡试移成都后，阆中贡院考棚便用作秀才考场。黎学锦在重建试院考棚时说："去岁更念试院考棚年久倾圮，地势低洼，每当考试，一遇风雨，不惟誊写昏暗，且仅夜压之

---

① 道光《保宁府志》卷三七《选举·举人》之《国朝》按语。
② 王承志：《跋吏部刘康民先生诗文集后》，道光《保宁府志》卷二八《艺文志》。
③ 咸丰《阆中县志》卷一《衙署》。
④ 王承志：《跋吏部刘康民先生诗文集后》，道光《保宁府志》卷二八《艺文志》。

虞。"①他的话可以视作考棚嘉庆前后用作考场的有力证据。清末，试院考棚虽被道署占用了两部分，其余部分仍用作考场。咸丰《阆中县志》说："考棚分为道署，是当时基址甚宽，今则狭隘矣。"②可见试院考棚一直考试不辍。阆中试院考棚从顺治九年开科直到清末，一直用作考场未曾间断。既试举人，又试秀才，比一般清代试院考棚更值得重视。

四、巴蜀状元杨慎

杨慎，字用修，号升庵（1488～1559），四川新都人。正德六年（1511），杨慎入京会试，殿试第一，高中状元，成为明代巴蜀地区唯一的状元。嘉靖三年（1524）"议大礼"中，被谪戍云南永昌卫（今保山市）三十多年，在其坎坷的生涯中却创作了大量的著作，是著述最多的状元，平生著述四百余种，给后人留下了丰富的精神财富。作为明代杰出的学者，杨慎在云南度过的后半生是他一生中著述最丰，在文坛上成就和影响最大的时期。

杨慎不仅在一朝一省是人才，就是在整个明朝来看也是不可多得的人才。他在明代就得到公认，如"后七子"之一的王世贞说："明兴，称博学饶著述者，盖无如用修。"杨慎才华冠代，著作宏富，成为一代人才并不是偶然的。他的天资颖悟，固然得天独厚，加之父亲杨廷和为内阁首辅，给他提供了阅读秘史涉猎群书的有利条件。但这些并不是他成才的唯一条件，更不是主要原因，更重要的是他后天的努力。他善于治学，可以说这是他成才的决定性因素。他能正确认识和对待自己，战胜身处逆境的种种困难，坚持不懈地努力学习，勇于探索和进取，因而取得卓越成就，成为一代人才。

（一）求实的哲学观

在哲学观上，杨慎批评和改造了程朱、陆王的理学观，在此基础上提出他的"求实"哲学思想。杨慎指出："万物中，皆有元气。"③"元气者，天地之极。"他用"元气"，这个自先秦以来就被许多唯物主义哲学家作为自然观基础的最高哲学范畴，代替了宋明理学家的"理"或"心"。④他用"元气"构成万物，把"元气"作"天地之极"。在坚持"元气"是天地万物产生的根

---

① 黎学锦：《续修会府书院考棚碑记》，道光《保宁府志》卷一一《舆地·公署》。
② 咸丰《阆中县志》卷一《衙署》。
③ 《升庵外集》卷四六。
④ 《丹铅总录》卷一二。

源时，开始了对宋明理学家们的太极、道器、理气的批评和改造。

杨慎坚持"元气"论，除批评和改造了宋明理学的太极、道器、理气等范畴外，他还从提倡"实事"、反对空谈的"求实"思想出发，对明代只知抄袭宋人语录，"学而无实"和"无用"的学风进行了批评。他说："予尝言：宋世儒者失之专，今世儒者失之陋。失之专者，一骋己见，扫灭前贤；失之陋者，惟从宋人，不知有汉唐前说也。宋人曰'是'，今人亦曰'是'。宋人曰'非'，今人亦曰'非'。高者谈性命，祖宋人语录；卑者习举业，抄宋人之策论。其间学为古人诗歌，虽知效韩文、杜诗，而未始真知韩文、杜诗也。不过见宋人尝称此二人而已。"①针对明代考试制度的弊端，杨慎提出了读书求学，不应该只限于儒家的一经、一史和宋儒的语录、注释，而应该"贯通经史"和"穷究经史本原"，不应该只停留在宋儒的认识面前，而应该通过宋儒更进一步地了解先秦汉唐学术上的各种成就。杨慎说："先辈读书博且精，不似后生之束书不观，游谈无根也。"②

另外，他主张"性情不离"，反对"灭情复性"和恣欲纵情。杨慎在同意人有共同的本性和情感时，他既不同意孟子的"人性善"论，"言性不及情"，也不同意荀子的"人性恶"说，"言情不及性"，也反对扬雄、韩愈的"杂性情而言"的人性论。而他主张人的性和情是不能分离的，认为只有"合性情言之"，才是正确的。

杨慎"求实"哲学的各种观点和主张，明显是针对宋明理学的，杨慎是明代反理学的先驱人物。他对理学的抨击和提倡"求实"哲学，为他的治学思想和文学思想打下了哲学基础，也为明清实学思潮的兴起开辟了道路。

（二）辩证的治学观

在治学上，杨慎具有一套卓越的方法，运用辩证观点正确解决治学上的一些重要问题，在其诸多著作中，留下了他的认识和实践总结。

正确认识"先天"与"后天"的辩证关系。杨慎指出："士之有所卓立，必借国家教养、父兄渊源、师友讲习，三者备而后可。"③意思是说，一个人要取得卓越的成就，必须具备三个条件，即：国家的教育培养，家庭的影

---

① 《升庵全集》卷五二《文字之衰》。
② 《升庵全集》卷五二《邵公语》。
③ 《升庵全集》卷四二。

响熏陶，师友的砥砺切磋。这些都是后天条件。他又指出："资性不足恃，日新德业，当自学问中来。"①即是说，天资再好也不能依赖，道德事业上要有所成就，只能从后天的学习而来。他认为，即如孔子这样的大圣人，其过人的才艺见闻，也是从学习中来的。他勉励晚辈："耻问自足，虚疑满腹，难字胶口，滞义张目。周公为相，朝读百篇；孔子晚年，三绝韦编。不愧于人，不畏于天。"②在"博"与"约"上，杨慎主张先应博览，以求得丰富知识。他指出："江源其出如瓮，而能滔滔万里达海，所受者众也。问学者可以观矣！"③他强调"观书所以贵乎博"，"好则博，博则精，精则神，神则化"。在"博"与"约"的关系上，他说："多闻则守之以约，多见则守之以卓；寡闻则无约也，寡建则无卓也"；"博我以文，约我以礼，无文则何以为礼，无博则何以为约。"④这些言语清楚地说明了，"博"是"约"的基础，"约"是"博"的概括和提高。

在书本与实践的关系上，杨慎既肯定从书本取得间接知识的重要性，也强调从实践取得直接知识的重要性。他以作诗说明读书的重要性："三百篇皆民间士女所作，何尝捻须，今不读书而徒事苦吟，亦何益哉！"⑤即古代劳动妇女由于生产、生活实践，所以能吟出传诵千古的诗篇；既无实践，又不向别人学习读书，是写不出有价值的诗和文学作品的。杨慎对于书本与实践有过精辟的阐述："讽诵遗言，不若亲承音旨，想望风采，不若式瞻仪刑，言闻不若见也。言之于口，不若会之于心者其旨深，玩之于书，不若体之于身者其理实，言知不若行也。"⑥这段话富于哲理，意义深刻。既肯定间接得来知识的必要，更强调从实践直接获取知识的重要。取得博而约的知识，最终目的是用来"行"的，即是通过学习来认识世界，认识世界的目的，正是为了改造世界。

在"墨守"与"创新"上，杨慎曾指出："予尝言人不可不学，但不可为讲师，溺训诂。"⑦即前人的见解先要理解清楚，才能辨别其正误，当然也不

---

① 《明史·杨慎传》。
② 《升庵全集》卷六八。
③ 《升庵全集》卷七六。
④ 《升庵全集》卷二。
⑤ 《升庵全集》卷六五。
⑥ 《升庵全集》卷六二。
⑦ 《升庵全集》卷四八。

应囿于前人，应根据时代的要求，有所发现，不然社会将停滞不前。

（三）独特的文学观

杨慎被誉为明代著名的文学家，其"记诵之博，著作之富"，广涉天文地理、经史百家、诗词歌赋、稗官小说、典章制度、音韵训诂、弹词戏曲、金石书画、草木虫鱼、医药星卜、民俗俚谚等各个领域。他反对"台阁体"的粉饰太平和空洞无物的文风，倡导"求实"学风并提出"人人有诗，代代有诗"的文学思想。他的这种文学思想源于其哲学观，既反对"以六经为注脚，以空索为一贯"的"霸儒"主义，又反对"专于考索""记诵""割裂""以杂博相高"主张以"元气"为本体，坚持从实际出发的求学、作文、作诗的根本方法，认为诗与文是人们的思想感情对客观现实生活的反映。

杨慎在"诗史"问题上倡导"主情"的诗歌本质论，用比兴手法来为诗歌进行尊体。他承认诗史有互通之处，《经史相表里》谓："苏老泉曰：经以道法胜，史以事辞胜。经不得史，无以证其褒贬；史不得经，无以要其归宿。言经史之相表里也。元儒山东云门山人张绅士行序定宇陈氏《通鉴续编》，衍其说云：史之为体，不有以本乎经，不足以成一家之言；史之为体，不有以本乎经，不足以为一代之制。故太史公之史，其体本乎《尚书》；司马公之《通鉴》，其体本乎左氏；朱子之《纲目》，其体本乎《春秋》；杜佑之《通典》，其体本乎《周礼》。惟《易》《诗》之体，未有得之者而韩婴之《韩诗外传》，邵雍之《皇极演易》可谓杰出矣。此论甚新。余尝欲以汉唐以下事之奇奥罕传者汇之，而以苏、李、曹、刘、李、杜、韩、孟诗证之，名曰《诗史演说》。"①但是杨慎指出诗歌的特点是吟咏性情。在表现手法上，诗歌以比兴手法为主导，史书以铺叙为主导。

在诗史问题上，他还强调"含蓄"的诗歌审美论，反对诗歌的散文化倾向。他认为诗贵含蓄，含蓄是诗人们孜孜以求的完美境界。含蓄就是含而不露，耐人寻味，"皆意在言外，使人自悟"。用极少的具体可感的艺术形象，来表现极丰富的生活内容和思想情感，给读者以想象的空间。如果诗歌中太多直抒胸臆，作者的意旨一览无余，也就失去了诗歌的美感和精神上的享受。杨慎对于文学的真实性是极为重视的，其《升庵诗话》中大量运用诸如"真""实""自然"等词汇即是证明。

---

① 《升庵集》卷四七。

在小说观方面，杨慎首先是秉承了汉魏以来重道尚实、崇实疾虚的传统史家小说观念。其在《丹铅续录》卷之五"小说"条中论及汉、唐、宋小说时指出："说者宋人小说不及唐人，是也。殊不知唐人小说不及汉人。"受史家小说观影响，杨慎还十分重视小说的佐证功能。自古以来，历代文人都轻视六经之外的学问，杨慎则兼采众长，肯定了作为"稗官野史"之小说的重要文献价值。他在《跋山海经》记载的自己和薛君寀等人关于今人应读何种古书的探讨中，就十分明确地指出："六经五谷也，岂有人而不食五谷者乎？虽然，六经之外，如《文选》《山海经》食品之山珍海味也，徒食谷而却奇品，亦村疃之富农，苟訑者或以羸马老羝目之矣。"

北宋范仲淹在《岳阳楼记》中有这样一段慨叹：居庙堂之高则忧其民，处江湖之远则忧其君。是进亦忧，退亦忧，然则何时而乐耶？其必曰："先天下之忧而忧，后天下之乐而乐。"谪居云南的杨慎也少不了这种情结，在四川新都桂湖公园升庵祠，有这样一联："烟波送客，风月含情。沧桑变，屡易规模，故址遗基，尚存太史千秋迹"；"桂枝留人，荷花招我。鞍马闲，流连光景，先忧后乐，惭愧希文一片心"。

上联写出了故乡人对杨慎的怀念和尊重，下联感叹了杨慎的遭遇和先忧后乐的知识分子情怀。联中的太史指杨慎，希文指范仲淹。纵观杨慎的一生，该联倒也真实、恰当。

可以说，杨慎当之无愧地被称为我国古代著名的学者、诗人和文学家，他对哲学、史学、天文、地理、医学、生物、金石、书画、音乐、戏剧、宗教、语言、民俗和民族等学科都有极深的造诣。但杨慎一生最为后人尊敬和为中华民族的最大贡献，却是他的开拓南疆，融云南边疆土地和南疆各族人民于中华民族大家庭的巨大功绩。杨慎与抗倭将领戚继光他们一文一武，同为明代最杰出的民族英雄。

总的来看，明清时期巴蜀地区的科举考试虽然有诸多弊端，如考试内容、考试方法等都在一定程度上控制了人们的思想，阻碍了科学的进步，影响了士子的学风等，但它也有一些积极方面的作用。首先，科举制度成为明清时代选拔人才的最完备的重要手段，为明清王朝选拔了大量的统治人才和高官。其次，科举制度促使巴蜀地区人才辈出。科举考试既是出官入仕的竞争，也是知识水平、思想水平和能力的竞争。八股文束缚人的思想，但作为一种文体，也有效地考察了考生的文化知识基础和写作技能。通过这样的考试，可以把学子们引导到文化知识的学习和竞争上来。参加乡试和会试的巴蜀士子中，的确有不少出类拔萃、才华横溢的精英，出现了不少文学家、思想家、教育家、诗人等。如明代直臣兼诗人和学者新都人杨慎、清代丹棱的文学家和教育家彭端淑、罗江的李调元等都是举人、进士出身。再次，科举制度推动了巴蜀地区的文化教育事业的发展。科举考试是以学校为依托的。明清时期，巴蜀地区一些有识的地方官员和乡绅等都希望本地区多出人才和文化发达，因此，促使他们重视地方学校的兴办以及诸多书院的创办和修缮。这样一来，不但促进了巴蜀古代优良的文化教育传统的继承和发展，同时也为科举选拔人才提供了物质基础。

第三节　明清时期巴蜀的少数民族教育

明清时期，巴蜀地区生活着为数众多的少数民族，其中主要有羌族、回族、藏族、彝族、土家族、苗族等。从分布情况看，巴蜀地区西北部岷江、涪江上游及附近的茂州卫、松潘卫、龙安府、石泉县等地主要分布着羌族，俗称阿坝人。巴蜀地区西北部为藏族聚居地，主要分布于两个区域，一是松潘（今阿坝），二是朵甘（今甘孜），栖息于草地上的以游牧为生，聚居在山坡河谷地带的则从事农耕，并兼营牧畜；巴蜀地区的彝族主要集中在大凉山一带；巴蜀东南为土家族和苗族聚居地，从元朝到明清都在这里实施土司制度；另外，明代凉山一带生活着两支少数民族，乌蛮与西番。

这些少数民族主要分布于巴蜀地区的偏远地带，在独特的地域环境下，发展了自身的文化，同时又不断接受汉族文化的影响，共同形成了中华民族灿烂的古代文化。从历史发展角度看，这些少数民族地区的教育与土司制度和随后的改土归流这样一些重大社会发展背景有密切关系。

一、土司制度下巴蜀的民族教育

（一）土司制度对民族教育的影响

明清时期，特别是明朝，根据王朝的"因俗而治"的民族统治政策，为了加强对多民族的巴蜀地区的统治，明清王朝在巴蜀少数民族地区大力推行土司制度，先后在巴蜀地区建立了十五个土司地区。如：羌族分布地区是较早实行土司制的地区，明朝设有茂州卫、松州卫，后改为指挥使司、安抚司，下辖千户所、长官司,清初设安抚司、长官司、巡检司加以统辖管理;清初在藏族聚居区加封了许多藏族土司;金沙江上游纳西地区,也实行土司卫所制度,有"五所四卫"之称;等等。土司制度是明清封建王朝在少数民族地区分封各族首领世袭官职,以统治当地人民的一种制度。其主要特征是"以土官治土民",即封赠边疆各族首领官爵以统治本族人民的办法。土司制度是中国封建社会特定的历史时期、特定地域、特定条件下推行的一种特殊政治制度。土司政权是在这些落后的少数民族经济基础上产生并与之相适应的上层建筑,从而达到加强统治的目的。

土司制度对巴蜀地区少数民族教育产生了重要影响。一方面,土司制度对民族地区的儒化教育依附于各少数民族传统的社会政治制度上,不改变各少数民族原有的社会制度和等级结构。如在少数民族地区设立的府、州、县和卫所学的入学对象往往是当地少数民族上层子弟,他们并享有选贡和应试的特权。土司制度把接受学校教育作为土官子弟世袭的必要条件,而广泛设立的带有浓厚教化性质的社学其教育对象往往是少数民族下层子弟。另一方面,对各民族原有的生产技能与生活习俗的教育没有产生大的冲击,对各民族原有的宗教信仰和民间文化也不做过多改变,以一种平稳的方式将儒家教育与各民族传统教育结合起来,甚至为了减少统治成本、提高统治效果,充分利用民族传统、宗教信仰进行社会教化。朱元璋的一番话指出了巴蜀土司制度的民族教育目的:"边夷土官,皆世袭其职,鲜知礼义,纵之则顽,不预教之,何由能化?其云南、四川边夷土官,皆设儒学,选其子孙弟侄之俊秀者以教之,使知君臣、父子之义,而无悖礼争斗之事,亦安边之道也。"①

(二)土司制度下的少数民族儒学教育

对少数民族实行儒化教育是明代民族教育政策的核心内容,其主要措施包括:要求土官子弟入国子监接受教育,在少数民族土司地区建立各种宣慰司儒学、长官司儒学以及府、州、县学、社学、义学、私塾及书院等。

1. 土官子弟可进入最高学府国子监就学

明初,为了笼络归附土司,给予其派遣子弟入国子监的特殊照顾。巴蜀土司制度下土官子弟进入国子监的入学办法大致有特恩、岁贡、选贡三种。土官子弟入国子监始于洪武十年(1377)国子监建成后。据《明会典·礼部》载:

---

① 《明太祖实录》卷二三九。

成化四年（1468），令"土司学，照州学例，三年贡两人"。①以后又重申此例：洪武十八年（1385）、永乐元年（1403）和永乐十八年（1420），先后令云南、广西、湖广、四川、贵州土官衙门，生员有成才者，不拘常例，以便选贡。据《明太祖实录》记载，洪武十五年（1382）十一月，巴蜀普定军民府知府者额辞归，朱元璋谕令："王者以天下为家，声教所既无间远迩，况普定郡密迩中国，慕义来朝，深可嘉也，今尔既还，当谕都酋长，凡有子弟皆令入国学受业，使知君臣父子之道，礼乐教化之事，他日学成而归，可以变其土俗同于中国，岂不美哉！"②而在洪武十七年（1384）普定军民府知府者额派其子等十六人入国子监学习。

土官子弟入国子监，在洪武二十年（1387）后不仅数量增大，而且还受到优待，《明实录》和《南雍志》中关于这方面的记载较多，如洪武二十三年（1390），巴蜀建昌卫有四十二人入国子监。洪武二十四年五月，"赐国子监生僧保等五十四人夏衣各一袭，僧保等皆云南、建昌土官子也"③。同年六月，"国子监生乌荣等以病乞归，赐钞遣还，荣等皆四川建昌土官子也"④。明代对土司学校实行选贡始于洪武十八年，时令云南所属学校的生员，不必拘泥于岁贡法，从便选贡，而永乐元年，又令广西、四川土官衙门按照云南例选贡。⑤弘治十三年（1500），令其云南、四川、贵州等处，除军民指挥使司儒学军民相间一年一贡，其余土官及都司照先年奏准事例三年二贡。对于巴蜀地区少数民族入学选贡人数，朝廷根据当地教育实际给予一些较宽的政策，一般不做强制性要求。洪武年间曾明确要求不必拘泥于岁贡，根据当地实际情况便宜而行，而后来则要求考选生员以充贡，即由以前的选贡改为考贡。

这些入学的土官子弟直接接受京城先进文化的熏陶。在校期间，明政府对他们的学习予以关照，这些经过明政府精心培养的土司子弟，能更好地维护明王朝的统治利益。

2. 土司统治地区儒学创办与发展

由于国子监能容纳的土司子弟终究有限，因此，除少量的少数民族上层子

---

① 《明会典·礼部三十五》卷七七。
② 《明太祖实录》卷一五〇。
③ 《明太祖实录》卷二〇〇。
④ 《明太祖实录》卷二〇九。
⑤ 《明太祖实录》卷一九七。

弟入国子监接受教育外，按明王朝府、州、县学之例，在巴蜀土司地区设立各种儒学，使更多上层子弟和一些少数民族平民子弟接受教育。

明朝土司制度下少数民族地区的府学，有些是在元代所办学校的基础上重建起来的，如巴蜀乌蒙军民府儒学是在元朝学校基础上重建的。《明宣宗实录》载："宣德八年（1433）三月设四川乌蒙军民府儒学，置教授一员，训导四员。先是，同判黄甫钺奏：'本府前元时设学，今文庙犹存，每岁春秋府官祭祀，无教馆生员典礼。宜仍设学校，除授教官，选取土民俊秀子弟入学读书，庶使远人通知礼义，亦得贤才备用。'"[1]除了重建外，明代还在巴蜀土司地区新创儒学，如四川马湖府学、乌撒土府府学等。另外，在巴蜀少数民族地区还设有相当数量的州学和县学。明代土官地区的卫所学、宣慰司儒学、长官司儒学、安抚司儒学等。有些在元代已有，如四川的建昌卫儒学、永宁宣抚司儒学等。

明代在巴蜀少数民族地区建立各种地方儒学，其种类和范围远远超过历代，其目的除了宣王化、变夷俗外，还有两个比较具体的目的：为少数民族地区培养人才，为科举制度的实施创造条件；培养土司制度的接班人，尽可能地消除土司因承袭问题带来争斗，以保证土司地区的社会秩序和对明王朝的向心力。明代巴蜀少数民族地区儒学的兴建中，地方官吏发挥了极为重要的作用，有些地方儒学几乎全为地方官吏所创办，地方官吏的个人素质和能力在当地儒学的发展中起到了重要作用。如明代巴蜀羌族地区的四所儒学都为地方官吏所建：茂州儒学，由知州刘坚于永乐八年（1410）建，州学草创，"羌民难之，坚集众羌谕以朝廷成俗之意"，羌民"于是遣子弟就学读书"[2]；松潘卫儒学，于明景泰三年（1452）由卫镇守、侍郎罗绮倡建于治东；石泉县儒学，创建于宋绍兴年间，洪武四年（1371）由主簿卢子亨重建，弘治十六年（1503）由知县林贵重修；汶川县儒学，明洪武十五年（1382）千户焦宽请建，正德二年（1507），崔哲以进士调官来威，重建学校兴文庙，羌民相与遣兄弟子员，岁增二十人。

土司制度下的巴蜀少数民族学生进学采取就近入学原则，在未设学的土司地区，土官子弟则到设有儒学的土、流官府、州、县儒学附读。万历四年

---

[1] 《明宣宗实录》卷一〇〇。
[2] 道光《茂州志》卷二、卷三。

（1576）规定，广西、四川、云南等处凡改土为流州县及土官地区建有学校者，须是真正土人，方准入校附读，不许各处土民滥入。随着土司地区社会政治、经济的发展及改土归流的原因，某些原来附读的府、州、县建立了自己的儒学，才结束了本地区生员附读别处的历史。

在教师方面，巴蜀土司少数民族地区的儒学教师同汉族地区儒学一样，一般由吏部统一选除。为少数民族地区儒学择除教师，需考虑语言问题，如果朝廷所指派的教师不通当地语言，影响教学，甚至影响学生的入学。鉴于此，当少数民族地区官员向朝廷提出为当地选除通晓民族语言的教师时，朝廷也尽可能予以考虑。如宣德年间，巴蜀永宁宣抚司宣抚奢苏奏请朝廷将原来永宁儒学生员，后选贡入国子监读书的李源选除为永宁宣抚司儒学教职，称"本司儒学生员俱土獠夷人，朝廷所授教官语言不通，难以训诲。源资质敦厚，文学颇晓，训诲诸生，庶有成就，后下令除授李源为巴蜀永宁宣抚司儒学训导"①。

明代，政府虽然在原则上对各类儒学教师数量有规定，但后来由于种种原因，在一些土司地区的儒学教师数量并没有按规定设置。另外，由于战争破坏、经济发展水平低、人口较少或学生量太少。明王朝也常常对土司地区儒学教师进行裁减。如嘉靖三十八年（1559）五月，裁四川盐井、宁番等卫、酉阳宣抚司、播州宣慰司、松潘卫九姓长官司各儒学训导一员，龙州宣慰司儒学训导二员。②

土司制度下巴蜀少数民族地区儒学的大量设立，为这些地区实施科举考试奠定了基础。由于少数民族地区大多地处偏僻，交通不便，加上政治、经济和文化上的特殊性，这些地区推行科举考试也采用了特殊措施，如"就近乡试"，准许未举行乡试或路途遥远的少数民族地区的应考生员可前往附近汉族地区参加乡试。又如"附搭合并"，即将未单独举行乡试的少数民族地区的考生附搭于另一个开设乡试的汉族或少数民族地区。除此之外，政府适应少数民族地区教育发展的状况，不断增加少数民族地区乡试录取名额，并给予少数民族考生一些优惠政策。

（三）土司统治地区私学教育和书院发展

巴蜀少数民族土司地区除了分布由大量儒学主要承担儒化教育外，这些地

---

① 《明宣宗实录》卷一一五。
② 《明世宗实录》卷四七二。

区有许多私学及书院也承担着文化启蒙及人才培养的责任。这些私学和书院或由地方政府所创办，或由学者或民众出资创办，其内容涉及明代诏诰律令、冠婚丧祭之礼、识字、行为习惯的养成、儒家经书等方面。

这些地区的私学包括多种类型，如义学、社学、小学、家塾、私塾、蒙馆等。明代巴蜀大多少数民族土司地区都设有小学，当时巴蜀地区共有一百六十所小学，其中相当部分设立在少数民族聚居地区，直接对少数民族儿童实施教育，主要学习《三字经》《百家姓》《千字文》之类的普及读物，并学习《御制大诰》、明代律令及冠、婚、丧、祭之礼等。当时少数民族地区的小学以社学为主，少数民族的社学起着"变夷俗""正人心"的作用，如宣德六年（1431）巡按四川监察御史王翱上奏："四川诸府县社学久废，民不知教，所以争讼多而礼让少。若依洪武中事例，不问土官衙门，俱设社学，使民夷子弟皆知读书，则礼义兴行，风俗归厚。朝廷下令恢复巴蜀所属府州县乡里社学。"①

土司地区的小学（包括社学）教师选用，或由地方官和提学官聘任，或由地方推举而由地方行政部门考核，民族地区的社学教师，或由府州县儒学之生员担任，或由地方有一定文化知识的人士担任。

总的来看，巴蜀土司地区的少数民族设立的以大量社学为主的私学教育，尽管分布不太均衡，兴衰无常，但这些私学无疑为上一级儒学提供了生员，对少数民族地区的文化启蒙起到了重要推动作用。

这一时期，巴蜀少数民族土司地区的书院也得到了一定发展。少数民族书院的发展状况同其他地区书院基本一致，大多建于嘉靖、万历年间，主要创办形式为官办和私办公助。这些民族地区的书院也为当地文化发展以及少数民族人才培养做出了积极贡献。

（四）土司统治地区的医学与阴阳学发展

明朝在巴蜀少数民族地区设立学校除了主要承担儒学教育和社会教化的各种私学与书院外，还有两种政府创办的特殊教育机构，即医学和阴阳学。设立医学的原因是，少数民族地区大多交通不便，瘴疠之病较多，因而医学的设立更加重要。据《明太宗实录》载："永乐四年（1406），设四川天全六番招讨司医学。时招讨高敬让言其地瘴疠疾病者多，乞开设医学，降印授官。又

---

① 《明宣宗实录》卷七九。

言土人钟铭精通医学，乞命为医学官，从之。以铭为典科。"①又据《明宣宗实录》载："宣德九年（1434），四川总兵官都督金事方政奏便宜五事，其一是：松潘等处军民指挥使司未立医学，军民有疾，则往茂州医学请药，相去五百余里，乞开设医学，以本卫通医余丁夏宏任职，上皆从之。"②

洪武年间，还在巴蜀少数民族土司地区设立阴阳学，如洪武二十八年（1395），置四川盐井卫军民指挥使司儒、医、阴阳学官。③而在永乐年间少数民族地区设立的医学和阴阳学主要有：永乐九年（1411）设四川永宁宣抚司、九姓长官司阴阳、医学。④在宣德年间，设有四川天全六番招讨司阴阳学，置阴阳正术一员，从招讨使杨钦所奏。⑤正统十三年（1448）于四川马湖府沐川长官司设医学，置医学训科一员。⑥

（五）基于各民族文化传统的土司统治地区的教育

除了以上各种教育形式外，巴蜀少数民族土司地区还有各民族特殊文化传统上学校教育，它们传承本民族文化传统，培养适应本民族社会发展的各种专门人才。

1. 羌族地区教育

羌族是巴蜀地区一支极具独特性的重要少数民族。根据汉化程度的不同，明清羌人有"熟番"与"生番"之别。不过，当时的岷江上游并不单单是羌人的地盘，与羌人杂居的，还有西番、秃鲁卜、降胡（明代的另一些少数民族）及汉人。此外，一些独来独往的羌族部落也在这里出没无常，如石泉一带的白草羌（大约在今天北川县、松潘县一带），叠溪一带的杨柳羌（今茂州一带）、草坡羌、黑虎羌、罗打鼓羌等，这些羌族独立于明王朝统治之外，动辄掳掠明朝村寨，明王朝每每欲除之而后快。明代羌族部落虽多，他们的风俗与面貌，却又一脉相承。羌族"以白为善，以黑为恶"，白天在外狩猎耕作，晚上就回"碉房"居住。羌人好武，族人皆以死亡与搏杀为荣耀。部落遇到大事，则由巫师烧炙羊髀骨，观测纹路，决定战争与和平，这种占卜习俗在巴蜀

---

① 《明太宗实录》卷四〇。
② 《明宣宗实录》卷一一三。
③ 《明太祖实录》卷二三六。
④ 《明太宗实录》卷一一六。
⑤ 《明宣宗实录》卷四一。
⑥ 《明英宗实录》卷一六四。

地区曾经盛极一时。

明清开国伊始，统治者在巴蜀广大羌族聚居地区采取与本民族政治经济发展相适应的文化教育政策，其中包括：对入贡归附的土官一律允准其承袭原有称号，完善了当地的土司制度，维护了羌族地区的稳定和民族间的和谐；设立儒学，使羌族遣子弟就学读书，从而使当地文化得到了发展。土司制度的推行促进了羌族地区社会经济发展，同时也推动了羌汉人民的文化交流。

在儒学教育方面，明清统治者为使包括羌族在内的各少数民族"变其土俗，同于中国"和"正人心，厚风俗"，不仅要求各少数民族将其子弟送往国子监或省内府州县学接受教化，而且羌族地区地方官也开始重修或新建州厅县儒学，倡导"文人入仕必先入学"，要求羌民"遣子弟就学读书"。如洪武四年（1371），石泉县主簿卢子亨恢复旧制重修县儒学，永乐八年（1410）茂州知州刘坚草创州儒学，景泰三年（1452）松潘卫镇守罗绮倡建卫儒学，嘉靖二年（1523）提学副使张邦奇奏设汶川县儒学等。这一时期的羌族地区儒学在管理上皆由地方政府管理；在教学内容上，羌族地区儒学以"四书""五经"为主，并且都以科举考试为目的，羌民子弟参加科举考试在内容及取额方面都与汉族子弟有所区别。儒学的经费主要靠本地乡绅资助，有的儒学还设有学田、学地，以年收地租维持开支。

羌族地区社学与义学教育。明王朝多次诏令"更置社学"和"复兴社学"，但羌区社学之置既迟缓又有限。如茂州直至隆庆间，知州张化美才分别在城内和南明门外各立社学一所。社学招收八至十四岁的"贫而好学者"，由官方"给以馆谷，俾司训课"。教学内容除《三字经》《百家姓》和《千字文》外，还以诰谕律令及冠、婚、丧、祭等礼节教民间子弟，导民善俗。学童中如有俊秀者，则许补儒学生员。清康熙起，因政府提倡，羌区开始设立义学，并日渐酿成替代社学之势。据地方志的不完全统计：道光初茂州已有五所，石泉八所；同治间又有松潘两所，理番四所。义学多系官倡民办，教员薪俸或由地方官捐资生息支付，或靠学田义仓租谷维持。义学作为启蒙教育的重要形式，以教贫寒子弟为主；教学以识字、写字、对课及封建伦常为主，没有固定的学习年限和严格的教学制度，主要为个别教学，注重背诵，盛行体罚。

社会教育是羌族地区教育的重要组成部分。羌族通过多种途径和手段，借助于丰富多彩的内容进行多方面的社会教育。在教育途径方面，如儿童教育通过游戏和成人口耳相传以及儿童对成人实际行动的观察和模仿进行教育；官府告谕、村寨议话制和订立乡规民约，歌曲和舞蹈也是主要教育途径。在教育内容上，涉及民族历史教育如《羊角花的来历》《羌戈大战》等反映古代羌人历史的材料；宗教信仰教育、道德伦理教育、尚武、爱美与卫生习俗教育也是羌族社会教育的重要内容。

2. 回族地区教育

明清时期，巴蜀是回族在散居区分布较多的省份。广元、西昌、成都、阿坝、青川等地都有分布。由于回族有其独特的文化传统，其教育模式不同于其他民族。回族经堂产生于明代后期，它是一种以伊斯兰文化为核心特征的宗教教育形式。经堂教育是一种在清真寺里，招收穆斯林子弟学习伊斯兰教义、教法等基本宗教知识，培养宗教接班人和穆斯林专门人才的特殊教育制度。经堂教育包括大学、中学和小学三种形式。经堂教育始于16世纪陕西，后以陕西为中心发展成为一套相对完整的民族教育体系，巴蜀的经堂教育随着回族的迁入而不断兴盛。

在巴蜀地区有多座清真寺，凡有条件的都办有阿文小学。如成都、阿坝、隆昌、内江、彭水、万州、开县、阆中、青川等地都设有阿文小学。回族儿童年满六至七岁皆可入学，主要任务是向回族儿童和少年进行伊斯兰宗教知识的启蒙教育，学会念清真语，学习穆斯林关于沐浴、礼拜、斋戒等宗教礼仪常识，并学习简单的阿拉伯字母拼读。办学经费多由回民自筹，或从清真寺财产中支付。灌县南街清真寺、成都皇城寺、武胜沿口清真寺等不仅设有经堂小学，还设有大学，主要以大学为主，大学生要系统学习阿拉伯语和波斯语语法、文法、修辞、教法、《古兰经》等内容。有些清真寺还设有中学，主要为年龄较大但宗教基础较低的穆斯林举办的类似于补习性质的成人教育。

巴蜀回族经堂教育的发展，弘扬了伊斯兰文化，使伊斯兰教在回族社会中得以传播，培养了一批宗教职业者，并为巴蜀回族人民留下了宝贵文化遗产。但是，经堂教育也存在着一定局限性，学生的招生无统一标准，主要取决于经师的态度，教学内容取决于经师的兴趣，教育管理体制不完善，因而发展具有一定的盲目性，难以提高教育质量。另外，教育内容重宗教知识、轻社会和自然知识，限制了本民族的文化视野和发展。

3. 苗族、土家族教育

巴蜀苗族主要聚居在东南部黔江地区和南部宜宾、泸州二市。这里处于今川、滇、黔、湘、鄂五省交界处，地理位置十分重要。明、清以后中央王朝对苗区的教育内容，主要是宣扬儒家思想。据《明史·土司传》载："明永乐五年，冉兴邦遣部长龚俊等贡方物，中央王朝命隶酉阳宣抚司，并减免四年荒田租。"明代中央王朝在苗区实行卫、所屯田制度，为屯田军士的子女入学兴办大批学校，明王朝答应招收一些苗族上层子弟入学接受汉文化教育，这样使大批苗族知识分子能够成长起来。《明史·土司传》载："先是禄照坐事逮至京得直还卒于途，其子阿聂与弟智皆在太学，遂以庶母奢尾署司事。至是奢尾入朝请以阿聂袭从之。宣德九年，宣抚奢苏奏，生儒皆土僚，朝迁所授官言语不通难以训诲。永宁监生李源资厚学通，乞如云南鹤庆府制授为儒学训导，诏从之。"这就告诉我们，明代土司子女皆进太学读书。

历史上，巴蜀地区苗族、土家族主要分布在今重庆的酉阳、秀山、黔江、彭水和石柱县。元代就在这些地区建立了土司制度，明及清初，土司制度得以完善，中央王朝为加紧实行文化控制，在土司统治辖地大兴儒学，苗族、土家族地区的学校教育状况有了很大改变。明洪武二十八年（1395），明太祖朱元璋下令："诸土司皆立县学。"由于地处偏僻，明成祖永乐三年（1405），酉阳第十二世土司才遣人入朝奏请建立学校。土司统治时期，在中央王朝推行的强制教育措施下，该地区的学校教育日渐壮大起来，但学校教育的涉及面仅限于土司上层领域，对土司统治下的农奴来说则实行愚民政策，土民不准读书识字，"违者罪至族"。一方面，苗族、土家族统治阶层的教育已经普及，他们的知识分子队伍日渐壮大；另一方面，广大土民仍没有接受学校教育的机会，被拒之于学校教育的大门之外。

在官学教育方面，封建王朝对巴蜀苗族、土家族土司推行汉文化学习制度。明太祖洪武十二年（1379）规定，土司子弟必须学习汉文化，否则，不准承袭；明成祖"永乐六年（1408）夏四月，甲辰，设四川重庆府卫酉阳宣抚司学"[1]，强令土官及其子弟学习汉文化。明孝宗弘治十年（1497），明政府重申："土官应袭子弟悉令入学，渐染风化，不入学者，不准承袭。"[2]弘治十四年（1501），明政府再次下令："土官应袭子弟悉令入学，不入学者，不准承袭。"[3]在明王朝的政策强制下，很多土司、土官及其子弟被送往附近州

---

[1] 《明太宗实录》卷七八。
[2] 转引自同治《永顺县志》卷二六。
[3] 同治《酉阳直隶州总志》卷一九。

县求学,如永顺土司子弟"彭象乾寄学于酉阳司学","儒学有才名"。

对苗族、土家族学生规定学习内容。明清封建统治者出于维护统治地位的需要,从有利于土司、土官的"渐染风化"目的出发,苗族、土家族地区的官学教育与中原地区一样颁发经籍,教师"日讲四书周易,拆衷书经传说汇纂、诗经传说汇纂、春秋传说汇纂、三礼义疏、孝经注、性理精义、十三经注疏、二十一史、明史、朱子全书、通鉴纲目、资治通鉴纲目、三编唐宋文、醇渊鉴古文……"①由此可见,儒家经典特别是有关封建伦理的内容是苗族、土家族子弟学习的主要内容。

4. 彝族地区教育

彝族在巴蜀地区主要分布在凉山彝族自治州。元朝时,就在这里设立了"罗罗斯宣慰司",后又在凉山黄茅埂以东大凉山地区设马湖路,隶属于四川省叙南蛮夷宣抚司的管辖。明清时期,继续保留原来的土官统治势力,并采取一些促进这些土司统治地区文化教育发展的措施。

特恩入国子监就读。特恩是明朝初期统治者为笼络归附土司,给予其派遣子弟入学的特殊照顾。洪武二十三年(1390),建昌卫土官安配等遣其子僧保等四十二人入太学。第二年正月,会川、建昌二府土官遣其子王保等七人入国子监。明朝统治者对入国子监读书的彝族土司子弟给予优厚待遇。洪武二十三年五月,朱元璋曾敕国子监:"今西南夷土官各遣子弟来朝,求入太学,因其慕义,特允共请,尔等善为训教,俾有成就,庶不负远人慕学之心。"由此可见明朝对包括彝族的西南土司子弟的优待和照顾。除特恩外,彝族子弟还可以照"常例"通过岁贡、选贡进入国子监。

儒学、义学、社学的发展。为了扩大彝族子弟入学机会,明清政府在巴蜀彝族土司地区广设各种学舍,如雍正年间,建昌府等彝族地区先后设立义学,选取"文行兼优之士,延为塾师,令熟番子弟来学,候学业有成,俾往教生番子弟"。清政府还在彝族地区设立书院,仿汉区乡设立乡一级社学。为克服语言障碍,明清政府允准启用本族人为教职。明代在巴蜀部分彝族地区还有土教官。宣德九年(1434),巴蜀永宁儒生李源以选贡入监,后经明朝准奏,以李源为巴蜀永宁宣抚司儒学训导。清代,先后让部分"熟番"子弟来汉区就读,选取优异者为本族人执教。义学、社学、书院在彝族地区的设立,并采取以本

---

① 同治《秀山县志·学校志》。

族人为教职，对巴蜀彝族文化的普及与教育发展起到了促进作用。

总的来看，明清时期土司制度下的巴蜀少数民族教育发展呈现两条并行不悖的轨迹：一是适应明清王朝的政治统治而实行儒化教育，二是依据各少数民族自身的文化传统而开展的传统民族教育。它们共同承担着传播儒家文化、提高少数民族文化素养的任务。书院和私学教育在宣传儒家教化和提高民族文化素质方面也起到了积极作用。同时，这些少数民族地区的民族教育也存在一定局限性。如语言不通、旧习俗的阻挠，都影响着少数民族地区教育的发展和土官子弟、族人文化水平的提高，并且在就学方面存在着明显的等级差别。土官子弟、富家子弟可以入国子监或土司统治地区的儒学，而广大劳动人民子弟就学机会极其有限，并且只能在条件较差的社学、义学就读。有的土司担心属民学习文化后会起来反抗自己的统治，严禁百姓入学读书。因此土司制度在一定程度上也阻碍了巴蜀地区少数民族教育的发展。

二、改土归流后巴蜀少数民族的教育

"以土官治土民"的土司制度，在历史上曾起过积极的作用。但由于土司对土民的残酷压迫剥削、土司之间的互相攻掠，以及有些土司不服朝廷统辖，各行其是，激化了各种矛盾。到明清之际，土司制度已经出现了严重的危机。正是有鉴于此，明代首先在川南地区实行改土归流，对少数民族地区派遣汉人官员以加强统治，但推行的力度不大，而且受到了较大的抵触，只好采取折中方案，使土官与流官兼治。到了清朝雍正年间，改土归流已势在必行，雍正皇帝下旨在巴蜀地区进行了大规模的改土归流。原来的土司当然不甘心权力的丧失，乌蒙、凉山、东川等处的土司曾进行武装抗拒，后来又发生过大小金川的叛乱，朝廷调集了数省的军队才将其平息下去。乾隆时期又一次进行了大规模的改土归流，包括巴蜀的彝区、涉藏地区、羌族地区，历经嘉庆、道光两朝才基本结束。改土归流促进了各民族之间的交往，增进了各民族之间的文化交流，发展了当地的教育事业。

改土归流后，清王朝对少数民族教育比较重视，在少数民族地区推行"文教为先""怀柔渐化"的民族教育政策，其主观目的是为了更好地推行其"改土归流"的民族统治政策，以维护清政府的统治地位。清政府提倡和优待少数民族弟子入学，明确规定在川边涉藏地区实施"夷民子女无论贫富，六七岁即

需送入学堂，有不入学者，罪其父兄，并罚银两，按其家资科罪"①。另外，广设义学、社学，并优惠少数民族子弟入学，如对川边地区藏族学生入学读书完全免费。另据《清史稿·职官三》载，"雍正元年允四川建昌番夷建立义学"，推行"改土归流，塞外荒区，渐次俱设儒学"。民族学校的广泛创办，是为改土归流而张目。

（一）羌族的教育发展

清康乾以后，由于高度统一的封建专制集权同地方割据的土司制度之间的矛盾不断激化，乾隆十七年（1752）至道光年间（1821~1850），在羌族地区大规模实施改土归流（废世袭的土司制，代之以封建王朝的州、县流官直接统治），陆续将完成改土归流地区的羌民划入汉族。如乾隆五十一年（1786），茂州营属桃花等十八寨编入汉户。改土归流的实施，不仅开始了统治者对羌族地区的直接管理，促进了封建地主经济的租佃关系日益确立，推动了羌族地区经济的进一步发展，也使羌族与汉、藏、回等民族在政治经济和文化教育方面联系与交流日趋频繁，其内容日渐丰富多样。伴随着交通的开拓、文化教育交流的扩展和改流政策的推广，羌族地区的州、厅、县儒学逐渐发展，社学、书院等机构日趋增多，文明程度不断提高。清中叶，不少羌族人民已"言语衣服悉与汉同，亦多读书识字之人"②。社会教育是这一时期"化民善俗"的重要方面。

改土归流后羌族地区儒学教育获得了进一步发展，并逐渐融入汉区。同汉区一样，羌族地区的州、厅、县儒学的教学内容也是以"四书""五经"为主，并都以科举考试为目的。明清土司制度下，羌民子弟参加科考在内容及取额上都与汉族子弟有所区别。而雍正八年（1730），松茂道郑其储题准羌民与汉"一体考试"。此后，"卷面不必分别汉羌，取额不必加增，一体凭文去取"。③羌族地区的州、厅、县儒学也同汉族地区学校一样，制定有学规教条，以使诸生能上报国恩，下立人品，养成贤才以供朝廷之用。

乾隆时期以前，羌族地区书院并未得到很好创建和发展，直到改土归流后，即乾隆中后期，羌族地区书院才开始逐渐兴起。这一时期的主要书院有：

---

① 《康定县图志》，第27页。
② 道光《茂州志》卷二。
③ 同治《理番厅志》卷四。

嘉庆十八年（1813）理番同知徐廷钰创建的华岩书院，道光七年（1827）茂州州官刘辅廷改建的九峰书院，道光八年（1828）始建于汶川兴仁场的储秀书院，以及松潘岷山书院和锦屏书院等。书院的经费主要靠地方官府所置学田地租和地方官吏维持，并辅以官绅倡捐筹款和贷商生息作为节仪及诸生膏火。有的书院还通过"斗捐""称银"补充经费，如茂州九峰书院作为当时地方最高学府，酒、油、盐行的经纪人每年要向书院纳数十两称银，米市设有斗捐，归书院开支。官府对书院山长、讲席多以礼相待。也正是由于清代羌族地区的书院从创办伊始就处于官方控制之下，因而同汉族地区一样，羌族地区的书院也是读书应试、训练八股的场所，流为科举的附庸。

（二）苗族的教育发展

清代在苗族地区实行改土归流以后，在各府、州、县都建立了地方学校。在苗区开设"苗学""义学"，规定各府、州、县每次考试时录取若干苗族考生，"以示奖拔"。这些措施大大鼓舞了苗族子弟入学读书的积极性。在《治苗论》中就指出：治理苗区除了采取适宜的政治、经济、军事措施外，还应加强民族教育，"然不申之以教，其心未格也"。于是便提出"添修苗馆""延师教读"等措施。且又规定读必"四书""五经"，言必孔子、孟子。此外，还组织了固定和流动相结合的"宣讲台"，即组织一些通苗语识汉文的人在城镇街头或墟场集市宣讲圣旨、圣谕，宣讲政府法令，解释孔孟学说，等等。傅鼎直言不讳地说，对苗人的这些教育，是"施儒教而易其性"[①]。这就足以说明，傅鼎在苗族地区办教育的目的是，通过封建主义思想改造，把苗人彻底"驯化"过来，使之同化为汉族，从而巩固封建君主专制，保障统治阶级的特权和极大利益。同时也确实反映了清朝的民族教育政策，在普及文化方面具有一定的进步性，且在实施过程中也收到一些预期效果。

另外，改土归流后，清政府放宽了苗族地区的科举政策。如在苗族地区专设苗族学额制度，在苗学教育中，坚持自愿和鼓励的原则，如不愿考试，不必勒令应试。同时不准土官阻挠苗生参加考试。但是，随着土族士子的文化水平提高，出现了部分"熟苗"，雍正十三年（1735），就取消了苗族生童的另额取进政策，苗汉一体凭文取中。

实际上，改土归流后，清廷加强苗族教育的主要目的是作为"振励之要

---

① 《凤凰厅志·苗防二》卷二。

务":第一,以"敷训导民"为宗旨,灌输封建礼教,强调"从化"而不注重人才培养,重视土司子弟教化而不重视文化知识的普及。要害在于灌输"君臣父子之道",以达"礼乐教化之事",实际上是一种奴化教育。第二,教育的基本内容是儒学,用汉语文化"同化"少数民族,使之"变土俗而同于中国"。第三,以仕途为诱饵,一方面用"不入学读书习礼不听保袭"的政策强迫土司子弟读书;另一方面则专设民族学科,以造就封建统治的接班人。

（三）土家族的教育发展

清雍正十三年（1735）,在巴蜀土家族区实行改土归流,废除土司制度,同时废除了元明以来"蛮不出境,汉不入洞"的禁令,以及不准土民读书识字的规定,在各府县设立考棚,开科取士,以及"土三客一"、多取"土童"、少取"客童"为原则,鼓励土童入学。这样一来,土童便踊跃应试,使土家子弟学习成为风气。在清王朝的倡导下,书院相继设立。如酉阳于乾隆元年（1736）建立龙翔书院,后又建立二酉书院、酉西书院、龙潭书院;黔江于乾隆十九年（1754）筹建三台书院,后又建立墨香书院。

土家族地区的义学办学形式多样,有官办、官民义捐办、个人创办等。由于就读者不必缴纳学费,故称"义学"入学年龄多为七岁,以读书识字为主,是土家族地区初等教育的重要组成部分。据《永顺府志》载:乾隆五年（1740）,详准永顺府属之永顺县设义学三处,保靖县设义学四处,龙山县设义学两处,桑植县设义学三处。每年赴藩库领银给馆师各十六两。①嘉庆二十一年（1816）酉阳设义学八处;道光年间,黔江县设义学三处,彭水县设义学八处。

广泛设立的学校教育机构为广大的土民接受教育开辟了途径。由于学校的兴办,使土家族地区"文治日新,人知向学",不仅有产之家的子女可以入学,甚至"寒伦之家,亦以子弟诵读为重"。同时清政府对土家族也采用开科取士的科举制度,道光元年（1821）,酉阳州修建考棚,清廷为鼓励"土童"入学,以"土三客一"的比额为原则优待土童。学校数目的增多,土民入学的人数增加,标志着土家族学校教育从上层走向了民间。改土归流政策既减少了土家族同汉族之间的矛盾,又有利于巴蜀地区土家族同其他民族社会经济发展。土家族无本民族文字,普遍使用汉字,大力兴办书院、义学,大大提高了

---

① 乾隆《永川府志·学校》卷五,乾隆二十八年刻本。

土家人的文化水平。

（四）彝族的教育发展

清朝巴蜀凉山彝族地区"改土归流"后，清政府进一步加强了对这一地区的控制，削弱了土官势力。改土归流促进了彝族地区与内地各民族的经济文化交流，也促进了彝族地区的文化教育发展。明清王朝对彝族土司统治地区推行"教化"等文教政策，改土归流过程中，进一步推进了这一政策的实施，成为改土归流的内容之一。在废除土官改设流官之后，在其地设学校、教职、学额，使当地人民"亦有读书应试者"。雍正八年（1730），礼部议复从四川巡抚宪德疏言"新设建昌府，蛮夷杂处，于汉境内择大树堡，照义学例，建设学舍，选取本省文行兼优之士，延为塾师"。

改土归流使彝族广大百姓从封建领主的束缚下解放出来，有了其人身自由。随着学校的建立，科举之门的开放以及彝族地区与内地各民族之间的文化交流的加强，一些彝族子弟获得了入学接受教育的机会，甚至可以通过科举步入仕途。所以，改土归流后入学读书的彝族人数比土司统治时期有所增加。土司制度和改土归流都是少数民族社会发展到一定程度的产物。因一些彝族地区长期处于落后状态，所以直到清末仍未能进行彻底改土归流。但这些地区的土官势力已今非昔比，文化教育也有了明显进步。明清政府改土归流的目的是加强中央对土司统治地区的控制，采取发展彝族文化教育的措施也是为了维护其统治，这就决定了巴蜀彝族地区的教育不可能得到真正的发展。

（五）改土归流后少数民族的科举考试

改土归流后，清政府在巴蜀少数民族地区大兴官学和私学的同时，也在该地区实施科举考试，并采取一些优惠措施。措施一：州县治所建立试院（俗称"考棚"），定期举行科举考试。如酉阳州考棚：自嘉庆二十三年（1818）建议，二十四年（1819）筹定捐输，二十五年（1820）就卜定州南文昌宫迁移旧址，平作棚基，以道光元年（1821）正月十四日竖立。院署大堂及头仪门等次第修建。至道光二年（1822）十月竣工，道光三年（1823）初行院试。秀山县考棚在城西，咸丰五年（1855）知县李渐鸿募建。措施二：规定录取名额，"府学各取十二名，县学各取八名"，由是，据邵陆纂修的《乾隆酉阳州志》载：酉阳州"凡遇岁科两试，每岁额取文生八名，武生八名……廪生二十名，增生二十名，两年一岁贡。"而黔江、彭水、秀山三县均为"文武八名，廪增生各二十名，二年一贡"。石主厅为"岁科各六名，廪增各十四名，武生每考六名"。

　　对少数民族地区还实行多取学童的政策，如在巴蜀地区的土家族聚居区实施"以土三客一为率"政策。土籍与客籍的标准为："在前朝入版籍者为土，在本朝入籍者为客。"这种优惠政策的推行，极大地鼓舞了巴蜀东南少数民族子弟读书与仕进的热情，使一些土苗子弟圆了科举梦。据不完全统计：酉阳司考中贡生四名；黔江县考中举人一名，贡生二十四名；彭水县考中举人十名，副榜一名，岁贡五十七名；石柱司考中举人一名。此外，明朝时酉阳宣慰使冉天育，其诗作所涉及的生活层面广泛，风格多样，是巴蜀东南地区土家族的第一位诗人。

　　总的来看，传统上，中国是一个多民族国家，大多数民族都有自己的传统文化、自己的语言和教育体系。在长期的发展中，各民族之间的交流不断深入、广泛，并走向融合。清代，随着大一统局面的建立，教育体系已扩展到了少数民族中去。特别是改土归流后，巴蜀地区各少数民族聚居地在同汉民族地区进行交流中，都建立了各种类型的学校。这一时期少数民族私学教育基本上都尊用汉法。私学的设置、教育目标和内容、教学方法都采取汉族地区的做法。如汉民族私学所使用的教材，被有自己语言文字的民族翻译过来作为私学教科书。这些教材多为双语对照的识字教材。没有自己语言文字的少数民族更是直接采用汉民族教材。各少数民族同汉族不断加强交流中，促进了各民族文化教育的发展，也为汉语在各民族推广提供了契机，加深了各民族之间的文化理解和文化融合。但是，不可否认，清政府的改土归流政策主要目的是强化清王朝对少数民族的集权统治，利用教育手段达到"同化"各民族思想和文化的目的，以巩固国家统一和稳定。因此，改土归流制度下的清代少数民族教育在一定程度上限制了多元文化教育的发展。

第五章 清末巴蜀新式教育的兴起

从1840年鸦片战争到1911年辛亥革命，这是中国历史上的"晚清"时期（史界习惯称之为"清末"），尽管这70余年在中国文化教育发展的历史长河中无疑只能算是短暂的一瞬，但却是中国社会发展史上跌宕起伏、风云突变的时期，无论是在近代中国教育的整体转型还是在巴蜀地区文化教育的发展史中均有着重要的历史意义。它是巴蜀地区文化教育逐渐冲破封建的桎梏和樊篱，由"旧"到"新"，由传统向近代转变的重要历史时期。

1840年的鸦片战争，西方资本主义列强用坚船利炮轰开了清王朝闭关锁国的大门，中国面临"数千年未有之强敌"，出现了"数千年未有之变局"。西方殖民主义势力的侵入以及伴随而来的西学东渐，不仅改变了中国社会运行的固有轨迹，使中国一步一步沦为半殖民地半封建社会，导致中国社会结构骤然间转型，而且也改变了中国教育的性质和走向，推动了传统旧教育向近代新式教育的过渡和转化，催发了中国教育的近代化历程（根本性变革）。在位于我国西南的巴蜀地区，尽管相比之东部沿海地区受西方资本主义列强冲击较弱（较为间接），受到欧风美雨浸染较晚，但1891年重庆开埠后，巴蜀地区大门被列强完全打开，巴蜀地区和全国其他地区一样，迅速改变了社会固有的发展轨迹，一步一步沦为半殖民地半封建社会。在西方殖民势力的冲击之下，巴蜀地区开始步履蹒跚地迈入早期现代化的门槛。在巴蜀地区政治、经济、文化变革的推动和影响下，巴蜀地区传统的旧教育逐渐分化和瓦解，新式教育开始兴起、不断涌现，巴蜀地区的封建旧教育开始被近代新式教育所取代。清末巴蜀地区"新"教育的兴起，不仅奠定了巴蜀地区近现代新式教育的基础，揭开了巴蜀地区教育的新篇章，启动了巴蜀地区教育近代化的历程，而且对近现代巴蜀地区政治、经济、文化的变革和发展产生了重大的影响。

第一节　清末巴蜀传统教育的衰败

清末巴蜀地区的教育体系，总体上来说还是较为完备的。在巴蜀大地上，除了设有府、州、县等儒学之外，乡镇还设有社学，各地还办有书院，此外，还办有塾学、义学。但由于康熙之后清政府长期实施闭关自守的政策,因循守旧,实施文化专制主义,顽固地推行老一套的封建教育体制,致使鸦片战争前后,与全国其他地区的文化教育一样,晚清巴蜀教育日益空疏腐败。

一、科场腐败,科举病态丛生

清代科举沿袭明代八股取士,是笼络利诱知识分子的重要手段。到了晚清,科举考试舞弊成风,舞弊手段花样百出,科场腐败达到了登峰造极的地步,全然失去了其选拔人才的功能。当时的舞弊手段除了"通关节"(买通考官)、"顶替"(冒名顶替)、"请枪"(请同考生员代作)、"联号"(买通编号人,把自己和帮手的号码编成联号)等,还有夹带、换卷等花样[1]。尽管清朝政府对科场舞弊的防范和打击方面着力不少[2],但收效甚微,科场作弊呈现愈演愈烈之势。

在清代,巴蜀地区的科场与其他地区一样,舞弊成风。如根据中国第一历史档案馆编辑的《乾隆朝整饬科场史料》所载,乾隆二十五年八月二十八日"四川总督开泰为报乡试搜出怀挟人数及办理缘由事奏折"中称,"十四日三场,搜出夹江县生员郭梦发于所携毡条内夹有小字篆

晚清供作弊用的《四书备旨》(小书收录四书的全部内容和批注,足有20多万字)

---

[1] 金林祥主编:《中国教育制度通史》第六卷,山东教育出版社2000年版,第16页。

[2] 道光二年(1822),针对科场出现请人写成小卷带入场的情况,清宣宗下令办理科场及搜检各官。道光六年(1826),顺天乡试出现了怀挟、传递及冒名顶替。清宣宗上谕:"嗣后乡、会试搜检王大臣及各直省监临等,务须破除情面,严剔弊端,认真办理,查照定例,不许夹带片纸只字,一经查出,立予斥革,照例惩办。"道光十二年(1832),清宣宗再次上谕:"各省士子,务各涤滤洗心,恪遵功令。点名时鱼贯而入,毋得仍前混行拥挤。如有迟误,静候补点。其不遵约束肆行喧闹者,着弹压兵拏究。已接签者,不许复出砖门;已领卷者,不准复出号舍。若有怀挟,立即惩办;误带者虽免其罪,仍不准其入场。其八旗士子,令弹压副都统亲身巡查,不准越号。"粗略统计一下,从道光二年到道光十九年(1839),为严禁科场腐败,整顿科场秩序,清宣宗在短短十八年间竟上谕九次之多。(《清续文献通考》卷八六,转引金林祥主编:《中国教育制度通史》第六卷,山东教育出版社2000年版,第16~17页。)

四道，当即被革枷号，其余应试诸生，俱属安静。内有违式应贴者，三场共贴出五十余名"①。乾隆二十六年十一月初八《四川学政陈筌为办理各府州岁试查获各案事奏折》②中称：

　　臣考叙州府时，有屏山县武童聂廷木英、唐正义等于内场论中横写"良有以矣"四字，复自行点去。经臣看出，明有暗称线索、给予字眼等弊。随密饬委办提调署珙县知县韩莱曾拿获匪犯潘文明，系犍为县人。究出设局撞骗及武生聂智、唐耀宗代伊子弟营谋、许给财物各实情，供认不讳，问拟杖徒完结。

　　臣考毕忠州，即接考夔州府，有云阳县武童王登选私充臣座船水，手于途间将银十两向臣家人行贿营求，经臣家人拿获禀首。臣疑有包揽勾引情弊，亲加研讯，实系自行起意。随交云阳县严审无异，照赃问拟，杖责完结。

　　考保宁府时，有剑州文童孙裔铁鋐在场内雇请同号之通江县文童杨茂蓁，将窗稿写给，出场后与银五两一钱、钱七百文。招复时，经臣究出雇请各情，发交该府张慎思严讯，间拟杖徒完结。

　　考宁远府时，有盐源县文童高如龙私将纸片写明坐号，并许银两贿嘱火夫周世华隔墙递进，经臣拿获，发交该府秦鐄严审定拟，尚未结案。

　　再，臣于乾隆二十五年七月录遗成都府，有成都县生员曾元盛应考点名时，经该学训导赵时聪认非本生，当交该府许国栋饬县严查。嗣因案犯患病未齐，未经审明。本年七月间，曾元盛赴臣衙门具呈申辩，臣面令该犯默写岁试文字，笔迹不符。臣亲加研讯，究出该犯系蓬溪县冒籍，于十九年入学，及两次岁考，俱属别案问徒之革生廖奇修代雇枪手顶替应考。复究出双流县之任重，任假冒曾元盛名字，私充生员各情，现经督臣开泰委员会同成都县知县何师轼严审究拟，尚未结案。

另据《四川学政罗典为报川省岁试各棚情形奏折》（乾隆三十一年十一月初六）中载：

---

① 中国第一历史档案馆：《乾隆朝整饬科场史料》，《历史档案》1997年第3期。
② 中国第一历史档案馆：《乾隆朝整饬科场史料》，《历史档案》1997年第3期。巴蜀科场舞弊的史料，在乾隆三十六年十月二十七日"四川学政孟超然为遵旨汇陈岁试撞骗顶冒诸弊事奏折"中也有诸多披露。

伏查考场积弊，首严枪雇。臣加意防范，设法查拿，统计数棚犯案尚少，惟于嘉定府棚内招复眉州改字一号，文童朱镕字句不顺，与原卷迥异。经臣亲加审鞫（米为言），据供出枪手杨怡人场代作文字……现将杨怡、朱镕均照例拟遣在案。

在成都府棚内，据郫县知县沈芝详称，县民伍文英撞骗温江县文童董畅银两，现已拿获。……臣即飞饬该县严讯诬骗实情。旋据该县讯明，伍文英因董畅年幼可欺，捏称给予字眼，包许入学。董畅听信，陆续交银一百五十两，后知被骗，赴县自首，缉获伍文英到案，严讯吐实，按拟发遣。

四月间，在成都府棚内，有简州童生何王恭珠更名李开芘，冒考灌县。经臣查号时，见其形迹慌张，严究实情，委系本籍简州违例替考，当场提调枷责发落。

又，今考试重庆府属垫江县文童，于点名给卷时拿获顶冒空名之张显众、陈洪二犯。当讯张显众系长寿县人，陈洪系叙州府富顺县人，严讯再三，坚供实无别情。

如上所披露出来的清代巴蜀地区的科场舞弊无疑只是冰山之一角。鸦片战争之后，巴蜀地区科场的颓败并没有得到根本的扭转。清末巴蜀地区的科举，用严复的话来说，其不仅"锢智慧"，而且"坏心术""滋游手"；不仅难以求得选拔"经世致用"的人才之效，而且严重地败坏了巴蜀社会的风气。

二、封建教育的空疏腐化

（一）教育内容空疏无用，学校教育有名无实

自从科举诞生后，官学就逐渐成了科举的附庸。到了明代，学校教育和科举考试已完全合流，到清代，各种学校已完全成为科举考试的附庸和附属品，到了清末，所有学校[①]都以科举作为依托，官学教育的目的、内容和方法皆以科举为指挥棒，围绕着科举转，致使"天下之习，不惟其教，而惟其所取，所取而为科举之文软，则其学为科举之学"[②]，应举入仕成了教育的最终目的。

[①] 不仅是各级官学，而且还包括书院、私塾，随着晚清封建教育制度的日益颓败，书院等也日渐走向腐朽，完全成为科举的附庸。

[②] 璩鑫圭编：《中国近代教育史资料汇编·鸦片战争时期教育》，上海教育出版社1990年版，第158页。

对于学校中的士子而言，学习的目的就是谋取功名，"考其学业，科举之法之外，无他业也，窥其志虑，求取功名之外，无他志也"①。由于清朝的教育的重心在科举而不是学校。因此，学校逐渐走向衰败也就成为必然。正如时人所云："国家设立学校，而以科举道之，故教化不行；教化不行，故人不事学业。以不事学业之人，又无恒产以资其生，则其心之放辟邪侈，有不期然而然者矣。于是乎学校多游民矣，故曰科举之法兴而学校之教废也。"②

由于晚清各类学校目的以科举为指挥棒，围绕着科举转，因此各级各类学校的教育内容也不可避免地空疏无用，传统教育内容严重偏废。在鸦片战争之前，清代的各级各类学校的课程几乎全为适应科举考试而设，鸦片战争之后，尽管已出现了学习西学的倡导和呼声，但由于科举考试以"四书""五经"作为考试范围，以朱熹的《四书集注》作为标准，以八股文和小楷作为文体模式，以和皇朝政教紧密结合的儒家经典为内容，"四书""五经"是钦定的教材，八股时文是学习的典范，诗赋小楷成了必修的科目，这使得士子束缚于儒家之学，拘泥于制义之文，而对近代社会发展所需的科学知识毫无知晓。除适应科举取士需要的"四书""五经"、八股技艺之外，对各种实用技艺则不闻不问，致使士人所学内容空疏无用，士子们"疲精神耗力于无用之学"，以致许多士人不知道"三通四史，是何等文章；汉祖唐宗，是哪一朝皇帝"③。正如梁启超后来所揭露的那样，"故自考官及多士，多有不识汉唐为何朝，贞观为何号者？至于中国之舆地不知，外国之名形不识，更不足责也"④。晚清学校教育内容的空疏无用达到了令人叹为观止的地步。

（二）教育管理日渐废弛

在明代，学校教育和科举考试已完全合流；到清代，学校已完全成为科举考试的附庸；到了清末，无论官学、私学还是书院，都彻底沦为了只是徒有虚名的地步，在学校的管理方面也日渐废弛。

在清初，地方官学规定了严格的考核方法，有月考、季考，考试内容为

---

① （清）盛康编：《经世文续编》卷六五，转引金林祥主编：《中国教育制度通史》第六卷，山东教育出版社2000年版，第9页。
② （清）盛康编：《经世文续编》卷六五，转引金林祥主编：《中国教育制度通史》第六卷，山东教育出版社2000年版，第9页。
③ 转引金林祥主编：《中国教育制度通史》第六卷，山东教育出版社2000年版，第10页。
④ 舒新城编：《中国近代教育史资料》上册，人民教育出版社1961年版，第40页。

《四书文》及策论。月考、季考的次日,要讲《大清律例》刑名钱谷之要者若干条。月集诸生于明伦堂,诵读《训饬士子文》及《卧碑》诸条,诸生环听。除特殊的情况而请假者外,其他照定例严加考试,如有托故不到者,教官要严加惩治,三次不到者教官严传教饬,无故而终年不应月课季考者,详列情形,给予黜革处理。生员的试卷,申送学政复查。雍正十三年(1735),还规定教官要详报月课、季考之文,逐一声明所讲律例何条,其听讲者何人,以凭学官查复。①除此之外,清初还制定了严格的坐监制度,国子监中的各种身份的监生要求坐监期限不等②,严格规定了生员的修业年限。这些规定有效地规范着生员的行为,在一定程度上保证了教学质量。

到了鸦片战争前夕,随着封建教育的衰败,各地地方官学衰败不堪,"月课渐不举行",学校考课徒有虚名、形同虚设。"各学官学生,并不常入学肄业,该教习等亦止于查学之期,始行到学,虚开功课……陋习相沿,殊失设学本意。"③尽管晚清政府时有整顿,但巴蜀地区学校的管理依旧松弛,很多学校虽然有学校之名却无办学之实。正如严复在《论治学治事宜分二途》所揭示的那样:"自学校之弊既极,所谓教授训导者,每岁课两试,典名册、计赀币而已,师无所谓教,弟无所谓学,而国家乃徒存学校之名,不复能望学校之效。"④总之,到了鸦片战争前后,与晚清日趋腐化的封建政治、经济、文化相适应,巴蜀地区的封建传统教育也日渐衰败,逐渐走向了穷途末路。

第二节 巴蜀各类新式教育的肇始与发端(一)

鸦片战争之后,随着资本主义势力在巴蜀地区逐渐渗透和西学东渐的影响,巴蜀封建政治、经济和文化逐渐解体,民族资本和官僚资本逐渐发展,巴蜀地区的传统封建教育逐渐由衰落走向瓦解。新式学堂开始逐渐涌现,巴蜀地

---

① 金林祥主编:《中国教育制度通史》第六卷,山东教育出版社2000年版,第12~13页。
② 链接:"监生坐监期,恩贡六月,岁贡八月,副贡廪膳六月,增、附八月,拔贡廪膳十四月,增、附十六月,恩荫二十四月,难荫六月,例贡廪膳十四月,增、附十六月,俊秀二十四月。例监计捐监月分三十六月。"赵尔巽等撰:《清史稿》第一〇六卷,中华书局1976年版,第3102页。
③ 《清会典事例》卷三九三。转引金林祥主编:《中国教育制度通史》第六卷,山东教育出版社2000年版,第13~14页。
④ 王栻主编:《严复集》第一册,中华书局1986年版,第88页。

区的文化教育在变革的阵痛中掀开了艰难的近代化历程。尽管相对于沿海和长江中下游地区而言，近代巴蜀地区新式学堂的起步要晚，但兴学之火，一经点燃，很快便成燎原之势，兴学之事犹如雨后春笋蓬勃兴起，在巴蜀大地一发不可收拾，使得巴蜀成为晚清新式教育发展的一个典型地区。晚清巴蜀地区新式教育的产生和发展，既是早期巴蜀地区近代化和中国教育近代化的一个重要组成部分，同时也深刻地影响了近代巴蜀地区的社会变革。它不仅在教学内容、教学方式、教学目的等方面对巴蜀地区原有封建传统教育产生了极大的冲击，而且有力地促进了巴蜀地区民众知识结构的更新，思想观念的进步，乃至整个巴蜀地区社会形态的转型，为近代巴蜀地区的社会变革做出了重要的贡献。

两次鸦片战争的失败，使中国人切身感受到了"船坚炮利"的威力，同时也使中国人认识到要想避免这种被动挨打的局面，唯一的办法只有"师夷之长技以制夷"。在这种思想指导下，在洋务运动的大力推动下，从19世纪下半叶开始，中国大地上很快建立起了许多与旧式学校教育完全不同的新式学堂。甲午战争之后，随着戊戌变法和科举制的废除，各类新式学堂犹如雨后春笋般涌现，对近代中国社会的政治、经济、文化等方面都产生了全面和深刻的影响。晚清巴蜀地区的新式教育即是在这股兴学大潮的推动下开始涌现和兴起的。与沿海发达地区相比，地处西南腹地的巴蜀地区新式教育的出现尽管时间稍晚，但发展迅猛，对近代巴蜀社会产生了广泛而深刻的影响。

一、高等教育的兴起

谈及近代巴蜀地区新式教育，不得不言及四川尊经书院。

尊经书院的创办，对近代巴蜀地区文化教育产生了重要影响。尊经书院成立之前，巴蜀地区最高学府是康熙四十三年（1704）设立的锦江书院，尽管锦江书院已有一百多年的办学历史，并曾经培养出李调元这样的著名学者，但是，由于锦江书院的课业以八股文为主，主要是为了培养科举人才，因此，越来越不适合时代的需要。在这种背景下，一些有识之士开始建议创办尊经书院。

最早倡议创办尊经书院的是川籍洋务派官僚、当时退居乡里的工部侍郎薛焕等人。1874年，他"偕通省荐绅先生十五人，投牒于总督、学政，请建书院以通经学古课蜀士"。这一建议受到了时任四川学政张之洞的重视，他鉴于

张之洞，时任四川学政

清代唯一的川籍状元骆成骧，四川资中人

"省城旧有锦江书院，造就不广，与督部堂吴勤公商建尊经书院"①，并奏请朝廷批准，筹集款项，择地兴工。1875年（光绪元年）春，尊经书院在成都文庙街西侧石犀寺旧址建成。薛焕任第一任山长。

尊经书院为通省性书院，其以"中学为体，西学为用"为办学方针。与锦江书院等旧式书院不同，尊经书院不课制艺八股，以学习儒家经典为主，此外，于"舆地、推步、算术、经济、诗、古文、辞，皆学也"②；在学风方面，与旧式书院空疏虚浮不同，尊经书院推崇崇实去浮的学风；在管理方面亦认真严格，历任山长、主讲都是博学之士。尽管尊经书院名义上与锦江书院并列为四川省最高学府，但实际地位超过了锦江书院，成为19世纪后期四川的教育中心和传播文化信息、培养人才的中心。尊经书院的创办不仅对四川士林风气的整肃，蜀学的振兴起了重要的作用，成为四川传播文化思想的中心和维新运动的基地③，而且为四川乃至全国培养了一大批优秀人才，成为四川人才培养的摇篮。如：在戊戌变法中壮烈殉难的六君子中的杨锐、刘光第，曾任驻英、意公使衔参赞的维新派先锋宋育仁，为康、梁变法提供理论依据的蜀学泰斗廖平，炸死宗社党党首的良弼、迫使清帝退位的民国大将军彭家珍，清代唯一的川籍状元、曾任京师大学堂副监督的骆成骧，领袖群伦、发动保路运动的吴玉章、

---

① 隗瀛涛主编：《四川近代史稿》，四川人民出版社1990年版，第264页。
② 隗瀛涛主编：《四川近代史稿》，四川人民出版社1990年版，第265页。
③ 尊经书院建立不久，即建立了尊经阁，陆续从外省购买了大批图书典籍，"及中西时务书报、挂图、仪器、标本，均甚丰富"。继后又开设了尊经书局，先后刊印了百余种书籍，除经、史、小学、舆地等方面的书籍外，还刊印了部分有关时务的著作和西方资产阶级学者的著作。不仅解决了清朝两百多年来四川士人读书困难的问题，而且还把新知识、新思想引进了封建思想烟瘴弥漫的四川知识界，使士人的思想和知识结构、价值观念发生变化，从而为维新运动在四川的展开奠定了思想基础。参阅何一民：《试论尊经书院与四川士林风气的变化》，《四川师范大学学报》1991年第1期。

张澜、罗纶、蒲殿俊、尹昌衡，宣传新文化、"只手打倒孔家店的老英雄"吴虞，近代四川著名大学者吴之英、张森楷、邵从恩、顾印愚、林思进、傅增湘、方鹤斋、徐炯等。

甲午战争前后，巴蜀地区又先后创办了一些新式学堂。1892年，川东兵备道黎庶昌在巴县设立洋务学堂①。1894年的中日甲午战争，中方一败涂地，朝野震动，深感兴学救国刻不容缓。在这样的背景下，湖北自强学堂、天津中西学堂等相继诞生。在巴蜀地区，四川总督鹿传霖也奉光绪特旨和清廷总理各国事务衙门移文，于光绪二十二年五月初八（1896年6月18日）在成都创办了四川中西学堂，聘请英、法教习，"分课华文、西文、算学"，这是近代四川真正意义上新式高等教育的开端，也是当时西南地区最早的近代新式高等学堂。四川中西学堂在办学方面秉承洋务派"中学为体，西学为用"的教育主张，强调传统书院特色与近代西学相结合，专业设置上文理兼备，有英法文科、算术科，以培养"通达时务之人才"为办学目标，课程安排除大量的传统文化典籍之外，又习声光电化格致之学，大量安排近代自然科学，其中仅理科课程即设了十二类二十六门，在教学上已采用赫尔巴特教学法，分班级授课。要求读满学分，学生毕业后由督宪分发中学堂任教或留洋，体现了传统的书院与近代新学的交汇。四川中西学堂的创办，标志着巴蜀近代新式高等教育②的诞生。

1901年清政府下诏宣布实施新政后，1902年初，四川总督奎俊仿照京师大学堂章程，上书朝廷，拟将锦江书院③、尊经书院以及四川中西学堂合并改建为四川大学堂，定名为四川通省大学堂。随即以候补道林游怡、翁炯孙为总办负责筹建工作。省布政使司也于1902年3月15日颁发"四川省大学堂关防"。同年12月30日，继任四川总督岑春煊转发朝廷谕令，言除京师大学堂外，其余各省只能称高等学堂，命改四川通省大学堂为四川省城高等学堂。四川省城高等学堂的第一任总理（校长）为赫赫有名的翰林院编修、学部二等咨议官、华阳人胡峻。四川省城高等学堂总结四川中西学堂的办学经验，借鉴日本办学模

---

① 熊明安主编：《四川教育史稿》，四川教育出版社1993年版，第186页。
② 由于高等师范教育要在师范教育部分专门谈到，因此在这里暂不涉及。
③ 锦江书院是康熙四十三年（1704）四川按察使刘德芳奉旨建立的，其初衷是"继石室风流于无穷"，康、雍之下，"为四川书院之首，桂枝宏崇，它无以比，名师较多，人才辈出"，是全国二十二家最著名的大书院之一，以"石室云霞思古梦，锦江风雨读书灯"相标榜。清代大学者李调元和戊戌变法殉难的六君子之一的刘光第，都是书院的学生。

式，既是当时巴蜀地区最高的新式学堂，又是教育管理机构，一度代行巴蜀地区教育主管部门职权，是近代中国西南地区第一所包含文、理、师范、医学、体育等学科的多科性的综合大学堂（学堂大门的一副对联"考四海以为隽，纬群龙之所经"，体现了其宏大的气魄和抱负），其目标是培养中高级人才和中等以上学堂的师资，学堂设有普通科（学习年限一年）、正科（时限三年，有文科、理科，医科限于条件限制未办成）、师范科（速成师范学习年限为一年到一年半，优级师范科时限三年）、体育科。该学堂培养了许多有影响的人物，如著名的无产阶级革命家朱德元帅，大文豪郭沫若，辛亥革命时期首倡起义者之一、四川军政府副都督张培爵，中国第一位牛津大学哲学博士获得者张颐，以及与李大钊等组织"少年中国学会"，后取得了德国波恩大学音乐博士学位、成为我国现代音乐奠基人的王光祈，法国国家物理学博士学位获得者、我国著名生物学家、被公开认为研究肠腔动物的鼻祖及著名教育家、翻译家、政论家、诗人的周太玄，被誉为真正做到"儒、释、道"三通的蒙文通，被誉为"中国的左拉"、以小说《死水微澜》等写出"小说的民国史""小说的《华阳国志》"的著名作家和翻译家李劼人，中国第一个获得德国哥廷根大学哲学博士学位、中国第一个与爱因斯坦探讨相对论的著名数学家魏时珍等著名人士。在辛亥革命时期，该学堂是同盟会的重要据点，保路运动的中坚，该学堂师生为推翻清王朝的专制统治，做出了重要贡献。

除了四川中西学堂以及后来由锦江书院、尊经书院以及四川中西学堂合并改建成的四川省城高等学堂之外，清末"新政"之后，巴蜀地区的武备学堂、法政学堂等高等专门学堂①也逐步发展起来。在1901年9月11日清政府命各省建立武备学堂之后，1903年，川督岑春煊在成都建立四川武备学堂，本科分为步、马、炮、工、辎五种，学制三年，一切规制均仿日本，总教习由松浦宽成、西原产之助先后担任，教习大多是日本人和留日士官生；同年，创设"官弁学堂"，以"讲求战术，训练将才"，选拔川省军队中年在三十岁以内，略通文字者入学，学制一年。1904年，创办了"四川官弁学堂"，1906年，又成立"测绘学堂"，主要研究地形地貌，制作军用地图，招生五十人，

---

① 巴蜀地区的专门学堂始于维新运动时期，1898年，四川省矿务商务总局监督宋育仁在培植"讲求实学，博通时务"的宗旨下就创办了西文学堂、算学学堂，可谓巴蜀地区专门学堂创设之始。见熊明安、徐仲林、李定开主编：《四川教育史稿》，四川教育出版社1993年版，第207页。

华西协合医院的创建者们

一年半毕业。同年,又设"兵备处研究所","专以研究军政为宗旨",入学者须研究军制学、列国陆军考、军律、战法学、地势学,以及防守、筑城、沟垒等军事学科。1908年,除了创办"四川陆军速成学堂""陆军小学堂"之外,还设立"高等巡警学堂",以培养警察、发展警政(1911年又创办了"官弁小学堂")。在法政学堂方面,随着"新政"的实施尤其是1906年清末宣布预备立宪后,一批法政学堂应运而生。1906年,在成都创办了"官班法政学堂"(同时开设"绅班法政学堂",由各县申送举、贡、生、监充当学生,招生二百四十人),规定必须有县丞等八品以上官吏执照方可报考,招生六十人,课程有国际公法、刑法、民法等。同年,重庆创办了公立政法专门学堂(1910年重庆又创设了官立法政学堂、川东公立法政学堂、重庆公立法政学堂、川东官弁法政学堂、川南法政学堂)。1908年之后,巴蜀地区的法政学堂越来越多。据史料记载,1910年底,"省城公立法政学堂骤致发达至十四五堂之多",迄清灭之前,成都之法政学堂"几及二十堂"。这些学校学生多者六七百人,少者亦不下百人。①

---

① 隗瀛涛主编:《四川近代史稿》,四川人民出版社1990年版,第407页。

华西协合大学校长毕启,美国人

清末巴蜀地区新式高等教育除了四川省城高等学堂等国立新式高等学堂之外,还有与之性质迥异的教会大学——华西协合大学①。该校筹建于1905年。1905年,华西各差会鉴于各教会之分道扬镳,各学校规划不一,决议联合各教会,创办一所规模宏大、科学完备的高等学府,拟名为"华西协合大学",地址定在四川政治文化之中心成都。随即由毕启(J.Beech)、启尔德(O.L.Kilborn)和陶维新(R.J.Davidson)等西方传教士着手筹建。1910年,该大学正式成立,成为西南地区第一所私立性质的大学,校长也由美国人毕启担任,办学经费来自差会的拨款和传教士的募捐,教员大多来自英、美、加三国。尽管该大学的办学宗旨在于"借助教育为手段以促进基督事业",培养被"基督精神渗透"西化知识分子,但该校在学校的组织方案、专业设置、课程计划、教育管理方面采用了当时英美的大学教育模式,办学方式灵活,特点鲜明,尤为突出的成就是为巴蜀地区培养了大批的医学人才,成为巴蜀乃至西南地区现代医牙药学的先驱。

二、实业教育的发轫

巴蜀地区实业教育发轫于清末"新政"时期。随着时任四川总督的锡良在川省推行各项"新政",大力举办各种实业,发展商业,急需各类人才,于是

---

① 华西协合大学的课程,分为预科正科,都是三年毕业。如果入堂时成绩优秀,可以免读预科第一年,共五年毕业。至医科专门正课,以六年毕业。如果学生入堂时,程度不合,则须读一年预科,此等学生则以七年毕业。预科内分普通科、神学科、医科、教育科。正科内分文学科、理科、教育科、医科、神学科。为了鼓励学子,每年特设奖励。奖励分为入学奖励、学年奖励、特别奖励。入学奖励,奖给预科考后第一名者,奖三年的学费。学年奖励,奖给预科于学年实验考得第一名者,即以次年学费全奖之;第二名者,以次年学费的一半奖之。若正科于第一二年在本科考得第一名者,亦以次年学费全奖之。特别奖励,本校借费学生,如得教育会之许可,该生每年可得美金十五元上下。(《中华基督教会年鉴》1918年第五期)这是大学设奖学金的大概。凡是华西协合大学修业期满试验及格的学生,即可授予毕业证书,获学士学位。1915年始有二人获得学士学位。

川省陆续出现了一批实业学堂。尽管相对于沿海发达地区而言稍晚，但巴蜀地区实业学堂一经出现便迅猛发展。

1901年，在合川创立了教授"蚕桑实业"的四川蚕桑公社。该校以"指授新学，以开风气，而扩利源"为宗旨，这是巴蜀地区近代实业学堂的发端。1903年，"四川工业学堂"创办于成都。1904年，成都设"工务学堂"，"以开风气，而兴工艺"。1905年，创"艺徒学堂"，附设蚕桑研究所。1906年，四川劝工总局办"艺徒培训班"，招收各边远州县有志者入学。1906年，四川农政总局在成都立"中等农业学堂"，以"课蚕桑实业为先务"。四川布政使和劝业道周孝怀设"四川通省农政学堂"，以培养农政官员为主，学生由各县限额申送，经考试入学。1907年，川省学务当局设"中等工业学堂"，按照"四川救贫起弱之基础"，根据"川省固有之原料"，开办窑业、染织、采冶、理化四科。1909年，成都设"财政学堂"，"宗旨在养成财政通才"，分设中等科、高等科和别科。1909年，通省劝业道建立"劝业员养成所"，培养鼓吹、劝导发展实业的人才。1910年，川省学务公所设"实业教员讲习所"，"以教授关于农工商三项实业，养成各府州县实业教员为宗旨"。1910年，成立"四川商业讲习所"，造就商业人才。①除此之外，成都还创办有"商工实业学堂""机器局工业学堂""铁路学堂"，重庆有"联合县立中等商业学校"，永川有"县立中等农业学校"，以及江油、遂宁、渠县、长寿、合川、荣县、宜宾、会理、南部、梁山、涪陵、广汉等县立实业学堂。以下为当时部分实业学堂的设立情况（见表5-1）：

表5-1 四川部分实业学堂的设立情况

设立时间	学校名	所在地	备注
1901年	四川蚕桑公社	合川	以"指授新学，以开风气，而扩利源"为宗旨。教授"蚕桑实业"
1903年	四川工业学堂	成都	
1904年	工务学堂	成都	
1904年	蚕桑学堂	忠县城东	教授植桑养蚕
1905年	艺徒学堂	附设蚕桑研究所	
1905年	四川机器学堂		

---

① 隗瀛涛主编：《四川近代史稿》，四川人民出版社1990年版，第403~404页。

续表

设立时间	学校名	所在地	备注
1906年	蚕桑学堂	酉阳县	专门传授蚕丝技术
1906年	学艺培训班		
1906年	中等农业学堂	成都	由四川农政总局设立,以"课蚕桑实业为先务"
1906年	夔州商业学堂	夔州	专收商家子弟,授以簿记、商品、书算、英文各科,毕业后由各商家录用
1906年	四川通省农政学堂	皇城后宰门宝川局旧址	以培养农政官员为主,学生由各县限额申送,经考试入学
1907年	中等工业学堂		由川省学务当局设,按照川省需要,设电气、染织、应用化学等科
1907年	实业学堂	秀山县城	传授缝纫等技术
1907年	公立蚕业学校	三台	
1908年	蚕桑学堂	南川	
1908年	中医学堂	开江	
1908年	初等农业学堂	开江	
1908年	蚕桑传习所	新都	次年改实业学校
1908年	实业学堂		由川省商务局创办
1908年	蚕桑实业中学堂	万县万川书院	推广栽桑养蚕和缫丝技术
1909年	劝业员养成所		由通省劝业道建立,培养鼓吹、劝导发展实业的人才
1909年	财政学堂	成都	
1910年	实业教员讲习所		由川省学务公所设
1910年	四川商业讲习所	成都	
1910年	省立重庆高级商业职业学校(甲种商业学校)	重庆	
1911年	初等农业职业学堂	江津	民国后停

资料来源:吴洪成著《重庆教育史》第一卷,西南师范大学出版社2006年版,第423页;隗瀛涛主编《四川近代史稿》,四川人民出版社1990年版,第403~404页;朱有瓛主编《中国近代学制史料》(第一辑下册),华东师范大学出版社1983年版,第138、972页;万县市教委编《万县地区教育志》,重庆出版社1997年版,第176页;熊明安主编《四川教育史稿》,四川教育出版社1993年版,第213页。

从清末巴蜀地区实业学堂的特点来看,一是在分布上,工业、商业学堂主要集中在成都、重庆两地,一般州县则是中初等农业学堂,尤其是以蚕桑类为主。二是在整体上以中等程度为主,其学堂数量和学生数量方面占据全国前列。如根据光绪三十三年（1907）、光绪三十四年（1908）、宣统元年（1909）三份"各省实业学堂学生统计表"的数据，巴蜀地区各级实业学堂尤其是中等实业学堂不论学堂数量和学生数量在当时全国范围内都属于较为领先的。例如：1907年四川省农业和工业两类实业学堂中高等学堂和初等学堂的记录都是零，中等农业学堂的数量和学生数分别为五所和一百五十四个，中等工业学堂的学堂数和学生数分别为一所和一百八十三个。①三是在种类上以蚕桑类实业学校为多。1904年的《奏定学堂章程》规定实业学校分为农业、工业、商业、船业等几类，但作为西南内陆腹地的巴蜀地区在实业学校的种类方面主要以农业为主，在船业学校方面发展比较慢。而在农业学校中主要是以蚕桑类实业学校为主。这与巴蜀地区蚕丝业历史悠久、较为发达有关。②四是在课程设置方面有一定的灵活性。在1904年颁布的《奏定初等、中等实业学堂章程》中，曾对各类学堂的课程安排、修业年限等都做了具体要求，四川省的各类实业学堂也基本按照章程规定实行，但略有增减。如光绪二十九年十一月二十六日（1904年1月13日）颁布的《奏定中等农工商实业学堂章程》中对蚕业、林业、兽医业之普通科目规定有七条："一、修身，二、中国文学，三、算学，四、物理，五、博物，六、农业理财，七、体操。但此外尚可便宜加设地理、历史、外国语各业章程。"③但实际设"修身"一科。再看光绪二十八年（1902）"四川蚕桑公社事宜通章"④对理科课程安排为：

第一学期：理化大意、数学大意、东文初级、显微镜使用法、气象论、显微镜实习、栽桑实习。

---

① 学部总务司编：《第一次教育统计图表》，台北文海出版社有限公司1987年印行，第31~32页。
② 巴蜀地区蚕丝业已有数千年的历史，它为国内外闻名的"蜀锦"提供了最优质的原料，并获得中外消费者的佳誉。19世纪中期，四川蚕茧产区更为扩大，潼川、顺庆、成都、嘉定、保宁、眉州、雅州、绵州、资州等府州及其属地都是主要产区。"1871年有六千包四川丝从上海运往国外。""1880，四川缫丝也已有二千厂家从事手工生产，年产量达六千担，分别约占全国和省同期缫丝厂家的第三位和生产量的第五位。""1883，经由重庆输出的川丝价值即达四百二十万两。"见张力、刘传英等主编：《四川近代史》，四川省社会科学院出版社1985年版，第363页。
③ 朱有瓛主编：《中国近代学制史料》（第二辑下册），华东师范大学出版社1989年版，第65页。
④ 朱有瓛主编：《中国近代学制史料》（第一辑下册），华东师范大学出版社1983年版，第974页。

第二学期：土壤论、肥料论、害虫论、栽桑法、应用数学、养蚕法、东文拼写法、养蚕实习、解剖实习、栽桑实习（研究虫害）。

第三学期：栽桑法、养蚕法、解剖法、杀蛹法、蚕体生理论、缫丝法、东文浅理、栽桑实习、考种实习、杀蛹实习、缫丝实习。

四川蚕桑公社实习科课表：

春：栽桑法、去害虫法、养蚕法、杀蛹法、显微镜使用法、缫丝法、制种法、蚕体生理论、蚕体病理、检查蚕丝法。

夏：栽桑（人各1亩）、去虫害、缫丝（兼究土法改良）、养蚕（人各1钱至5分钱蚁）、杀蛹、检查茧丝、制种。

从以上课表可以看出，巴蜀地区的实业学堂在设立课程时不仅依照朝廷的相关规定，而且是结合地域特点来设置的。在课程中包括基础文化课程、技术课程和实习课程，十分注重学生的动手能力，每一个学期都安排了大量的实习课程。并且在实习课程的安排上还考虑到了农业实业教育所独有的季节性，将春夏的实习课程按照季节特点不同做了单独安排，体现出了近代气息。总的来看，巴蜀地区实业学堂的兴起对巴蜀地区工商业的发展、农业的进步做出了巨大的贡献。各类实业学堂的学生毕业后，分布于巴蜀地区各个行业，"农业学堂学生以'农业之必需之知识'，改造农务；工业学堂学生于陶业、染织'精益求精'，力图使产品'日新月异'；劝业所毕业生分赴各地，倡导设厂开矿"①。这极大地促进了巴蜀地区农业、工商业的发展和进步。②

三、师范教育的兴起

随着清末兴学潮的出现，为了满足当时兴学对各类师资的要求，巴蜀地区

---

① 隗瀛涛主编：《四川近代史稿》，四川人民出版社1990年版，第413页。
② 以四川蚕桑公社为例，从1901年开创到1910年这九年中共毕业六个班，一百一十多人。毕业生分布在四川省的南充、广安、夔州、秀山、西充、大足、巴县等三十七个县、一百多个蚕桑养习所、公私蚕舍、缫丝厂，充任教习、技师和技手，对四川省蚕业的发展和技术革新起到了十分重要的推动作用。李开定：《重庆职业教育发轫探索》，《重庆职业技术学院学报》2004年第4期，第15页。

新式师范教育逐渐开始兴起和发展起来。在以师范学堂"为各项学堂之本源，兴学入手之第一义"[①]的认识下，近代巴蜀地区师范教育蓬勃兴起。清末巴蜀地区兴起的师范教育不仅为四川近代教育之肇始，而且有力地促进了四川近代教育的发生和发展，给近代巴蜀地区的社会政治、经济和文化都带来了不可低估的影响。

近代巴蜀师范教育兴起于新政时期。1903年初，前川督岑春煊将成都锦江书院改设成都府师范学堂，招生三百零五人，半年毕业[②]，这是巴蜀地区开办最早的新式师范学堂。[③]1903年四川省高等学堂正式开办，在学堂中设立速成师范科（修业年限一年至一年半）和优级师范科（年限四年），同年，还在各县选派1至2名官费生赴日本学习速成师范。1906年春，巴蜀地区在成都创办了"四川通省师范学堂"（同年在重庆创办了"川东师范学堂"），学生由各州县保送，招生三百六十人，分简易、初级、公共、优级等班。优级班专门培养中学教员。1906年9月，又成立了"四川优级师范选科学堂"[④]，先后设有理化、史地、数学和博物等班。在当时川督锡良看来，"师范学堂，亟宜推广者也"，下令各地普遍设立，于是初级师范学堂在各地陆续开办起来（见表5-2）。

表5-2　近代巴蜀地区部分师范学堂的成立情况

地名	学校名	建校时间	备注
郫县	启蒙师范学堂	1904	岷阳书院改
叙永	师范学堂	1904	
南充	师范学堂	1904	

① 《奏定学堂章程·学务纲要》。
② 教育部教育年鉴编纂委员会编：《第一次中国教育年鉴》，开明书店1934年版，第226页。
③ 关于时间，有两种不同说法。熊明安、徐仲林、李定开主编的《四川教育史稿》说是1902年（见熊明安、徐仲林、李定开主编：《四川教育史稿》，四川教育出版社1993年版，第209页）；笔者在此采取王笛的说法（见王笛：《清末四川师范教育的发生和发展概述》，《四川师院学报》1984年第2期）。
④ 《奏定初级师范学堂章程》指出："初级师范学堂为小学教育普及之基，限定每个州县必设一所。先可于省城试办，再逐步推广。各州县则先设师范传习所，凡乡村市镇私塾师皆入所学习，以十个月为期，毕业后给予教员凭证，即令在本地开设小学。初级师范设立后，传习所可渐次裁撤。"（《奏定学堂章程·初级师范学堂章程》）同时颁布的《奏定优级师范学堂章程》则要求各省设立一所学堂，培养初级师范及中学堂教员。

续表

地名	学校名	建校时间	备注
泸州	川南师范学堂	1904	经纬学堂改
潼川	女子师范学校	1903~1908	共三所
合州	初级师范学校	1905	
内江	简易师范学堂	1905	
简州	师范学堂	1905	通材书院改
重庆	川东师范学堂	1906	
资中	县立初级师范学堂	1907	考棚改建
成都	淑行女子师范	1908	淑行女学堂改
南充	女子师范学堂	1909	
富顺	简易师范	清末	
涪州	官立师范学堂	清末	共两堂
雅安	上川南师范学堂	清末	
重庆	师范学校	清末	
泸州	县立女子师范学堂	清末	
雅安	建昌道联合县立师范学堂	清末	
成都	懿行女子师范学堂	清末	

资料来源：隗瀛涛主编《四川近代史稿》，四川人民出版社1990年版，第402~403页；熊明安、徐仲林、李定开主编《四川教育史稿》，四川教育出版社1993年版，第211页。

为应师资急需，当时巴蜀地区还设立了大量师范传习所，此为巴蜀师范教育之先声。1903年《奏定学堂章程》规定，初等师范学堂限定为每州县必设一所，又谕管学大臣饬各直省于未设初级师范学堂之前宜急设师范传习所。当时由于各种条件的限制，初级师范学堂要在巴蜀各地短期内开办十分困难，而且师范学堂学习时间较长。于是，川督1903年便通饬州县各设启蒙师范讲习所一处，每所额定一百五十人，僻苦地方酌减，一律十个月毕业，并颁发学务处编辑的第一年第二级的各种教科书到各讲习所。到1905年，全省共开办一百一十所。传习所培养了大批小学教员，如1905年7月，成都师范传习所学生毕业，计有成都、华阳、简州、崇庆等十七州县学生三百三十名。[①]到1907年，巴蜀地区

---

① 王笛：《清末四川师范教育的发生和发展概述》，《四川师院学报》1984年第2期。

有优级师范选科学堂一所，初等师范学堂三十所，学生两千七百二十八人。①到1909年，巴蜀地区有优级师范选科学堂三所，其中完全科一所，选科和专修科各一所，初等师范学堂、传习所讲习科共三十六所。②

师范教育的发展，为巴蜀地区各地学堂培养了大量的师资，满足了当时兴学对师资的需求，为各类新式学堂的开办奠定了基础。1909年，川南视察学务报告说：由于"外洋留学及本省高等师范各学堂毕业者接踵，教职员尚不缺乏"……这种说法虽然有些夸张，但也反映了一些实际情况。1907年，四川共有教员12824人（实业、专门学堂师资尚不在内），占全国师资总数的20.08%，居全国第一位，比位居第二的直隶多7915人。1910年，教员更达到15291人。③

从清末巴蜀地区师范教育的发展情况看，主要具有如下几个明显的特点：一是注意川边藏族地区的教师培养。20世纪初，清政府逐步对川边藏族地区进行了改土归流。为加强控制和促进汉藏交往，四川地方当局竭力在川边兴办学堂。为解决办学师资，川督锡良1906年底在成都建立藏文学堂。该学堂"以铸造边徼办事译员与各种实业教习为宗旨"。1909年，川边学务局在炉霍设一师范传习所，"召集川省西南两道明白子弟，暨川省藏文毕业生，并炉厅附近通藏语而兼识国文者，入所讲习"。至1909年，共办四班，学生计四十五名。促进了川边藏族地区新式学堂的发展。二是师范教育的多样化。1909年成都通省师范学堂鉴于各地小学缺少手工课的教员，特于校内开设手工传习所，招生六十名。由于各地纷纷开办实业学校，而实业教员难聘，1910年学务处决定设立实业教员讲习所，"以为扩张实业学堂之基"，并作为"势不容缓"的一项措施。除此外，川省亦注意体育教员的培养。1910年留日学体育的归国生何枢垣等设立四川体育学堂。川省学务当局通饬各州县选派"学行俱优，且身体强健者"送入学堂学习，以培养体育师资。三是通过训练塾师对私塾进行改造。1907年，泸州召集各塾师到讲习所修业，四个月为期，毕业给凭。各区还成立了私塾会。同年，巴县成立私塾研究会，1909年8月，川省学务处因"教育欲期普及必自改良私塾"，令各省就劝学所设立私塾改良会，限三个月办成。先由各区劝学员调查本区所有私塾地址、教师姓名，详细列表报劝学所。然后地方

---

① 学部总务司编：《光绪三十三年分第一次教育统计图表》。
② 学部总务司编：《宣统元年分第三次教育统计图表》。
③ 隗瀛涛主编：《四川近代史稿》，四川人民出版社1990年版，第401页。

召集各塾师考试，合格方准"收徒授课"。四是女子师范教育出现。其中以成都淑行女子师范规模最大。它的前身是四川淑行女学堂，成立于1907年，创办人为华阳举人陈慎言。成都还有懿行女子师范，泸州、潼川等地也出现了女子师范学堂。①

四、留学教育的肇始

近代中国大规模的留学生派遣发端于洋务运动时期的幼童留美，由于幼童留美中途夭折，实际上直至甲午战争之后在"新政"时期中国才有了第一次留学高潮②，近代中国的留学运动才真正兴盛并达到顶峰。近代巴蜀地区的留学教育也是在清末新政时期开始兴起和发展起来的，与全国一样，近代巴蜀地区的留学生派遣也以日本为主要去向。③

巴蜀地区派出首批留学生在1901年④，当时日本陆军大尉井户川辰三要求聘日本人为四川省武备学堂的教习，并选派学生到日本留学。时任川督奎俊在省城书院及中西学堂中选取较为优秀且年龄在二十岁左右的二十二名学生赴日本留学。四川首批二十二名官费生于1901年9月抵达日本，分别进入成城学校、同文学院、东京法学院等校学习。川省因之成为各省表率。1901年9月16日，清

---

① 参阅王笛：《清末四川师范教育的发生和发展概述》，《四川师院学报》1984年第2期。
② 此次留学热潮以日本为目标。一般认为，中国的首批留日学生是在1896年由清朝驻日使馆选拔的十三名"使馆生"。1896年，中国驻日公使裕庚因使馆缺乏熟练的日文翻译，征得总理衙门同意，派人在各地招收唐宝锷等十三人，前往日本学校附读。这是中国最早具有官派性质的留日学生。随后，各地官府竞相派送，而且民间自费者也接踵前往。
③ 在同一时期，四川也出现一些留学欧美的学生。如：1904年，川督锡良选募官员士子十三名，派刘钟琳为监督，带往比利时学习路矿。又经奏派道员章世恩携官员等二十名赴欧、美专习机器制造。至1911年，四川留欧美的人数都不是很多，而以留学日本为主。就算在庚款兴学时期全国掀起欧美留学热潮的时候，四川籍学生留学欧美的都十分少。据1910年统计，各省派遣留英学生已经有了相当的规模，全国共派遣九十六名官费学生前往英国，其中四川籍学生只有三人。
④ 四川最早的留日学生，目前还没有确定的史料佐证。据笔者所能搜集到的资料来看，四川最早的留日学生是永川达用学堂监督黄秉湘之子黄大暹。他于光绪二十五年（1899）在嘉纳治五郎所主持的亦乐书院学习化学。（[日]实藤惠秀：《中国人留学日本史》，生活·读书·新知三联书店1983年版，第28页）黄大暹留日归国后曾任四川省财政厅厅长，死于1917年刘（存厚）戴（戡）之战。所能见到的最早抵达日本的自费留日学生是成都人吕树松，他于1900年农历12月到达日本，进入振武学堂学习。（《四川游学日本诸生调查表》，《四川学报》1905年第8期）

廷发布派遣留学生的谕旨："造就人才，实系当今急务，前据江南、湖北、四川等省选派学生出洋肄业。着各省督抚，一律仿照办理。"就这样巴蜀成为全国留日风潮开始较早的地区之一，四川首批官费留日学生情况见表5-3。

表5-3 四川首批官费留日学生情况表

姓名	行号	年龄	籍贯
黎渊	伯颜	24	贵州遵义
刘鸿达	介藩	21	湖南善化
徐朝宗	海乡	20	浙江会稽
胡景伊	文澜	25	四川巴县
周道刚	凤墀	27	四川双流
徐孝刚	申甫	23	四川华阳
张义新	蓬山	25	湖北安陆
周家彦	发甫	23	广西桂林
陈绍祖	绳武	29	江西新城
毛席丰	沛霖	22	四川简州
任傅榜	筱山	22	江苏吴江
孙海环	锦瞻	28	浙江奉化
江庸	翊雲	24	福建长汀
王佩文	级秋	19	浙江上虞
李景圻	仲奋	19	福建岷县
张天培	师孔	24	四川成都
黎迈	再稚	21	贵州遵义
陈崇功	新知	28	四川巴县

资料来源：据《清国留学生会馆第二次报告》所附之同学姓名报告整理。见房兆楹辑《清末民初洋学学生题名录初辑》，宣楸室丛编《中央研究院、近代史研究所史料丛刊》1962年版，第51~53页。

虽然巴蜀地区首批官费留日学生数量不多，但影响甚广，川省因此而"风气渐开，士知墨守为非"①，在省内引起了一股留日热。一时间省内各地的富绅纷纷捐款，各州县筹款作为游学经费。士绅和学生也在成都创设"游学公会"，积极准备留学日本。1902年8月，四川学政吴郁生奏请派遣留学生计划："选派学生，岁以十人为限，学以三年为期，前者毕业，后者继往"，"按年各给学费，并资明使臣照料"，实际上选派的留学生人数比十人要多（1904年5月，川省一次便送往日本一百六十余人）。为了进一步为留学日本创造条件，1904年1月，吴郁生奏请设立东文学堂。1904年至1906年又先后设立"成都东文学堂""游学预备学堂"、重庆"东文速成学堂"、资州东游预备学校（廖筱波办）、留学预备科（四川旅沪学生同乡会在上海设立，1906）等专门为准备留学日本的学生补习日语的学校。除官派以外，巴蜀地区还鼓励自费留日。四川一百余县，无论是繁荣地区还是边远之地，每县都派留学生，赴日者络绎不绝，人数逐年增加，具体情况见表5-4。

表5-4 1901～1911年四川留日毕业生统计表

年代	1901	1902	1903	1904	1905	1906	1911
人数	22	16	57	332	393	800左右	300余人

据《清国留学生会馆第二次报告》所附史料来看，1902年，四川留日学生有十六人；到1903年，四川留日学生人数开始小幅度上升。据《东方杂志》1904年第2期《留学日本人数籍贯考》所载"中国学生之东游留学者年多一年，前年正月仅五百七十九人，九月中增至一千五十八人，近则已有一千四百人……试区别其原籍省份如下：旗籍二七、奉天一、直隶七七、山西一、陕西一、河南七、山东四十、湖南百三十、湖北一二六、江苏一七五、浙江一四二、安徽五五、江西二七、福建四二、广西八、四川五七、广东百零八、贵州一七、云南二一"。②由此可以推算，1903年，四川的留日学生人数上升到五十七人。自1903年开始，四川留日学生数量开始迅速攀升，这也与全国留日运动的趋势相符合。据统计：1900年中国留日学生仅有百数人左右；1901年

---

① 王笛：《清末四川留日学生述概》，《四川大学学报》（哲学社会科学版）1987年第3期。
② 《留学日本人数籍贯考》，《东方杂志》1904年第2期，第161～162页。

两百八十余人；1902年数逾四五百人；1903年一千三百余人；1904年两千四百余人；1905年达到八千人以上；1906年又达到了一万三千人，甚至有人云两万以上者。①依据《清国留学生会馆第五次报告》中的姓名统计，1904年，四川留日学生数是三百三十二人；②据《四川学报》乙巳第八至十一册《四川游学日本诸生调查表》统计，1905年1月，当时留日学生三百九十三名（已归国者未计在内）③，至1907年，"吾蜀留学东瀛者，来去合计已千人以外"④。四川留日学生"最多的时候，达二三千人"⑤。

四川一百余县，可以看出，北自松潘、茂州，南到西昌、雷波，西起雅安、天全，东及巫山、石柱，无论是繁盛之区，还是偏僻之地，"每县都派留学生"，赴日者络绎不绝，留日热潮几乎触及四川省每个角落。1904年到1906年间，四川留日学生人数成倍增长，并达到了清末四川留日学生人数的顶峰。特别是1906年，四川留日学生人数达到八百名，占全国留日学生总数的十分之一，位居全国首列。⑥

1907年后，巴蜀地区的留日运动开始走向衰退。由于对留日学生的管理经验还极为欠缺，留日学生的质量也受到许多教育界人士的批评，清廷于1906年2月正式颁布了《学部新定游学生选送章程》，对留日资格进行了严格限制。自1907年始，中国大规模的留日运动开始"降温"。据实藤惠秀的不完全统计，1907年至1909年全国的留日学生人数，分别为七千人、四千人、四千人，数量大幅下降。在此背景下，四川留日学生的人数也从高峰时期的八百人左右降到1911年的三百余人。据日本《学制五十年史》附录之一《各省官费自费毕业学生姓名表》可知历年四川留日毕业生人数：1908年10月至1909年8月，一百四十八名；1909年8月至1910年7月，八十五名；1910年7月至1911年8月，七十四名；1911年至1912年，四十二名⑦，累计三百四十九人。

清末巴蜀留日教育主要有如下特点：一是留日学生中学习师范科者较多。

---

① 李喜所：《清末留日学生人数小考》，《文史哲》1982年第3期。
② 隗瀛涛主编：《四川近代史稿》，四川人民出版社1990年版，第409页。
③ 王笛：《清末四川留日学生述概》，《四川大学学报》（哲学社会科学版）1987年第3期。
④ 《敬告蜀中父老意见书》。
⑤ 吴玉章：《辛亥革命》，人民出版社1973年版，第60页。
⑥ 四川游沪学生同乡会：《留学预备科简章叙》，《广益丛报》1906年第12期。
⑦ 刘真、王焕琛：《留学教育——中国留学教育史料》，国立编译馆1980年版，第429~582页。

如1904年5月派出的一百六十余名学生几乎全部送入日本弘文学院学习师范，学制有一年、八个月或六个月，弘文学院专门成立了"四川速成师范科班"。这是因为当时全国都在推行"新政"，四川省内也在大力发展新式学堂，然而要大量开办新式学堂就需要有充足的师资保证。由于刚开始的学堂多采用外籍教师来传授新式课程，因而在留学教育开始盛行之时，各省首先考虑挑选优秀学生到国外学习师范以解决缺乏教师的困境。张之洞的《变通政治人才为先，遵旨筹议折》中在讲述兴留学的诸多好处的时候就提出："天下州县皆立学堂数必逾万，无论大学小学断无许多之师，是则惟自赴外国游学一法。""专派若干人入其师范学堂、专门师范，以备回华充各小中学普通教习，尤为要着。"①也就是说，清政府鼓励留学的最初目的就是扩充国内新式学堂的师资力量，因此有大批的学生在留学时选择师范科作为专业。但1905年以后，巴蜀地区留日学师范者陡然减少，主要是由于川省师范传习所和师范学校广泛开办，师资问题已相对缓和的缘故。二是留日学生中学习实业科者较多。根据对清末各校生履历清册的不完全统计，光绪二十九年（1903）到宣统元年（1909）部分留日学生名册中共登记了四川籍学生七十四名，其中在日本期间学习农、工、商三类实业学科的学生共三十六名，占总登记人数的近一半。②留日学生多选择实业学科与当时四川省内的实业热大有关系。三是留日学生中自费者所占比重较大。对清末各省官费、自费留日学生姓名表（光绪三十三年）进行统计可得出登记全国留日学生共一千一百六十四名，其中自费五百零八名，官费六百五十六名。四川省登记留学生一百四十一名，其中自费一百零五名，官费三十二人，公费三人，津贴一人。③从这些数据可以看出全国自费生占全国留学生总人数的比例不到50%，四川省的自费生却占到了本省留学生总数的

---

① 沈殿成：《中国人留学日本百年史》（上册），辽宁教育出版社1997年版，第94页。
② 数据根据以下参考资料统计得到：《清末各省官费、自费留日学生姓名表》，台北文海出版社有限公司1987年印行，第363~367页。
③ 数据根据以下参考资料统计得到：《清末各省官费、自费留日学生姓名表》，台北文海出版社有限公司1987年印行，第1~84页。

70%多。①四是学习的兴趣广泛。留日学生中大多为有志之士,他们刻苦钻研,伏案终日,凡以为有用的知识,都渴望吸收。如法政、商业、铁道、师范、警务、英语、工业、染织、数学、水道、体育、造纸、印刷、机械、物理、陆军、测量等,几乎无所不涉。值得一提的是,许多学军事的学生希望"毕业后回国带兵,革命救国"。1905年,在成城学校、振武学校、警务学堂、警监学校、预备陆军学校学军事的学生计达九十一名。他们中许多成为川省辛亥革命的军事骨干。清末巴蜀地区的留学教育不仅加速了巴蜀正在走向衰亡的封建传统教育体系的解体,同时引进了近代资本主义的教育制度、教育内容、教学形式和方法,使近代教育理论、教育学说、教育观念在巴蜀地区广为传播,培养和造就了一批具有近代教育思想的教育先行者。巴蜀地区近代留学教育的开启不仅对巴蜀地区教育近代化产生了重要影响,同时还对巴蜀地区的政治、经济、文化、社会风气产生了广泛而深刻的影响。

第三节 巴蜀各类新式教育的肇始与发端(二)

鸦片战争之后,中国国门被迫打开。凭借不平等条约,英、法、美等国教会相继获得了在中国通商口岸置地传教、兴办学校的特权,于是,教会学校开始逐渐发展起来。最初,办教会学校主要是作为传教的辅助工具,但随着西方殖民势力对华瓜分的进一步深入,教会学校逐渐成为灌输奴化思想、培养治华代理人的重要场所。1890年3月,帝国主义列强迫使清政府签订的《烟台条约续增专条》,准重庆"作为通商口岸"。1891年3月1日,重庆海关正式成立。随着重庆门户的打开,外国教会纷至沓来设立学堂。光绪三十二年(1906),清廷训饬各级教育官署,凡外国人在内地设立学堂毋庸立案,于是,包括巴蜀地区在内的中国内地的教会学校进一步增多。

---

① 在张之洞的《变通政治人才为先,遵旨筹议折》提到"官筹学费究属有限,拟请明谕各省士人如有自备斧资出洋游学,得有优等凭照者,回华后复试相符,亦按其等第作为进士举贡。如此者游学昔众而经费不必尽有官筹"。鉴于官费留学用资甚巨,不能多派,因此主张奖励自费留学。因为自费留学没有了种种限制,一大批热血青年心怀爱国热情决心到西方寻求救国真理,再加上留日风潮在四川省内盛行,富绅纷纷捐款,使得当时四川乃至全国范围内自费留学人数众多。

一、教会教育的发端[①]

根据相关史料记载：巴蜀地区在19世纪70年代就出现了教会学校。据统计：川东主教区（包括川东三十六县）1875年有神学院两所，学生七十六人，教会学校一百二十六所，学生一千五百人；1911年发展到神学院三所，学生一百三十人，教会学校三百四十二所，学生五千三百零二人。[②]在重庆，外国教会兴办了求精中学、启明小学堂、淑德女子中学堂、法文学堂、仁爱堂女子学堂、私立华美小学堂等教会学校。1891年美国基督教美以美会传教士鹿依士在巴县城区曾家岩，创办了私立求精学堂。接着他又在巴县城区戴家巷，创办了私立启明小学堂。光绪二十年（1894）美国基督教公益会在巴县城区都邮街创办广益书院，后迁至南岸文峰塔侧，更名广益中学堂。光绪二十三年（1897），美国基督教会在巴县城区曾家岩创办私立淑德女子中学堂。1898年，法国教会在巴县城区创办法文学堂。仅据1901年的统计，外国教会在巴蜀大地办了各级各类学校四百六十所。这些学校不仅办在重庆、成都等通衢大邑，也深入到偏远小县，全省平均每县有洋人办的学堂三点三所。教会医院、药房、救济院、孤儿院等慈善机构的增加也十分迅速，1891年时，四川全省仅有这类机构十三个，到1901年就猛增到两百一十三个，净增十五倍。[③]

表5-6　清末巴蜀地区部分教会学校情况

学校名	国籍、教派	成立年代	地址	备注
求精中学	美以美会	1891	巴县	初为高等学堂，后改大学预科，继又改旧制中学
广益中学	英、基督教公会	1894	巴县	
启明小学	美以美会	1895	巴县	
法文学堂	法国	1903	成都	
华美初小	美以美会	1903	内江	

---

① 清末巴蜀地区的教会高等教育（大学）——华西协合大学已在高等教育部分谈及，在此不再重复。
② 吴洪成：《重庆教育史》（第一卷），西南师范大学出版社2004年版，第452页。
③ 吴洪成：《重庆教育史》（第一卷），西南师范大学出版社2006年版，第455页。

续表

学校名	国籍、教派	成立年代	地址	备注
曙光幼儿园	美国	1905	简阳	
华美小学堂	美国	1905	成都	
华英小学堂	英国	1905	成都	
启秀女子学堂	美国	1905	成都	
华美女子小学堂	美国	1905	成都	
华美中学堂	美国	1906	成都	
教会小学堂	不详	1908	合江	
华英学堂	英国	1909	成都	
华美学堂	美国	1909	成都	
华西协合大学	美国	1909	成都	
华西小学堂	耶稣教会	1910	合江	
华英小学	（加拿大）基督教会	1910	彭县	
法文学堂	法国	不详	重庆	
教会学堂	美国	不详	重庆	
美国女学堂	美国	不详	重庆	
中西坤厚女学堂	英国	不详	重庆	
广益小学	中华基督派	不详	三台	
广益女子小学	四川公谊会			
上智高小	法国	光绪间	邛崃	

资料来源：熊明安、徐仲林、李定开主编《四川教育史稿》，四川教育出版社1993年版，第219页。

从清末巴蜀地区的教会学校来看，不仅涵盖了初等教育、中等教育，还出现了高等教育，巴蜀地区的教会教育初步形成了从初等教育到高等教育的一套体系。与全国其他教会学校一样，巴蜀地区教会学校开办的主旨是训练教民，发展信徒，扩大宗教势力，说到底是西方殖民势力对华文化侵略的产物。

不过，客观地看，教会学校作为一种完全陌生的新式教育机构，它不仅游离于传统封建教育制度体系之外，而且，就其总体倾向性来说，本身就是对传统封建教育制度的冲击和挑战。它在教学内容方面，改变了过去的地方官学、私学及书院单纯为适应科举制度而以"四书""五经"为主的教学内容，除开设传统的国文外，还开设外国语、物理、化学、动物、植物、体操、图画等课程。开始注意教育与生活、教育与社会的联系，提倡学生参加课外文体活动。在教学方法上，一改传统旧式学堂以学生自学为主的方式和教师让学生"死读书""读死书"的僵化的传统教学方法，加强了对教材内容的讲解，不少课程还借助于实物、图画等手段进行教学，物理、化学、生物等课程还进行了必要的演示实验。教学方法较过去生动多样，增强了学生的学习兴趣，易于学生接受。在办学模式和管理方法上，实行了按学生的知识水平分年级授课的制度。从这个意义上来说，教会学校客观上起到了新教育发轫的作用。它传播了一些西方文化教育知识，采用了较为先进的教学管理方法，促进了传统文化教育观念的转变。它打开了学生们的眼界，使他们从科举八股桎梏中解脱出来，接触到近代的科学文化，了解到世界的发展变化。它不仅客观上起到了传播西方科学文化和融合中西方文化的作用，并且成为科举制废除后巴蜀地区教育可资借鉴的参照物。

二、新式中等、初等教育的涌现

新式中、小学堂的创办是清末巴蜀地区教育改革和发展的另一重要内容。在四川省领导人和学务当局的领导下，巴蜀地区响应清政府的号召，一方面调动各级地方的积极性新办了一批新式中、小学堂；另一方面，对巴蜀地区的原有书院、私塾、义学、社学进行了卓有成效的改造，大大推动了清末巴蜀地区新式教育的发展。

与沿海发达地区及京城相比，巴蜀地区新式初等、中等教育出现比较晚，清末巴蜀地区普通教育性质的新式中、小学堂兴起于戊戌变法前后（仅计算国人自办，不计教会学校和国人办理的专门学堂）。光绪二十年（1894），巴县弹子石小学堂建立，此为近代重庆地方兴办的新式小学堂的肇始。1897年，川东副使在渝兴办"中西学堂"，开设中、外文等课程，使得川东各县办学堂之风接踵而起。1898年，忠州创立了江氏神滩小学堂，是忠州最早的私立小学堂。①璧山县的一些开明士绅在新教育思想的影响下，也于1899年在正嘉场（今正兴镇）创立了第一所新式小学堂，即正嘉场蒙学堂。次年，灶门滩（今会兴乡）办蒙学堂。②1898年，江津县以"讲求实学，博通时务"为宗旨，创办了西文学堂、算学学堂。③1898年5月，清政府下旨令各省县将书院改学堂后，当年，四川云阳县改五溪书院为新式小学堂，其他各府、州、县也逐渐将书院改学堂。1901年清政府宣布实施"新政"下诏兴学后，各地掀起了废旧学、办新学的热潮，巴蜀地区的新式中、小学堂得到了快速的发展。

1901年8月朝廷下令命省属书院改为大学，府及直隶厅州属书院改为中学，州县属书院改为小学。巴蜀地区地方政府遵照执行，纷纷将书院改为新式中、小学堂（参见下表5-7）。1904年1月13日，清政府颁布了由张百熙、荣庆、张之洞等人重新修订的学堂章程（《奏定学堂章程》），称"癸卯学制"，这是近代中国第一部以政府名义颁布并在全国实施的近代学制，一直沿用到1911年清朝覆灭。1905年9月，清政府宣布自次年起废除科举制度。新学制的颁布和科举制度的废除，大大促进了新式中、小学堂的发展。1907年，巴蜀地区共有小学堂七千六百二十九所，小学生二十三万三千余人；1908年有小学堂八千七百余所，小学生二十七万七千余人；1909年有小学堂九千七百余所，小学生三十二万八千余人。在全国仅次于直隶，居全国第二位。在中学堂方面，相对于小学而言，中学发展较慢，1905年，普通中学仅八所；1907年四十八所，中学生五千零七十四人；1909年为五十一所，中学生五千八百二十八人。④而在新式中、小学堂的发展中，以重庆发展为最快。据《四川官报》所载："渝城地居要冲，得风气之先"，新式学堂创办迅速，川内各地兴办的学校，以重庆"为占多数"（参见下表5-8）。

---

① 万县市教委编：《万县地区教育志》，重庆出版社1997年版，第109页。
② 璧山县教育局编：《璧山县教育志》，重庆市璧山印刷厂1991年印行，第89页。
③ 吴洪成：《重庆教育史》（第一卷），西南师范大学出版社2004年版，第316页。
④ 据王笛著作《跨出封闭的世界：长江上游区域社会研究1644～1911》第478页记载，1907年川省中学堂四十八所，教员三百六十六人，学生五千零七十四人，1908年达到五十所，学生五千三百二十三人，教员四百二十四人。1909年五十所，学生五千八百二十八人，教员三百八十六人。参见《光绪三十三年京外学务一览表》《第二次教育统计图表》。另，据他统计，1907年有小学七千五百多所，1908年八千七百多所，1909年九千九百九十四所。小学生也由1907年的二十三万五千发展到1909年的三十三万多人。

表5-7　清末巴蜀地区书院改为学堂的部分情况

书院名称	地址	改制时间	学堂名称
字水书院	巴县	光绪二十七年（1901）	字水小学堂
观澜书院	巴县	光绪三十年（1904）	木洞小学
奎峰书院	宜宾南溪	光绪三十年（1904）	官立初等小学堂
凌霄书院	宜宾兴文	光绪三十一年（1905）	高等小学堂
敷文书院	宜宾	光绪三十二年（1906）	官立高等小学堂
凤鸣书院	秀山	光绪三十二年（1906）	县立高等小学堂
莲峰书院	奉节	光绪三十一年（1905）	高等小学堂
凤山书院	大宁	光绪三十一年（1905）	大宁县高等小学堂
白鹿书院	忠县	光绪三十二年（1906）	公立高等小学堂
桂香书院	重庆梁平	光绪三十二年（1906）	县立高等小学堂
云龙书院	重庆潼南	光绪三十一年（1905）	高初两等小学
云山书院	重庆潼南	光绪三十年（1904）	高初两等小学
鉴亭书院	重庆潼南	光绪三十二年（1906）	高等小学堂
江川书院	重庆潼南	宣统元年（1909）	两等小学
朝阳书院	重庆潼南	宣统二年（1910）	初等小学
储英书院	重庆潼南	光绪三十一年（1905）	两等小学
天成书院	重庆潼南	光绪三十二年（1906）	两等小学
凤山书院	重庆长寿	光绪二十九年（1903）	师范传习所
鸿程书院	重庆长寿	光绪三十一年（1905）	初小学校
瀛山书院	重庆綦江	光绪三十二年（1906）	县立高小校
育才书院	重庆南川	光绪三十一年（1905）	学务研究所
专经书院	重庆南川	光绪三十二年（1906）	县立第一女子高等学堂
巴川书院 琼江书院	重庆铜梁	光绪二十八年（1902）	巴琼小学学堂
五溪书院	重庆云阳	光绪三十一年（1905）	高等小学堂
汇川书院	重庆潼南三汇场	宣统元年（1909）	高初两等小学

续表

书院名称	地址	改制时间	学堂名称
明善书院	重庆綦江	光绪三十三年（1907）	初等小学堂

资料来源：胡昭曦著《四川书院史》，巴蜀书社2000年版，第287～288页；重庆市市中区教育志编纂委员会编《重庆市市中区教育志》，四川文艺出版社1993年版，第109～111页；宜宾市教育局编纂《宜宾教育志》，西南师范大学出版社2005年版，第7页；秀山县教委编写《秀山土家族苗族自治县教育志》（上）（内部资料），1992年印行，第1页。

表5-8 清末巴蜀地区部分中学堂设立情况

学校名称	地址	创办时间	创办者
私立求精学堂	重庆曾家岩	光绪十七年（1891）	美国基督教创办
川东洋务学堂	巴县城区	光绪十八年（1892）	川东道守黎庶昌办
私立广益学堂	重庆南岸	光绪二十年（1894）	英国基督教创办
合州中学堂	重庆合川	光绪三十年（1904）	由合宗书院改置
永川县达用学堂	永川	光绪二十六年（1900）	永川最早的中学堂，四川最早的中学堂之一
忠州私立中学	官坝场	光绪二十八年（1902）	白鹿书院山长杨景祁与州人杨泰麟捐资创办
重庆府中学堂	两路口	光绪二十九年（1903）	知府张铎将东川书院改办
江津官立中学	几江镇文场	光绪三十年（1904）	知县蔡承云按"癸卯学制"捐资兴办，江津县最早的公立学校
忠州中学堂	北城三牌坊街	光绪三十年（1904）	忠州、丰都、垫江、梁山集资一州三县在忠州合办
奉节县高等小学堂（中学堂）	原莲峰书院旧址	光绪三十一年（1905）	知县侯昌镇创办
万县中学堂	万县考棚	光绪三十一年（1905）	后更名万县县立中学
官立涪州中学堂	涪陵北岩	光绪三十一年（1905）	知州邹宪章倡设
云阳县立学堂	云阳镇	光绪三十二年（1906）	定名为云阳县立中高合校
夔州府官立中学堂	西坪	光绪三十一年（1905）	夔州知府鄂芳等修建
夔州府公立中学堂	考棚	光绪三十二年（1906）	夔属6县中捐资作为经费

续表

学校名称	地址	创办时间	创办者
梁山中学堂	城内四牌楼街	光绪三十三年（1907）	梁山学生需求自办中学，在知县宋万进的支持下，将旧考棚改建为中学校舍
璧山官立预备中学堂	石河云居寺	光绪三十三年（1907）	宣统元年（1909年）改为县官立中学堂
铜梁中学	与铜梁县高等官立小学合址	光绪三十三年（1907）	
巴县县立中学堂	市中区	光绪三十三年（1907）	周少伯等
官立涪陵文昌宫中学堂	涪陵城区	宣统元年（1909）	
江北厅官立中学堂	江北城前街	宣统元年（1909）	由县绅李尊等上呈，后批准成立，江北地区第一所中学
綦江县官立中学堂	綦江县考棚	宣统二年（1910）	
石柱官立中学堂	石柱	宣统二年（1910）	石柱隶厅官立小学堂改办
酉阳州中学堂	酉阳州考棚	宣统二年（1910）	酉阳县直隶州牧杨兆龙办
梁山中学堂	梁山	光绪三十三年（1907）	
叙州府中学堂	宜宾	光绪三十年（1904）	由尚志学堂改办

资料来源：四川各州、府、县史志资料。

除了大力兴办新式学堂之外，在清末新政时期巴蜀地区还大力发展平民补习学堂和简易识字学塾。1905年，学部成立后不久即通令全国设立半日学堂、平民补习学校和改良私塾，专收贫寒子弟，不收学费。在清政府的倡导下，巴蜀地区在各地普设半日学堂，"专教贫苦子弟之无力入学及无暇入学者，务以开农工商者普通之知识"。又成立补习学堂、罪犯学堂等，大力推行对下层贫苦阶层的教育。从1909年开始，巴蜀地区还对私塾进行改造，在此基础上广设"简易识字学塾"。据1911年的《教育杂志》报道"学部调查各省简易识字学塾成绩，以四川为最"，全川计有一万六千三百余塾，学生二十四万五千余人。①

三、川边民族教育的兴起

在清末新政时期，巴蜀的民族教育也开始逐渐兴起和发展。尤其是在川边藏族聚居的原西康省辖区，随着清政府陆续实行改土归流，新式学堂得到迅速发展。

1904年（光绪三十年），打箭炉直隶厅同知伍文元，在打箭炉（今康定）建立大同学堂；巴塘粮员吴锡珍，在巴塘（即巴安）建立汉语讲习所（或称官话学堂），编写官话课本，强制藏族子弟入学，并供给学生伙食。1905年，清政府平定巴塘寺庙上层喇嘛和土司叛乱，接着又镇压了理塘土司所属稻坝、贡噶岭、乡城等地的武装起兵。1906年，在平定巴塘、理塘后，清廷任命赵尔丰为督办川滇边务大臣，在川边地区陆续实行"改土归流"，统筹治理川滇边务，进行改土归流。赵尔丰到任后，开始在川边建立道、府、厅、县各级政权组织，并对社会进行了一系列重大改革，兴办学堂就是实行改土归流的一项重要内容。由此，在川边涉藏地区出现了一股兴学热潮。

为了做好川边兴学准备，1906年12月，巴蜀地方当局在成都设立"藏文学堂"，培养川边学堂教师，录取能吃苦耐劳、无家牵挂的青年一百二十名，学制两年。1908年12月，第一届九十三名学生毕业，次年分批派往川边。同时，聘请一批川中名士前往任教，在师资上做好准备。为了筹备好川边兴学事宜，1907年9月，赵尔丰奏请设立"关外学务局"（于炉城，后迁巴塘），作为主持川边学务的总机关，派四川井研县人、丁亥进士、度支部主事吴嘉谟为总办，统筹聘教习、定规制、购图书、买仪器、备经费、派学劝学、建设校舍等事项。在办学经费方面，于边务费中拨银三万两，并多方集资开办新学。②在巴蜀地方当局的大力推动下，川边兴学取得了喜人的成就。

---

① 《教育杂志》1911年第6期。
② 如德格土司及其妻四郎错莫捐银二千两，分建巴塘男、女单堂各一所；绒坝喇嘛噶松菊麦将田地三十七亩、房屋十七间、青稞十一石五斗、豌豆十一石作助学费，学务局奖以"热心助学"匾额。盐井喇嘛七扎旺蓄将其已故师呼图克图遗产银472两、土地四块捐献办学，学务局亦赠给大银牌一面；波弄付藏商桑登邓周捐赠藏洋八百元，为本地新办丫官话学堂学生买衣服。参阅杨明：《清代四川藏族的普通教育》，《西南民族学院学报》（哲学社会科学版）1988年第4期。

1907年（光绪三十三年），"关外共成立男女官话学堂三十余所，学生人数达到一千零二十五人"。还开办初等小学堂。先分巴塘、理塘、乡城、盐井四个学区。官话学堂主要学习汉语文，毕业后，升入初等小学堂。

1908年（光绪三十四年），"共设学堂三十余校，男女学生千有余名。咸知官话，初识文字"。赵尔丰奏"再拨银三万两，以资扩充学校之用"。在巴塘、理塘、雅江、乡城等县创立初等小学堂。10月，打箭炉厅考虑藏民子弟学习汉语文十分困难，决定除办好官话学堂和初等小学堂外，要求各乡设一所藏民学堂，开设藏语文课程，教习由成都藏文学堂毕业生七十余名充任，招收的藏民子弟，不分贫富，只要年满六七岁即可入学。

1908年，赵尔丰还在巴塘筹设巡警学堂，选派委员充任教习，从近年巴塘、里塘等州县官话学堂毕业生中挑选十六至二十岁，诚朴耐劳者一百名，作为正额生，复选二十名为附额，共计一百二十名。学制三年。巡警学堂仿照内地巡警校开课，教以科学，将来分配到川边涉藏地区州县，充当教习，以为开办警政之预备。①

1909年（宣统元年），增设官话学堂十八所，学生增至一千五百二十九人，当时于巴塘、理塘、稻坝（即稻城）、河谷（即雅江）、盐井、乡城等处已成立学堂六十处。

1910年（宣统二年），在昌都、德格、白玉、乍丫、江卡等地兴起办学热潮，共设学堂二十七所。打箭炉厅同知王典章于炉城设高等小学堂一所，先办预科班，招收藏族优秀初等小学堂毕业生，学习一年，毕业后再升入高等小学堂，采取寄宿制。为了加强办学工作，赵尔丰将光绪三十一年"巴塘事件"中缴获的财物，折价银五万四千多两，拨学务局和新设治的河口、理化厅、稻城县、定乡县修建学堂，购置学生衣物。这年，川边涉藏地区共有学堂一百四十二所，学生达三千余名，毕业学生八百四十八名。

1911年（宣统三年），在甘孜、邓柯、武城（今西藏萨岩境）、同普（今西藏境）、贡觉、绒坝岔等地新建学堂四十余所，学生一千余人。为了鼓励藏民子弟入学，开发川边藏族地区，规定除师范、通译两类学堂外，官话学堂、初等小学堂、高等小学堂均主要招收藏民子弟，并给学生以优厚待遇，供给书籍、纸、笔、墨、砚、衣服、靴、帽等，寄宿学生还要供给伙食。为了调动学生的学习积

---

① 李绍先：《赵尔丰与川边藏区近代教育之兴起》，《文史杂志》2003年第3期。

极性，还建立了奖励优秀生的制度，颁发奖学金。同时，在嘉绒涉藏地区也创办了学堂。同年，吴嘉谟还在打箭炉开办关外师范传习所，召集川省藏文毕业生及炉厅附近通藏语而兼识国文者入学讲习，从而在较短时间内培养出一批师资，分派到各州县充当教习。除了这些新式学堂之外，在清末时期，巴蜀川边地区还在邓科创办了"畜牧学堂"，在河口设立了"蚕桑学堂"，在巴塘开办喇嘛学堂。在康定创办藏语专科学堂，选拔藏汉学士入学深造。

在四川省的大力倡导和支持下，川边涉藏地区学堂从无到有，兴盛一时，四年内"东南两路已逾百五十所，加以西北两路及炉厅各属计算，实二百有余"，学生人数估计四千人。兴学地区也由局部几乎扩展到整个川边。对这个世代没有正式教育的地区来说，堪称一大进步，被誉为"西康教育之黄金时代"[①]。这是四川藏族居住区教育史上值得充分肯定的大事。它兴办学堂二百余所，学生达四千余名，是川边教育的创举；它对普及汉语、汉文起了积极的作用，收到了良好的效果；它不仅传播了一些科学知识，而且在一定程度上起了移风易俗的作用；更为重要的是，它培养了一些对国家对民族有用的人才，促进了民族团结和汉藏民族之间的文化交流。

清末巴蜀川边涉藏地区兴学具有如下特点：第一，创办两类学堂，重视普及教育。赵尔丰在川边创办的学堂，一类是官话学堂，另一类是初等小学堂、高等小学堂。从涉藏地区实际出发，实行双语教学，力图普及初等教育。第二，重视调配教师，加强师资培训。师资的来源主要有四：一是从四川内地选调有志之士，来涉藏地区任教待遇从优；二是创办师范学堂，致力于培养师资；三是挖掘当地各方人才，启用各县驿站、台书及通藏语、识汉文的商人；四是在成都举办藏文学堂，毕业生赴藏族地区任藏文教习。因涉藏地区方言不同，还在涉藏地区进行培训，时间半年。五是在初等小学堂毕业的优秀生中，择优做教师。第三，以奖劝学为主，亦有强迫入学。学务局在各地设"劝学所"，派出专人赴各乡村宣讲办学的意义、目的和原因，劝藏民子弟入学。宣统三年（1911），赵尔丰曾到瞻对（今新龙县）进行劝学。为有效地开展劝学活动，鼓励藏族子女入学，学务局还采取了一系列优惠和奖励政策。尽管学务局坚持劝学，但也出现强迫学生入学的规定和事例。赵尔丰的奖劝政策，还表

---

① 参阅杨明：《清代四川藏族的普通教育》，《西南民族学院学报》（哲学社会科学版）1988年第4期。

现在对学务局和劝学、办学人员中成绩优秀者,加以不拘常格的奖励。宣统元年(1909),奏请学务局总办吴嘉谟以员外郎,赏加三品衔,并留度支部尽先补用;对其他办学人员也予以奖励,凡办学三年期满,成绩优异者,按照异常成绩请奖;师范毕业生教龄三年,成绩优异者,可按五年期满的规定发奖。上述劝与奖的结合,动员了藏民送子女入学,也调动了土司、头人、喇嘛的办学积极性,他们纷纷捐资助学,劝藏民子女入学。第四,从实际出发,自编乡土教材。教材是办学堂的基本建设,也是清末四川涉藏地区兴学的重要条件。早在兴学之初,四川藩学两司明确指出:筹办关外学务,首先从编写课本入手,不宜完全抄袭内地学堂科目和沿用内地课本。为此,学务局所编官话学堂、初等小学堂的课本,一般是从藏族居住区的实际出发的,既考虑到学生的接受能力,便于学生学习,又能学到必要的知识。比如汉语文就编写了通俗易懂的白话文课本,至今尚存《关外官话课本》两种,《巴塘唱歌读本》《西陲三字经》等。课本内容有反映当地土特产的,如《关外官话课本》第十一课是:"巴塘的果木也不少,桃子是顶好的。但是有两种:大的味道极好,小的是山桃,味道就差多了。"第十课是:"冬天虽是莫有什么菜,莲花白却是顶好的。大的一窝有十几斤,小的一窝也有几斤。听到说比内地的还好些呢。"课本内容又有歌颂家乡的,如《爱乡土歌》:"大朔山,高插天;金沙江,入四川,天生一个好江山。"还有启发妇女求开放的,如《体操歌》:"女子练操身体强,盈盈花一样。淡淡的梳妆,楚楚的衣裳。知书识礼人钦仰,齐心向学求开放,才显得我巴塘女子,赛过儿郎。"课本内容也有一些鼓吹封建的忠君思想和礼教的,如《官话课本》第十三课:"大皇帝是我们中国的主子。我们吃的、穿的和住的房子,栽粮食的地方,都是大皇帝的。大皇帝的恩比天还高呢。"第十五课:"四川总督就是四川头一个官,我们是大皇帝的百姓,就是四川总督的百姓。先要听四川总督的管教才好。"据记载,当时赵尔丰还亲自编写了《西陲三字韵语》一书,作为官话学堂的课本。第五,加强教学管理,努力提高教学质量。官话学堂、初等小学堂、高等小学堂都注意教学管理,各学堂都有对教学有一定管理能力的人主持教务,物色和培养质量较高的教师,编写切合藏族地区和学生实际的教材。随着维新思想的传播,教学方法也比较灵活多样。这些管理措施,有助于提高教学质量。

四、女子教育的兴起

在清末"新政"时期,随着西学东渐的浸润和对"振兴女学"的倡导,巴蜀地区的近代女学与其他教育一道开始兴起。在巴蜀地区,早在清光绪二十八年(1902)秋,旅京川籍名宿杜德舆的夫人杜黄,在北京丞相胡同寓所,创办了"杜氏女子家塾",自任塾长,聘秋瑾担任国文、历史、地理诸科教习,日本女子服部繁子、高洲虎子等教算术、图画、音乐、手工等课,收川籍女学生。[①]学生一律免费,来求学者甚众,开川籍女子求学风气之先。"杜氏女子家塾"是四川客籍女子教育,办了两学期,成效显著,逐渐取得社会信任。1903年张澜在南充创办南充端明女塾。自此,巴蜀地区的女子教育在本地发展,女学数量逐渐开始增多,兴办女学在巴蜀大地逐渐蔓延开来。

为了振兴女学,1903年,重庆便成立了"女学会",其目的是为"振兴女学",决定先在重庆城中设女学堂,待"规模周备,经费充足",再行推广。并制定《重庆女学会章程》,规定宗旨是:"凡有关于女学之责任,如整齐学务,建立学堂,编书购器等事,本会皆尽力肩任之无论会内外诸友,有以一女学事来问或托办有关于女学之事,本会皆可代办。总期化无学之女为有学,无用之女为有用。"准备在城中设立女子师范,为设立女子学堂做好师资准备。1904年,威远设女学三所,安县设一所;1905年,长寿设女学三所;1906年,名山设女学一所。

面对全国各地不断出现的女子学堂,清政府被迫在1907年3月8日颁布了《奏定女子小学堂章程》《奏定女子师范学堂章程》,修订了1904年1月颁布的"癸卯学制"的"以家庭教育包括女子教育"的主张,规定了女子学堂分为初、高两等,学制各四年,凡是女子学堂学生,一律禁止缠足。《学部奏定女子师范学堂章程》还规定:每县州必设立女子师范一所,初办可由官府筹设,并允许民办,学制亦为四年。接着,女子职业教育也经呈准而在各地展开。至此,癸卯学制终于以国家法制的形式局部地承认了女子教育的合法地位。章程颁布后,举办女学成为各省地方政府的时髦之举,巴蜀各州县也纷纷兴办女学,各地女校数量不断增多。1907年,华阳举人陈慎言创办"四川

---

① 林林:《清末民初四川女子教育——以女子学堂(校)为中心》,《四川师范大学学报》增刊(社会科学版)2005年5月。

淑行女学堂"，招收能识字、书写的女子，分别讲授初、高中课程，"颇著成效"。不久，清学部令各省在省城设立女子师范学堂一所，于是该校改为"成都淑行女子师范"。该校在校长陈慎言的苦心经营下，扩充校址，增加班次，提高教学质量，成为巴蜀地区女学之榜样（1914年春，改名为"四川省立第一女子师范学校"）。1907年，泸州有女学堂七所；达县除公立"金华女学堂""经济女学堂"外，还有私立女学七所；1908年，潼川有女子师范三所；1909年，南充女子小学设立师范部；1910年，中江有两所女学并设师范班；1911年，三台有"务实女学堂"和"毓秀女学堂"。成都还有"懿行女子师范学堂""懿行女子中学堂"等。据统计，1907年，全川共有女学堂六十九所，仅次于直隶（一百二十一所）、江苏（七十二所），远多于其他省份，除未能统计的外（下同），占全国女子学堂总数（四百二十八人）的16.4%；教员一百五十七人，仅次于江苏（五百四十五人）、直隶（一百六十八人），比浙江（一百三十八人）为多，远多于其他省份，占全国教员总数（一千五百零一人）的10.5%。女学生两千二四十六人，仅次于江苏（三千三百九十五人）、直隶（两千五百二十三人），多于其他省份，占全国女学生总数（一万五千四百五十六人）的14.5%。1910年有女学堂一百六十三所，女学生达到五千六百余人。

巴蜀地区女子教育的兴起与发展，客观上为近代巴蜀妇女冲破传统纲常礼教的桎梏创造了社会条件。巴蜀妇女在走向社会、跨进新学接受新文化和新思想熏陶的过程中，独立的人格意识逐渐苏醒，文化素质和民主思想不断提高，生活方式和思想意识也开始为之一新。巴蜀女子学校教育推动了妇女解放运动的发展，培养了一批先进的妇女，促进了社会风俗的变化。从此，女子教育在巴蜀大地日渐普及，妇女解放、男女平等成为不可阻挡的潮流。

第四节 巴蜀近代教育行政管理体制的建立及兴学特点

清代旧式的教育行政机构，从中央到地方已有了较为完整的结构体系。中央设有主管教育的机构——礼部，省级设有专门的教育行政官员——学政，府厅州县一级设有儒学教官，整个教育行政机构还算运转有度，条理井然。清廷的教育举措及各类考试能有效地进行，全赖于此。但是，旧教育行政机构是适应于所处时代的政治、经济，尤其是教育状况的需要而设置的。鸦片战争后，随着中国社会开始发生深刻变化，旧式教育的弊病日益暴露，新式学校教育应运而生，旧的教育行政机构因此受到巨大的冲击。戊戌变法以后，特别是清末新政时期的废科举、兴学校和全国各地新式学堂的普遍设立和迅速发展，旧的教育行政机构已经完全不能满足教育发展的需要。近代教育行政管理体制的变革势在必行。

光绪三十一年（1905），山西学政宝熙奏请设立学部，顺天学政陈宝忠奏请设立文部，翰林院编修尹铭绶等也上疏请设学部。政务处随即对各折合并议奏，清廷于光绪三十一年十一月初十（1905年12月6日）发布上谕，设立学部作为中央一级的教育行政机构，专门主管全国教育事宜。它的成立，标志着真正现代意义上的教育行政机构的出现。在地方教育行政机构方面，1906年4月25日，学部会同政务处奏请设立提学使司（下设总务、专门、普通、实业、图书、会计六课，提学使是省教育行政的最高长官），裁撤学政。当日，上谕准奏，各省改设提学使司，在各省省会设学务公所，所有各省学政和新设学务处一律裁撤。同时，在府、州、县设立劝学所为省级以下各级教育行政机关，至此，形成了一套从中央到地方的新式教育行政管理系统。清末教育行政的组织体系和官制体系始告确立，为近代教育行政体系奠定了基本框架。

一、巴蜀地区近代教育行政管理体制的建立

在巴蜀地区，为了响应清政府改革地方教育行政机构以便更好地适应兴学的需求，巴蜀地区的各级教育行政机构也进行了调整。1902年，川督岑春煊设立了省临时教育行政机关学务处，以张鸣岐为督办，处理各属学务文牍、筹拨经费、购运学堂用品和派员巡查各属学堂等。[①]锡良继任川督后，曾委邛州知州方旭提调学务，又派按察使冯煦任学务处总理，主持全省学务。1906年，根据清朝学部命令，川省学务处改称学务公所，由胡峻任议长，[②]1909年后由周凤翔接任。省内各府厅州县也奉文陆续改儒学署为学务局。但时间先后不一，如名山县于1903年即设立学务局，新宁县（今开江县）1903年设立，[③]而巴县

[①] 熊明安等主编：《四川教育史稿》，四川教育出版社1993年版，第187页。
[②] 隗瀛涛主编：《四川近代史稿》，四川人民出版社1990年版，第393页。
[③] 熊明安等主编：《四川教育史稿》，四川教育出版社1993年版，第188页。

于1907年方设立学务局。①1906年清廷颁布《各省学务详细官制及办事权限章程》和《各厅州县劝学所章程》，要求裁撤各省提督学政及临时性的学务处，各省设提学使司总辖全省学务，并于厅州县设劝学所。巴蜀地区于成都设立提学使司总辖全省学务，下设学务公所，内分总务、专门、普通、实业、图书、会计六科。另设省视学六人，巡视各地学务。于厅州县设劝学所，置视学一人，兼学务总董，受地方官监督。并设讲演员、收支、文牍、写生之职。劝学所将辖区划为若干学区，由本区品行端正、热心教育的绅士担任劝学员，每学区一人。视学总摄辖区内学务行政事宜，除中学堂监督须由本地行政长官呈请提学使司委任外，所内各职员，各小学堂监督皆由视学任免。而各学区内教员的任用，款项及招佃纳租等事多由劝学员决定。一般厅州县管理小学，府、直隶厅州管理中学。②清政府改革教育行政机构的指示下达后，四川一百四十余州县皆设立了劝学所，作为各地主持学务之机关。除此之外，四川省当局还先后设立官书局、省学务调查所、学务考核所、教育研究所、四川教育官练习所等教育机构，专门负责派员考核学务、研究教育发展、提高教员水平等事项。这些机构和组织对促进清末巴蜀地区新式教育的兴起和发展起了很大的作用。巴蜀地区教育行政管理体制的建立，避免了巴蜀地区教育事务管理的混乱局面，为巴蜀地区新型教育管理机构的确立、健全奠定了基础，并对巴蜀地区新式教育的兴起和发展产生了重要的影响。

二、清末巴蜀地区兴学的特点

（一）兴学虽晚，成效显著

清末四川的兴学可谓起步虽晚，却成效显著。这主要表现在如下几个方面：一是新式学堂数量大，学生多。1903年，四川新式学堂仅有28所，在校学生1550名；到1907年，其学堂数已达7793所，在校学生244,538名；1910年

---

① 重庆市市中区教育志编纂委员会编：《重庆市市中区教育志》，四川文艺出版社1993年版，第58页。
② 1904年底，四川成立省学务调查所，考选教职人员入所培训。所内设五科：顶修科、审定科、录事科、收发科、庶务科。其主要职责是，派员往各地调查学务，"已办者复核之，甫办者督催之，未办者咨请严饬之"。有官方督学的性质。此外，还负责印行教科书，审定各府厅州县申送的学堂章程和登记出洋留学人员姓名等事。1905年12月，省学务处又令各府、直隶州厅设立学务综核所，为介乎于省学务调查所和州县劝学所之间的机构。熊明安等主编：《四川教育史稿》，四川教育出版社1993年版，第188页。

更增至学堂11,387所,在校学生411,738名。①7年间,学堂和在校学生数分别增长406倍和265倍。从全国范围来看,1903年,四川学堂及在校学生分别占当年全国学堂总数和在校学生总数的3.6%和4.9%,1910年分别上升至26.7%和32%。而且,经过发展,四川学堂和在校学生数逐渐位居全国前列。到1909年,四川有新式学堂10661所,居全国第二位,仅比地处京畿地区的直隶省(11201所)少540所;在校学生345,383人,位居全国榜首,比居第一位的直隶省(242,247人)多1万人以上。②二是新式学堂种类多。经过发展,到辛亥革命前夕,四川

川督岑春煊,广西西林人

不仅有大量普通学堂,还有数量不少的专门、实业、师范学堂。普通学堂有中学堂、小学堂、蒙养院、女子学堂、半日学堂等门类。其中,小学堂又分为初等、高等、两等(即初高合办)三种。专门学堂有高等学堂、文科、法科、医科、艺术、军事等门类。实业学堂又包括农、工、商业学堂和实业预科。而农工商业学堂又分为初、中、高等三个级别。师范学堂包括通省师范学堂、优级师范学堂、初级师范学堂、传习所、讲习所等类别。三是新式学堂分布广。据统计,辛亥革命前夕,四川的一百四十多个州县全部改建或新建了新式学堂,甚至延伸到边远少数民族聚居的地区。总体上看,四川近代新式教育在全国开始较晚,但其地位却一改元明清中叶以来七百多年的四川文化教育地位的衰落之势,开始转身变为全国新式教育最发达的地区之一。

(二)地方行政高官高度重视、大力支持

在近代四川兴学的过程中,得到时任四川总督的岑春煊、锡良、赵尔丰等重要官员的高度重视和大力支持,这既是清末兴学的一个重要特点,同时也是清末四川近代新式教育迅速发展的重要原因。

20世纪初年,四川先后有岑春煊、锡良、赵尔丰(1911年到任的清末最后

---

① 隗瀛涛主编:《四川近代史稿》,四川人民出版社1990年版,第397页。
② 王笛:《清末新政与近代学堂的兴起》,《近代史研究》1987年第3期,第245~270页;隗瀛涛主编:《四川近代史稿》,四川人民出版社1990年版,第397页。

一任川督）三位总督在任，他们均"首先注重学务"，对兴办新式教育采取了积极的态度。清政府宣布实行"新政"后，岑春煊立即设立了川省学务处，作为专门的教育行政机构、在川兴办新式学堂。其继任总督锡良对兴学更是大力鼓励和支持，1903年一到任，就健全机构、强化学务，采取多种举措培养、延聘师资，完善和推广新学制，严格管理，通饬各府厅州县赶办学堂。在兴学的过程中，锡良采取各种措施。扫除发展障碍，成为当时四川教育发展最有力的支持者和推动者。针对四川师资缺乏的问题，一方面命令各州县建立师范传习所，亲自建立师范学校；另一方面鼓励学生东渡日本学习"教授之法"，还支持学校聘用外国教员。为了兴学，他严定赏罚，将兴办学堂作为考核地方官吏的重要内容。对官员依办学成就优劣分别记功过，对捐资、捐款助学的乡民给予各种奖励。如1905年，他对学堂"规模整齐""尚有条理""开办最多"的十五个州县官记功；对"办事延宕""事多敷衍""一堂未办""禀报欠实"的十一个州县官记过。①1906年又通报嘉奖办学"不愧表率"的邓州知州方旭等人。将"学务毫无整理"的剑州知州茹汉章、"办学固未得法"的阆中知县赖以治等人免职或降职。②这些举措对官吏锐意兴学起到了鞭策的作用。他还根据"新政"对人才的需求，及时倡导和开办各种专门实业学堂。川督赵尔丰在1906年被任命为督办川滇边务大臣时，就在川边涉藏地区掀起一股兴学热潮。为了筹备好川边兴学事宜，1907年9月，赵尔丰奏请设立"关外学务局"（于炉城，后迁巴塘），作为主持川边学务的总机关，多方集资开办新学。1908年，他还在巴塘筹设巡警学堂。在赵尔丰重视调配教师，加强师资培训、以奖劝学为主和强迫入学相结合、严加管理等办学思想的指导和其直接领导下，川边涉藏地区学堂从无到有，兴盛一时。岑春煊、锡良、赵尔丰对新式教育的大力倡导，对清末四川新式教育的发展起到了重要的历史作用。

（三）重视偏远少数民族地区的教育发展

清末四川兴学没有局限在以重庆、成都为中心的四川盆地周边地区，而且，兴学潮还延伸到了川边藏族聚居的原西康省辖区。随着清政府1906年平定巴塘、理塘上层喇嘛和土司叛乱以及在川边地区陆续实行"改土归流"政策之后，在川边涉藏地区出现了一股兴学的热潮，川边涉藏地区的新式学堂由此

---

① 《四川学报》，己巳，第12册，公牍；丙午，第1册，奏议；己巳，第2册，公牍。
② 中国科学院历史研究所第三所：《锡良遗稿》，第一册，中华书局1959年版。

迅速兴起。据史料记载：1907年，川边涉藏地区有学堂两所，学生数六十人；1908年，川边涉藏地区学堂发展到三十四所，学生数一千零三十三人；1909年，川边涉藏地区学堂增加至三十九所，学生数一千五百余人；1910年，川边涉藏地区学堂达到一百二十二所，学生数三千一百余人；1911年，川边涉藏地区仅巴塘、里塘、定乡、盐井、河口、稻城六处学堂就已达到两百余所，学生数九千余人[①]。开办的新式学堂除有官话学堂之外，还有普通初等、高等小学堂、实业学堂（畜牧学堂、蚕桑学堂）、专门学堂（藏文学堂、巡警学堂、师范学堂）。在四川地方政府的大力倡导和支持下，川边涉藏地区学堂从无到有，兴盛一时，兴学地区也由局部几乎扩展到整个川边。川边涉藏地区新式教育的兴起，不仅对普及汉语、汉文起了积极的作用，而且传播了一些科学知识，在一定程度上起了移风易俗的作用。更为重要的是，它培养了一些对国家和民族有用的人才，促进了民族团结、边疆巩固和汉藏民族之间的文化交流，对于川边涉藏地区开发产生了积极的历史作用。

（四）清末四川新学深受日本影响

清末四川新学深受日本影响，这是清末四川新学的又一重要特点。究其缘由，这无疑与清末四川兴学过程中强用大量日本教习以及众多四川留日学生返川后执教有关。在清末四川日本教习方面，根据西南大学学者蓝勇教授考证，清末在川日本教习超过一百人，主要分布在成都、重庆、眉州、嘉定府、泸州、潼川（三台）、彭县、彭山、长寿、夔州府、华阳、自流井、叙永、顺庆府、江津、资州、永川十七个地方，基本遍布盆地各地，分布在三十四个学校，涉及高中层次的综合、军事、测绘、农业、师范、铁路、工业、外文、医学等专业学堂。毫无疑问，四川近代学堂的设立几乎是与大量日本教习进入同步的。[②]日本教习教授的科目，涉及日语、理化、博物、数学、军事、法律、自然、农学、生物、美术、工业技术、地理、音乐、医学等，几乎涵盖了所有近代科学。他们不仅担任教学，还参加管理工作，引进大量教育仪器设备。如1902年日本教习秩父固太郎到彭县高等小学任教，就曾代学校从日本购回许多实验仪器和直观教具。而当时的四川陆军速成学堂的科长几乎都是日本军人，

---

① 隗瀛涛主编：《四川近代史稿》，四川人民出版社1990年版，第384~385页。
② 蓝勇、阚军：《近代日本对于四川文化教育的影响初探》，《中华文化论坛》2004年第3期，第75页。

重庆东文学堂的总理便是日本教习竹川藤太郎。谈及日本教习对于四川教育近代化所起的作用时，当时的日本人就认为："可以说四川之新教育由日本人所移植也不过分。""自始至今，成都——四川之教育依然掌握在日本手中。"还说成都"所有的中等以上学堂全都在我同胞的指导下，吸取着文明的空气"。至于留日学生的作用，清末四川是可与当时的直隶、湖北、湖南、江苏、浙江等相提并论的区域之一。清末四川留日学生以学习师范和实业为主，学科涉及法政、商业、铁道、师范、警务、英语、工业、染织、数学、水道、体育、造纸、印刷、机械、物理、陆军和测量等方面。他们学成回国后，多到各种新式学堂任教，成为新式学校师资的生力军，有些甚至是创办者。如1902年，袁治安、刘鼎彝、杨犀灵等人创办了彭县高等小学堂。1907年，彭县官立中学堂成立，校长便由留日学生杨犀灵担任，师资多为留学日本者。1912年成都府中学堂更名为成都联合中学，校长就是留学日本的刘东塘，而武备学堂的中国总教习兼翻译顾臧、监督王凯臣都为日本士官学堂毕业，许多教员也是日本留学回来的。曾马瑞和李梧荪留日归国后一同倡议创办川东师范学堂，并由曾马瑞担任学堂监督。其他如邓缡仙、屈荪坞、杨晴霄、龚秉权、郑东琴等留

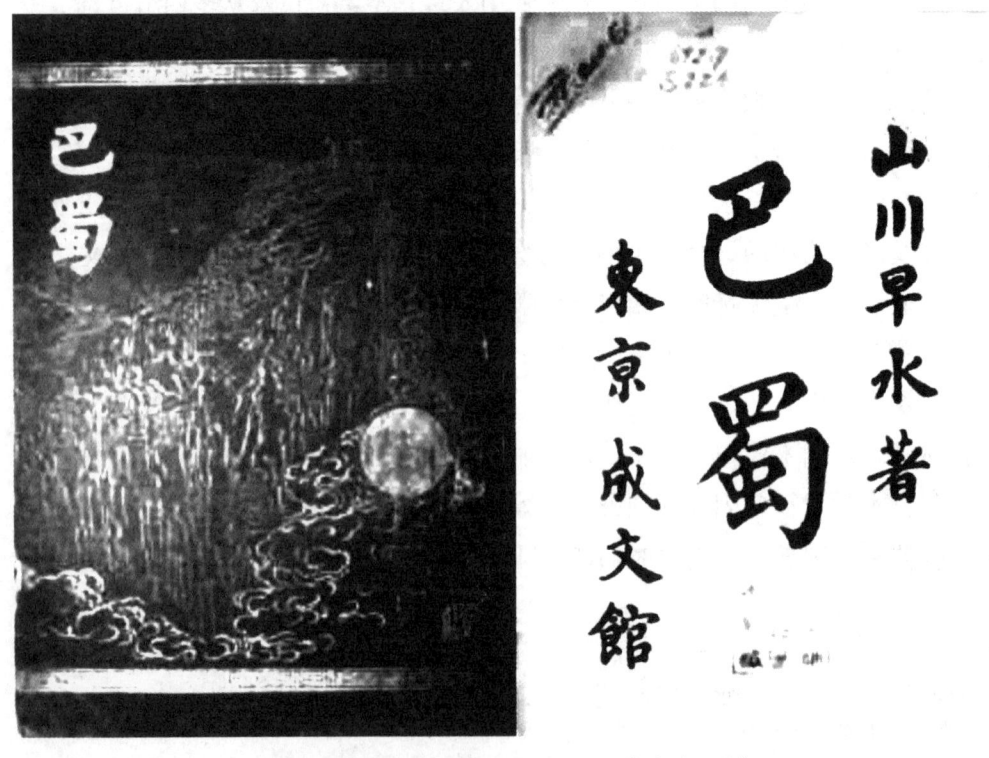

四川省城高等学堂日文教习山川早水著作《巴蜀》

日归来后也对重庆的新式教育发展做出了贡献。1921年万从木在重庆创办西南美术专科学校，他是在日本东京美术专科学成回国的。该校使用的教材多由日本教习和留学生翻译，有的则直接订购日本教材，如1908年，四川省学务公所订购日本早稻田大学讲义，有法政、理财、师范等科二十四种。1905年，重庆聚奎高等小学堂，用巨资从日本购回书籍仪器和标本图画进行教学。许多学校的校舍也仿照日本样式修建，如长寿县知县唐我圻在1904年就按日本小学的图式修建林庄高等小学堂，有礼堂、教室、自习室、晴雨操场、学生寝室、膳堂、办理员宿舍等。1902年彭县高等小学堂除占用普照寺外，还仿日本学堂新修，东西两幢木质楼房。[①]

[①] 蓝勇、阚军：《近代日本对于四川文化教育的影响初探》，《中华文化论坛》2004年第3期。

第六章 民国成立后的巴蜀教育

1912年中华民国临时政府成立至1937年全民族抗战开始，这是中国近现代史上一个风云突变的重要历史时期，亦是近现代中国教育发展进程中一个十分重要的时期。辛亥革命推翻了在中国持续两千多年的封建统治，于1912年1月成立了中华民国临时政府，建立了资产阶级民主共和国，奠定了教育民主化改革的政治基础，从而开辟了近代教育发展的新时期。在中华民国临时政府第一任教育总长蔡元培的领导下，资产阶级革命派对清末封建教育进行了一系列的改革，建立了资产阶级民主主义教育制度体系。但是由于辛亥革命不彻底，导致其胜利果实很快被袁世凯窃取，中国开始进入北洋军阀统治时期。袁世凯上台后，为实现其专制统治，采取了一系列的复古举措，在文化教育领域掀起了一股尊孔读经的逆流。针对袁世凯和北洋军阀政府的倒行逆施，思想文化领域兴起了一场反封建的新文化运动。资产阶级民主主义者高举"民主"和"科学"的大旗，对封建主义的思想文化进行了猛烈的批判。在文化教育领域兴起了反思和改革封建传统教育，学习和引进西方近代教育，倡导和建设民主、科学、实用的新教育的热潮，教育思想和实践探索空前活跃。在此过程中，北洋政府迫于形势，在"五四"前后对教育进行了一些改革，"初步形成了中国现代教育的基本格局"。1927年，蒋介石在南京成立了国民政府，结束了北洋军阀的统治，中国历史进入了国民政府时期，国民政府成立后直到1937年全民族抗战开始，蒋介石对共产党和革命政权采取军事剿灭政策，对人民群众实施政治和思想上的专制统治，加强了对教育的管理和控制。由于这十年社会政局相对稳定，国民政府对教育相对重视，尤其是经过一批教育家和广大教育界人士的积极探索和推动，使民国教育进入稳步发展和逐步定型的阶段，各级各类教育在五四新文化运动和20世纪20年代的基础上取得了较显著的发展。

与全国总的情况和趋势相一致，1912～1936年同样是巴蜀近现代史和近现代教育史上的一段重要时期。辛亥革命胜利后，四川曾经出现过资产阶级的政党政治，议会政治，但好景不长，在袁世凯窃取了革命胜利果实之后，四川人民开始处于以袁世凯为代表的北洋军阀的专制统治之下，不久又陷入长久的军阀割据和混战中。1927年南京国民政府成立后，四川实际上仍为各防区的军阀各自为政。

直到1935年,四川境内各派军阀划区割据的时期方告终止,全省行政才得以统一。在四川军阀割据混战的这一时期,四川教育虽深受冲击、干扰和影响,但在一批先进人士尤其是广大教育界人士的大力推动下仍取得了一些发展和进步。巴蜀各级各类教育在清朝末年的基础上有了初步发展,逐步形成了较为完备的各级学校系统,教育教学制度、学校管理规章、教育管理体制逐步趋于完善,为抗战时期巴蜀教育的大发展奠定了良好的基础,对近现代巴蜀地区政治、经济、文化的变革和发展产生了重大影响。

第一节　民国成立后巴蜀的教育运动

袁世凯窃取辛亥革命胜利果实后,出于复辟帝制的需要,在文化思想领域掀起了一股尊孔复辟的逆流。1912年9月,袁世凯下令提倡"孔教";1913年6月又下令学校恢复祭祀孔子;1915年2月再次颁布了《特定教育纲要》,规定"中小学均加读经一科",提倡尊孔读经。针对这股封建复古逆流,以陈独秀、李大钊、胡适为代表的一批激进的民主主义者,以1915年创刊的《新青年》为标志和主要阵地,在思想、文化和教育领域掀起了一场以民主和科学为批判武器,反对尊孔读经,反对旧礼教旧道德的新文化运动,1919年五四运动时期达到高潮,对封建主义思想文化进行了猛烈的抨击,促成了民族现代意识的觉醒和思想的空前解放。

一、巴蜀地区教育界与五四新文化运动

（一）巴蜀地区的新文化运动

四川的新文化运动是当时全国新文化运动的重要分支和组成部分。在民国初期袁世凯大肆掀起封建复古逆流之时,四川的一些封建文人、旧官僚和原来的改良派也与之遥相呼应,推波助澜。1913年,四川都督尹昌衡致电袁世凯,请袁命令全国学校尊孔读经,鼓吹"孔子之道,如日月经天,河海行地,其大公至正固足以范围乎万世也"[①]。封建文人曾学传在成都发起组织"孔教扶轮会",旋又作为孔教会成都分会,各县成立支会者二十余处,并向国会请愿,请求定"孔教"为"国教"。徐炯倡导成都华阳两县成立孔教会支会,于1918

---

① 隗瀛涛主编:《四川近代史稿》,四川人民出版社1990年版,第810页。

年创立"大成会",自任会长,鼓吹尊孔读经。宋育仁于1914年与清朝遗老劳乃宣等在北京公开宣讲尊孔复古,此后又在成都主持四川国学专门学校,继续鼓吹尊孔读经。针对四川的封建复古逆流,四川文化教育界以吴虞为代表,举起"打倒孔家店"的旗帜,掀起了一场轰轰烈烈的批判封建礼教的运动。[①]

吴虞,原名久宽,字幼陵。1892年入成都尊经书院学习,1905年赴日留学,入法政大学速成科,学习西方法律和政治学说。1907年回国后先后执教于成都县中学、嘉定府中学、官办法政学堂。辛亥革命后担任过《西成报》总编辑、《公论日报》主笔、《四川政治公报》主编。《新青年》创刊后,他立刻响应,对四川尊孔复古逆流进行了迎头痛击。1917年2月~7月,他在《新青年》上连续发表了《家族制度为专制主义之根据论》《读荀子书后》《消极革命之老庄》《礼论》《儒家主张阶级制度之害》《儒家大同之义本于老子说》,还于1919年6月在《川报》上发表《道家法家均反对旧道德说》,11月又在《新青年》上发表《吃人与礼教》。在这一系列的论文中,他把变革现实社会实现民主政治的出路归结于文化思想的根本改造,认为中西社会政治制度不同的根源在于中西文化机制的差异;抨击"孝"是阻碍中国社会进步革新的桎梏,强调革儒教的命,必须首先破除以"孝"为核心的封建伦理规范;强调"孝""忠"的具体依托是封建的"礼"和"刑",两者都是封建统治者实行专制主义的工具。[②]作为新文化运动中批孔反儒的斗士,吴虞对封建礼教的攻击尤为激烈,被胡适誉为"四川省只手打倒孔家店的老英雄""中国思想界之清道夫"。在四川法政学校、外国语专门学校、国学专门学校任教时,吴虞还与学生一道组织《星期日》《威克烈周刊》,倡导四川地区的新文化运动。受吴虞启迪的青年学生"各于校中组织书报社,购置新书杂志"[③],使广大青年知识分子从孔教的桎梏下解放出来,进一步推动了新文化运动在四川的发展。一些宣传新文化的刊物不断涌现。在成都,创办有《星期日》(1919年7月13日创刊,1920年7月停刊)、《新空气》、《直觉》(1920年编辑出版的半月刊)、《半月报》(1920年8月1日出版)、《威克烈》(1919年12月创刊)周报以及高师等校的校刊。特别是少年中国学会成都分会创办的《星期日》,连

[①] 《新青年》创刊后,相继在成都、重庆、泸州、梁山(今梁平)等地设立了代售处,对四川新文化运动的推动产生了重大的影响。
[②] 隗瀛涛主编:《四川近代史稿》,四川人民出版社1990年版,第813~818页。
[③] 隗瀛涛主编:《四川近代史稿》,四川人民出版社1990年版,第813页。

刊了李大钊的《什么是新文学》、陈独秀的《男子制与遗产制》、吴虞的《说孝》、高一涵的《言论自由》等特约专稿以及转载了《湘江评论》上毛泽东的《论民众的大联合》的全文。①而且在一些刊物上逐渐出现了介绍俄国十月革命和马克思主义的文章。在重庆，宣传新文化新思想的刊物也逐渐增多。其中影响较大的有《川东学生周刊》《新蜀报》《友声》《綦评》《巴声》《渝江评论》《人声》《商学半周刊》，新文化运动在四川的深入发展，使"窒息在封建文化统治之下的四川，那时到处响起怀疑和反叛的号角"②。

除了"打倒孔家店"、抨击封建礼教外，提倡妇女解放、提高劳动者地位、文学革命也是四川新文化运动的重要主题。尤其是女子争取解放的斗争在四川尤为尖锐。同全国其他地方一样，长期以来，四川妇女受到压迫和封建礼教的束缚很深。在民国初期，四川军阀和封建卫道士们用"三从四德""男尊女卑"等封建道德束缚妇女，对青年女学生也不例外，他们设置种种禁令，不准女子剪发，不准男女同校，不准男女交往。当成都妇女开始自动剪发时，军阀刘存厚竟然令警察厅出告示严禁，诬蔑妇女剪发是"有伤风俗""碍观瞻"，而且会"淫乱滋生"，要求"已雉者，令其复蓄"，否则要"处罚家长"。③甚至连成都的官方报纸也对男女同校进行诽谤，说什么"若男女可以同校，罗汉岂不要塑在观音庙"，"既可同板凳而坐，安可不同床而觉，什么是男女同校，明明是送子进娘娘庙"，④等等。但是，这一切阻止不了妇女解放的潮流。在成都益州中学、蓉城女学、女子实业学校的几个学生首先冲破剪发禁令后，"女子剪发已向全省蔓延了"，"婚姻自由、恋爱自由的禁令，也被高师、附中、觉群女学等校的青年学生冲破了，他们组织了一个'人生活学会'，出版了刊物《直觉》，有好几对会员自由结了婚，有的家长驱逐了他们，百般的迫害。但男女婚姻自主渐为社会所公认，对女子的最后一道禁关也不能不解放了"⑤。当时四川的进步刊物《四川学生潮》《星期日》《半月报》等，都针对妇女解放问题出了专号，揭露封建宗法社会对妇女的束缚与摧残，主张恢复妇女人格，打破"三从四德"，取消纳妾制度，铲除缠足，

---

① 张秀熟：《五四运动在四川》，《四川大学学报》1979年第1期。
② 张秀熟：《五四运动在四川》，《四川大学学报》1979年第1期。
③ 王斌：《四川现代史专题讲义（初稿）》，1983年内部编印（西南大学图书馆藏），第6页。
④ 张秀熟：《五四运动在四川》，《四川大学学报》1979年第1期。
⑤ 隗瀛涛主编：《四川近代史稿》，四川人民出版社1990年版，第821页。

倡导妇女经济独立，社交公开，有和男子同等享受教育和继承的权利，等等。同时，对封建宗法社会宣扬的所谓"男尊女卑""贞节"等谬论予以痛斥。通过激烈斗争，男女同校、男女社交公开以及婚姻、恋爱自由等问题均冲破了罗网，得到了社会的公认。四川新文化运动的兴起与发展，给封建文化以致命的打击，给四川人民以极大的鼓舞。

（二）五四运动在四川

随着新文化运动的深入与发展，1919年5月4日，我国爆发了具有启蒙和救亡双重性质的五四运动。五四运动既是社会政治的革命运动，又是文化思想的革命运动。当运动的消息经成都的《川报》和重庆的《商务日报》登载披露之后，立即在四川各地引起了很大的震动。从5月17日起，由成都高等师范学堂的学生发起，成都地区青年学生集会游行，宣传反日救国。5月20日，重庆川东师范、重庆联中和巴县中学等校学生代表约五十余人聚集于爱德堂开会。会上代表们"痛陈时弊"，"谋振兴之法"，并做出决定：第一，"对内振兴学术言论，发展组织经济之接济"；第二，对外除演说、印刷小说、报章外，以通信和拍电报等方式联络京津各团体，以便一致行动。①5月22日，成都高等师范师生向北京拍发通电，要求释放学生，惩办国贼。通电全文如下：

京徐菊人、钱干臣先生暨各报馆鉴：青岛卖，中国亡；曹章死，天下生。请及时力争国权，释放学生，慰留辞职各校长，杀国贼以谢天下，大事可为。若必倒行逆施，则恐予汝皆亡。冒死陈言，敢请。

成都高等师范全体学生叩。②

24日，重庆地区青年学生组织"川东学生救国团"进行声援响应并制定了章程，发表了"救国宣言"和"哭告同胞书"。章程规定："以维持国际交涉为政府后盾，以收回一切不平等条约为宗旨。"随即致电北京大学和上海救国团，表示愿为后盾；并通电声讨北洋军阀政府，抗议逮捕爱国学生；呼吁全国各界一致奋起强烈要求北京政府拒绝在巴黎和会上签字。③5月25日，成都学界

---

① 王斌：《四川现代史》，西南师范大学出版社1988年版，第30页。
② 四川大学校史编写组：《四川大学史稿》，四川大学出版社1985年版，第60~61页。
③ 杨付军：《五四运动在重庆》，《西南师范学院学报》1979年第2期。

在少城公园（今人民公园）召开外交后援会，大会由四川公立法政专门学校校长熊晓岩主持，各校到会者六千多人，加上其他各界代表和市民自动赴会者达万人以上，会后举行了游行示威。接着，成都、重庆连日举行规模宏大的集会游行、抵制日货运动，"还我青岛""惩办国贼""抵制日货""誓雪国耻"等口号响遍巴蜀大地。

"六三"以后，全国的爱国运动进入一个新的阶段，全国范围的五四爱国运动由学校推向社会，由知识分子发展为工人阶级、小资产阶级、民族资产阶级结成统一战线的爱国运动。四川的斗争形势也展开了新的局面，无论是组织程度、斗争规模都较前一阶段有了新的发展。一是救国组织纷纷建立，除了原有的学生联合会外，又先后建立了外交后援会、救国会、救国团和国民大会等。二是动员面广，四川一切爱国人民，均在反对日本帝国主义侵略的旗帜下团结起来。青年学生成为反对日本侵略者的先锋，积极开展了抵制日货的运动。尤其是1919年7月13日，由高师学生袁诗尧出面，代表四川省学界外交后援会发起，与成都总商会联合组织了以学界为主体的"成都商学联合会"，标志着学生和民族资产阶级联合抗日爱国运动的高涨和五四运动的深入发展。

在全国人民包括四川人民英勇斗争下，北京政府被迫于6月10日下令罢免曹汝霖、陆宗舆、章宗祥三个卖国贼的职务，13日宣布保护学生的命令。6月28日，中国出席"巴黎和会"的代表，在全国人民反帝爱国的压力下，拒绝在和约上签字。五四爱国运动取得了初步的胜利。五四运动不仅是中国由旧民主主义革命转变为新民主主义革命的转折点，也是中国青年运动的伟大开端，它开创了中国革命知识青年与工农群众相结合的道路，促进了马列主义同中国工人运动的结合，为中国共产党和青年团的建立做好了思想和干部上的准备。经过五四运动的震荡，开启了此后四川人民思想解放的先河，为四川青年接受先进思想准备了条件，为以后的留法勤工俭学运动奠定了思想基础。

二、四川留法勤工俭学运动[①]

四川留法勤工俭学运动，是全国留法勤工俭学运动的重要组成部分。它是

---

① 此部分主要资料参考和援引了隗瀛涛、李有明等：《四川近代史》，四川省社会科学院出版社1985年版，第676~692页；隗瀛涛主编：《四川近代史稿》，四川人民出版社1990年版，第821~828页；王斌：《四川现代史专题讲义（初稿）》，1983年内部编印（西南大学图书馆藏），第8~10页。

在第一次世界大战中帝国主义侵华加深，国内军阀混战，资产阶级民主共和国方案不断遭到破产的背景下，在一些留学法国的教育家和社会名流的倡导下，四川青年为探求新的救国救民真理、振兴中华之路而开展的一项重要教育运动。四川虽然僻处内地，却是留法勤工俭学运动最早兴起的省份，得到四川各界人士的支持，川籍留法勤工俭学的人数更是高居各省之冠。由于人数众多，成批赴法蔚为壮观。四川留法勤工俭学运动与国内新文化运动并举，在十月革命的影响下，为四川青年接触、学习和接受马克思主义，成为早期中国共产党人提供了重要条件。四川的留法勤工俭学运动，它不仅开辟了新的一代知识分子成长的道路，还对全国和四川产生了深远的历史影响。

早在1912年，在蔡元培的支持下，吴玉章、李石曾、吴稚晖等人就在北京发起组织"留法俭学会"，提倡青年学生自费赴法。十五名发起人中，就有吴玉章、黄复生、赵铁桥等四川青年。[①]是年夏，吴玉章、黄复生等人又发起"四川俭学会"，在成都少城济川公学内设立留法预备学校，动员四川一批青年赴法留学，此可算为四川留法勤工俭学运动的先绪。遗憾的是该会在1913年"二次革命"中中断了会务。1915年6月，吴玉章作为发起人之一与在巴黎的一些勤工俭学的学生正式成立了留法勤工俭学会。1916年6月，蔡元培、吴玉章等与法国教育界人士在巴黎共同组织"华法教育会"，任务是发展中法友好关系，组织中国学生到法国留学以及组织华工教育等。此后，国内各地也成立了留法勤工俭学学会和华法教育会的组织，留法勤工俭学运动渐趋热潮。

四川勤工俭学运动趋于热潮始于1918年，该年，由吴玉章倡导，在四川成都成立了"留法勤工俭学会四川分会""四川华法教育会分会"等组织，以提倡赴法勤工俭学为宗旨。同时发起开办了"成都留法勤工俭学预备学校"。是年3月，该校招收了第一批一百五十名学生，学校课程以法文、法语为主，还开设了代数、几何、物理、美术等课程。次年春，该批学生结业，陈毅、罗世菜等三十名优秀者（获熊克武、杨庶堪主持的四川省政府每人发放路费四百元）和未住预备学校经审查合格的李嘉秀等三十一人，共六十一人，于6月2日离蓉经沪赴法。是年下半年，又有由省长杨庶堪直接保送的自费留法生李劼人、何鲁之等十七人自费留法。1919年秋，成都预备学校又招收了第二批学生两百多名，1920年夏结业；经考核录取七十名自费赴法，于10月离蓉起程。在重庆，

---

① 隗瀛涛主编：《四川近代史稿》，四川人民出版社1990年版，第821页。

1918年8月28日在重庆商会正式成立了留法勤工俭学会重庆分会,9月中旬,得到重庆工商界人士及社会名流赞助的重庆留法勤工俭学预备学校正式开学,全校有学生一百一十人,于次年7月毕业,其中八十四名获准赴法。除来自十六县的四十六人取得贷费资格外,其余来自十八县的三十八人为自费生(邓希贤[①]即为其中之一)。1920年8月27日,这批学生扬帆东下,踏上赴法勤工俭学的征途。除了成都、重庆外,1919年年底还有江津、巴县、长寿、涪陵、南充等地自费留法学生三十五人自重庆出发,于是年12月9日离开上海赴法(聂荣臻即为其中之一)。1920年11月,在广东公费留法生女律师郑毓秀帮助下,巴县女学生张雅南、潘慧春等十人也赴法勤工俭学,这是四川女子赴法人数最多的一次。[②]根据华法教育会的不完全统计,1920年,四川有留法勤工俭学学生的县份共八十五个,三百一十五人,至1921年已达五百人。人数居各省第一位,约占全国总数的三分之一。[③]

四川留法勤工俭学青年在法期间,正值第一次世界大战结束后不久,法国由于遭到战争创伤,百业萧条,物价上涨,工作难觅,生活艰难。留法勤工俭学学生一面辛苦投身工厂做工,一面刻苦学习。他们多数集中在圣夏门、圣太田一带的工厂,另有近两百人在克鲁邹工厂做散工(勤杂工),如赵世炎在施莱德工厂做杂工,陈毅在巴黎克里西门外克虏伯公司下属炮厂当钳工,邓希贤在施莱达钢铁厂捡过废铁,又在沙乃蒂橡胶工厂修过胶鞋。他们在做工、劳动的过程中,不仅和法国工人阶级建立了深厚感情,而且逐步认识到资本主义制度的本质。在学习中,他们如饥似渴地追求新知识,不少人除了争读国内进步书籍外,还认真学习《共产党宣言》《资本论》等著作,逐步懂得许多革命道理。为了反对帝国主义和国内军阀政府的迫害,他们同其他各省旅法青年团结起来,组织起来,建立学习研究组织,成立旅欧党团总支部,赵世炎、刘伯坚、傅钟、穆青、萧朴生、邓希贤等均是骨干分子。在针对帝国主义和北洋军

---

① 邓希贤即邓小平。——笔者注
② 在1918~1921年间,在北京、上海等地的四川籍青年经华法教育会代办出国手续自费赴法者亦不在少数,赵世炎即为其中之一。
③ 张至皋:《四川青年学生与留法勤工俭学》,《社会科学研究》1981年第4期。另据黄里洲的《四川留法勤工俭学运动》(《四川文史资料》第23辑)载:"据不完全统计,全国留法勤工俭学学生约为一千五六百人,四川的人数至1921年11月底为止,共有四百九十二人,约占全国总数的三分之一弱,为最多的一省。"两者的说法略有差异。

阀政府的反饥饿、反对中法借款大会及占据里昂中法大学的斗争中，四川学生踊跃参加，其中四川学生赵世炎、刘伯坚、陈毅、聂荣臻、李嘉秀等与他省青年周恩来、蔡和森、李富春、向警予、王若飞、李维汉等一道，起了组织领导作用。参与里昂中法大学斗争而被迫回国的一百零八位勤工俭学学生中，四川占三十四人。①郫县青年李鹤龄伸张正义，因里昂大学事件不满法帝国主义和国内军阀政府，只身枪击中国驻法公使陈箓，为被迫回国的勤工俭学同学报仇，表现了中国青年英勇不屈的革命精神。

留法勤工俭学的重庆青年

　　四川留法勤工俭学运动有组织、有步骤、人数众多有其历史根源。早在甲午战争后特别是新政时期停科举、兴学校后，变法自强的风气就在四川流行，一大批青年学生赴日留学，人数居全国之最。由于有此前日本留学的基础，加之经过辛亥革命和新文化运动的洗礼，四川的勤工俭学运动很快于五四时期蓬勃发展起来。四川青年目睹帝国主义掠夺和军阀混战使四川满目疮痍，民不聊生，渴望去西方寻求救国救民的真理。而当时的法国被看作政治民主、文化昌盛和科学发展的国家，且允许半工半读，无须家庭过多筹款资助，比较符合四川青年尤其是家境较差的青年的心愿。赴法勤工俭学的四川青年尽管最初各自动机不尽相同，但他们在法国有了开阔的眼界，亲自体验了法国工人和华工受到的剥削和压迫，逐渐认清了资本主义的本质。一些留法学生积极接触、学习马克思主义理论，回国后成长为坚定的共产主义战士，为四川乃至全国新文化运动的深入发展、中国革命的胜利以及新中国的社会主义建设做出了巨大的贡献。不少叱咤中国革命风云的人物，如吴玉章、陈毅、聂荣臻、赵世炎、刘伯

---

① 张至皋的《四川青年学生与留法勤工俭学》（载《社会科学研究》1981年第4期）一文统计的数据与王斌著《四川现代史专题讲义（初稿）》（1983年内部编印，西南大学图书馆藏）所引数据不同。张至皋的《四川青年学生与留法勤工俭学》（载《社会科学研究》1981年第4期）说：1921年10月14日，有一百零四名勤工俭学学生被强制遣返回国，其中包括三十五名四川学生；11月11日，又有二十九名学生被迫回国，其中有十三名四川学生。另可见隗瀛涛主编：《四川近代史稿》，四川人民出版社1990年版，第827页。

坚、邓小平、萧朴生、傅钟、冉钧、杨伯恺、李大章等,都曾是四川留法勤工俭学之佼佼者。四川留法勤工俭学运动虽然历时不长,但对四川和我国现代历史的发展产生了不可估量的影响,具有多方面的意义。它不仅为中国革命和中国共产党的成立准备了一批骨干,而且培养了一批各学科领域的专家学者,同时打破了传统的留学教育观,是实践马克思和恩格斯关于教育同生产劳动相结合理论的一次伟大尝试,是体力劳动与脑力劳动结合,知识分子与工人相结合的典型范例,为后来的留学教育提供了有益的借鉴。

三、四川教育经费独立运动①

民国成立后,四川省各县教育经费,仍沿用清末兴学以来办法,由地方自筹管理,其来源计有田赋附加、契税附加、屠宰税附加、杂捐、学产以及省款补助等项。民国25年(1936)以前,四川省政府对各地教育经费没有进行统筹,劝学所(教育局)经营的教育经费,只负责劝学所(教育局)及中心区直辖学校的各项费用,其他区乡各学校的经费则由地方自筹。由于地区贫富不均,各地征收税别及抽取数额不同,加之经费来源渠道不一,因而有的县、乡经费充足,有的县、乡十分困难,不敷使用。从民国6年(1917)起,由于四川军阀连年混战,使本来就难以维持的教育经费更无保证,尤其是军阀割据地区,教育经费常被驻军强占挪用,区乡小学常因缴费不济被迫停课。据当时报刊记载:"川中小学教师薪修之薄,乃全世界所无,其最少者,每年只有铜钱四五十串,具有常识之士,望而绝足。"即便是这点微薄薪资,也经常拖欠不给。许多县立中学也难维持。至于靠省拨款维持的省立各校,情况更糟。省城各学校教职员的薪水每月只能领到二三成,有时一两个月分文领取不到。许多学生也因经费无着,忍饥挨饿,思想浮动。在这种情形下,爆发了由四川社会主义青年团王右木等领导的全川性

王右木,四川江油人

---

① 此部分沿用了刘义兵撰写的《四川教育史稿》第六章中第四节"新教育的曙光"之"四川教育经费独立运动"部分的内容(熊明安等主编《四川教育史稿》,四川教育出版社1993年版,第279~283页)。资料主要参考了四川大学校史编写组:《四川大学史稿》,四川大学出版社1985年版,第122~126页。

革命运动——教育经费独立运动。

1919年农历五月,四川马克思主义先驱者王右木被聘为成都高等师范学校的学监。他在成都积极宣传马克思主义,从事革命活动。1920年9月1日,四川教职员联合会集会,此次会议决议三条:要求拨款解决开学一个月的经费;清偿久欠;要求给予缴费独立。之后,全体会员曾到四川省政府质问。1921年成都学生为争取教育缴费独立而罢课。四川学生联合会致函省长公署,要求拨专款以维持教育事业。1921年底,在运动的压力下,四川省政府行政会议通过了"整顿肉税以谋教育经费独立案"。1922年3月1日,四川教职员联合会召开紧急会议要求补发欠薪;4月1日,重庆学生为争取教育缴费独立举行示威游行。结果,迫使四川省长刘湘同意划拨全川肉税做教育经费,并拟于1922年4月起实行,通令各军防区照办。然而,在当时被各派军阀控制下的四川,刘湘的电令,四川省署的公文,只是一张废纸而已。

1922年5月,四川全省学生联合会发出快邮代电,坚决主张教育经费独立,并号召"全川人士亟起图之"。6月5日,四川省学联和省会教职员在成都高等师范学校开会,决定全市总罢课,并公推王右木为总指挥。6月10日,四川社会主义青年团公开发表宣言,指出,"解决川省人民压迫的机会到了",称赞教育经费独立运动是"有声有色惊心动魄的平民阶级与军阀阶级实行的阶级斗争"。从同一天起,成都各校学生持续开展了争取教育经费独立的集会和示威游行。6月13日,成都学生遭反动军阀收买的暴徒殴伤数十人,其中受重伤死亡三人。反动军阀的无耻暴行,激起了全川广大师生和社会各界人士的愤恨,运动迅速扩大到全川。6月22日,重庆各中小学教职员和学生总罢课并结队游行讲演,要求给予经费独立。此后,川北、川南各学校也多次发表声明,并采取一致行动,声援省城的斗争。面对全省范围的斗争风暴,省议会被迫通过了拨肉税为教育经费独立专支的提案,斗争取得了初步胜利。

然而,由于军阀割据,肉税收入被层层侵吞,甚至截留挪作军费。四川一百四十六个县中,遵令划拨的还不及半数。到1927年秋,省立学校"各校历年欠债,已达数十万元"[①]。当时四川省教育代理厅长万克明也承认:"至本年,则每况愈下,发给薪修几成例外,弦歌有短辍之虞,学校呈倒闭之象,瞻

---

① 《国民日报》1927年11月7日。

念前途，诚有不堪设想者矣！"①有的学校则发"欠薪证"，若不兑现，即为废纸。四川省的教育事业濒临破产。在这种情况下，又爆发了第二次争取教育经费独立运动。成都大学、成都师范大学、公立四川大学等校的教职员首先行动起来，向省教育厅提出交涉，要求"于11月26日再发一月半薪，以维持生活。否则，从本月28日起，即实行罢课"②。中共川西特委指派成都大学中文系学生、校学生会总务长（主席）、中共成大特支书记钱芳祥等参加领导这一运动，发动各校学生支持教职员的斗争。于是，成大等校学生，纷纷走上街头，散发传单，张贴标语，进行演讲，向群众揭露军阀截留作为教育经费的"肉税"用以养兵、制造内战的罪行，要求实行教育经费独立，并决定，从11月28日起，全市实行同盟总罢课。教职员的"罢教索薪"和学生的罢课，赢得了社会的广大同情。12月3日，"四川省教育经费独立运动成都各界后援会"在中共的发动组织下成立，该会表示"我们各界民众今日已下决心做教育经费独立运动的后盾"③，坚决支持教育经费独立。"后援会"的态度，给了师生们以很大的鼓舞，增强了他们坚持到底、争取教育经费独立的信心。

在强大的舆论压力、广泛的社会同情下再加上师生的一致斗争，四川省政府的刘文辉、邓锡侯、田颂尧等遂于12月5日召开了"教育经费独立会议"。教育厅厅长万克明、省立各校校长、教职员联合会代表及学联代表参加了会议。但四川省政府当局对广大教师的正当要求，却采取了敷衍塞责的态度，于是学联代表李正恩等愤而退席商议后，再次质问厅长万克明。万"竟置之不理，反而出言不逊，使弁兵拖抢上弹，向群众作攻击式"，"群众大哗！有如火上加油一般，愤慨生死不顾"，将万克明拖出游街示众。当经过华兴街时，万克明趁机跑到二十八军军部藏匿。学生们奋力前往追赶，结果公立四川大学工科学院学生邓俊、饶丰，法政学院许杞桂等六名学生被士兵扣押并转送到军警团联合办事处。四川省教育经费独立后援会、省会各学校第六次代表大会及成都大学校长张澜等十四所大中学校长联名声明，要求释放被押学生，支持教育经费独立。斗争很快蔓延到省内各地，激起全川教育界的动荡和响应。在这种形势下，军警团联合办事处处长向育仁被迫于12月12日释放全体被押学生。刘文

---

① 《国民日报》1927年11月7日。
② 《国民日报》1927年11月29日。
③ 《国民日报》1927年12月12日。

辉、邓锡侯和田颂尧三人才联衔通电，吁请四川省各防区交出肉税，并表示接受学联关于教育经费独立的条件。至此，教育经费独立运动取得了胜利。

1922年和1927年的两次争取教育经费独立的运动，由单纯的经济斗争，发展到与反动当局的正面交锋，影响遍及全川。它是继五四运动后四川规模较大的革命运动，其政治影响深远。

第二节　民国成立后巴蜀教育行政管理的逐步完善

一、省级教育行政的发展

1912年中华民国临时政府成立以后，全国教育行政制度得到了根本的改革。民国元年1月9日，中华民国临时政府在南京成立了教育部，3月迁至北京，正式运行，管理全国教育事宜。在省教育行政方面，1912年5月教育部电饬各省建立教育司，教育长官名称一律改为司长，四川省遵令开始实行教育司制度，同年12月，北京民国政府教育部正式任命四川华阳人王章祜（叔钧）为四川教育司首任司长。教育司设司长、次长各一人，改清末总务、专门、普通、实业四司为四科，办理全省教育行政事务。不久，又将实业科归并专门科，并依照中央指令增设社会教育科，共成总务、专门、普通、社会教育四科，管理四川全省教育行政事务。

民国2年（1913）2月，四川教育由军民分治改为合署办公，教育司原有总务、专门、普通、社会教育四科改称第一、第二、第三、第四科。同年10月，四川依照中央命令实行裁政，取消第四科，将第四科原有职能分解到一、二、三科。民国3年（1914）6月，省行政公署奉令改为巡按使公署，并将教育司改为教育科，使其隶属于署内政务厅，设正副科长各一人，分一、二、三科，每科设主任科员一人。科员若干人。民国5年（1916）7月，改巡按使公署为省长公署，教育科仍隶属政务厅。随着教育司变为教育科，省级教育行政机构的地位下降。

民国6年（1917）9月，鉴于各省教育事业逐渐发展，教育部公布了《教育厅暂行条例》共九条，11月8日，教育部又公布了《教育厅署组织大纲》，各省依照条例规定设教育厅直隶于教育部。遵照教育部命令，四川于民国6年（1917）建立了省教育厅组织，首任教育厅长是湖南桃源人吴景鸿（因未到职由杜明燡代)。

1917年至1923年间，由于军民两政较为混乱，民政首长有时由军政首长代摄，教育行政随之转移。

民国10年（1921）11月，川军总司令刘湘兼任省长，常驻渝，政务由重庆行署处理，行署教育股管理全省教育行政，省长公署教育科形同虚设。民国11年（1922）5月，省长公署根据全省视学会议建议颁布教育厅暂行条例、组织大纲及参事会规程，惜因政局变更，致未施行。民国13年（1924）8月，省长公署改组，内分政务、财务、教育、实业四厅，教育厅于是年11月在渝行署成立，由贺孝齐任厅长，教育行政职权扩大。

民国15年（1926）3月1日，国民政府于广州设立教育行政委员会，这是国民政府最早的中央教育行政机关。民国16年（1927）国民政府定都南京，政治会议议决成立中华民国大学院为全国最高学术教育行政机关，开始试行大学院制。但是四川并不在实行地区之列，直到民国17年（1928）国民政府改组，废除大学院制，恢复教育部。[①]在四川省教育行政方面，民国18年（1929）3月22日，省长公署改为省政府，厅长由委员兼任，厅内设秘书室、编审室和一、二、三科，然因军阀割据，教育法令无法上传下达，没有起到应有作用。民国24年（1935）川政统一，省府改组，人事调动走上正轨。教育厅设秘书室，督学室，一、二、三各科及各种委员会。民国26年（1937）设考检联合办事处，办理各种考试及中小学教员检定事宜。民国27年（1938），设电化教育服务处，办理全省电影教育及播音教育事宜，同年设置卫生教育委会，办理全省卫生教育事宜。[②]

表6-1　1912~1936年四川历任教育厅厅长情况

姓名	籍贯	学历	就职年月	卸任年月	备考
沈崇元	四川长宁	京师大学师范科毕业 前清举人	民国前一年10月	民国2年2月	清末为学务部长 民国改称为教育司长

---

① 教育部教育年鉴编纂委员会编：《第二次中国教育年鉴》，台北文海出版社1987年版，第二编，第11页。
② 教育部教育年鉴编纂委员会编：《第二次中国教育年鉴》，第二编"教育行政"第七章，省市教育行政组织，商务印书馆1948年版，第160~161页。

续表

姓名	籍贯	学历	就职年月	卸任年月	备考
王章祐	四川华阳	日本宏文师范毕业	民国2年3月	民国3年5月	仍称教育司长
程昌祺	四川黔江	日本宏文师范毕业	民国3年6月	民国4年5月	改称教育科长
秦枏	浙江			民国4年	同上
刘念祖	四川汶川	日本宏文师范毕业	民国4年	民国5年6月	同上
蒋云凤	四川大竹	日本宏文师范毕业	民国5年7月	民国5年11月	同上
杜明烨	四川乐山	日本宏文师范毕业	民国5年12月	民国7年5月	同上 民国六年部委吴景鸿未到职
廖泽宽	四川富顺	四川高等学堂毕业 前清举人	民国7年3月	民国8年	同上
冯元勳	四川华阳	比利时工科大学毕业	民国8年	民国11年7月	同上
尹克任	四川荣县	国立北京大学毕业	民国11年8月	民国13年4月	同上
贺孝齐	四川永川	日本东京高等师范毕业	民国13年5月	民国14年6月	改称教育厅长 下同
沈宗元	四川长宁	京师大学师范科毕业	民国14年6月	民国15年3月	部委王兆荣未到职 由沈代理
万克明	四川夹江	国立北京高等师范毕业	民国15年3月16日	民国16年12月	
向楚	四川巴县	前清举人	民国16年12月	民国20年4月	部委任鸿隽未到职由向楚代理
张铮	四川华阳	日本帝国大学法科大学修业	民国20年	民国21年12月	因病请假由一科科长郭鸿代理
郭鸿鹫	四川德阳	日本京都帝国大学理学士	民国21年12月	民国24年2月	
杨全宇	四川西充	北京大学毕业游学奥德等国	民国24年2月	民国24年11月	
李为纶	四川建阳	日本早稻田大学政治经济科毕业	民国24年11月	民国25年4月	
蒋志澄	浙江诸暨	北京大学毕业德国柏林大学研究生	民国25年4月	民国27年8月	

资料来源：教育部教育年鉴委员会编《第二次中国教育年鉴》第二编"教育行政"第七章"省市教育行政组织"，商务印书馆1948年版，第160~161页。

从提学使司、教育司到教育厅的确立，四川省级教育行政尽管历经曲折和艰难，但基本适应了近代新式教育的发展需要，成为教育行政近代化的重要开端。它在演变过程中，形成了内部分工明确而具体的专职教育行政主管部门；明确了省级教育行政机构与同级省公署的关系，受其监督而不受其干扰；匡正了与中央教育部门的领导与被领导的地位，接受中央教育行政机构的业务指导，同时又上传下达直接指挥各地学务工作。①教育厅制的确立，奠定了此后四川省级教育行政机构的基本格局。

二、县级教育行政的发展

至于县一级的教育机构，光绪三十二年（1906）4月20日学部颁布《奏定劝学所章程》，将全国分为几个学区，并在学区成立劝学所，管理地方的教育事宜。这是我国近代县级教育行政机构设置的开始。宣统初年，清政府推行地方自治制度，把教育行政事务作为地方自治的主要内容之一，从而与劝学所的地位及事权产生冲突。于是，1910年，清学部公布《改订劝学所章程》，确定劝学所为府、厅、州、县教育行政辅助机构，除佐理官办学务外，在未自治成立的地方，代其执行自治学务的责任，在已自治的地方，有赞助监督教育行政的权力。

民国成立后，对教育行政方面有所改革。民国元年（1912）2月1日公布的《划一现行各县地方行政官厅组织令》规定"设四科之县"，并设立县教育厅，要求在各县建立自治的教育行政。但是由于全国各地方教育发展不一，法令下达后无法实行，教育部又于同年7月23日通令各省，在自治机关没有成立的地方，沿用劝学所制度。②

在民国初年，四川省一直沿用劝学所制度。1913年5月，根据《四川省行政公署所属各县教育公所暂行条例》的规定，各县劝学所改组为教育公所。按照《教育公所办事细则》的规定，"教育公所一切事宜由县知事主持办理"，县视学裁撤后，"原有职务由县行政公署主管教育之科长或科员任之"。民国3年（1914）四川省教育司颁发《省厅州县视学章程》，各县教育公所又恢复劝学所名称。该章程规定，"视学由教育司遴选合格者委任"，"视学任期以三年为任满，但成绩确著者亦可连任"。按《章程》规定，劝学所仍设劝学员二

---

① 刘福森：《省级教育行政机构的近代变革》，《重庆社会科学》2007年3期，第94～96页。
② 张壬：《地方教育行政》，世界书局1933年印行，第1～3页。

人，劝学员由视学遴选合格人员呈请县知事委任并报教育司备案。四川的劝学所制度一直延续到1925年。①

民国10年（1921）第七届全国教育会联合会在广东召开，提出了《改革地方教育行政制度案》。民国11年（1922）4月，四川省政当局在重庆召开全省县视学员会议讨论各种教育问题。当时南充县视学即提出改组劝学所建议案，主张将劝学所改为教育局。这项建议案经大会讨论通过，在四川的部分县曾经组织实施。②这种教育行政组织从形式上看，摆脱了地方行政对教育行政的过多干预，在当时有一定的影响。

民国9年（1922）9月，教育部在北平召开学制会议，会议通过议决取消劝学所，在各县设教育局。民国12年（1923）3月，教育部正式公布了中国第一次《县教育局规程》，规定各县成立县教育局，设局长一人，负责全县教育事业，视学及事务员若干，辅佐局长处理教育事宜。③县教育局长由县知事推荐三人，呈请该省区教育行政长官选任，并报教育部备案。县教育局长资格要求有下列条件之一：一是，毕业于大学教育科，师范大学校或高等师范学校者。二是，毕业于师范学校，并曾任教育职务三年以上者。三是，毕业于专门以上学校，并曾任教育职务二年以上者。四是，曾任中等学校校长或小学校长三年以上者。五是，曾任教育行政职务五年以上，著有成绩者。教育局设董事会，董事五人，视地方教育发达情况可增至七到九人，董事会成员由县知事遴选。董事中有县视学一人，办理教育著有成绩者一人，从事实业或办理地方公益，著有声誉者一人，县参事会一人。董事会的职责主要是审议县教育方针计划、教育经费，保管教育财产，审核县教育预算决算，议决县教育局长交议事项及提议县教育事项。县教育局对全县教育实行划区管理，每区设教育委员一人，受县教育局长指挥。民国14年（1925），省教育厅颁布《四川各县教育局暂行条例》，于是各县都实行教育局制。各县的乡镇划分为若干学区，每区设教育委员一人，受局长指挥，办理本学区的教育事务。从此，县级教育行政的设置基本成型。④与劝学所制相较，县教育局制具有如下特点：它是相对独立的教

---

① 熊明安等主编：《四川教育史稿》，四川教育出版社1993年版，第243页。
② 熊明安等主编：《四川教育史稿》，四川教育出版社1993年版，第243页。
③ 张壬：《地方教育行政》，世界书局1933年印行，第8~9页。
④ 朱有瓛编：《中国近代教育史资料汇编（教育行政机构与教育团体）》，上海教育出版社1993年版，第132~133页。

育行政机构,具有教育行政主体地位;它是执行机构,董事会为决策、审议咨询机构,体现了教育行政的分权化特色;董事会制的建立,体现了社会参与监督的原则;县教育局内设视学,体现了县级教育行政机构内部执行、检查监督职能的统一。总体来看,由于这一时期的教育受美国教育影响很大,县级教育行政机构的设置也反映了美国地方教育行政制度的色彩。①

南京国民政府成立后,国民政府于民国19年(1930)7月7日公布了《县组织法》,其中第十六条规定:"县政府下设公安,财政,建设,教育四局。"教育事业以设局管理为原则。到了民国22年(1933),第二次内政会议转而规定"县政府以一律设科为原则",②民国26年(1937)6月行政院还颁布县政府裁局改科暂行规程。在四川,民国24年(1935)川政统一后,曾将教育和建设统一为一科为县政府第三科,设科长一人,主任督学一人,督学四人,主任科员一人,办事员两人。这样的制度一直沿用到1939年,又将教育和建设分开各设科,管理教育事务的称为教育科。

表6-2 民国时期彭县教育行政机构设置状况

名称	地址	负责人职称	起止时间
教育公所	今地师校	主任	1912~1917
劝学所	今地师校	视学	1917~1925
教育局	今地师校	局长	1925~1935
第三科	县政府	科长	1935~1938
教育科	县政府	科长	1939~1949

资料来源:四川省彭县教育局教育志编写组《彭县教育志》,1983年版,第13页。

从民国前期四川省县级教育行政的变迁历程,不难看出,教育行政受到当时政局动荡的冲击和影响,在实质上仍难以摆脱地方行政的干预(尤其是防区

---

① 胡定荣、程斯辉:《我国近代县级教育行政体制变革的回顾与反思》,《湖北大学学报》(哲学社会科学版)1994年第2期,第84~88页。
② 教育部教育年鉴编纂委员会编:《第二次中国教育年鉴》第二编,台北文海出版社1987年版,第20页。

制时期）。但和省级教育行政机构的建立和变革一样，其变化和发展同样反映了力图摆脱地方行政对教育事业过多干预的诉求，最终在形式上确立了教育行政机构的相对独立地位。教育厅和教育局制的确立，奠定了此后四川省、县教育行政机构的基本格局。

第三节　民国成立后巴蜀教育的发展

一、现代高等教育体系的初步形成

辛亥革命推翻了延续两千多年的封建专制统治，建立了资产阶级民主共和制，奠定了教育民主化改革的政治基础，给近代中国高等教育的发展带来了新的生机。1912年民国成立后，教育部公布了新的学制系统及大学规程，规定高等教育机关有大学院、大学、专门学校及高等师范学校，各分预科、本科。大学分文、理、法、商、医、农、工七科，以文、理二科为主；修业年限大学预科三年，本科仍为三年或四年，专门学校预科一年，本科与大学同，高等师范学校预科一年，本科三年。要求学堂一律改学校。①民国之初新学制颁布后，高等学堂纷纷改为学校。四川省城高等学堂改为四川高等学校（1916年停办），由周翔任校长。1912年，四川法政学堂官班与绅班合并，改称四川法政学校，驻绅班原址（五世同堂街清内务司署），1915年更名为四川公立法政专门学校，设政治、经济、法律三科。1912年，四川通省农政学堂改名四川高等农业学校，设农学、林学、蚕学三科，后又改名为四川公立农业专门学校。四川省城官立方言学堂（由四川藏文学堂更名而来），四川工业学堂、四川存古学堂分别更名为四川公立外国语专门学校（1914年设英语科，在一段时间设过法语预科）、四川公立工业专门学校（1914年设采矿冶金科、应用化学科和机械科）、四川公立国学专门学校（1918年改经学、史学、辞章科为哲学、历史、国文科）。1912年7月，四川通省师范学堂由原有的优级、初级、简易三部变成只设优级部，改名为四川优级师范学校，重点培养中学和中师师资。1913年春再改名为四川高等师范学校，设国文、英语、数理三部，分预科和本科，

---

① 璩鑫圭、唐良炎编：《中国近代教育史资料汇编·学制演变》，上海教育出版社2007年版，第672~675页，725~726页。

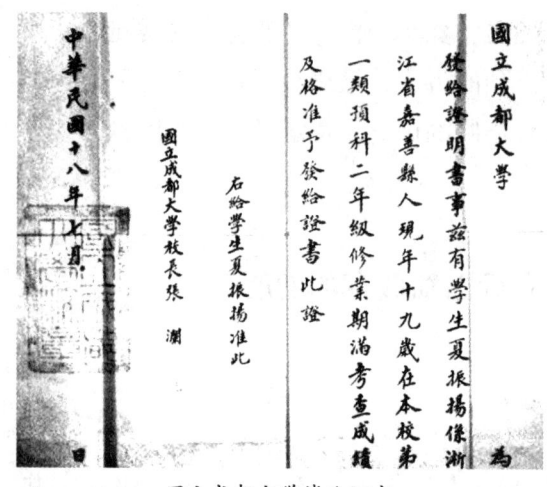

国立成都大学毕业证书

本科学制三年，预科一年。1915年增设手工图画和乐歌体育两个专修科，学制两年。1916年，增设博物部。1916年，四川高师又改名为"国立成都高等师范学校"，与北京、南京、广东、武昌、沈阳等五大国立高师并列。为了给该校学生提供研究教育和进行实习的场所，1917年9月和1918年9月分别开办了附属中学和附属小学，由邓胥功兼任校长。①1916年更名国立成都高等师范学校后，学校发展很快（1916年四川高等学堂停办后，大部分教师转入成都高等师范学校）。据教育部1918年统计，该校专任教师和学生数，仅次于北京高师，名列全国第二；全年经费名列北京、南京、武昌三个高师之后。由于规模和影响不断扩大，1919年3月，高师由成都盐道街搬往"皇城"。

1917年9月，教育部公布了《修正大学令》，将大学本科修业年限一律改为四年，大学预科改为两年，并规定设任意两科者都可称大学，单设一科者也可以称某科大学。②1922年，教育部又公布了"新学制"，"新学制"在高等教育方面主要要点有五：注重天才教育，使优异之智能尽量发展；大学分科系，专门学校可改为单科大学；高等师范学校改为师范大学；大学采用选科制，大学和专门学院可设专修科；废止预科。1924年，教育部又颁布了《国立大学条例》，废止了1912~1913年颁布的《大学令》和《大学规程》，规定：国立大学设文、理、法、医、农、工、商等科，修业四至六年，采用选科制；在高级中学未普遍设置之前，国立大学得设预科，修业二至三年。《修正大学令》的颁布和1922年的学制改革，形成了四川全省高校一次大规模的兴废分合与调整，其结果是促成了国立成都大学和国立成都师范大学的成立以及五大专门学

---

① 《国立成都高等师范学校档案》四五卷。
② 璩鑫圭、唐良炎编：《中国近代教育史资料汇编·学制演变》，上海教育出版社2007年版，第829页。

校合并为公立四川大学，促进了四川高等教育的初步发展。

1926年，国民政府批准国立成都高等师范学校的一部分独立为国立成都大学（师资、校产、院系设置、图书仪器主要继承了四川高等学校），由张澜任校长。该校到1929年时，已设有文、理、法三个学院11个系。同年9月，国立成都高等师范学校的另一部分改称国立成都师范大学，龚向农任校长。国立成都大学和国立成都师范大学成立，促动了四川公立国学、外国语、法政、工业、农业五所专门学校在1927年上半年，相继提请改为单科大学。1927年8月，由省长公署和教育厅召集多次会议，决议五所专门学校合并改组为公立四川大学（仍属省立），并经省长公署及大学院立案。合并后上述五校分别成为公立四川大学的中国文学院（组合时设有国文科、哲学科的本科以及专门科、预科，1930年设中国文学系、史学系）、外国文学院（英文学系）、法政学院（1930年改法律、政治、经济三科为法律系、政治经济系）、工科学院、农科学院（1930年改农本科和蚕本科为农学系，1931年改林本科为林学系）。学校未设校长，而由各学院的学长（1930年以后才称院长）共同组成"大学委员会"共同代理校长职权。国立成都大学、国立成都师范大学、公立四川大学三校的组建，完成了四川高等教育众水汇流的第一步。在私立高校方面，1925年，杨公托、万从木等在重庆铁板街创办了私立西南美术专科学校。1927年向重庆市督办公署申请立案获得批准，其前身是西南实用艺术职业学校，1936年迁至重庆牛角沱。杨公托为第一任校长。这是西南地区最早的艺术高校。

张澜，四川南充人

1927年9月南京国民政府成立，于1928年1月颁布了《修正大学区组织条例》，规定："全国依各地之教育、经济及交通状况，定为若干大学区，每大学区设大学一所，大学设校长一人，综理大学区内一切学术与行政事项。"①1929年夏，国民政府教育部颁布了《大学组织法》《大学规程》《专

---

① 《第一次中国教育年鉴（甲编）》。

1931年11月新组建的国立四川大学校门

科学校组织法》，1931年，又公布了《专科学校规程》，规定高等教育机关分大学、独立学院、专科学校三种。大学分为文、理、法、教育、农、工、商、医八学院。修业年限除医学院五年外，其余均为四年。大学及独立学院，得设研究院或研究所。研究所每所设若干学部，研究期限两年。专科学校分工、农、商、医、艺术、音乐、体育等类，修业年限为二至三年。1930年和1931年，国民政府又分别通令废止大学和专科学校的预科。遵照国民政府颁布的这些高等教育法规，四川高等教育又进行了新的调整。

鉴于当时公立四川大学、国立成都大学与国立成都师范大学三足鼎立造成四川高等教育院系重复，经费困难，力量分散，加之1928年1月公布的《修正大学区组织条例》规定每省只设一所国立大学。为了集中人力、物力、财力，从1928年8月开始，省政府即指示教育厅开始三校合并组建国立四川大学的筹备工作，经过艰难的准备，1931年11月9日，三校正式合并组建为国立四川大学。王兆荣任第一任校长。国立四川大学成立时，设有文、理、法、教育（后并入文学院）四个学院，有中文、英文、史学、政治、经济、法律、数学、物理、化学、生物、教育十一个系，体育、艺术两个专修科，本科学生一千三百三十七人，专任教师一百七十八人，成为当时全国十三所国立大学之一。① 1935年王兆荣辞去校长后，著名化学家任鸿隽于当年8月接任国立四川大学校长。在他的大力推动下，国立四川大学的正规化建设取得了长足的发展。到他1937年6月离职时，国立四川大学有文学院（下设中国文学系、外国文学系、史学系、教育学系）、理学院（下设数理系、化学系、生物学系）、法学院（下设法律学系、政治经济学系）、农学院（下设农学系、园艺系、林学系、病虫害系）。在王兆荣、任鸿隽的艰辛开拓下，国立四川大学得到了稳步的发展。

国立四川大学第二任校长——著名化学家任鸿隽，重庆垫江人

这一时期四川在重庆新建了两所重要高校——重庆大学和四川省立教育学院。

在重庆设立大学的倡议由来已久。早在1925年冬，作为重庆五老之一的巴县议事会议长李奎安就已在议事会正式提出议案，倡议筹办重庆大学。只因川局动荡，经费无着，导致创建之议一搁就是数年。1929年夏，沈懋德、吕子方、吴芳吉、彭用仪等在成都大学任教的川东籍教授回到重庆，联合重庆工商界著名人士朱叔痴、汪云松、温少鹤、李奎安等，成立"重庆大学促进会"（同时在成都成立了促进分会），并向驻节重庆的国民革命军二十一军军长、四川善后督办刘湘建议筹办重庆大学，得到刘湘赞同。1929年8月4日，在刘湘的主持下，重庆大学筹备成立大会在其军部大礼堂举行，就重庆大学筹备会组织大纲、学校经费以及学校临时校舍和永久校址等问题进行了讨论。经过精心筹备，1929年10月12日，重庆大学在菜园坝杨家花园正式开学，刘湘任第一任校长。

重庆大学在创办之初，仅开设有文、理预科。到1932年已招收六个班，学生一百四十余名。1932年8月招收本科生，分文、理两院，文学院由李公度任院长，设中国文学及外国文学两系；理学院由著名数学家何鲁任院长，设数学、化学、物理三系。预科第一届学生毕业即升入本科。1933年下半年，增设农学

---

① 四川大学校史编写组：《四川大学史稿》，四川大学出版社1985年版，第157页。

重庆大学第二任校长胡庶华，湖南省攸县人

四川省立教育学院院长高显鉴，广西桂林人

院，由刘伯量任院长，不久辞去，由兰梦九继任。1934年，文学院增设历史系，同年学校迁至沙坪坝。到此时，重庆大学共有三个学院七个系，招收学生十八个班，一百七十余人，发展成一所正规大学。[①]1934年10月，由于刘湘忙于军政事务，无暇兼顾校长之职，乃聘请矿业专家、湖南大学校长胡庶华接任重庆大学校长职务。他接任校长职务后，对学校组织机构、学院进行了调整，重庆大学有了新的发展。1935年夏，经教育部核准立案，将省立工学院并入重庆大学，成立电机系、土木工程系、采冶系，原有文、农两学院则并入国立四川大学。1936年秋，工学院增设化学工程系，并建实习工厂，理学院增设地质系，另将数学、物理两系合并为数理系；又增设体育专修科，并受四川省政府委托，代办体育师资训练班。[②]重庆大学1936年下半年开学时，教职员已达一百一十八人，其中，教授三十四名，讲师二十五名，助教十三名，职员四十五名（其中有教授兼任者）。还有三名军训教官。1937年抗战全面爆发前，学校拥有理、工两学院七个系（即数理、化学、地质、土木、机电、化工、采冶系）和一个体育专修科。1935年重庆大学正式被定为四川省立大学，1942年升格为国立大学。

四川省立教育学院成立于1936年8月，1937年由省政府报教育部批准立案。该院由

[①] 李定开主编：《重庆教育史》第二卷，西南师范大学出版社2006年版，第99页。
[②] 教育部教育年鉴编纂委员会编：《第二次中国教育年鉴》，商务印书馆1948年版，第623页。

1933年8月四川省政府合并川东师范附设的乡村师范专修科和二十一军所设的中心农业试验场组成的四川省立乡村建设学院（首任院长为甘绩镛）改组而来。四川省立教育学院设乡村教育系和农事教育系（原为乡村社会系和农事系）。1938年教育部又命令改为社会教育系和农业教育系。

在国立四川大学、省立重庆大学、四川省立教育学院创办后，四川高等教育第一轮兴废分合宣告结束。到全民族抗战全面爆发前夕，四川形成了以国立四川大学、省立重庆大学为龙头，包括四川省立教育学院、华西协合大学和私立西南美术专科学校等高校构成的高等教育体系。①

表6-3　民国前期四川省高等教育办学情况

学校名称	校址	认可或立案备案日期	备注
重庆公立法政专门学校	渝中区来龙港	1916年	1906年重庆知府高培爵倡议兴办重庆地区最早的高等学堂——重庆公立法政专门学堂，1916年并入四川省立法政专门学校
江州法政专科学校	重庆城内花街子	1914年5月	1914年由重庆城内蜀中、重庆、蜀东三校合并为之
私立西南美术专科学校	重庆铁板街	1925年	其前身是西南实用艺术职业学校。1919年1月获准建立，1925年由私立西南美术专门学校更名而来，并迁往牛角沱新址，是西南地区最早的高等艺术学校
西南体育专门学校		1925年	

---

① 除了上述几所国人自办高校外，在当时四川还办有一所教会大学——华西协合大学。华西协合大学筹建于1905年，1910年在成都正式创办，由美国人毕启担任校长。华西协合大学最初设有文、理、教育三科，学生十一名；中国籍教师两人，外国籍教师六名。辛亥革命期间，由于外籍教师多数离川，学校暂时关闭。直到1913年才复课。1914年，华西协合大学增设了医科，1917年增设了牙科，这是中国最早的牙科专业，成为中国现代口腔高等医学教育的发祥地。1922年，美国纽约州立大学承认华西协合大学毕业生的资格，并认可华西协合大学直接授予毕业生以学士学位和医科、牙科博士学位，成为国内最早招收和培养研究生的大学之一，这是四川省内的大学与国外著名高校联合培养学生的开始。1924年，华西协合大学开始招收女生，开四川男女合校先声，也是全国最早开展女子高等教育的学校之一。1925年，华西协合大学计有女生八名。1926年，华西协合大学学生达到三百多人。1927年，华西协合大学向四川省教育厅申请立案被批准。1933年华西协合大学向国民政府中央教育部申请立案获得批准，学校更名为私立华西协合大学，直至新中国成立为人民政府所接管。

续表一

学校名称	校址	认可或立案备案日期	备注
中法大学四川分校	大溪沟	1925年8月	一所由中共直接领导的高等学校,学生以青年团员和进步青年为主,1927年"四一二"政变后被当局强令停办
省立陶业专科学校		1927年	
重庆艺术专门学校(私立)	重庆管家巷	1927年1月	
四川省立重庆大学	建校初在重庆菜园坝,1933年迁沙坪坝	1925年获省政府批准设立	1929年录取文、理预科各一班,1932年8月开始招文、理本科生。设有数学系、化学系、物理系和中文学系、外文学系,1933年增设历史系和农学院
世界佛学院汉藏教理院	北碚缙云寺	1930年	当时四川督办刘湘批准设立,刘湘为名誉院长,刘文辉为董事长
四川省立乡村建设学院	沙坪坝磁器口	1933年	四川省政府合并川东师范学校附设的乡村师范专修科和二十一军军部所设中心农事试验场而来,1936年改组为四川省立教育学院,解放后与国立女子师范学院合并成立西南师范学院,1952年迁北碚
四川公立法政专门学校		1915年8月	1912年,四川法政学堂官班与绅班合并,改称四川法政学校,驻绅班原址。1914年后,四川省立专科以上学校定名,本校于1915年1月改称"四川公立法政专门学校"。1927年,并入公立四川大学
成都公立法政专门学校			前清开办,1914年停办以前有核准之毕业生
私立岷江法政专门学校		1914年8月暂予备案	原名四川私立共和法政学校,又名共和大学,1914年改私立岷江法政专门学校,1916年至1918年毕业生经部核准,以后无卷
私立志诚法政专门学校		1914年8月暂予备案	1917年8月毕业生经部核准,备案卷于岷江
四川公立农业专门学校		1915年	1912年四川通省农政学堂改名为四川高等农业学校,1914年1月增办为省内乙种农业学校培训教员的甲种农业讲习所,并适应全省专门学校改制,正名为"四川公立农业专门学校"。1915年12月准招新生,1918年正科毕业生核准,1924年后无卷。1927年,并入公立四川大学
四川公立工业专门学校		1915年11月	四川工业学堂1912年2月改称四川高等工业学校。校址也迁到学道街清代提学署旧址。1914年又改名为"四川公立工业专门学校"。1927年,并入公立四川大学

续表二

学校名称	校址	认可或立案备案日期	备注
四川公立商业专门学校			1918年准第一班考毕业后，经停办，1921年请恢复，部批应呈省署核办，1926年汇报一二三四班毕业生核准
四川公立外国语专门学校		1919年	辛亥革命后，四川省城官立方言学堂改名四川省公立外国语学校。由总府街迁到东马棚街。1914年改称"四川公立外国语专门学校"。同年请备案未核准，1916年12月预科毕业生立案，1919年8月，本科毕业生核准。1927年，并入公立四川大学
四川公立国学专门学校		1913年	1910年名存古学堂，1912年易名四川国学馆。同年6月28日四川国学院成立，并入，改名四川国学院附设国学学校。1913年9月改经学、史学、辞章三科为哲学、历史、国文科，并定名为"四川公立国学专门学校"，1927年，并入公立四川大学
国立成都高等师范学校			明国元年由前清优级师范改四川高等师范。1916年度列入国家预算，改为国立成都高等师范学校。1924年颁校印，1927年请改师大，部令改办师范大学原无不可，惟经费应与本省长官商定报部核办，未呈复。1931年，并入国立四川大学
国立成都大学		1926年	1924年暑假，当时的高师校长傅振烈在高师本科招生名额之外，以大学名义，招了第一届大学预科生一百四十三人，其中三名女生，意义重大，是四川地区公立学校中，第一个实行男女合校的大学。1926年正式成立，每年报考者甚多，学生程度和质量，都是较高的。1931年，并入国立四川大学
公立四川大学		1927年	由四川公立法政学校、四川公立国学专门学校、四川公立农业专门学校、四川公立工业专门学校、四川公立外国语专门学校五大专门学校组合而成。1931年，并入国立四川大学
国立四川大学		1931年11月	由国立成都高等师范学校、国立成都大学、公立四川大学组合而成

资料来源：潘懋元、刘海峰编《中国近代教育史资料汇编（高等教育）》，上海教育出版社1993年版；李定开主编《重庆教育史》，西南师范大学出版社2004年版，第96~97页；四川大学校史编写组编《四川大学史稿》，四川大学出版社1985年版。

二、中学教育的改革

（一）普通中等学校发展概况

清末巴蜀地区新式中等学堂不断涌现，其中有学堂改学校者，也有新建者，但是中学校学科尚不完备，招收学生也概为成年以上者，整体质量比较低。至清末，巴蜀地区有新式中学校五十余所。

民国成立后，1912年1月18日，时任教育总长蔡元培以教育部的名义颁布了《普通教育暂行办法》及《普通教育暂行课程标准》，其中第十四条要求对清末教育进行改革，各府立中学校等多收归省办，改府立中学为省立第几中学，其未改省立者，则易名为共立中学，后又名为联立中学。民国11年（1922），教育部又推行新学制，即《壬戌学制》，公布初级中学多归县立，县里中学从此大增。并规定初、高中各三年（此学制习仿美国沿用至今），各学校纷纷改办新制。民国21年（1932）《中学法》及民国二十四年《中学规程》相继公布，中学之设置有省立、市立、县立、联立之别，并规定省立中学以所在地之名名之，县、市立中学称某某市立中学，巴蜀地区普通中学展开了改建工作。绝大多数学堂都是在1927年以前改建完成，下表三十五所中，有省立一所，联立两所，县立三十二所。

表6-4　民国前期巴蜀地区学堂改学校一览表

学堂原名	校址	改建时间	学校	备注
江津官立中学堂		1912年	江津县立中学校	
涪州官立中学堂		1912年	涪州官立中学校	
涪陵文昌宫中学堂		1912年	涪陵文昌宫中学校	
官立石柱县中学堂		1912年	官立石柱县中学校	
璧山县官立中学堂		1912年	璧山县立中学校	1930年又改为璧山县立初级中学
成都府中学堂	成都文庙前街	1912年	成都联合县立中学	前身是光绪三十二年（1906）所建的锦江书院，1934年改今名——成属联立中学

续表一

学堂原名	校址	改建时间	学校	备注
高志学堂	四川宜宾县	1912年	叙州联合县立中学	前身是光绪二十九年（1903）所建的翠屏书院，1934年改今名叙属联立中学
潼川府中学堂	三台县城	1912年	潼川联合县立中学校	校址于光绪三十二年所建，1933年改今名潼属联立高级中学
合州官立中学堂		1913年	合川县立中学校	1923年又改为合川县立初级中学
重庆府中学堂	重庆两路口	1913年	重庆联合县立中学	光绪二十五年（1899）建校
夔州府属中学堂	奉节县城	1913年	夔州联合县立中学校	1934年并入省立第四中学
酉阳官立中学堂		1913年	酉阳联合县立中学校	
忠州联合县立中学堂		1914年	忠县县立中学校	1927年又改为忠县县立初级中学
嘉府中学堂	四川乐山县城	民初	嘉属联合县立中学	学校于光绪三十二年所建，1934年改今名嘉属联立中学
眉州中学	眉山县城	民初	眉州联合县立中学	学校于光绪三十二年所建，新学制后改眉属联立中学
绵州中学	绵阳县城	民初	绵属联合县立中学校	宣统二年（1910）建校，1932年与龙绵共立合并
保宁府中学	阆中县城	民初	保宁联合县立中学，继改保属联立中学	光绪二十九年建校址，1933年因匪停办。
绥定府中学堂	达县东门外	民初	绥属联合县立中学	光绪二十九年建校，新学制后改初级中学，1934年因匪停办
宁远府中学堂	西昌县城	民初	宁属联合县立中学	学校于宣统元年所建，1934年改今名宁属联立初级中学

续表二

学堂原名	校址	改建时间	学校	备注
成都县中学	成都城内青龙街	民初	成都县中学校	前身是光绪三十三年（1907）芙蓉墨池书院改建，1931年改今名成都县立中学
叙府公学	成都马镇街	1917年	叙州联合县立旅省中学	光绪二十八年（1902）建校，1922年改今名叙属联立旅省初级中学
江北厅中学堂		1920年	江北县立中学校	1925年改今名江北县立初级中学
私立资属中学	成都省城东胜街	1922年	资属联立旅省初级中学	光绪三十一年（1905）建校
达县中学	达县县属南坝	1924年	达县县立初级中学	1933年因匪停办
鳌峰书院	仁寿县城外	1924年	仁寿县立初级中学	1932年并入芝岭中学
简阳县立中学	简阳城外	1924年	简阳县立初级中学	校址于光绪三十二年就凤山书院改建
达用学堂	永川城中山路	1924年	永川县立初级中学	光绪二十八年建校
璧山县中学	城内后伺坡	1924年	璧山县立初级中学	1934年将乡村师范合并
梁山县立中学堂	梁山城内	1924年	梁山县立初级中学	光绪三十二年建校
汉州中学	广汉城内	1924年	广汉县立初级中学	
巴州中学	巴中城内	1924年	巴中县立初级中学	1933年因匪停办
云阳县立中学	云阳城西	1925年	云阳县立初级中学	光绪二十九年建校
资中县立中学校	资中县城大东街	1926年	省立第六中学	1934年又改为省立资中中学
	城外两路口	1926年	巴县县立初级中学	光绪三十三年建校
永宁联合县立中学	叙永县河西城	1934年	永属联立初级中学	光绪三十一年建校

资料来源：李定开主编《重庆教育史》第二卷，西南师范大学出版社2006年版，第39页；蒋志澄《四川省廿年度至廿三年度中等教育概况》，四川省万县志编纂委员会办公室1985年印，第87~93页。

巴蜀地区普通中学的新建工作要比改建工作开展得稍晚一些，但是速度很快。民国初年，公私立中学校增设四十余所。民国11年（1922）颁布新学制后，先后成立中学一百一十余所；民国16年（1927）南京国民政府统一全国后，大力发展中小学教育，又有二十余所教会学校创设；至民国19年（1930），全省公私立中学共两百三十余所。民国16年到民国19年是四川省中学校增设最多的年代，并且私立学校也在这个时期发展起来，其中具代表性的有私立天府中学、建国中学、大同中学、协进中学、蜀华中学、尚志中学、华美女子中学、志诚高级中学等。

而截至民国25年（1936），四川省有中学两百六十五所（包括女子初级中学），其中公立中学约一百八十三所，私立中学共八十二所，其中民国22年（1933）到民国24年（1935）因故停办的公立学校约十五所，私立学校约五所。

表6-5　民国前期新建普通中学一览表

学校名称	时间	校址	备注
合江县立初级中学	1911年	西门外	原名官立中学堂，1931年改新制定今名
广安县立中学	1911年	城内云顶山	
荣县县立初级中学	1913年	城内万寿宫	1924年改新制初中遂定今名
江津县立初级中学	1913年	城内黄荆街	
隆昌县立初级中学	1913年	城内	初办旧制1924年改新制，1932年定今名
南充县立初级中学	1913年	城内新北门	
省立第二中学	1914年	江油县中坝	初办旧制，1924年改行新制招收初中及高中班，1935年因匪停办
省立江安中学	1914年	南溪县城内	1916年与江安县立中学合并，1924年改新制办初，1930年添办高中，1934年改今名
省立奉节中学	1914年	涪陵县西门外	原名省立第四中学，1932年迁奉节将夔属联立中学并入，1934年改今名
大竹县立初级中学	1918年	南门外	
渠县县立初级中学	1918年	北城较场	1925年改新制始定今名
崇庆县立初级中学	1919年	城内正东街	初办旧制，1924年改办新制高中

续表一

学校名称	时间	校址	备注
南充县立女子初级中学	1921年	城内大北门	初办旧制，1924改新制，定今名
井研县立初级中学	1922年	城内书院街	1924年改新制初中，定今名
开县县立初级中学	1923年	西门外	
秀山县立初级中学	1925年	城南一里余	
黔江县立初级中学	1925年	东门外	1930年因匪停办，1934年恢复，不久停办
省立龙潭中学	1925年	酉阳龙潭镇	原名省立第五中学，1931年添办高中，1934年改今名
涪陵县立初级中学	1926年	城西三里	
丰都县立初级中学	1926年	城内	
绵竹县立初级中学	1926年	东门外	清末设师范继改为中学，1918年停办，1926年恢复定今名
省立南充中学	1927年	南充县新北门外	原名嘉陵高级中学，1929年改省立，1934年添初中旋改今名
崇庆县立女子初级中学	1927年	城内小东街	
巴县县立女子初级中学	1927年	重庆城内	
大足县立初级中学	1927年	城内就旧试院改建	
南溪县立初级中学	1927年	城内中正街	
乐山县立初级中学	1927年	城内土桥街	
峨眉县立初级中学	1928年	南门外	
渠县县立女子初级中学	1928年	城内金街坡	
荣县县立女子初级中学	1928年	城内文庙街	
仁寿县立女子初级中学	1929年	城内文庙	
简阳县立女子初级中学	1929年	城内西街	
温江县立初级中学	1929年	城内城隍庙	
眉山县立初级中学	1929年	城内小南街	
彭山县立初级中学	1929年	城内西街	1933年因人数过少停办
灌县县立初级中学	1929年	城内文庙街	
省立重庆高级中学	1929年	重庆大学附近	原为重庆大学附设高中部，1933年改省立重庆高级中学，继而停办
宁雅工联立中学	1930年	雅安县城外	1930年招师范等科，1932年改招普通科
郫县县立初级中学	1930年	县城南门外	
成都县立女子初级中学	1930年	城内县署前街	

续表二

学校名称	时间	校址	备注
新都县立初级中学	1930年	城内圣谕亭巷	1929年设立，原名私立储英中学，1930年改今名
新繁县立初级中学	1930年	城内东城根	
梁山县立女子初级中学	1930年	城内学坝	
资中县立女子中学	1932年	城内大东街	1932年添设高中，改今名
广安县立第一初级中学	1932年	戴市镇	
绵阳县立初级中学	1932年	城内南街	
郫县县立女子初级中学	1932年	城内东街梅巷	
重庆市立初级中学	1932年	城外两路口	由重庆市市政府设立
新津县立初级中学	1933年	城内城隍庙	附设乡村师范班
绵竹县立女子初级中学	1933年	城内大西街	

资料来源：蒋志澄《四川省二十年度至二十三年度中等教育概况》，四川省万县志编纂委员会办公室1985年印，第87~93页。

随着巴蜀地区新建中学数量的增加，学生数从1927年起猛增，到1934年又趋于稳定。至1937年全民族抗战全面爆发，巴蜀地区公私立中学校数及学生人数再次大幅度增加（参见表6-6）。

表6-6　四川省民国20年至民国26年中等学校数及学生数

年份	学校数	学生数
1931年	295	55801
1932年	295	55801
1933年	295	55801
1934年	260	33565
1935年	255	48963
1936年	273	63494
1937年	295	73527

资料来源：教育部教育年鉴编纂委员会编《第二次中国教育年鉴》第十四编"教育统计"，商务印书馆1948年版，第47页（总第1443页）。

（二）普通中学的训育

民国前期，巴蜀地区普通中学都开展训育工作，既遵守国民政府下达的教育条文，又根据实际情况设置一些符合教育需要的条款。1912年，教育部颁布《学校管理规程》作为各校标准，规定除学科教授外，教师对于学生，负有训导之责，学生如有过失，分别轻重予以惩戒，情节过重，认为无法教诲者，令之退学。①教育部又规定："修身宜授以道德要领，渐及对国家社会家族之责务，兼受伦理学大要，尤宜注意本国道德之特色。"②同年，四川省行政公署遵公布的普通中学课程有二十四门，把"修身"课列为众课之首。

训育课程也经历了很大的变化。受袁世凯复辟帝制的影响，1915年改"修身"为"读经"，部分学校照章执行，如丰都县立高等小学堂（丰都中学的前身）让学生读《大学》《中庸》等。《壬戌学制》改"修身"为"公民"课，对学生进行"好公民、好国民、好学生"的教育，四川省各校这门课的讲授内容基本上是三民主义、总理遗教、领袖言论、公民的权利与义务等。

国民政府成立以后，高中实施《军事训练》，训育主任规定由检定合格之人员担任，并陆续颁布《学生团体组织原则》及《学生自治会组织大纲》，根据教育宗旨规定学生团体本三民主义之精神，作为校内自治生活之锻炼。与此同时，民国16年（1927）蒋介石发出党化教育的指令，学校施行《党化教育法案》，并对党化教育做了如下解释："我们所谓'党化教育'就是在国民党指导下把教育变得革命化和民众化。换句话说，我们的教育方针要建立在国民党的根本政策之上。③执行党化教育的决定遭到进步人士的抨击，第一次全国教育会议上决议废止党化教育而代之以三民主义教育，但其实质没有改变。1935年蒋介石入川，竭力倡导"三民主义精神"，并宣传"四维八德"，使得这种专制教育在四川蔓延。

（三）普通中学的教学

1. 课程的设置

1912年教育部在《中学校令实行规则》中规定了中学生所必修的课程，巴

---

① 教育部教育年鉴编纂委员会编：《第二次中国教育年鉴》，第四编"中学教育"第四节，训育，商务印书馆1948年版，第359页。
② 朱有瓛：《中国近代学制史料》（第三辑）上册，华东师范大学出版社1990年版，第352页。
③ 毛礼锐主编：《中国教育通史》（第五卷），山东教育出版社1988年版，第249~250页。

蜀地区大部分中学都遵《中学校令实行规则》开设了修身、国文、外国语、历史、地理、数学、博物、物理、化学、图画、手工、乐歌、体操等十三科。女子中学还设有家事、园艺、缝纫等三科。

民国21年（1932）在施行了三年1929年教育部颁布的《暂行标准》后，教育部又订颁正式课程标准，取消学分制，改为时数单位制。初中之教学科目及时数，公民（10）、体育（18）、卫生（6）、国文（36）、英语（30）、算学（28）、植物（4）、动物（4）、化学（7）、物理（7）、历史（12）、地理（12）、劳作（16）、图画（10）、音乐（8）。高中规定为公民（12）、体育（12）、卫生（2）、军训（12）、国文（30）、英语（30）、算学（20）、生物（10）、化学（10）、物理（12）、本国历史（8）、外国历史（6）、本国地理（6）、外国地理（6）、论理（2）、图画（10）、音乐（6）。

对于这些课程标准，四川省各中学执行情况不一，酉阳省立龙潭中学所实施的初、高中教学科目与上述正式课程标准完全一致。而江津县聚奎中学1935年实施的课程表中，虽与上述标准大体是一致的，但是合并了一些科目，如将公民与外国地理合并为公民、外国地理等。有的则延后执行，如丰都中学到1935年初中才增设童子军课等。①

2. 教材的选用

在1928年教育部颁布《教科图书审查条例之宣布》以前，巴蜀地区各中学对教材的选用，在各个时期都有所不同。重庆江津中学在民国初年采用日本教材，为英文采用帝国读本，理化采用田中三四郎物理学讲义等。1922年改行新学制后改用英美教材，为数学采用温德华氏的代数、几何；理化采用密尔根·盖尔的物理、化学；英文采用《天方夜谭》等教材。②

1932年6月，南京国民政府设立国立编译馆编纂并发行中小学教科书，限定全国公私立中学不得自编教材。但是巴蜀地区很多私立中学为提高教学效果，仍是采用开明书店等进步书店的教本，或是自编教材。如成都桂溪中学，数理化采用开明书店教本，文、史课主要由教师自编教材，还搜集乡土教材作为课本。重庆南开中学选用的教材的难度较大，高中数理化和外国历史，一律采用美国高等、中等学校或初级大学的课本。

---

① 李定开主编：《重庆教育史》第二卷，西南师范大学出版社2006年版，第54页。
② 李定开主编：《重庆教育史》第二卷，西南师范大学出版社2006年版，第54页。

3. 教学方法与实验的探索

民国初年，巴蜀地区各中学基本采用注入法，教学质量比较低。随着新式教育培养的师范毕业生分配到中学任教，新的教学方法如讲解法、启发法、问答法、自学辅导法、实验法以及五四运动后传入巴蜀地区的五段教学法、道尔顿制等教学方法都在各中学有所尝试。

陶行知的"教学做合一"也在巴蜀地区得到了推行。这种教学方法要求教师在做上教，学生要在做上学；教师要拿做来教，学生拿做来学。1928年重庆忠县东区中学教师陈孟仁在学校推行了这种方法。他要求学生把知识学懂、学活；引导学生走出学校，接触社会现实，提倡学生独立思考，鼓励发问。教师和学生都很喜欢用这个方法上课，该学校的教学质量也提高很多。

另外，巴蜀地区的很多学校尤其是私立中学在英语授课中采用直观教学法。首先采用这种方法授课的是一些教会中学，如重庆求精中学、广益中学。这些学校，教师大都是外国传教士，他们的汉语水平不高，在课堂上基本都用英语，借助一些实物、图画、动作表演等方法使学生直接领会课文的含义，并反复进行听、说、读、写练习。几年下来，学生的英语水平显著提高，毕业后从事涉外工作的也很多。正因如此，这种能直接并有效提高英语的教学方法在抗战前的巴蜀地区已经广泛推广开来。

综观民国前期巴蜀地区各级各类教育情况，中等教育发展得最快也最好。尤其是在国民政府成立之后，中学数量猛增、规模扩大、教学质量提高等方面全都体现了中等教育改革的新气象。其中，私立中学在各种法规的规范管理和政府、社会各界人士的扶助下取得了很大发展，也是巴蜀地区中等教育的一大亮点。

三、初等教育的革新

（一）初等教育的发展概况

巴蜀地区的新式初等教育自清末以来，发展速度极快。清末，巴蜀地区的初等小学堂将近万所，学生三十余万人，在全国仅次于直隶，居全国第二。民国成立后，初等教育也取得了很大成绩，主要是采取以下措施。

首先，改"学堂"为"学校"及改良私塾。民国初年，小学堂有县立、乡立两种，另外还有宗祠、会馆、团体、教会等机构私立的各类学堂或私塾。民国2年（1913），遵照教育部规定，四川各县改"学堂"为"学校"，高等小学堂改为高等小学校，初等小学堂改为国民学校。1912年临时政府教育部颁布了《整顿私塾令》，提出对私塾宜取用"奖进主义"，不以取缔为务的方针。1913年，四川省教育司以"改良私塾，划一教育"为宗旨，令属各学区于暑假举办塾师讲习会，并拟定私塾教员讲习会章程，规定未学师范的塾师于寒暑假入会讲习。若不愿者，由县知事强迫行之。讲习内容为教育部令、算术、体操、小学教则、课程表及各科教学法等。1935年6月，四川省公布《四川省各县市管理私塾规程》和《私塾改良办法》，规定离公立小学五里外始得开办私塾。私塾课本须取用教育部审定和编辑的教材，举办塾师训练班，经考试合格后，授予塾师许可证者始得设塾等。同年，省教育厅制发了《四川省私塾毕业会考办法》，凡私塾学童修完小学主要科目，可参加该县市组织的私塾会考，考试科目有：国语、公民、常识、算术。考试合格者，发给小学同等学力证明书。

其次，小学校的新建。从1912年到1921年地方上设立的有县立高等小学、县立女子小学、乡立高等小学、乡立高初两等小学、国民小学、女子国民小学等各类小学。民国12年（1923），高等小学改名高级小学，国民学校改名初级学校，两级并设的学校称为两级小学。1924年新学制施行后，四川的初等教育又得到较大的发展。当时四川一百四十八县与三屯中，除雷波、昭觉、懋功、宁南四县以及崇化、抚边两屯，由于地处偏僻，仅设有初级小学外，其余各县、屯均办有两级小学总计有小学一百四十五所。[①]1927年南京国民政府成立后，巴蜀地区大力建立小学，尤其是国民小学。

表6-7　四川省民国20年至民国26年国民小学学校数及学生数

年份	学校数	学生数
1931年	19479	882,089
1932年	19479	882,089
1933年	14514	762,120
1934年	14514	762,120
1935年	17177	1,022,254
1936年	20322	1,360,309
1937年	24474	1,891,979

资料来源：教育部教育年鉴编纂委员会编《第二次中国教育年鉴》第十四编"教育统计"，商务印书馆1948年版，第65页（总第1461页）。

---

① 熊明安主编：《四川教育史稿》，四川教育出版社1993年版，第246页。

第三，义务教育的实施。1930年，国民政府拟定了义务教育方案，限二十年之内"使全国学龄儿童都受四年之义务教育"，但因经费不足未实施。1932年，教育部另定"短期义务教育实施办法"及"第一期实施义务教育大纲"，因军阀混战，仍未实行。1934年2月，重庆市政府遵照国民政府法令，以第一学区为第一期义务教育及短期义务教育实施区，在原有各小学内增加班次，强迫六至九岁儿童肄业入学，对十至十六岁儿童补受短期教育。

重庆市在巴蜀地区首先因为施行义务教育。教育部于1935年8月起，酌定分期普及义务教育办法，由推设一年制二年制短期小学以期完成四年制义务教育。"教育部鉴于我国土地之广，人口学童之众，欲普及义务教育，非有巨额之经费与大量之师资不可；欲令全国各地广设普通小学完成四年义务教育之普及，亦非短时期内所能达到，现根据《实施义务教育暂定办法大纲》及实施细则，通令各省分期进行。"①1935年至1940年为第一期，在此期内，一切年长失学儿童及未入学之学龄儿童至少应受一年义务教育，各省市应注重办理一年制短期小学。

1935年8月，四川省政府向全省发布《各县市举办短期义务教育实施方案》和《一年制短期教育暂行规程》，对发展小学教育起到了促进的作用。方案要求：各县市义务教育委员会未上报成立者，统限于8月内一律成立。1935年度上期应按简、中、繁三种县设立短期小学，简县设十五所，中县设十八所，繁县设二十所，成、渝两市各设二十所。②《一年制暂行规程》规定，短期小学招收年满九岁至十二足岁儿童，不收学费，书籍用品概由学校供给，每一短期小学以同时招收学生两班为原则，每班学生五十人为限，其编制采用二部制，分上下午教学，短期小学教员以每班设置一人为原则。③并且，四川省成立了省县义务教育委员会，设置省义务教育视导会分区视导各县市义务教育之推行，教育厅增设义务教育股，加增行政机构。1935年度增设短期小学一千三百一十三校，短期小学班七十五班，1936年短期小学三千四百三十一校，短期小学班一千零二十二班，此外增设普通小学五百一十二校，增设简易小学六十八校，附设二部制八十二班，设置巡回教学二十七组。（参见表

---

① 教育部教育年鉴编纂委员会编：《第二次中国教育年鉴》第三编"初等教育"，商务印书馆1948年版，第179页。
② 李定开主编：《重庆教育史》第二卷，西南师范大学出版社2006年版，第14页。
③ 蒋国昌编：《重庆市教育志》，重庆出版社2002年版，第129页。

6-8）[1]

表6-8　四川省抗战前义务教育实施情况一览表

年份	各类小学校数量	各类小学学级数	入学儿童数	教职员数	岁出教育经费
1935年	17177	38113	1022254	37802	6313746
1936年	20322	43363	13603098	40322	6878485

资料来源：教育部教育年鉴编纂委员会编《第二次中国教育年鉴》第三编"初等教育"，商务印书馆1948年版，第234页。

（二）初等教育的学制、课程设置及教学

民国元年（1912），四川省各县采行壬子癸丑学制，即"三·四"学制，即高等小学校三年、初等小学校四年（义务教育阶段）。初等小学校毕业后，可升入高等小学校或乙种实业学校；高等小学校毕业后，可升入中学校或师范学校、甲种实业学校。民国11年（1922）以后，四川实行新学制，即"四·二制"，初等小学四年（义务教育阶段），高等小学两年。高等小学招收十至十二足岁的儿童入学，初等小学招收六至十足岁的儿童入学。此种学制，一直延续到民国38年（1949）。在学校管理上，四川初等学校最初由县劝学所（或教育公所）管理。小学校长由地方士绅推荐，经县知事同意后任命。但在防区制时期，校长的任命还得经驻防区长官的认可。民国6年（1917）后，按照四川省教育厅的规定，小学校长由县政府任命，小学结业生由县政府发给证书。民国14年（1925）以后，四川各县的初等教育一律由县教育局管理。

民国元年2月，教育部公布了《普通教育暂行办法》，其中规定，"初等小学校，可以男女同校。凡各种教科书，务合乎共和民国宗旨。清学部颁行之教科书，一律禁用"，"小学读经科，一律废止；小学手工科，应加注重"。[2]同年9月，南京临时教育部又颁布《小学校令》四十七条，其中规定，"小学教育以留意儿童身心之发育，培养国民道德之基础，并授以生活所必需之知识技

---

[1] 教育部教育年鉴编纂委员会编：《第二次中国教育年鉴》第三编，"初等教育"第二章，商务印书馆1948年版，第234页。
[2] 熊明安主编：《四川教育史稿》，四川教育出版社1993年版，第247页。

能为宗旨"①。同时还规定，初等小学校的教授科目为：修身、国文、算术、手工、图画、唱歌、体操，女子加课缝纫；高等小学校教授的科目为：修身、国文、算术、本国历史地理、理科、手工、图画、唱歌、体操，男子加课农业，女子加课缝纫。四川省教育司遵照教育部的指示，要求各学校都执行新的课程标准。但是限于当时的师资和设备缺乏，只有少数县、乡、镇设立的初、高等小学开齐了教育部规定的课程。

民国4年（1915），袁世凯政府颁布《教育纲要》，四川各小学恢复"读经"一科。民国11年（1922），巴蜀地区各小学遵照教育部通令，取消"读经"科。民国21年（1932）10月教育部修定小学课程为公民训练、卫生、体育、国语、社会、自然、算术、劳作、美术、音乐。1935年四川省政府训令，执行一年制短期小学暂行规程，采用半日二部制或全日二部制，课程为国语、算术、公民训练及体育四科。民国25年（1936），教育部再次修订课程标准，初小阶段将社会、自然两科合并为常识，劳作、美术两科合并为工作，体育、音乐两科合并为唱游；高小阶段社会科分为公民知识、历史、地理三科，从四年级起算术加授珠算，以配合学生就业需要。②

巴蜀地区各小学采用的教材也是按照教育部先后颁布的《中华民国初等小学用书目》《中华民国高等小学用书目》《中华民国女子小学用书目》《共和国新教育初等小学校用书目》及《审定教材用图书规程》中所规定的书目。

巴蜀地区初等教育的教学方法在民国前期也有很大改进。由日本介绍进来的"赫尔巴特五段教学法"和根据杜威的"以儿童兴趣为中心"的教育思想推行的"设计教学法"，都被巴蜀地区某些市县所沿用。如铜梁县运用"设计教学法"及陶行知的"小先生制"，璧山县运用"五段教学法""自动教学法""自学教学法"，效果很好。到1927年，梁平县等地又运用"启发设问法"等。随着1935年义务教育的实施，由于我国区域辽阔，村落零散，交通不便，儿童不易集中之地方，设置固定学校招收儿童入学，殊不适宜，教育部就依照《实施义务教育暂行办法大纲》第五条第五款及施行细则，实施巡回教学法。不过到1937年6月，巡回教学法才真正普及开来。

---

① 熊明安主编：《四川教育史稿》，四川教育出版社1993年版，第247页。
② 蒋国昌编：《重庆市教育志》，重庆出版社2002年版，第132页。

（三）国民教育的实验研究

1935年秋，省立成都实验小学的设置是巴蜀地区国民教育的一项实验研究。这所学校由胡颜立先生主持校务，学校在民国前期的发展有两大特色。

其一，编辑地方性教材。成都实验小学编印四川物资分布图（重要物产二十四种）、成都的社会、四川歌谣、四川都江堰、四川的盐、糖、纸、柑、橘等十二册外，教育厅为谋边民教育的发展曾采用国语与保文合编边民课本一种，以供本省西南区雷波、马边、屏山、峨边等县的保族[①]用。

其二，制造自然科学教具。1936年春，省立成都实验小学就有附设的工场，利用本地原料，开始试着制造巴蜀地区各小学需要的教学用具。此后，巴蜀地区各省市县小学的教学用具基本上都是成都实验小学供应。

民国前期，巴蜀地区通过改"学堂"为"学校"、对私塾的改良、国民学校的新建以及医务教育的实施等有效措施，使得初等教育在数量、规模以及教学质量上都有了长足的发展，并且广泛进行各种实验研究，巴蜀地区初等教育的面貌也焕然一新。

四、职业教育的拓展

四川职业教育最早萌芽于清末新政时期，它是伴随着新式教育的普及和发展而发展起来的。四川虽然地处内陆，但是巴蜀地区职业教育的发展程度在全国各省中已达到中上水平，主要集中在农业方面学科学堂的发展，特别是以桑蚕业最为发达。民国成立以后巴蜀地区的职业教育也得到了进一步的发展。

（一）民国成立初期实业学校发展情况

民国元年（1912）教育部公布《壬子学制》，改清末时期的实业学堂为实业学校。次年（1913）8月，又公布《实业学校令》。按照法令的规定，巴蜀地区原有的实业学堂改名为实业学校。巴蜀地区的中等以下实业学校如农、工、商各校照此办理。按照法令的规定，将省城设立的实业学校改名为省立第一甲种工业学校，并饬各属道办联合县立商校，民国3年（1914）改归省立，定名省立第一甲种商业学校。[②]至民国4年（1915）止，巴蜀地区省立实业学校仅两

[①] 保族是西南地区少数民族之一，新中国成立后，把他们归认为彝族。
[②] 童富勇等编：《中国近代教育史资料汇编（实业教育、师范教育）》，上海教育出版社1994年版，第278页。

所，具体情况见表6-9。

表6-9 民国4年（1915）四川省实业学校概况

名称	科别	学生数	全年经费支数（元）
省立第一甲种工业学校	预科	12	34,000
	应用化学	42	
	染织	33	
	采矿冶金	26	
省立第一甲种商业学校	预科	22	15,000
	本科二班	31	
	本科三班	33	
	本科四班	32	
	本科五班	19	
合计	9	150	49,000

资料来源：童富勇等编《中国近代教育史资料汇编（实业教育、师范教育）》，上海教育出版社1994年版，第278页。

除了省立的两所实业学校外，到民国4年县立实业学校也有所发展，据统计共有三十所，其中只有川东县联合甲种工业学校和营山联合甲种农业学校两所为联合办学，也只有这两所学校为甲种学校，其余均为乙种。并且，在县立实业学校中以农业和工业学校为主，农业实业学校为十六所，工业实业学校为十一所，只有一所商业实业学校即宜宾县县立乙种商业学校。全省县立实业学校学生共计一千三百一十六人，全年经费支出共计五万九千八百六十五元。[①]

（二）1922年新学制颁布后职业教育的发展

民国11年（1922）新学制颁布，改实业学校为职业学校，职业教育在学制上的地位得以确定。对于职业学校的办理，规定将原来的甲种实业学校改为职业学校，乙种职业学校则改为高级小学职业补习班。巴蜀地区也很快开始执行新制，民国14年（1925）8月，由四川省教育厅拟定"旧制乙种实业学校改行新制办法"，获得教育部核准后开始实施。但是这一时期的巴蜀地区正处于军阀

[①] 《全国教育行政会议各省区报告汇录》，台北文海出版有限公司1987年版，第202~203页。根据书中表格数据统计。

混战时期，在施行期间由于战乱频繁，生产日益低落，办学效果不尽人意。截至民国16年（1927）据统计，有二十一所民国初期设立的实业学校在新制施行前就已经停办，有十二所实业学校在新制颁布后改为职业学校，按照新制规定新建十一所职业学校。①总体来说，与民国初年实业教育初盛时期相比，在办学规模和数量上出现了退步。

民国16年国民政府成立，对于原有的学制，除了在文字上略有变化外，没有大的变动，职业学校的办理也依照原学制规定进行。但是，政府对于职业学校更为重视，在制度上更加注重职业学校的发展。

首先，重视职业学校数量上的发展。民国19年（1930）第二次全国教育会议，一致主张各级教育应注意科学实验，培养生产能力和职业技能。要求各省、市增加职业学校的数量，并明确规定：自民国20年度（1931）起，"各省应酌量情形添高、初级农、工科职业学校"，"各普通中学一律添设职业科目或添设职业科"，"各县市及私人呈请设立普通中学者，应分别督促或劝令改办农工等职业学校"。②

其次，加大职业教育经费的投入，以求职业学校的发展。民国21年（1932）教育部公布《职业学校法》之后又颁发了"各省市中中等学校设置及经费支配标准法"，规定各省中等教育经费的分配比例。明确规定自民国26年度（1937）必须达到以下标准："职业学校经费不得低于35%，师范校经费约占25%，普通中学经费约占40%。"同时，还规定自民国23年（1934）起，各省市对于中等教育新增的经费，要先考虑职业、师范学校，要尽量使其能达到以上标准。

巴蜀地区也十分重视职业教育的发展，但是由于战乱和军阀割据，生产事业落后，直至民国19年（1930）虽有一定的发展，但仍缓慢。四川省内以师范两字冠名的学校十三所，以工业两字冠名的学校两所，以商业冠名的学校共两所，初级中学附设职业班的共一所，高级中学附设职业班的共一所，小学内附设高级小学程度职业班的共五所。③为履行教育部相关规定，并发展本省生产

---

① 民国政府教育部编纂：《第一次中国教育年鉴》，开明书店1934年版，丙篇，第390~392页。四川省各种职业学校开办时期及变迁经过一览表统计所得。
② 教育部教育年鉴编纂委员会编：《第二次中国教育年鉴》，台北文海出版社1987年版，第八编，第1页（总第1023页）。
③ 民国政府教育部编纂：《第一次中国教育年鉴（丙篇）》，开明书店1934年版，第398页。

力，民国22年（1933）春季由行政首长召集全省生产建设会议，讨论发展职业教育方法。确定全省市中等学校设置，及经费标准办法，饬即分年规划，依限达到职业教育经费应占比例。要求各县市限制设立普通中学，尽量增设职业学校，以期在限期内达到规定标准。但是，实际情况却不乐观。由于战乱影响，生产日益衰敝，再加上各职业学校师资缺乏，设备简陋，毕业学生就业困难。因此除了省立各职业学校还能继续发展外，其他类型学校都各有困难，但是在办学数量上比民国19年（1930）有所增加，具体校数见表6-10。

表6-10　民国19年度至民国23年度四川省职业学校概况

	省立	联立	县立	私立	其他各校附设职业班	职业补习班	合计
19年度	2	2	11	3	6		24
20年度	3	1	12	4	6	8	34
21年度	4	1	12	5	8	10	40
22年度	4	1	12	5	10	8	40
23年度	4	1	15	7	7	7	41

资料来源：民国政府教育部编纂《第一次中国教育年鉴》（丙篇），开明书店1934年版，第397~398页；蒋志澄《四川省二十三年度至二十六年度中等教育概况》，四川省万县志编纂委员会办公室1985年印，第63页。

关于教育经费投入问题，在民国19年（1930），中等教育投入总金额3,700,626,944元，职业学校经费投入为285,364,232元，占总数的7.7%。[1]民国20年（1931）所占百分比提高为13.8%。民国22年（1933）奉教育部"各省市中等学校设置及经费支配标准法"规定，拟定了四川省中等学校设置及经费支配标准概要方案，计划从民国23年（1934）开始增加职业教育经费比例，希望能够达到教育部规定的标准，并将每年经费计划具体化为数字。但是实际上由于战乱和社会动荡影响，教育经费并没有按预期那样达到教育部标准。具体情况见表6-11。

---

[1] 民国政府教育部编纂：《第一次中国教育年鉴》（丙篇），开明书店1934年版，第398页。

表6-11　民国23年度至民国26年度四川省职业教育经费概况

年度	中等教育经费总数（元）		职业教育经费总数（元）		职业教育所占百分比（%）	
	计划经费数	实际经费数	计划经费数	实际经费数	计划比分	实际比分
23年度	590,400,000	558,297,872	184,900,000	131,200,000	31.3	23.5
24年度	820,000,000	924,242,424	330,000,000	256,200,000	40.2	27.72
25年度	850,000,000		360,000,000		42.4	
26年度	845,000,000		330,000,000		39	

资料来源：根据蒋志澄《四川省二十三年度至二十六年度中等教育概况》（四川省万县志编纂委员会办公室1985年印）第82页表格及相关数据整理而成。

从上表数据可以看出，巴蜀地区对于职业教育相当重视，计划加大经费的投入力度来发展职业学校，到1935年，职业教育经费占总经费的27.72%，比之前的年份已经大有提高，但是与原计划的40.2%还有很大的差距。

下页是民国之前和从民国成立到抗战之前四川职业学校在等级、分科、入学资格、修业年限方面变化的比较。

表6-12　巴蜀地区民国前后职业学校组织编制比较表

时期	学校等级	分科	入学资格	修业年限
民国以前	初等	工业，农业，蚕科	不限	无定
	中等	工业，农业，商业	高小毕业及同等学力	五年
四川省职业学校章程施行期间	不分级	金工，木工，竹工，漆工，染色，裁缝，织工，窑业，纸张	不限	由一年至半年
前教育部实业学校规程颁布以后	甲种	工业，农业，商业	高小毕业及同等学力	预科一年，本科三年
	乙种	工业，农业	初中毕业及同等学力	三年或两年

续表一

时期	学校等级	分科	入学资格	修业年限
新学制施行以后	某科高中	工科，农科，商科	初中毕业及同等学力	三年
	职业学校	工科，农科，蚕科，林科，应化科	高小毕业及同等学力	由一年至四年
	高级小学职业预备科	工科，农科，应化科	初小毕业及同等学力	二年

资料来源：民国政府教育部编纂《第一次中国教育年鉴》（丙篇），开明书店1934年版，第392页。

五、师范教育的逐渐完备

师范学校的发展主要是在清末新政时期，巴蜀地区在1903年初就设立了本地区最早的师范学堂——成都府师范学堂，它是由川督岑春煊将成都锦江书院改设而成。到1909年止四川省共有各类优级师范学堂、初级师范学堂、师范传习所三十九所[1]，在全国各省中名列前茅。民国成立以后巴蜀地区师范学校不但在数量上继续发展，在教育质量上也有所提高。

（一）师范学校发展概况

民国元年（1912）制定的《师范教育令》规定，师范教育分为师范学校、女子师范学校、高等师范学校、女子高等师范学校和私立女子师范学校，并对各级各类师范教育的具体事宜做了明确的规定。范源濂担任教育总长时，于1913年将全国划分为北京、沈阳、武汉、成都、广州、南京六大师范区，而以附近省的师范教育行政合并处理，分别在上述六个地方设立国立高等师范学校，并以它为中心，发展各学区教育，各高等师范学校的校长除管理本校校务外，还兼管本学区内中小学教育。[2]六大师范学区之一的四川区包括陕西、甘肃和云南等，国立四川高等师范学校为中心。这个师范学区的制度在当时并没有得到实施，以至于1922年新学制颁布后就完全消失，但是对于师范教育和师范学校的发展却起到了重要的推动作用，巴蜀地区的师范教育也在这一时期发展起来。

清末时期巴蜀地区的师范学校分为优级和初级两种，优级师范有通省师范

---

[1] 学部总务司编：《宣统元年分第三次教育统计图表》。
[2] 宋嗣廉、韩力学：《中国师范教育通览》，东北师范大学出版社1998年版，第38页。

和选科师范两校,初级师范则有川中、川南、川北各道师范四校以及省城女子师范一校。[①]1913年在成都建立了四川省高等师范学校后,又建立起省立第一至第四师范学校以及省立第一、第二女子师范学校,以及各县纷纷建立联合县立师范学校。民国4年(1915)四川省师范教育具体办学情况见表6-13:

表6-13　民国4年(1915)四川省师范学校概况

类型	校数	经费	学生数		
			男生	女生	合计
高等师范学校	1	50641	238		238
省立师范学校	6	151819	846	256	1002
联合共立师范学校	5	45936	600		600
各属师范讲习所	57	788			2566
合计	69	326454		256	4068

资料来源:《全国教育行政会议各省区报告汇录》,台北文海出版有限公司1987年版,第327页。

在同一时期的全国统计中,四川省的师范学校校数属于较多的,但是学生人数则属于较少的,而经费投入处于中等水平。

民国11年(1922)新学制颁布,对于师范教育也做出了相关规定。为提高师范教育的质量和师范生的程度,规定师范学校学习年限为6年,也可以单设后两年或者后三年,接收初级中学毕业生。四川在实施时制定了六年制的师范课程,前三年为通习,后三年为分组选修,省立师范学校按照此规定实施。民国13年(1924)秋,四川省政府颁布《各县实施义务教育规程》,规定师范学校标准。师范学校分为一年制、二年制、三年制,其中有两个年期并设者,称为国民师范学校,各个县按照此办法办理师范教育。[②]这一系列的法规,使得师范学校在巴蜀地区得以快速发展,特别是自民国13年(1924)至民国20年

---

① 《全国教育行政会议各省区报告汇录》,台北文海出版有限公司1987年版,第185页。
② 李定开主编:《重庆教育史》第二卷,西南师范大学出版社2006年版,第74~75页。

（1931），县立师范学校数量有了大幅度的增长。

表6-14　民国13年度至民国19年度师范学校校数表

	13年度	14年度	15年度	16年度	17年度	18年度	19年度
国立师范学校	1	1	1	1	1	1	1
省立师范学校	6	6	7	7	7	7	7
共立师范学校	6	6	7	7	7	7	5
县立师范学校	18	45	37	39	39	38	39
私立师范学校	1	2	2	2	2	2	2
其他各校附设师范	13	38	54	59	59	72	82

资料来源：民国政府教育部编纂《第一次中国教育年鉴》（丙篇），开明书店1934年版，第327页。

从表6-14数据可以看出，从民国成立之后一直到民国19年（1930），师范学校以公立为主，私立师范学校较少，而县立师范学校和各校附属师范发展迅速。这一情况与教育经费的投入是密切相关的，国立师范学校的经费是由省教育经费开支，虽然在教育经费紧张的时候有所减少，但一般尚能很好地维系学校，而县立师范学校经费由各县分别抽收粮税、肉税、中资捐及地方税项作为办学专款，大体上说比较稳定，且逐年可有增加，所以使得县立师范学校发展较快。

表6-15 四川省民国13年度至民国19年度经费列表

	13年度	14年度	15年度	16年度	17年度	18年度	19年度
国立师范学校	114,198,400	114,198,400	114,198,400	105,600,000	105,600,000	105,600,000	105,600,000
省立师范学校	156,705,840	174,384,193	191,630,457	213,137,791	261,593,645	161,128,942	209,108,801
共立师范学校	27,860,112	105,554,693	117,074,432	124,674,467	121,434,838	117,731,671	75,644,886
县立师范学校	43,335,045	82,203,164	110,529,204	124,081,453	135,295,946	152,543,999	166,362,412
私立师范学校		1,438,000	2,966,000	2,966,000	1,483,000	1,846,000	3,646,000
其他各校附设师范	15,988,668	23,319,390	40,683,940	68,580,077	127,737,937	125,738,414	168,211,613

资料来源：民国政府教育部编纂《第一次中国教育年鉴》（丙篇），开明书店1934年版，第327页。

民国21年（1932）12月，国民党第四届中央执行委员会第三次全体会议对师范教育做出了如下决议："（1）中等师范教育机关，分简易师范学校、师范学校，均由政府办理。（2）师范学校应脱离中学而独立。"同年12月17日，国民政府颁布《师范学校法》，确定了师范学校的地位。1933年3月，教育部又公布《师范学校规程》，①这两个法令成为以后各省、各地方办理师范教育的主要依据。法令规定了包括师范学校、女子师范学校、乡村师范学校、师范学校附设特别师范科及幼稚师范科、简易师范学校等一切师范教育的具体实施办法。

巴蜀地区按照法令规定，开始改办简易师范学校和简易乡村师范学校。但是考虑到在校学生已经开课，因而对于旧有的乡村师范、中小学附设乡村师范科和分组选修的后期师范分别限令，允许就原有班次办到毕业为止，现有学生毕业之后一律停办。并且自民国22年（1933）度开始，举行全省师范学校学生

---

① 熊明安：《中华民国教育史》，重庆出版社1997年版，第139页。

毕业会考，考试方面严格考核。[①]因此，至民国27年（1936）止，巴蜀地区师范学校数量上有所减少，但是在办学质量上确是有所提高。

六、师范学校的教学

民国时期，师范学校废除读经讲经课，在课程设置上也是有过多次变动调整。民国2年（1913）教育部颁布的《师范学校课程标准》和《高等师范学校课程标准》。对中等师范学校课程安排为：预科学习科目有修身、国文、习字、英语、数学、图画、乐歌、体操等八种；本科第一部的学习科目为修身、教育、国文、习字、历史、地理、数学、博物、物理、化学、法制经济、图画、手工、农业或商业、乐歌、体操等十六种；女子师范学校预科的学习科目为修身、国文、习字、英语、数学、图画、乐歌、缝纫、体操等九种，本科第一部与男子师范学校相同，仅增加家事园艺和缝纫两种。所有课程设置都没有了"读经"学科。[②]新学制颁布的第二年，民国12年（1923）教育部颁布了《课程标准纲要》，将师范学校课程分为公共必修课、分组必修课、分组选修课三种，并实行学分制，毕业总学分不得少于一百五十学分。但是这一规定，在巴蜀地区并没有得到全面的实施，有很多师范学校都没有实行学分制，而是按照原来的教学计划开设课程。民国22年（1933）教育部新颁布的《师范学校课程标准》废除了学分制，将所设课程分为基本学科和专业学科，自第二年（1934）起开始设选修课。民国24年（1935），四川省立第二女子师范学校根据新课程标准，设立课程见表6-16。

---

① 蒋志澄：《四川省二十三年度至二十六年度中等教育概况》，四川省万县志编纂委员会办公室1985年印。
② 宋嗣廉、韩力学主编：《中国师范教育通览》，东北师范大学出版社1998年版，第40页。

表6-16　民国24年（1935）四川省立第二女子师范学校课程表[①]

科目		第一学年（课时）		第二学年（课时）		第三学年（课时）	
		上期	下期	上期	下期	上期	下期
共修科目	公民	2	2	2	2	2	2
	国文	5	5	5	5	4	4
	卫生	2	2				
	生物学	4	4				
	代数	4	4				
	历史	2	2	2	2		
	地理	2	2	2	2		
	伦理	2	2				
	应用文						2
	教育概论	2	2				
	教育心理			3	3		
	小学教材及教学法			2	2	2	2
	小学行政					2	2
	教育检测及统计					2	2
	教育史	2	2				
	实习			2	2	2	2
	劳作	2	2	2	2		
	美术	2	2	2	2		
	音乐	2	2	2	2	1	1
	体育	2	2	2	2	1	1
	国技	1	1	1	1	1	1
文史选科必修课目	文字学			2	2	2	2
	文学史					3	3
	文学名著			2	2	2	2
	国学概论			2	2	2	2
	历史					4	4
	地理					3	3
数理选科必修课目	三角					3	3
	几何			2	2	2	2
	解析几何					3	3
	物理			2	2	4	4
	化学			2	2	4	4
艺术选科必修课目	国画			2	2	4	4
	西画			2	2	4	4
	音乐			2	2	4	4
	劳作					2	2
	游戏法					2	2
选修	英语		3	3	3		
	合计	36	36	36	36	36	35

[①] 李定开主编：《重庆教育史》第二卷，西南师范大学出版社2006年版，第406页。

从表上课表可以看出，1935年以后的师范学校更注重学生文化知识的通识性教育，并且更重视高年级的实习。教育实习除帮助提高师范学校的教育质量以外，还更能够适应当时义务教育普及工作对小学师资的需求。

这一时期，师范教育不但质量提高，学校数量也有了发展。1936年全省共计师范学校三十一所，其中乡村师范学校一所，简易师范学校十所，简易乡村师范学校十所。到了1937年，全省共计师范学校三十九所，其中乡村师范学校一所，简易师范学校十一所，简易乡村师范学校十七所。[①]师范学校的发展不但适应并促进了义务教育的发展。

七、社会教育的探索

社会教育是在教育近代化过程中出现的一种新教育。民国元年（1912）教育部刚刚成立的时候，就通电全国，注意社会教育，并增设社会教育司，管理全国各地的社会教育事宜，要求不但要建立民众学校和在学校中开设社会教育课外，还要组织各种类型的社会教育活动。社会教育教育对象广泛，教育形式多样化，既有由政府组织进行的，也有私人兴办的。

（一）民国成立初年社会教育概况

民国元年巴蜀地区就开始组织进行一些社会教育，如：读书会、通俗教育研究会、通俗演讲所、通俗图书馆、公众补习学校、半日学校、简易识字学校等。据统计，民国元年至民国7年（1918）之间，巴蜀地区的社会教育比较兴旺，特别是公众补习学校、半日学校、简易识字学校，与全国其他地区相比也是成绩较为突出的。民国元年至民国5年（1916）统计，半日学校校数达到三百四十五校，每校为两个班，每班学生四十名，在全国居于首位。民国元年（1912）至民国7年（1918）之间公众补习学校、半日学校各项统计数据均在全国前三位，而简易识字学校的规模也居于前十位。[②]

民国初年依据教育部通令，全国各省设立通俗教育会，作为社会教育机构。通俗教育会的教育主要分为演讲、小说、戏曲三种形式，是多由教育部门职员兼任，工作主要为编审小说、戏曲、演讲稿及教育有关的书籍和图片

---

① 教育部教育年鉴编纂委员会编：《第二次中国教育年鉴》，第三编"初等教育"第五章，商务印书馆1948年版，第967页。
② 民国政府教育部编纂：《第一次中国教育年鉴（丙编）》，开明书店1934年版，第602～603页。

等。民国四年（1915）巴蜀地区共有通俗教育会二十四所，其中私立二十所，公立四所，会员共一千零二十二人，在同时期统计的全国二十二个地区排名第二。①公众补习学校、半日学校、简易识字学校、通俗教育会等在民国成立初年发展比较迅速，在1912～1916年之间，四川省公众补习学校共两所，半日学校三百四十五所，简易识字学校一百六十所。②但是在接下来的几年，由于平民学校和民众学校的出现而开始逐渐消退。

（二）民众学校教育情况

我国的民众学校是在清末开始萌芽，民国以后逐渐推行，国民政府成立之后发展起来的。巴蜀地区的民众学校创设于民国13年（1924），和全国其他地方一样也在普通民众学校内设立高级班。民众学校教员多为兼职，学历大部分是初中毕业，这方面与其他地方情况类似，但教员待遇比较低，平均薪金四元（全国平均薪金为十六元一角），多数教员为义务。对于教员的工作状态记载为"异常努力"，而其他省份均为"努力"。从这些数据可以看出，民众学校的教育比较为民众所接受，虽然薪金不多，但是教师积极性比较高。民众学校在巴蜀地区招生，除识字运动外还采取个别家访或者开办学生家属恳亲会及鼓励学生互劝的方法。在女子入学方面，在全国范围内都算比较好，实行男女同校分班教育，男生占75%，女生占25%，女生比例在全国统计的二十八个省及区域居第六位，相比全国平均数18.2%高出许多。③

民众学校的教材多采用千字课本，这是教育部统一印制的民众识字课本，内容主要是以三民主义为主的"三民千字课本"，这是全国大多数省份都在使用的一本教材。巴蜀地区的教材则是结合本地区特点，除三民千字课本以外，还采用了市民千字课本、农用千字课本和平民千字课本。特别是农用千字课本，为巴蜀地区独有的教材，是为了适应本地区多山、农业比较发达、农业从业人员众多的特点而自行编写的。三民课本从民国17年（1928）开始由巴蜀地方自己编定，使教材更能够适应地方的实际需要。

国民政府成立以后，民众学校更进一步发展。民国18年（1929）1月22日，

---

① 教育部教育年鉴编纂委员会编：《第二次中国教育年鉴》，第九编，商务印书馆1948年版，第10页。
② 教育部教育年鉴编纂委员会编：《第二次中国教育年鉴》，商务印书馆1948年版，第1011～1013页。
③ 民国政府教育部编纂：《第一次中国教育年鉴（丙篇）》，开明书店1934年版，第630～633页。

教育部公布了民众学校实施办法,规定各县至少须设立民众学校一所。这一年,巴蜀地区的民众学校发展到一千一百二十一所,其中县立八百九十六所,市立一百所,私立四十八所。就学人数达到六万二千九百零六人。

表6-17　民国18年(1929)四川省民众学校统计表

人数	公立学校人数			私立学校人数			公立、私立总计人数		
	男生	女生	合计	男生	女生	合计	男生	女生	合计
就学人数	51,486	8714	60200	2327	379	2706	53,813	9093	62,906
毕业人数	45,553	4034	49587	1507	247	1754	47,060	4281	51,341

资料来源:四川省教育厅《四川省十八年度各县市社会教育概况统计表》,《四川省教育厅公报》1932年6期。

由以上数据可以看出,巴蜀地区民众学校发展非常迅速,但是民众学校主要以县立和市立为主。省立民众学校在抗战前期才开始发展,而私立民众学校数量也比较少。这主要是因为,县、市政府对民众学校重视,经费扶持力度比较大,而到民国21年(1932)很多县教育经费紧张只能勉强维系原有机构,甚至有个别县只能"无款维持时暂停,下期又筹款恢复"。尽管如此,从国民政府建立到抗战前的十年间,社会教育特别是民众学校的发展还是很快的。

(三)图书馆发展情况

图书馆是储集各种图书及地方文献,供民众阅览的地方,是当时社会教育的重要组成部分。国民政府的大学院成立的时候,设立行政处主持管理全国教育行政事宜,行政处又分为六组,图书馆为其中一组,不但管理国立图书馆事宜,还作为社会教育的一部分管理各地方图书馆。全国各地的图书馆从民国16年(1927)国民政府定都南京,到抗战开始的这十年间发展迅速,对社会教育作用巨大。

巴蜀地区的图书馆发展也是比较迅速的,在国民政府成立以前就只有一个图书馆即"四川成都华西联合大学",到了抗战之前数量上有了很大的增长,特别是大学的附属图书馆比较多。不但数量上有发展,政府的经费投入和图书馆藏书量都有了较大的发展。

大学院成立图书馆组的时候就规定："公立图书馆之经费应于会计年度开始之前由主管机关列入预算呈报大学院,但不得少于该地方教育经费总额百分之五。"民国18年（1929）中华图书协会第一届年会议决：各省教育厅每年经费中"百分之二十办理图书馆事业,并通令全国各学校于每年经费中规定百分之二十为购书费"。[①]以上数据反映出政府对于图书馆的经费投入有明显增加,也说明图书馆事业越来越受到重视。

巴蜀地区图书馆事业经费投入和藏书量也在增加。以四川省立图书馆为例,据统计民国18年（1929）的经费投入为七千一百七十一元,藏书量为五万二千一百五十五册；到民国25年（1936）经费投入为一百六十九万元,藏书量为十六万六千二百册。[②]

第四节　民国成立后巴蜀教育发展的特点与影响

民国成立直至抗战前夕,四川长期陷入军阀割据的泥潭中,各派军阀为了各自的利益长期混战[③],造成四川社会长期动乱,政治难以统一,经济、文化和科学技术落后,给四川人民带来了深重灾难,直到1935年,四川境内各派军阀划区割据的时期方告终止,全省行政才得以统一。民国时期四川长期的军阀割据、混战使全省各级各类教育饱受冲击、干扰和影响。尽管教育发展的环境恶劣,但在一批先进人士推动和广大教育界人士的艰苦创业之下,仍取得了稳步的发展。

一、民国成立后巴蜀教育发展的特点

（一）环境艰难,稳步发展

民国成立后,巴蜀各级各类教育在清末的基础上有了进一步发展。以高等教育为例,根据1916年教育部统计,全国公立专门学校共十二所,四川仅成都

---

① 教育部教育年鉴编纂委员会编：《第二次中国教育年鉴》,台北文海出版有限公司1987年版,第九编,第24页。
② 教育部教育年鉴编纂委员会编：《第二次中国教育年鉴》,台北文海出版有限公司1987年版,第九编,第25页。
③ 如：从1917年刘（存厚）罗（佩金）、刘（存厚）戴（堪）成都之战开始,到1933年二刘（刘湘、刘文辉）之战结束,战争断断续续,延绵十七年之久,大小战争共四百多次。

就有五所,占23%。①1915年8月至1916年7月,各省高校比较,四川有学生两千四百一十五人,位居全国第二,教员有两百二十人,位居全国第三。②1916年8月至1917年7月,国立成都高师专任教师和在校学生人数,在全国六所国立师范学校中仅次于北京高师。③据1918年统计,国立成都高师在校学生三百八十八人也仅次于北京高师的六百八十一人④。1937年,国立四川大学共有学生五千六百一十九人,其中大学生五千零五十一人,研究生二十五人,专修科生十六人,先修班生五百二十七人;其中有专任教师四百一十三人,兼任教员六十四人,职员两百五十六人。⑤1937年6月校长任鸿隽离职时,国立四川大学有文、理、法、农四个学院,下设中国文学、外国文学、史学、教育学、数理、化学、生物、法律、政治经济学、农学、园艺、林学和病虫害系。国立四川大学、省立重庆大学、四川省立教育学院、华西协合大学和私立西南美术专科学校的稳步发展,为抗战时期巴蜀高等教育的进一步发展奠定了基础。

(二)名家主校,成效显著

民国成立后,巴蜀学校尤其是高校,多由大家、名师担任校长,办学成效显著。如1922~1924年,吴玉章担任成都高师校长。在担任校长期间,他延聘学有专长的自然科学教师到校任教,聘请了部分外籍人员担任外语和西洋史教习,派遣教员出国留学,大刀阔斧对成都高师进行改革,在学科完善等方面取得了显著成绩。在他主校期间,成都高师的党、团组织不断发展,成了"民主堡垒""进步势力大本营"。1926~1930年,张澜担任国立成都大学校长。他效仿蔡元培办北大的方针,主张民主办校,兼容并包,学术自由,提出"打开夔门,广延名师",把蜀学宿儒、新派人士和国内外知名专家聘请到校讲学和任教。根据1929年成都大学教职员名册记载,外籍教师就有二十八人,包括美、英、法、德、加等国籍。一时成都大学人才荟萃,名师汇集。短短几年,

---

① 四川大学校史编写组:《四川大学史稿》,四川大学出版社1985年版,第48页。
② 潘懋元、刘海峰编:《中国近代教育史资料汇编·高等教育》,上海教育出版社2007年版,第834~837页。
③ 《国立成都高等师范学校档案》十三卷。潘懋元、刘海峰编:《中国近代教育史资料汇编·高等教育》上海教育出版社2006年版,第696~699页。又:《中华民国第五次教育统计图表》,教育部总务厅统计科编,单印本,第12~13页。
④ 璩鑫圭、童富勇、张守智:《中国近代教育史资料汇编·实业教育 师范教育》,上海教育出版社2007年版,第937~942页。
⑤ 教育部教育年鉴编纂委员会编:《第二次中国教育年鉴》,商务印书馆1948年版,第624页。

即在当时全国的国立大学中脱颖而出，卓有声誉。在他自由思想理念影响下，校内进步师生思想活跃，革命气氛很浓，成为"西南一代传播革命种子的园地"。1935～1937年著名化学家任鸿隽接任四川大学校长。他对川大进行了大刀阔斧的改革，提出川大必须尽快实现"国立化"和"现代化"，完成三个使命：第一，要输入世界的智识；第二，要建设西南的文化中心；第三，要担负民族复兴的责任。他利用各种关系，广延名师，从上海、南京、北平等地，聘请到大批有真才实学的著名学者。他打破学校招收新生基本上只是面向巴蜀的局限，将招生区域扩大到京沪、平津、广东、陕西等地，面向全国广罗人才，并使川大成为全国大学中较早招收研究生的学府之一。同时大力推行教学改革，发展学术社团，活跃学术空气，把学校办得生气勃勃，使学校迎来了建校以来的"黄金时期"。

（三）高校布局，双城失衡

民国成立后，巴蜀各级各类学校主要分布于城镇，相对而言，农村和偏远地区分布较少。对于高校而言，主要集中于省城成都，在其他地区和城市则少有分布。如在川东和长江上游重镇重庆，民国成立之初仅有由几所清末遗留下来的法政学堂，1914年7月遵照教育部关于各省公立法政专门学堂只办一所的规定，都并到四川公立法政专门学校去了。相对于20世纪20年代成都高校鼎立、百花争艳，重庆到20世纪20年代中期才创办有私立西南美术专科学校一所，没有公立高校。直到1929年才创办了第一所大学（重庆大学）。重庆高校不仅创办晚，而且数量少，在高校规模和总数、专业数量、社会影响方面远逊色于成都，专业的设置也较单一。如1934年重庆大学文、农两院并入四川大学后，仅有理工科而无文科；四川省立教育学院只有乡村教育和农事教育两系。成渝双城高校布局失衡，对经济社会发展带来不利影响。

二、民国成立后巴蜀教育发展的贡献

民国成立后巴蜀教育的改革和发展，既是巴蜀现代化和中国教育现代化的一个重要组成部分，同时也深刻地促进了巴蜀的社会变革，为巴蜀经济社会的发展做出了重要的贡献。

（一）奠定了巴蜀现代教育体系的基础

以高等教育为例，近代巴蜀新式高等教育发轫于清末，发展于民国成立后。在清末巴蜀兴办一批新式高等学堂的基础上，民国成立后经过几次大规模的兴废分合，在抗战前夕形成了以国立四川大学、省立重庆大学为代表，连同省立教育学院、华西协合大学和私立西南美术专科学校等高校构成的，涵盖文、理、医、法、农、工、教育等科，形成了较为全面的现代高等教育体系。在培养目标、课程设置、招收对象、教学方法和管理等各方面，都迈上一个大台阶。四川高校的教育教学制度、学校管理规章、管理体制亦逐步趋于完善，体现出现代大学的基本特征。这标志着巴蜀现代高等教育的初步定型，并为抗战时期巴蜀高等教育的进一步繁荣和发展奠定了良好的基础。

（二）推动了现代巴蜀革命运动的发展

以高等教育为例，民国成立后巴蜀高校不仅传授现代科学技术，也传播新思潮、新思想，高校成了孕育革命力量的舞台和场所，一批师生逐渐成为巴蜀具有先进觉悟的革命性力量，从而为现代巴蜀的革命运动准备了社会基础和人才。早在辛亥革命之时，巴蜀的高等学堂就是同盟会的重要活动场所。在五四新文化运动中，曾在四川法政学校、四川公立外国语专门学校、公立国学专门学校任教的吴虞对巴蜀尊孔复古逆流进行了迎头痛击，发表了《吃人的礼教》等笔锋犀利、振聋发聩的论文，和陈独秀、李大钊、胡适一起，向封建宗法制度、旧礼教、旧道德发起了猛烈攻击，唤醒了无数青年，为五四新文化运动的开展，做了启蒙工作和舆论准备，被胡适誉为"中国思想界之清道夫"。巴蜀高校也成了五四运动在巴蜀的策源地，当年的巴蜀高校师生率先发动"外争国权，内惩国贼"的反帝、反封建爱国运动，创办《星期日》《四川学生潮》《直觉》《半月报》等传播新思潮的进步刊物，为在巴蜀传播马列主义，建党建团准备了有利条件。经过五四运动的洗礼，巴蜀高校涌现了张秀熟、袁诗荛、巴金这样的学生领袖人物，集中了像王右木、恽代英、吴玉章、杨闇公、童庸生、廖恩波、刘伯坚、何秉彝、曾莱、陆更夫、苟永芳、杨国杰等一批早期革命先驱，巴蜀高校成了培养革命者的摇篮和传播革命火种的重要据点。五四之后，巴蜀高校师生以学校为据点，组织读书会，建立进步社团，办革命刊物宣传马列思想，创建巴蜀最早的中共党组织和共青团组织，为革命培养了大批骨干力量。在大革命和土地革命时期，巴蜀高校一些师生更是为革命献出了宝贵的生命。

（三）推动了现代巴蜀经济社会的发展

民国成立后，巴蜀教育的发展不仅启发了民智，传播了新的思想，促进了巴蜀社会风气的变化，而且为巴蜀培养了一大批人才，推动了现代巴蜀经济、科技、文化和社会的发展。其中不少人才还成长为蜚声海内外的国家栋梁和社会精英，为新中国的建设和发展都做出过巨大贡献。巴蜀高校不仅培养了一大批文学、理学、医学、法学、农学、工学、教育学、艺术学等专业优秀人才，而且还积极服务社会，为巴蜀经济社会的发展做出了贡献。如1933年，巴蜀叠溪发生大地震后，数月之内小震不断，1933年底，四川大学组织了地震考察团，经过十多天实地考察，获取了大量第一手资料，对地震成因及未来情况作了预测，返校整理发表了叠溪地震考察报告，对巴蜀松（藩）、茂（汶）地震提供了珍贵的材料。①1934年5月，四川大学化学系师生组织工业考察团，考察巴蜀各地工业情况，考察归来后师生整理了大量调查报告，为巴蜀工业发展提供了富有价值的建议。1936年4月，四川大学农学院与省建设厅合办水稻场，在外东白药厂省农场拨田五十亩，试种水稻百余种，并且做双季稻栽培试验。又与建设厅合组甘蔗试验场，主要进行蔗种的改良，国外省外良种引进试验、蔗作指导、蔗农合作、蔗作调查，等等。②高校的社会服务，为巴蜀经济的发展做出了重要贡献。

---

① 四川大学校史编写组：《四川大学史稿》，四川大学出版社1985年版，第171页。
② 四川大学校史编写组：《四川大学史稿》，四川大学出版社1985年版，第188页。

第七章 抗战时期及抗战后的巴蜀教育

第七章 抗战时期及抗战后的巴蜀教育

全民族抗战开始后，国民政府由南京辗转西迁，陪都重庆成为战时全国政治中心，并带动当地及整个巴蜀文化教育迈入近代以来前所未有的大发展时期。国民政府进驻重庆后，随即强化了对川渝地区的直接管辖，终结了此前四川境内近二十年军阀割据的"防区制"，为战时巴蜀教育的发展提供了较为有利的稳定政治局面。而抗战胜利的短暂和平后，国民党政权无视民众的正义吁求，悍然再次发动全面内战，国内政治局势急转直下，并引发整个国统区内经济濒临崩溃，文教备受摧残，巴蜀教育也因之不可避免地受到近乎毁灭性的直接影响。需要特别指出的是，这个期间四川行政区划较民国前期发生了一些重大变化，如1939年5月重庆被升格为直辖市，1939年1月西康正式单独设省等。本章所言"巴蜀"，仍以现在的四川省和重庆直辖市为其范围。在介绍民国后期的巴蜀教育变迁时，亦当给予相应的关注和说明。

第一节 抗战时期巴蜀"全国教育中心地位"的形成

全民族抗战开始后，华北、华东、华中、华南大片国土接连沦陷，平、津、沪、宁、汉、穗等文教重镇相继失守。日伪对沦陷区原有学校等文教机构或大肆破坏，将校产校舍轰炸洗劫一空，或强迫接收，用作培植汉奸的奴化工具，皆无所不用其极，民国"成立以来历年在教育上所建立之基础，损毁过半"[①]。为保存中华民族教育的精粹，延续我国教育早期现代化进程，以战区高校为先导，其余各级各类教育机构相率参与西迁，而巴蜀地区作为战时全国政治、教育中心，正是这场声势浩大的西迁运动的重要基地和接纳场所。在与西迁教育机构的合作与竞争中，巴蜀本地的教育也随之取得了回应性的发展，共同促成了战时巴蜀教育的空前繁荣局面。抗战时期巴蜀"全国教育中心地位"之所以确立，即是因为国府西迁，重庆被明定为陪都，作为全国教育行政

---

① 教育部教育年鉴编纂委员会编：《第二次中国教育年鉴》，第一编"概述"商务印书馆1948年版。

最高机构的教育部也长驻重庆发号施令；更是由于华北、华东等战前文教相对发达地区大部沦陷，大批原处战区的教育机构迁入西部尤其是巴蜀地区，极大地改变了此前全国教育布局的整体态势。在政府扶持及教育自身发展双重动力的推进之下，战时巴蜀各级各类教育都在国统区内处于较为领先先的地位，被视为教育"首善之区"。

一、战时教育政策的调整

全民族抗战之前，南京政府文教政策深受蒋介石"攘外必先安内"及"忍让和戎"方针的消极影响，没有及时地采取准备长期战争的应对措施，反视抗日思想为洪水猛兽而大加压制。卢沟桥事变发生后一个月，即1937年8月7日，国民政府教育部方仓促出台《总动员时督导教育工作办法纲领》。令人费解的是，在明知各沦陷区域文教机关已遭惨重破坏，临近战区的各级学校也需要相应转移或疏散的情况下，这份纲领却奉行蒋介石"和平未到绝望时期决不放弃和平"的错误指示，怀有强烈的侥幸心理和妥协求安的消极态度，首先要求"战争发生时，全国各地各级学校暨其他文化机关务力持镇静，以就地维持课务为原则"[①]，可谓战时教育政策调整中的一大败笔。而当南京失陷后，"焦土抗战"的论点甚嚣尘上，所谓"教育彻底改革主义派"极力主张全面变更学校教育制度，要求高中以上学校与战事没有直接关系者应全部改组或停办，师生悉数应征入伍，至于初中以下还未达到兵役年龄的学生也要变更课程，缩短年限。上述两种论点看似截然相反，但皆陷入了错误的极端，都会将战时的中国教育引入歧途。幸而国民政府经历短暂的观望和彷徨后，及时地总结了战初的沉痛教训，通过全面的权衡考虑，终于在教育政策方面作出了"战时须作平时看"的理性抉择。

1938年3月，陈立夫[②]在重庆宣誓就任国民政府教育部部长。就其上任伊始发表的工作方针观之，"战时须作平时看"的构想已初露端倪。该方针的整体思路是稳中求变，即一方面维持教育稳定持续发展，一方面谋求必要的积

[①] 教育部教育年鉴编纂委员会编：《第二次中国教育年鉴》，第一编"概述"，商务印书馆1948年版。
[②] 陈立夫（1898～2001），浙江湖州人，1938～1944年于陪都重庆就任国民政府教育部部长。在任期间，他对"战时须作平时看"教育方针的确立和实施发挥了重要作用，直接推动了抗战时期巴蜀教育的大发展。

极应变。用陈氏本人的话来讲，就是"教育为立国之本，整个国力之构成有赖于教育，在平时然，在战时亦然……非战时教育之必有异于平时也"。①当然"稳"只是相对的，而"变"是绝对的。残酷的战争毕竟不同于"平时"，面对战时教育的特殊性和实际需要，也需相应的紧急应变措施。当时陈立夫所提出的"成立临时中学、中小学教师战时服务团及战区学生之救济"②等设想，也在此后一一变为现实。同年4月，国民党召开临时全国代表大会，会上制定并颁布了《各级教育实施方案纲要》，其基本精神可概括为"九大方针"及"十七要点"。稍后国民政府教育部以此为准绳，根据"九大方针"调整了各级教育设施的目标和施教对象，又依照"十七要点"分别拟定了具体的实施方案。这一系列方案要旨大致体现在如下三个方面：一是为了适应抗战御侮的需要，在一定程度上集中教育方面的物力、财力供应与智力支持，注意战时国防知识的传授和应战人员的培养，同时也对严格教育管理、提高教育质量有所强调；二是为了实现教育事业稳定持续地发展，保证中国教育事业的现代化进程不致因战争而中断，力求尽可能地减少战争所带来的损失和负面影响，并且企望利用战争期间对全国教育进行一定的整顿和调整；三是为了战后重建和发展的需要，在对相关教育目标和措施进行调整时，既考虑到战时抗敌的需要，也放眼于更长远的建设人才的培养。

1939年3月2日第三次全国教育会议在重庆开幕，这是抗战期间关于教育政策最为重要的一次会议，旨在"讨论抗战建国时期教育实施方案"。蒋介石发表训词，就战争环境下教育的主旨陈述了看法，"不必有所谓常时教育和战时教育的论争，我们因为过去不能把平时当着战时看，所以现在才有许多人不能把战时当作平时看，这两个错误实在是相因而致的"③。这一训词被奉为"今后我国教育之最高指导原则"，从会上通过的高等教育、中等教育、初等教育、师范教育、社会教育等各项议案来看，都明确地体现了"战时须作平时

---

① 《陈教长就职　发表今后教育方针》，《大公报》1938年3月8日。
② 《改革战时全国教育　教部短期内发表方案　陈立夫飞渝今就教长》，《大公报》1938年3月7日。
③ 教育部教育年鉴编纂委员会编：《第二次中国教育年鉴》，第二编"教育行政"，商务印书馆1948年版。

看"的基本精神。①可以说这次会议是对一年前《各级教育实施方案纲要》及"九大方针""十七要点"的延续和深化，同时也为配合国民政府政治、经济政策的实施而在教育方面做了一些变化和调整。蒋介石、陈立夫关于"战时须作平时看"的教育方针被进一步固定和强化下来，其基本精神也影响和渗透到了抗战中后期所制定的各项具体教育政策和法规之中。

二、巴蜀"全国教育中心地位"的形成

全民族抗战开始后，西部地区作为抗战所需人力、物力及财力的主要供给地，政治、经济、军事乃至教育地位相对于战前都得到了较大的提升。如《中央日报》在1938年发表的一篇社论即称："西南是国家复兴的根据地，西南又是建国途中文化资源的发祥地。西南各省今日对国家的重要，不容再有讨论的余地。"②而在当时西部各省中，川渝地区的战略地位从各方面考虑都无疑最为重要。首先，自国民政府于1937年11月西迁重庆后，重庆的政治影响与日俱增，先是升格为行政院直辖市，随后又被明定为"陪都"及同盟国中国战区统帅部所在地。除重庆外，川、康两省也在战时得到了特别关注，中央政权入川后用尽各种手段打压排斥原川系地方势力。蒋介石曾亲自兼任四川省政府主席，并通过成都、西昌行辕全面控制两省各项要务，整个巴蜀其实与直辖无异。其次，在对抗战的直接支持上，巴蜀地区所做的贡献最为突出，粮食、物资及兵源的输出都是国统区各省之冠，成为抗战救国的主要基地。最后，仅就教育方面而言，全民族抗战开始之前巴蜀地区的文教基础也是西部各地中最好的。以高等教育为例，截至1937年6月西部各省共有高校10所，其中5所就位于巴蜀地区，占总数的一半。③再如中学教育，四川省在1930年已有公私立中学二百三十所，超过了当时西部其余各省的总和。④

毋庸讳言，抗战全面爆发之前的巴蜀教育虽然在西部一枝独秀，但与华北、华东等文教发达区域相比仍有较大的差距。战时巴蜀"全国教育中心地位"得以真正确立，乃受中央政府及教育部进驻重庆、大批战区学校西迁、巴

---

① 《全国教育会议昨闭幕　开大会十次通过议案四百余件　决以蒋委员长训词为指导原则》，《中央日报》1939年3月10日。
② 《建设西南之初步》，《中央日报》1938年9月23日。
③ 《全国高教最近校数及其分布》，《申报》1937年7月25日。
④ 教育部教育年鉴编纂委员会编：《第二次中国教育年鉴》，第四编，中学教育。

蜀本地教育成分迅速发展等多种因素共同作用的结果。其一，自国民政府及教育部定居重庆后，国统区有关教育的各项大政方针无不自重庆发布并颁行全国。巴蜀教育同时也取得了优先发展的政策保证，成为国统区教育的示范。中央政府除给予大力扶持和有力督导外，并通过对教育资源的重组和调整以强化巴蜀教育的优势地位，在巴蜀初步建立起了一套体系完整、相互衔接的国立学校系统。其二，大批原处战区的学校及师生迁入川渝地区，极大地增强了战时巴蜀教育的有生力量。据不完全统计，战时曾内迁川、渝等地的高等院校即达五十余所。此外，还有相当数量的中等、初等乃至社会教育工作人员不断涌入，为巴蜀教育的繁荣提供了充足的师资等条件。其三，巴蜀本地教育成分在战时也得到了迅速的增长，不仅在西部各地中继续处于领先地位，而且在一定程度上弥补了此前与文教发达区域的差距，为当地教育的长足发展奠定了坚实的基础。巴蜀地区战时新设高等院校就有十八所之多，职业学校也由1939年的三十所猛增到1946年的九十四所[①]，其余各级各类教育成分也有了不同程度的增长。无论学校数量还是办学质量相对此前都上了一个台阶。总之，战时巴蜀教育中心地位的确立，既有因时借势，凭借国家政策及吸收外来资源的动力，也是开源挖潜，发挥内部兴学积极因素的结果，其成功经验至今仍值得参考借鉴。

第二节　抗战时期巴蜀教育的发展与繁荣

全民族抗战开始之前，巴蜀教育虽较之以往取得了一定程度的进步，然僻处西部一隅，在全国教育现代化进程中居于边缘地位，与其他地区的主动交流也较为欠缺，师资、生源、资金、设备等因素匮乏，无疑是制约当地教育发展滞缓的重要原因。民初在华东、华北等地激荡一时的数次教育改革，在巴蜀地区竟然没有激起多少引人注目的波澜。至于人才流动，更是呈现被动的输出状态。久而久之，学校体制僵化，优秀师资和生源持续外流，陷入循环往复的怪圈。从某种程度讲，直至全民族抗战开始后，巴蜀教育才真正与外界全面接轨，受到国家政策的有力扶持，把外来及当地教育资源有效整合，取得了"双赢"的积极效应。战时巴蜀各级各类学校教育乃至社会教育都有了不同程度的

---

① 教育部教育年鉴编纂委员会编：《第二次中国教育年鉴》，第八编"职业教育"，商务印书馆1948年版。

提升,重庆育才学校的生活教育实验、华西的乡村建设实验、巴县的民生教育实验等不断推陈出新,促成巴蜀教育在国统区内独领风骚,进入近代以来的繁荣发展时期。

一、高校内迁与巴蜀高等教育的繁荣

抗战时期高校的内迁,其先驱可以追溯到"九一八"事变发生后东北大学的入关。该校先在北平复课,1937年初移至开封,在"七七事变"前四天方迁定西安。①抗战全面爆发后,国民政府教育部即指示平、津、沪、宁等地的一些重要高校向内地迁移。自1937年8月开始,除某些教会大学外,华北地区多数高校相继踏上了内迁的漫漫长路,其中一部退往西北的陕、甘两省,一部短暂避居湘、鄂后再陆续撤往西南各地,其余如山东的国立山东大学、省立医学专科学校、省立药学专科学校、私立齐鲁大学四校则是直接西迁到四川万县、成都等地。淞沪会战打响后,原处上海的部分高校如国立同济大学、私立复旦大学、国立上海医学院、私立两江女子体育专科学校等也辗转迁至巴蜀。相对而言,江浙两省高校迁移则更为彻底,全民族抗战开始之前该地区有二十二所高校,到1938年底就有十六所已迁至西部,除国立浙江大学外,余下十五所都不约而同地最终定居巴蜀。如国立中央大学凭借政治上的优越条件,做了相当周密的安排,从1937年8月开始行动,利用民生航运公司用于军运的返川船只,将全校图书仪器和教学设备,全部安全装运至重庆沙坪坝新校址,就连原拟放弃不管的农学院用于实验的家畜家禽也经过一番努力辗转运至后方,可谓"鸡犬不留"。而金陵大学则是利用教会大学的身份,向同在"中国教会大学联合董事部"管辖下的成都华西协合大学求援,得到后者大力支持帮助,也在1937年11月乘船逆江而达重庆,再转车直抵成都华西坝,在抗战期间一直留居蓉城。在华中地区,湖北的国立武汉大学行动算是最早的,在1938年2月就开始着手向四川的嘉定(乐山)迁移。徐州会战后,武汉形势日渐吃紧,当地其余六所高校也从当年夏季开始相率迁移,其中私立武昌文华图书馆学专科学校、私立中华大学、私立医药技士专门学校、私立武昌艺术专科学校四校都陆续迁到了重庆、江津。至此,川、渝等地已先后接纳原处华北、华东及华中的多所西迁高校,巴蜀高等教育气象一新。1939年7月,教育部部长陈立夫在会见德国海通社

---

① 《东北大学已全部迁陕》,《中央日报》1937年7月3日。

远东总经理时称:"中国半数以上之大学及其他学校,均在此次战事中被摧毁一空,但现已在内地各省重行建立。"①谈话中他所举的武汉大学、中央大学等校都是分迁川、渝各地,可见他所说"内地各省"实际上主要指的是西部尤其是巴蜀地区。

乐山武汉大学

1941年太平洋战争爆发,英美等盟国对日宣战,这些国家在中国的租界旋即被日军占领,其国内差会在中国所办的教会高校及在此前避入租界的中国高校因失去保护而遭日伪惨重破坏,于是北平、上海、香港等地一些学校就此停办,部分未停办的高校即向内地转迁、复办,其中相当多数就直接迁到了巴蜀地区。如北平的私立燕京大学乃由美国教会所办,被日军强行改作军官疗养院,部分被遣散人员遂辗转西迁到成都的华西坝复校。上海沦陷后,部分藏身"孤岛"的高校也被迫向西部陆续迁移,其中私立立信会计专科学校、私立沪江大学、私立东亚体育专科学校先后在重庆、泸县等地复办。国立交通大学、私立上海法学院、私立东吴大学、私立之江文理学院也有一部迁到重庆、万县。1944年豫湘桂战役后,日军相继占领河南、湖南及广西大部,贵州边境也频频告急,当时处于黔、桂两省的多数高校被迫向更安全的大后方移动。如位于贵阳的国立湘雅、贵阳两所医学院都在当年年底迁至重庆。

以战时高校西迁巴蜀的全貌观之,既有全民族抗战开始后就一次性迁定新址,在抗战期间未曾更动校址的,也有此后途经他省而辗转迁来的,还有抗战后期才姗姗来迟者,整体迁移情况相当复杂,迁移过程中各校更名、合并甚至裁撤、复校的现象也较为普遍。因篇幅所限,以表7-1提示如下。

---

① 《陈立夫告海通社中国努力教育 半数以上学校被摧毁 在内地各省重行建立》,《申报》1939年7月12日。

表7-1　抗战期间高校西迁巴蜀情况简表

校名	原址	新址	迁变过程
国立东北大学	辽宁沈阳	三台	"九一八"事变后迁北平，1937年初迁河南开封，5月改国立，6月迁陕西西安，1938年3月迁四川三台
私立燕京大学	北平	成都	1942年迁四川成都
私立北平协和医学院护士学校	北平	成都	私立北京协和医学院于1942年1月停办后，部分师生1943年9月在四川成都复办此校
国立北平艺术专科学校	北平	重庆	北平艺专先迁湘西沅陵。杭州艺专首迁浙江诸暨，再迁江西贵溪，三迁沅陵。1938年3月两校合并改称国立艺术专科学校，10月迁云南昆明，1939年夏迁呈贡，1940年秋迁璧山，1943年夏迁重庆
国立杭州艺术专科学校	浙江杭州	重庆	
私立朝阳学院	北平	重庆	首迁湖北沙市，再迁四川简阳，三迁成都，四迁重庆
国立交通大学北平铁道管理学院	北平	璧山	两院迁湖南湘潭合并，1938年5月再迁湘乡，1939年1月迁贵州平越。1942年1月改称国立交通大学贵州分校，1944年12月迁璧山
国立交通大学唐山土木工程学院	河北唐山	璧山	
国立山东大学	山东青岛	万县	1937年10月迁万县，1938年并入国立中央大学
山东省立医学专科学校	山东济南	万县	1937年冬迁万县
山东省立药学专科学校	山东青岛	万县	
私立齐鲁大学	山东济南	成都	一度停办，1938年秋在成都复办
私立山西工农专科学校	山西太谷	金堂	首迁山西运城，再迁河南陕县，三迁陕西西安，四迁沔县，五迁金堂。1940年改称私立铭贤学院
国立同济大学	上海	南溪	1937年8月由吴淞首迁上海市内，9月迁浙江金华，11月迁江西赣州，1938年7月迁广西贺县，1939年初迁云南昆明，再迁南溪
私立东亚体育专科学校	上海	泸县	1941年停办，1944年夏在泸县复办
私立民治新闻专科学校	上海	成都	
私立光华大学	上海	成都	1938年在成都设立分校，战后改组为私立成华大学
私立复旦大学	上海	重庆	初与私立大夏大学合组为联合大学，迁江西庐山。1938年4月独立，迁重庆，1942年初改为国立
私立两江女子体育专科学校	上海	重庆	1938年8月迁重庆，1940年被勒令停办
私立立信会计专科学校	上海	重庆	1937年和1939年先后在重庆设立第一、第二分校。后第二分校停办，1942年沪校亦迁重庆
国立吴淞商船专科学校	上海	重庆	一度停办，1939年夏在重庆复办，改为国立重庆商船专科学校。1943年并入国立交通大学

续表一

校名	原址	新址	迁变过程
国立交通大学	上海	重庆	1940年秋在重庆设立分校,1941年改为校本部
国立上海医学院	上海	重庆	1939年夏部分师生迁云南昆明,1940年夏再迁重庆,1941年12月留沪师生亦迁重庆
国立上海音乐专科学校	上海	重庆	1942年6月停办,后在重庆复办,改称国立音乐学院
私立沪江大学	上海	重庆	私立沪江大学、私立东吴大学法学院皆停办后在重庆复办,合办法商学院。私立之江文理学院1940年扩充为私立之江大学,1943年在贵州贵阳设立之分校,1944年迁重庆后,三校合办法商工学院
私立东吴大学	上海		
私立之江文理学院	浙江杭州		
私立上海法学院	上海	万县	1943年2月其商业专修科迁万县,1945年7月独立为私立辅成法学院
国立牙医专科学校	江苏南京	成都	1937年10月迁成都
私立金陵大学	江苏南京	成都	1937年11月迁成都
私立金陵女子文理学院	江苏南京	成都	分迁上海、武汉、成都三处。1938年初上海、武汉部分亦迁至成都
国立南京药学专科学校	江苏南京	重庆	1938年8月迁武汉,再迁成都,1939年11月三迁重庆
国立中央大学	江苏南京	重庆	1937年8月迁重庆,医学院及农学院之畜牧兽医系迁成都
国立中央国术馆体育专科学校	江苏南京	重庆	首迁长沙,改国立国术体育专科学校,再迁广西桂林,三迁龙州,四迁云南昆明,1940年冬迁重庆
国立戏剧专科学校	江苏南京	重庆	首迁湖南长沙,1938年2月再迁重庆,三迁江安,1945年7月返迁重庆,改称国立戏剧学校
中央政治学校	江苏南京	重庆	首迁江西庐山,1938年6月迁湖南芷江,7月迁重庆
国立中央工业职业学校	江苏南京	重庆	首迁湖北宜昌,再迁万县,三迁重庆,并在巴县设立分校。1940年改称国立中央工业专科职业学校
江苏省立医政学院	江苏镇江	重庆	首迁湖南长沙,再迁沅陵与私立南通学院医科合并,改为国立江苏医学院,三迁贵州贵阳,四迁重庆
中央政治学校蒙藏班	江苏南京	巴县	首迁安徽青阳,再迁湖南芷江,1938年6月三迁巴县。1940年8月扩为蒙藏学校,1941年8月独立,改称国立边疆学校
私立支那内学院（佛学院）	江苏南京	江津	
江苏省立教育学院	江苏无锡	璧山	首迁湖南长沙,1938年1月再迁广西桂林,三迁璧山。1941年7月改组国立社会教育学院

续表二

校名	原址	新址	迁变过程
私立正则艺术专科学校	江苏丹阳	璧山	
江苏省立蚕桑专科学校	江苏苏州	乐山	一度停办，1939年秋迁乐山复办
国立武汉大学	湖北武汉	乐山	迁乐山，农艺系并入国立中央大学
私立中华大学	湖北武汉	重庆	1938年秋首迁湖北宜昌，再迁重庆
私立武昌文华图书馆学专科学校	湖北武汉	重庆	
私立医药技士专门学校	湖北武汉	重庆	1938年迁重庆
私立武昌艺术专科学校	湖北武汉	江津	1938年8月首迁湖北宜都，1938年春迁江津
私立湘雅医学院	湖南长沙	重庆	1938年6月迁贵州贵阳，1940年8月改为国立，1944年12月迁重庆
私立华侨工商学院	香港	重庆	1938年秋成立于香港，后迁广西柳州，1944年秋迁江津，再迁重庆
国立贵阳医学院	贵阳	重庆	1938年3月设立于贵州贵阳，1944年冬迁重庆
国立东方语文专科学校	云南呈贡	重庆	1942年10月成立于云南呈贡，1945年7月迁重庆

资料来源：余子侠《抗战时期高校内迁及其历史意义》，《近代史研究》1995年第6期；《抗日战争时期高校内迁表》，《中国抗日战争大辞典》，湖北教育出版社1995年版；教育部教育年鉴编纂委员会编《第二次中国教育年鉴》第五编"高等教育"。

大批战区高校的陆续内迁犹如不断注入的新鲜血液，使得战时巴蜀高等教育盛极一时，但这些西迁高校多数势必会在战后返归旧地，巴蜀高等教育的真正繁荣和长足发展还表现在本地高校数量的急剧增长，学科门类、学生规模和教学质量不断提升，初步建立了较为完善的高教体系。全民族抗战开始之前巴蜀全域仅有高等院校5所，而全民族抗战开始后新设于巴蜀各地的高校即达18所之多。从所属性质来看，有国立8所，省立3所，私立7所；从办学层次来看，有独立学院5所，专科学校12所，预科1所；从专业性质来看，有综合性高校1所，法科类1所，商科类4所，师范（含教育和体育）类4所，艺术类1所，理科类1所，工科类3所，农科类1所，边疆及乡村建设类2所。这18所新设高校在战后除1所停办、5所转迁外，其余12所都留驻于巴蜀地区。

表7-2 战时巴蜀新设高校情况简表

校名	设立时间	校址	说明
四川省立戏剧实验学校	1938年春	成都	1938年春设立于成都，1939年春扩充为四川省立戏剧音乐学校，1941年2月收编四川省立成都高级工艺职业学校并改称四川省立技艺专科学校，1942年8月再改名为四川省立艺术专科学校
国立中央技艺专科学校	1939年1月	乐山	1939年1月设立于乐山，其自贡分校后独立为国立自贡工业专科学校
教育部特设大学先修班	1939年9月	江津	1945年停办
私立中国乡村建设育才院	1940年10月	巴县	1945年8月改称私立乡村建设学院
国立边疆学校	1941年8月	巴县	1940年8月由江苏南京迁巴县之中央政治学校蒙藏班扩充为蒙藏学校，1941年8月独立为国立边疆学校，1946年夏迁江苏无锡，1947年迁南京
私立川康农工学院	1939年11月	成都	1946年12月收归国立，改名为国立成都理学院
国立女子师范学院	1940年11月	江津	1940年11月设立于江津，1946年5月迁至重庆
私立求精商业专科学校	1940年	重庆	
国立社会教育学院	1941年8月	璧山	1941年8月设立于璧山，收编原江苏省立教育学院大部，1946年9月迁南京
国立体育师范专科学校	1941年秋	江津	1941年秋设立于江津，1946年10月迁湖北武汉
四川省立会计专科学校	1943年2月	成都	先于1942年6月在四川省立教育学院中附设会计专修科，1943年2月独立设置
四川省立体育专科学校	1943年春	成都	1941年秋先于重庆大学中附设，1943年春独立设置并迁成都
私立中华工商专科学校	1943年秋	重庆	战后迁上海
国立自贡工业专科学校	1944年7月	自贡	由原国立中央技艺专科学校自贡分校独立而成
私立重辉商业专科学校	1944年9月	重庆	1946年3月迁南京
私立储才农业专科学校	1944年	重庆	1947年改名为私立汉华农业专科学校
私立辅成法学院	1945年7月	万县	由上海迁万县之私立上海法学院商业专修科改组而成
国立西康技艺专科学校	1939年8月	西昌	

资料来源：根据教育部教育年鉴编纂委员会编《第二次中国教育年鉴》第五编"高等教育"中相关资料整理而成。

注：1. 表中包括由原西迁高校之分部或附属学校独立设置而成的新校，而全民族抗战开始之前即已成立、战时经合并改组而换用新名之高校则不计入其中。

2. 各校的校名及设立时间皆以其成为独立设置的高校时为准。

在新设高校大量涌现的同时，巴蜀本地原有高校也在战时取得了不同程度的发展。国立四川大学是全民族抗战开始之前西部规模最大的高校，当时也仅有文、法、理、农四个学院，十三个学系，学生一千三百四十七人。该校秉承严谨朴实的优良传统，于办学方针方面提倡基础训练和能力培养，注重理论联系实际，于教学机构方面陆续新设了工学院和师范学院，并于农学院增设农业经济系、农业化学系与畜牧兽医系，于师资建设方面引进了朱光潜、林启庸、饶国章、钱穆等大批国内知名学者。至抗战胜利时，该校已拥有

抗战时期四川大学理学院数理馆

六个学院，二十二个学系，研究生、本科生、专科生共五千人，仅1943年由峨眉回迁成都时就从六千多名考生中录取了一千七百零六人，比全民族抗战开始之前全部在校学生还多出近三分之一，全校学生总数已和迁渝的国立中央大学不相上下，而且专职教授、副教授一直都保持在一百八十人左右，这在西迁各知名大学中也是不多见的。①再如重庆大学，全民族抗战开始之前只有理、工两个学院，七个学系，全民族抗战开始后增设商学院（下设银行保险、会计统计、工商企业管理三个系），1939年春增设统计专修科。1940年秋工学院电机系分设为电机、机械两个学系，并增设建筑系。1944年春改为国立后，又陆续增设了法学院、医学院，逐渐发展成为一所规模较大的综合性大学。②

抗战期间，巴蜀地方与西迁的教育及研究机构密切合作，互通有无，共同促成了战时巴蜀教育的空前繁荣局面。四川宜宾南溪县的李庄镇（现属宜宾

---

① 陈光复、张明：《在抗战激流中前进的四川大学》，政协西南地区文史资料委员会编：《抗战时期西南的教育事业》，第38~54页。

② 伍子玉：《抗战烽火中的重庆大学》，政协西南地区文史资料委员会编：《抗战时期西南的教育事业》，第72~78页；教育部教育年鉴编纂委员会编：《第二次中国教育年鉴》，第五编"高等教育"，商务印书馆1948年版。

市翠屏区），这个当时地方人口仅三千人左右的弹丸之地，竟接纳了国立同济大学、中央研究院、中央博物院、中国营造学社、北京大学文科研究所、金陵大学文科研究所等多所高校及研究机构，供给了西迁至此的一万一千余名学者、学生的教育、科研和生活之需，成为战时巴蜀文教重镇之一。国立同济大学师生自撤离上海之后，曾辗转迁移浙江金华、江西赣州、吉安、广西八步、云南昆明等地，却一直难以求得理想的复课环境。此时，李庄开明士绅罗伯希、王云伯等欣然发去"同大迁川，李庄欢迎，一切需要，地方供给"的十六字力邀电报，最终促成该校于1940年秋来到李庄，所有教学及附属机构均借用李庄"九宫十八庙"等原有建筑：校本部设于禹王宫，工学院设在东岳庙，理学院设在南华宫，医学院设在祖师殿，图书馆设在王爷庙，女生宿舍设在慧光寺，测量系大地测量组设在文昌宫，德文补习班设在郊外麻柳坪。在地方各界的大力支持和协助下，同济大学不仅得以扎定脚跟，学校规模和专业设置也得到恢复扩充。除工学院增设造船系，理学院将数理系分设为数学系和物理系，医学院添置生理馆、解剖馆，还在1945年创建法学院于东岳庙的玉皇楼。与此同时，该校师生也凭借自身特长，积极开展各种服务活动以回报地方民众。如当地曾流行着一种急性的软瘫病，医学院师生调查发现其病因为当地食盐中含有氯化钡而引起的中毒，并建议在食盐中加入"芒硝"（硫酸钠），使盐中含有的氯化钡转化为难溶性硫酸钡而沉淀下来，彻底消除了这一疾患，为当地人民的生命健康造益匪浅。工学院师生也成功研制出一种通过燃烧木炭产生煤气的"木炭汽车"，有效应对了战时地方汽油极度匮乏的困窘局面。而李庄"九宫十八庙"等当地建筑也不仅为西迁学人提供校舍和住所，更作为深厚的历史文化资源在杰出手中得到研究和升华。梁思成、林徽因夫妇随同中国营造学社迁居李庄上坝村期间，共同完成了《中国建筑史》及英文稿《图像中国建筑史》。书稿中部分题材即取自李庄本土。旋螺殿、奎星阁、百鹤窗、九龙碑并称为古镇"四绝"，英国的李约瑟、美国的费正清也曾前来造访。李庄古镇以博大的胸怀容纳了大批西迁的学子学人，也因此焕发出活力与新生，成为战时巴蜀文化教育的一大壮观。当年曾驻足李庄任教、研究或求学的两院院士即有十三位之多，还有一大批青年学子成为新中国乃至世界的知名学者。

再以成都的华西坝为例，私立金陵大学、金陵女子文理学院、齐鲁大学及东吴大学生物系、国立中央大学医学院陆续西迁成都后，华西协合大学竭尽全力，提供了无私的援助，除将部分宿舍、教室让出外，还另新购房屋以供友校使用，最大限度地满足了西迁各校的教学及生活需要。太平洋战争爆发后，原在北平的私立燕京大学、协和医学院部分师生也辗转来到成都复校，同样得到了大力的支持。通过密切无间的合作交流，不仅西迁各校得到了不同程度的恢复发展，华西协合大学自身也在学校规模、学生数量、师资队伍、教学质量各方面取得了较大的进步与提高。该校不仅在抗战期间增设了经济系、社会学系、乡村教育系、农业系、家政系等专业，还创办了中国文化研究所、华西边疆研究所、经济研究所、教育研究所、历史研究部、中国社会史研究室、农业研究所等科研机构，附属的社会实习研习站、制革工厂、实习药厂、综合医院、结核病医院、麻风病医院、牙科医院等也相继问世，学生人数由抗战全面爆发前的五百六十人增长到战后的一千三百人。①

抗战期间西迁高校与巴蜀自有高校的共同发展，还具体表现在两者生源组成的变化上。如武汉大学于1938年春迁往四川乐山前仅有1名乐山籍学生，到乐山后第一届招生，就有乐山籍学生五人，以后逐年增多，到1946年已有三十余名乐山学子入学。又为四川大学历来以招收本省学生为主，兼收西部各省学生，但在抗战全面爆发后，学生来源发生了很大的变化，每年新入校的学生有三分之一以上来自沦陷区。②抗战胜利之后，即将复员的西迁各校中大批学生要求转入四川大学等巴蜀高校，以致无法容纳，也可说明巴蜀高等教育水平的日益提高并得到了社会各界的公认。③

二、巴蜀中学教育的发展

战时巴蜀中学教育的拓展同高等教育较为相仿，既涉及战区中学资源的西迁及重组，更体现为本地中学的进步。就前者而言，又可大致分为国立中学的组建及迁转、相关高校附中的西迁、独立中学的迁徙等三种情况。

为收容救济战区流亡后方的中学师生，国民政府教育部在抗战期间先后创办了三十四所国立中学，其中曾定居巴蜀地区的即有十四所，分别为国立二中（合川）、四中（阆中）、六中（绵阳）、九中（江津）、十二中（长寿）、

---

① 王光媛：《抗战时期的华西协合大学》，政协西南地区文史资料委员会编：《抗战时期西南的教育事业》，第55～71页。
② 陈光复、张明：《在抗战激流中前进的四川大学》，政协西南地区文史资料委员会编：《抗战时期西南的教育事业》，第38～54页。
③ 《川省高等教育》，《中央日报》1946年6月30日。

十四中（重庆）、十五中（荣昌）、十六中（合江）、十七中（江津）、十八中（三台）、女中（合江）、华侨二中（綦江）、东北中山中学（威远）、东北中学（三台），另有国立八中在秀山的分校一所。这批国立中学初期生源以战区流亡学生为主，如国立二中收容在汉口、宜昌、重庆等处登记之宁、沪、苏、浙、皖一带之撤退学生，四中则收容来自察、绥、冀、鲁的流亡学生。随着战区学生的结业离校及为满足当地的教育需求，各校生源又转以巴蜀学子为主。

高校附中的西迁巴蜀，是战时内迁高校的随行者。这类中学应以南开附中分校的创办为其嚆矢。早在1936年初，南开校长张伯苓因禁烟会议之便入川，因"默查敌寇野心欲望无穷，而教育事业不可一日终止，故即决意在渝另建中学"。会后返回南京后面谒蒋介石，征得苏的大力支持及五万元拨款。这所定名为"南渝中学"的新校于当年2月便在重庆沙坪坝动工，暑期后即行招生开学。一年后，抗战全面爆发，大批原南开中学退往后方的师生自然相率投奔而来，幸而渝校建筑多已齐备，"各项计划之未雨绸缪，故能迅赴事机，切合需要"[①]。1938年9月，南渝中学董事会一致议决将校名改为南开学校，除呈请教育部备案外，还将当年的10月17日定为该校成立二十五周年纪念日，使其名正言顺地接过天津南开学校的衣钵。[②]随着战局的变化，更多的高校附中也随同本校陆续迁来，如光华大学附中迁成都，金陵大学附中迁万县，武昌艺术专科学校附中迁江津，国立社会学院附中迁重庆等。另如武汉大学、中华大学在分迁乐山、重庆后又各新办附中一所。

各公、私立中学的独自西迁，是战时西迁中学的主力军。这些中学多来自华北、华东及华中各省市，最终迁定地区也以巴蜀为最。仅以私立性质的教会中学而言，至1939年秋已有十六校迁入川、渝各地。如原江西南昌的葆灵女中迁遂宁，原汉口博学中学、懿训女中迁

抗战时期重庆南开中学

---

① 《南渝中学创立经过》，《教育通讯》第一卷第9期，1938年5月。
② 《南渝中学改名南开学校》，《教育通讯》第一卷第29期，1938年10月。

江津，原湖北宜昌的哀欧拏女中、华英中学迁奉节等。①

作为普通教育系统中承上启下的关键阶段，巴蜀中学教育在战时得到了各级政府主管机构较多的关注。如教育部在1939年底就四川本省中学迁移及布局问题指示省教育厅："已迁各校，应固定设于乡村，不必再迁回城市"；"川南各地，苗民甚多，而入中学者少，宜再设若干公费学校，而联络民族感情"②，并将川省全域划分为成都、资中、重庆、乐山、江安、涪陵、万县、南充、绵阳、达县等十个中学区，督促各区积极增设及充实中学。③重庆市教育局也采取了诸如召开中学校长会议，向地方士绅募集奖学金，代为刊登中学招生广告等措施。凡此种种，都营造了较为良好的政策环境，调动了各界人士的兴学热情与地方教育工作者，共同促成了战时巴蜀地方中学教育增量与提质。

抗战全面爆发之前，四川省中学教育整体基础就在西部地区处于领先水平，1930年有公私立中学230所，1940年增为448所。④四川省第八行政区（原涪陵、黔江地区，辖10县）战前文教基础相对较为薄弱，区内在1936年仅有中学6所，有的县一所初中也没有，而至1945年全区已有各类中学28所，增幅将近3倍。与之相仿，四川省第九行政区（原万县地区，辖9县）中学数量在战时由13所增为43所。⑤而重庆市中学数量的变化更可视为战时整个巴蜀地区的缩影：1938年仅有中学16所，1939年随着7所战区中学的西迁而增为23所。但1940年因日机的频繁轰炸迫使部分学校外迁，全市中学数量再次缩减为16所。自1941年始，重庆的办学环境相对趋于稳定，是年中学数量不断回升并增加为27所，1942年增为38所，1943年增为40所，1944年更一跃增至54所。1945年度由于内迁学校的复员，减少为46所。⑥7年间重庆市中学数量实际净增30所，增幅近两倍，平均每年新增4所有余。以当时的历史条件而言，这个速度的确是相当快的。战时西康中学教育的进步也十分惊人，该省所属各县此前连一所独

---

① 《基督教联合中学之内容》，《申报》1939年9月18日。
② 《教育部令川教厅改进中等教育》，《教育通讯》第二卷第47期，1939年12月。
③ 《各省划分中学区概况》，《教育通讯》第三卷第46期，1940年11月。
④ 《川省中等教育现状》，《申报》1940年4月21日；教育部教育年鉴编纂委员会编：《第二次中国教育年鉴》，第五编"高等教育"，商务印书馆1948年版。
⑤ 李定开主编：《重庆教育史》，西南师范大学出版社2005年版，第231~232页。
⑥ 重庆抗战丛书编纂委员会编：《抗战时期重庆的教育》，重庆出版社1995年版，第68~69页。

立的中学都没有，但在1938年即新设中学十所，分别为康省本部的省立康定中学和中央政治学校康定分校初中部，雅属地区的省立雅安中学、私立明德初中、荥经县立初中、汉源县立初中，宁属地区的省立西昌中学、西昌县立初中、会理县立初中、越西县立初中，至1944年春西康已有各类中学共十七所，学生五千八百五十七人。[①]

西迁中学与地方自办中学争长竞高，是战时巴蜀中学教育发展的基本特色。西迁中学数量虽不占优势，但多以教学质量好、学校名声响吸引着众多生源前往入学，这种状况又反过来刺激和促进巴蜀地方中学尽力提高学校质量和办学水平。如自贡的蜀光中学，新聘人员多从抗战后来川的名教师中择优遴选，"皆教育界一时之俊杰"，并且通过从严要求和改革教材教法，在办学上取得了较大的成绩，"博得了国内外各界名流的重视"。该校以"尽力为公，努力增能"为办学宗旨，"每年高中毕业生90%以上能考入大专院校，有的甚至出国深造，投入社会后多有所成"。[②]抗战中后期，无论在师资、教学还是在生源、升学等方面，很多巴蜀地方中学都开始能与西迁中学平分秋色。教育部曾两次对参加全国公立高校统考成绩优秀的前十所中学进行表彰，而连续两次获此殊荣的学校三所中即有两所在巴蜀，即为重庆私立南开中学和成都县立中学[③]，恰好可视为西迁中学与巴蜀地方中学各自的杰出代表。

三、巴蜀初等教育的扩展

战时巴蜀初等教育的扩展，体现为小学教育的充实和学前教育的进步。抗战时期国统区初等教育政策的最大变化莫过于由义务教育制度向国民教育制度转轨。国民教育制度是"新县制"在教育方面的配套措施，其整体设想为在各乡镇设中心学校，各保设国民学校，均包括儿童、成人、妇女三部分，使民众教育与义务教育打成一片。在上述三个部分中，后两块实际上都是成人补习教育，在教学内容上属于初等教育，但从施教对象来看却属于社会教育范畴，现仅就儿童教育相关部分加以说明。

---

① 梁沅云：《西康省之教育》，《教育通讯》第二卷第46、第47期，1939年11、12月；《启蒙中的西康》，《中央日报》1944年5月22日。
② 罗成基：《抗日战争时期的自贡蜀光中学》，政协西南地区文史资料委员会编：《抗战时期西南的教育事业》，第244~249页。
③ 《优良中学　教部予以奖励》，《中央日报》1940年6月7日。

按照1940年3月颁布的《国民教育实施纲领》要求,全国自六足岁至十二足岁之学龄儿童,除可能受六年制小学教育外,应依照纲领受两年或一年制之义务教育,十二足岁至十五足岁的失学儿童得视当地情形及其身心发育状况,施以相当之义务教育。推进途径采用分期完成的方式,规定四川等十四省市以五年为限,从1940年8月到1945年7月分三期完成。或许是历史的巧合,这个分期的下限恰好处于抗战胜利前夕。在具体的时间划段上,1940年8月至1942年7月为第一期,期内各乡镇均应成立中心学校一所,每三保至少成立国民学校一所,本期终了时须使学龄儿童入学率达到65%以上;1942年8月至1944年8月为第二期,期内国民学校数量逐渐增加,学龄儿童入学率须达到80%以上;1944年7月至1945年8月为第三期,每保须设国民学校一所,学龄儿童入学率须达到90%以上。① 现将四川、重庆对此计划的实施情况分述如下。

四川省在抗战全面爆发的1937年已有小学24474所,学生1,871,979人,但因人口基数较大,失学儿童在全部学龄儿童中所占比例仍相当高。根据1940年上半年的统计,全省有完全小学、初级小学及短期小学25,350所,学生2,069,854人,入学率约为44%。当年国民教育制度在四川推行后,通过采取一系列发展措施,取得了比较显著的成绩。

其一,健全初等教育视察与辅导制度。在1940年3月,国民教育制度尚未开始推行时,川省教育厅便召开了第一次全省教育视导会议,开始筹划建立初等教育视导制度。到1941年6月第二次会议时,便在省内划分若干视导区并派驻督学,每年定期举行区视导会议,并成立三个国民教育巡回指导团。视导区下属的各县市也仿照这一范式建立起本地的初等教育视导组织,承担督促指导的责任。到1945年抗战结束之时,基层的国民教育辅导团在数量上已达到一百二十七个之多。

其二,设立国民教育示范区和实验小学。国民教育运动开始推行后,川省的万县及资中两地被定为国民教育示范区,由省教育厅代为拟订工作计划大纲,在当地加紧展开相关工作,作为其他各县仿效的样本。同时在全省内设立了四十六个示范乡镇,作为小学教育的重要实验基地。

其三,编制地方小学乡土教材。为了发展和改进地方教育,省教育厅还在1943年秋设立了乡土教材编辑委员会,组织专人编写本省的小学自然、社会、

---

① 汪家正:《抗战期间教育设施的总清算》,《东方杂志》第42卷第17号,1946年9月。

常识等科教材，省立科学馆也受命编有《四川乡土历史》《四川乡土地理》《四川乡土游戏》等小教辅导用书。省立成都实验小学编印了《四川物资分布图》《四川歌谣》《四川的都江堰》《四川的盐、糖、纸》《成都的社会》等十二册小学读物。这些乡土教材紧密联系本省民众生活实际，符合儿童心理特点与认知水平，取得了不错的实用效果。

其四，提高小学教师经济待遇。在国民教育开始实施之时，省内小学教师的薪金普遍低下，每月最高的不过四十五元，最低的仅有二十元，面对当时物价飞涨的局面，小学教师们常常捉襟见肘。从1941年开始，省教育厅规定除发给原有薪水外，所有小学教师每人每月还可以领到食米二至三市斗，1942年再统一增加为四市斗。由于全省各地实际办理情形不一，1943年通过制定《四川省各县市局国民教育促进会组织办法》，重新做了统一布置。抗战后期法币急剧贬值，为稳定小学教师队伍，相应提高了他们的薪水。依据当时的规定，各省立小学教师都可以比照省级公务员的待遇领取食米和生活补助费。

除上述四点，四川战时发展小学教育的措施还有加紧培训和鉴定初教师资、办理教育经费特种基金、筹集地方学田及校产等。随着这些措施的落实，战时川省的小学教育取得了较大的发展，学龄儿童入学率也渐有提升：1941年为47.37%，1942年为65.51%，1943年为80.06%，虽然1944年曾下跌到75%，但1945年旋即恢复为80.44%。学校数量也由1937年的24474所增为1945年的52,711所，增加了一倍有余。[①]

陪都重庆小学教育的拓展，也同样归因于国民教育制度的推进。"从1941年到1945年间，国民学校的入学儿童和毕业生数，呈直线上升的趋势。"[②]1940年重庆市各类小学为95所，1941年增为136所，1942年为209所，1943年为273所，1944年为284所，1945年为294所。入学儿童数也由1941年的17,692人增加到1945年的92,960人，入学率达到85%左右。西康所属原川西各地文教基础一向较为薄弱，但小学数也由1937年的119所增至1945年1338所，同期入学儿童数由6109人增为165,281人，入学率达到约57%。[③]

抗战之前，整个巴蜀地区的学前教育发展情况并不理想，全省所设幼稚园

---

① 教育部教育年鉴编纂委员会编：《第二次中国教育年鉴》第三编，初等教育。
② 李定开主编：《重庆教育史》，西南师范大学出版社2005年版，第177页。
③ 教育部教育年鉴编纂委员会编：《第二次中国教育年鉴》第三编，初等教育。

等学前教育机构相当有限。这固然与经济水平和教育整体发展程度有关,而社会对幼稚教育缺乏认识也是制约其发展的重要因素。即使是在重庆,"幼稚教育不但落后于沿海发达城市",甚至"也落后于内陆某些省份的重要城市"。此种状况在战时得到了较大的转变,随着大量机关学校迁入重庆,当地职业女性的整体比例明显提高,思想观念也更为开明。在市教育局《保护童婴运动办法要点》《幼稚园设置办法》等法规的刺激和促进下,重庆学前教育进入了相对繁荣的发展时期。从1938年到1945年,全市新建幼稚园(班)三十五所,是1937年时的四倍多。①但从战时巴蜀学前教育的整体发展来看,并没有从根本上扭转此前的格局,即学前教育机构大部集中于成、渝等少数经济和文教基础相对发达地区,其他县市的学前教育仍处于打基础的阶段,发展动力和后劲不足。如1940年至1945年间,川东的涪陵、黔江、酉阳、彭水等县均新办了一批幼稚园(班),但因管理不善,教师奇缺,开办时间不久,就只好停止。而四川第八行政区,由于上级"强调发展幼稚教育,所以幼儿园被普遍地建立起来。但第八区各县缺乏幼稚园的基础,即缺乏管理人员,缺乏师资,建立起来又被垮掉了"②。虽然这些地方学前教育的发展不太顺利,但毕竟积累了一些办学的经验教训,从长远来看还是值得肯定的。

除各类常规的小学和学前教育机构外,抗战时期为保育教养由战区转移到后方的孤儿和难童,战时儿童保育总会及其下属的各省市分会先后办有五十三所儿童保育院,其中有二十二所位于巴蜀各地,含总会直属的直一院(合川)、直二院、直三院(重庆)、直四院、直五院(璧山)、直六院(松溉)、直七院(南川)、直八院(万县)、直九院(巴县)、直十一院(重庆)等10所,四川分会所属的川一

抗战时期重庆保育院儿童活动

---

① 重庆抗战丛书编纂委员会编:《抗战时期重庆的教育》,重庆出版社1995年版,第34~37页。
② 李定开主编:《重庆教育史》,西南师范大学出版社2005年版,第164页。

院（重庆）、川二院（永川）、川三院（乐山）、川四院（重庆）、川五院（合江）、川六院（自贡）、川七院（泸州）、川八院（重庆）等八所，成都分会所属的蓉一院（乐山）、蓉二院（郫县）、蓉三院（简阳）、蓉四院（新津）等四所。①这些保育院以招收十五岁以下的儿童为主，一般分为幼稚部（包括婴儿班和幼稚班）和小学部，在办学方向上既有养护也有教育，是战时所设的保教合一的临时性初等教育机构，救助和教养了很多孤儿和难童。后来陶行知创办的育才学校，就是培养有特殊才能的难童，为民族造就人才幼苗的试验学校。

四、巴蜀师范教育的兴盛

在近代师范教育的早期发展阶段，巴蜀地区在此方面的起点其实并不算低。民国初年全国设置的六大师范区中，便有一区定名为四川区，即以四川为中心，兼管陕西、甘肃、云南等省的师范教育事业。但自四川高师在20世纪20年代初的"高师改大"运动中被并入成都大学起，近20年里巴蜀地区竟然没有一所健全的高等师范院校。仅有四川省立教育学院和四川大学教育系这一校一系，其培养对象主要为中师教育、心理学科教员及地方教育行政、社会教育、村教人员，显然远远不能满足当地中等学校各科专业教员的需求。至于中等师范教育，也陷入低迷状态，1936年全省仅有各类中师三十一所，所占比例不足全国总数的4%。②师范教育发展的相对滞后，使得中小学师资供给在数量和质量上都有明显缺陷，这一矛盾甚至达到了极为尖锐的程度。全民族抗战开始后，"良师救国"的呼声日渐高涨，上至中央政府，下至社会各界都对师范教育的重要性进行了反思，"推广师范教育与加强师范教育，亦成为舆论界与教育界之一致主张"③。巴蜀地区的师范教育亦因时借势，在战时获得了良好的发展契机，通过高师教育的复苏和中师教育的充实，达到了前所未有的鼎盛时期。

自1938年初始，国统区政学各界都对整顿师范教育，建立师范学院制度表现出较大关注。继《战时各级教育纲要》颁布后，这年7月召开的第一届国民参

---

① 中国第二历史档案馆馆藏档案：《战时儿童保育会历年设立之保育院一览表》，全宗号11，案卷号544。
② 教育部教育年鉴编纂委员会编：《第二次中国教育年鉴》第七编"师范教育"，商务印书馆1948年版。
③ 廖世承：《抗战十年来中国的师范教育》，《中华教育界》（复刊）第1卷第1号，1947年1月。

政会再申设立师范学院的动议。在各方面的强烈要求和呼吁下，国民政府教育部出台了《师范学院规程》，确定了高师院校培养的目标和原则，为师范学院的建立发展提供了政策法律上的依据和保证。1938年10月20日在重庆召开的第一次全国高级师范教育会议，通过相关要案十九件，为战时师范学院的创立指明了具体方向。由于以往巴蜀高师教育的底子过于薄弱，抗战前期所设的六所师范学院都在巴蜀地区之外。直到1940～1941年间，两所师范学院在巴蜀相继设立，一为重庆的国立女子师范学院，系独立设置；另一所为国立四川大学师范学院。两院下设教育、国文、外语、数学、理化、史地、音乐、家政等系。接着，国立体育师范专科学校在江津创办，巴蜀地区中等教育师资培养体系更为全面。

国民政府教育部为体现其对中师教育的重视，并对地方中师学校发挥示范作用，自1940年初陆续设立了十四所国立师范学校，其中有七所位于巴蜀各地，分别为国立重庆师范学校、国立梓潼师范学校、国立江津师范学校、国立荣昌师范学校、国立女子师范学校（重庆）、国立劳作师范学校（重庆）、国立童子军师范学校（重庆）。另有从属于边疆教育系统的国立康定师范学校、国立巴安师范学校（巴塘），使位于巴蜀地区的国立中等师范学校达到九所。这些国立中师多以教学水平高、毕业生质量好而发挥出不错的社会效应。如国立重庆师范学校截至1944年时，仅在重庆市郊的北碚小镇工作的毕业生就达一百余人，主办有八所中心学校和一所厂办子弟学校。①

在国立师范阵营不断壮大的同时，巴蜀的地方师范教育事业也渐趋充实。按照国民政府教育部所颁《第二次师范教育实施方案》的规定，"各省市中等教育应尽先致力于师范教育之发展"，随后出台的《分期完成师范教育方案》更限定四川省在1944年，重庆市、西康省在1945年之前必须完成推进地方师范教育的预期计划。②在具体落实方面，四川省教育厅将全省划分为十六个师范区，加速增设师范学校，于战时新办的省立师范即有十校，另有四所原私立、区立师范改为省立。抗战胜利前夕，四川省即已实现每1师范区至少有1所省立师范、每三县至少有一所县立师范。除去西康省管辖的地域，川省师

---

① 王力之：《抗战时期的国立重庆师范学校》，政协西南地区文史资料委员会编：《抗战时期西南的教育事业》，第298页。
② 教育部教育年鉴编纂委员会编：《第二次中国教育年鉴》，第七编"师范教育"，商务印书馆1948年版。

范学校1945年时已有八十九所，较之1936年增加了约一倍半，学生人数更是由1936年的三千七百八十七人增至1945年的两万三千九百三十四人，增幅达五倍有余。西康建省前仅有省立师范两所及县立简师一所，1939年建省即将原川西地区划分为康属、宁属、雅属三个师范区，同年增设冕宁县立简易乡师，1940年增设省立始阳师范，1942年增设西昌、汉源两所县立简易乡师，1944年增设省立边疆师范（设康定，后改名省立第一边疆师范），师范学校数达到八所，学生共计一千二百八十四名。[①]1945年增设省立云定师范、省立富林师范及会理

抗战时期四川省立重庆女子师范学校大门

县立简易师范。抗战胜利时西康省已有各类师范学校十一所，较建省时增加近三倍。重庆市则因国立女子师范学院及多所国立师范学校相继设立于此，该地方师范教育事业的发展要相对缓慢一些。除原有四川省立重庆女子师范、川东师范两校外，战时私立景海女子师范和北平幼稚师范两校也西迁入渝，并新增重庆市立师范一校，到抗战胜利时共有五所师范学校。

与战时巴蜀师范教育事业发展相关的，还有战区中小学教师服务团，它们虽然不是正规的师范教育机构，但具体承担着战区流亡后方基础教育师资的收容、救济和培训、分发工作，在战时也被纳入了师范教育的统筹范围。抗战时期先后设立的教师服务团共有十所，其中两所处于巴蜀地区，分别为重庆的第三团和三台的第五团。以第三团为例，该团创办于1938年8月，成员主要为湖北退往巴蜀的中小学教师，总计达八百八十人，所辖五个分团分布在重庆市区及北碚、永川、江津等近郊各县区，为重庆基础教育的发展做出了重要的贡献；仅在永川就办理保国民学校一百余所，还办有师资训练班两期，为当地小学教

---

① 《启蒙中的新西康》，《中央日报》1944年5月22日。

育培养了六十多名师资，直接支持和推动了重庆的师范教育事业发展。①

五、巴蜀职业教育的推进

战时巴蜀职业教育的推进，体现为国立职业学校的增添和地方职业学校的充实。抗战全面爆发前国民政府教育部直属的国立职校共有四所，即国立北平第一助产学校、国立中央高级护士职业学校、国立中央高级助产职业学校和国立中央高级工业职业学校。全民族抗战之后，除国立北平助产学校不及迁移就为日伪接收外，其余三校尽数西迁入渝。此后，战时又陆续增设了十四所国立职业学校及国立边疆职业学校，其中八所系新设于巴蜀地区，分别为国立四川造纸印刷科职业学校（重庆）、国立四川水产职业学校（合川）、国立歌剧学校（重庆）、国立高级机械职业学校（重庆）、国立松潘初级实用职业学校（松潘）、国立西康初级实用职业学校（荥经）、国立金江初级实用职业学校（会理）、国立清溪职业学校（犍为），加上迁入的三所，使得战时位于巴蜀各地的国立职业学校达十一所之多，涵盖了护理、造纸、印刷、水产、艺术、机械、农业等多种实用学科。此外，部分战时同处巴蜀的国立高校及中学也曾办有职业教育机构，如国立同济大学附设高级工业职校，私立复旦大学附设工业职校，国立四中附设农业职业科，国立六中附设高级农科和初级职业班，国立十二中附设高级农科等。

战时巴蜀国立职业教育系统虽不断扩充，仍远远不能满足当地各项生产建设事业的实际需求，还有赖于地方职业学校的增设与完善。而谈到战时地方职业教育的发展，就不得不提"建设与教育合作"政策和"大职业教育区"的设置。1938年，在国民政府教育部、经济部、农林部、交通部、兵工署、卫生署、资源委员会、航空委员会、水利委员会等部委的共同参与下，中央建教合作委员会宣告成立，其任务是加强职业教育"与国防及生产建设机关之联络"，负责"毕业生服务之分配"及"各方需要技术人员种类及数量之调查登记"，四川等省也随即成立了本省的建教合作委员会。1939年2月经中央建教委员会审核后，教育部正式颁布了《陕、甘、宁、青、川、康、滇、黔、桂各省推进农工职业教育计划》，将当时的国统区分为三大职业教育区，其中之一是川康区。计划在四川新设高级工业职校1所、高级农业职校三所、初级实用职校

---

① 重庆抗战丛书编纂委员会编：《抗战时期重庆的教育》，重庆出版社1995年版，第89~90页。

十所，并将原有各校根据实际需要尽量加以完善补充。至于正值建省之际职教基础也比较薄弱的西康，计划在三年内增设高级工业职校一所、高级农业职校三所、初级实用职校和农业职校各两所。①

在"建教合作"政策的大力推进之下，战时巴蜀各地职业教育取得了不同程度的发展。四川省1939年初即有各类职校三十所，此后一批结合生产实际需要的新设职教机构相继诞生。制革、染织、棉织等是当时四川轻工业的支柱，尤其"四川的羊皮闻名世界，但惜无良好制造工厂加以精制，故多运销国外，外人将其制成熟货，又转售国人，获利甚丰"。有鉴于此，四川省政府为谋本省制革工业的长足发展，决心成立有关职教机构培养专门技术人才。经过一番筹备，四川省立高级制革职业学校于1940年底在成都华西坝正式成立。该校以原私立华西协合大学理学院的两所实验制革工厂为基础，并由省教育厅加派经费和聘请专家，在教学方法上注重"学用结合"，理论学习与技术训练并重，要求学生把自己看作艺徒，进入工作训练时一切要亲自动手，培养刻苦耐劳的精神和实际操作的技巧。②到1942年，川省已有职业学校六十二所，至1945年更发展为九十四所（省立二十三所、市立三所、县立二十七所、私立四十一所），远远超过了预期目标。重庆市的职业学校也由1938年的十所增为1945年的二十所，"包括了农、工、商、医、实用艺术等科"，"灵活多样，适应实际需要"。③比之川、渝，西康省地方职业教育基础更为薄弱，发展也要迟缓得多。该省在1939年正式建省时只有四所各类职校，即省立雅安工业职业学校、省立西昌农业职业学校、省立西昌高级助产学校及汉源县立初级农业职校。④虽在其后设立了省立康定商业职业学校和省立康定高级医事职业学校，但省立西昌高级助产学校因故停办。至抗战胜利，西康全省有各类职校五所。

六、巴蜀社会教育的开展

社会教育与正规学校教育不同，具有教育对象广泛、主办单位众多、教学形式多样等特点。现仅从国立社会教育机构、地方社会教育机构、正规学校办

---

① 《陕、甘、宁、青、川、康、滇、黔、桂各省推进农工职业教育计划 分九省为三区 限三年内完成》（上）（下），《申报》1939年2月12、13日。
② 《川省府创设高级制革职业学校 造就制革人材以供国用》，《申报》1940年11月14日。
③ 重庆抗战丛书编纂委员会编：《抗战时期重庆的教育》，重庆出版社1995年版，第89~90页。
④ 郭莲峰、宗亮东：《川滇黔交界教育掠影》，《教育杂志》第30卷第2号，1940年2月。

理社会教育等三方面择要作些说明。

战时常设于巴蜀的国立社会教育体系相当健全，尤其是在重庆一地聚集了国立中央民众教育馆、国立中央图书馆、国立中央博物馆筹备处、国立故宫博物院总办事处、国立礼乐馆、国立中央美术馆筹备处、教育电影画片社、中华教育电影制片厂等教育部直属社会教育机构。国立学校系统中与社会教育相关的国立社会教育学院、国立艺术专科学校、国立音乐学院、国立戏剧专科学校、国立歌剧学校等也都位于重庆及周边各县，其中以国立社会教育学院作用最为重要。该校由原在江苏无锡的江苏省立教育学院西迁璧山后改建而成，设有社会教育行政、社会事业行政、图书博物馆、电化教育等系及国语教育、艺术教育等专修科，在战时为巴蜀地区培养了大批社会教育工作者，还通过组织巡回辅导团、开办补习学校等方式，直接促进了当地社会教育事业的发展。除了上述常设的社会教育文化机关，国民政府教育部还先后在巴蜀地区办有一些临时性的社会教育组织，如实验巡回歌咏团、巡回戏剧教育队、川康公路线社会教育工作队等。以"教育部第一民众教育巡回施教车"的变迁为例，该"车"本属于江苏镇江民众教育馆，抗战爆发后撤向后方并由教育部收编，在川边一带巡回开展社会教育工作，1942年改编为"教育部巡回教育工作队"，以川、康两省为主要服务区域，1943年5月又改为"教育部川康公路线社会教育工作队第四支队"，1945年1月独立设置并恢复原名。此外，战时设立的教育部战区中小学教师服务团所进行的工作，也与社会教育有比较紧密的联系，如重庆的第三服务团于1938～1941年办理的社会教育事业就包括妇女学校两所、棚户施教区一处、民众读书处一处、歌咏队一队、中等补习学校一所、成人补习学校两所、社会服务处六处、阅览室五所、工人俱乐部一处。而三台的第五服务团同期也办有民众教育馆两所、社会服务处一处、壁报队两队、乡村宣传队一队、初中补习班一所。

战时国统区地方社会教育机构主要是各县市立民众教育馆。民众教育馆视经费及人员情况，下设阅览部、讲演部、健康部、教学部、游艺部、生计部、出版部和陈列室等组织，承担着地方社会教育的综合职能。1939年，四川省政府颁布《四川省民众教育馆抗战时期中心工作实施办法》，规定本省民众教育馆的一切活动均以激发民众抗战情绪，培养民众抗战力量，发挥战时服务为中心。具体工作包括举行抗敌宣传，实施民众训练，发动后方服务，办理图书杂志阅览，实施健康教育等。①以郫县民众教育馆为例，该馆成立于1936年3月，初创时仅有馆员五人，至1940年也才增加为七人，但分工却非常明确精细。馆长以下设总务、教导、艺术三组，各有主任一人（教导主任由馆长兼任），另有干事、助理干事各两人分别负责各项具体事宜。物质设施有成人书报室、儿童书报室、乡土物品陈列室等，藏书有三千余册。其日常工作则包括办

抗战时期的民众教育巡回施教车

理民众学校、图书阅览、播音讲演、宣传抗战消息、举行社会教育展览等，还自办有《民众教育》旬刊和《七七书报》周刊，并开展了为群众代写书信、科普咨询等拓展性的活动。②在重庆市，市立民众教育馆也协助各区镇办理战时民校、特约民众茶园、职业补习班，出版民众壁报、识字三日刊，编辑民众丛刊，办理文化娱乐场、人民文库担、幻灯宣传，成立播音室，组织巡回施教队，取得了良好的社会效应。③一般说来，在正规学校教育基础较好的地区，社会教育也比较容易取得成绩，反之亦然。这种反差在战时巴蜀地区表现得尤为明显。因为西康省学校教育尚远未普及，民众教育馆等地方社会教育机构状况更不理想，连省会康定仅有的少数民众教育馆、图书馆、阅览室也"因经费支绌，皆简陋不堪"。至抗战后期，虽全省图书馆及各项社会教育工作团增加到三十五所，但"在很多地方，很少见到社会教育设施，征询教育当局，才知道仅有空挂牌子的民众教育馆或图书馆，而数量还是非常的少"④。

正规学校致力于办理社会教育，是战时国统区推进社会教育的一大变革。国民政府教育部先于1938年5月通令各正规学校须重视兼办社会教育工作，"大

---

① 重庆市教育志编纂委员会编：《重庆教育志》，重庆出版社2002年版，第504页。
② 《郫县县立民众教育馆现时概况》，《中央日报》1940年7月17日。
③ 重庆抗战丛书编纂委员会编：《抗战时期重庆的教育》，重庆出版社1995年版，第145页。
④ 《西康新省会之现状》（续），《中央日报》1944年5月22日；郭莲峰、宗亮东：《川滇黔交界教育掠影》，《教育杂志》第30卷第2号，1940年2月。

学应具其决胜之方略、建设之专技,以培植民力、协助政府,中小学校应尽其所能,以策励民气,提高民智,共纾国难,乐成建设,际此寇深祸亟,应使求学服务相得益彰"①。次年8月,又制颁《各级学校社会教育推行委员会组织纲要》,要求各校成立社会教育推行委员会,专门主管本校的社会教育事宜。②尤其是1940年《各级学校办理社会教育办法》的出台,从"兼办"到"办理"虽只一字之差,却使社会教育事业成为各正规学校责无旁贷的任务。在国家相关政策的大力督促之下,战时巴蜀地区各中等以上学校大多办有数量不等、程度不一、类型不同的社会教育机构。如1939年度,即有四川省立教育学院、华西协合大学等高校因办理社会教育成绩突出,得到了教育部的特别补助。③至于初等教育阶段的中心国民学校和保国民学校,由于肩负着义务教育和民众教育的双重任务,更得普遍地设立民众教育部以"积极办理社教""为乡(保)社会教育实施机关"。如南川县政府于1943年颁布《中心学校、国民学校行政组织法》,专门规定本县各中心学校民众教育部设初、高级成人班,各国民学校民众教育部设初级成人班。同年,该县三十所中心学校及国民学校共设成人班327班,受教86,401人,其中初级成人班毕业6435人。此外,还办有民众识字班150班,入学学员达4000多人。④

七、教育实验的开展

全民族抗战爆发之前,巴蜀因偏处西部一隅,不仅教育基础较为薄弱,教育观念更是相对落后。民国前期开展的各项教育实验偏重于华北、华东等地,巴蜀教育对此或因循守旧,持观望态度,或亦步亦趋,只能追随其他地区之后尘,甚至落后于同处西部的广西。造成这种痼疾的因素诚然是多方面的,巴蜀地方政局的混乱、经济的贫弱、思想的闭塞,都严重制约着教育观念的更新。全民族抗战爆发后,形势为之一转,巴蜀在政治上趋于稳定且居于"首善之区"的中心地位,学校和社会教育亦因外来教育资源西迁和本地教育成分发展而呈现空前繁荣,加之一批知名教育家及实验工作者的相继到来,都为重庆育才学校生活教育实验、华西乡村建设实验、巴县民生教育实验等在巴蜀的顺利

---

① 《教部训令各校须兼办社会教育》,《申报》1938年5月26日。
② 《教部令各级学校成立社教推行委员会》,《申报》1939年8月11日。
③ 《教部补助各院校兼办社会教育》,《申报》1939年5月25日。
④ 李定开主编:《重庆教育史》,西南师范大学出版社2005年版,第393页。

开展提供了必要条件。

重庆育才学校是陶行知生活教育思想在战时巴蜀地区的具体实践,成立旨趣为根据"教育宗旨及抗战建国需要,用生活教育之原理及方法,培养难童中之优秀儿童,使成为抗战建国之人才"[①]。经陶行知及生活教育社多方筹备,该校于1939年7月正式成立于重庆市郊的北碚北温泉,不久即迁至草街子凤凰山上的古圣寺。开课之初有学生七十余人,后陆续增加到一百多人,生源多来自于各地保育院、孤儿院等难童机构,以智力测验、文化考察及特殊能力考察等三项综合择优录取。师资以方与严、马侣贤、帅昌书等生活教育社成员为班底,并先后聘请任光、贺绿汀、章泯、戴爱莲、丰子恺、华君武、艾青等知名文化人士担任教职,田汉、翦伯赞、周谷城、郭沫若、夏衍等也曾到该校兼课或讲学。育才学校的教学密切结合社会实际,把学生的人生观培养放在首位,力求实施"智仁勇合一的教育",培养"智仁勇兼修的人"。课程设置取消了国民政府教育部规定的"公民""社会"等课,而开设了社会发展史、政治经济学等课程,并专设劳动课,举办时事讲座,以帮助学生树立革命人生观。其生活教育实验的主要内容包括:基础知识与专业技能并重,即重视语文、数学、外语等基础学科的同时,按学生的特点分专业编为音乐、戏剧、文学、绘画、舞蹈、自然科学、社会科学等组,分别吸收有一定特长或条件的学生进行专业教育,在坚持普及教育原则上实施新的人才培养模式;注重知识情意合一,即在教育书本知识的同时,引起儿童的社会兴趣和行动的意志,使其明了生活的意义及方法,培养健全的人格;注重创造教育,即激发学生创造的兴趣,发挥创造的才能,出现创造的成果;注重集体生活,即启发学生的自

1945年儿童节,陶行知与育才学校的学生在一起

---

① 陶行知:《育才学校创办旨趣》,《陶行知全集》第3卷,湖南教育出版社1984年版,第376~377页。

觉、自动、自治,生动活泼地发展个性,同时注意组织生活与严肃整齐,注意教师的辅导,防止散漫自流;注重课堂教育与校外教育、社会活动相结合,定期组织学生深入社会、接触实际,并结合专业、发挥特长,开展各类社会服务活动,规定学生按时进行社会调查,开展工作,分头访贫问苦,送教上门,在实践中贯彻"从做中学"的教学原则。如戏剧组经常到外地公演进步救亡话剧,每次演出时从前台到后场,一切布景、灯光效果等均由学生自理,这既是政治上生动的自我教育,也是有益的艺术实践。凡此种种,使得育才学校生活教育实验在理论和实践两方面都取得了丰硕的成果,于理论上突出集体生活和政治教育,注重教师的主导作用,强调基础知识与专业技能并重,克服了生活教育理论的既有缺陷,更为与时俱进;在实践上,注重培养追求真理、追求进步的青年,培养勇于为祖国、为人民奉献生命的革命战士。从1939年至1946年,育才学校先后招收学生410人,其中就有140多人投身于直接的革命工作,占总数的1/3强。此外,也为艺术、科学、文教等领域输送了大批的优秀专业人才。①

华西乡村建设实验的开展,是与私立中国乡村建设育才院的创设同步进行的。全民族抗战爆发后,以晏阳初为代表的中华平民教育促进会西迁重庆,为继续开展平民教育和乡村建设实验,决定在巴蜀创办一所专门高等教育机构培养相关人才,并设置实验区付诸实践。1939年初,平教会确定乡村建设育才院院址为巴县歇马场。次年7月,私立中国乡村建设育才院正式成立,并获得时兼四川省政府主席蒋介石的批准,将璧山县作为实验县。该院除对国民教育一般问题从事研究实验外,侧重于民众教育及服务工作,以根绝"愚、贫、弱、私"四大痼疾为己任,不遗余力地致力于乡村文化教育、经济生产事业。院系设置也是"对症下药",以乡村教育系攻"愚",以农学系和农田水利学系攻"贫",以公共卫生学系攻"弱",以社会学系攻"私"。毕业生除少数留校任教或自谋出路外,大部分都在璧山实验区工作,而实验区的工作人员除部分原平教会会员外,也大部分是乡村建设学院的毕业生。诸如推广农业优良品种,兴修水利,给农民办理贷款,组织织布合作社,建立妇幼保健站,开办平民夜校,供应农民识字课本和画刊,开展社会调查及疾病防治工作,取得了良

---

① 熊明安、周洪宇主编:《中国近现代教育实验史》,山东教育出版社2001年版,第599~610页。

好的经济效应和社会影响。[①]乡村建设育才院作为战时全国唯一一所主要致力于乡村建设的高校,其与璧山实验区设立之意义在于打破学校教育特别是高等教育同乡村工作间的隔阂,在一定程度改变了过去教育界轻视乡村建设的错误观念,这在当时巴蜀地区乃至全国是具有开创意义的。

巴县民生建设实验的主要推动者是以邰爽秋为代表的中国民生教育学会。该会于1939年在巴县创设中国民生教育实验院,作为该会在巴蜀进行民生本位教育实验的指导机关,并于1941年同巴县县政府合作设立"巴县民生建设实验区"。实验区的整体方针符合"管、教、养、卫合一"的"新县制"原则,但相应淡化政治监管,强调首重民众生计,提出以养为前提,以"教、卫、管"为辅,实际是对"新县制"所作的带有进步性的改良。所谓民生教育实验,即以民生本位思想为理论依据,以"教育民生同建设"为指导思想,以"运用教育力量,推进民生建设"为宗旨,用实验的方法,围绕民生经济活动这个中心,构建适合民生建设的新教育制度以改革和取代传统教育制度,并协助完成抗战建国和整个民生建设。实验区成立后,开展了难民教育、实验国民学校、实验巡回教育站、实验教育团、实验教育合作社、教育工厂等多项工作,都取得了良好的实验效果。如实验国民学校在教学方法上以"生产知识、生产技能与合作方法"为主,着重培养学生"劳动服务之兴趣、习惯与技术",力求将学习、生产、劳动、服务打成一片,实行四位一体的综合教学法。在教学设施上,以全社会民生经济活动场所及其机构为施教场所,凡农场、工厂之类生产单位及其设施,"皆为民生性质的国民学校设备之主要部分"。[②]

上述战时展开于巴蜀地区的三大教育实验虽侧重各有不同,但都主张消除学校教育同社会实际间的隔阂,沟通教育同生活的直接联系,强调教育服务社会,教学联系实践,改变教育界以往片面注重书本知识的错误观念,呼吁知识分子走出象牙塔,将目光投注于社会民生。在实际办理上,这些实验也各自取得了良好的教育成果与社会效应。他们的成功经验至今仍可资借鉴。

---

① 谭重威:《晏阳初与中国乡村建设学院》,政协西南地区文史资料委员会编:《抗战时期西南的教育事业》,第140~150页。

② 李定开主编:《重庆教育史》,西南师范大学出版社2005年版,第507~514页。

第三节 抗战结束后巴蜀教育的回落及其教育运动

抗战结束后,随着国民政府及教育部迁返南京,各西迁高校相继"朔雁回程",部分国立中等学校转迁、裁撤或兼并,巴蜀失去了全国教育中心地位,处于回落的低潮期。平心而论,"复员"并非"复原"。在战后全国教育复员调整的全盘计划中,当局对于巴蜀等西部地区仍多少有所关照。蒋介石本人也在1945年9月召开的全国教育善后复员会议上表示:"今后国家建设,西北和西南极为重要。在这广大地区教育文化必须发展提高……除确有历史关系应迁回者外,我们必须注意西部的文化建设。战时已建设之文化基础,不能因战胜复员一概带走,而使此重要的地区复归于荒凉寂寞。"[①]就战后巴蜀地区留存的教育基础来看,相对此前进步还是相当明显的,且借助抗战时期发展的惯性,于短时间内也取得了一些成绩。照此趋势,战后的巴蜀教育是有可能逐渐恢复并向前发展的。然而,国民党政权不顾广大民众在经历长期战火后对安定和平生活的热切盼望,忙于扩军备战并再次悍然挑起内战,致使国民经济濒于全面崩溃,教育经费也根本无法得以保证,巴蜀教育亦因之元气大伤。加之内战不得人心,受到了包括进步师生在内的各界民主人士的普遍抵制,巴蜀地区学潮不断,国民党当局忙于四处镇压,动辄逮捕师生及封闭学校,甚而不惜采用武力屠杀的极端手段,严重破坏了正常教育秩序。凡此种种,都造成巴蜀教育事业在战后的每况愈下。

一、抗战结束后巴蜀教育的回落

抗战结束后巴蜀教育的回落,首先体现为高等教育规模的大幅缩减,因原战区西迁高校相继返归,就连战时新设于川、渝各地的高校也有部分转迁他处,留驻巴蜀的高等院校数量急剧减少;虽在战后设立了少数新建院校,但皆规模较小,影响不大,巴蜀高等教育盛况不再。在中等教育方面,各类学校数量增减不定,然办学质量已难与抗战时期相比。至于初等教育,则尽显出全面下滑的颓势。

---

① 教育部教育年鉴编纂委员会编:《第二次中国教育年鉴》,第一编"概述",商务印书馆1948年版。

（一）高等院校的回迁

1945年8月16日，即日本投降次日，国民政府教育部部长的朱家骅向全国教育界人士发表广播演说，有关"教育复员"工作由此正式提上议事日程。当时所谓"教育复员"，其实乃是一个牵涉范围极其广泛的概念，不仅包括"收复区学校如何复兴，奴化思想如何根除，失学青年如何救济"，还要解决"后方学校及文化机关如何迁移、如何分布，西南、西北文化水平如何维持"等。①可以说，这些都是抗战胜利后在文教方面亟待解决的头等大事。

具体到高等学校的复员，虽然整体复员计划自1945年9月便已开始筹备实施，但为不影响正常教学秩序，且沦陷区学校建筑设施等物质条件一时也难以准备就绪，所以多数高校复员工作迟至次年5月才正式展开。根据1946年夏的统计，当时全国已有各类专科以上学校一百八十二所，其中约有半数曾在抗战期间设于巴蜀各地，但多系战时暂迁巴蜀，普遍面临着复员返迁的问题。随着大批高校的相继撤离，巴蜀高等教育规模锐减，昔日盛极一时的繁荣局面已成明日黄花。如成都华西坝八所高等教育机构中的私立金陵大学、金陵女子文理学院、国立中央大学医学院返迁南京，私立齐鲁大学返迁济南，私立东吴大学生物系返迁上海，私立燕京大学、协和医学院返迁北平，仅剩原有的私立华西协合大学独守旧地；重庆沙坪坝的国立中央大学、国立药学专科学校、国立东方语文专科学校返迁南京，国立交通大学、国立音乐学院返迁上海，国立湘雅医学院返迁长沙，使得沙磁文化区内高教资源大部分流失，北碚夏坝、江津白沙坝、宜宾李庄等皆再次趋于消沉。

在介绍抗战结束后巴蜀高等院校的迁出情况时，有四类情况需要特别说明：一是某些原战区高校虽返迁原地，但在巴蜀留下了续办新校的火种。如国立东北大学留三台部分独立为私立川北农工学院（后升格为私立川北大学），私立光华大学留成都部分改组为私立成华大学，私立朝阳学院留重庆部分独立为私立正阳法学院等。二是某些迁出高校并未回迁原地而改设他处。如国立国术体育师范专科学校的前身是南京的国立中央国术馆体育专科学校，抗战胜利后因原南京校址全毁，经教育部核准改迁天津。三是部分抗战时期新设于巴蜀的高校也加入外迁行列。如国立体育师范专科学校、私立重辉商业专科学校、私立中华工商专科学校系战时新创于江津、重庆，但在战后分迁南京、上海。四是少数本拟迁出的

---

① 朱家骅：《教育复员工作检讨》，《教育通讯》（复刊）第2卷第11期，1947年2月。

高校却因种种原因留在了巴蜀。如金堂的私立铭贤学院为原私立山西工农专科学校改设，抗战结束后计划返迁山西太谷，但因"时局不靖，交通受阻"而移居成都；重庆的国立中央工业专科职业学校为战前南京的国立中央工业职业学校升格而成，抗战结束后原拟回迁南京，但南京校舍已被日伪拆毁，"修建费时，因暂留渝"，然直至重庆解放，该校的复员计划仍未付诸实施。

表7-3 抗战结束后由巴蜀迁出高校情况简表

校名	校址	迁出情况
国立东北大学	三台	1946年返迁辽宁沈阳，留三台部分独立为私立川北农工学院
私立燕京大学	成都	1946年夏返迁北平
国立北平艺术专科学校	重庆	曾并入国立艺专，1946年8月复校北平
国立艺术专科学校	重庆	系原国立杭州艺术专科学校改设，1946年秋返迁浙江杭州
私立朝阳学院	重庆	1946年春返迁北平，留重庆部分独立为私立正阳法学院
国立交通大学北平铁道管理学院	璧山	1946年6月改称国立北平铁道管理学院，随即返迁北平
国立交通大学唐山土木工程学院	璧山	1946年4月改称国立唐山工学院，随即返迁河北唐山
国立山东大学	万县	1938年曾并入国立中央大学，1946年秋复校于山东济南
山东省立医学专科学校	万县	返迁山东济南，1948年8月改称山东省立医学院
国立齐鲁大学	成都	1946年秋返迁山东济南
国立同济大学	南溪	返迁上海
私立光华大学	成都	返迁上海，成都分校后改组为私立成华大学
国立复旦大学	重庆	1942年初改国立，1946年返迁上海
私立立信会计专科学校	重庆	1946年返迁上海
国立重庆商船专科学校	重庆	系原国立吴淞商船专科学校改设，1946年秋返迁上海，并恢复原名
国立交通大学	重庆	返迁上海
国立上海医学院	重庆	1946年返迁上海
国立音乐学院	重庆	系原上海国立音乐专科学校改设，战后改迁南京
国立上海音乐专科学校	重庆	系国立音乐学院分部于1945年8月改设，1946年秋返迁上海
私立沪江大学商学院	重庆	返迁上海

续表

校名	校址	迁出情况
私立东吴大学法学院	重庆	返迁上海
私立之江文理学院	重庆	经上海返迁浙江杭州，1948年9月改称私立之江大学
私立上海法学院	万县	返迁上海，留万县部分独立为私立辅成法学院
私立金陵大学	成都	1946年返迁南京
私立金陵女子文理学院	成都	返迁南京
国立药学专科学校	重庆	1946年夏返迁南京
国立中央大学	重庆	1946年返迁南京
国立国术体育师范专科学校	重庆	系原国立中央国术馆体育专科学校改设，1946年秋转迁天津
国立戏剧学校	重庆	系原国立戏剧专科学校改称，1946年返迁南京
国立江苏医学院	重庆	系原江苏省立医学院与私立南通学院医科合并而成，1946年返迁江苏镇江
国立边疆学校	巴县	系原中央政治学校蒙藏班改设，1946年迁江苏无锡，1947年返迁南京
国立社会教育学院	璧山	系原江苏省立教育学院改设，1946年秋迁南京
私立正则艺术专科学校	璧山	1946年返迁江苏丹阳
国立武汉大学	乐山	返迁湖北武汉
私立中华大学	重庆	1945年秋返迁湖北武汉
私立武昌文华图书馆学专科学校	重庆	1947年春返迁湖北武汉
私立武昌艺术专科学校	江津	1946年秋返迁湖北武汉
私立湘雅医学院	重庆	1946年春返迁湖南长沙
私立华侨工商学院	重庆	返迁香港
国立贵阳医学院	重庆	返迁贵州贵阳
国立东方语文专科学校	重庆	1946年秋改设南京
国立体育师范专科学校	江津	1946年秋改设南京
私立重辉商业专科学校	重庆	1946年改设南京
私立中华工商专科学校	重庆	改设上海

资料来源：教育部教育年鉴编纂委员会编《第二次中国教育年鉴》第五编"高等教育"商务印书馆1948年版；各校校名均以迁出巴蜀时为准。

以抗战结束后巴蜀地区留存的高等教育院校而言，又可大致分为下面三种类型。

第一类是全民族抗战爆发之前即存在的国立四川大学、重庆大学、私立华西协合大学、四川省立教育学院、私立西南美术专科学校等巴蜀老牌高校，不仅办学历史长，学科设置较为齐全，在抗战胜利后也有一定程度的发展。如重庆大学于1946年春将理学院扩充为文理学院，另增医学院及大学先修班，后又接办国立商业职业学校之计政专修科，改设会计专修科。四川大学也保持了抗战时期最为鼎盛的规模，并于战后将史地系分设为历史学系和地理学系，另增化学工程学系，全校共计二十四学系，涵盖了文、法、商、理、工、农、教等学科门类，此外还添设了中国文学研究所、化学研究所等科研机构，是当时巴蜀乃至整个西部地区规模最大的高校之一。华西协合大学在抗战结束后将乡村建设系扩充为教育系，另于医学院附设医事检验技术专修科。四川省立教育学院在1946年将农业教育系中的农艺、农制两组升级为系，并增设英文、数学两系，1947年增设史地、博物两系，教师及学生人数亦有相应增加。

第二类是抗战期间增设于巴蜀的高校，含国立女子师范学院（江津，1946年5月移重庆）、国立中央技艺专科学校（乐山）、国立自贡工业专科学校、国立西康技艺专科学校（康定，1947年2月改为国立康定农业专科学校）、私立川康农工学院（成都，1946年12月改为国立成都理学院）、私立中国乡村建设育才院（巴县）、私立辅成法学院（万县）、四川省立艺术专科学校（成都）、四川省立会计专科学校（成都）、四川省立体育专科学校（成都）、私立求精商业专科学校（重庆，1948年11月升格为私立求精商学院）、私立储才农业专科学校（重庆，1948年1月改为私立汉华农业专科学校）等。这类高校凭借抗战时期打下的基础，在战后尚多能维持，但发展劲头已远不如前，有的甚至规模日减，连旧有的某些学科设置都无法保全。如国立西康技艺专科学校，原本办有"二年制及五年制各专科，范畴甚为广袤，惟因该校设科稍多及处地偏僻诸关系，师资设备均欠充实，医、工科尤感困难，教育部以目前康省建设，以农垦畜牧为急，应积极培养农牧人才以配合需要"，遂决定"自36学年度（1947年）起，将该校改称西康农业专科学校，设农垦、森林、畜牧、蚕丝四科，专办五年制，原有各科招生，逐年结束"。①又如原私立川康农工学院则因为在

---

① 《西康技艺专校改称农业专校》，《中央日报》1947年1月10日；《西康艺专改农专　本年起专办五年制》，《申报》1947年1月12日。

筹备收归国立的过程中，教育部令其专门办理理学基础学科，故改名为国立成都理学院，"设数学、物理、化学三系，该院原有之工商管理、应用化学、农艺学三系学生办至毕业为止，不再招生"[①]。再如私立求精商业专科学校在1947年度尚有注册学生三百一十五人，而升为商学院后的1949年竟减少为一百零八人。

第三类是抗战结束后新设于巴蜀的高校，含私立成华大学（成都）、私立正阳法学院（巴县）、私立川北农工学院（三台，1949年5月升格为私立川北大学）、私立川北文学院（南充，后并入私立川北大学）、私立相辉文法学院（重庆）、私立重华法商学院（重庆）、私立勉仁文学院（重庆）、私立西南学院（1948年3月改为私立陪都工商学院）、国立康定师范专科学校（原国立康定师范学校升格而成）等。这类学校有的是原战区西迁高校复员后留巴蜀部分独立而成，有的是中等学校升级而来，有的是从头新创，白手起家。其共同特点是基础差、底子薄，师资、生源、校舍、设备、经费等都存在一定缺陷，至多只能是勉力支撑，难求发展。如私立勉仁文学院至1949年仅有学生四十二人。与这些学校相比，还有一些新设高校的办学情况更差，所谓私立立华法商学院、私立建国新闻专科学校、私立南林文法学院、私立建华文法学院等十余校皆未经核准立案，是没有招生资格的"野鸡大学"。"大都利用复员后空余房屋，设备毫无，师资亦极平庸，待遇又低，所设科目多系政治、经济、商业等，间有号称理工者，亦属十分简陋之土木化学而已。"[②]这样的师资、设备条件，教学质量也就可想而知了！

综上所述，抗战结束后因原战区西迁高校相继复员，昔日巴蜀高等教育的空前繁荣局面急转直下，陷入又一次低潮。虽有几所"国"字号的教育部直属院校得以留存，新设高校也屡有增添，但从全局来看，整体质量的下滑和实际效应的缩减了是不争的事实。

（二）其他类型教育的回落

除高等教育外，抗战结束后巴蜀其余各级各类教育因受政局紊乱、经费困顿、教育复员等因素的影响，也普遍显现出回落的颓势。

---

① 《川康农工学院部令筹备改组》，《中央日报》1947年1月14日；《私立川康农工学院改为国立理学院》，《教育通讯》（复刊）第3卷第3期，1947年4月。
② 重庆市教育志编纂委员会编：《重庆教育志》，重庆出版社2002年版，第456页。

与高等教育相仿，抗战结束后的巴蜀中等教育同样在一定程度面临复员与重整的问题，特别是一些抗战时期新设或转迁巴蜀的国立中等学校，经1945年9月全国教育善后复员决议"国立中等学校分别交省办理，其战区学生遣送还乡，具有特殊性质之学校，仍酌量保留国立"。因当时定居巴蜀各地的国立中等学校数量众多，故在介绍战后巴蜀地方中等教育变迁情况之前，有必要先对该类学校的复员调整做一简单交代。据统计，抗战期间曾位于巴蜀的国立中等学校达三十四所，除部分在战时改办、撤销或归并外，直至抗战胜利仍有二十九所之多，含国立中学十所，国立师范学校及国立边疆师范学校九所，国立职业学校及国立边疆职业学校十所。在这二十九所学校中，战后四所撤销，十二所转迁其他省市，仅有十三所留居巴蜀，其中又仅有六所保持国立性质。比之以往巴蜀国立中等学校全盛时期，已是风光不再。

抗战结束后，巴蜀地方中学教育发展势头比之战时明显减缓，甚而出现倒退的现象。四川省在1945年已有中学五百五十四所，1947年减少为五百四十九所，至解放时更缩减为五百三十所。该省第九行政区抗战结束时本有各类中学四十所，在十二所内迁中学相继复员后，尚存二十八所，加上新办的十所，计有三十八所学校。但至1949年国民党政权覆灭前夕，社会人心浮动，学生纷纷离校，全区中学骤减为二十四所。[①]相形之下，重庆市的情况要好得多。虽有部分原战区西迁中学复员离渝，但1946年度该市中学仍有四十六所，后又陆续添设了一些新校，至解放前夕已发展为七十二所。至于西康省范围内，中学本就不多，1945年仅有二十四所，1949年为二十六所，四年间仅增添了两所而已。

再看抗战结束后的巴蜀地方中等职业教育，虽大体维持了战时的规模，但难求进一步的发展。如西康省1945年即有各类职业学校五所，1946年春曾在甘孜设立省立初级职校，旋因"省府紧缩机构而奉令暂行裁撤"，而原本计划增设的省立巴安、盐源两所初职因"当地国民教育尚未十分发达，招生不易，未获如限完成"，各县立职业学校"亦以县经费支绌及学生来源成问题，未能开办"，实际仍止步五所水平。[②]四川省于职业学校的战后增设上也基本是踯躅原地，徘徊不前。而重庆市内各类职业学校数量虽由1945年的二十所增为

---

① 李定开主编：《重庆教育史》，西南师范大学出版社2005年版，第587～588页。
② 教育部教育年鉴编纂委员会编：《第二次中国教育年鉴》，第八编，职业教育。

二十七所，但其中有二十一所为私立性质，多规模不大，质量不佳。

在抗战结束后巴蜀地方中等师范教育方面，整体发展势头略优于普通中学和职业学校。四川省依照《战后各省市五年师范教育实施方案》制订的发展计划，首先强调"力求素质之提高与班级之继续增加"。以省战后新增高省立师范有内江女子师范与德阳孝泉师范两校，并接收原荣昌与江津两所国立师范学校，1946、1947两年间则在省内十一县各添设简易师范一所。到1947年全省已有省、县立各类师范学校一百零二所。虽然战后学校增加的速度比之抗战时期有所减缓，但多数学校的规模在此期间都渐有发展。根据1946年第一学期时的统计，全省共有师范类学生648班，25902人，教职员2352人，继续在西部各省中保持着领先的位置。①在重庆及近郊各县，抗战结束后除保留原有的省立川东和女子师范、市立师范三校外，还在永川、合川、巴县、江津、江北、綦江、璧山等县增设或将原有简师扩充为师范学校，学校数量和办学层次都有一定提升。在西康省的原川西地区，省、县立师范学校则由1945年的十一所增加至1947年的十三所，只能算是差强人意。

若对抗战结束后巴蜀各级各类学校教育加以通盘审视，不难发现初等教育衰退最为严重，这与其时初教经费紧缩有着直接关联。按照1946年"宪法"的要求，地方各县以办理国民教育为主，教育经费所占比例不得少于地方财政总预算的35%，但这一条款根本无法得到具体落实。特别是自1947年教育部取消了以往中央拨付地方的国民教育补助费，通饬地方全部自筹，而许多县份侵占教育经费之风日盛，竟将此项预算全然忽略不计，反而责令下属乡保自筹，造成许多地方基层学校毫无资金来源，教师生活也无从保证，整个国民教育陷入自生自灭的瘫痪状态之中。为解燃眉之急，国民政府教育部与财政部会商后，在1948年以行政院的名义颁布了《地方国民教育经费整理及增筹办法》，规定"国民学校经常费，如县级财政不敷开支，应举办'学谷捐'，将乡政公有财产收益及遗产收益的百分之五十拨充国民学校经常费"，"国民学校临时费不敷时，应由县政府发动社会人士募捐建筑设备及充实图书仪器等费"。这实际上造成了中央指望地方自筹、地方指望个人募捐的局面，国民教育经费来源的稳定性更加无法保证，许多基层学校全无经费来源，难求自保。当时从事初等

---

① 教育部教育年鉴编纂委员会编：《第二次中国教育年鉴》，第七编"师范教育"，商务印书馆1948年版。

教育的工作者不由发出如此苦叹："从事生产事业吗？远水救不得近火；募捐吗？为数甚微；加税吗？法律不许，确实左右维艰。何况，负责的人有时因为早知棘手，索性搁着不办，因此资金筹集更无指望了。"①即使如陪都重庆，也是"校舍设备因陋就简，新建校舍不合标准，一般学校大都缺乏适用之校舍，教室狭小，光线不足，空气污浊，无运动场所几成普遍现象。借用祠庙民房之校舍，并未加以适当之改造……房屋简陋，危险堪虞"②。在如此恶劣的办学环境下，抗战结束后巴蜀地区初等教育呈现全面衰退之态：四川省小学校数由1945年的52,771所骤减为1946年的43,014所，学生数也从3,814,743人减为3,049,868人，短短一年间减幅竟达约20%。同期，重庆市小学数也由294所减为262所，西康省则由1338所退至1146所。③

二、巴蜀地区的教育运动

在抗战结束后巴蜀教育颓势尽显的同时，我们也要看到其中孕育出的生机。各项教育改革力图破旧立新，预示着巴蜀教育新的希望。而在中国共产党领导之下，巴蜀地区汹涌澎湃的学生运动更是不再囿于教育范围，成为爱国民主战线的重要力量。此外，尚有巴蜀各界进步人士为维持或保存地方教育所做的诸般努力。对此，都应予以充分肯定。

（一）教育改革运动

抗战结束后开展于巴蜀地区的较有影响的教育改革主要有如下两项：一是陶行知等在重庆创办社会大学，带有明显的进步性质；二是晏阳初等续办的华西实验区乡村建设实验，整体趋向于保守的改良态度。两者同以改造教育、服务社会为宗旨，但因基本立场不同，最终取得的历史影响亦是南辕北辙。事实证明，在国家民族面临两个前途、两种命运选择的危急关头，教育观念及实践也需与时俱进，做出必要的调整和改革，仅对旧有教育制度修修补补的片面改良无疑是行不通的。

早在抗战爆发之前，陶行知就有办一所大学的初步设想。按他的描述，

---

① 李绍耘：《国民教育经费问题》，《教育通讯》（复刊）第5卷第10期，1948年7月。
② 季禹力：《重庆市实施国民教育之检讨》，《教育通讯》（复刊）第2卷第10期，1947年1月。
③ 教育部教育年鉴编纂委员会编：《第二次中国教育年鉴》，第三编"初等教育"，商务印书馆1948年版。

这所大学要比一些已有的知名大学还"大二三十万倍",却不需要花费巨资去建造富丽堂皇的校舍,所有工厂、农村、店铺、家庭乃至戏台、茶馆、军营、庙宇、监牢都可以成为校区。换言之,即是一所新型的社会大学。抗战胜利初期,国内政治局势曾短暂趋于民主稳定,陶行知等生活教育社成员经取得中共中央南方局的大力支持后,抓紧时机将上述设想付诸实施。1946年1月,社会大学在重庆正式成立。与当时国统区其他高等教育机构相比,该校的办学风貌截然不同,体现出下列特质:办学宗旨,培养既愿意接受大众领导,又能领导大众的人才;教育方针,推行人格教育、知识教育、组织教育、技术教育四项,其中人格教育以革命人生观和正确世界观的建立为中心,是四项中的重点和核心;入学资格,只要具备相当文化素质,政治倾向进步即可入校上课;经费来源,除由中共南方局资助和向社会募捐外,只向学生收取象征性的少量学费;学制构建,按学生的特长和兴趣爱好分为政治经济、文学、教育和新闻系,采取夜间授课的形式,修业期限近三年;课程设置,在常规的必修课、专修课、专题讲座之余,尤重社会实践;学习方式,实行"自学为主、教授为辅",提倡"学、教、做"结合,强调"主动、实践、集体"。学生编成学习小组,进行学习互助,开展课堂讨论,进行专题研究。秦邦宪、邓发、冯玉祥、沈钧儒、章伯钧、老舍、田汉、艾芜、梁漱溟等多位政界、文化界和教育界名流都曾在该校授课或做过专题报告。综上所述,社会大学的办学风貌具有进步性和实践性两大特征,两者融为一体。如强调革命人生观的确立,重视革命理论和民主思想的教育,许多学生都积极参加革命斗争的社会实践,站在民主运动的前列,甚至为此献出了生命。毫不夸张地说,社会大学作为一所新型的高等教育机构,具有相当突出的办学效应和社会影响。国民党政权挑起内战后,对于这样一所带有鲜明进步性的学校显然是无法容忍的,先是以种种借口极力破坏,继而强制封闭查收。[①]重庆社会大学实验虽因之暂告结束,其历史意义却极为深远,是对生活教育理论"社会即学校"思想的进一步深化和实践,宣明了教育尤其是高等教育应面向大众、服务大众,而并非达官显贵之专利,且直接推动了当时的民主进步运动,培养了一批革命事业的急需人才。即使仅以教育自身而言,其对于当前拓展社会教育,实施高等教育的大众化仍具有宝贵的

---

① 参见熊明安、周洪宇主编:《中国近现代教育实验史》,山东教育出版社2001年版,第610~620页。

参考意义。

晏阳初主持的华西乡村建设实验在抗战时期即已展开并取得一定成绩，抗战结束后仍得以延续和扩大。在取得四川省政府主席张群等的支持后，将原璧山实验区拓展到川省第三行政区全境，时辖璧山、巴县、江北、合川、江津、永川、綦江、铜梁、荣昌、大足等十县及北碚管理局，共有人口五百三十二万，耕地面积一千二百三十万亩。实验区以私立中国乡村建设学院为依托，由美国援华法案所列专款资助，总办事处设有教育、合作、水利、农业、卫生、编辑六组和社会调查、秘书、会计三室，基层机构设置为实验区逐级下设联乡辅导区、乡镇辅导区、社学区、传习所的五级组织形式。这些基层组织与地方政府之间虽有合作关系，但机构和人员是分开的，即原有的县、乡、镇、保、甲等机构完全保留，也不负责实验区的工作。与抗战时期相比，这一阶段的乡村建设实验更为系统全面，涵盖了当时乡村生活的多个方面。具体包括教育建设实验，采用"导生传习"的办法，以"即传、即习、即用"为方针，自编乡村读本和挂图，在全区普遍建立成人教育网，并指导改进各社学区的国民小学教育，使学龄儿童尽量入学，以杜绝新文盲的产生。仅1948年度在璧山、巴县、北碚的部分乡镇就设有社学区470个，传习所1958个，传习导生4232名，扫除文盲达53,230人；经济建设实验，主要是依靠社会调查，运用传习组织推动农业和手工业合作社的建立，以促进农村经济的发展；卫生建设实验，也是凭借传习教育来普遍传授卫生知识，并通过设立实验卫生院、卫生所、农村妇婴保健所，培训卫生员，宣传计划生育等措施来改善乡村医疗卫生工作。[①]无须否认，华西乡村建设实验以普及乡村教育，发展乡村经济，改善乡村卫生为出发点，也取得了一定的成效。如在试验时先以自下而上的形式了解乡村实际生活，再以自上而下的方式普及教育、农技和卫生，将教育、农业、科学等要素有机地融合起来，构建了一个较为完善的相互联系沟通的系统，对于当地民众教育、民生多少起到了一些改善作用。而该实验的根本缺陷在于以晏阳初为代表的平民教育派虽看到了乡村"愚、贫、弱、私"四大痼疾，但仍停留于问题表面，未能更进一步认识到近代中国乡村贫敝不堪的根源在于帝国主义、封建主义、官僚资本主义三座大山的盘剥。且实验本身是建立

---

① 参见熊明安、周洪宇主编：《中国近现代教育实验史》，山东教育出版社2001年版，第635～644页。

在国民党政权监控和国外资本支持之下的，各项改革既有一定的进步性，也有明显的不彻底性。同当时其他"教育救国"论一样，如此改良性质的实践活动不可能从根本上解决旧中国的社会和教育问题。

（二）中国共产党领导下的学生运动

抗战结束后，由于国民党反动派掀起内战，国统区内学潮不断。时任国民政府教育部部长朱家骅也不得不多次坦承，"分析学潮起因，实由于青年情绪不安，复因遭受生活压迫，乃至对现象烦闷"①。"学风的不振，原因固然很多，如教师待遇不足维持生活，学校校舍不够，设备缺乏，以及教育经费的困难都是条件太差、影响学风的原因。"②然而，仅一味将责任归咎于客观因素，无异于隔靴搔痒。国民党政权无视人民和平与民主的愿望，忙于扩充军备，悍然再次挑起内战，这才是造成教育经费枯竭、师生生活困窘之根本原因所在。面对此起彼伏的学生运动，当局颁布《整顿学风令》，对参与学潮的学校及学生严词威胁，"害群之马必予清除，从严惩处，决无顾惜"③，继而采用武力镇压的极端手段。1946年"宪法"中有关教育民主、民权、民生等原则尽成一纸空文。此举更促使部分原本保持中立或抱有幻想的学生认清了反动政权的本质面目，最终走上了与之决裂的道路。此时，巴蜀地区学生运动已与全国学生运动连为一体，在中国共产党领导之下，成为反对内战独裁、争取和平民主战线的重要力量。

1946年1月，重庆和谈和旧政协开会期间，重庆学生在中共代表团和南方局的推动下，掀起了高涨的民主运动，形成了广泛的社会舆论，对和谈起到了有力的配合作用。这次运动以"争和平，反内战，争民主，反独裁"为中心，高潮是同月25日的大游行。参加游行的有重庆大学、四川教育学院、重庆中学、育才学校及当时尚未复员的中央大学等校学生，达一万余人，向政协会议提交了"政治民主化、军队国家化"等七项主张。其后为扩大影响，进一步发动群众，促进政协决议的实现，以学生为主体的二十三个人民团体在较场口召开"陪都各界庆祝政协成功大会"，却遭反动军警武力破坏，制造了震惊中外的"较场口血案"。④这是抗战结束后重庆首次大规模学生进步运动，当时部分

---

① 《朱家骅报告教育》，《中央日报》1948年4月16日。
② 朱家骅：《最近教育设施》，《教育通讯》（复刊）第5卷第5期，1948年5月。
③ 《教部下令整顿学风》，《教育通讯》（复刊）第5卷第1期，1948年3月。
④ 重庆市教育志编纂委员会编：《重庆教育志》，重庆出版社2002年版，第1007页。

学生还对国民党政权抱有一线希望,试图完全用和平请愿的形式来获取民主,制止内战,但事与愿违,血的事实也使多数爱国学生有所警觉和省悟。

1946年12月,驻北平美军制造"沈崇事件",引发社会各界尤其是青年学生对美帝国主义的强烈义愤,形成了全国性的学生反美抗暴运动。在重庆地区,运动是由中共四川省委公开领导,重庆市委积极配合的,大体经历了三个阶段。第一阶段为酝酿发动。在女子师范学院、重庆大学等三十余所大中学校相继成立抗议或后援组织。按照中共四川省委部署,于1947年1月3日整合为"重庆市学生抗议美军暴行联合会"(简称"抗暴联"),选举主席团统一领导全市学生的抗暴斗争,并开始积极筹备总罢课和示威大游行等反美活动。第二阶段为罢课游行。许多学校陆续申请参加抗暴联,阵线不断扩大。从1月3日开始,重庆市大多数学校相继宣布罢课。同月6日举行的示威游行,是重庆学生抗暴运动的高潮,共有六十五校、1.5万余人参加,分别占当时全市大中学校数和学生数的三分之二和二分之一以上。游行队伍先向美国驻渝领事馆、办事处示威后,再至国民政府重庆行辕请愿,并发表了《告全国学生书》《致全世界青年书》等九项宣言。第三阶段为深入宣传。在"一六"反美抗暴高潮后,中共发出"要把这一爱国主义运动扩大开来和深入下去"的呼吁,指导抗暴联组织学生广泛宣传美军暴行和美蒋勾结行径。特别是国民党当局将罪犯移交美军自行处理后,抗暴联决议将1月28日至2月4日定为"抗暴宣传周",扩大抗暴宣传。国民党特务为破坏重庆学生的反美抗暴运动,相继制造了"二五""二八"事件,打伤学生数十余人。这些暴行激起了更大的愤怒,抗暴联除向重庆行辕和市政府递交抗议书,提出严惩凶手、追究主使者责任、赔偿一切损失等正义要求,还向全国学生及社会各界控诉了当局镇压爱国学生的罪行,得到了广泛的同情和积极的支持。在运动取得局部胜利之后,抗暴联按照中共四川省委指示,决议各校复课。①这次反美抗暴运动虽未能取得迫使美军退出中国等全部预定目标,但使多数学生进一步认识到了美蒋勾结的本来面目,同时也使少数中间分子破除了对国民党政权和美帝残存的幻想。

抗战结束后,国统区经济濒临崩溃,物价飞涨,广大师生生活状况持续恶化,在饥寒交迫中苦苦挣扎,与国民党统治阶层的贪污腐化、灯红酒绿形成巨大反差。1947年春,南京中央大学学生率先发起"反饥饿、反内战"的呼吁,

---

① 重庆市教育志编纂委员会编:《重庆教育志》,重庆出版社2002年版,第1007~1011页。

京、沪、平、津等地各高校学子群起呼应，遭到国民党当局的疯狂镇压。一场轰轰烈烈的"反饥饿、反迫害、反内战"的学生进步运动随即广泛展开于全国各地。这场运动既是争取生存权的经济斗争，也是争取民主权的政治斗争，是解放战争时期规模最大、影响最广的学生运动。在重庆方面，全市学生亦奋起声援，积极投入运动，并在抗暴联基础上成立了"重庆市学生反饥饿、反迫害、反内战联合委员会"，决议举行全市学生总罢课和游行示威。示威尚在筹备过程中，就遭到当局疯狂破坏，学生被捕一百余人，部分积极分子受迫害致死。① 运动虽被迫转入地下，但全市广大进步学生在运动中得到了锻炼，为最终的斗争积蓄了力量。

1949年初，上海大中学校教师因工资低微、生活艰难而发起"争温饱"运动，继而影响至全国各地。重庆市部分高校教授召开联席会议，决定实施罢课，得到了全市各公立学校师生的支持和参与。同年3月17日，重庆大学、四川教育学院等校师生举行游行示威，提出改善教职员待遇、实行全面公费、配给实物等五项要求，同时运动也由公立学校扩展到私立院校，迫使当局在经济上做出了某些让步。正当取得初步胜利之时，南京"四一"惨案的消息传来巴蜀，"争温饱"的经济斗争进而演化为"争生存"的政治斗争，运动掀起了新的高潮。全市学子决定成立"重庆市学生'四一'血案后援会"，并举行"南京'四一'血案死难同学追悼大会"，计有五千多人参加。4月15日，标志全市学生大团结的"重庆市学生争生存联合会"正式成立，会议通过章程，确定"以团结同学，争取学生之温饱，维护同学身体及言论之自由，反迫害，反压迫"为宗旨，统一步调，共同斗争。在中共组织领导下，全市五十七所中等以上学校决定再次实施总罢课，并于4月21日冲破反动军警重重阻挠和破坏，成功地举行了游行示威活动。② 这场"争温饱、争生存"运动是解放前夕重庆市最后一次较大规模的学生运动，同时有大批进步教师相率参与，标志着重庆教育界与国民党当局就此决裂，共同迎来解放的曙光。

国民党大陆政权败亡之际，企图故伎重施，除曾筹备迁都成都乃至西康做垂死挣扎外，还计划于教育方面仿效抗战时期内迁的某些做法。如派员赴西安监督国立西北大学、西北工学院、西北农学院等校迁入成都，作为国民党"中央党

---

① 重庆市教育志编纂委员会编：《重庆教育志》，重庆出版社2002年版，第1011～1012页。
② 重庆市教育志编纂委员会编：《重庆教育志》，重庆出版社2002年版，第1011～1015页。

校"的国立政治大学也由南京辗转退至成都。但因绝大多数师生纷纷发起护校运动，拒绝迁移，这场高校迁移计划随即以流产告终。同时，"青年复学就业辅导委员会"又在重庆等地拉拢青年学生，打着拼凑了六十七个国立中学及联合中学，收容救济的幌子，大肆宣扬灌输反共思想外，还将学生组织为"青年反共救国战斗团"和"青年服务团"，直接投入战场。如青辅会重庆分会在1949年11月组织的"青年服务团"随军退入成都后，与从西北诱骗而来的学生千余人合组为"战斗团"，向西昌败退途中伤亡者"为数极众"。[①]如果说抗战时期青年学子还被国民政府看作抗战建国的重要后备力量，本着"战时需作平时看"的原则加以保护和安置，而在最后的败亡时期却被充作内战的工具与炮灰。如此倒行逆施，怎不人心尽失！

---

① 教育部教育年鉴编纂委员会编：《第三次中国教育年鉴》，第十四编"青年辅导"。

第八章

新中国成立到『文革』时期的巴蜀教育

1949年10月1日，中华人民共和国在北京宣告成立。随着刘邓大军和贺龙率十八兵团挺进西南，同年11月30日、12月7日，重庆、成都相继解放。新中国成立之初巴蜀分设川东、川南、川西、川北四个行政公署和重庆市、西康省，1952年以后陆续合并为四川省。解放后，巴蜀大地及其教育如同新中国一样迎来了崭新的历史时期。从1949年新中国成立到"文革"结束后的拨乱反正，作为社会主义制度确立与社会主义建设艰辛探索和曲折发展时期，巴蜀教育的发展也大体反映了这个历史进程。

第一节 接管与改造巴蜀旧教育

1949年至1956年期间，是我国社会主义制度确立的时期。面对根基未稳的政治局势、极其脆弱的经济基础、残余势力的蓄意破坏等情况，在此期间，巴蜀地区按照民族的、科学的、大众的新民主主义文化教育方针对在半殖民地、半封建社会时代背景下产生的旧教育进行了全面改造。

一、接管改造巴蜀旧教育

1949年9月，中国人民政治协商会议一致通过了《中国人民政治协商共同纲领》。该纲领的第五章对新中国教育的性质、任务、教育方法以及教育改造等做了规定，即新教育为"新民主主义的、科学的、大众的文化教育"，新教育在于"提高人民文化水平，培养国家建设人才，肃清封建的、买办的、法西斯主义的思想"，树立"为人民服务的思想"。此时期巴蜀旧教育的接管与改造就是在这样的背景下展开的。

（一）接管改造初等教育

1. 接管改造幼儿教育

解放初，巴蜀各地文教接管委员会和市、县人民政府先后对国民政府遗留下来的公立小学附属幼稚班、幼稚园和托儿所进行了接管。到1952年9月，巴蜀各地根据中央发出的关于接办私立学校的原则，接收办理经营不善、经费困难的幼稚园以及外国兴办的幼稚园、孤儿院和国民党政府办的幼稚园,并为恢复发展幼教事业制发了相关文件。如在川北地区,政府颁布了《川北区幼稚教育暂行实施方案》,对实施方针、学制、周课表、班级编制、教师与保姆工友之设置、教材编制等做了规定。其中的学制规定:"幼稚园以春秋两季始业为原则,每学年均可分两学期,全学期授课时间不得少于18周。"①

在并省以后,四川省教育厅贯彻执行《幼儿园暂行规程(草案)》和《幼儿园暂行教学纲要》,结合本省情况采取措施,明确规定幼儿园逐步废除单元教学和识字教学,实施全面发展教育。《四川省1955年小学、幼儿园招生工作的规定》指出,幼儿园招生由各县、市"将计划任务数分配到县,以县、市为单位组织招生委员会统一领导"。录取新生的原则是:"有传染病的和盲、聋、哑的幼儿不收。在健康条件相等情况下,应尽先收受父母均从事劳动(包括体力劳动和脑力劳动)而无人照顾的幼儿及子女较多的劳动妇女的幼儿。"②1955年12月,又颁发了《幼儿园始业放假的规定》。经过上述整顿,巴蜀的幼儿教育事业迅速完成了向社会主义方向的转变,建立了正常的幼教秩序。

2. 接管改造小学教育

1949年底,巴蜀各地文教接管委员会在接管小学后,按照"维持原校、加以必要与可能的改革"的方针,公私立小学努力维持正常教学秩序,仅停课一两天就恢复了教学工作。其中,对于私塾和私立小学,本着积极改造、为社会主义建设服务的原则,采取既不生硬取缔,又不放任自流的方式,解放后即开始了接管与整顿。接管工作的首项任务是学校的重新命名,"国民学校"改为"小学"或"初级小学",中小学一律按照"×××市/县【或×××(具体地名)】+第××+小学/中学"格式更名,如成都市第七中学、重庆市第三中学等。

从总体上看,四川旧公立小学的接管工作比较顺利,很快就完成。但私立小学的接管则因情况不同而相对复杂。首先,对于私塾小学形式化严重而组织化程度不高的情况,四川各地采取了政策劝说、转变办学等较为积极的接管与

---

① 中国教育年鉴编辑部编:《中国教育年鉴·地方教育(1949~1984)》,湖南教育出版社1986年版,第993页。
② 中国教育年鉴编辑部编:《中国教育年鉴·地方教育(1949~1984)》,湖南教育出版社1986年版,第994页。

改造措施。如1950年9月，重庆市文教局下发的《关于管理私塾的意见》中规定："一、对私塾的处理本着如下原则：甲、采取说服方式使其自动停办或转业，所属学生依据教育程度转入公私立小学；乙、改进旧有私塾，促进其转为私立小学，提高塾师政治业务水平，使其为人民服务。二、在现有的基础上进行适当改革，改变旧的教学内容、教学方法与旧的作风，一律采用新华书店出版的教科书及废除体罚制度等。"从巴蜀各地小学的顺利接管与改造的情况来看，这种因地制宜的教育接管政策是比较恰当的。

其次，对于教学组织化程度较高、办学较为规范的私立小学，各地采取扶持政策，即一方面给经费困难的学校以补助使之得以维持；另一方面，采取调派公立小学教师去私立学校任骨干教师、建立校董事会、清理校产等措施引导私校执行国家文教政策，接受人民政府领导。如在忠县，私立汪氏神滩小学是忠县最早的私立小学，创办于清光绪二十一年（1895），忠县人民政府于1950年接管后改为公办初级小学；县政府还把私立乾元小学改为东云乡中心小学（并把校址迁城郊班竹林黎家院子），把私立罗氏小学转为公办初小。[①]这些工作都显示出在小学教育接管中的实事求是、分别对待的科学态度。

在办学体制上，新中国成立初期的四川小学教育在发展中出现了办学主体多元的局面。如1954年教育厅制定了《关于群众自办（或私立）小学或机关、团体、工厂、企业自办小学的意见》。1956年随着农业合作化的发展，民办小学日益增多。1957年全省小学达60,302所，在校学生648万人，比1952年分别增长25.7%和23.1%。学龄儿童入学率上升到52.8%。[②]这种多主体办学的背后是教育投入的多元性，这在新中国成立之初教育经费有限的情况下，解决了办学经费不足而导致的学校规模难以满足人民群众接受教育要求的矛盾。

解放初期，在面对美帝国主义发动侵朝战争的形势下，四川各中小学广泛开展了"抗美援朝，保家卫国"的形势教育，揭露美帝国主义的侵略行径，清除师生中的崇美、亲美、恐美思想。同时，各校师生还听了志愿军代表团在各区县的报告，广泛开展了学习巴蜀战斗英雄邱少云（重庆铜梁人）、黄继光（四川中江人），以及国际主义战士罗盛教等英雄事迹的活动，广大青年学生

[①] 忠县志编纂委员会编：《忠县志》，四川辞书出版社1994年版，第502页。
[②] 中国教育年鉴编辑部编：《中国教育年鉴·地方教育（1949~1984）》，湖南教育出版社1986年版，第996页。

普遍受到深刻的爱国主义和国际主义思想教育。

此外，20世纪50年代初期的巴蜀教育，因受"抗美援朝""镇压反革命"等运动的影响，各地出现了过多动员和使用小学教师，影响教学工作的情况。因此，1951年西南军政委员会发出了《关于结束学校教育工作中的混乱现象》的指示，要求各地采取措施，维持正常的学校教学秩序。1953年2月，四川省人民政府还发出了《关于整顿、巩固各级小学，彻底纠正学校教育中混乱现象的指示》，要求各级政府有领导、有计划地纠正小学教育中的混乱现象；要求各级干部要切实纠正过去对小学教师的错误态度；明确规定任何机关、团体或个人，均不得任意向学校布置工作、抽调教师或占用校舍等。这些政策对于稳定刚刚起步的巴蜀新阶段的小学教育秩序起到了积极作用。

重庆市巴蜀小学作为旧小学教育的接管与改造在一定程度上反映了当时初等教育接管与改造的基本情况。该校建于1933年，由国民党省政府主席王缵绪创办并任董事长，来自江苏的教育家周勖成任校长。1936年，以该校学生生活照片和学业成绩代表中国送至伦敦参加国际教育博览会，受到嘉奖。该校后来发展为一所集幼稚园、小学、初高中为一体的巴蜀学校。1950年，根据邓小平同志"只许办好"的指示，学校由西南军政委员会接管，改为西南区干部子弟学校。1954年西南局撤销后，改名为重庆市巴蜀小学。至今，巴蜀小学被公认为是一所具有优良传统，办学实力强、质量高、有特色的学校。

（二）接管改造中等教育

1. 接管改造普通中学

解放初，四川省仅有高中197所，在校生2.8万人；初中272所，在校生7.1万人；教师7896人。平均每万人口中有初中生12.5人、高中生4.8人，有40多个边远县无初中，120多个县无高中。解放后，巴蜀各地开始了对中学教育的接管。如1950年，重庆市文教局根据第一次全国教育工作会议提出的"维持原有基础，逐步改革旧的教育制度"和"整顿巩固，提高普通中学，打好基础，准备发展"方针，对全市公立中学予以接收（如重庆对全市中学统一按番号顺序更改校名）。对私立中学采取接管续办、查封停办等区别对待的办法，有计划、有步骤地接办了各私立中学、教会中学。[①]如西昌文教处接管西康省立西昌中

---

① 中国教育年鉴编辑部编：《中国教育年鉴·地方教育（1949~1984）》，湖南教育出版社1986年版，第967页。

学，县人民政府接管西昌县立中学、女子中学、礼州中学、河西初级中学，又将建生初级中学更名为西昌县私立伊斯兰中学，公办后更名为西昌第二中学。

在完成普通中学接管的同时，巴蜀各县人民政府又分别从教学、德育、管理等多方面进行整顿。管理方面，在接管学校的过程中，各级人民政府相继派干部去领导学校工作，委派学校校长；废除训导制度，克服学校中的混乱现象，建立了新的教学秩序。在教学方面，根据中央教育部的《中学暂行教学计划（草案）》，四川省文教局制定了《中等学校课程配备临时办法》，各中学按照临时办法安排课程。各中学取消民国时期的公民、童子军和军训等课程。

为了克服新中国成立初期对师生的乱抽乱调和学校的忙乱现象，各地组织中学认真贯彻教育部颁发的《中学暂行规程（草案）》，以树立"学校的一切工作，均应以完成教学计划为基本任务"的观念，坚持了课堂教学。从1950年至1952年，根据中国人民政治协商会议《共同纲领》的规定，开展了"五爱"教育（爱祖国、爱人民、爱劳动、爱科学、爱护公共财物）。1950年以后，配合减租退押、清匪反霸、土地改革、镇压反革命、抗美援朝等政治活动，各校进行了反帝、反封建的爱国主义教育。

2. 接管改造中专学校

1951年，西南军政委员会文教部鉴于经济建设不仅需要高级技术，更迫切需要大量中等技术人才，确定要着重整顿和积极发展中等职业技术学校。教育部门一方面协助业务部门充实现有学校，使其走向单一化和专业化；另一方面会同业务部门积极创办新的技术学校和训练班。同时，在"学校为工农子女开门"方针的指导下，巴蜀地区还创办了大量的中等职业培训班和学校。

1950年，巴蜀各地有重点、有步骤地对接管的师范学校进行改造，废除了校长集权制，实施民主集中制，建立校委会，以校长为主委，吸收教职工和学生代表参加，使集体领导与个人负责相结合；废除训育制度，制定奖惩条例，成绩考查及品行鉴定办法，指导学生订立生活公约，培养学生自我教育的能力；取消公民课、童子军课、军事训练课、地方自治课，制订新的教育计划，把思想政治教育放在首位；在教职工中坚持政治学习为主，业务学习为辅，端正立场，为人民教育事业服务。

1949年，巴蜀只有中等职业技术学校62所，在校学生6771人，专任教师

933人。①解放后,各地开始接管辖区内的国立、省立、市立、县立职业学校。对于私立职业学校,基本政策是区别对待。如重庆文教局对仁济、仁爱等护士职业学校优先扶持,在政治和业务方面加强领导;对历史悠久、有成绩、有基础、设备尚充实的实商商业职业学校、益商商业职业学校则暂行保留;对达德会计职业学校、西南商业职业学校等符合文教政策但设备简陋的学校改为实习学校;对经费来源断绝、校董会自行解散、学校申请停办的则予以核准;对特务控制的学校,则予以查封停办。

在成都,把1937年成立的成都技工学校,改造为川西成都高级技工学校,其校徽也作了相应的改变(图左为1937年校徽,图右为1950年校徽,寓意为在共产党的领导下,办工科教育,培养高级技术工人)。

川西成都高级技工学校校徽的变化

在接管改造旧教育中,也同时重视教师的接管与改造。在具体工作中,对旧教育系统的教师采取了团结教育和发挥其作用的政策。

(三)接管改造高等教育

1. 接管高等院校

解放前夕,巴蜀高校较多,有三十六所(当时全国仅有高校二百零五所)。解放后,中共中央西南局和西南军政委员会根据中央人民政府保护学校的精神,按照"维持现状,继续开学,宁慢勿乱,稳步推进"的原则,对各类高等学校采取和平接管的方针和稳定扶持的政策。具体措施有:一是派出联络员、军代表,稳定学校局面,保护校产,筹组校务委员会,实行民主管理;二是积极扶持条件较好的私立院校,如正阳法学院、相辉文法学院、求精商学院、西南美术专科学校等继续办学;三是对条件不具备、经费拮据的私立院校,如勉仁文学院等,同意其自动停办,并协助妥善安排师生去向;四是根据政务院《关于处理接受美国津贴的教会学校及其他教育机关的指示》,接受私立华西协合大学,并改为公立学校;解散"中华平民教育促进会",接收所属

---

① 周宗京:《巴蜀职教在前进》,电子科技大学出版社1991年版,第3页。

的乡村建设学院（1950年改为川东教育学院）；①分别于1950年、1951年查封国立成都理学院的私立长江文理学院、私立大川学院和私立成都西南学院。到1951年底，基本完成了接管、改造工作。

同时，根据国家和地方建设的需要，在接管基础上新成立的院校有：由西北军大艺术学院迁至重庆改建的西南人民艺术学院；国立女子师范学院与四川省立教育学院的部分系科合并成立的西南师范学院；以四川省立教育学院的农艺、园艺、农机系为基础与私立相辉学院农艺系与私立华西协合大学农学系合并成立的西南农学院。1950年4月刘伯承、邓小平亲自创办了西南人民革命大学，其总部设在重庆，在南充、成都、泸州、西康、昆明、贵阳各地设立分校，该大学通过开展短期教育，为川、贵、云等地培养了大批革命干部。

通过接管稳定了教学秩序，迅速清除了半殖民地、半封建社会高等教育的影响。通过初步的调整和新建，四川高校的教育资源得到了初步整合，私立院校等得到了整顿，适应需要的新兴学校与专业也建立起来了。这些为后来的各项改革和院系调整打下了重要基础。

在接管学校的同时，巴蜀地区非常重视对高校教师的团结、改造工作。首先，组织教师参与政治运动。以西南师范学院为例，1950年朝鲜战争爆发后，学校在教师中开展了抗美援朝的时事教育，全校师生结合学习文件，组织宣传队深入街道、农村进行抗美援朝宣传；土改开始后，学校先后组织了十八名教师分赴简阳、永川和贵州等地参加农村的土改运动，校内教师组织土改参观团赴川东各地参观；1952年2月镇反运动在全国展开后，学校又有计划、有步骤地组织全校教师参加镇反运动，向广大群众宣传党的政策，揭露反革命分子的罪恶，提高群众识别和检举反革命分子的能力和觉悟。其次，组织教师参加思想政治学习。学习内容主要有《共同纲领》《新民主主义论》《土地改革法》《中国共产党党史》等。

2. 调整高校院系

20世纪50年代初期的中国高校调整，就全国形势而言，既有国家大规模建设对专门人才的急迫需求，也是巩固社会主义政权的现实需要。如周总理指出，建设一开，每年就需要中专以上的毕业生二十万人。而当时全国高校毕

---

① 四川教育高等教育和中等专业教育年鉴编辑委员会编：《四川教育高等教育、中等专业教育年鉴（1949~1985）》，四川教育出版社1988年版，第11页。

业生仅两万人。因此，1950年，在第一次全国高等教育会议上，马叙伦部长指出："我们要在统一的方针下，按照必要的可能，初步调整全国公私高等学校或其某些院系，以便更好地配合国家建设的需要。"1951年，制定了具体的院系调整方案。5月，马叙伦在政务院会议上做了《关于1950年全国教育工作总结和1951年全国教育工作的方针和任务的报告》。报告指出"首先调整工学院各系，或增设新系"，"以各大学先有的师范学院、教育学院、教育系和个别的文理学院为基础，加以调整，向着每一个大行政区办一所师范学院，每一省或两三个省办一所师范专科学校的方向发展。"[①]

抗日战争期间，全国众多高校内迁至四川等西部地区，使得当时的四川成为一个高校云集之地，从而获得了一些高校整合的历史经验。但是，新中国成立之初，巴蜀高校还存在数量较多但各校之间发展不平衡，相近院系或专业重复设置严重，专业设置上偏重文法而轻理工医农师的现象。[②]因此，四川根据国家有关高校院系调整方案的要求，开展了相应的高校院系调整工作。

第一，按专才教育思想调整院系。1952年秋季，教育部开始对高等院校做大规模调整，调整总方针是：改变通才教育目标，以培养工业建设干部和师资为重点，发展专门学院和专科学校，整顿和加强综合大学，逐步创办函授学校和夜大学，将工农速成中学有计划地改属为各高等学校的预备班，以便大量吸收工农成分的学生入高等学校。当时，巴蜀地区高等院校存在规模普遍偏小，专业设置冗杂、分散、重复，人力、物力、财力浪费比较严重的问题。1952年，西南军政委员会制定了高校院系调整的三原则：从国家建设的全局出发，集中使用师资、设备，既考虑发展的远景，也照顾当前的需要；有计划、有重点、有步骤地进行；减少普通综合大学，增加和加强专门院校。[③]于1956年底完成了第一次调整工作。这次巴蜀高校院系调整主要是针对综合性高校设立专科性的高校，调整、改组、撤销了一些院校，如四川大学改为文理综合大学、重庆大学改为多科型工业大学、华西大学改为多科型医学院，将这些学校中的

---

① 马叙伦：《关于1950年全国教育工作总结和1951年全国教育工作的方针和任务的报告》，《新华月报》1951年8月第4卷（4），第898页。
② 向东、侯德础：《浅析二十世纪五十年代四川高等学校院系调整》，《教育史研究》2009年第5期，第49～55页。
③ 中国教育年鉴编辑部编：《中国教育年鉴·地方教育（1949～1984）》，湖南教育出版社1986年版，第1020页。

其他系科或专业调出。同时取消了四川纺织专科学校、西昌技艺专科学校。通过这次调整巴蜀高校为十八所，其中仅保留了四川大学一所综合大学，基本上达到了中央提出的要求。

第二，按专才培养目标新建院校。四川在调出的系科或专业基础上组建了一些高校。如1953年，以西南人民革命大学为基础，合并重庆大学、四川大学、贵州大学、云南大学、重庆财经学院的法律院（系）成立西南政法学院；1958年，又并入中央公安学院重庆分院，学校汇集了西南地区法学和法律界的主要资源，被誉为"新中国政法类的西南联合大学"。又如，1955年，在周恩来总理部署下，由交通大学、南京工学院（现东南大学）、华南工学院（现华南理工大学）的电子信息类学科合并创建了新中国第一所专门培养电讯技术人才的成都无线电工程学院；同年更名为成都电讯工程学院（现电子科技大学），1996年被列为全国重点大学。①据统计，此期的四川高校调整中新建了重庆建筑土木学院、四川化工学院、西南农学院、四川医学院、西南师范学院、四川师范学院、西南俄文专科学校、四川财经学院、西南政法学院、成都体育学院、西南音乐专科学校、西南美术专科学校、西南民族学院、成都工学院、四川纺织专科学校等。②

3. 改造高校课程

根据教育部1950年6月发布的《关于实施高等学校课程改革的决定》，各高等学校对课程实行了有计划有步骤的改革。同时，对教学计划做了相应调整。教材方面，工农医各科在自编教材的同时，组织翻译了一部分苏联高等学校的教科书和教学参考书。在教学方法上，各高等学校根据苏联的教学经验，成立教研组，建立健全各级教学组织，形成规范化的教学环节。在思想政治教育方面，各高等院校结合国际国内形势开展思政教育，以提高师生思想政治觉悟，树立为人民服务的思想，迅速清除半殖民地、半封建社会对高等教育的影响。

当然，20世纪50年代这种引导高校结构走向单一化的调整，对学生综合教育的削弱、知识视野的狭窄化所带来的问题是比较严重的。如创办于1929年的重庆大学，原本系科比较齐全，是在国内具有一定影响的综合性大学，如能保

---

① 电子科技大学志编写组编：《电子科技大学志（1956~1994）（征求意见稿）》，1999年版，第2页。
② 四川教育高等教育和中等专业教育年鉴编辑委员会编：《四川教育高等、中等专业教育年鉴（1949~1985）》，四川教育出版社1988年版，第12页。

留它的基础和特色,将会更有利于它的提高和发展,而不至于在过了几十年之后,又来重新开办过去调走的专业。另外,为了学习苏联而在高校公共外语课上搞一刀切,停开日语和英语,只设俄语,丢掉了巴蜀高校在外语教学上多语种的传统,造成了以后一段时期内俄语人才偏多和其他语种人才的严重不足,既不利于外语人才的培养,又不利于国际的学术交流。①

总之,解放初四川教育通过社会主义的接管与改造,奠定了新四川学校教育的基本体系,有利于新政权的巩固,也促进了教育传承,发展了人民教育。但是,也存在一定的问题,照搬照套,学习教育体制时结合自身实际特色的教育探索不足。1956年后私人办学由国家收回统一办理影响了四川办学形式的多样化、多层次发展。此外,开展政治运动在提高教师的思想觉悟和对旧学校的改造中虽有正面作用,但在做法上稍显简单和粗暴,"三反"等运动中缺乏实事求是精神等。

二、学校向工农开门

按照新民主主义教育思想,教育向工农开门,积极开展工农教育,成为一项重要政治任务。《共同纲领》明确指出:"要加强劳动者的业余教育和在职干部教育。"巴蜀各级政府贯彻为工农服务的方针,通过学校向广大人民群众子女开放、积极为工农大众举办文化补习班等多种形式,实践学校为工农开门的理想。

(一)招收工农子弟

1949年12月召开的第一次全国教育工作会议指出:"我们的教育应以工农为主体,应该特别着重于工农大众的文化教育、政治教育和技术教育","我们的小学校应该多吸收工农的子女,我们的中学校和大学校,也应该有计划有步骤地为工农青年大大开门"。②1950年12月和1951年8月政务院先后发布了《关于举办工农速成中学和工农干部文化补习学校的指示》和《关于改革学制的决定》。这些文件都强调国家必须保证工农大众享有教育的基本权利,各级教育部门要把向工农开门作为一项重要政策加以贯彻。

---

① 重庆大学校史编纂委员会编:《重庆大学校史》(下册),重庆大学出版社1994年版,第44~45页。
② 中国教育年鉴编辑部编:《中国教育年鉴·地方教育(1949~1984)》,湖南教育出版社1986年版,第987页。

1951年7月，川西行政公署颁发的《关于本年招收工农子女的通知》中规定：工农子女在招生总人数的比例，大城市高中应占15％，初中应占30％；其他各地区高中应占20％，初中应占50％。在年龄和文化程度上可略放宽条件。工农子女入学经济上有困难者应从人民助学金中给予照顾。对工农子女成绩较差者，学校教师应尽量设法给予补习、指导。1951年西南军政委员会文教部还规定：各级学校享受人民助学金人数的比例自本年9月起，予以适当提高。初中由15％提高到25％，高中由25％提高到50％，师范学校由70％提高到100％，私立中学为10％。同时还提高了人民助学金的标准。到1952年，中学在校学生中工农子女的比例由1950年的12.4％上升到33％。[①]

（二）举办文化补习班

1950年9月，第一次全国工农教育会议指出，工农教育是社会主义教育事业的重要部分，应列入国家教育工作的主要议事日程。巴蜀各地吸取老区教育工作的经验，对农民开展冬学运动。教育的内容结合当时、当地的中心工作，以时事、政策教育和思想政治教育为主，结合进行识字教育，使之服务于当时当地的生产和政治运动。如1950～1952年间，川东、川南、川北、川西行署和重庆市开展了冬学运动，到1952年12月，冬学入学共两百三十三万人，其中常年民校（班）学员达三十三万余人。

1954年10月，四川省教育厅召开第一次工农业余文化教育会议，围绕农村互助合作运动，讨论了冬学的巩固和发展问题。之后，发出了《关于进行冬学巩固工作的通知》《关于1955年冬学工作的指示》等文件，对开展冬学工作、互助合作办学、开展识字教育等农民文化教育提出了具体要求。1956年四川根据中共中央、国务院《关于扫除文盲的决定》的精神，在全川展开了扫盲运动。据1957年底统计：五年中全省使一百一十五万人摆脱了文盲状态，约四百万人能记工分，开始出现了一批基本扫除文盲村。[②]在扫盲基础上，各地还办起了业余中小学及红专学校九万余所，在校人数达三百六十万人，工农劳动者的文化水平和觉悟都有了显著的提高。通过学校教育向工农子弟开门，举办工农文化补习班，给被旧社会剥夺受教育权、文化较为落后的广大工农及其

---

① 中国教育年鉴编辑部编：《中国教育年鉴·地方教育（1949～1984）》，湖南教育出版社1986年版，第987页。
② 中国教育年鉴编辑部编：《中国教育年鉴·地方教育（1949～1984）》，湖南教育出版社1986年版，第1016页。

子弟提供了受教育机会,体现了新民主主义的大众教育思想与要求,实现了人民在教育上当家作主、享受教育权利的愿望。

三、团结教师与改造思想

(一)团结与发挥教师作用

教师作为教育过程的主导受到高度重视,对他们采取了"团结教育改造"的政策,积极发挥他们的作用。新中国成立后,由于学校"师资奇缺",亟待补充,党和政府接管各类学校采取"维持现状"的原则,对原有教职员工实行基本包下来的办法,全部留用,全职全薪,只淘汰了极少数政治不合格和业务水平极差的教职员。由于解放初各级各类学校的教师大多来自旧学校,对党的政策、方针、路线有诸多不解,对人民政府的领导方式、工作作风等很不熟悉,头脑中仍存有旧思想、旧教育观念,因此,巴蜀各级人民政府通过多种途径和方法对教职员工进行思想改造,帮助他们清除封建主义和帝国主义思想的影响,树立群众观点、劳动观点、辩证唯物主义观点、革命人生观和为人民服务的思想,使绝大多数教职员工思想政治状况发生了深刻的变化,既争取团结了广大知识分子、壮大了教师队伍,又安定了学校局面。

(二)开展思想政治教育

巴蜀各地政府积极组织教师参与政治运动,进行思想教育。1950年朝鲜战争爆发后,各地大中小学在教师中开展了抗美援朝的时事教育,师生结合学习文件,组织宣传队深入街道、农村进行抗美援朝宣传;土改开始后,各学校先后组织了教师分赴农村参加土改运动;1952年2月镇反运动在全国展开后,各学校又有计划、有步骤地组织教师参加镇反运动,向广大群众宣传党的政策,揭露反革命分子的罪恶,提高群众识别和检举反革命分子的能力和觉悟。同时,经常组织教师参加思想政治学习。如永川县从1950年秋起至1966年"文化大革命"开始的15年期间,各校每周有4~6小时的政治理论和时事政策学习,并结合政治中心工作开展活动。各地还通过教师学习会的形式将部分中学教师集中到省市学习。

通过对教师的团结教育、思想改造和发挥作用,许多教师的的精神面貌发生了很大变化,思想观念逐步更新,成为社会主义建设的骨干力量。当然,解放初期的教师思想改造也存在一些问题。在"左"的观念影响下,做法上有些简单粗暴,对有的教职工进行了错误的批判,对一些学术领域的问题错误批判，尤其是因《武训传》人民教育家陶行知的光辉思想长期湮没不闻，这对人民教育事业是极大的损失。

四、学习苏联教育经验

早在1945年，毛泽东就在《论联合政府》中提出："苏联所创造的新文化，应当成为我们建设人民文化的范例。"①中华人民共和国成立初期，由于受到帝国主义包围、加之缺乏教育建设经验，而苏联在当时是比较强大，又与我国友好的国家，在以美国为首的西方国家对我国实行封锁和制裁的情况下，学习苏联的教育理论和经验，就成为历史的必然选择。1949年12月，第一次全国教育工作会议上首次明确提出以学习苏联教育经验作为建设新教育的方向后，全国掀起了学习苏联教育经验的高潮，巴蜀也不例外。

（一）中小学学习苏联教育经验

幼教方面，1951~1952年，成都、重庆等地先后选送教师到北京师范大学学前教育专修班进修，学习苏联幼儿教育理论、教育原则、教育过程、教育方法。加强教育的计划性，全面制订教育计划，重视教育效果的检查，不断提高教育质量。同时选送骨干教师到西南师范学院幼儿教育专修班培训。1953年1~7月，各地组织学前教育辅导委员会，举办学前教育讲座，组织更多干部、教师学习，为贯彻《幼儿园教学纲要》，学习苏联经验做好思想上、业务能力上的准备。

在中小学，为了更好学习苏联的教育经验，1953年2月，成都、重庆等地特邀请苏联教育专家普希金等前来讲学，系统介绍苏联的教育理论、教育行政管理组织、教学原则、教学方法。此后又相继组织了多次学习苏联教育法的广播报告，并倡导广泛学习苏联教育家凯洛夫、克鲁普斯卡娅的教育著述。学习苏联经验，对四川中小学改革课堂教学发挥了积极的作用。其中尤以中学更为明显：一是从苏联翻译了中学各科教学大纲。理科教材是从苏联翻译过来，文科教材也是依照苏联教材编订的。二是各中学建立了各科教研组，制订和检查学科教学计划，开展集体备课、互相听课、组织公开课、观摩课教学及评议活动。三是教学方法采用"五个教学原则"（即量力性、直观性、系统性、巩固性、循序渐进性原则），推广"五个教学环节"（即组织教学、复习旧课、讲解

---

① 《毛泽东选集》（第三卷），人民出版社1991年第1版，第1083页。

新课、巩固新课、布置作业)。成绩考核,以"五级记分法"代替"百分制"。

在小学,除学习、推广苏联"三五"经验外,1956年,四川各地还要求"大力开展有关实施基本生产技术教育的课内外实习作业活动",以培养学生热爱劳动、热爱劳动人民的感情和初步的劳动能力。各小学普遍强调了同工厂、农业生产合作社的联系,有计划地组织学生到附近工厂农村参观。部分有条件的城市完全小学着手建立实习工厂,有条件的学校着手建立实验园地。不少学校还建立了课外"能手小组",加强学生动手能力的培养。全市各地中小学学习、研究苏联教学原则和方法的积极性空前高涨。

(二)高校学习苏联教育经验

在高等教育领域,为了适应社会主义现代化建设的需要,改造旧的教育教学体制,四川各高校在1952年院系调整的同时,开始以苏联的高等教育模式为蓝本进行高校调整。

第一,废除原有系科设置、重新设计专业体系。学习苏联的第一步是参照其高教体制,重新设置专业。1952年,我国基本上采用了苏联高等教育的专业目录。四川高校也纷纷根据苏联高等教育的专业目录对原有系科和专业设置进行了调整,走上按苏联相应类型高校所设专业培养人才的轨道。以西南财经学院(现西南财经大学)为例,这所1952年下半年在原成华大学[①]和原成都会计专科学校的校址基础上建立起来的学院,又在按苏联专业目标进行院校调整。在先后两次合并中,有来自重庆大学的商学院和法学院经济系、重庆财经学院经济系、重庆大学银行保险系、西南军政革命委员会财政部财政学校、西南人民革命大学三处和财经科、西南贸易专科学校、成华大学、川北大学企业管理系、华西大学经济学系、贵州大学企业管理系等学校专业加入。西南财经学院在合并中形成非常复杂的发展谱系,这在当时的四川乃至全国都比较常见。这给后来学校的历史溯源"认祖归宗"带来了很大不便,写校史撰时也带来"斩不断、理还乱"的麻烦。

第二,仿苏制订教学计划、采用和编译苏联教材。1952年10月,高教部发文强调,制订高校各专业统一的教学计划,是高等教育改革的中心环节之一,

---

[①] 西南财经学院的成华大学——私立上海光华大学成都分部,1925年5月从圣约翰大学脱离出来而成。1937年8月内迁入川成立"光华大学成都分部",1939年由市内王家坝校址迁到西郊杜甫草堂以西。抗战胜利后,光华大学本部复校,成都分部交四川省地方接办,变更为"私立成华大学"。1952年9月,在全国院系调整时,并入四川财经学院。

指出苏联高等学校的教学计划"具有高度的思想性、科学性、系统性、现实性和目的性"①，各校在制订专业教学计划时必须认真学习。根据高教部和西南文教部制订高校各专业统一的教学计划的部署，在川高校开始了以苏联为"蓝本"改革课程设置、制订教学计划的工作。在教材方面，坚持采用苏联教材是教师认真学习苏联先进经验的标志，也是衡量教学改革进程的重要尺度和学习苏联高教经验的重要内容。因此，各校纷纷根据教学计划的需要引进和编译苏联教材。如西南师范学院在1954年有苏联教材的课程大都使用苏联教材，除中文系和语文专修科所用的十六种外，其余都是尽可能地参考苏联教材、教学大纲、苏联综合大学参考用书而编写的。②

第三，学习苏联教育方法，增加教学环节、充实教学过程。高教部强调中国人民大学学习苏联的经验，对其他高校都适用，号召各院校要全面、系统地学习，"从教育思想、教育方针、教学内容、教学制度到教学方法的全面地系统地改革"③。为响应这一号召，四川高校迎来了学习苏联高校教学方法的热潮。如四川美术学院，其绘画、雕塑两系的基础课教学着重研究苏联的雕塑理论，在外国美术史和绘画创作上着重介绍和推崇俄国19世纪现实主义画家列宾、苏里可夫等人的绘画，对推动学院美术教育和美术创作的发展、奠定专业课的教学基础，起到了重要作用。④在其他工科院校中，则主要是推行苏联高等工科教学计划中规定的六个教学环节，即在整个教学过程中由原来的讲授、实验、实习、考试等几个教学环节增加为讲授、习题或课堂讨论、实验、实习、课程论文设计、考查、考试、毕业设计及答辩等诸多环节，加强了实践性的教学环节。

（三）苏联专家的巴蜀活动

1953年1月，西南文教部聘请苏联教育专家普希金来川讲学，他介绍了苏联高等学校的教育体制、系科组织、课程设置、教学计划和教研组的作用、培养目标、课堂教学原则、教学环节、记分考核办法等情况。⑤随后波波夫教授来

---

① 高教部：《高等医学教育的基本情况及今后的方针任务》，1954年7月29日。
② 高教部：《杨秀峰部长在1956年暑假高等学院院长和教务长座谈会上发言》，《人民日报》1956年8月16日。
③ 中央教育科学研究所：《中华人民共和国教育大事记（1949~1982）》，教育科学出版社1984年版，第101页。
④ 刘昭全主编：《四川美术学院校史（1938~1989）》，四川美术学院出版社1990年版，第60页。
⑤ 重庆大学校史编纂委员会编：《重庆大学校史》（下册），重庆大学出版社1994年版，第39页。

川介绍苏联高校的情况。同时，受聘任教的苏联专家更是具体指导各校如何学习苏联经验，推动了各校学习苏联教育经验的进程。如在重庆大学，1954年后苏联专家卡洛塔廖夫、巴甫洛夫、尼基、杰门捷夫、斯哥洛贺索夫、索里吉良和彼得鲁洽先后到校讲学或任教。

中华人民共和国成立初期学习苏联教育经验，对我们在初期坚持教育的社会主义方向，建设社会主义教育体系，使教育、教学工作更加符合教育规律，产生了重要影响。以成都电讯工程学院为例，1949年后，国内电讯人才一片空白，如何办理电讯高等学校也是面临白手起家。因此，成都电讯工程学院在创建中，专业、系科的设置，仪器购买清单的审订及本科后教育等工作均是按苏联专家意见办。该院当时购买仪器，先由来自华南工学院的教务长冯秉权开列清单，交由苏联专家审议通过后才执行；该院于1957年招收副博士研究生时，五名导师中有三人是苏联专家。苏联专家的贡献如同他们在成都电讯工程学院成立大会上，罗金斯基代表苏联专家的讲话一样：将和自己的同事们一道，为建设好成都电讯工程学院贡献智慧和力量。[①]

通过学习苏联教育经验，旧教育、教学体制改造得以彻底完成，并在此基础上初步建立起中国社会主义建设时期的教育模式。教育组织与管理水平也有较大提高，教学工作的计划性有很大加强，教材的科学性也有所提高。但是由于学习中的形式主义、教条主义的影响，脱离实际、生搬硬套的现象比较严重，这也给后来的四川教育埋下了学校工作行政化、教学思想僵化、片面看重教材、单一强调教师作用的消极影响。

五、民族教育迈开步伐

1951年，在时任国家副主席朱德的指导下，召开了第一次全国民族教育工作会议，拉开了新中国民族教育的序幕。巴蜀作为我国主要的多民族地区之一，除汉族外，还有彝、藏、土家、苗、羌、回等33个少数民族，分布在省内60%的土地上。1949年前，四川民族地区的大多数县城，学前教育、职业教育和高等教育基本上是空白，一些地方仅有一两所规模非常有限的中学，只供当地富家子弟读书，广大的人民群众被拒于学校之外。解放初，巴蜀民族教育在

---

① 电子科技大学志编写组编：《电子科技大学志（1956~1994）（征求意见稿）》1999年版，第34~38页。

民族的、大众的教育方针下，通过落实学校向工农的要求，四川民族教育开始了新的历史步伐。

（一）开办民族学校教育

中华人民共和国成立后，巴蜀各地即开始了民族地区学校教育的发展工作，要求民族小学就地举办、采取学生就近入学的办法。如乐山地区，1951年峨边县即在沙坪古今寺开办峨边县民族小学，招收彝族聚居区儿童免费入学。1954年，西康省并入四川后，甘孜、凉山、西昌的新办民族小学也在1956～1957年实行就近入学的办法。通过民族地区学校教育的大规模正式开办，民族学校教育基本上走上社会主义教育发展的轨道，不但为少数民族儿童提供了接受正规学校教育的宝贵机会，也为四川少数民族地区的后续发展提供了人才基础，对促进巴蜀少数民族地区经济社会的全面与持久发展，具有极其重要的意义。

（二）建立民族专门学校

在汉族与其他少数民族共同居住地，根据少数民族人口具有相当数量、一定比例的情况，建立了专门的少数民族学校。如1952年在成都武侯祠和走马坪分别开办"民族寄宿制小学"，招收彝族学生就读。又如1952年，宜宾县将凤西乡分校命名为"苗族学校"，特从贵州聘来苗族教师王正国任教，当地二十四名苗族儿童全部入学；1957年，当地政府两次拨款四千五百元在凤仪石梁子新建民办苗族初级小学。多民族杂居地区少数民族专门学校的开办，在语言、文字，以及生活背景等方面较好地解决了这些地区的少数民族儿童就学的困难，有助于促进民族教育的整体发展。

同时，为了发展与提高民族地区教育质量，四川还重视民族地区教师队伍的建设。凉山、阿坝、甘孜等民族自治州，以及乐山等多民族市县，积极依托高等院校开展民族教师培训工作。如1955年在乐山师范专科学校内开办民族师范班，积极培训民族地区中小学教师，为提高民族地区基础教育质量奠定了坚实基础。由于为民族地区培训了大批的教师，四川民族地区的学校迅速由县镇向乡普及，逐步实现了乡乡有学校，为民族地区普及初等教育做出了历史性贡献。

各地还积极开展了民族社会教育，如乐山地区在解放初就采取特殊政策，举办民族干部培训，先后为马边、峨边、雷波等县培训民族干部八百多人，为后来大小凉山的社会主义建设奠定了干部基础。[①]

当然，这一时期的巴蜀民族教育，政府关注的重点还主要局限于学校教育，这有其当时历史条件的合理性，但对少数民族地区的社会教育等重视还很不够。

回顾接管与社会主义改造时期的巴蜀教育，值得称道之一的是西南农学院（后与西南师范大学合并为西南大学）培养出了被誉为世界"杂交水稻之父"的袁隆平。他于1949年考入原四川省立教育学院农科三系，即后来的西南农学院农学系学习，毕业后一直从事农业教育及杂交水稻研究。他被誉为"当今中国最著名的科学家""当代神农""米神"；先后获得了"国家特等发明奖""首届最高科学技术奖"等多项国内奖项和联合国"科学奖""沃尔夫奖""世界粮食奖"等11项国际大奖。世界杰出农业经济学家唐·帕尔伯格在《走向丰衣足食的世界》中写道："袁隆平为中国赢得了宝贵的时间，他增产的粮食实质上降低了人口增长率，他在农业科学的成就击败了饥饿的威胁。他正引导我们走向一个丰衣足食的世界。"2007年，在袁隆平就任美国科学院外籍院士仪式上，诺贝尔化学奖获得者、美国科学院院长西瑟罗纳在介绍袁隆平的当选理由时说："袁隆平先生发明的杂交水稻技术，为世界粮食安全做出了杰出贡献，增产的粮食每年为世界解决了3500万人的吃饭问题。"袁隆平的精神和品质被总结为：创新——中国杂交水稻第一人；时刻关心人民——他解决了世界五分之一人口的温饱问题；淡泊名利——如果他申请专利，或许他是中国最富有的人，可是他却把专利无私贡献给社会；对艺术的追求——擅长小提琴，平时喜欢博览群书；简朴——即使已经成为百万富翁，生活依旧简单。

第二节　曲折前进中的巴蜀教育

我国社会主义改造完成后，由于受国际、国内局势的影响，巴蜀教育同全国教育一样，先后经历了以"整风""反右"到"大跃进""反右派"等运动，后来又贯彻调整、巩固"充实、提高""八大方针"决定这样一个曲折复杂的历程。

[①] 史志义：《回顾与展望》，载乐山市教委等编：《乐山市民族教育文选》（内部资料），1990年版，第10页。

一、教育界整风到反右及反右倾

1957年4月，中共中央在全党进行的反对官僚主义、宗派主义、主观主义的整风运动，发动党内外对党提出批评建议。在整风过程中，有极少数人趁机攻击党和社会主义制度，这些错误言论在社会上引起了风潮，中共中央发出了反击右派分子进攻的指示，后来导致了反右派斗争的严重扩大化。在1958年发动"大跃进"，因急于求成，出现了很多问题。1959年7月至8月，中共中央庐山会议本来是为纠正这些问题而召开的，后来却错误地发动对彭德怀的批判，进而在全国开展反对"右倾机会主义"的斗争。上述这些运动都给四川教育带来了严重的影响和伤害。

（一）中小学校整风与反右

1957年5月，四川各地中小学组织教职工和学生进行学习，在学习中贯彻"鸣""放"和联系实际的方针，鼓励和支持群众大胆揭露党内存在的问题以及学校工作中的缺点和错误。各个学校师生在讨论、座谈中踊跃发言，联系学校情况对校领导的官僚主义、宗派主义思想作风、党群关系、人事安排、工资福利、总务后勤等方面，大胆、尖锐地提出批评。

反右斗争严重扩大化。在万县，1957年暑期集中全区四十六所中等学校（含初中师资训练班一所）的一千四百八十四名教职员工，开展"反右斗争"，划出"右派分子"一百零五人。1958年1月，各县小学教师分别集中进行"整风反右"斗争，历时五十天，有六千三百三十一所小学的一万三千八百一十七名教职员工参加，对所谓的"右派分子""坏分子"进行组织处理，有的被清洗出教师队伍，有的送交农场劳动改造，有的下放劳动或留校察看。[①]1959年宜宾县开展反右倾运动，在中小学教师中批判右倾保守思想，搞"拔白旗"运动。

（二）高等院校整风反右和反右倾

在高校，四川大学、重庆大学、西南财经学院、成都电讯工程学院、西南农学院、西南师范学院、西南政法学院、四川医学院等高校都走在了教育系统整风运动斗争的最前列。先是积极组织教职工和学生贯彻"鸣""放"方针，鼓励、支持群众大胆揭露学校工作中的缺点和错误。在中央先后开展及右

---

① 李定开、唐智松主编：《重庆教育史》（第三卷），西南师范大学出版社2006年版，第49页。

斗争议,省委派工作组进驻高校,开展反右斗争。高校这次反右斗争无论从数量还是性质方面都严重地扩大化了,把许多向党的工作和党的干部提出批评,但并不反党、反社会主义的人,把一些有才能的知识分子,把许多政治上热情而不成熟的青年错划为"右派分子"。如西南师范学院的反右派斗争在全院教职工和学生中先后被划为"右派分子"的共612人,占全院总人数5855人的10%以上。四川农学院从6月中旬开始划"右派",全校共划"右派分子"135人;西南交通学院反右斗争中,五名教师和两名学校工作人员被错划为右派分子。1959年的反右倾运动也造成大学的冤假错案。据统计,"反右倾"斗争中全川开除教师667人。[①]他们被下放劳动改造,身心受到严重伤害,国家和人民造成严重损失。同时,反右斗争的扩大化和后来的反右倾运动,因为伤害了一大批熟悉教学业务的干部和教师,也导致了学校正常秩序受到严重干扰,教学质量下滑。1961年到1962年,四川各地曾成立干部甄别小组,对反右倾机会主义斗争以来,受到批判和处分的党员和干部实事求是地加以甄别。受甄别的人员中,有一批人被重新任用为干部,有一些人得到了平反。因冤假错案致死的人,其家属得到了抚恤救济。对逮捕后平反的人和被押去农场集训过的干部,平反后亦给予生活补助。

在"反右派""大跃进""反右倾"那些年间,高等学校同社会上都弥漫着一股"宁左勿右"的空气。如1959年学校开展了以"兴无灭资"为目标的"整改"运动,要求学生作个人思想总结和鉴定,开展"双反交心",举行交心会、座谈会、展览会,揭发学校工作中的"三风"(主观主义、官僚主义和宗派主义)、五气(官气、暮气、阔气、骄气、娇气)和浪费、保守现象,开展"向党交心""拔白旗插红旗",进行"红专"辩论,制定红专规划,批判资产阶级教育思想、学术思想,搞臭资产阶级个人主义,向"红透专深"前进。这种活动由于秉承"左"的指导思想,没有正确处理政治与业务、理论与实践、红与专的关系,在很大程度上伤害了部分教师和学生。同时,各种政治活动过多,忽视课堂教学和教师主导作用,也打乱了正常的教学秩序,降低了教育质量。

整改阶段进行的"插红旗拔白旗"运动违反了党的知识分子政策,与改造

---

① 中国教育年鉴编辑部编:《中国教育年鉴·地方教育(1949~1984)》,湖南教育出版社1986年版,第988页。

知识分子思想的规律背道而驰，批判"白专"道路，打击了师生钻研业务的积极性，对教学、科研工作起了不良作用。

二、教育"大跃进"与调整

巴蜀地区的教育"大跃进"如同全国形势一样，在1958年初就开始了。该年3月，全省举行的中等、初等和工农业余教育"大跃进"誓师大会上，四川省领导提出了全省教育工作的两年苦战目标：今年普及初级中学教育，明年扫除文盲；今年实行半工半读的学校要达到90%；力争明年教育质量要赶上北京、上海。同年5月，中共中央八届二中全会通过了"鼓足干劲，力争上游，多快好省地建设社会主义"的总路线；9月，中共中央、国务院《关于教育工作的指示》提出在全国统一的教育目标下，办学的形式应该是多样化的，即国家办学与厂矿、企业、农业合作社办学并举。在这些因素影响下，1960年1月，全省举行中小学教育暨工农业与教育跃进誓师大会，立下在今年实现更好的全面跃进的雄心。在此背景下，巴蜀地区从基础教育到高等教育在教育规模上出现了相应的"大跃进"情景。

（一）教育的"大跃进"

1. 初等教育的"大跃进"

幼儿教育方面，为了适应大发展要求，四川各地采取多种形式办幼儿园。有领导强、师资好、设备完善、质量较高的托儿所、幼儿园，也有简易的幼儿班、幼儿队、娃娃组。以全托、日托、临时寄托等不同形式满足不同生产、工作岗位妇女的需要，照顾不同经济条件的家庭所需，各种类型的幼儿园以惊人速度出现大的发展。据1957年统计，全省已有幼儿园2467所，入园儿童179,600人，同1949年相比，幼儿园的数量增加了十三倍，入园儿童增加了八倍。1958年幼儿教育又盲目发展，短期内幼儿园猛增了三十多倍。[①]

由于托儿组织迅速发展，出现了物质条件差、人员数量少、质量低等问题。根据教育部提出的"提倡群众办学，勤俭办学，不能一切都由国家包下来"的精神，各地政府积极依靠群众办学。通过广泛动员，充分协商，在群众自愿的基础上，调整阴暗潮湿的房舍，积极捐助玩具设备，为办幼儿园（班）

---

① 中国教育年鉴编辑部编：《中国教育年鉴·地方教育（1949~1984）》，湖南教育出版社1986年版，第994页。

提供了一定的物质条件。同时根据就地取材，依靠群众的办法，吸收大批优秀妇女积极分子，参加幼教工作，并且根据保教人员的实际水平和工作情况，开办短期培训班，各区县对新参加工作的保教人员普遍分片进行了培训，同时采取公办园带民办园、老园带新园、分片辅导办法，建立起全省业务辅导网，以不断巩固办园水平。这种不顾客观条件的盲目发展，使幼儿园的管理水平和教学设施无法跟上，保教人员的素质差，教育的"成人化""小学化"等问题也比较突出，致使幼儿家长很不放心，很多幼儿园难以为继，陆续解散。

小学教育方面，四川各地贯彻"大跃进"精神和"两条腿走路"方针，加快小学教育的发展速度，小学生在校人数迅猛增加，《四川日报》于1958年5月20日以"用革命精神办学"为题，报道江津县先锋区召开"文教工作跃进大会"，提出"要用革命精神办学，迅速改变过去文化落后状况"，各乡社采取"边筹划、边动员、边报考、边开学"的一竿子到底的办法来办学校，4月中旬新办了40所民办小学，保证了社社有小学。又如在甘洛县，1958年全县有小学32所，其中民族小学23所，共110个教学班，在校学生4614人。1959年受"大跃进"影响，不切实际地提出"平均五里内，凡有四十户人居住的地方都要办学"的口号，出现了随意平调农民劳动力、土地、房屋及其他财产办学的现象，加之1959年海棠区划归甘洛县，因而1960年，全县小学比1958年翻了一番，达到64所，218个教学班，在校学生激增至7998人，其中民族学生4751人。[①]如此过快的发展，由于办学经费少，师资条件和学校教育设备差，教育教学质量均难以保证。此外，四川还开展了小学教育的实验，如重庆市江北区建新小学开展语文教学改革实验，黔江推行黑山北关小学语文集中识字教学法等。

特殊教育方面，1949年巴蜀地区仅有盲、聋哑学校三所，即成都中西慈善团基督教盲哑学校、成都私立民生聋哑学校和重庆私立扶青聋哑学校。1951年，成都市军事管制委员会接管了成都这两所学校，合并更名为成都市盲、聋哑学校。1956年重庆市人民政府接管了重庆私立扶青聋哑学校，更名为重庆市聋哑学校。接管后，两所学校扩大招生，到1957年，发展到二十五个班，在校学生四百三十一人，教职工五十一人。1957年以后，重庆市新办一所盲童学校，部分地区民政部门陆续创办了一批聋哑学校；1959年，县级宜宾市民政科在外北街创办了一所聋哑学校。

---

① 四川省甘洛县地方志编纂委员会编：《甘洛县志》，四川人民出版社1996年版，第419页。

2. 中等教育的"大跃进"

四川各地在贯彻"全党全民办教育""教育与生产劳动相结合"的方针下，厂矿企业、街道、农村公社掀起大办工业中学和农业中学的高潮，实行勤工俭学，搞半工半读、半农半读的职业教育。到1960年，原重庆市有工业中学60所、学生9700人，农业中学141所、学生19271人；江津专区有职业中学、农业中学378所，学生17,748人；涪陵专区改办农业中学200余所，招生1万余人。①四川中学专业教育也出现加速发展的局面。1958～1960年三年内，全省中等专业学校和学生数分别以69%和35%的年平均增长率急剧增加。到1960年学校增加到277所，在校学生增加到112,200人，全省中专学校的专任教师每校平均数却由1957年的66人下降到31人。②中师根据"两条腿走路"的方针，在"教育革命"开展后，巴蜀师范学制多样化，有三年制中师、二年制中师、一年制中师，还有1～6个月的短训班。初师设有二年制、三年制和四年制。显然，这种应急措施降低了中小学教师的培养质量。因此，从整体上看，由于中专教育系统发展过快、规模过大，教育质量受到了严重影响。四川中学教育盲目发展的后果是，超过了国民经济的承受能力，师资和学校教育设备严重不足的困难无法解决，教育教学质量下降。1959年，教育部公布了当年全国各省的高考成绩，四川省名列倒数第二，省教育厅提出开展"保高三"运动，为实现"高速度、高质量、高标准"和"大面积丰收"目标，各市、区县领导亲自督阵，并且集中一批教学效果好的教师去"保高三"。由此对学生采用许多突击办法，强行灌输和死记硬背。例如天天搞过关测验、全校各处张贴考题，以此增强学生记忆等，造成学生精神紧张，影响其身心健康。因此，1960～1965年期间，根据中央指示，贯彻中小学工作条例，中小学教育改革的重点是教学方法改革，反对"注入式"，提倡"启发式""少而精"和理论联系实际、学以致用原则。到1965年，中央教育部小学司工作组到重庆市小学检查教改工作，肯定了教改的形势是好的，大多数教师都在运用"启发式""少而精"的方法，减轻了学生负担，提高了教学质量。

3. 高等教育的"大跃进"

1958年经国务院批准，石油部决定在四川南充创办全国第二所石油学

---

① 重庆市教育委员会编：《重庆教育志》，重庆出版社2002年版，第311页。
② 周宗京：《巴蜀职教在前进》，电子科技大学出版社1991年版，第4～7页。

院——四川石油学院。至1960年，又发展了一大批高等学校，从而使巴蜀高等学校由1957年的二十二所发展到七十三所。①为了促进教学与实践相结合，巴蜀许多农业院校、师范院校大办各种类型的学校。如西南师范学院从1958年8月到11月，就自办和协助有关部门办起了半工半读的业余夜校、函授班、单科训练班及双日制、三日制、星期日制等多种形式的学校四百多所，还开办了家庭教育讲座和九所教师辅导站，近千名学生参加了扫盲，并有一百多名学生到农村去调查研究农村办学情况。一个以学院为中心的教育网络初步形成。全院50%以上的学生参加了办学工作。②

高等学校在教学改革上的"大跃进"主要是加强教学与生产和工作实际的联系、改革教学内容、编写新教材等。如四川财经学院采取党委领导与教师、学生三结合的形式，一齐动手编写教学大纲和讲义。学院党委提出的目标是："苦战四十天，编写新讲义，迎接新学年，向国庆献礼。"参加编写讲义的教师有100人，学生有267人，在一个多月的时间里，师生共走过51个市县，到过278个单位（包括业务机关、企业、厂矿和人民公社），走马观花编文章，40天就编写出44种新大纲和38种新讲义。③这种违背教材研究与编写科学规律的冒进行为，导致了教材质量低劣、降低教育质量的严重后果。

（二）教育的局部调整

从1961年到1963年，四川省教育工作贯彻中共中央提出"调整、巩固、充实、提高"八字方针，大量裁并1958年以后新建的条件差、布局不合理、重复设置的中等专业学校；压缩全日制中小学规模，调整学校布局；认真办好一批重点学校，提高教育质量，对全川教育事业进行了大规模的调整。

1. 初等教育的调整

结合全国幼儿教育形势的要求，教育厅总结了1958年到1962年，幼儿教育实行"两条腿走路"的方针，在数量上获得了大发展，但同时存在托儿组织发展要求过高过急，发展过多过快，师资设备跟不上，数量、质量矛盾突出的状况，在1963年提出幼儿教育的发展方针："以家庭教养为主，民办为辅，公办

---

① 四川高等教育和中等专业教育年鉴编辑委员会编：《四川高等教育、中等专业教育年鉴（1949~1985）》，四川教育出版社1988年版，第17页。
② 四川供稿：《学生办学，半学半教，西南师范学院办起学校四百多所》，《人民日报》1958年11月15日。
③ 刘洪康：《我院编写大纲和讲义的群众运动》，《光明日报》1958年12月12日。

补充"。公办园着重提高教育质量,起示范作用,不发展,不扩大规模。1963年,省教育厅进一步提出:幼儿园不是一级正式学校,要求对幼儿要全面关心,全面负责,要教好养好,要尊重幼儿的年龄特点;建立正常的教养秩序,改进教育内容,教育方法;加强保健工作,加强幼儿行为习惯和独立生活能力的培养;纠正要求过高过急、严重小学化的偏向。

1963~1965年通过贯彻"调整、巩固、充实、提高"的八字方针基础上,小学教育得到恢复和发展。1963年3月,教育厅提出:小学应该有计划地积极发展,逐步普及。争取在两三年内,使高小毕业生与初中招生的比例达到4:1;五年以内,小学适龄儿童入学率达到80%以上。1964年1月提出:要改进和加强农村小学教育,逐步调整农村小学的布局,办学形式要灵活多样,改进教学内容。1965年全省小学在校生达1098万人,比1962年增长95.7%。学龄儿童入学率达到75%。当时主要采取清理超龄学生、停办农村民办小学等形式对小学教育发展规模进行收缩。经过调整,适当控制了公办小学规模,发展了民办小学,满足了群众子女的入学要求。

2. 中等教育的调整

在普通教育方面,1961年,为了贯彻执行"八字"方针,纠正盲目发展的倾向,根据中央"控制规模,稳定几年,着重提高教育质量"的要求,四川省委宣传部制定《关于压缩中等学校学生和安排不升学的中小学毕业生的工作报告》,对中等教育大砍"三板斧",即清理超龄生(初中十六岁以上)、停办农业中学、停办或者部分停办公办中学。同年,许多地方农业中学停办,精简压缩学生以支援农业第一线,许多工业中学先后办成全日制普通中学。经过三年调整,到1963年,原重庆市(含永川地区)普通中学在校学生由1960年的189,093人下降到166,395人,减少了22,698人。[①]

为了进一步提高教学质量,1961年7月,四川省教育厅制发了《关于当前全日制中学工作的意见》,简称"十三条"。强调教学工作要坚持"四固定",即把教学计划、课程表、教材和教师按照规定的要求稳定下来,并且要求教师做到"六认真",即认真备课、上课、批改作业、辅导学生、指导实验、检查教学效果。严格控制学校的非教学活动。1963年1月,教育部提出《关于当前中学工作的几点意见》,要求各级教育行政部门采取有效措施,制止片面追求升

---

① 重庆市教育委员会编:《重庆教育志(总述)》,重庆出版社2002年版,第18页。

学率的现象。

1964年、1965年，毛主席先后指出：现在学校课程太多，对学生压力太大，教授又不得法、考试方法以学生为敌。四川各中学认真学习和贯彻执行指示，采取积极措施解决各类问题，要求领导深入教学第一线授课、听课；在教学上，强调以教学大纲为尺子，以教材为依据，加强"双基教学"；教师做到"六认真"，并且组织研究公开课；教学方法，按少而精、启发式、精讲精练、减少作业，以减轻学生负担；同时，还通过精简会议、减少学生干部兼职、控制学生课外活动、保证学生睡眠时间等一系列措施，减轻了学生负担，改进了教学工作，促进了教学质量稳步提高。

1961年，四川召开全省中等专业教育会议，研究了中等专业学校执行"八字方针"的问题。会后，各校从3月份开始压缩学校规模，动员部分学生支援工农业生产。7月30日，中共四川省委批转了省高教局分党组《关于全省中等专业教育事业的调整和1961年计划安排意见的请示报告》，接着对中等专业学校采取撤销一批、合并一批、停办一批等措施，大量裁减学校数量，调整布局。① 经过近两年的调整工作，到1962年，中等专业学校下降到七十所，在校学生下降到25819人。

1962年以后中专教育开始恢复和发展。1963年，省教育厅执行1963～1964学年度师范学校和幼儿师范学校教学计划，恢复各科教学法，增加了专业课时数。1965年，四川省教育厅指示："社来社去"学生参加过体力劳动，而且大多数是工人和贫下中农子女，政治思想好，热爱劳动，是提高师范生质量的一个有利措施，今后还要继续试行，在保证政治质量的同时兼顾学业成绩和健康条件。总之，从1963年至1965年，这个时期由于党加强了学校工作的领导，贯彻了以教学为主的办学指导思想，学校秩序走上正轨。

3. 高等教育的调整

针对1958年教育事业的"大跃进"出现的问题，1959年6月教育部召开了全国重点高校工作会议，制定了《教育部直属高等学校暂行工作条例草案》（即"高教六十条"）。四川贯彻"高教六十条"的要求，经过三年多的调整，至1963年，高等学校下降到二十八所。1965年，为适应大三线建设需要，教育部

---

① 四川高等教育和中等专业教育年鉴编辑委员会编：《四川高等教育、中等专业教育年鉴（1949～1985）》，四川教育出版社1988年版，第107页。

决定清华大学在四川绵阳建分校；唐山铁道学院迁四川峨眉，改名为西南交通大学；上海化工学院在四川自贡设立分院。1966年2月，南京大学、东北林业学院有两个专业并入四川林业学院。经过调整，特别是从1961年起，贯彻"高教六十条"，使巴蜀高等教育开始走上健康发展的道路。到1965年，全省拥有高等学校32所，为1954年16所的2倍；在校生45724人，为1950年14542人的3.1倍；专任教师9474人，为1950年1553人的6.1倍；设置专业179个，为1952年77个的2.3倍。17年共毕业学生12万余人，[①]其中绝大部分已成为各条战线的骨干力量，为社会主义建设事业做出了贡献。

除了压缩规模以外，从1961年开始，四川高等学校加强了教育改革：正确执行党的知识分子政策、改善师生生活条件和工作条件；整顿教学秩序，贯彻以教学为主的原则；改进教学内容和教学方法，根据"少而精"的原则调整教学内容；调整科研计划，注意结合专业教学内容开展科学研究；充分发挥老教师"传、帮、带"的作用，强调青年教师"在战斗中成长"，通过各种途径大力培养师资。如西南石油学院贯彻改革精神，修订教学计划和教学大纲，调整教学、生产劳动，加强试验、生产实习、毕业设计等各个教学环节，努力提高教学质量。

在中央"八字"方针的指导下，四川通过调整压缩控制了各类教育事业的发展规模和速度，使教育事业的发展基本上与当时国民经济发展相适应，使教育事业内部的比例结构也基本趋于正常，师资短缺、办学资金不足等问题得到了解决，办学条件得到了改善，整顿了教学秩序，改进了教育内容和教育方法，提高了教育质量。

三、尝试两种教育制度

1958年5月，刘少奇同志在中共中央政治局扩大会议上正式提出了"我国应有两种教育制度、两种劳动制度"的设想。1958年上半年我国农村已经大搞半工（农）半读学校，但是由于国民经济遇到暂时困难，教育事业做了大规模的调整和压缩，加上教育部门和有关部门对这类学校缺乏领导，很多半工（农）半读学校没有能够坚持办下去。1963年以后，中小学毕业生升学和就业问题十

---

① 中国教育年鉴编辑部编：《中国教育年鉴·地方教育（1949~1984）》，湖南教育出版社1986年版，第1020页。

分尖锐，引起了政府的高度重视。1964年起，刘少奇再次提出了两种教育制度、两种劳动制度的主张。1964年，中央关于"两种教育制度和劳动制度"的文件下发，四川如同全国形势一样，开始了实施两种教育制度的探索。

（一）试办半工（农）半读学校

1960年9月，贯彻中共中央、国务院《关于试验改革学制的规定》，到1965年，四川全省半工（农）半读学校达到4034所，学生37.6万人。这些半工（农）半读学校招收出身好、思想好、劳动好、立志务农、身体健康的初中毕业生，或有相当学历、参加过生产、年龄在二十岁以下的未婚农民、公社、大队干部，学制三年或四年。在具体实施方式上有农村耕读小学、半工（农）半读中学、半工（农）半读中等专业学校等形式。①半工（农）半读学校的教学内容不同于普通学校，如要求学习和劳动的课时各占一半，形式可以多种多样，根据生产特点，因事因地制宜。安排时还应注意学生的年龄和所学知识的特点，学生参加生产劳动，注意劳逸结合，保护学生健康；课程内容理论联系实际，学以致用，急用先学；基础专业课区别不同类型学校来开设，门类不贪多求全，宽窄力求适当。

（二）探索半工（农）半读管理

为了更好地管理半工（农）半读学校，四川各地市、县教育局设立专门办公室，负责处理日常工作。其管理体制分别是：一是街道民办半工（农）半读学校接受多重领导与管理：学校党支部直接受区委宣传部领导；行政工作和教学业务受政府教育科领导以及街道办事处的领导和管理。二是工矿企业举办的半工（农）半读学校由业务部门主管。厂校合办的半工（农）半读学校由教育部门主管。三是农业中学在公社党委领导下，成立学校管理委员会，吸收贫协主席、乡长、大队长代表，学生家长代表，教师代表参加管理；公社书记兼任校长。农业中学校舍、校具由公社解决；办公费在公益金中开支；教师工资评记工分，分摊给各大队；口粮按公办学校标准，在生产队分配。

两种教育制度在四川地区的实施，调动了社会各方面办学的积极性，推动了多种形式办学的发展，完善了教育结构。加强了教育和生产劳动的结合，培养出具有职业技术的人才，使教育更好地为生产服务。在实施过程中虽出现了

---

① 中国教育年鉴编辑部编：《中国教育年鉴·地方教育（1949~1984）》，湖南教育出版社1986年版，第1038页。

一些问题，但应该肯定的是它为教育体制改革、职业技术教育发展积累了一定经验，如创办重庆第一所民办小学（解放小学）的李嘉芸，她聘请义务教师，利用消防室白天办小学、晚上办成人夜校，对两种劳动制度和两种教育制度进行了积极探索。

毫无疑问，两种教育制度的探索既立足于新中国教育提供能力与社会就业的现实需要，具有重要的实践价值；同时又具有探索新中国教育特色、发展新中国教育制度的理论意义。对于促进以多主体办学、多形式办学来满足人民群众的教育需求发挥了重要作用。

四、社会教育发展起伏

（一）农民教育的起伏

1958年，四川掀起了"万人教，全民学"的扫除文盲运动。据1958年的统计：当时全省共组织了500万扫盲大军，参加扫盲学习的人数达1584万人。在短短的半年时间里便扫除文盲1010万人。在扫盲的基础上，各地还先后办起了业余中、小学及红专学校9万余所，在校人数达360万人。[1]但是，这样"大跃进"的扫盲工作，华而不实，浮夸严重。在1960年自然灾害影响下，整个业余教育工作便被迫停顿了。1963年，随着国民经济的恢复和发展，农村也恢复了扫盲工作。春秋两季各抓一次扫盲学习，在每个公社办一个样板学校，坚持常年指导农民学习，改变过去搞运动的方式，取得了比较扎实的成效。

1958年，四川农民业余文化教育也搞了"大跃进"，形成由乡领导、社管理、耕区（生产队）办学的形式，全省组织了十一万余人参加高小班学习。1963年3月，教育厅总结了1958年以来正反两方面的经验教训，提出恢复农村业余教育工作，支援人民公社集体经济的具体意见。据1964年统计：全省有2249个公社开展了业余教育工作，开办了机电班、农技班、财会班，入学达五十余万人。[2]

在"大跃进"中，四川各地农村还曾大办红专学校、蚕桑学校、农业技校、园艺校、畜牧学校、财会学校等科技教育学校，但1961年又普遍停办。部分县还成立技术革命委员会或小组，推动技改工作，普及农业科学技术。1958

---

[1] 中国教育年鉴编辑部编：《中国教育年鉴·地方教育（1949~1984）》，湖南教育出版社1986年版，第1020页。

[2] 中国教育年鉴编辑部编：《中国教育年鉴·地方教育（1949~1984）》，湖南教育出版社1986年版，第1016页。

年夏天,合川县就有红专学校1038所,秋天又形成办大学的热潮,在沙鱼公社办起红专大学,内设政、农、工、医、财经、师范、军事、社会等八个学院,采取自编教材,能者为师,以田间为课堂、以生产代学习的办法,大轰大擂,不久即停。①

此外,四川农民还开展了文学艺术教育。农村人民公社化,农村俱乐部进行了大的整顿,有的下设业余剧团、歌咏队、幻灯放映队、图书室、创作组、板报组、体育队等,但往往是昙花一现。

(二)职工教育的波折

1959年,四川各地根据全国工矿企业职工教育会议的精神,在各市、县组织职工学习文化、技术,开展文体活动。1960年5月,职工教育步入"大办、高办"的新阶段,要求工矿企业百分之百地普及高小,中等以上学校入学率达到90%以上,甚至提出入学率、升级率都达到百分之百的口号。为了建立从小学到大学的教育体系,没有足够数量的高中生入大学,便以初中文化程度的学员办大学预备班或五年一贯制的大专学校。这种脱离实际的"大办、高办",给职工教育造成严重后患。

1963年,国民经济开始好转,经压缩后的职工业余文化教育开始回升,1964年6月,四川各地贯彻全国职工教育会议精神,坚持"结合生产,统一安排,因材施教,灵活多样"的原则,实事求是地把高小作为重点,相应地办好中等以上的学校,大力举办各种短期技术、业务班,各种单科及初级技术学校,职工教育获得巩固与发展。同时,通过丰富多彩的工会学习、文娱、体育活动,提高职工的思想文化、身体素质,增强团结协作精神。

(三)干部教育的开展

干部教育主要在干部业余文化学校进行,其内容主要是文化教育和业务学习,干啥学啥,缺啥补啥。1957年后,贯彻省教育厅《关于提高区、乡脱产干部和高级社主要干部文化水平,开办工农干部文化补习学校有关事项的通知》,让文化低的老干部和工农干部离职进县委工农干部文化学校、机关干部业余文化补习学校,或到工农速成中学学习。学制、课程和教学均按省统一规定,即实行全日制分班教学,在学时间一年,高小班设语文、数学、自然、常识四科;扫盲班只学语文。要求原系文盲、半文盲的达到高小毕业程度,非文

---

① 四川省合川县地方志编纂委员会编:《合川县志》,四川人民出版社1995年版,第618页。

盲和不及高小毕业程度的达到初中一年级水平。

1959年至1960年前后，四川各县还相继成立党校，干部教育转为主要通过党校进行。"大跃进"以后，根据中央《关于下放干部劳动锻炼的指示》和各级干部参加体力劳动的决定，四川各地先后分期分批组织所谓从家门到学校门再到机关门的"三门"干部和未经革命战争锻炼的干部，下放到农村劳动或参加整风整社，接受锻炼。

第三节　"文革"动乱中的巴蜀教育

1966年5月16日，中共中央政治局扩大会议通过了《五一六通知》，提出"这次运动的重点是整党内那些走资本主义道路的当权派"，"把那里的领导权夺回到无产阶级革命派手中"，"彻底改变资产阶级知识分子统治我们学校的现象"。号召全党要"高举无产阶级文化革命的大旗，彻底揭露那些反党反社会主义的'学术权威'的资产阶级反动立场，彻底批判学术界、教育界、新闻界、文艺界、出版界的资产阶级反动思想，夺取在这些文化领域中的领导权"。之后开始了长达十年的"文化大革命"动乱。直到1976年"文革"结束，这是巴蜀教育遭受破坏的十年。

一、"文革"动乱冲击教育

（一）掀起红卫兵运动

1966年6月，清华大学附中、北京大学附中等学校由中学生自发组成红卫兵组织。清华大学附中的红卫兵写信给毛泽东，得到他"热烈的支持"，认为他们"对反动派造反有理"。[①]同年8月18日，毛泽东佩戴红卫兵袖章在天安门接见来自全国各地的百万红卫兵和人民群众，再次表示支持红卫兵运动。林彪在大会的讲话中，也表示坚决支持红卫兵敢闯、敢干、敢造反的"革命精神"，称赞他们是"文化大革命的激先锋"，"你们的革命行动好得很！"[②]。

在全国红卫兵运动风起云涌时，四川各地的中学生纷纷离开课堂走上街

---

① 有林、郑新立、王瑞璞：《中华人民共和国国史通鉴》（第三卷）（1966~1976），当代中国出版社1993年第1版，第329页。

② 有林、郑新立、王瑞璞：《中华人民共和国国史通鉴》（第三卷）（1966~1976），当代中国出版社1993年第1版，第329页。

头张贴标语、大字报,散发传单、集会演说,开始了毁坏历史文化遗产的"破四旧"活动,将原有地名、店名、校名改为各种革命名称,许多古代遗留下来的庙宇、珍贵文物被毁。同时,各地的红卫兵造反组织也相继建立,产生了诸如毛泽东思想红卫兵、赤卫军、工人纠察队等名称繁多的造反组织。如在成都地区,"兵团"头目邓兴国在川煽动无政府主义,制造事端,挑起武斗,制造了攻打成都十中、成都大学、新都机械厂等多起重大武斗事件,造成房屋被烧毁,无辜群众被打死打伤的恶性事件。①在重庆,红卫兵运动也"轰轰烈烈"地兴起,大批教师和教育工作者遭受批斗,如西南师范学院的吴宓教授就受到红卫兵的批斗。吴宓先生毕业于清华学校留美预备科,曾游学美、英、法多国名校,归国后曾主持法华国学研究院,是中国现代著名学者、诗人、教育家和中国比较文学的奠基者,1949年曾毅然回绝国外数家名牌大学的聘任:"我是炎黄子孙,我的事业就要根植于祖国的土地。"这样一位爱国学者,在"文革"中却受到残酷的批斗,甚至被打断了腿,落下终身残疾。吴先生虽身受折磨,却不失良知:"叫中学生造反,等于拿小刀给孩子玩,没有不伤手的。"

(二)工作组进驻学校和"斗、批、改"

为制止武斗、控制已出现的学校混乱局面,1968年,中共中央发出《关于派工人宣传队进驻学校的通知》,要求"各地应该仿照北京的办法,把大中城市的大、中、小学逐步管起来"。根据毛泽东的指示,各地贫下中农也陆续向农村中小学派出"贫宣队"。据1969年3月统计,全省共有三十多万产业工人分期分批进驻机关学校及科研单位。

在当时的特殊历史条件下,"工宣队"进驻高等学校对稳定局势、组织学生"复课"起到了一定的作用,但在以后的运动中也错误地斗争、批判了大批干部和教师。在"工宣队"领导下,校系两级成立了所谓革命领导小组,拆散了原来的教研室和基础部,把各门课程的教师及学生混合编成专业连队和"教育革命小分队",大搞"教育革命",造成了教学秩序混乱,教学质量和学术水平的下降。

1971年"四人帮"在《全国教育工作会议纪要》中抛出"两个估计":"教育战线是资产阶级专了无产阶级的政",教师队伍中的大多数和十七年培

---

① 孟东波:《愤怒声讨"四人帮"在四川的帮派头子邓兴国的滔天罪行》,《重庆日报》1978年1月14日。

养的学生中的大多数"世界观基本上是资产阶级的",是"资产阶级知识分子"。四川教育系统由此陷入了一个个"斗、批、改"的政治运动。首先是清理阶级队伍运动。各校集中办"清队学习班",人人交代自己的历史、家庭和在"文革"中的问题,然后是写检举别人的大、小字报,在大小会上进行当面揭发批判。据统计,至1969年2月上旬,"全省各学校清出和批斗各种坏人共456,082人,其中新挖出的155,121人"。这场"逼、供、信"中,一大批教职工被打、被捆、被关押,有的还蒙冤受辱、含恨而死。其次是"批修"活动、清查"五一六""三老会"分子。各单位办起"知情人"学习班,对"知情人"施加种种压力,诱迫其交代揭发。这次批修、清查运动打击面之宽,程度之重,是继"清队""一打三反"之后的又一次严重灾难。在"两个估计"影响下,教师被划为"五类九种人",许多学校领导被打成"走资派",不少骨干教师被诬为反动学术权威,家庭出身不好的干部和教师被定为地主、富农、阶级异己分子,曾在旧社会担任过伪职的人被定为历史反革命,有亲友在海外的教师被列为"特嫌"审查对象。

（三）教育制度大批判

1969年5月,全国各级学校按照党的"九大"精神,在地方各级革命委员会的领导下,进行"落实政策"工作,并以"五七指示"为纲领,组织师生下厂、下乡参加劳动,与工厂、农村社队挂钩;同时在校内大办工厂、农场,建立校内外学工、学农基地,实行"开门办学"等。1970年7月,《红旗》杂志第8期发表《为创办社会主义理工科大学而奋斗》,将教育革命新措施归纳为六个方面：实行工人阶级领导；建立一支无产阶级教师队伍；实行开门办学,厂校挂钩；坚持把政治教育作为一切教育的中心；编写无产阶级新教材；实行新的教学方法。在这种形势下,四川教育系统出现了所谓的教育革命。如成都电讯工程学院全盘否定过去教育工作,提出"大破老三段,火烧三层楼",彻底否定过去符合教学规律而又行之有效的"基础课—技术基础课—专业课"教学程序,大破以教师为中心、课堂为中心、教材为中心的"三中心",转而实施以阶级斗争为主课的教学计划,以典型产品组织教学,把教与学结合在一个典型产品设计与制造的全过程中。①

---

① 电子科技大学志编写组编：《电子科技大学志（1956～1994）（征求意见稿）》,1999年版,第45页。

二、学校教育时存时废

"文革"对社会的全面冲击,直接导致了学校教育的荒芜,虽然后期进行了一些整顿工作,但是整个"文革"中的学校教育处于时存时废的状态。

(一)学校教育的局部整顿

1971年"九一三事件"后,为了挽救教育危机,1972年在"批林整风"中,周总理提出"为革命学业务、文化和技术",并指示北大周培源"提倡一下理论","你回去把北大理科办好,把基础理论水平提高"①。1975年,邓小平在全国农业学大寨会议上讲到各方面都要整顿时特别强调:"我们的文化教育也要整顿,科技技术队伍也要整顿。"②大学不能只办"七二一"一种形式,要尊重教师的地位和工作,要认真组织学生学习文化科学知识等。

四川各地也对教育进行了一定程度的整顿工作,如对工农兵学员进行文化补习,加强文化课教学;努力提高教学质量,加强基础科学和理论研究;落实知识分子政策,恢复高等学校正常工作等。四川师范学院认真贯彻党对知识分子团结、教育、改造的方针,大胆使用原有教师,排除"左"倾干扰,逐步落实政策使全院六个系的五百多名教师,都根据工作需要和本人具体情况得到适当安排,基本做到了各得其所,发挥所长。其中大部分教师都被安排到教学第一线,编写教材、上台讲课或参加科研工作。还有的到农村巡回培训师资,为贫下中农送教上门。③

经过上述整顿,教育混乱情况得到一定程度扭转。但是,在张铁生"白卷事件"、河南"马振扶事件"、北京"一个小学生的来信和日记摘抄"等影响下,一度好转的教育形势再度陷入混乱。在极"左"路线的影响下,直到1975年以前,四川幼儿教育完全处于停止状态。小学教育也遭到严重破坏,1966~1968年秋停课两年,1968年复课,学校由"工宣队""贫宣队"管理,到1971年,在校生数量逐年下降。1972年,还社社办初中,大量挤占小学的校舍、师资、设备,小学教师新手占到公办教师总数的61.7%;民办教师比例由1965年的40.4%上升到58.6%。同时,公社中心小学普遍戴上初中班帽子,名存

---

① 周培源:《"四人帮"破坏基础理论研究用心何在》,《人民日报》1977年1月13日。
② 金铁宽:《中华人民共和国教育大事记》,山东教育出版社1995年版,第983页。
③ 四川师范学院报道组、《四川日报》记者:《四川师范学院认真落实党的知识分子政策》,《四川日报》1972年3月22日。

实亡。普通中学都"停课闹革命"。一大批学校干部和教师被批斗，甚至被迫害致死，学校工作处于瘫痪状态。全省中学的校舍、桌凳、图书、仪器损失惨重。1968年，"工宣队""贫宣队"进驻学校，领导学校的"斗、批、改"运动，普通中学教育几乎处于全面混乱、崩溃的局面，中等专业教育也遭破坏。据不完全统计有162,356平方米校舍被挤占，大批中专被撤销或被改办为工厂、农场。到1971年，四川中专学校仅存35所，专任教师数和在校学生数都下降到1949年以后的最低水平。1966~1970年，师范学校全部停课，有的停办、有的被下放到公社管理。1971年学校开始逐步恢复，采用推荐与选拔相结合的办法招收新生，没有统一的培养目标，没有统一的学制，没有统一的教学大纲和教材，没有教学计划。许多课程被"开门办学""学工、学农、学军""批林批孔"等活动所代替，学生毕业到工作岗位后无力胜任教学工作，中师教育质量严重下降。

（二）学校教育重陷混乱

在张铁生考试交白卷而被全国作为"英雄"吹捧的影响之下，四川高等教育系统又掀起了所谓的"反潮流"运动，教学与科研领域出现新的混乱现象。如四川师范学院（现四川师范大学）一个月里就出现所谓反击修正主义教育路线回潮的大字报五百多份，共计两千二百多张。大字报的内容涉及"揭发党委的严重问题""砍断旧教学制的尾巴""智育第一害人不浅"等。①四川高等教育系统重陷混乱，有两点特别突出。一是高校的胡乱搬迁，内迁几年又迁走。1970年根据林彪的"第1号命令"，哈尔滨工业大学迁重庆北碚，改为重庆工业大学，1973年又迁回并恢复原名。北京农机学院迁重庆，先后改名四川农机学院、重庆农机学院，1975年又迁河北邢台，改名华北农机学院。北京矿业学院迁重庆合川，改名四川矿业学院，1978年又迁江苏徐州，改名中国矿业学院。而一些高校则由重庆迁出，1970年，西南师范学院校舍因被内迁的哈尔滨工业大学占用而迁往万县地区，1973年又迁回北碚原址。二是高校的乱撤乱并。如西南农学院的农机专业并入北京农机学院；重庆交通学院与重庆建工学院合并；撤销四川农学院、西南民族学院、四川林学院、西南政法学院、四川财经学院；成都体育学院改为中专；重庆邮电学院改成工厂。这些做法使许多高校校无定址、教无定所。

---

① 李成良：《四川师范大学校史》，四川人民出版社2002年版，第16页。

"文革"中,知识分子被定为"臭老九"。学校的"当权派"和一部分教师遭到"揪斗",挂黑牌,戴高帽,游街示众;设立各种形式的"劳改队",强迫遭受冲击的师生参加打扫道路、厕所等劳动。学校"斗、批、改"运动阶段教师遭受打击的面更宽。据重庆大学1972年2月统计,在"清队"和"一打三反"中,被正式立案审查人数达493人,占全校教职工总人数的22.8%,其中属于政治历史、现行反革命和走资派等问题的451人,占立案总人数的91.48%。后经查证,基本都是冤假错案。这些政治运动使广大教师身心受到极大摧残,原重庆大学校长郑思群被害就是一个例证。①郑思群先后三次东渡日本游学。抗日战争爆发后,他回国在上海、南京留日同学会做救亡工作,不久奔赴抗日前线。1950年,随第二野战军到重庆后,担任西南人民革命大学总校教育长,兼任西南军政委员会文教委员。1952年底,奉调到重庆大学,先后担任副校长兼党组书记、校长兼党委书记,还兼任重庆市科委主任。他是中共八大代表、省市人代会代表,是全国高教群英会作大会发言的四位高校代表之一。他倡导和身体力行勤俭办学、艰苦奋斗的办学作风,为重庆大学的发展奠定了基础。在"文革"开始后他却被加以莫须有的罪名,于1966年8月被迫害致死。

三、废除高考及知青上山下乡运动

(一)废除高考制度

"文革"开始后,高等学校就停止了招生。1970年10月15日,国务院通知各地大学试行"群众推荐、领导批准和学校复审相结合的招生办法"。招收对象为:"选拔具有两年以上实践经验的优秀工农兵入学",不招应届高中毕业生;文化条件为:"具有相当于初中毕业以上的实际文化程度";在招生办法上:废除文化课考试,实行"群众推荐、领导批准和学校复审相结合的招生办法"。四川于1970年9月作为试点开始招收工农兵学员,学制两至三年。当年全省20多所高等学校共招收工农兵学员5977人。这种"彻底革命","推荐上大学"的招生制度,使参差不齐的各类人员进入大学,大大降低了新生入学的文化素质;"推荐上大学"的做法为"走后门"敞开了大门;实行"开门办学",下乡下厂上阶级斗争课,使教学质量大为下降。中等专业学校和中学的考试招生制度也被取消,而采取推荐入学的办法,使基础教育质量难以得到保证。

---

① 本部分根据郑红岩撰写初稿缩写而成。

工农兵学员"上大学、管大学、改造大学"被当时誉为"人类教育史上的新起点","是摧毁旧的教育体制、建立新的教育秩序的重要手段"。但实际情况是,工农兵学员的"上、管、改",把教师置于"政治上接受再教育,业务上进行再学习"的地位,生怕被套上"智育第一"的帽子而受到批判,终日惶惶不安。而工农兵学员则视学习专业为"白专"道路,文化知识单薄,成为"大学生的牌子,小学生的底子"那样的"人才"。当时作为"掺沙子"而进入教学系统的工人讲师团也徒有虚名,根本完不成讲师的教学任务。

(二)知青上山下乡

知识青年上山下乡始于20世纪50年代中期,1957年《全国农业发展纲要修正草案》第一次发出城市中小学毕业的青年上山下乡的号召。随着城市人口的急剧增加和就业压力的突显,以农村缓和城镇就业和培养接班人为基本出发点的知识青年上山下乡提上了日程。"文化大革命"中更把知识青年上山下乡、接受贫下中农的再教育,作为反修防修的百年大计。

一大批知识青年怀着"毛主席挥手我前进"的政治信念,和"与天斗其乐无穷,与地斗其乐无穷,与人斗其乐无穷"的浪漫情怀,纷纷去农村、边疆落户。如1975年《重庆日报》报道:"遵照毛主席的伟大指示走与工农相结合的道路,今年全市就有六万三千五百多知识青年上山下乡,积极投身到农业学大寨运动中去……广大知识青年白天投入到紧张的生产劳动中,晚上参加学习、排练、开赛诗会、文娱晚会,到院坝为贫下中农演出,深受欢迎。贫下中农称赞他们既是大办农业的突击队,又是毛泽东思想的宣传队。"① 从1964年到1969年9月,四川省革委会宣布:"四川省先后已经有五十七万八千余名青年奔赴农村,踏上了与贫下中农相结合的康庄大道。"②

知识青年上山下乡运动是当时我国经济政治发展状况的产物,既有特定的政治背景,也有深刻的社会历史原因。本书难以对知识青年上山下乡运动的历史功过与得失作出全面分析评估;就教育事业而言,的确造成了严重后退和破坏。大学十年停止招生考试,没有培养出合格的大学生;有的地区的学校,因初中毕业生全部上山下乡而不得不停办;部分在校的初高中学生被下放农村锻

---

① 参见《本市三十二万知识青年上山下乡光荣务农》,《重庆日报》1975年12月24日。
② 重庆渝中区政协文史资料委员会编:《流逝的岁月(1969~1999)——知识青年上山下乡三十周年》,重庆出版社2002年版,第22、23页。

炼，使在校生数量急剧减少。大批知识青年失去了连续接受正规学校教育的机会，耽误了年轻一代，出现"人才断层"，增加了我国现代化建设的困难。

四、社会教育扭曲变形

综观"文革"中的社会教育，那种科学的、人道的，有助于广大民众发展生产、改善生活、提高素养的教育已不复存在，取而代之的是极左思想文化下扭曲的社会教育。

（一）农民教育的混乱

1966年"文化大革命"开始后，四川农村扫盲工作停顿，在无产阶级专政下继续革命理论的指导下，农村大办政治夜校，以学政治、学理论为主，以批林批孔为中心，抓意识形态领域的革命，批判《三字经》《女儿经》《增广贤文》，以会议代替文化学习，致使部分已脱盲的人复盲，新文盲日益增多。一哄而起的政治夜校，破坏了农民业余文化教育。1975年，在辽宁省朝阳农学院"经验"的推动下，四川也办起了农民大学，学生来源和分配实行"社来社去"，教学内容根据当地农业生产发展中需要解决的问题建立若干课题组，围绕科研课题组织教学。如1975年《四川日报》报道：成都市三圣公社、巴中甘泉公社、内江朝阳公社、通江三合公社等单位办起了五七农民业余大学；农民业余大学实行"队来队去"，开办政治理论、农业技术、农业机械、畜牧兽医、文艺、财会等教育，学习时间灵活多样，教师由公社党委干部和有实践经验的工人、贫下中农担任。①

（二）职工教育的扭曲

1968年，毛泽东在《人民日报》中指出："大学还是要办的，我这里主要说的是理工科大学还要办，但学制要缩短，教育要革命，要无产阶级政治挂帅，走上海机床厂从工人中培养技术人员的道路。要从有实践经验的工人农民中选拔大学生到学校学习几年后，又回到生产实践中去。"②在此影响下，全国各地纷纷办起"七二一"工人大学。1968年《四川日报》曾报道：新都机械厂等厂矿走上海机床厂从工人中培养技术人员的道路，积极举办"七二一"工人大学，先后办起二十一所工人大学。重庆机床厂、建设机床厂、一〇一地质

---

① 《我省各地办起一批农民业余大学》，《四川日报》1975年4月7日。
② 《从上海机床厂看培养工程技术人员的道路》，《人民日报》1968年7月22日。

队工人大学引导学员参加现实的阶级斗争和路线斗争。在组织教学中,从生产需要出发,选择典型产品或典型工程把教学、科研和生产劳动结合起来,使工人大学的专业班既是教育革命实践队,又是生产突击队,还是技术革新的推广队。①

(三)干部教育的变味

1966年,毛泽东"五七指示"发表后,各地出现了一些"五七"干校。1968年10月,《人民日报》在"柳河'五七'干校为机关革命化提供了新经验"一文中引述了毛泽东的指示:"广大干部下放劳动,这对干部是一种重新学习的好机会,除老弱病残者外,都应这样做。在职干部也应分批下放劳动。"之后,各地党校被撤销,"五七"干校在全国兴起,干部长期或轮流被下放到设在农村的"五七"干校学习和参加体力劳动。如《四川日报》报道:省"五七"干校第二期学员经过一年时间的看书学习和劳动锻炼,胜利结业。在四川安县"五七"干校中,先后举办七期干校,轮训干部达八百多人,下放干部在乱石河滩上捡了一千五百多方石头。②

---

① 《我省工矿企业办起一批工人大学》,《四川日报》1975年7月21日。
② 芳德、小谷:《安县"五七"干校越干越好》,《四川日报》1974年5月7日。

第九章 "文革"结束到重庆直辖前的巴蜀教育

1976年10月，"文化大革命"结束，巴蜀教育同全国教育一样，开始了拨乱反正。1978年，中共中央召开了十一届三中全会，开启了中国的改革开放步伐，也开启了教育改革的历程。1985年，颁发了《中共中央关于教育体制改革的决定》，促使巴蜀教育从过去量的积累开始转向质的提高。进入20世纪90年代，《中国教育改革与发展纲要》颁发，巴蜀教育加快了改革开放，呈现出前所未有的发展态势。

第一节 巴蜀教育的拨乱反正

1976～1985年期间，是巴蜀教育系统拨乱反正时期。首先，在1976～1978年期间，通过揭批"四人帮"罪行，恢复和建立正常的教学秩序；其次，在1978年12月～1985年期间，以《建国以来党的若干历史问题的决议》为依据，对"文革"期间的错误理论和实践给予否定，重视发扬教育的优良传统和经验、重视吸收发达国家的先进教育经验，教育被确定为实现我国现代化优先发展的战略重点。

一、教育界揭批"四人帮"与平反冤假错案

（一）揭批"四人帮"

1976年10月以后，四川教育界同全国教育系统一样开展了声势浩大的教育领域揭批"四人帮"罪行活动。

第一，揭批"怀疑一切"，煽动打、砸、抢的罪行。这方面着重揭发、批判了1967年、1968年两次武斗升级，搞打、砸、抢给教育事业造成的严重破坏。武斗时许多学校变成了"战场"，学校一片白色恐怖。例如重庆大学，在武斗中曾经成立数百人的"专业武斗队"，并私设监狱、刑堂、劳改队，关押、审讯、拷打干部、教师。校园变成了"战场"、教学大楼成了"碉堡"，师生员工惶惶不可终日，四处"逃难"，"专业武斗队"在校外发动大规模武斗11次，致使教学仪器设备损失4199件，图书资料损失5000多

册,学生死亡22人。

第二,揭批打着"教育革命"幌子破坏教学工作的罪行。"四人帮"借批判"智育第一""白专道路""专家治校",散布"知识越多越反动",宣扬"白卷英雄"……造成教学质量严重下降。在批判中,广大师生员工学习了邓小平同志1978年4月在全国教育工作会议上的讲话:"'四人帮'把在坚持正确的政治方向的前提下大力提高教育质量,大力提高学生的科学文化水平,说成是什么'智育第一',加以反对,这不但是彻底的荒谬,而且是对无产阶级政治实际上的取消和背叛。"①经过学习、批判,教师们认识到"四人帮"批判'智育第一'的险恶用心,振作精神,理直气壮地抓教学质量,大力提高学生的科学文化水平。

第三,揭批鼓吹"停课闹革命"、废除招生制度的罪行。揭批中,广大师生认识到,由于"四人帮"所谓的"教育革命"的影响,造成了四川地区高等院校停招本科生、研究生达十二年之久,科学研究被迫停顿,造成了教育质量惊人下降、建设人才青黄不接的后果,严重损害了学校的思想政治教育,破坏了学校的纪律,腐蚀了社会主义社会风气。"四人帮"在口头上高喊革命,实际上搞的是反革命,反社会主义的政治,是用反动的思想来毒害青少年,制造"文盲加流氓"式的人物。

(二)平反冤假错案

粉碎"四人帮"以后,四川各级领导遵照中共中央关于拨乱反正,全面落实党的各项政策的精神,根据"实事求是,有错必纠"的原则,先后对"文化大革命""反右派斗争",以及1949年以来的历次政治运动所造成的冤假错案进行了清理,并做好善后工作。

通过艰苦、细致的工作,四川在落实知识分子政策、平反冤假错案上取得了明显的成就。据1980年统计:(1)属于"文化大革命"中立案审查的31,193人,已复查重新结论30,188人,占96%;其中被开除的4866人已全部复查,并有3801人恢复工作;经复查重新做了结论和善后工作的1796人,占97%。(2)属于反右斗争中被划为右派分子的13187人,已复查改正12498人,占95%。(3)属于反右倾运动中被处理的5221人,已复查改正5011人,占96%。(4)

---

① 邓小平:《在全国教育工作会议上的讲话》,《邓小平文选(1975~1982)》,人民出版社1983年版,第101页。

属于"四清"运动中被处理的6680人,已复查4681人,占70%。补发了"文革"期间被错误停发教师的工资。全省应补发2032.9万元,到1982年底,尚欠957.7万元,省拨给500万元,其余由地方负责解决。①

二、教育思想大讨论

（一）开展真理标准讨论

1977年2月7日,《人民日报》《红旗》《解放军报》发表社论,提出"凡是毛主席作出的决策,我们都坚决维护;凡是毛主席的指示,我们都始终不渝地遵循"（简称"两个凡是"）的错误方针,"左"的指导思想没有得到根本纠正,中国还在徘徊中前进。

自1997年2月起,邓小平等老一辈无产阶级革命家旗帜鲜明地批评"两个凡是",倡导实事求是。1978年5月11日,《光明日报》以特约评论员的形式发表《实践是检验真理的唯一标准》,《人民日报》《解放军报》次日同时转载。该文重申"实践是检验真理的唯一标准"原理,提出"四人帮"强加在人们身上的精神枷锁还远没有完全解脱,应该勇于研究新的实践中提出的新问题。该文从理论上根本否定"两个凡是"方针,引起了广泛的注意,并在全国范围内开展了讨论。

1979年《四川日报》报道：在省高教局高等学校政治理论课教师讲习会上,省委宣传部同志做了解读《实践是检验真理的唯一标准》的报告,认为高等学校政治理论课教师必须继续批判林彪、"四人帮"推行的极左路线和假马克思主义,进一步解放思想,把自己从"两个凡是"的束缚下解放出来,完整地、准确地掌握马列主义、毛泽东思想体系,大兴调查研究之风,研究、讲解国际、国内出现的各种新情况,解决新问题,把实践是检验真理的唯一标准这一马克思主义的基本原则贯彻到政治理论课教学中去。②会上提出四川地区教育领域关于真理标准问题的讨论,主要要在教师中解决好如下几个问题：一是要弄清什么是毛泽东思想,什么是毛泽东思想的精髓,弄清坚持还是反对辩证唯物主义思想路线是真高举和假高举的根本区别。二是要抓住"四人帮"的

---

① 中国教育年鉴编辑部编：《中国教育年鉴·地方教育卷（1949~1984）》,湖南教育出版社1986年版,第990页。
② 《深入开展真理标准讨论,搞好政治理论课教学》,《四川日报》1979年9月27日。

极左路线,认真肃清流毒。贯彻十一届三中全会和五届人大二次会议精神,必须深入批判极左路线,坚持四项基本原则。三是要探索、研究新时期的教育问题,进一步拨乱反正、解放思想。

从教育历史发展的前后影响关系看,此期展开对"两个凡是"的批判和"真理标准大讨论"对四川省教育系统进一步统一认识、纠正"文革""左"的流毒,促进教育思想的解放,重新确立教育的战略地位,奠定了思想上的基础。

(二)确立教育战略地位

邓小平同志于1977年5月说:"我们要实现现代化,关键是科学技术要能上去。发展科学技术,不抓教育不行。靠空讲不能实现现代化,必须有知识,有人才。"[1]此后,邓小平多次讲话,明确了教育事业在现代化建设中的地位和作用,对落实教育在中国经济社会发展中的地位产生了极其重要的作用。1982年9月,中共十二大提到建设中国特色社会主义和小康社会目标,明确指出,教育是发展社会主义经济的战略重点之一、根本环节之一,并提出普及教育是物质文明建设和精神文明建设的重要前提。由此,教育在我国社会主义建设中的战略地位被确立起来。

四川省广大教育工作者表示拥护这一重大国策,并开展了学习、贯彻活动。如成都地区组织各区、县部门的领导同志一起重温中央关于教育工作的一系列指示,牢固树立"百年大计,教育为本"的思想。采取坚决有力的措施,保证教育经费的持续增长。在安排财政预算时思想很明确,一要保农业,二要保教育,剩下多少钱能办多少事就办多少事。各级财政作为教育经费的主渠道,首先确保财政预算内教育经费的"两个增长",并力争做到生均公用经费的逐年增长。同时,按规定征收好各种教育税费,多渠道筹集教育经费的政策;从实际出发,坚持自愿、量力和群众受益的原则,继续动员社会各方面力量和人民群众集资办学。[2]

---

[1] 邓小平:《尊重知识、尊重人才》,《邓小平文选(1975~1982)》,人民出版社1983年版,第37、65页。

[2] 李永彤:《治理整顿不忘教育,面对挑战寻找差距——成都市确保教育优先发展》,《四川日报》1990年3月26日。

三、恢复学校教育秩序

（一）恢复正常教学秩序

1977年底，四川各地学校按照中央的有关指示，首先把"工宣队""军宣队"全部撤出学校。1978年，四川省教育系统正式恢复教育局和局党委，在党委领导下，负责地方教育工作。各高等学校、中小学、幼儿园也先后撤销革命委员会（革命领导小组）。高等院校实行党委领导下的校（院）长分工负责制，系实行系主任负责制，各系党组织主要负责思想政治工作，对系行政起保证监督作用。中小学（幼儿园）实行党支部领导下的校长负责制，恢复教导处、德育处、总务处和各科教研组、班主任，撤销连队建制。教育领导管理体制恢复后，对所管干部进行轮训，各级党委逐步加强了对教育工作的领导。经过拨乱反正和一系列改革，学校面貌焕然一新，一改过去的混乱局面，开始沿着建设有中国特色的社会主义教育道路前进。

在恢复学校教育秩序过程中，四川同全国一样，高度重视思想政治教育。1981年3月，四川教育厅召开了全省中小学、师范学校思想政治教育座谈会，分析了学生的思想状况和特点，提出加强学校思想政治教育和学校政工干部队伍建设的意见和措施。在思想教育中，四川省教委强调要特别重视对学生进行时事政策教育和革命传统教育。有许多为广大青少年所敬仰的革命英雄人物，如赵一曼、江竹筠、黄继光、邱少云等革命英雄，以及刘文学、何运刚、罗丛林等少年英雄；有许多闻名中外的革命遗址，如红岩革命纪念馆，红军四渡赤水遗址——太平渡革命文物陈列室，泸定铁索桥，朱德故居等；有许多富有光荣革命历史的学校，如当代文豪郭沫若的母校乐山一中和成都石室中学，聂荣臻元帅的母校江津中学，革命烈士恽代英、萧楚女工作过的泸州师范，抗日女英雄赵一曼的母校宜宾二中等。各地学校结合各个时期的政治任务，利用革命英雄人物的英雄事迹、革命遗址和革命校史深入持久地开展了形式多样的革命传统教育活动。

1978年，国家教育委员会根据新的情况和要求，对原"高教六十条"做了修改，于10月颁布了《全国重点高等学校暂行工作条例（试行草案）》，要求各地遵照试行。四川各高校按照全国教育工作会议的要求，组织召开教育工作会议，揭批"四人帮"颠倒是非、破坏教育事业的罪行，规定学校必须坚持以教学为中心、不得任意停课，必须严格按上级教育行政部门规定正常行课，以教学为中心全面安排好学校工作。

（二）恢复高考招生制度

邓小平复出后，自告奋勇抓科技教育，对这项头等大事事必躬亲。他把重新打开高校的大门作为拨乱反正的突破口，头一个措施就是恢复因"文革"中断十年的大专院校统一入学考试。当时教育部门个别领导受"两个凡是"的束缚，招生仍采用"群众推荐，领导批准"的主要方案。1977年8月，邓小平在听取教授、学者的意见后，下定决心要在1977年举行高考改革，时间推迟半年。教育部赓即在成都召开第二次全高等学校招生工作会议，形成《关于一九七七年高等学校招生工作的意见》，获国务院批准后，在10月21日的《人民日报》上刊载，在全国引起热烈而持久的反响。

四川立即响应高教局下发了具体实施意见，强调：（1）全省统一考试，定于十二月九日至十日进行；各县应在十一月底前截止报名。（2）初选名额按招生总数的两倍安排，并按各地区统考人数分配初选名额。（3）按照德、智、体全面发展的标准认真审查报考人员的条件，并按报考志愿分类供录取学校选择。（4）录取时按照先重点学校、后一般学校；先机密专业、后一般专业，在同等条件下优先录取工农及其子女等。其中，特别值得一提的是该文件在有关招生中某些特殊情况的处理，如重视实践经验，医学院校要注意招收表现好的赤脚医生，师范院校要招收表现好的民办教师，农业院校要注意招收表现好的农业科技积极分子、适当放宽少数民族学生招收条件等。①1978年，四川总结高考经验、扩大招生规模。扩大招生的普通高等学校有二十四所，即四川大学、重庆大学、成都电讯工程学院、重庆建筑工程学院、四川矿业学院、上海化工学校四川分院（自贡市）、西南交通学院、四川医学院、成都工学院等，共计扩大招收新生一千七百多名。②

（三）开展教师队伍建设

四川教育系统重视并着手教师队伍的建设，根据中央和省委部署，主要做了以下工作：

第一，表彰先进教师。1979年、1981年、1982年、1983年，全省先后评出

---

① 四川省高等教育局：《关于贯彻国务院〈关于一九七七年高等学校招生工作的意见〉的具体实施意见》，1977年11月1日。
② 《我省扩大招收新生一千七百多名》，《四川日报》1978年3月20日。

中小学特级教师、省模范班主任、抗洪救灾先进集体和先进个人、全国"五讲四美，为人师表"活动先进集体和先进个人、优秀中学和中师政工干部。《四川日报》报道：绵阳、绵竹、南充、盐源、营山、布拖、阆中、成都市龙泉区领导奖励一批先进的中小学教育工作者：常年战斗在峨眉山区、坚持教学如一日的山村教师——大庙公社麻柳小学教师李会芳，岳池中学政治教师刘春明、岳池一中数学教师母开智、城关东街小学教师李德定等，布拖县扎根山寨19年的教师卢海河、彝族教师拉木者使。①

第二，补充新教师。鉴于四川省中小学教师严重不足的状况，除每年分配大中专毕业生补充新师资外，经省政府批准，1979年、1980年两年在社会上择优录用中小学教师11,555名，其中招收了一批优秀的民办教师。1980年为照顾少数民族地区、老革命根据地和边远山区，择优招收了1100名民办教师为公办教师。1981年择优录用了1975年以来普通高校"社来社去"毕业生581名。1982年为了有利于普及农村小学教育，提高教育质量，从1962年前后由公办转为民办的教师、民办教师、代课教师中择优录用2512名为公办教师。1983年省政府《关于加强和改善普通教育的决定》提出："今后，要由省拨给专项指标或由各地使用教育系统自然减员指标吸收优秀城乡民办教师转为公办教师。可以两三年进行一次。"

第三，整顿民办教师。四川中小学民办教师比重很大，素质不高。据1981年统计，全省有中小学民办教师三十一万人，约占中小学教师总数的一半，不能满足教学要求。四川省政府于1981年8月发出了《关于认真做好农村民办教师队伍整顿工作的通知》，要求继续搞好民师队伍整顿，要对民师进行全面考核。除了严格文化考试外，还要认真考查政治思想、工作态度、业务水平和健康状况。对辞退的民办教师，"除个别思想品质恶劣、道德败坏、不堪为人师表的人，取消其民办教师资格外，都发给一次性的补助费"；"对个别连续教龄满二十年以上、丧失劳动能力又无依靠或生活来源很困难的，可以暂时保留民师名额，照发给国家补助费"。经过整顿，到1983年中小学民办教师减少约五万人。

第四，加强教师管理。1978年，四川省委批转了省教育局党组《关于贯彻执行〈国务院批转教育部关于加强中小学教师队伍管理工作的意见〉的实

---

① 《荣誉属于辛勤的园丁们》，《四川日报》1979年2月10日。

施办法》，对教师的分级管理、调动、分配和派遣等工作做了规定。1982年，在《全省教育工作会议纪要》中明确规定："教师队伍的管理，由教育部门负责。要保持教师队伍的稳定，制止和纠正任意抽调教师和学校干部去搞其他工作的现象。今后，凡是抽调教师到其他部门，都要经过教育部门审查同意。"1983年，省委、省政府《关于加强和改革普通教育的决定》中规定："除选拔到县以上党政领导机关担任领导职务者外，不得抽调教师到其他部门工作；师范院校毕业生分配工作，按计划分配到中小学的大、中专毕业生要保证分到学校，不准层层截留。坚决杜绝不能胜任教育工作的人员进入教师队伍。"

经过一系列措施，四川中小学教育质量大有改观，如考生成绩有了普遍提高，中等生比重增大，优生率明显上升，进入高分段的人数比过去有了较大幅度的增长。中小学、师范学校学生的精神面貌普遍发生了显著变化，道德、法制观念有所增强，学生体质增强，实施中小学体育锻炼标准的面逐渐扩大，达标人数逐年上升。

（四）开展学科专业建设

作为专业化的高等教育，高校学科建设的成效直接影响到人才培养的条件与质量。1983年，四川省高教局根据中央指示精神，强调指出，重点学科是重点大学的基础，建设好一批重点学科是提高教学质量和学术水平的战略措施，要求有条件的院校抓住时机，奋战十年，把已有的三十八个重点学科建设好，争取新上六十个重点学科。1984年，全省召开了重点学科建设专题会议，对建设重点学科的指导思想和重要性、紧迫性、条件和任务，以及制定重点学科建设的规划和加强重点学科建设的措施等问题进行了研究。

按照四川省高教局关于加强高等学校重点学科建设的意见，省内各高校主要采取了以下措施：（1）抓学科梯队建设，特别注意选拔培养中青年学科带头人，注意在本学科归国留学生、毕业研究生和优秀本科生中物色思想政治素质、业务素质都突出的青年教师，通过攻读博士学位、给专家当助手或出国深造等途径，将其培养成学术带头人。在梯队建设中逐步形成学科纵向梯队，并注意相关学科横向联合，促进重点学科和相关学科的建设。（2）明确研究方向，争取出重大成果，特别是各重点学科主动积极承担国家和省市重大科研课题，集中组织力量，广泛开展学科间、校际、国际的科研协作，既出重要成果又锻炼队伍，形成稳定的科研方向，提高重点学科教学与科研水平。（3）改善实验与图书条件，各高校在经费有限情况下克服困难，处理好重点和一般的关系，抓紧实验设备和图书资料的建设，为建设重点学科提供条件。各高校围绕上述重点学科建设任务，给予高度的重视，在重点学科建设的指导思想、协调处理学校相关工作之间的关系、建立和落实领导与组织机构体系、加强管理与检查制度建设等方面给予具体的指导与支持。①从后来各高校学科建设的成就看，四川高教局的建设意见与各高校的具体工作都发挥了重要作用。

（五）重启科学技术研究

"文革"十年导致高校科研处于停滞状态。1978年3月召开的全国科学大会"吹响"了神州大地向科学进军的号角。特别是进入20世纪80年代后，党和国家领导人在众多场合表示实现四个现代化关键在科技、基础是教育，并要求为科学研究提供良好环境。在此形势下，有关科学研究的会议频频召开，各种专业研究机构相继成立，以高校教师为主体的科学研究领域呈现一派欣欣向荣的局面。

1978年，四川省高教局制定的《四川省高等学校一九七八至一九八五年科技发展规划纲要》中明确规定，高等学校既是教育中心、又是科研中心，教学和科研是高等学校的两项基本任务，在妥善处理教学和科研这两个方面的同时，要逐步加大高等学校科研的比重。四川高校在《中共中央关于加速科技进步的决定》的指导下，贯彻中央提出的"经济建设必须依靠科学技术，科学技术必须面向经济建设"的方针，根据四川省科技发展规划纲要提出的目标，加强高校科研工作的领导与组织，充分利用在川高校学科门类比较齐全、具有部分学科专业优势的条件，积极参与科教兴川战略的实施。

各高校按照省高教局的部署，实施两步走战略：第一步是调整力量与方向，选准重点项目、主攻方向，把科研重点集中到基础理论和新兴科学方面，集中力量在诸如电子技术、工程技术、农业技术、医学技术等领域取得突破。第二步是各高校，尤其是重点高校要逐步转变到教学与科研两个中心上来，并按照省高教局的要求，集中力量突破社会急需的基础科学和技术科学的重大技术问题，并取得了一批接近或赶超世界水平的优秀成果，特别是在基础科学、农业科学、材料科学、能源科学、电子计算机科学、激光应用科学、电子自动

---

① 四川省高等教育局：《关于加强高等学校重点学科建设的几点意见》，1984年10月。

化科学、工程力学、机械科学、医学以及电化教学等领域做出了显著成绩。①在1985年的全省科技进步奖励中,高校共有92项获奖(有5项获得一等奖、占全省一等奖的62%),其中属于农业方面的16项、占26%,属于医药的38项、占58%,属于工业方面的41项、占22%。②又如队伍建设方面,从1986年的四川高等教育局统计资料看,高校拥有较雄厚的科技力量,在川的50所高校中有教授751人、副教授3149人、讲师8071人。③此外,人文社会科学的研究一直存在较多问题。1978年,教育部在武汉召开了文科教学工作会议,规定了文科教学和科研的任务,提出"文科应在研究、认识社会主义革命和社会主义客观规律方面做出贡献",鼓励"大胆发表自己的创见",贯彻党的"双百方针"和不打棍子、不扣帽子、不抓辫子的"三不主义"。这个会议精神给长期处于政策解释学地位的人文社会科学研究注入了创新的活力,四川高校由此逐步提高了人文社科研究的地位。

侯光炯,上海市金山县人

拨乱反正给巴蜀科学家的科学研究给予了巨大的鼓舞,其中西南农学院(现西南农业大学)侯光炯先生的事迹是比较突出的。④侯光炯先后任教四川大学、重庆大学、川北大学、西南农业大学。1985年获中华全国总工会"优秀教育工作者"称号、全国"五一"劳动奖章,1989年被评为全国先进工作者。他依靠两条腿踏遍了祖国的大江南北,先后根据调查发表了大同、哈尔滨、渭河流域及中国西北部、江苏东部等地区的土壤调查报告。还亲自带领师生跋山涉水完成了西双版纳橡胶宜林

---

① 四川省高等教育局:《四川省高等学校1978~1985年科学技术发展规划纲要》(高教局〔78〕字61号)。
② 四川省高等教育局办公室:《我省九十五项科技成果荣获四川省一九八五年度科学技术进步奖》,《四川高教简讯》第九期,1986年5月6日。
③ 四川省高等教育局办公室:《我省高等学校用科学技术支持中小企业和乡镇企业的几点做法》,《四川高教简讯》第九期,1986年11月19日。
④ 资料来源:http://news.163.com,2009年9月。

地的考察，连续三年对长江上游的土地进行普查，完成了云、贵、川三省的土壤区划，为开创我国土壤科学做出了巨大的贡献。他经过长期研究创建了我国第一个自然免耕技术在南方十四个省区得到大面积推广，增产粮食数亿公斤，为土壤科学转化为生产力做出了突出的贡献。进入改革新时期，他更是壮心不已，不顾年迈体弱，在长宁县相岭区建立了科研基地，从事农业综合实验，坚持扎根农村达十七年之久，直到生命的最后一刻。他在生命弥留之际，还对身边的人说："趁医生、护士不在，我们赶紧走，回长宁去。"

四、社会教育恢复发展

社会教育也是教育的有机组成部分，在"文化大革命"中同样遭到严重破坏。1976年以后，社会教育重新获得发展。

（一）扫盲教育的开展

中共十一届三中全会后，确立了"以经济建设为中心"的方针，但大量文盲的存在，不仅影响农村的经济发展和人民生活的改善，还影响民主法制建设。四川省大力贯彻1978年国务院"一扫、二堵、三提高"的扫盲方针，各级政府结合本地实际，制定实施办法，恢复扫盲工作。到1984年，为了进一步推进农民教育工作，各地把扫盲工作列入区、县农村干部的岗位责任，要求在认识上定根，工作上定位，组织上定人，抓紧完成扫盲任务，扫盲工作取得了迅速进展。1985年，开展了区县扫盲工作的检查验收工作，各地从政府有关部门和区、县、乡抽调专人组成检查小组，经检查验收后，确认了一批基本完成扫盲任务的单位。到1986年，四川农村十六至四十周岁青壮年中非文盲率达到90%左右，达到了国务院〔1978〕234号文件规定的"农村青壮年的非文盲率达到85%以上"的要求。

（二）农民教育的恢复

1979年11月，中央召开了"第二次全国农民教育会议"，制定了"把农民提高到中等农业技术水平"的奋斗目标，要求现阶段继续扫盲，大力发展业余小学，积极发展业余初中，广泛开展农业技术教育。在此精神的鼓励下，四川各地教育局先后成立了工农教育股（组），专职干部恢复到"文革"前编制，并建立工农教育研究室，语、数科配备教师两到三人，开展教研活动。如重庆市人民政府1984年拟订了《关于进一步加强农民教育的意见》，市教育局在巴县白市驿区召开农民教育工作汇报会，各区县及时调整和充实工农教育委员会,增加农民教育专职干部;这年重庆入学农民达到438563人,并开始由普及性的文化技术教育向正规的初级、中级、高级文化技术教育发展。[①]农民教育的开展,为发展农业技术、第三产业,加速传统农业向现代化农业转化,促进农村物质文明和精神文明建设发挥了作用。

（三）职工教育的恢复

党的十一届三中全会后,针对职工队伍出现的"三低一少"状况（职工文化水平低、工人技术等级低、管理人员业务水平低、技术人员少）,党中央明确指出办好职工业余文化技术教育是实现社会主义四个现代化的一项战略任务。1979年,教育部召开全国职工教育会议,提出了"适应四化,大力发展;全面安排,重点突破;灵活多样,讲求实效;统一领导,通力合作"的职工教育方针。四川各地成立了工农教育委员会,各厂矿成立职工教育委员会,组织和协调行政、工会、共青团等各方面的力量,通力合作,共同办学。行政和工会又分别建立教育科（处）,基层工会设教育工作委员会,采取多样化形式办学,除部、局、公司、厂、车间多级独立办学外,还有地区联办、厂与厂联办、厂与全日制学校联办、厂与车间联办等形式。入学率、到课率、及格率都有提高。1981年,为了贯彻中共中央、国务院《关于加强职工教育的决定》,四川各地成立职工教育管理办公室,把职工教育作为开发智力,培养人才的主要途径,大力提高职工思想政治觉悟和文化技术水平。凡1968年至1980年的初、高中毕业生,实际水平未达到初中毕业程度的职工,要进行文化补课,未经专业技术培训的三级（含三级）以下的职工,要进行技术补课（简称双补）。

（四）干部教育的开展

1977年以后,四川党校恢复,各级党校教育系统逐步壮大。举办了干部读书班和理论干部班,要求干部有计划地阅读马列著作和毛主席著作,完整准确地领会和掌握毛泽东思想体系,顺利地实现了拨乱反正。1982年,根据党中央的指示精神和干部文化偏低的实际,干部教育从短期培训为主转为以学历教育为主,并对四十五岁、初中文化以下的干部进行整体培训。在四川各地党委的领导下,按照干部管理权限,分级管理,分级培训,举办了诸如干部培训班、

[①] 李定开、唐智松主编:《重庆教育史》（第三卷）,西南师范大学出版社2006年版,第187页。

思想政治工作培训班、经济管理干部培训班等有特色、有针对性的党校教育，提高了广大领导干部的综合素质和专业水平。

综观20世纪80年代初期的四川社会教育，整体上一直处于比较活跃的状态，民间传统文化活动也因此开展得比较积极，如龙舟竞赛、抵/扭扁担、扳手腕、石锁或石担举重、拔河、爬竿（绳）、棋牌活动、钓鱼、荡秋千、踢毽子、跳绳、跳橡皮筋、放风筝等群众性活动在四川许多地方都广泛而积极地开展起来。一些区、县还专门成立了体委或体协，组织和指导群众进行如排球、篮球、足球、乒乓球，以及体操、田径、游泳、举重、射击等体育运动。各个区、县、镇、乡还成立了电影放映队，定期巡回上演电影片，丰富了人民群众的精神生活，如《红灯记》等革命样板戏、《地道战》等英雄故事片、《洪湖赤卫队》革命故事片等都是那个时代特有的表征。

五、民族教育转入正轨

（一）民族学校教育走出徘徊

如前所述，四川少数民族教育1949年之后在一片空白的基础上，迅速起步。但是，其后由于受到反反复复的政治运动，特别是"文革"动乱的影响，四川少数民族地区教育在改革开放以前的三十多年里，被迫卷入政治运动的旋涡，常被左的社会运动所影响，无论是规模还是质量都一直处于徘徊不前的地步。

"文革"结束后，四川民族教育如同其他地区教育一样迈开了改革开放的步伐。1980年，甘、阿、凉三州教育卫生工作会议，要求对中小学进行调整。1981年，省政府提出要努力促进民族地区各级各类教育的发展，特别强调要建立稳定的民族地区教师队伍，改革民族地区语言与文字教学，增加民族地区的教育经费。①

第一，开始举办民族寄宿学校。四川民族地区教育首先遭遇的是学校布点稀疏、辐射半径大和学生上学路途遥远等问题，导致儿童因为担心上学的安全而入学率低、辍学率高、流失率高，女童教育问题尤其严重。因此，1979年开始布置举办寄宿制民族小学。1980年7月，省委三州工作会议纪要要求"分批

---

① 参见《四川省人民政府关于印发〈四川省民族教育工作会议纪要〉的通知》（川府发〔1981〕183号）。

把聚居区的完小和中学的民族班办成寄宿制"。1981年全省民族教育工作会议和省委、省政府1983年《关于加强和改革普通教育的决定》进一步要求集中人力、物力、财力办好一批寄宿制民族中小学。

第二，开始民族语言教学建设工作。1983年7月和1984年1月，四川省教育厅先后在阿坝州红原县和凉山州西昌市召开全省藏、彝文教学工作会议，要求少数民族地区中小学学校逐步试验双语教学。同时，还组织调拨一批汉族教师到少数民族地区支教，积极推进双语教学。此时的少数民族教育虽已从徘徊中走出，但仍面临着发展中的许多问题：一是办学条件比较差。由于办学经费严重不足，众多民族地区学校的校舍陈旧不堪，危房率高达30%，甚至有的学校在柴棚上课、牛羊圈住宿，一些学校缺少黑板、桌椅。许多民族地区中小学只有简易的运动场地，缺少运动器材。一些寄宿学校缺少炊具、食堂、宿舍、床铺。同时，许多学校的教师也没有自己的工作住房。二是基础教育质量较低。这表现在：小学的入学率仍然较低。在少数民族与汉族杂居地区的小学入学率仅为70%左右，其中少数民族集中居住地的小学入学率不到45%。小学的巩固率比较低。有调查发现，一些地方的小学巩固率不到50%。中小学的毕业率偏低，从乐山一些民族县中小学毕业率统计看，小学毕业率仅在12%左右，初中生毕业率仅在20%左右。成绩合格率不高，对民族地区学生毕业考试成绩的统计发现其合格率不到25%。这些数据清楚地反映四川少数民族基础教育质量的低水平状况。三是教育管理跟不上。一方面，由于各种因素影响，特别是民族地区文化水平较低，教育行政干部和学校领导干部时常因为其他政府岗位需要而调离，教育领导班子缺乏稳定性。另一方面，现有教育行政与学校领导干部由于素养不高、缺乏科学意识与能力，面对民族教育基础比较薄弱、教育环境非常复杂、民族习俗影响较大、存在教学语言障碍等问题，难以有效地担当领导工作。[1]

（二）加强民族教师队伍建设

巴蜀民族地区中小学教师队伍一直是一个薄弱环节。教学质量低下的重要原因是教师素养的低下。如1988年的乐山市少数民族地区教师的教材考试中，及格率仅为15%；语文、数学的考试结果表明，有35%的教师不能胜任教学工

---

[1] 李树林：《调整改革发展民族教育事业》，载乐山市教委等编：《乐山市民族教育文选》（内部资料），1990年版，第49~55页。

作,甚至个别教师的数学考试得2分、语文考试得9.8分。因此,重视民族地区教师队伍建设、提高民族地区中小学教师水平就成为拨乱反正后民族地区教育发展的重要任务。经过研究认为,民族地区的教师流失与紧缺一直是发展民族地区教育的障碍。因此,为了提高民族地区教师的综合素质,根据1978年省委的决定,除积极办好中等师范学校和各级教师进修学校外,凉山、阿坝两州已各办起了一所师范专科学校,开始自力更生地为三州培养中小学教师。1983年三州共有中等师范学校十所,其中两所恢复为民族师范。高等师范院校对少数民族考生实行降分录取和定向招生,以保证民族师资队伍不断得到充实和加强。

第二节 巴蜀教育改革的起步

在政府主导办教育的国情下,教育体制的改革就成为首个教育改革的基本点。1985年5月,中共中央颁发了《中共中央关于教育体制改革的决定》(以下简称《体改》),引起了四川省教育领域连续不断的改革。

一、推进教育体制改革

(一)基础教育体制改革

根据四川省《关于基础教育实行分级管理的试行意见》,各地政府对教育行政单位按照知识化、年轻化的要求进行了调整、充实。新的领导班子在充分估计本地教育状况的基础上,根据中央关于教育体制改革的部署,提出了分步骤、分阶段落实的要求。

第一,推进办学体制的改革。四川省政府针对初中等教育的办学体制和办学形式单一的问题,按照从实际出发,因地制宜,开展中小学教育办学体制的探索。首先,为了改变基础教育国家大包大揽的局面,四川省推进了办学主体多元化,出现了多种办学形式:一为教育部门单独举办,一切由教育部门负责。二为教育部门与企事业部门联合办学。教育部门提供校舍、文化课教师、行政管理人员,原有教育经费照拨,企事业部门负责专业课教师、教学设备、实习场地及专业教育所需经费开支。三为社会力量办学,主要是民主党派、社会团体、退休教师和工程师等人举办。其次,积极探索"县—乡—村"三级管理,形成了县、乡、村分级管理,各司其职的初等教育模式,而且还对县政府各个部门的教育职责也做了分解,落到实处。随着形势发展,后来还继续探索为何保证教师工资按时发放等教育经费保障措施,实行以县级管理为主导、区乡村配合的多级初等教育管理模式。①通过体制改革,促进了办学主体的多元化,充分地调动了各方举办教育的积极性,扩大了教育规模,提高了学校的教育供给能力。当然,这也带来教育经费筹措渠道改变后的农村教育经费严重不足、城市教育经费被挪用、城乡基础教育发展日趋不均等问题。

第二,探索中小学校长负责制。根据《体改》中关于实施校长负责制的精神,四川省部分中小学试行了校长负责制。这种校长全面负责、党支部保证监督、教代会民主管理的学校管理体制,使得分级、多主体办学,分级管理、责任落实得到了实现。同时,各地还在校长负责制中积极探索教育体制的深化改革,如成都市西北中学、成都市第三中学、成都市玉林中学等中学实行教职工聘任制,改革校内分配制度。②乐山市、自贡市在推广校长负责制的同时,开展以教职工聘任制、工资总额包干制和改革分配制度为主要内容的综合改革实验;重庆市沙坪坝区进行了"定编定员、工资总额包干、教师岗位聘任""校长任期责任制""奖金分配拉开差距"等改革;③到1990年,据对全省17个市、地、州的统计,实行校长负责制的学校共计2744所,其中小学1906所,中学837所,全省中小学普遍建立了教职工岗位责任制。④

第三,推进中小学教学体制改革。1978~1980年期间,全省初中学制由二年制全部改为三年制。1980年开始高中改制。教育厅规划在1985年以前,将全省重点中学和一部分条件较好的中学分批改为三年制。在改制工作实施的步骤上,由省教育厅逐年具体部署各地改制学校的所数,市、地、州教育局确定改制的学校后报教育厅批准。在实施过程上,规定改制要在全年级进行,一个年级内不能存在两种学制;同时改制工作必须统筹安排,有领导有计划有准备地进行,不允许在计划外自发地进行改制。因此,1980年全川改制中学十七所,

---

① 铜梁县教育局:《铜梁县教育志(续编一)(1986~1995年)》,1996年版,第202页。
② 中国教育年鉴编辑部编:《中国教育年鉴》(1989年卷),人民教育出版社1989年版,第674页。
③ 重庆年鉴编辑委员会编:《重庆年鉴》(1989年卷),科学技术出版社重庆分社1989年版,第325页。
④ 中国教育年鉴编辑部编:《中国教育年鉴》(1991年卷),人民教育出版社1992年版,第740页。

1981年改制中学增加到六十所，1983年又增加到四百一十八所，到1986年全川基本完成了中学的改制。

第四，调整城乡中小学校布局。如何推进农村、城市小学教育的改革与发展，四川各地开展了较为广泛的探索，其中合川县在探索中总结出了一条发展农村小学教育的经验：（1）领导重视。政府深入全市镇乡所有学校，全面调查小学分布情况，为布局全县小学教育发展奠定基础。（2）加强科学研究。经过研究、论证，提出了"因地制宜，着眼长远，合理稳妥，就近入学，利于管理，适宜需要"的小学校布点工作原则。（3）狠抓具体落实。在提高质量和规模效益的目标下，完成大量具体工作。1993年，重庆市在合川县召开了"农村小学调整校点布局现场会"，推广了他们的经验。[①]

在调整城乡学校布局、促进学校教育发展中，四川农村幼教、城市特教也得到了发展。首先，四川各地重视农村学前教育，并取得了一定成效。如江津县积极开展农村学前教育普及工作，到1992年，该县三到六岁幼儿入园率达72%，学前一年幼儿入园率达99%。1992年，全省幼教工作会议在该地召开，省教委对该县幼儿教育工作做了充分肯定。[②]其次，四川省重视聋、哑、残疾儿童的教育问题，为提高残疾儿童教育权益做了一些工作，如促进特殊教育的延伸，提高特殊教育的年级层次，推动特殊教育体系的建立、健全；为提高特教教师质量，开展了有层次的特教教师培训工作，由简单的特教知识技能向更高级的研究层次培训转变，促进了特教教师由传授型教学向研究型教学转变。[③]

第五，全面提高中小学教育质量。为了全面提高中小学教育质量，四川省教育委员会要求各地贯彻全面发展的教育方针，要面向全体学生，全面完成双重任务的指导思想，要求提高各科学业成绩的及格率，德、智、体的合格率，毕业生的升学率；提高优等生的提高率、中等生的合格率、差等生的转化率。在提高中小学教育质量中，四川比较重视中小学落实德育首位的工作。1988年，全省中小学开展了中小学学生守则和革命传统教育；1989年，根据国家统

---

① 重庆年鉴编辑委员会编：《重庆年鉴》（1994年卷），科学技术出版社重庆分社1994年版，第265页。
② 重庆年鉴编辑委员会编：《重庆年鉴》（1993年卷），科学技术出版社重庆分社1993年版，第283页。
③ 参见《四川省教育事业十年规划和"八五"计划纲要（草案）》。

一部署、中小学德育大纲的要求,四川省加强工作领导,采取措施,把"一个中心,两个基本点"教育,"学雷锋、树新风、创三好"落到实处;1990年,根据国家教委《关于在中学语文、历史、地理等学科中加强思想政治教育和国情教育的意见》,鼓励各地编写极具地方特色、融学科知识与品德教育于一体的综合教材。

中学教育质量是四川全面提高教育质量的重点。在初中教育方面,四川省针对忽视初中教育的情况,于1980年下发了《关于改进中学教育管理,稳定教学秩序的几点意见》,要求"从基础抓起,认真改变重高中轻初中的现象"。1982年,省教育厅召开了加强初中教育工作研究会,提出要摆正初中教育的位置,提高初中教师的工作能力、抓好农村初中教育。[1]在高中教育方面就是创办重点中学。1981年,省教育厅下达了《关于分期分批办好重点中小学的意见》。1982年,教育厅在《关于普通中学开设劳动技术教育课的几点意见》中要求:"重点中学应起模范带头作用。"同时,通过验收促进高中教育健康发展,先后根据《省重点中学达标检查验收细则》开展了对省重点中学的评估验收。

（二）高等教育体制改革

四川各高等院校抓住新的历史契机,以教育体制改革为突破口,进而全面推进高等院校的改革,巴蜀高等教育重获生机。

第一,改革高校领导体制。1985年,四川各高校按照"党政分工""校长负责制"的要求,推进高校的党、政体制改革,根据干部的"四化"要求,陆续完成高等院校领导班子的新老交替工作,各高等院校纷纷组建了校（院）务委员会、教职工代表大会和校学术委员会,建立系统领导体制。

第二,改革高校管理体制。巴蜀各高校展开以实行校长负责制为核心的高校内部管理体制改革,即在校长负责制下,设立由校长主持的校务委员会作为高等院校的审议机构,建立高等院校教职工代表大会制度。进入20世纪90年代后,巴蜀各高校继续推进内部管理体制改革。1992年是高校内部管理体制和运行机制改革取得突破性进展的一年。为了促进政府对高校的直接行政管理转变到通过立法、经济、评估、信息来进行间接宏观管理,省教委向省属高校下放

---

[1] 中国教育年鉴编辑部编:《中国教育年鉴·地方教育卷（1949~1984）》,湖南教育出版社1986年版,第1000页。

了在专业设置、招生计划、人事管理、经费安排、教育教学、外事工作等九个方面的一系列权力。尤其在计划管理上，进一步缩小了指令性计划范围，增加了高校自主招生、自我调节计划，增强了学校为经济建设服务的主动性和适应性。同时，高校内部管理体制的改革也取得了新的进展，先后有十多所高校进行了改革试点。①四川高校在体制改革取得一定成效后，又把注意力集中到质量提高上来，各高校按照"教学改革是核心，提高质量是关键"的精神，进一步完善教学质量监控机制，积极探索和建立教学质量、人才培养质量检测评价体系，进行学校办学水平综合评价。

第三，改革招生就业制度。高考制度恢复后，高考制度的不完善凸显出来。为此，四川省在招生工作方面进行了改革尝试。如1979年，为使军事院校录取到优秀学员，提出了军事院校提前单独录取的设想，并在1981年试验后，经教育部、解放军总政治部批准于1982年在全国正式推广实行。后随着改革的深入和高等教育事业的不断发展，客观上需要在国家统一的教育方针和计划的指导下，进一步扩大高等学校的办学自主权。1984年，改革招生录取体制，实行学校负责审批和"根据学生自愿，按比例投档"的录取办法。1985年，省高教局《关于四川省普通高等学校贯彻〈中共中央关于教育体制改革的决定〉的意见》，重申和进一步完善了扩权的规定。同年还试行师范本科院校提前单独录取新生、师范专科学校可跨地区择优录取部分考生的办法。

在毕业生分配方面，计划招生、毕业包分配是新中国招生就业制度的重要特征。但是，进入20世纪80年代后期，随着申请改派人数的增加，这种对人才自由流动束缚的弊端日益暴露；同时，随着高等教育恢复后对大批人才的培养使得人才趋于饱和，因而使得传统的分配制度难以继续。为了激发学生的学习积极性、坚持优生优先就业，高校毕业制度的改革就浮出水面。四川于1983年开始试行"供需见面"分配办法。到1985年，除部分部属学校已实行这种办法外，省属学校也有五所继续进行试点。在分配计划外，另给省属学校留一定机动数，由学校掌握使用。毕业生分配名单全部下放给学校自行审定，高教局只负责监督检查计划的执行情况。

显然，此期高等教育体制改革虽然在确立党委领导下的校长负责制、理顺高校内部体制、加强高校招生与就业的指导等方面产生了积极影响。但由于受

---

① 四川年鉴编辑委员会编：《四川年鉴》（1993年卷），四川年鉴社1993年版，第418页。

计划经济体制基础的影响，巴蜀高等教育仍然停留在计划经济的阴影下运转，高等教育在提高培养高层次专门人才的规模、增加教育和教学工作的灵活性、提高学生的实践和创新能力等方面还显得严重不足。

为了总结体制改革时期的巴蜀教育成就，1988年出版了作为反映教育体制改革认识与实践成果的《教育行政管理体制改革》一书。时任四川省副省长韩邦彦在该书序中指出：该书研究了教育行政组织结构的改革，农村教育管理体制改革和县教育行政管理改革，国家教育法规和党的教育方针在行政管理中的作用和地位，教育事业发展计划、教育人事、教育财务和教育设备等管理改革，从经验决策到科学决策的转化，引入竞争机制公开招聘中小学校长和区教委主任的尝试，对中小学办学水平和效益的评价等方面。该研究有以下特点：探讨教育管理体制改革的深入问题，具有很强的针对性和现实性；各篇文章都是由较高水平、有丰富管理经验的同志撰写，具有明显的理论联系实际的特点；该书主要是对地方教育行政管理体制改革，特别是农村教育行政管理体制改革的探讨，富有地方特色。①

二、实施"普九"战略

1986年《中华人民共和国义务教育法》的颁布和实施，在四川拉开了具有全局性影响的普及九年制义务教育战略序幕。

（一）加快义务教育工作速度

四川省就《中华人民共和国义务教育法实施细则》组织了市、地、州教委主任培训，并布置了对乡镇干部、教育行政部门干部和中小学校长的分级培训工作，印发了《四川省实施初等义务教育和实施初级中等义务教育基本要求及检查验收办法》，开始调整义务教育实施速度。1986年8月，中共四川省委、省政府在总结实施义务教育基础上，决定将原方案中提出的普及初等教育以县为单位计算普及人口进行规划，改为以乡为单位计算普及人口进行规划，并相应地对各类地区实施九年制义务教育的速度进行了调整。

（二）普及农村义务教育

作为农业大省，普及全省农村义务教育是四川普及义务教育的主要目标。1986年，省教育厅在彭县召开农村中心小学、初中经验交流会，会后形成了

---

① 四川省教育学会：《教育行政管理体制改革》，成都电讯工程学院出版社1988年版，序言。

《关于加强农村初中工作的意见》，并针对四川义务教育存在的问题，提出五项具体要求，有力地推动了义务教育的发展。自1986年以来，通过会议精神的贯彻、落实，农村初中教育质量有了明显提高。据1986年与1987年全省会考成绩统计对比：1986年六科成绩及格率为52.35%，1987年六科成绩及格率为58.25%。

在普及农村义务教育工作中，普及山区义务教育一直是工作的重点、难点所在。1987年，省教育厅在叙永县召开全省山区普及初等教育经验交流会。会议后制定了《四川省教育厅关于进一步加强山区普及初等教育工作的意见》，提出要进一步做宣传工作，提高对普及初等教育重要性的认识；从山区的实际出发，完善分期分批实施普及初等教育的规划；进一步发展、完善教育管理体制改革，加强各级党政对普及工作的领导管理；认真解决在实施普及初等教育工作中的普遍性问题。①

此期的巴蜀基础教育领域，除了实施上述"普九"战略外，还非常重视中小学教师队伍建设。其具体措施为：一是通过多层次、多形式的教师培训，提高教师质量。二是做好民办教师工作，提高教师队伍自身素质。三是改善教师待遇，提高教师积极性。

义务教育在巴蜀地区的普及，为青少年儿童提供了接受教育的机会，有力地遏制了新文盲的产生，为社会主义建设奠定了公民基础，促进了巴蜀社会整体文明素养的提高。同时，在普及义务教育过程中，四川各地涌现出一批办学质量较高、具有校园特色、在全国具有较好影响的学校。其中，成都师范附属小学是其重要代表之一。②该校以"勤、洁、公、实"为校训，形成了"惜时、勤奋、自信、自强"的校风，营造出了"赤诚与信心、健康与使命、智慧的养成、期望与创新、幸福的愿景"的乐观自由精神，学校已成为成都首屈一指的小学。

三、改革高校教育工作

（一）探索培养模式

20世纪下半叶在世界范围新的科学技术革命方兴未艾，大量的新兴科学

---

① 四川省教育厅：《四川省教育厅关于进一步加强山区普及初等教育工作的意见》，1987年。
② 资料来源：成都师范附属小学网页（http://www.sccsfx.com，2008-6）。

技术不断涌现，产生了广泛而深刻的影响。四川高等学校从人才培养的适应性出发逐步开展了修订教学计划、精简更新教学内容的探索活动。尤其是在教学中积极试验因材施教、加速优秀人才的培养，如实行学分制、双学位制或主辅修制；鼓励超前学习制度，让有突出才能的学生单科免修或免试，允许跳级、提前毕业或提前攻读高一级学位；为优秀生单独设课，进行因材施教；实行推荐、直升制度，毕业分配时学校优先录用。

在探索人才培养模式上，原西南师范大学曾经尝试过文理交叉型普通教育学专业人才培养试验。1988年，在时任副校长徐仲林教授的设计、主持下，该校根据普通教育学课程的教育学与具体学科交叉特点，决定试验"3+2"模式（即学科专业学习三年、教育学科专业学习两年），培养具有交叉知识结构的教育学课程教师。该校从理科有关专业在读大三的优秀学生中招收、培养具有特定学科背景的、适应未来教育学课程教学的教师。经过多年的培养、发展，试验班的七名学生中，有五人获得博士学位、成为高校专家，两人获得硕士学位、走上地方领导岗位。从这批人才多年在学科交叉领域的研究与教学的工作与成就来看，这种教育学人才培养模式是比较科学的，在当时巴蜀地区乃至全国都有开创性的意义。

四川高等院校探索人才培养模式的教学改革在当时产生了重要的影响。如西南农业大学继续实行农业院校坚持举办招收有农业实践经验的农村青年、不包分配的农技专科班；成都中医学院试行集传统师承教育与现代学校教育的长处于一体的教学改革试验等。为了及时总结四川高校教育教学改革的情况、经验，四川省政府于1993年对近四年来巴蜀高校的教育教学改革进行了总结，评选出省级一等奖五十一项、二等奖一百九十七项；其中3项被遴选为国家级一等奖，二十六项被评为国家级二等奖。并集结出版了《教改探索集粹》一书。时任四川省教委主任王可植评价指出："这些成果集中反映了1989年以来我省普通高校广大教师、教学管理干部和辅助人员坚持社会主义办学方向，全面贯彻教育方针，在教书育人、教学改革、教学建设和教学管理中所取得的成绩与经验，是广大教育工作者用心血、汗水和智慧孕育的教苑奇葩。"该专集"真实地反映了四川高校教学工作的实际和教学改革的趋势，有的成果不仅在全省，甚至在全国都有重要影响、指导作用"①。

---

① 符宗胤：《教改探索集粹》，四川大学出版社1993年版，序言。

（二）加强科技研究

巴蜀高校的科研成果突出表现在量的迅速增长和质的不断提高。据1990年对四川大学等十一所高校科研成果的统计，到1990年止，共出版专著、译著、教材247部；发表学术论文2011篇，其中省级以上刊物1803篇；共获得科研奖励35项，其中国家级、省部级奖97项。1988年的《我省高校科研工作在改革中持续发展》指出，这年四川30所高校取得了425项达到国内首创、国内先进水平、国际水平、国际先进水平的科研成果，比1986年增加23%、比1985年增加69%、比1984年增加123%。[1]

曾任四川大学校长的柯召教授就是此期巴蜀高校科学研究取得突出成果的重要代表。[2]柯召曾就读于清华大学、英国曼彻斯特大学。1938年归国后，先后执教于四川大学和重庆大学，历任四川大学教务长、副校长、校长。柯召以其出色的科学研究成果多次获国家、省部级科技奖励及优秀教材奖，1999年，获"何梁何利科技进步奖"。他作为近代数论的创始人与开拓者之一，在二次型方面得到了一系列重要成果，特别是在著名的Catalan猜想的研究中得到一个被称为柯氏定理的重要结果，他提出的方法被称为柯召方法；

柯召，浙江省温岭人

他和Erdos、Rado一起给出了组合论中著名的Erdos-Ko-Rado定理，这个定理已成为组合数学中的一个经典结果，开辟了极值集论迅速发展的道路。他带领一批学生在矩阵代数、不等方程、二次型等方面做了一系列高水平的研究，使四川大学成为国内这一领域的研究中心。

（三）加强师资建设

此期的巴蜀高校比较重视教师队伍的质量建设。如四川大学柯召校长就指出："大学的设备，不如师资重要，西南联合大学就是证明。它的设备不行，还是培养出了杨振宁、李政道等多位杰出学者，其原因是西南联合大学的师资力量很强。"

---

[1] 四川高等教育和中等专业教育年鉴编辑委员会编：《四川高等教育和中等专业教育年鉴》（1949—1985），四川教育出版社1988年版，第55页。

[2] 资料来源：数学界的柯召定理（http://news.sina.com.cn, 2009-2）。

第一,抓教师规模建设。首先是解决一些课程教师紧缺的问题。为此,1978年到1980年,全省采取紧急措施补充师专教师一千多名。1983年,针对外语、基础课和新增短缺专业师资奇缺的问题,省高教局决定:将四川外语学院的师范专科改为师范本科,主要承担培养高等学校公共外语课教师的任务,从根本上解决高等学校公共外语课师资来源的问题。此外,省教委还鼓励和支持各院校采取委托培养研究生、本科生的办法,解决基础课师资紧缺的问题。同时,一些高校开始按照"坚持标准,保证质量,全面考核,择优晋升"原则,开展了教师的评审、聘任工作,使教师队伍建设工作步入了正轨、质量得到了保障。

第二,培养中青年教师。1983年,四川省高教局提出,除了抓紧师资的补充和充分发挥老教师的作用外,要从战略的高度来重视和加强中青年教师培养。各院校为了尽快提高中青年教师的业务素质和参加教学、科研活动的能力,采取了一系列措施,如举办基础理论培训班、外语培训班;派往省内外高等学校进修或选送出国留学;有计划地安排青年教师随本科生、研究生听课;选拔培养中青年学术带头人;成立各种形式的教学研究会或联合教研组;加强学校之间的横向联合,老校和新校对口协作,通过签订合同、协议,采取聘请、定期借调和派出教师兼课、开设讲座等方式进行交流和协作。经过几年努力,大批中青年教师提高了教学和科研水平,成为学校的中坚力量。

第三,制订队伍建设计划。1984年,四川各高等院校进一步制订了充实师资的长远规划和短期计划,加强与毕业生派遣学校的联系,对优秀本科毕业生进行全面考核,择优录用;同时,扩大毕业研究生留作师资的比例,充实各校师资队伍;省属院校也积极通过多种渠道调进新设专业的紧缺教师。1978年到1985年,全省高等学校共补充教师8700人以上,占1985年教师总数的38.8%。进入20世纪90年代后期,四川高校在省高教局指导

四川大学

下，纷纷制订了面向21世纪培养后备干部、跨世纪优秀中青年学术带头人的计划，通过省、校优秀青年教师的评选、培养，一大批具备条件的中青年教师晋升高级职称，一批有真才实学的青年优秀教师破格晋升。到1995年底，全省普通高校专任教师中，有教授1593人，副教授6699人，具有高级职称的教师比例为34.04%。省政府坚持为教师办实事，开展了高校教师家属"农转非"及招工工作，积极推进高校教师住房建设，进一步改善其教学、科研、生活条件，加强了高校教师队伍建设。

巴蜀高校在科研领域占据领先地位的是四川大学。[①]改革开放以来，四川大学在科研方面取得了累累硕果，如谢和平院士、魏于全院士、顾忠伟教授相继成为国家"973计划"项目首席科学家；游志胜教授先后中标两项国防重大项目；左卫民教授、张衔教授、邓玲教授、蒋永穆教授先后获得四项国家社科基金重大招标项目；李天德教授获国家社科基金重大委托项目，杜肯堂教授获教育部人文社会科学重大招标项目，这些成就使四川大学成为西南地区高校科研的领头羊。

四、快速发展职业教育

1949年后，较长时期没有给予职业教育应有的重视。改革开放以后，大批城镇企业兴起对职业技术人才的大量需求，才引起人们对职业教育的重视。四川也把快速发展职业学校教育提上日程。

（一）中职教育的发展

1980～1983年期间是巴蜀职业教育的恢复发展期，主要是对四川普通教育事业调整，进行中学教育分流、恢复中等职业技术教育。到1983年底，全省有由普通中学改办职业中学的学校一百五十五所，在校学生四万七千余人。同时还制定了"关于纠正不按规定颁发中专毕业证书问题""关于对犯错误的学生处分问题"等规定，颁发了《普通中等专业学校学生人民助学金暂行办法》和《普通中等专业学校学生人民奖学金试行办法》；省教委展开了校级领导干部分期分批培训。

1984～1986年期间是巴蜀职业技术教育的快速发展时期。到1986年，全省职（农）业中学校达四百二十六所，在校学生猛增到十二万六千余人，比

---

① 资料来源：四川大学网页（http://www.scu.edu.cn，2008-7）。

1983年净增63%。此时期作为职业技术教育发展的兴旺时期，在全国职业教育发展的大好形势下，四川抓住时机，在中学采取了高二分流、初二分流、初中"3+1"试验、创办职业初中学校（班），争取为未升学的应届初、高中毕业生，实施因地制宜、按需施教的短期职业技能培训，充分发挥教育为当地经济社会发展服务的作用。

1987年以来，一方面受产业结构调整、从业观变化等因素影响，另一方面职业技术学校自身在发展中也暴露出不少问题，深化全川中等职业技术教育改革已成为必须。一是省教委于1990年、1991年先后对37所职业技术学校进行了全面的检查、验收，推动了全省职业技术学校的教育质量与办学效益的提高。1992年的《四川省教育事业十年规划和"八五"计划纲要》中提出，职业技术教育要坚持"加大统筹，大力发展，育用结合，分类指导，改善条件，提高质量，增进效益，办出特色"的方针，这既是对四川过去职业技术教育经验的总结，也是对四川未来职业技术教育方向的规范。①二是通过《关于发布市、地、州教育部门管理中等专业教育的意见》《关于贯彻〈普通中等职业专业学校设置暂行办法〉的几点意见》等文件实施，给职业学校、地方部门和社会团体各方面以权利，激发了各地办职业技术教育的积极性。三是加强职业学校教师队伍建设。通过中职教师专业职称改革，教师队伍走上了正规化、专业化建设道路。四川职教经过20世纪80年代的改革与发展，到1991年时，全省中职学校达到一千一百五十六所，在校学生四十三万八千人，占高中阶段在校学生总数的45%，与1980年相比翻了一番。

（二）高职教育的发展

20世纪80年代初期，巴蜀高职教育发展十分迅速。一方面，社会对人才的大量需求促进了高职教育的发展。在高校扩招以前，由于十年"文革"造成人才断层，接受高等专门教育的人才稀少，社会各个方面对人才的需求又非常巨大，而高校培养人才的时间周期与数量都比较有限。因此，各类专门高职教育就迅速发展起来。另一方面，人们对学历的渴求又成为高职教育发展的重要动力。如20世纪80年代一大批回城青年、高考落榜青年参加高职教育。因此，"电大生""函大生""夜大生"就是那个时代渴求知识的见证。

---

① 参见四川省教育委员会：《四川省教育事业十年规划和"八五"计划纲要（送审稿）》，1992年。

随着时间的推移，高职教育发展中出现了一些新的现象，如学制时间上，或延长学制举办"五年一贯制"的"双证制"高职班，或缩短学制开办大量的短期非学历教育培训班；体制类型上，既有不同地区、不同学校之间的联合办学、异地授课，也有公办学校与民办学校之间多类型的合作。这些多种形式的办学使办学资源得到有效的充分利用，反映了高职教育改革与发展的深入。同时，在市场经济环境下，趋利风气浓厚，办学商业化动机日益上升，在高职教育中出现了乱办学、乱发文凭等金钱与文凭的交易现象。

成都电子机械高等专科学校是巴蜀高职教育的榜样。该校创建于1913年，学校坚持以培养高素质的电子信息、机械制造、机电工程为主的应用型人才为特色目标，在国内率先借鉴北美培养应用型人才较为先进的CBE/DACUM教学模式，成功地探索出了一条培养实用型的信息技术专业人才的办学模式。[①]

五、促进民族教育发展

在《中央关于教育体制改革的决定》颁布后，四川民族教育进入一个新的历史发展阶段。1987年，省教育厅下发了《关于民族地区普及初等教育几个问题的意见》，要求民族地区教育坚持数量和质量并举方针，并对民族地区学制的总体设计、学校教学语言、双语教材、师资队伍建设等问题做了具体部署。这些工作，对于民族教育发展起到了政策上的导向作用。

（一）民族基础教育的发展

四川少数民族基础教育在贯彻执行"调整、改革、巩固、提高"的方针下，坚持"从实际出发、分类指导、量力而行"的原则，迈出了改革开放的步伐。

第一，民族寄宿学校的发展。改革开放以来，首先是吸取过去藏、彝族地区专设寄宿制民族小学的经验，继续举办民族中小学寄宿制学校教育。后来的事实证明，这种寄宿制学校教育模式对于民族地区减少学生流失、防止新文盲产生、提高民族地区人口文化水平产生了重要作用。少数民族地区寄宿制学校的举办，解决了一部分居住十分分散、交通极其不便的少数民族子弟的入学就读问题，在整体上极大地提高了四川少数民族地区小学的入学率（少数民族儿童的入学率提高到67.4%），推动了民族地区普及义务教育工作的开展。

---

① 资料来源：成都电子机械高等专科学校网页（http://www.cec.edu.cn/2009，2008-6）。

第二，民族语言教学取得成效。1987年，在省政府推行民族语言教学，逐步完善双语教学体制的要求推动下，四川民族自治县的许多学校开展了"双语教学""多语教学"；积极推广普通话，并取得显著成效。同时，还积极开展了民族语言教材的编写工作，如合作完成了藏文版，独立完成了彝文版的中小学课本、教参等资料的编写、出版工作，基本上满足了民族地区学校教学的需要。①

第三，提高民族地区教师队伍质量。1987年，四川省采取了培训在职教师、办好中等师范学校等多种措施。各地区还努力推进中师的标准化建设，积极开展教师的继续教育和中小学校长培训，在高等师范和中师为边远县（区）委托培养教师。通过多方努力，到1989年，对四川甘孜、阿坝、凉山三州和其他少数民族自治县的民族教师的统计表明，教职工总数壮大到六万两千五百人，小学、初中教师学历达标率分别由1979年的37.8%、17.9%上升到71.8%、38.3%，②民族地区教师队伍的规模与质量分别得到扩大和提高。

通过上述工作，四川少数民族基础教育取得较大成就。如各级各类教育初具规模，到1989年，全省民族地区的中小学校发展到9000多所，在校生上升到一百零七万人；中专、中师发展到三十所，在校生上升到一万一千人；技工学校十八所，在校生两千多人。1979~1987年期间，向社会输送少数民族小学生九十四万人、初中毕业生四十八万人、高中毕业生十二万多人、职业中学毕业生三千人。③

西南民族大学

总之，四川少数民族教育在1987年以后获得了较为迅速的发展：一是通过学校的调整布局，学校的地理布局结构、层次结构趋于合理；通过对办学形式的初

---

① 田清玉：《以改革总揽全局，探索我省民族地区教育发展的路子》，载陈红涛主编：《中国民族教育论丛》（四），中央民族学院出版社1989年版，第2~3页。
② 田清玉：《以改革总揽全局，探索我省民族地区教育发展的路子》，载陈红涛主编：《中国民族教育论丛》（四），中央民族学院出版社1989年版，第2页。
③ 田清玉：《以改革总揽全局，探索我省民族地区教育发展的路子》，载陈红涛主编：《中国民族教育论丛》（四），中央民族学院出版社1989年版，第2页。

步探索，多形式办学出现了发展。不但学校数目总体增加，而且在校学生数迅速增加，少数民族儿童入学率达到55%。二是通过积极的教师培训工作，教师队伍的学历结构有所提高、教师的教学能力提高较快。三是由于"分级管理"政策的落实，多渠道的教育投资开始出现，教育投入有了很大提高，中小学的办学条件有了较大的改善。四是民族语言教学得到很快的发展，双语教学有了重要起步，同时还展开了民族语言教材的编写工作。①

（二）民族高等教育的发展

此期四川民族高等学校发展到五所，分别是：西南民族大学、凉山大学、康定师范专科学校、阿坝师范专科学校、西昌师范专科学校，在校生增加到四千多人。此外，巴蜀地区高等民族院校还有西南民族大学和西南师范大学举办的少数民族预科班。西南民族大学创建于1951年，是新中国最早建立的民族院校之一；西南师范大学于1983年开始举办少数民族预科班教育。尽管数量有限，但在推动巴蜀民族高等教育方面却发挥了重要的作用。

西南民族大学经过多年建设，逐步发展成为一所综合性普通高等学校。② 学校设有藏语言文学、藏汉双语行政管理、彝汉双语语言文学、彝英双语等体现民族教育特色的专业。学校还拥有西南民族研究院、西部大开发研究所等二十六个研究机构，有在海内外有很大影响的藏学文献中心和国内最大规模的彝学文献中心。学校在民族文化研究（藏、彝、羌、苗）和少数民族语言文字信息处理（彝、藏、傣）、古典文学、新材料研制、畜牧兽医等领域的研究，在国内外学术界有着较大的影响。

此外，民族地区的社会教育也取得了一定的发展，如此期在各县都建立了教师进修学校，为教师业务水平的提高提供了条件；各县纷纷开展成人继续教育，共举办成人技术培训班四千余个，各乡村还竞相开展有组织的学文化、学技术的"双补"活动。

当然，此期的四川也注意到民族教育发展的未来问题：一是加快普及民族地区九年制义务教育的步伐，同时加快民族地区的扫盲工作。二是坚持灵活多样地办学，以多形式、多渠道的教育满足不同条件下的教育需要，最大限度地

---

① 周明煊：《发展民族教育、振兴民族经济》，载乐山市教委等编：《乐山市民族教育文选》（内部资料）1990年版，第2~4页。
② 资料来源：西南民族大学网页（http://baike.baidu.com/view/5236，2008-8）。

促进民族地区教育的整体发展。三是强调学用结合,加强职业技术教育,紧密联系经济发展的需要,并为学生的升学与就业做好准备。四是积极开展双语教学,编写合格的双语教材,提高民族儿童的学习质量。①

六、开展教育改革试验

十一届三中全会以后,四川省政府要求县、乡两级政府要把教育纳入当地经济、社会发展的总体规划,分级统筹管理基教、职教和成教,与"燎原计划""星火计划""丰收计划"有机结合,根据当地社会经济发展水平,积极开展继续教育。此期巴蜀社会教育最为值得称道的是开展了把学校教育、社会教育融合一起综合的教育改革试验工作。

（一）发展社会教育

在农民教育方面,一是积极开展扫盲教育。据统计,1978~1985年间,全省共扫除文盲五百五十万人,有一百四十七个县达到国务院规定的标准,农村文盲比例由37%下降到15.2%,并因此成绩而获得联合国教科文组织总部颁发的1984年国际"民间扫盲奖"。二是开展农业技术培训。如1986年,联合国教科文组织亚太地区点办事处和中国教科文组织全委会在成都联合举办亚太地区扫盲和继续教育人员培训班,培训班人员考察了四川省德阳市市中区、广汉县和什邡县的一些乡（镇）成人学校,对中国和四川省的农村文化教育给予极高的评价。②

在职工教育方面,根据四川省委、省政府的要求,各级党委和政府把职工教育纳入整个国民经济和国民教育计划,积极举办职工大学,并对职工大学的任务、设置、教学工作、教职工、学生、思想政治工作、党组织工作、学校行政管理、领导体制等做了明确的规定,这些政策使发展社会高等职业教育能够有章可循。

在干部教育方面,随着党中央对干部革命化、年轻化、知识化和专业化要求的提出,四川除在高等学校、中等专业学校举办干部专修科和干部培训班承担高层次的培训任务外,还特别利用党校等途径开展了教育工作。如1992年,

---

① 赵家骥:《降低重心、扎实基础,加速发展民族地区教育》,载乐山市教委等编:《乐山市民族教育文选》（内部资料）1990年版,第16~19页。
② 参见《科技兴农,教育为本——剑阁县央溪乡农村教育改革纪事》,《四川日报》1990年3月29日。

全省培训各类干部17717人；全省在党校、干部院校参加以马克思主义基本理论培训和业务培训的干部共103754人。①

（二）综合教育改革试点

此期巴蜀社会教育的亮点是综合教育改革试验。在学习、吸收其他地区农村教育改革经验的基础上，许多地方进行了"农科教"结合及"三教"统筹的试验。其中，乐山市"三环"教育模式是巴蜀基础教育在探索农村教育如何贯彻体制改革要求，以农村基础教育体制改革为龙头而实施的农村教育综合改革试验的典型。20世纪80年代后期，在时任市教委主任赵家骥的领导下，发起了乐山地区数十家中小学参与该项试验。实验中，把农村普通教育、职业教育、社会教育这"三环"结合起来，作为一个整体加以设计，建立"县为主体、乡为基础、分级办学、分级管理"的教育体制，实施"短平快"的农村教育模式，推行"宽实活"的农村职业教育模式。具体来说，"宽"就是专业覆盖宽，用综合技术教育思想设置专业，打破单一狭窄的专业界限，采取一门专业、兼学相近专业的办法；"实"即指教学内容要联系实际，培养学生的生产经营能力与组织管理能力；"活"即要求学制灵活、学籍管理灵活、招生对象与方法灵活。三者中，宽是基础、实是核心、活是保证，共同形成一个优化而具有强大生命力的农村职业教育模式。在具体实施上，主要采取学分制、两种以上毕业证书制、单科结业制、一专多能制等方法。②体现该试验成果的《三环论》受到众多方面的关注、好评。如中国著名教育家顾明远先生评价指出："县为主体、乡为基础、分级办学、分级管理"的教育体制探索，农村教育"短平快"模式、农村职业教育"宽实活"模式中对理论与实践的创举，以及农、科、教结合的基本原理、村小建设和校园文化建设的系列主张等，既是对乐山教育改革的重大贡献，也是对建设有中国特色的教育理论体系的重要贡献。③

合川市的生活教育试验是农村教育综合改革试验的又一代表。1987年，四川省陶研会与合川县讨论决定以地处浅丘、山区，经济较贫困的草街乡为点，融基础教育、职业技术教育、成人教育于一体，开展为农村建设服务的"生活教育"整体实验。该实验共分准备、全面实施和总结验收三个阶段。到1997

---

① 四川年鉴编辑委员会编：《四川年鉴》（1993年卷），四川年鉴社1993年版，第426页。
② 周宗京：《巴蜀职教在前进》，电子科技大学出版社1991年版，第202页。
③ 赵家骥：《三环论——构建农村教育新体系》，四川教育出版社1994年版，第4页。

年，整体实验取得成就，并通过了验收。试验中取得一系列重要成果，如：基础教育的"村校一体化"实验、创造教育实验、学生分流教学实验、开展现代生活促进现代教育的实验等；职业技术教育的德育为本、创业为用、经济科技教育的三结合教育，政府统筹、联合办学、按需施教、产教结合、灵活多样、学以致用的"五放开一自主"（即招生计划、招生办法、专业设置、办学形式、学制年限放开，自主办学）职教模式；成教科技创业教育等。这些成果对推进教育体制改革、创新与丰富农村教育模式产生了重要影响。

第三节 巴蜀教育改革的深化

1992年，党的十四次全国代表大会确立了实行社会主义市场经济体制，1993年颁布了《中国教育改革与发展纲要》。为了适应建设社会主义市场经济体制的需要，巴蜀地区高度重视该纲要目标的落实，决定按照全面贯彻"三个面向"的教育指导思想，加快教育的改革和发展，建立适应社会主义市场经济体制和政治、科技体制改革需要的教育体制的要求，进一步推进巴蜀教育的深入改革与持续发展。

一、加快学校教育发展

（一）加快中小学校发展

第一，全面实施校长负责制。在上述纲要指导下，四川中小学在总结过去中小学校长负责制试点经验的基础上，在明确党、政的分工条件下，全面实施了中小学校长负责制，给予了中小学校长一定权限的办学自主权。同时，各中小学校还设立了教职工代表大会、工会、学生会，形成了以校长负责制为核心、权力系统相互监督的中小学管理新体制。这些中小学岗位责任制的改革，推动了学校内部管理改革，调动了中小学的活力。到1997年重庆直辖时，四川省全面推行了中小学校长负责制，中小学管理体制格局基本形成，扩大了中小学的办学自主权。当然，也要看到校长负责制实施后在促进党、政分家的同时，也提出了党委与行政关系的问题，并为后来党、政"一肩挑"的回潮现象埋下了至今纠缠不清的关系问题伏笔。

第二，全面推进"普九"工作。通过近十年的努力，四川普及义务教育取得了重要成就。1995年4月，省政府颁布了《四川省普及义务教育基本要求及检查验收办法》。8月，全省普教工作会在广元市召开，会议总结了近几年全省"普九"工作，分析现状，研究策略和措施。9月，四川省教委在梁平县召开了"普九"检查验收现场会。会议要求，对全省义务教育实行分类指导，坚持按规划、按标准、按程序推进"普九"工作。10月，四川省八届人大常委会第十七次会议通过并公布了《四川省义务教育条例》。到1995年底，全省小学适龄人口入学率达98.4%，小学毕业生升初中的比例达88.6%，小学毕业率达99%以上，初中毕业率达97.8%。截至1995年底，全省已在占人口总数98%以上的地方普及了初等教育。[①]全省"普九"工作取得了阶段性重大成就。

第三，全面推进素质教育。此期巴蜀中小学校在维持、改进日常教学工作的同时，大力推进素质教育，许多地市、县（区）的中小学校还建立了素质教育实验点，在推进招生考试制度改革、改造薄弱学校办学条件、开展素质教育教学研究、推广现代教育技术、减轻中小学生过重课业负担、全面提高课堂教学质量等方面展开了探索。同时，各地还趁国家教育督学制度建立的机会，通过对中小学的督导及评估来推进中小学素质教育工作目标的实现。通过上述工作，各中小学严格地执行了教学计划、教学大纲要求，控制了学生课外作业和学生在校活动总量，有效地制止了乱编、乱订、乱发复习资料等现象，逐步减轻了学生过重的学习负担，丰富了学生课余生活，为学生生动活泼地发展创造了条件。此外，减轻学业负担之后，四川初等教育系统通过加强环境教育、人口教育、国防教育，举办了电脑夏令营活动等新的有益活动来丰富学生的生活。

第四，重视中学教育质量。1995年，省教委转发了国家教委《关于大力举办普通高级中学的若干意见》等文件，提出了贯彻意见和具体要求：切实搞好普通高中改革发展的"九五"规划；积极稳妥地开展普通高中办学体制和办学模式的改革试点；创建一批实验性、示范性、高水平的普通高中，加强薄弱高中建设；改善普通高中的办学条件，加强队伍建设。1995年，经检查验收，全省又有七十五所学校实现四川省普通高（完）中办学基本要求，累计达一百四十五所。省重点中学除极少数外，绝大多数学校达到要求。在此基础上，省教委提出："九五"期间，各地要继续抓好普通高（完）中达到办学基本要求的工作；完善普通高中"两项"改革，大面积提高普通高中教学质量；

---

① 中国教育年鉴编辑部编：《中国教育年鉴》（1996年卷），湖南教育出版社1996年版，第738页。

全省顺利完成高中一、二、三年级毕业会考工作，合格率达到95%。[①]这些要求既为四川中学教育的发展提出具体的方向、目标，也为四川中学教育的发展提出了操作性的任务、指标。

正是在办好重点高中过程中，经过近二十年努力，巴蜀地区涌现出了一批办学水平较高、特色明显的重点中学。成都七中是此期四川重点中学教育的重要代表之一。[②]自1905年创建成都县立高等小学堂到如今成为成都第七中学校，该校毕业生中涌现出了中科院和工程院院士陈家镛、李萌远、王昂生、彭坤墀等众多优秀人才。该校在改革探索中，有两大亮点：一是在充分发挥学生主体作用的思想下，形成了适应学生个体差异发展的课程结构体系，确立了"以必修课为主，必修课与选修课相结合；以学科课堂教学为主，学科课堂教学与活动课程相结合"的教学体制。二是学校与东方闻道科技发展有限公司合作，建立了"东方闻道网校"，把成都七中的课堂教学资源播向西南地区，使得云南宜良、四川广元和泸州等地的中学能够分享成都七中教学资源，特别是在康巴高原的康定中学、泸定中学等基础教育比较薄弱的民族地区学校，也能够享受成都七中的优质教育资源，[③]从而创新了促进优质教育资源均衡的模式。作为"百年南开"系列之一的重庆南开中学也是此期巴蜀高中教育的一个代表。[④]该校秉承"允公允能、日新月异"的校训，以培养人才、谋社会进步、谋公众福利为宗旨，培养出了大批德行高尚、懂技能的优秀人才，如周光召、朱光亚、张存浩等。人们流传：昔日南开中学因抗战而名，今日南开中学以"中学里的大学"而著称。学校在全国中学里率先开设几十种选修课，邀请著名专家学者中科院士校友及著名大学校长莅临南开讲坛。

四川在《中国教育改革与发展纲要》贯彻过程中也取得了一些重要经验。如重庆市总结出"发动领导层，打通主干道，依靠各部门，动员全社会"的方针，明确"高起点、低重心、全方位"的工作思路。

---

① 中国教育年鉴编辑部编：《中国教育年鉴》（1996年卷），湖南教育出版社1996年版，第739页。
② 资料来源：成都七中网页（http://www.cdqz.net/body01.php?id=25，2008-9）。
③ 参见《四川成都七中东方闻道网校2003年直播教学研讨会会议发言集体》（内部资料），2002年。
④ 资料来源：重庆南开中学网页（http://www.cqnk.cq.cn，2008-6）。

（二）深化高校教育改革

1. 深化高校体制改革

随着社会主义市场经济体制的确立，提出了高校如何适应市场经济挑战的问题，巴蜀高校的体制改革突显出来。如同人们所认识到的那样，与其他教育系统的体制改革相比，高等院校的体制改革相对滞后，教育体制改革的重点自然落在高等教育体制改革上。

第一，认识高校体制存在的问题。巴蜀高等教育系统通过学习文件、剖析自身问题后认识到原有高等教育管理体制存在如下问题：一是条块分割。有二十多所巴蜀高校分别隶属于国家教委、中央部委和其他部门、地方政府管理，造成高等学校的布局在地区结构、层次结构、学科结构上的重复设置。二是由于受1952年院系调整等影响，单科性学校比较多，具有高水平的多科性综合大学相对较少。三是高度集中的计划经济体制下形成的管理体制不适应社会主义市场经济新形势的需要，而且规模小、效益低等现象严重。因此，必须加速高教体制改革，特别是改变过于集中统一的管理体制，即转变政府职能，由政府对学校的直接行政管理转变为运用立法、拨款、规划、信息服务、政策指导和必要的行政手段进行党政管理，确保学校面向社会自主办学的法人实体地位；同时深化学校内部的人事、分配制度改革，提高办学效益，建立学校自我发展和自我约束的运行机制。

第二，积极推进高校体制改革。巴蜀高校既要适度发展，更要把精力放在改革体制、理顺关系、合理布局、改善条件、提高质量上。20世纪90年代，四川高校从布点较多、结构不尽合理、办学效益不高的省情出发，组织力量进行调查研究，本着"优化结构与布局、走内涵发展为主的道路，提高质量和效益"的原则，推进了四川高校办学体制改革，并于1995年召开了四川普通高等教育教学改革研讨会，着重讨论了与高校教学改革相联系的高教体制改革的问题。会后，四川高校按照"方向明确、态度积极、努力探索、措施得当、步子稳妥、逐步到位"的工作方针，完善高校的"联合、合并、合作、共建"办学和管理体制，同时结合办学体制和管理体制的改革，积极进行投资体制、招生与毕业就业制度的改革。①同时，巴蜀各高校还对高校系科进行了以学院为基本单位架构的建制改

---

① 四川省教育委员会：《关于印发〈四川普通高等教育教学改革研讨会纪要〉的通知》（川高教〔1995〕32号）。

革，并强调高校体制改革要处理好学校自我发展、自我约束与依法办学的关系，即一方面，政府要简政放权，确定学校法人地位；另一方面，学校办学必须依照国家政策、法律、法规来进行，积极主动地面向社会办学。①

当然，由于多种因素影响，高校在加快改革中出现了一些未能避免的问题：如形式主义的简单合并、换学校牌子等现象，没有解决布局结构重大调整、减少重复设置、避免重复投资等问题，使得高校在坚持走内涵式发展上努力不够，许多高校把重点放在圈地扩校上；同时，还存在高校调整中削弱专科、削弱师范，变相升格突出，以及民办高校发展不够等问题。

在中央两个教育改革文件的推动下，巴蜀高校持续推进体制改革，在办学层次提高、办学方向综合化等方面取得了重要成效。以成都理工大学为例，该校始建于1956年，经过不断走向综合的发展，学校形成了以理工为主、多学科协调发展的教学研究型多科性大学。学校在办学中形成了"不甘人后、敢为人先"的进取精神和"穷究于理、成就于工"的理念，以服务行业、服务桑梓为己任，为国家输送了九万多名各类毕业生。②

2. 高校加强教学工作

重视本科教育是改革开放以来四川高等院校本科教育教学发展的一个基本特点，1984年、1987年、1992年、1995年等年份里都相继颁发过强调本科教学的政府文件。各高校坚持把教学工作列入重要议事日程，党政领导身体力行亲自抓教学，建立教学指导委员会，定期召开教学工作会议。省教委为了落实教学改革，还要求定期将新生录取情况、专业设置变动、教学实践情况等上报，将教学改革纳入对高校的评估和奖励制度之内，并且设立四年一次的优秀教学成果奖励制度。③巴蜀各高等院校重视恢复、建立健全教学规章制度，加强高等教育教学管理，高等教育质量得到提高。

第一，加强课程建设。在四川高教局《关于加强我省高等本科教育的几点意见》中，将课程建设作为加强本科教育的基础，并从课程标准和评估验收等环节切实保证课程建设质量。这些高校课程建设的指导性思想对后来巴蜀高校

---

① 四川省教育委员会：《关于印发〈四川普通高等教育教学改革研讨会纪要〉的通知》（川高教〔1995〕32号）。
② 资料来源：成都理工大学网页（http://www.cdut.edu.cn/，2008-9）。
③ 四川省教育委员会：《关于普通高等学校深化教学改革提高教学质量的意见（征求意见稿）》，1992年3月3日。

的课程建设起到重要的方向指导作用。①到1995年全省累计已投入一百三十万元,共建设一百七十五门省级重点课程。还成立了"四川省普通高等学校教材协会",以指导和协调省内各高校的教材建设工作;组织全省高校优秀教材申报工作,有四部教材获得了国家级奖励。

第二,改革教学过程。四川省教育委员会在总结多年常规性本、专科教学工作中,根据世界新技术革命的趋势,结合我国社会对人才需求的变化,反复强调教学过程改革是教学改革的重点与难点。四川各高校安排经验丰富的教师担任低年级课程教学工作,帮助大学生实现从中学学习到大学学习的转变,抓好学生的理论基础学习和基本技能训练。同时,为了配合教学过程的改革,各高校开始教学考试的改革,包括制定完善的教学考试制度、严格考试纪律、研究考试改革、建立学科课程考试题库、加强统考测验等。这些措施有力地配合、促进了教学过程的改革。

第三,加强教学实践。省高教局颁发的《关于加强我省高等本科教育的几点意见》认为,实践教学是大学生理论学习与实践锻炼相结合的重要方式,有助于克服学生轻视实践、解决实际问题能力差的状况。因此,要求高等院校把思想教育和技能培训结合起来,研究如何在新形势下搞好实践教学的新办法、新途径,并且从实践教学的制度管理、经费保证、考核检查等方面加以落实。②1992年,四川省提出加强实验室建设,对全省高校实验室建设进行了研究分析,提出了对策,要求各高校的实验开出率要达到100%。到1995年确定了二十四个高校实验室进行重点立项建设,采取滚动实施的办法,建设一批,验收一批。同时加强文科实习基地建设,到1995年,全省共投入两百五十万元、建成一百余个相对稳定的师范教育实习基地,缓解了师范院校实习难的问题。③

毕业论文作为一个重要的实践环节也逐步受到巴蜀各高校的重视。此外,四川高校在教学实践方面纷纷结合学校、学科特点,开辟第二课堂,举办各种类型的学术讲座、学术报告、研讨会。同时引导学生的社团活动,使学生在丰富多彩的课外科学实验、调查研究等活动中陶冶情操,获取知识,增长才干,

---

① 四川省高等教育局:《关于加强我省高等本科教育的几点意见》(川高教局发〔1987〕15号)。
② 四川省高等教育局:《关于加强我省高等本科教育的几点意见》(川高教局发〔1987〕15号)。
③ 中国教育年鉴编辑部编:《中国教育年鉴》(1996年卷),人民教育出版社1997年版,第745页。

培养组织管理、社会活动能力。

第四，加强思想教育。巴蜀教育立足于贯彻党的教育方针，特别重视对学生的思想政治教育工作，在长期的思想政治教育工作中总结出一些重要经验。1989年，受到多种因素的影响，巴蜀各高校中也出现不同程度的学潮，这给巴蜀高校提出了加强大学生思想、政治、纪律教育的新要求。在"德育为先"的导向下，巴蜀各高校先后于1989年、1992年开展了党风、党纪整顿和党员重新登记活动；各高校贯彻"一个中心，两个基本点"的基本路线，培养学生"有理想、有道德、有文化、有纪律"的时代要求，开展了党性、党风、党纪教育。

当然，无论是此期中小学教育、高等教育的改革，其发动都具有极明显的行政化烙印，教育政府化行为极其浓厚。这既给教育发展奠定了强有力的行政支持，也给学校难以按照教育规律自主办学埋下不良种子。

二、加强科学技术研究

（一）中小学开展教学研究

自20世纪80年代末起，四川省的各级教育部门就开始把教改研究活动逐步纳入基础教育改革和发展的事业规划。如"八五"期间，省教委每年划出"普教科研资助金"二十万元，自"九五"起，上升为每年三十万元。同时，为了加强初等教育改革研究的指导，四川许多地区成立了教育科学研究机构。1977年以来，四川教科所负责编纂的《教育志》介绍了国内外教育科研动态，它组织编写、审定推荐的科研专著多次获省政府颁发的哲学社会科学科研成果奖；四川教育学会邀请国内外专家、学者做学术报告六十多次，开展了近六百次学术讨论会和学术交流活动。①

第一，积极开展教研活动。自20世纪90年代起，四川省教育行政部门就已将是否承担了教改研究课题作为评价重点中学的主要指标之一，推动四川中小学有计划地开展教育科学研究活动。如成都市棕北中学独立承担了三个市级科研课题，课题《积件——课件运行管理机制的研究》获得省、市教育成果二等奖；《实施计算机辅助教学促进教师创新能力提高的研究》获得了市科技进步二等奖。又如重庆市九龙坡区开展初中教育整体改革实验，围绕初中课程设

---

① 中国教育年鉴编辑部编：《中国教育年鉴·地方教育卷》（1949～1984），湖南教育出版社1986年版，第1018页。

置、课堂结构、教学方法以及减轻课业负担等环节以点带面，积极探索。1995年，该实验被推广到全市一百多所中小学，其中桂花园中学"减轻初中过重课业负担，整体优化促进学生全面发展"课题，被赞为市级领先水平。[1]其他周边地市也积极开展教育科学研究，如内江的全地区教学方法改革，大竹县教研室的反馈教学法试验，董国福的"读启式教学试验"等。[2]

第二，重视教研成果推广。1993年，省教委提出了"以某项经验成果为核心，分类推广教改经验成果"的思路，重点抓了"整体改革""学法改革""建设班集体"等成果推广工作。在初等教育领域，成都师范附小的教改经验、内江市"读启示教学"和成都实验小学的"整体改革实验"等一批教改成果，不仅在省内产生了广泛的影响，还引起了国内教育研究界和教育行政部门的重视。在高中教育领域的教育教学改革实验中，各校一般一至两年召开一次教改经验交流会，对教改经验文章予以表彰和推广。各市地和区县教育行政部门也定期进行交流和评奖。到1997年为止，全省各级教育研究机构和广大教育工作者围绕实施素质教育进行研究，获得了一批研究成果，如《四川省中小学素质教育研究与实践》《教育科学研究方法》等。

总之，此期四川初等教育研究硕果累累，涌现出一批在全国有较大影响的实验项目和一大批立足基层、埋头苦干的教改实验积极分子。对1990~1993年被列为省教委普教科研资助金项目的三十个课题进行了结题鉴定；承担了国家教委下达的"教改经验成果的推广研究""全国中小学课程改革研究""全国教育实验现状调查"等任务；组织了中小学学科教学研究活动。如南充市承担的《督导评估镇（乡）管理教育研究与实践》和井研县教育局承担的《字族识字教学实验》等项目在省内外引起较大反响，并被逐步推广。[3]另一方面，涌现了一批优秀初等教育学校。如践行"和谐教育、自主发展、成人成才"办学理念的成都泡桐树小学；造就外语教育和综合实践活动两大品牌的成都锦里小学。基础教育的教育科研工作也存在形式化问题，多少是为学校脸上"贴金"，真正用来解决教学问题、提高教育质量的效果不大；评奖也主要是为学校挣得荣誉，而未必就全面提高了学校办学水平。这就不难理解为什么基础教

---

[1] 李定开、唐智松主编：《重庆教育史》（第三卷），西南师范大学出版社2006年版，第274、352页。
[2] 资料来源：http://www.scjks.net/Article/Class103/Class109.html（2009-3-22）。
[3] 沈教：《教改实验硕果累累》，《四川教育》1997年第2期，第22页。

育领域里虽然教育科学研究成果甚丰,但日常教育教学工作仍然沿袭旧制,应试教育仍大行其道,而素质教育往往停留于口号的怪现象。

(二)高校重视科技转化

巴蜀高校在贯彻《中共中央关于加速科技进步的决定》中,注重应用研究和开发研究结合,各院校深入工矿农村调查,从生产中选定课题。如1984~1986年期间,成都科技大学等二十四个高等学校同两千四百零五个中小企业和乡镇企业建立了协作关系,开展科研项目四百七十九个,转让技术成果六百五十五项,校厂共建科研生产联合体四十二个。进入20世纪90年代后,四川高校进一步加强高校科技的社会转化与服务。如1995年,四川组织8所高校的268项成果参加"95中国新技术新产品博览会",签订技术合同二十项,金额达四千一百五十九万元。西昌农业专科学校的新产品"整体硬化耐磨钢球"、四川农业大学的新产品"中华冰茶"被评为金奖产品,全省高校在1995年推广运用科技成果获利三十二亿元,经济效益在百万元以上的项目达八十多项。①

四川高等学校还初步发挥智库作用,派出大批专家和教师参加省政府科学技术顾问团,积极参与全省经济改革的调研并提供对策。在长期的高校科技成果转化、服务社会的工作中,四川逐步总结出一些重要经验,形成了集科技研究、成果转化和社会服务于一体的合作模式。其中高等学校西南开发协作组是一个典型个例。它由重庆大学、四川大学、成都科技大学牵头在1987年组成,先后有分布在西南五省七方的四十五所高校参加。他们团结协调西南高校的科技力量,发挥高校学科齐全、人才配套以及与地方联系密切的优势,开展西南地区发展战略研究和其他政策咨询工作,先后在重庆、昆明、贵阳、成都召开四次西南开发战略研讨会,对各省、区及整个西南地区的发展战略进行研讨,提出研究论文、专题报告等共两百余篇。通过系统的研究,协作组整理出版了《西南开发研究》专题集、递交了《加速西南地区开发的若干建议》。"这些论文和研究报告有调查、有数据、有观点、有分析"②,为国家西部大开发战略决策提供了重要参考。

---

① 中国教育年鉴编辑部编:《中国教育年鉴》(1996年卷),人民教育出版社1997年版,第747页。
② 高等学校西南开发研究协作组:《西南开发研究》,重庆大学出版社1991年版,第1页(序)。

重庆大学在科技转化方面一直起着带头作用。①该校在多年的科技转化工作中，利用雄厚的科研实力，积极同如西门子、微软、IBM、罗克韦尔、欧姆龙、法拉克等国外知名企业一起设立实验室或培训中心，坚持"产、学、研"合作办学。同时，学校结合重庆以及全国经济社会发展的需要，利用机电、能源、材料、信息、生物、经营管理等优势，积极开展科技转化服务，获得了中央领导的赞扬。

三、开展对外教育交流

自改革开放以来，教育交流一直备受高校的重视。早在1980年到1984年期间，四川高校中被准予展开对外教育交流活动的学校从八所增加到二十八所。

（一）基础教育的对外交流

改革开放以来，四川先后与美国华盛顿州、西雅图，法国图卢兹，日本广岛，加拿大多伦多等城市对口缔结了友好城市。这些城市之间的友好交往与合作为教育对外交往奠定了基础。

首先，随着改革开放的拓展，巴蜀教育的国际文化交流不断扩大。1985年，重庆沙坪坝树人小学与日本广岛安西小学建立了友好校际关系，两校之间鸿雁传书，交换学生书法、绘画、手工艺品、相集、文集、资料等一百多件。1986年5月，美国西雅图市市长代表团来渝访问，重庆人和街小学与西雅图市科依小学建立友好校际关系。1986年10月，以肖秧市长为团长的重庆市代表团赴日访问，在广岛市举行了缔结友好城市的签字仪式。1988年，巴蜀教育代表团先后有四次出访②。1992年，在省数学会、力学会联合举办的中学生数学、力学竞赛活动中，章寅同学代表国家队参加了在莫斯科举行的第33届奥林匹克竞赛，荣获金牌。③成都市树德中学在基础教育对外交流中，比较突出。1998年，该校和美国菲尼克斯市中央高中成为江泽民总书记和克林顿总统共同发起的"中美青年远程交流项目"的第一所结对学校，该项目以国际教育资源网为交流平台，广泛及时地与结对学校和世界各国朋友进行着网上的互动交流。④

其次，积极推进学生交流访问。1987年，四川省曾选派赴朝留学生三十二

---

① 资料来源：重庆大学网页（http://baike.baidu.com/view/6269.htm，2008-10）。
② 重庆市教育委员会：《重庆教育志》，重庆出版社2002年版，第786页。
③ 四川年鉴编辑委员会编：《四川年鉴》（1993年卷），四川年鉴社1993年版，第151页。
④ 资料来源：http://www.sdzx.net/xxgg/ShowArticle（2008-12-4）。

名（其中分配给重庆市推荐名额十名）。1988年，重庆钢铁公司教育代表团对曾访问重钢第七子弟小学的法国图卢兹拉朗德小学进行回访；其间参观了图卢兹市的幼儿园、中小学、师范学校及音乐学院等九所学校。成都银都小学坚持立足高新，走国际化发展道路，先后有美国、英国、澳大利亚、挪威、芬兰、日本、新加坡、泰国等国家的教育考察团到校访问交流。学校也有教师、学生赴新加坡、挪威、日本、美国等国家学习考察。成都石室中学专设国际部负责与各方联系、沟通，负责师生赴美（国）、新（西兰）或其他国家开展中、短期教育交流访问和学习的相关工作，学校还与美国布鲁肯·安诺高中建立了长期互访及交流协议。

重庆南开中学的中美交流也很有代表性。[①]1988年5月，该校与美国普亚拉蒲州高级中学建立友好校际关系并达成互派教师任教的协议，连续三年先后派出三名英语教师赴美任教，美方也连续两年派出老师到南开中学任教。美方还先后派出学生和教师旅游团、教育代表团、学区学监、中学校长近十次到南开中学参观访问。普亚拉蒲学区主任别格先生曾三次到南开中学考察，印象深刻，回美后做了宣传。

（二）高等教育的对外交流

1993年加快改革开放以后，四川普通本科院校和一部分专科学校都获准开展对外教育交流活动。由此掀起了巴蜀高校新的对外教育交流高潮。

第一，人员外访和留学生增多。巴蜀各高校把对外交流作为教师队伍建设、科研合作的重要途径。据统计，从1978年到1985年，四川省先后组织高等教育代表团访问美国、加拿大、日本等国，全省高等学校共派出考察、讲学、参加学术活动等各类人员5721次，留学人员1085人，其中研究生178人、进修生和访问学者808人，大学生实习生和自费留学人员99人。[②]以重庆地区为例，到1990年为止，16所高等院校共向美、英、德、法、澳、日和苏联等十多个国家派出留学进修生979人。建立校际关系的学校间开展了人员互访，互派教师讲学、任教，互派留学生、进修生，合作科研等多项交流合作活动，推动了双方教育的发展。20世纪90年代中后期，四川高校的对外交流合作日趋活跃，来访

---

① 重庆市教育委员会：《重庆教育志》，重庆出版社1993年版，第788页。
② 中国教育年鉴编辑部编：《中国教育年鉴·地方教育卷（1949～1984）》，湖南教育出版社1986年版，第497页。

的外国团组和出访的工作小组大量增加。在继续保持与美国、日本、西欧的交流与合作的同时，又在独联体、泰国和东南亚国家中寻求到新合作伙伴，开拓新的合作领域。

第二，吸引学者来访。1983年到1984年，有五所巴蜀院校举办了基础汉语、中医中药针灸等外籍人员短训班十三期，有些高校还开始接收外国留学生、进修生。从1980年到1985年，全省高等学校共聘请长期讲学的外籍语言学专家和教师四百四十四人，短期讲学的专家九百三十八人。有十九所院校先后与美、日、法、德、加拿大、澳大利亚等国的近一百所大学或组织建立了校际交流关系。此后，接收外国留学生、进修生的学校不断增加，人数也不断增多，从1983年到1990年的八年中，仅重庆的八所高等院校就接收了来自美国、法国、日本、英国、德国、加拿大、意大利、丹麦、瑞士、奥地利、苏联、朝鲜、秘鲁等二十多个国家的留学生和进修生七百四十六人。留学生、进修生最多的是西南师范大学和四川外国语学院，分别有三百五十八人和两百九十五人。1992年，四川省聘请长期外国文专家教师一百六十五名，短期科技专家四百二十八名到四十六所院校任教或讲学。来自十八个国家和地区的两百四十九名外国留学生到十二所院校进修或攻读学位；派遣七百二十三名中青年教师出国学习或进行合作科研；一百六十五名学术造诣较高的专家教授出国参加国际学术会议，吸引了一批优秀人员回国服务。

第三，开展科研合作。早在20世纪80年代中期，重庆大学、西南农业大学、重庆建筑工程学院、西南师范大学、重庆师范学院等高校同一些国际组织和国外高等院校进行了合作科研。根据1987年的统计，在80年代初期的几年时间里，四川大学、重庆大学、四川农业大学、重庆建筑工程学院、成都地质学院、成都科技大学等四川高校同美国、日本、德国、丹麦、墨西哥等国家的三十一所大学、七个科研机构、八个公司联合研究开发科技项目五十三项。1987年，西南民族学院承担了联合国粮农组织的"中国西南畜牧业的发展"项目，西南农业大学（原西南农学院）承担了联合国粮农组织、国际原子能机构的"原子能在农业上的应用"项目，分别获得这些国际机构的资助。①

四川外国语学院是此时期四川教育对外交流的代表。学校拥有一支多数曾在国外讲学、进修或研习的师资队伍。为了提高教师的水平和更新知识结构，

---

① 四川省高教工作会议文件：《我省高校科研工作在改革中有序发展》，1988年。

学校先后选送近百名教师出国留学和进修，还派出数十名教师到国外讲学、考察和工作。学校常年聘请外籍教师和专家执教。先后聘请了苏、美、日、加拿大、德、法、英、瑞士、比利时、澳大利亚等国家的一百多位专家、教师。学校与美、英、法、俄、德、日、西班牙、意大利、韩、古巴、埃及等国家的40余所大学建立了校际交流关系，与国内兄弟院校在师资培训和本科生、研究生培养方面具有广泛的合作与交流。①

四、积极发展职业教育

（一）中职教育的发展

1993年后，四川中等职业技术教育也进入一个加快发展的时期，并取得突出的成就。职业技术教育有了较大发展，初步扭转了中等教育结构单一的局面。1992年底，全省已有各类中等职业技术学校1160所，在校学生431700人，占整个高中阶段在校生总人数的44.76%。全省还建立了15个就业训练中心，年平均培训33万人。②

在中职教育发展中，一些学校从自身实际出发，结合社会需要，大胆探索办学特色。普格县是全国典型的贫困县，为了摆脱教育落后与经济社会条件恶化的恶性循环，他们着眼于发展适合民族和地区特点的职业教育。从1987年起，他们在凉山农校的校外班，实行以区定班，校区共同培养运用科学技术的致富型人才。在教学内容上，除语文、化学等少数基础课程外，主要是植物保护、育种、土壤肥料、家畜养殖、药材、养蚕等与当地经济和社会发展相适应的职业技术课程；在教学方式上，推行"边学、边干、边致富"及"理论联系实际"的"三边一联"的教学模式。经过多年的持续改革，该校培养的学生中不少人成为种植、酿酒、烧窑、饲料加工等方面的专业户，成为当地依靠科学技术教育、科学生产而富裕起来的先行者。③

（二）高职教育的发展

20世纪90年代中后期，四川高职教育类型趋于完善，走向全面发展。有了轻工、纺织、钢铁、机械、化工、电力、城建、会计、航天、兵器、行政管理

---

① 资料来源：四川外国语学院网页（http://baike.baidu.com/view/4978.htm，2008-6）。
② 四川省教育委员会：《四川省教育事业十年规划和"八五"计划纲要（送审稿）》，1992年。
③ 张诗亚：《从恶性循环到良性循环的转折——凉山州普格县农技校的启示》，《新疆师范大学学报》（哲学社会科学版），1997年第2期。

等行业的职工大学,以及广播电视大学、干部管理学院、教育学院等各种类型的成人高职教育学校。高职教育的管理也日趋成熟。高职教育中存在的乱办学、乱收费、乱登广告、乱发文凭等问题,通过严格治理整顿规范办学,基本消除。四川省教委还加大检查力度,对不合格的高职教育予以取消、合并。总之,改革开放以来,巴蜀高职院校的发展非常迅速。

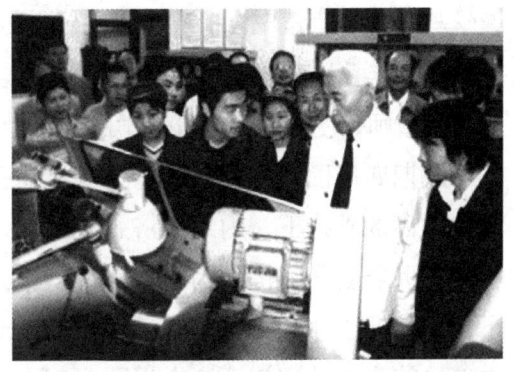

丁石逊(曾任全国人大副委员长)参观四川高职学院

到2008年,川、渝两地的高职院校共计七十一所(其中,四川四十八所、重庆二十三所)。

随着改革开放的深入,不少地方高职教育与普通教育并举,在办学体制上不断寻求资源优化配置,探寻高职院校发展特色。2002年,川北教育学院与四川省机电工程学校合并组建的四川高级职业技术学院,在办学中形成了"以能力为本位,以职业素质为核心,培养高素质技能型人才"的特色,为社会培养了大批技能型实用人才。

由于人们根深蒂固的认为职业教育比普通教育低人一等,以及两种教育体系之间还没有畅通的立交桥,大城市毕业进入职业学校的学生都比较少,生源基础比较差,加上设备条件简陋、双师型教师缺乏等因素,制约着职业教育的发展水平。可喜的是,这种状况在近年来大有改变。

五、民族教育的新发展

(一)民族基础教育的发展

四川深化民族教育改革,把民族基础教育推向新的阶段,主要工作与成就:一是各民族地区制定了中小学常规管理意见,通过贯彻落实,取得了很好的效果。甘孜、阿坝、凉山三州和黔江地区、马边、峨边两县各建设起示范性乡中心完小五所、十二所、十七所、十所、两所。①二是在一些民族地区还开展了教育综合改革,如黔江地区在重点中小学开展了整体改革试验,凉山州进行了"双语

---

① 四川年鉴编辑委员会编:《四川年鉴》(1993年卷),四川年鉴社1993年版,第429页。

教学与研究""异步教学"等项目教改实验。三是继续加强教师队伍建设,省政府于1996年委托西南民族学院、西北民族学院和青海教育学院培养了一批彝、藏文理科教师,使用民族语言教学的各科专任教师达到三千三百六十四人。①

此期四川民族教育发展的亮点是积极开展民族教育支援工作。1993年,在有关方面的支持下,内地经济、教育较发达的九个市的县(市)与民族地区四个教育薄弱县和经济贫困县的对口支援工作已开展起来,乐山、凉山等地取得了初步成果。成都、重庆、德阳、绵阳四市如期开办三州(阿坝、甘孜、凉山)民族班,共招初、高中生两百三十三人。1993年完成三州和峨边、马边两县教师的内调安置工作,共内调教师八十名。同时,从内地选派八十名优秀中师毕业生进入三州工作,补充了三州教师之不足。1995年,内地九市对民族地区开展了多项支援协作项目,在给予民族地区经费和设备支持的同时,提供了大量的教改信息,帮助民族地区培训干部,组织特级、优秀教师到民族地区开展学术交流活动,成都、重庆、德阳、绵阳等市举办民族班三百一十七个,学员六千多人。

四川省成都西藏中学是为贯彻中央教育援藏方针而建立的内地西藏中学。学校针对学生基础薄弱的实际,高度重视教学与管理的质量提高;还通过在省内重点中学抽调优秀教师的方式组成了一支高水平教师队伍。学校在多年教育中,始终把促进学生成长作为学校发展的生命线,努力为藏族儿童创造优美、有序的学习、成长环境。②

(二)民族高等教育的发展

西南师范大学民族学院从1982年开办民族预科班起,已发展成为面向西南、辐射全国的少数民族人才培养基地,到2006年,已为民族地区培养全日制学生两万六千余人;通过函授、夜大、自考、进修等形式培养民族人才六千五百名;培养两千多名少数民族研修生;培训民族地区干部一千五百多人。该校长期坚持发展民族文化。自1983年开始,学校确定每年11月为"民族节",校、院及职能部门领导要同少数民族师生一道欢度佳节。2000年,学校还成立了"民族艺术团",由全校范围内选拔的少数民族艺术特长生组成,展现各民族风情,弘扬民族文化。1994年、1999年、2005年连续三次被国务院授

---

① 四川年鉴编辑委员会编:《四川年鉴》(1993年卷),四川年鉴社1993年版,第429页。
② 资料来源:四川省成都西藏中学网页(http://wenku.baidu.com/view,2008-12)。

予全国"民族团结进步模范单位"称号，2000年国务院副总理李岚清考察时给予充分肯定；2003年，学校被教育部确定为"全国少数民族高层次骨干人才"硕士研究生基础强化培训基地。

此外，改革开放以来，四川许多民族地区普通中学相继转办为职业技术学校，民族地区的职业学校也由此发展起来。如酉阳民族高级职业中学始建于1985年，开设了微机应用、财会电算化、民用建筑、园艺、养殖、林业及农家经营等十五个专业，为社会输送了各类中级专业技术人才近万人。学校还常年面对下岗职工和农村生产实际举办微机培训、电器维修、市场营销以及各种农技短训班，年受训人数在一千人以上。

六、全面开展社会教育

（一）农村教育的开展

首先是实施农民扫盲教育。到1993年底，全省扫除青壮年文盲53.73万人，使非文盲率达到95%。① 到1997年，经过近十年努力，巴蜀扫盲教育取得了决定性胜利。其中，新四川省180个县、市、区中，占总人口97%的151个县、市、区基本扫除青壮年文盲。② 直辖后的新重庆也于1999年底扫除剩余文盲23,346人，青壮年非文盲率达到99%以上，达到了国务院《扫除文盲工作条例》的要求，完成了扫盲任务。

其次是推进农业技术培训。仅1993年，全省参加各种形式脱盲后巩固提高学习的达到126万人，参加比较系统的技术教育结业的475万人；短期实用技术培训的1254万人次。到1997年，乡镇成人学校发展到4227所，村级成人学校（点）37,092所，办学条件进一步改善。全省各级成人学校举办扫盲巩固班结业107万人，农民高小班、初中班毕（结）业5万人，比较系统地进行技术教育和培训380万人，短期实用技术培训777万人。③

经过多年发展，四川农村教育已基本形成多形式、多层次、多规格、多渠道办学的格局和培训网络。其中，全省涌现出一批办学条件好、效益高、上规

---

① 中国教育年鉴编辑部编：《中国教育年鉴》（1994年卷），人民教育出版社1994年版，第712页。
② 李定开、唐智松主编：《重庆教育史》（第三卷），西南师范大学出版社2006年版，第512页。
③ 中国教育年鉴编辑部编：《中国教育年鉴》（1997年卷），人民教育出版社1997年版，第726页。

模的乡镇成人学校。如江油市青莲镇成人学校等七所学校被确定为首批省级示范乡镇成人学校，绵竹县九龙镇成人教育中心校七所学校被评为全国成人教育先进学校。

（二）职工教育的开展

随着改革开放的深入，1994年，职工教育围绕深化企业改革，建立现代企业制度，进一步解放思想，转变观念，积极主动地为企业服务，加快了职工教育改革和发展的步伐。到1994年底，全省各类职工学校达到1540所；同时，形成以岗位培训、继续教育为重点，适度发展学历教育的职工教育新格局。到1997年底，全省有各类职工学校993所，校舍建筑面积248万平方米，人均0.38平方米，职工教育专职干部1.4万人，专职教师106万人。

同时，注重职工教育质量的提高。根据省政府提出的"科教兴川"战略，全省围绕企业经营机制转换和建立现代企业制度开展工作，适应企业改革需要，有培训重心开始向外向型人才转变。据统计，1997年，全省有两百二十三万人参加各级各类学习培训。①

随着社会主义市场经济的迅速发展，无论农村教育还是城市职工教育，受到人们趋利致富观念的影响，单靠过去政治化、行政化的模式，已出现组织动员难、陈旧内容与方法不受欢迎等现象。

（三）干部教育的发展

进入20世纪90年代，四川党校教育系统为了适应新形势，在探索为经济服务的新思路、新方法、新渠道的过程中，不断改进干部教育工作，重视增强干部教育工作的针对性和实效性，提高干部服从和服务于经济建设的主动性、自觉性，结合经济建设实践来开展干部教育工作，以经济建设的成果来检验干部教育工作。四川省委党校还系统地采取了一些重要措施来培养适应外向型经济培训工作的干部。②

四川省委党校（含四川行政学院）作为负责培训党政领导干部、国家公务员和进行理论研究的重要部门，经过多年建设，现已形成了以党政领导干部培训为主，学位研究生和研究生教育、普通高等职业教育、党校函授教育、能力

---

① 中国教育年鉴编辑部编：《中国教育年鉴》（1997年卷），人民教育出版社1997年版，第726页。
② 四川年鉴编辑委员会编：《四川年鉴》（1993年卷），四川年鉴社1993年版，第426页。

素质教育"五位一体"的办学新格局。学校按照"开放式组织、多学科并进、深层次探索"的要求,在科研重大课题攻关和精品力作方面不断取得突破。同时,学校重视对外交流与合作,先后与美国、加拿大、韩国、中非等十多个国家和我国港澳台地区的有关机构建立了较为广泛的合作交流关系。

第十章 重庆直辖后比翼齐飞的川渝教育

1997年3月,第八届全国人民代表大会第五次会议审议并通过了国务院关于设立重庆市直辖市的议案,四川和重庆成为两个新的独立行政区。虽然巴、蜀行政"分家"了,在辖区变化、教育人口变化等情况下,各自都既注重稳步过渡,又重视面向未来实施新的发展规划,有力地推进巴蜀各级各类教育持续发展,比翼齐飞。

第一节 四川教育的快速发展

川渝分治后,四川面对辖区规模、教育人口变化等新情况,摸清家底,加强新四川教育的规划与管理,结合新形势需要,深化改革、积极规划,促进城乡各类教育迅速而均衡地发展。

一、基础教育质量的提高

(一)提高学前教育质量

四川学前教育一直在稳步发展。幼儿园由1997年的11,223所发展到2006年的15,523所,其中独立设置幼儿园8596所,非独立设置幼儿园6927所;全省学前儿童毛入学率达到56.3%。同时也重视发展特殊教育,如扩大"三残"儿童在校规模。

四川省学前教育持续推进改革,在众多幼儿园中,成都市市级机关第三幼儿园是代表之一。①该园坚持"培养身心素质全面和谐发展的完整儿童,为幼儿一生的发展打好基础"的教育目标,以班级环境、园际环境、社区环境三个维度为切入口,探索幼

成都市市级机关第三幼儿园

---

① 资料来源:成都市市级机关第三幼儿园网页(http://ping.ci123.com/firms/364,2009-12)。

儿教育生活化的实践体系，培养快乐生活、适应生活的健康儿童，形成了环境教育、生活教育和艺术教育相结合的办园特色。该园在参加全国及省市幼教教学与研究评比中荣揽众奖。

（二）改善义务教育布局

进入新世纪的四川义务教育，在继续推进学校体制、课程、教学改革的同时，注重改善义务教育的布局，特别是把解决农村义务教育作为工作重点。

第一，保障农村儿童义务教育权利。农村义务教育长期是困扰四川教育发展的重要因素。为此，四川各地开展了积极的探索。如绵阳市涪城区出台三大举措建立农村义务教育经费保障长效机制：一是科学规划，促进教育资源最大化利用。二是剥离债务，促进教育系统轻装上阵。三是提高待遇，促进教师队伍健康发展。特别是设立"乡村教师补贴"，使骨干教师安心在乡村学校工作，同时将全区教师的各项政策性津贴、补贴及社会保障经费全部纳入政府财政预算，切实解决全区教师的后顾之忧。[1]

第二，做好留守儿童的教育工作。随着四川大量农村青壮年劳动力的外出务工，大量农村"流动儿童"与"留守儿童"的教育问题突现出来。四川解决此问题的基本做法是：充分发挥教育系统在留守儿童教育管理中的主渠道作用，制定了一系列政策，用制度教育管理"留守学生"，用亲情帮助"留守学生"，用爱心关怀"留守学生"。除加大投入，积极推动留守儿童寄宿制学校建设外，各地学校建立了"留守学生"档案，全面掌握、及时跟踪"留守学生"的基本情况和动态信息等。各地在省教委的政策指导与经费支持下积极探索，开展丰富多彩的活动等多策并举，做好留守学生的教育和管理工作。[2]

第三，重视"流动儿童"的受教育工作。据2006年统计，四川全省有六百多万名流动儿童，其中仅留在成都市区的就达一百四十多万名。为此，四川省在成都等大型城市展开解决"流动儿童"教育问题的工作。如成都市委、市政府高度重视进城务工农民子女接受义务教育工作，把此项工作作为全心全意为人民服务的具体体现；作为推进城乡一体化，保证教育公平的一项为民办的实事；作为构建和谐成都，创建文明城市的主要抓手。[3]中央办公厅和教育部在

---

[1]《绵阳市涪城区出台三大举措促进农村义务教育经费保障长效机制的建立》，《四川教育信息》，2005年第17期。
[2]《巴中市多策并举切实做好留守学生教育和管理》，《四川教育信息》2006年第71期。
[3]《成都市切实保障进城务工就业农民子女接受义务教育》，《四川教育信息》2006年第79期。

对成都市解决农民工子女接受义务教育工作的专项调研中给予了充分肯定。

应当说，解决上述"流动儿童""留守儿童"教育问题的种种努力，对于提高城乡教育公平水平、促进城乡教育均衡发展、促进和谐社会建设都具有极其重要的意义，应充分加以肯定。

四川一些中小学在摆脱应试教育痼疾，转变为素质教育的过程中，注重教书育人、校园文化环境的创建。成都市草堂小学利用学校处于成都杜甫草堂的特殊地理位置优势，立足以杜甫的诗人气质为主线来设计校园环境，努力营造诗意人生的精神氛围。到校门口就看到诗人杜甫塑像，在课堂里，师生伴随着欢快的杜甫诗歌踊跃着、舒展着，整个校园融于浓浓的诗意之中。整个校园环境的布置、文化氛围的创建都围绕"诗意人生"主题来进行，真正做到了让每一个角落发挥着教育功能。

（三）提高高中教育质量

1997年以来，四川高中教育呈现稳步发展态势，普通中学由1997年的4420所发展到2006年的5281所，在校学生由274.82万人快速增加到501.5万人，增长了82.5%。在高中教育发展中，以提高质量为重点，加强薄弱高中建设，推进课程改革，全面提高办学水平和质量，涌现出131所示范性高中学校。① 针对一些中小学教育，尤其是高中学校的违规行为严重，省教育厅出台了"双八规"，以严格规范教育收费和义务教育办学行为。②

在近年四川基础教育发展中取得突出成就、具有广泛影响力的有四川省绵阳中学。③ 该校在四川省率先进行"四制"改革，引入竞争机制，激活内部活力，强化敬业精神，形成"高、严、实"的特点，成效显著。中央精神文明办和国家教育部先后组织中央十多家新闻单位的采访团到该校采访，先后荣获教育部授予"全国现代教育技术实验学校"、共青团中央和国家教委授予"中学实践教育先进学校"及四川省首批"校风示范学校"等，被人们誉为"省内教育界的长虹"。

（四）区县教育的新探索

四川各地为深化教育改革、探索地方教育特色、建设适应地方经济社会发

---

① 数据来源：《中国教育年鉴（1997~2007年）》、四川省教育事业统计分析资料（2006年）。
② 《四川省教育厅出台"双八规"、严格规范教育收费》，《四川教育信息》2006年第4期。
③ 资料来源：四川省绵阳中学网页（http://www.zxxk.com，2009-12）。

展需要，做了大量实践探索，成都市武侯区实施城乡教育一体化的探索具有重要的借鉴与推广价值。它作为全国首个城乡教育一体化实验区，按照统筹城乡的要求，主要解决城乡一体化中农村教育薄弱问题，采取了有力措施帮助农村学校的孩子享受优质的教育资源。一是区财政新增专门投资完成进城务工人员子女就读工程，改善进城务工人员子女就读学校的办学条件。二是改善城郊学校师资条件，从城区学校新选派三十名优秀干部和四十名优秀教师到城郊学校支教。三是投入一千余万元，率先建设区域教育城域网，借助网络平台，进一步整合教育资源，实现全区学校教育资源共享。四是投入六百多万元，继续实施对武侯区农民和失地农民子女免费义务教育，将"帮困助学"专项基金提高到每年一百零四万元，对全区所有贫困残疾学生和贫困残疾家庭子女进行费用补助。这些措施有力地解决了城乡一体化的主要障碍，促进了教育城乡一体化的实现。

长宁县地处四川南部，在推进农村教育均衡发展方面也进行了有效的探索，探索出一条以集团化办学来推动农村教育均衡化发展的道路。2004年8月，成立了由副县长、县教育局局长任组长的工作领导小组，多次论证后，将城区的长宁县希望小学与农村的东山小学、农胜小学及其附属十四所村级小学合并，打造新希望小学集团，并采取五大举措：一是行政上统一管理与分层管理相结合，撤销两个中心校的编制，并入长宁县希望小学，实行一套班子、一块牌子。二是人事集中管理，县教育局对集团进行总体核编，由集团根据各分校和教学点的实际情况，条块核定，按需设岗。三是财务集中管理，按需使用，划校包干，多劳多得。四是业务管理统一部署，统一督查。五是统一评估考核与分层考核相结合。集团内实行统一的管理制度，以便将城区学校已形成的一整套较为完善的管理体系辐射到各农村小学。在考核评估中，集中考核与分层考核相结合，以体现目前城乡学校存在的差异性。在集团化过程中，学校财物的集中，促进了学校的健康发展；人事管理的统一，推动了学校人事制度的改革；教育资源的统筹，促进了学校办学水平的快速提高。①

---

① 李华：《以集团化办学推进农村教育的均衡化发展——四川长宁县对农村基础教育集团化发展新模式的探索》，《中小学管理》2006年第8期。

二、高等教育的深入改革

四川高教发展中注重内涵的提高，特别是在调整结构、扩大规模、深化改革、提高质量方面很下功夫。20世纪末期，随着高等教育大众化趋势，通过积极促进部分高校升格、大力发展职业技术学院、鼓励举办独立学院等多项措施，四川高校在规模与质量上获得了全面的提升。

（一）调整高校布局

为了适应新形势下四川高等教育发展的要求，四川制定了《四川省高等教育布局结构调整总体方案》，开展了旨在提升高校层次结构的有序调整：一是对四川大学、电子科技大学、西南财经大学、四川农业大学等高校，通过进一步加强科研，促进它们由本科教学与科研并重的高校向研究型大学转变。二是对成都理工大学、西南科技大学、四川师范大学、西南民族大学、成都体育学院等大力加强科学研究，努力办成教学与科研并重的教学研究型大学。三是在四川成都及各地、市、州的一大批专科学校纷纷提升办学层次，发展成为本科型学院，如乐山师范学院、绵阳师范学院、四川文理学院（原达县师范专科学校）、宜宾学院（原宜宾师范专科学校）、成都大学等升格为本科学院。四是一批大学更名，如西南石油学院更名为西南石油大学、四川师范学院更名为西华师范大学、西南民族学院更名为西南民族大学。到2008年，四川有招生资格的本科院校共计30所。①通过这些大规模、有秩序的办学层次提升工作，四川高校的层次结构跃上了一个新的高层次台阶。同时，积极推进有关高校的教育资源整合，组建新的学院。如2002年，四川工业学院与成都师范专科学校合并组建成西华大学，西昌农业专科学校、西昌师专、凉山大学、凉山教育学院合并组建成西昌学院，四川轻化工学院、自贡师范专科学校、自贡高等专科学校、自贡教育学院合并组建成四川理工学院。2005年，省政府又批准建立了一

---

① 这些学校分别是：四川大学、西南交通大学、电子科技大学、西南财经大学、西南民族大学、成都理工大学、西华大学、西南科技大学、四川农业大学、成都中医药大学、四川师范大学、西华师范大学、中国民用航空飞行学院、西南石油大学、成都信息工程学院、四川理工学院、泸州医学院、川北医学院、成都医学院、内江师范学院、四川文理学院、乐山师范学院、四川警察学院、成都体育学院、四川音乐学院、攀枝花学院、宜宾学院、绵阳师范学院、西昌学院、成都学院。

批职业技术学院。①至此,经过高校结构的调整、规模的扩大,从整体上改善与提高了四川高校的层次结构,促进了四川高等院校向层次众多、类别完善、特色明显方面发展。当然,也要看到,在层次结构调整中的也有些值得研究的现象,如四川大学与四川科技大学合并后,一度按长官意志改名为四川联合大学,后又恢复具有很高文化价值与历史蕴涵的四川大学校名等。

(二)发展独立学校

独立学院作为一种特别形式的高校,依托母校教育资源、实施自主发展,具有起步高、发展快等特点,在促进高等教育大众化、促进高等教育由精英教育向大众教育转变上可以发挥重要作用。因此,四川省如同其他地方一样,向教育部申报了多所独立学院。②

在四川独立高校发展中,四川师范大学文理学院是重要代表之一。该学院是按新机制和新模式运行的本科层次的全日制普通高校的独立学院。学院以"创办学生满意的学校,培养社会满意的学生"为宗旨,坚持"文以养德、理以求真、兼容并包、与时俱进"的理念,奉行"以事为先、以业为大、以和为贵、以人为本"的人性化管理。学院以开放的姿态、开明的态度、开朗的性情办学,主张多元文化的融合,积极开展国际国内学术交流,通过素质教育和人才培养模式创新提升教育教学质量,通过优良文化提升文化品位和格调,走内涵发展之路,努力把文理学院办成新机制运行下的优秀高等学府。

(三)迎接教学评估

四川各高校按照"以评促建、以评促管、以评促改、评建结合、重在建设"的本科教学评估方针,认真清理办学历史、总结办学经验,对办学的方向与定位、办学的条件与水平、办学的质量与效果进行系统的检查、评估,整体上推动了高校办学水平的提高。如2007年,以杨叔子为组长的教育部本科教学评估专家组对电子科技大学进行了评估,在对评估总结中认为:该校办学指导

---

① 这些学校分别是:四川警官职业学院、广安职业学院、四川司法警官职业学院、四川信息职业学院、四川商务职业学院、四川科技职业学院、四川财经职业学院、四川文化产业职业学院、四川中医药高等专科学校。

② 这些学校分别是:四川师范大学文理学院、四川师范大学成都学院、成都理工大学工程技术学院、成都理工大学影视学院、电子科技大学成都学院、四川外国语学院成都学院、成都信息工程学院银杏酒店管理学院、四川大学锦江学院、四川音乐学院绵阳艺术学院、西南科技大学城市学院、西南财经大学天府学院。

思想明确，本科教学中心突出；以学科建设为龙头，全面构建起创新人才培养体系；实施"人才强校"战略，教师队伍实力显著增强；加大投入，改善办学条件，为人才培养提供保障；加强教学管理队伍和管理制度建设，教学质量监控体系完整有效；全面推进素质教育，学生综合素质提高。在五十年的办学历程中形成了"大师、大楼、大气、大为"的办学理念，铸就了"忠诚、奉献、敬业、卓越"的精神品格，以优势学科为核心，立足西南，放眼世界，展望未来，构建了特色鲜明的学科生态，创造了电子信息科学研究和人才培养的卓越业绩。①

（四）加强就业指导

进入新世纪后，由于高校扩招和社会就业形势转变等因素影响，大学生就业问题日益突出。为此，四川高度重视高校毕业生的就业指导工作，把毕业生就业工作作为"一把手"工程，书记、校长亲自抓。各校在进一步完善毕业生就业服务体系，加大人、财、物投入的同时，重实干、出实招，充

四川农业大学

分利用自身优势和特点，采取灵活多样的办法加强毕业生就业工作。四川总结促进大学生就业的经验：一是各级领导的重视到位，二是各个学校的认识到位，三是具体措施的落实到位，四是就业场地的服务指导到位，五是对学生的引导教育到位。②

四川农业大学是近十年来四川高校发展较快、成效较为显著的学校之一。学校百年来以"兴中华之农事"为己任，铸就了"爱国敬业、艰苦奋斗、团结拼搏、求实创新"的"川农大精神"。改革开放以来，学校的科学研究成果突

---

① 电子科技大学年鉴编辑委员会编：《电子科技大学年鉴（2007年）》，电子科技大学出版社2007年版，第6、8、43~55页。
② 四川省教育厅办公室：《2005年四川省高校毕业生就业情况分析》，《四川教育信息》2006年第6期。

出，70%左右的获奖成果得以推广转化，累计创社会经济效益600多亿元，为地方经济建设和社会发展做出了重大贡献。江泽民在1991年和2002年两次到校视察，对学校思想政治工作和教学科研工作成绩表示赞赏。2002年温家宝批示："'川农大精神'应该总结、宣传和发扬"。

三、职业教育的加快发展

（一）扩张职教规模

四川省根据国务院《关于大力推进职业教育改革与发展的决定》，提出大力发展职业教育、扩大职教规模；进一步强化对区域内职业教育发展规划，资源、办学、政策的统筹和依法管理，积极开展民办职业教育。在具体工作中，各级政府认真落实省政府规定的职教经费投入政策，同时努力建立多渠道、多元化的职教投入新机制，积极鼓励和引导公办职业学校改制试点，以股份制形式吸引民间投资，采取公有民营、民办公助等途径引入民营机制。截至2006年底，四川省中等职业学校总数903所，在校生109万人，占高中阶段在校学生总数的43.44%。中等职业学校校均规模由557人增至858人，到2006年全省有1.48万名未升入普高的毕业生接受职业教育与培训，促进了高中阶段教育的结构调整和协调发展。

（二）创新职教模式

四川高职院校在通过整合教育资源、提升办学层次创新职业教育模式方面做了探索。达州市职业技术教育的发展就是近年来四川职业技术教育发展的一个缩影。2006年，市政府出台了《关于贯彻〈国务院关于大力发展职业教育的决定〉的若干意见》。决定在"十一五"期间投入一亿五千万元资金，实施"六项行动"计划，推动全市职业教育快速发展：一是实施校企合作行动计划，探索半工半读、工学结合、校企合作、校校合作培养模式。二是实施中职学校师资队伍建设行动计划。三是实施骨干

达州职业技术学院

示范职业学校建设行动计划。四是实施实训基地建设行动计划。五是实施职业教育助学奖学行动计划。六是实施提升劳动力素质行动计划。

达州职业技术学院发展的成就反映了上述政策的效果。[①]该院以全日制高职教育为主，兼顾中职教育、成人高教和各种岗位培训，采取灵活学制，根据市场需要培养人才，实现毕业生与市场无缝衔接。在多年的办学中逐步形成了高职与中职、学历教育与岗位培训、校内教育与校外教育相结合的"一主体、三结合"办学体系，形成了"顶岗实践+预就业""技术服务+项目促教学""创业实践""订单式""工学交替式""双证制和多证制"等特色的办学模式。学校先后被授予"省级文明单位""全省职教工作先进单位"；被确认为"国家星火学校"、省市"劳务开发培训基地"、全国"电子产品营销员全国统一鉴定培训考核点"、国家级职业技能鉴定站、全国"紧缺型护理人才培养基地"。

四、民族教育的快速发展

由于历史和自然环境等特殊因素的影响，四川民族地区教育发展长期相对滞后。2000年时，五十一个民族县中尚有四十五个县未实现"两基"目标。因此，四川对民族地区教育着重在"两基"攻坚战、教师素质提高上做了扎实工作。

（一）实施"两基"攻坚战

2000年，四川省正式启动了民族地区"两基"攻坚工作：一是加强领导，完善制度；二是加大投入，确保攻坚经费；三是突出重点，全力抓好"寄宿制工程"项目学校建设；四是大力开展对民族地区教育的对口支援；五是加强宣传活动，努力营造全民支持"攻坚"的社会氛围；六是强化监督与检查，确保顺利实施。经过五年多的实施，四川民族地区教育实现了历史性跨越，先后取得二十三个县"普九"、十二个县"普初"、十七个县"扫盲"的成效，民族地区五十一个县（市）全部实现了"普初"和"扫盲"，办学条件显著改善，保证了边远农牧区学龄儿童和贫困学生的入学。

（二）提高教师队伍素质

随着"四川省民族地区教育发展十年行动计划"的实施，四川采取有效措

[①] 资料来源：达州职业技术学院网页（http：//www.dzvtc.com，2009-12）。

施,加大教师培训力度,努力打造一支"留得住、用得上、干得好"的高素质教师队伍。通过培训,他们的管理水平和教育教学水平大幅度提高,达到培训标准要求,并逐步建立民族地区教师专业发展的长效机制。省级培训覆盖到所有民族地区乡中心校以上学校及部分村完小的校长。主干学科骨干教师,主要采取组织省级教师培训机构送教到州的方式进行,州、县、校负责除省级培训外的所有校长、教师的培训。[①]

在进入21世纪的四川民族教育发展中,前身为"康定民族师范高等专科学校"的四川民族学院具有一定的代表性。该院将"重道精业、爱我中华、建设康巴"的理念融入教育教学,着力提升学生素质。同时,重视文化素质教育、专业教育和创新教育,注重提高学生的综合素质,特别是创新精神与实践能力的培养。学生积极参加全省组织的计算机、英语等级考试、数学建模比赛、艺术节、运动会等并取得了较好成绩,多次在省级比赛中获得一等奖。同时,学校充分利用享有盛名的甘孜州"青年艺术节""国际跑马节""西部情歌节""康巴艺术节"以及州县众多的民俗风情节等社会活动为学校艺术类专业学生提供的绝好艺术实践机会,积极参与,努力提高,强化艺术特长,获得了良好效果,如学校音乐舞蹈系学生先后在四川省计算机教育年会文艺汇演、四川省高校体育年会文艺汇演、四川省大学生艺术节等活动中获得优异成绩。[②]

五、民办教育的蓬勃发展

进入21世纪以来,四川省民办教育取得了新的发展。一是有12所民办的独立学院,学生达70410人,其他层次的民办学校规模也进一步扩大。截至2006年,有民办教育学校8325所,其中幼儿园6927所、小学853所、普通初中1786所、普通高中79所、中等职业学校261所、职业初中1所、除独立学院外的民办高校9所及其他民办高等教育机构57所;在校学生总数137.79万人。二是民办学校实力明显增强。2003年全省民办学校办学资产总值达到74.26亿元,学校占地面积2712.5万平方米,校舍建筑面积1235.54万平方米,仪器设备价值8.25亿元,图书资料1537.95万册。[③]三是多元化办学民办教育格局初步形成。办学

---

① 《我省民族地区中小学校长、教师培训工作全面启动》,《四川教育信息》2006年第5期。
② 资料来源:四川民族学院网页(http://www.scun.edu.cn/,2009-12)。
③ 中国教育年鉴编辑部编:《中国教育年鉴(2006)》,人民教育出版社2006年版。

主体有企业事业单位、民主党派、社会团体、公民个人等；办学模式有企业投资、股份合作、个人独资、自我积累滚动式发展、教育集团运作、中外合作办学等；办学类型则从学前教育到高等教育，从学历教育到非学历教育，从全日制教育到各种短期培训等，民办教育已涉足除研究生教育以外的各个领域。

经过几年努力，涌现出了一批具有一定规模和水平的民办学校。以四川天一学院为例，该院作为具有独立颁发普通高等教育文凭资格的民办高校，建于1994年。学院现已发展成为以管理、经济类为主，多学科协调发展的综合性民办高校。学院秉持"质量立校、稳步发展"的办学理念，建立与完善符合社会需要和学生满意的质量标准，走产学结合的道路，培养学生全面发展，将学院办成一所社会认可度高的优质教学型高校。①

六、社会教育的积极开展

（一）农村教育的深入开展

四川省重视农村教育与农民实用技术培训，重视城市职工岗位培训和企业下岗职工再就业培训。其中，对长期处于薄弱状态的农民教育给予特别的关注。

第一，促进劳动力转移培训。其主要工作是完善三级农村教育网络建设，研究制定省级示范乡镇成人教育学校评估标准，通过实施"千万农民工培训"工程促进农村劳动力转移。2004年全年各类职业学校和职业培训机构开展各种形式的职业培训达973.6万人次，比上年净增393.6万人次，其中开展农民工培训达513.5万人次，比上年净增303.5万人次。全省共转移和输出农村劳动力1490万人，实现劳务收入576亿元。这些数据彰显了实用农业技术培训促进农村劳动力转移的力量。

第二，实施农民培训工程。四川根据农民走向城镇化、技术化的趋势，把职业教育的重心转向农村，依托城市教育资源推进农民培训工程。如成都市实施农民教育培训工程，努力建设社会主义新农村，来做了强化保障，建立农民教育培训体系；突出重点，提高农民教育培训的针对性；注重实效，促进农民实现充分就业等措施。

---

① 资料来源：四川天一学院网页（http://baike.baidu.com，2009-12）。

（二）干部培训的深入开展

面对全民学习、终身教育的发展形势，提出了大规模培训干部、大幅度提高干部素质的要求，建立高层次、广覆盖、多渠道的干部教育培训体系显得极为重要。在此背景下，四川省贯彻中央大规模培训干部的战略部署，始终坚持"放开视野看教育、整合力量抓培训"的工作原则，为夯实理论基础深入抓好党校培训，为提高解决现实问题的能力积极开展专题研讨，为满足履责需要和个体需要大力推行社会化选学，为促进全员培训及时启动在线学习，为培养具备世界眼光的复合型人才扎实推进赴外培训，初步形成了各有侧重、互为补充的"五位一体"培训体系，教育资源得到系统整合，培训数量、质量均得到同步提升。

在具体干部培训工作中，四川比较注重形式多样与效果实在。一方面，开展多种形式的干部教育培训，如举办西部大开发战略研究班，举办优秀年轻干部中长期培训班，举办高层次、复合型、紧缺急需人才赴国（境）外培训班，举办西部大开发急需新知识的短期培训班等。另一方面，提高干部培训的有效性。为了确保培训效果，各地在培训前组织力量进行调查，有针对性地安排培训内容，确定培训重点。

七、对外教育交流的活跃

随着对外改革开放力度的增强，四川先后与多个国家和地区的教育机构建立了交流与合作关系，审批了十一个中外合作办学项目，四百多个国家交流合作项目顺利开展，全省具有聘请外国文教专家资格的单位已达到一百六十七家，首次表彰二十名优秀外籍教师。同时还积极推进区域合作，继续加强与其他泛珠江三角区域（9+2）、长江流域省区的教育交流与合作。其中，在对外教育派出方面，2002年内共完成各类出国（境）选拔、审批、派遣三千七百余人次。同时还积极推动汉语国际推广工作，派出对外汉语教师九名；2004年，四川省派遣出国（境）学习培训和考察访问的人员达五千余人次。再者，在对外教育引进方面，2004年接受国（境）外留学生一千五百余人；聘请外国专家、教师的学校或教育机构一百五十家，共聘请长、短期外国专家、教师七百余人；全省聘请外国专家、教师的单位达到八十四个，共聘请长期外国专家、教师一百七十余人，邀请短期来华讲学、交流的外国专家、教师三百五十人次，同时审批接受来华留学生五百余人，接受港澳台学生一百一十八人。

高校对外教育交流是四川对外教育交流的重要途径之一，可反映四川对外教育交流的基本状况。四川大学从1978年起，逐步加强对外教育交流的力度，增强对外教育交流的活力，使对外教育交流呈现加速发展状态，到2007年，学校先后接待了包括美国总统在内的五十多个国家、两千九百多位外宾到校参观、访问、研究、学习、任教。学校还与美、英、德、澳大利亚、加拿大等国建立了校际联系，派出师生到各国访问、讲学、进修、攻读学位。到2007年，学校先后与四十二个国家、地区的一百五十余所海外知名大学、教育机构和基金会建立了合作关系，组建了"中美大学战略规划研究所""九寨沟生态环境可持续发展国际研究中心""中德能源研究中心""中国西部反贫困国际合作中心"等国际科研合作平台；该校也是我国与美国加州大学"10+10"联盟的十所高校之一，与美国华盛顿大学、英国诺丁汉大学、澳大利亚蒙纳士大学等世界著名高校实现了"2+2""3+1""2+1+1"等方式的联合办学。

2010年，四川已制定"十二五"及未来四川教育发展的远景规划。四川省确定了当前和今后一个时期教育的指导思想：用科学发展观统领教育工作全局，坚持把教育摆在优先发展的战略地位，全面提高教育总体水平；坚持教育与经济建设和社会发展相结合；大力实施科教兴川和人才强省战略，坚持"巩固、深化、提高、发展"的方针和"走创新之路，建教育强省"的总体思路，注重以人为本，注重改革创新，进一步推动教育事业持续、健康、协调、快速发展。初步实现由人口大省向人力资源强省、教育大省向教育强省的转变。在发展的总体要求上，提出要逐步建立现代国民教育体系和终身教育体系框架，形成以政府办学为主，社会力量积极参与办学的多元化办学格局，特别是加快民办教育发展，加强继续教育以增强教育供给能力；实施教育资源均衡发展战略，推进教育持续协调发展；人均受教育年限及学生创新能力较大幅度提高，各级教育协调发展，使教育体系更加完善，区域发展趋于协调，城乡差距逐步缩小，提高人民受教育水平；全面实施素质教育，以农村教育为重点，普及和巩固九年义务教育，教育的质量和效益显著提高；实现省域教育竞争力稳步提升，增强教育对经济社会的服务能力。

第二节　重庆教育的快速发展

重庆市在直辖后，行政区划、辖区范围、人口背景都发生了重大变化。为此，直辖市后的新重庆着手摸清教育基本情况、清理已有教育资源，在以往改革与发展的基础上，结合新的形势需要，推进教育持续发展，并积极规划和推进城乡教育的统筹。

一、基础教育质量的提高

（一）提高学前教育质量

重庆市通过采取多渠道、多形式的发展思路，通过近十年努力，形成了以国家办园为骨干和示范、以社会各界力量办园为主体的城乡幼儿教育发展格局，并在推进幼儿教育改革中，初步形成了行政、教研、幼儿园"三位一体"的工作机制和纵横联动的业务指导网络。到2006年底，全重庆市幼儿园由5741所增加到7350所，幼儿毛入园率由55.46%上升到66.32%。①当然，学前教育发展也还存在着偏重于城市、忽视农村幼儿教育的问题。

学前教育的质量有所提升，出现一些办学水平高的幼儿园。其中，西南大学实验幼儿园就是代表之一。该园在近五十年的办园历程中，形成了共享孩子的快乐、教师的快乐、家长的快乐的"快乐共享"理念，引进了"蒙台梭利"教具，探索具有自身特色的教学方法。同时，以园本课程的开发为突破口，探索具有特色的"快乐"课程。该园曾被评为重庆市一级幼儿园、四川省省级示范幼儿园。

（二）完善义务教育布局

第一，完成"普九"攻坚战。重庆市针对农村教育面积较大、多分布在山区、国家级贫困县多、教育设备较差、经费欠账较多等问题，采取了系列措施，逐步推进"普九"工作：一是提高认识，把普及义务教育放在战略地位，当成政府的"政绩工程"和"民心工程"来抓。二是多方筹资、税费征、银行贷等方式积极筹措"两基"资金。三是夯实责任、多管齐下，领导包乡包片、干部教师包班包人，建立了严密的控辍保学责任体系。②2006年9月，由教育部原副部长张天保任组长的国家检查小组检查了各级政府履行义务教育职责的情况。检查结果表明，重庆"两基"覆盖率达到100%，"两基"各主要指标均达

---

① 数据来源：《中国教育年鉴（1997~2007年）》、重庆市教育事业统计分析资料（2006年）。
② 重庆市教委：《巫溪县四措并举强力推进"两基"攻坚》（http://www.cqjw.gov.cn）。

到国家现阶段规定标准。①至此,标志着重庆市全面完成基本普及九年制义务教育的任务。

第二,促进义务教育均衡发展。通过教育促进社会和谐,必须首先解决好城乡教育差距中的农村教育薄弱问题。为此,重庆市高度重视加快农村教育的发展,提高农村教育的质量,并采取一些切实的措施促进农村教育发展、促进城乡和谐。②这些措施包括:一是加大农村教育投入,保障农村教育经费。二是改善学校办学条件,促进教育均衡发展。三是深化农村教育改革,增强农村教育活力。四是完善教育资助体系,保障弱势群体权益。五是加强教师队伍建设,提高农村师资水平。

重庆市在义务教育的发展中涌现出一批理念先进、特色鲜明,办学条件较好、质量较高的学校。巴川中学就是代表之一。③该校始建于1957年,2006年改为由重庆新鸥鹏集团全额投入巨资兴建的民营学校,从而成为全国办学规模最大的独立单办私立初中学校。该校在著名教育学家朱德全教授指导下,坚持"以德育人、面向未来、全面发展"理念,形成了"注重科研、培养特色、整体优化"的办学特色,构建了"体验→感悟→内化→行动"德育模式和融合必修课、选修课与活动课相结合的新型课程体系,让学生的综合素养得到全面提升。学校在中考升学、各种竞赛活动中出类拔萃,被老百姓誉为"初中教育专家"。

(三)提高高中教育质量

一方面,直辖后的重庆高中教育在规模上持续增长。从1997年到2006年,普通中学数量由1373所发展到1606所,在校学生由100.29万人增加到179.41万人,增长了78.9%。另一方面,重庆市也非常重视高中教育发展中出现的新问题。例如针对高中教育的发展不平衡及乱收费问题,市教委采取措施,要求各地认真贯彻执行收费公示制度、严格执行监督管理制度。④

同时,重庆高中教育的发展重视质量的提高,特别是一些城市普通高中校坚持外延扩张和内涵发展并重并举,更新教育理念,营造教研氛围,规范学

---

① 重庆市教委:《重庆市提前一年实现"两基"目标》(http://www.cqjw.gov.cn)。
② 重庆市教委:《渝北区采取切实措施促进教育均衡和谐发展》(http://www.cqjw.gov.cn)。
③ 资料来源:重庆市巴川中学网页(http://baike.baidu.com/, 2009-12)。
④ 重庆市教委:《巫山县教委全面规范学校收费行为》(http://www.cqjw.gov.cn)。

校管理，探索办学特色，涌现了一批优质高中学校。其中，巴蜀中学是代表之一。该校是全国现代教育技术实验学校、全国德育先进学校，学校确定了以"人的发展"为核心的理念，以发现和发掘学生潜能、培养学生个性爱好及特点为出发点，注重学生人格塑造的情商开发、张扬个性又有团队合作精神的教育。1997年以来，教育科研和改革创新硕果累累，教育质量突飞猛进，铸就了巴蜀中学的新丰碑，被誉为"重庆普教战线的一面旗帜"。

（四）区县教育的新探索

重庆一些区、县在市教委的领导下，结合区、县教育的实际情况，积极开展教育探索。这些探索不但丰富了重庆教育持续改革与发展的内涵，也为人们认识重庆教育在世纪之交的进步提供了材料。如教育在开县缩小城乡数字鸿沟做了探索。他们利用教育部中小学远程教育"百亿工程"项目条件，通过教学光盘播放点、卫星教学收视点和计算机教室三种模式，把优质教育教学资源和教学方法送到农村中小学，取得了超时空、传输快、教学新、内容丰的良好效果，实现了由以教师为中心向以学生为中心转变，由注重知识学习向注重能力培养转变，由教师单向灌输向师生互动转变，传播方式由单调、呆板向声光电、多媒体转变，由手段更新向理念更新转变，由重视投入向重视应用转变，达到了预期目的。

二、高等教育的深入改革

1997年直辖后，重庆市开始直接管理高等教育，属地内的高校行政隶属关系发生变化。此后的十年来，重庆各高校在本科教学评估工作的促动下，开始了新一轮的深入改革。

（一）提升高校结构层次

直辖后的重庆高校面临新的发展情况，一是在提升办学层次上，一些中职专门学校升格为专科学校。一批专科学校向本科院校发展，一些普通本科院校向教学与研究并重的教学研究型大学转变，一批教学与研究并重型大学向研究型综合大学转变等。二是新增了一批本、专科学校，特别是新办了一批独立学院，由此凸显了直辖后重庆高校发展的强大活力。截至2006年底，重庆市有高等学校四十七所（其中普通本科院校十五所、高职高专院校二十三所、独立设置的成人高等院校九所）。另有独立学院7所（不纳入高等学校统计数），在渝军事院校三所（不纳入地方统计）。尤其值得指出的是，经过对重庆高校布局结构的调整、办学层次的提升，重庆高校的规模结构与层次结构逐步走向科学方向，其中既有诸如重庆大学、西南大学等研究型综合大学，也出现了诸如重庆医科大学、西南政法大学等教学与科研并重的高校。再加上诸如重庆煤炭专科学校、重庆钢铁专科学校等一批专科学校向普通本科学校的升格，使得重庆高校的层次结构整体得到提高。

这种提升办学层次的举措，有其合理的一面，因为一些专科学校经过多年的发展，已经达到本科教育的水平，一些中专学校也提升到了专科教育的水平。但是，由于受到中专学校、专科学校升格的利益驱动，教育系统领导认识与荣誉驱动等综合因素的影响，中专学校纷纷晋升专科学校，专科学校纷纷晋升本科学校。结果出现中专类学校的空缺、高水平专科学校的减少，在庞大的基础教育与庞大的普通高等教育之间，存在一个规模较小的中等教育，如此"哑铃形"而非"金字塔形"的教育结构当然是不科学的。其最为严重与直接的后果是造成了专科阶段专门技术人才缺少、社会缺少大量技能型人员，而大量普通高校学生众多、就业十分困难的局面。同时，这些本来从校名就看得出办学特色的中专或专科学校，也因为升格中的校名改动，不仅失去了校名文化资产，也失去了办学特色，形成千校一面的雷同现象。

（二）开展本科教学评估

积极接受本科教学评估是近年来重庆高校的工作重点之一。2006年12月，市教委召开了普通高等学校本科教学工作水平评估专题会。会议总结了已经接受评估的六所本科院校的经验，即将参评的七所高校介绍了各自的准备情况。[1]同时，重庆各高校以本科教学评估为契机，将"迎评促建"工作与学校改革发展的各项工作紧密结合起来，在人才培养、科研工作、师资队伍建设、教学管理等方面展开全面的建设、改革与发展。如重庆大学制定了《振兴行动计划——本科优秀质量与教学改革工程计划》，其核心"优秀教学质量工程"包括重点建设三大类本科系列课程，其中包括约五十门十大基础系列课程、约三百五十门专业主干系列课程和约一百门文化素质教育系列课程；加强两大创新教育实验实习基地，包括实验教学基地建设和学生创新实践基地建设；完善一套现代化学分制教学管理体系，包括完善学分制教学管理制度、深化弹性学

---

[1] 重庆市教委：《创办理念先进、质量一流、充满活力的本科教育》（http://www.cqjw.gov.cn）。

制改革；贯彻一条全面提高人才素质和创新能力的教育主线，以创新人才培养为指导，完善推免研究生选拔办法，将理工综合试验班、优异生培养，以及主辅修、二专业教育管理模式规范化、制度化，营造创新人才成长的良好空间。

客观地看，大规模的本科教学评估起到了提振学校精神、规范办学行为、改善办学条件等的作用。但是，这种政府主导下行政化的、运动式的高校评估也留下许多诟病，如专门找人补写学生作业与论文等学生材料、教师重新查阅以往学生考试试卷、系科组织补填教学计划与课表、组织教育学生应对评估人员查询技巧、让教学水平较差的教师回避评估期间上课、反复的教师与学生评估动员、为降低生师比而胡乱聘请校外人员等。因此，在发挥评估正面作用的同时，如何避免这些消极现象，特别是促进高校在自主发展上实现自我监控的健康发展道路，仍然是有待解决的问题。

（三）服务农村社会建设

重庆高校充分发挥高校科技与人才优势，主动为重庆经济社会发展做贡献。如重庆市荣昌县与西南大学签订县校合作协议。①西南大学探索总结出了效果明显的"石柱模式"：以校地合作为基础，全面服务库区新农村建设；发挥科技优势，大力培育特色产业；攻克世界难题，保护库区良好生态；整合教育资源，努力培训各类急需人才；选派干部挂职，深入农村办实事等基本措施有效地服务了社会主义新农村建设的需要。这一校地合作推进库区新农村建设的"石柱模式"，得到了社会肯定，并被重庆市作为经验要求在全市高校推广。②

此外，随着就业形势的日益严峻，重庆高校非常重视就业指导工作。一是举办专门培训班，培训提高就业指导人员的水平。二是为了切实有效地展开学生就业指导工作，重庆市组织以小型化、专题化、经常化、信息化的"四化"思路推进毕业生就业双选活动。③

从重庆高校内部结构调整、规模提升、教研转型等角度看，西南大学是一个例子。该校由原西南师范大学、原西南农业大学合并而成。学校按照"注重人格塑造，突出综合培养，强化实践训练，服务社会民生"的理念，注重校园环境育人，多次获得殊荣：1999年被授予"全国精神文明建设工作先进单位"

---

① 重庆市教委：《重庆市荣昌县与西南大学签订县校合作协议》（http：//www.cqjw.gov.cn）。
② 重庆市教委：《推广"石柱模式" 实施校地合作 推进库区新农村建设行动——重庆市16所高校和13个库区区县"结对"共建新农村》（http：//www.cqjw.gov.cn）。
③ 重庆市教委：《重庆交通大学三条措施狠抓毕业生就业工作》（http：//www.cqjw.gov.cn）。

荣誉称号，连续十九次被中宣部、教育部、团中央授予"全国大学生社会实践先进集体"称号。①

总之，直辖十年来的重庆高等教育发展在存在一些问题的同时，也取得了相当重大的成就。2005年底时，全市在校大学生突破了五十万人，高等教育毛入学率超过20%，高等教育由"精英教育阶段"跨入了国际公认的"大众化教育阶段"。市教委领导对此总结认为，"十五"期间是重庆市高等教育进步最快、发展最好、变化最大的时期，实现了跨越式发展，教育改革取得了历史性突破，办学条件得到了进一步改善，科技创新能力有了显著提高。②

三、职业教育的快速发展

（一）建成职业教育体系

1999年，重庆市按照主城区为主体，渝西、渝东为两翼，渝东南为组团的"一体两翼一组团"的设计，对职业教育的布局结构进行了战略性调整，推进了一批职业学校资产重组，开展了重庆职业教育体系的建设。到2006年底，重庆全市中等职业学校由1997年的569所调整为356所，减幅为37.43%；校均规模由1997年的470人增加到1200人，增幅为155.32%，取得了控制规模、提高效益的效果。同时，全市现有独立设置的高职、高专23所，高等职业教育在校学生13.62万人，占全市高等教育在校学生总数的36.2%。此外，民办职业教育得到较快发展，全市民办职业学校120所，占职业学校总数的33.71%。由此形成了基本完善的重庆职业教育体系。③

同时，为了深化职业教育改革，提高职业院校的办学水平和办学质量，推动职业教育健康、协调发展，重庆市还采取了如下五条措施：一是实现城市与职业学校之间的资源共享。二是搭建综合服务平台。三是科学设置精品专业。四是积极培养"双师型"教师。五是打造优质技工品牌。④这些措施对于有针对性地解决职业教育发展中存在的发展不均、力量分散、专业老化、双师型教

---

① 资料来源：西南大学网页（http://www.swnu.edu.cn，2009-12）。
② 陈雅棠：《在重庆市普通高校教学工作暨优秀教学成果表彰会上的讲话》（http://www.cqjw.gov.cn）。
③ 数据来源：《中国教育年鉴（1997～2007年）》、重庆市教育事业统计分析资料（2006年）。
④ 重庆市教委：《重庆职教基地五条措施提高办学质量》（http://www.cqjw.gov.cn）。

师缺乏等问题起到了积极作用。

（二）打造职业教育高地

职业教育的集约化、规模化成为近年来职业教育发展的重要趋势。对此，重庆积极适应这一形势发展的需要，以永川为基地积极打造职业教育高地。到2006年，永川区职业院校发展到二十八所，在校学生达十万余人，重庆职教基地职业院校凸现"选人才来永川，办职教来永川，学技能来永川"的"永川技工"品牌效应，职教学生就业形势呈现高就业率、高选择性、高创业率、低成才成本的"三高一低"特点，连续六年就业率保持在96%以上。这些反映了永川职业教育基地良好的办学效果。而且，通过探索，永川区在发展职业教育中还创新出了具有重要影响的"四种模式"。一是订单培养模式，二是校企合作模式，三是学分银行模式，四是双证制模式。① 这些反映出职业教育发展提高了培养目标的适用性、培养过程的灵活性。此外，为了加强重庆职业教育基地各职业院校之间的沟通和联系，以永川为依托成立了"重庆永川职业教育协会"；这些为永川区职业教育发展的集约化、规模化、效益化提供了平台，并促进了重庆其他地区职业教育的积极发展。

近十年来的重庆职业教育发展中，重庆市龙门浩职业高级中学是成就比较显著的代表之一。该校采取以"行业需求为导向，以能力为核心"的培养模式，重视校企合作，强化学生的专业技能培养。学校每年走访三百多个单位，召开用人单位座谈会；定期请优秀毕业生回校做创业教育报告，请企业人士到校对学生进行职场工作报告；学校发放毕业生调查表，反馈毕业生的工作情况，收集职场案例，了解行业需求，协助解决劳资双方问题，加深了学校与行业之间的了解，为学生就业创造条件；学校还重视实习基地建设，先后与重庆电信公司、联通公司等三十个单位联合组建了实习基地。

重庆职业教育的改革发展，得到了社会的肯定。2002年，中央十五家新闻单位对重庆职业教育进行了专访，发表有关报道19篇，播放电视广播新闻十五次。2005年，重庆市教委等八个单位和七名个人分别获得教育部、财政部、人事部等八部委颁发的全国职业教育先进单位和全国职业教育先进个人荣誉称号。2006年，温家宝总理视察重庆职业教育基地，对基地发展规模化、集约化

---

① 重庆市教委：《永川市创新"四大模式"推动重庆职教基地快速发展》（http://www.cqjw.gov.cn）。

的职业教育改革给予了肯定。

综观此期重庆的职业教育，取得了以下几个方面的成就：一是在探索职业教育的新模式、有效地培养实用性人才上取得了具有开创性的成效。二是在打造"双师型"教师队伍、提高教师教育水平上，取得了较为显著的效果。三是在加强校企合作、提高学生操作能力与就业机会上，取得了较为明显的效果。四是在促进职业教育的集团化、提高职业教育办学规模效益上，取得了实质性的进展。但是，由于受到教育市场化思潮的影响，职业教育被推向了"教育市场化"，导致政府划拨经费的急剧减少、学校办学条件的难以改善、选择职业学校的学生越来越少。另外，从总体上看，虽然国家不断提高职业教育的地位、不断增加职业教育的投入，但与普通教育比较起来，职业教育仍然处于"二等公民"的地位。

四、民族教育的加快发展

（一）发展市内民族教育

直辖后，重庆少数民族受教育人口较大幅度增长，民族师资队伍建设不断加强，教育对口支援收效明显，民族团结教育出现崭新局面。据统计，仅2005年，市政府向渝东南5个少数民族区县投入各类教育资金26643万元，占市级安排基础教育专项资金183645万元的14.51%，有力地促进了民族基础教育的发展。民族地区普通中学在校学生达到31175人，比2000年增长30%；同时还注重优质高中资源的配置和发展，民族地区重点中学已由2000年的17所发展到2006年的23所。[①]重庆市还实施了对少数民族地区的教育支教工程。截至2006年底，共计派出8批817名优秀教师支援边远贫困和民族地区的教育事业，在一定程度上缓解了少数民族地区师资紧缺的问题。

经过重庆直辖后的快速发展，民族地区的在校学生规模已由1997年的4280人增长到2006年的11,087人，年招生人数由1997年的1780余人增长到3900余人。2006年，民族地区的11所中等职业学校还培训农村劳动力16,543人，转移9820人，开展农村实用技术培训36万人次，为地方经济建设培养了一大批高素质劳动者和实用型技术人才，充分发挥了高等教育对民族地区的服务作用。部分高等学校设立了少数民族学生预科班，加大对少数民族地区人才的培养力度。

---

① 数据来源：《中国教育年鉴（1997～2007年）》、重庆市教育事业统计分析资料（2006年）。

（二）支持西藏民族教育

重庆西藏中学是重庆市支持市外民族教育的象征，是重庆市唯一以援藏教育为主要任务的民族中学，是重庆市教育援藏的重要阵地。该校实行封闭式管理、开放式教育，以环境教育和军民共建为办学特色，走"质量立校、科研兴校、依法治校、和谐理校"的内涵发展路子。总结提炼了"藏中精神"、"爱、严、细"教育原则、"德育十大工程"、"教学层次目标管理"等行之有效的教育教学经验成果，为提高教学质量打下了坚实基础。学校先后获得了上百项表彰奖励。被命名为重庆市"文明礼仪示范学校""全国民族团结进步模范集体"等，2005年9月，被重庆市人民政府挂牌为"重庆市重点中学"。

重庆市还积极支持西藏基础教育事业的发展。如西南大学积极参与教育部的西藏中小学教师培训工作，该校与西藏自治区教育厅在教育部统筹指导下具体承担"教育部援助西藏中小学教师培训计划"工作。培训方式主要以案例培训、优秀教师示范课、专家评课、教学互动等方式进行。培训重点围绕基础教育新课程改革，结合一线教师在实施新课程中遇到的实际问题进行，同时安排了校园文化建设、学校管理等有针对性的培训专题。[①]

五、民办教育蓬勃发展

重庆市教委根据市政府《关于鼓励支持社会力量办学的若干规定》，把鼓励支持民办教育的发展作为全市教育新的增长点，按照"适应需要，布局合理，模式多样，注重特色，讲求实效"的原则，积极鼓励和扶持民办教育的发展。经过近年来的快速发展，重庆民办教育已初具规模。到2006年底，有民办学校2543所。[②]其基本特点有：一是门类齐全。初步形成了从幼儿教育、基础教育、职业教育、成人教育到高等教育的办学体系。二是模式多样。有私人或团体自主办学、合作办学（与国外、市内外）、股份制办学等多种模式。三是一批以全日制普通高等学校为依托，与市场经济接轨的新型办学实体——独立学院发展迅速。

为加快发展社会力量办学，重庆市出台了系列教育措施和政策。如在财政

---

① 重庆市教委：《教育部启动实施支援西藏中小学教师培训计划》（http://www.cqjw.gov.cn，2009-3-16）。
② 数据来源：《中国教育年鉴（1997~2007年）》、重庆市教育事业统计分析资料（2006年）。

方面，对社会力量办学所需办学经费给予适当支持，在教育布局结构调整中将富余的教育资源用于支持社会力量办学；在税收方面，社会力量教育机构提供的国家承认其学历的教育劳务按国家规定收费项目和收费标准收取的费用，免征营业税及附加税费，其用于教学及科研等本身业务的房产和土地免征房产税和土地使用税；在学生管理方面，社会力量举办教育机构学历教育阶段招生按公办学校现行体制管理，学生享受同类公办学校学生的户籍管理、就业待遇、证书效用等政策；在教师方面，社会力量教育机构的教师与相应的公办学校教师享有平等的权利和义务，参加平等的职称评定、资格认证等。

由于民办教育具有自主性强、灵活性大、对象广泛、情况复杂、基础薄弱等特点，因此市教委一手抓鼓励引导、一手抓规范管理，坚持在办学方向、办学条件、教学质量、财务管理等方面进行正确引导。同时，市教委积极引导民办学校加强党组织建设，引进现代教育管理模式，提高管理水平，建立、完善自我约束机制，积极探索社会监督的有效形式，充分发挥新闻舆论监督作用，加强民办教育的行业自律。

民办教育的发展主要面临两方面的困境。一方面，民办教育虽然具有强大的发展活力，但由于起步相对较晚，因而在政府的政策支持、社会的环境支持等方面显得极其脆弱。另一方面，由于公办教育起步早、经验丰富，加上政府强有力的政策与经费支持，使得民办学校与公办学校处于不同的起跑线上，而且处于不平等的政策地位上。公办学校以其雄厚的办学条件基础与有力的政策支持来跟民办学校竞争，这是当前发展民办教育尤其突出而急需解决的问题。

六、社会教育的深入开展

（一）农村教育的深入开展

重庆直辖以来，农民教育日益成为社会教育的重要部分，在扫除青壮年文盲、进行农民技术培训、促进农村劳动力转移等方面取得了比较突出的成绩。

第一，扫除农村青壮年文盲。大量农村文盲的存在使得扫盲教育成为重庆农民教育的首要任务。对此，各区县在"两基"攻坚战中积极完成扫除青壮年文盲任务。据统计，1997～2006年期间，全市共扫除青壮年文盲23.2万人，青壮年非文盲率达到98.6%，超过规划指标0.41个百分点；还组织了22.9万脱盲学员进行巩固提高学习，有22.8万人毕业，巩固率达到95%以上。

第二，开展农民实用技术培训。重庆农民教育开展多种形式的实用技术培训，使农民群众掌握实用技术，增强了他们种田致富和进城就业的能力。特别是集中通过"燎原计划"举办师资培训班二十五个，聘请了西南大学等高校的专家以及具体从事种植养殖业的能工巧匠、区县成人教育干部、乡（镇）成人学校校长、教师两千三百多人。全市累计推广"燎原计划"项目一百五十多项，年培训农民五百万人次以上。

第三，促进劳动力向城市转移。重庆重视通过技术培训促进农村劳动力的城市转移[①]：一是发挥资源优势，构建教育培训网络；二是明确由农村向城镇转移、由农业向非农业转换、由农民向市民转变的"三转"目标，培养新增劳动力；三是实施职业教育进企业、进乡村、进社区的"三进"工程，培训富余劳动力；四是坚持需求导向，做好就业创业指导；五是以现代服务业的教育服务为主体，扎实推进农村劳动力转移和实用人才培训工程。[②]

近十年来由于受大批青壮年农民外出务工、农村人口锐减情况的影响，农村社会教育在有所发展的同时，越来越陷入难以开展和发展的困境。同时，在大批青壮年农民离乡的情况下，农村人口结构被称为"六一三八九九部队"（"六一"指儿童、"三八"指妇女、"九九"指老人），使得农村有组织的文化生活逐步陷入荒芜地步。

（二）干部教育的深入开展

重庆市高度重视干部队伍建设与教育，不断加大干部培训工作力度。以教育系统为例，2004年，市委组织部对八所高校领导班子进行了调整充实，选拔了四十多名优秀干部到高校领导岗位。同时，建立健全干部培训网络体系，从区县（自治县、市）教委、在渝高校和各直属单位中选派了十四名优秀中青年干部到市教委机关挂职锻炼。同时，举办高校处级干部等各种培训班，共培训干部一千一百三十二人。2005年，为了加强高校领导班子建设和委属机关、委直属单位的干部队伍建设，培训高校处级干部三百三十一人，举办高校党委书记、校（院）长暑期读书班一期，举办现代教育管理香港高级研修班培训区县教育工委书记（教委主任）三十三人，举办区县教委主任、市教委机关、市招办、市委直属单位处级干部培训班一期；选送高校中青年干部、区县（自治

[①] 重庆市政府网：《重庆发挥职业教育优势促进城乡劳动力转移》（http://www.cqjw.gov.cn, 2009-3-12）。

[②] 重庆市教委：《黔江区着力抓好"五项工程"加快职业教育发展》（http://www.cqjw.gov.cn, 2009-3-12）。

县、市）教委主任二十五人到国家教育行政学院参加培训学习。

七、对外教育交流的活跃

直辖以来的重庆教育对外交流日趋频繁，不但先后与五十多个国家和地区的教育机构建立密切联系，而且还与美中友好志愿者（美中和平队）、北美中国教育交流组织（美国、加拿大）等国际民间机构建立了交流与合作关系，并且积极展开活动。如重庆与加拿大驻重庆领事馆合作举办了中加教育贸易研讨会、"枫叶杯"英语和法语比赛，与美国密歇根州立大学合作举办了中美基础教育论坛；召开了重庆市职业教育国际合作与交流、基础教育国际合作与交流等研讨会。重庆还接待了来自美国、加拿大、英国、法国等国家和港、澳、台地区的教育友人和教育代表团的来渝访问。同时，重庆市大力推动来华留学生和对外汉语推广工作。2004年制定了《关于加快重庆市来华留学生发展的意见》，组织部分高校到南非、埃及等国家和地区参加我国境外教育展，成功获准设立汉语水平考试考点，积极吸取境外学生来华学习、访问。据统计，到2006年，已经与六十一个国家的一百零三个教育机构建立了广泛的合作交流关系，加强了教育的对外推广工作。在对外交流中，重庆比较注重利用这些交流平台提升重庆教育水平。如2001年，为提高全市中小学英语教师的教学科研水平，市教委从全市九个区的三十五所中小学中选派了三十九名英语骨干教师，赴加拿大不列颠哥伦比亚省的卡木陆司市卡瑞步大学进行培训。再如，根据教育部、国家留学基金委与西部地区有关省市合作的"西部地区人才培养特别项目"要求，市教委2002年3月对各高校选送的七十九名骨干教师进行了培训。

重庆市注意对外交流工作的管理，如2006年对全市中外合作的办学机构进行了清理，复核了经过教育部核准的十六个中外合作办学项目。其中，获"春晖计划"资助项目十七个，资金四十四万元；引进长期外籍教师两九十三人，到渝短期专家九百八十五人，引资三十八项，资金一百二十万元；公派留学生两百零八人，办理自费留学生一千九百二十人；举办国际学术会议二十一次。①此外，为了促进对外交流的展开，重庆还积极开展涉外培训，组织开展中小学英语教师培训、WTO及商贸知识培训、雅思培训和法语培训等，开展中

---

① 数据来源：《中国教育年鉴（1997~2007年）》、《重庆年鉴（2006年）》、重庆市教育事业统计分析资料（2006年）。

小学生的友好交流等活动。

在重庆中小学对外交流中，重庆八中是代表之一。该校是市教委直属的重点示范中学，学校积极加强信息化、国际化发展，常年聘请外籍教师为学生授课，是全国十五所中美交流AFS学校之一；学校与英国利物浦绿岸中学结为姐妹学校，互派师生交流。学校设置国际部，开设有美、加留学预备班，选派优秀教师到国外进修等，为师生提供了优良的国际交流平台。近年来，八中美、加留学预备班第一期学生已陆续被全美综合排名一百五十位以内的大学录取，其中包括美国密歇根州立大学、俄亥俄大学、堪萨斯州立大学等高校。

重庆积极开展对外教育交流，不但扩大了重庆教育改革开放，开阔了重庆教育的眼界，增进了中外文化教育交流，也为重庆学生走向世界提供了条件，提高了重庆教育的世界影响。当然，作为地处内陆地区的重庆，因受地理条件等因素的影响，无论基础教育、还是高等教育，其对外教育交流虽有较大发展进步，但规模与质量与东南沿海省市比较起来，还是极其有限的。

展望未来，如果说直辖后十年的重庆是在过去基础上的稳步推进，那么，2006年以来，重庆市区在城乡统筹的大背景下，在城乡教育统筹的总体要求及目标指导下，精心设计重庆教育的发展规划，并开始了局部的实施和试验。重庆市教委经科学论证，确定了重庆教育当前和今后一个时期的指导思想，即以邓小平理论和"三个代表"、科学发展观、习近平新时代中国特色社会主义思想为指导，全面提高教育总体水平；坚持党的教育方针，全面推进素质教育；坚持教育与经济建设和社会发展相结合，不断增强服务经济社会发展的能力；全面实施科教兴渝、人才强市战略，把重庆市加快建设成为长江上游地区的经济中心。在发展的总体要求方面，重庆市在上述指导思想要求下，提出教育发展总体规划，基本内容是：以科学发展观为统揽，坚持教育规模、结构、质量、效益的统一，加强城乡、区域、各类教育的统筹，推进重庆教育持续健康协调发展；以全面实施素质教育为核心，加强学生实践能力、创造能力、就业能力、创业能力的培养，提高人才培养质量；以"普及、发展、提高"为主线，高质量普及九年义务教育，着力普及高中阶段教育，大力发展职业教育，努力提高高等教育质量，不断提升重庆市教育总体水平；重点推进教育管理体制、投资体制、办学体制和培养模式改革，增强教育发展活力；认真解决人民群众关心的教育重大问题，保障适龄儿童和青少年平等享有接受良好教育的机会，实现城乡教育均衡发展，推进教育公平。

结　语

从本卷的叙述中可以看到，巴蜀地区钟灵毓秀、文脉悠远，教育活动也发源很早，西汉文翁兴学施教的石室，可以说是世界唯一传承两千多年弦歌不缀的学校。巴蜀的教育不仅代代薪火相传，流传有绪，而且以开放大度、海纳百川的胸怀，同中华各地域之间，通过移民、寓居、科举、办学等方式频繁交流，同域外文明也很早就有对流互动。尤其是近代以来国门大开，东西方文化加快了交流互补，教育理念、体制、格局、内容、方法各方面的变化和进步更是今非昔比。通观巴蜀教育的发展历程，"譬如积薪，后来居上"，我们可以从中获取对全面建设社会主义现代化新时期教育发展有益的丰富启示。

一、巴蜀兴衰，人才为本，教育为先

欲巴蜀繁荣兴盛，为国育才争光，必先重教兴文。西汉文翁兴学，蜀学比于齐鲁，引领了巴蜀先民重教向学的风尚，办学经验还被推向了全国。两宋时以"三苏"等为代表的蜀学达到鼎盛，人才辈出，不仅官学繁荣，书院发展也达到高峰。近代很多四川有志青年睁开眼睛看世界，出国留学，勤工俭学，建功立业，成为革命和建设的杰出人才。抗战时期，巴蜀变为全国教育中心，集聚保存并大大增添了救亡图存和建设新中国的有生力量。

中华人民共和国成立届七十载的光辉历程，更是开创了巴蜀教育空前发展的新纪元。四川省和重庆市密切协调，唱好新时代的"双城记"，打造新中国现代化经济繁荣的第四极。我们要发扬和提升巴蜀历来重教兴文的传统，让川渝教育比翼齐飞，建成内陆的教育人才高地。

二、办学主体多元化，办学形式多样化

巴蜀教育从汉代起形成了中央和地方官学为主体，官学和私学并行互补的格局。

书院兴起较早，唐代就有进士张九宗等办的书院，宋代以后书院大量发展，其制度逐步完善，在全国名列前茅。明清时代，书院发展到五百所以上，形成了独立于官学和私学两大教育体系的又一脉络。

书院民办与官办并举，既有省、州、县三级官府所举办的，更有民间饱学之士或退休官吏自办的。成都的锦江书院、尊经书院成为巴蜀最早大学——四川大学的重要源头。清末民国参照外国兴起的新式教育，既有由小学、中学到大学拾阶而上的普通教育，也有分层次的师范教育、职业教育以及社会教育、幼儿教育等。新中国成立以来，巴蜀各级、各类教育得到史无前例的发展，尤其是改革开放新时期，办学主体多元化、办学形式多样化蔚为大观，九年制义务教育渐次普及，高等教育进入普及化阶段，职业教育成为与普通教育并行而又互相沟通的兄弟体系，借助于数字技术的终身教育开放体系正在形成。今后，巴蜀要进一步调动一切积极因素，办好多主体、多层次、多样化的人民满意的教育，构建人人共享受益的学习型社会。

三、协同育人，提高综合素质

学校、家庭、社会协同育人，尊师爱生，和谐兴教，这是长期以来巴蜀地区教育的优良传统。自古以来，多地流传着大量"锄经种德、耕读传家"，"教学宜严、勤俭为要"之类的家教家风家训，也有许多学高德劭的教育家办学，"身为人师，行为世范""身教重于人教"和学生尊师重道、不忘师恩的佳话，尤其是历代书院形成了问难答辩、教学相长的和谐兴教传统，至今仍值得取法。新时代的巴蜀教育，应当全面贯彻党的教育方针，坚持立德树人，加强师德师风建设，培养德智体美劳全面发展的社会主义建设者和接班人，为此就要健全学校、家庭、社会协同育人机制，提升教师教书育人的能力素质，增强学生文明素养、社会责任意识和实践本领，重视青少年身体素质和心理健康教育。人的现代化核心是实现教育现代化，这是今后我们建设高质量教育体系、形成学习型社会必须关注的重点。

四、改革应试教育，完善育人机制

清醒反思科举作为人才选拔制度的利与弊，改革完善高考和就业制度，实现全民全面的素质教育。科举曾经是我国延续千年行之有效而又弊端丛生的取仕制度。它既激励历代士子求学上进，进行较为公平的竞争，也不断积淀和强化追求"金榜题名，一跃龙门"的社会心理。应试教育的弊端之所以积重难返，同物质利益驱动和这种心理积淀有极大关系。各种考试特别是高考取向很大程度上成为教育的指挥棒，往往把学生、家长、学校都牢牢绑到单纯追求升学率的战车上，不利于把全面素质教育的要求真正落实到位。针对这种情况，必须要进一步树立正确的教育观、人才观、质量观，改变"素质教育喊得热热闹闹，应试教育搞得扎扎实实"的状况，采取有力措施让学生在升入普通高中、高校或是职高、高职上实现自主、理性的选择，为实施全面素质教育造就更加宽松的环境。

五、加强民族地区教育帮扶力度，培养优秀少数民族人才

川渝作为多民族的省、市，加强少数民族聚居地区的各项教育极为重要。由于地处僻壤、交通闭塞及语言障碍、发展差距等原因，川渝少数民族聚居区的教育事业同内地并不在同一个起跑线上，很多地方是在清代"改土归流"之后才开始兴办学校的。新中国成立后，一些少数民族聚居区不仅在社会制度上"一跃跨千年"，各项教育事业也是从无到有、从小到大逐步蓬勃发展，几十年来，川渝的藏、彝、羌、苗、土家等少数民族都涌现了一批令中华民族引以为傲的优异人才，成为祖国的瑰宝。今后对少数民族聚居区仍须在教育发展上重点倾斜，加大扶持力度，补齐短板，让各民族儿女都充分享有受教育的权利，像石榴籽一样紧紧地抱成一团，让我们中华民族的优秀人才如兰蕙竞发，为建设社会主义现代化强国做出更大的贡献。

后 记

《巴蜀文化通史·教育卷》是川渝合作的重大文化工程项目《巴蜀文化通史》中的一卷，由西南大学徐辉（成渝双城经济圈教育研究院院长）、徐仲林等主编，本卷述史时限起自公元前316年迄于公元后2008年。

参加本卷编写的同人，都承担有繁重的教学工作、社会工作和学习任务，也都有自己的科研项目需要完成，但大家齐心协力，挤占休息时间，历经四个寒暑终成此卷。虽不敢说尽善尽美，却可称尽心尽力，按照编委会"三通"（纵通、横通、会通）精神的要求，自信多多少少写出了自己的心得。

参加《巴蜀文化通史·教育卷》撰写的人员，按章节顺序分别为：徐仲林、王正青（导言），庞超、徐仲林（第一章），王正青（第二章），杨思帆、徐辉（第三章），武学超、徐辉（第四章），彭泽平（第五、六章），冉春（第七章），唐智松、徐仲林（第八章），唐智松、卢鸿燕（第九章），唐智松、刘姝君（第十章）。李定开（教授）、张六莲（研究员）帮助搜集并提供了部分资料。

在撰写过程中，得到隗瀛涛、章玉钧、李绍明、谭继和、林向、胡昭曦、陈玉屏、彭邦本、贾大泉等诸位前辈专家和社科院领导罗鸣、万本根的指教，并参考了一些专家学者的研究成果，在此一并致以诚挚的谢意；感谢编辑部和四川人民出版社责编同志为支持本卷撰写所付出的辛劳。

由于学识有限，深入研究不够，书中难免存在缺漏和差错，期盼读者批评指正。

徐辉

2010年12月完成初稿

2012年4月修订稿

2017年10月定稿

图书在版编目（CIP）数据

巴蜀文化通史. 教育卷 / 章玉钧, 谭继和主编；徐辉等著. -- 成都：四川人民出版社, 2021.12
ISBN 978-7-220-09954-0

Ⅰ.①巴… Ⅱ.①章… ②谭… ③徐… Ⅲ.①文化史—四川②教育史—四川 Ⅳ.①K297.1

中国版本图书馆CIP数据核字（2017）第282175号

BASHU WENHUA TONGSHI
JIAOYU JUAN

巴蜀文化通史 **教育卷**

徐辉　徐仲林等　著

出　品　人	黄立新
项目统筹	谢　雪　董　玲　谢　寒
责任编辑	邓泽玲　袁　沙
特约编辑	王　茜　王智敏
封面设计	张　科
装帧设计	经典记忆　戴雨虹
责任校对	舒晓利
责任印制	祝　健
出版发行	四川人民出版社（成都三色路238号）
网　　址	http://www.scpph.com
E-mail	scrmcbs@sina.com
新浪微博	@四川人民出版社
微信公众号	四川人民出版社
发行部业务电话	（028）86361653　86361656
防盗版举报电话	（028）86361653
制　　版	四川省经典记忆文化传播有限公司
印　　刷	成都东江印务有限公司
成品尺寸	180mm×260mm
插　　页	14
印　　张	32.75
字　　数	530千
版　　次	2021年12月第1版
印　　次	2021年12月第1次印刷
书　　号	ISBN 978-7-220-09954-0
定　　价	150.00元

■ 版权所有·侵权必究

本书若出现印装质量问题，请与我社发行部联系调换
电话：（028）86361656